탈초 국역 동국명현유묵(東國名賢遺墨)

역자소개

박상수(朴相水)는 민족문화추진회(현 한국고전번역원), 국사편찬위원회, 온지서당 등에서 한문과 고문서, 초서 등을 공부했고, 단국대학교에서 한문학박사과정을 수료했다. 단국대학교 동양학연구소전문위원, 단국대학교강사, 한국한문학회 출판이사, 고전문화연구회 상임위원 등을 역임했으며, 지금은 고전문화연구회와 대동한문번역연구원에서 한문번역위원으로 활동하면서 한문번역과 탈초, 강의에 전념하고 있다. 번역서와 탈초 자료, 논문으로는 《고시문집(古詩文集)》, 《붓 끝에 담긴 향기(香氣)》, 《동작금석문집(銅雀金石文集)》, 《사상세고(沙上世稿)》, 《미국 와이즈만 미술관 소장 한국 문화재 도록》, 《다천유고(茶泉遺稿)》, 《탈초 · 국역 초간독(草簡牘)》, 《간찰, 선비의 일상》, 《사문수간(師門手簡)》, 《습재집(習齋集)》, 《항전척독(杭傳尺牘)》, 〈초간독 연구〉, 〈간찰소고〉, 〈설문해자와 육서심원의 부수 비교 연구〉 등이 있다.

탈초 국역 동국명현유묵(東國名賢遺墨)

발 행 일 : 2018년 11월 30일 초판 1쇄 발행
탈초국역 : 박상수
펴 낸 이 : 김병환
펴 낸 곳 : 학자원
주 소 : 134-814 서울시 강동구 천호대로 1121
전 화 : 02) 6403-1000
팩 스 : 02) 6338-1001
E-mail : hakjaone@daum.net
등 록 : 2011년 3월 24일 제324-2011-14호

HAKJAONE Publishing Co.
1121 Cheonho-Daero Kangdong-Gu Seoul

ISBN : 979-11-6247-079-4 93810

값 65,000원

東國名賢遺墨凡例

一. 東國明賢遺墨 率多世代之久遠 固難乎本孫暨儒林之家家奉守 而珍藏 則蓋圖今日廣布之義也 懼夫手法心畫 愈往無徵 石版臨刷 毫無差異 故廣搜窮探 合爲三册

一. 名賢 姓諱下 略註貫籍官號諡享及誰某門人 而或有未及詳考處 而致疏漏 且年代順序 間有錯倒 則此遠近之隨入隨印 差先差後 勢所使然 而烏敢免未克精詳之責

一. 點畫剝落處 是古牋之烟煤沒様 蠹蝕缺字 而不敢妄加補畫 只依原本摹印 以寓謹嚴之意

一. 名賢之宜入 而不載者 姑緣蒐求之不及 而第俟二回之追續

《동국명현유묵》 범례

하나. 《동국명현유묵》은 대개 세대가 오래되어 진실로 본손(本孫)과 유림들이 집집마다 지켜 귀하게 보관하기 어려우니 이것이 오늘날 널리 펴게 된 의도이다. 수법과 심획(心畫)을 갈수록 징험하지 못할까 걱정되어 석판으로 인쇄하니 조금도 차이가 없어 널리 수소문하고 자료를 찾아 3권으로 만들었다.

하나. 명현의 성과 이름 아래 본관과 벼슬, 시호와 배향, 누구의 문인인지에 관해 간략하게 주석을 달았다. 간혹 미처 자세하게 살펴볼 곳이 없어 소략하거나 빠뜨린 부분도 있고 또 연대의 차례가 간혹 어긋난 분들도 있는데, 이는 원근에서 손에 넣은 대로 인쇄한 것이 조금씩 순서가 나는 상황에서 빚어진 것이지만 어찌 자세하지 못한 책임을 벗어날 수 있겠는가?

하나. 점과 획이 떨어져 나간 부분은 오래된 종이가 불에 그슬려 제 모양을 잃었거나 좀을 먹어 글자가 없어진 곳은 함부로 글자의 획을 더하지 않고 원본대로 영인을 하여 근엄한 뜻을 부쳤다.

하나. 명현들 가운데 마땅히 들어가야 할 분들인데도 실리지 못한 것은 아직 수집되지 못해 그러한 것이니 다음번에 이어지기를 기다린다.

《동국명현유묵》 해제

1. 구성 및 체재

《동국명현유묵(東國名賢遺墨)》은 현공렴(玄公廉)에 의해 1927년 대구(大邱)에 있는 동양인쇄소(東洋印刷所)에서 발행되었다가, 1974년 유성수(柳聖秀)에 의해 대구에서 재발간 되었다. 범례(凡例)에 따르면 모두 3권으로 출판되었지만[1)] 본 저본은 단권으로 되어 있어 이전에 3권으로 출간되었던 자료를 재영인한 것으로 보인다.

신라시대 최치원(崔致遠, 857~?)과 김생(金生, 711~?)에서부터 유치명(柳致明, 1777~1861)에 이르기까지 총 225명의 유묵으로 구성되어 있다. 그 중 편지가 197건으로 가장 많은 수를 차지하고 있고 그 외 시(詩) 22건[2)], 부(賦) 1건[3)], 서(序) 3건[4)], 비문(碑文)

---

1) 3권으로 출판되었지만 : "수법과 심획(心畫)을 갈수록 징험하지 못할까 걱정되어 석판으로 인쇄하니 조금도 차이가 없어 널리 수소문하고 자료를 찾아 3권으로 만들었다.[懼夫手法心畫 愈往無徵 石版臨刷 毫無差異 故廣搜窮探 合爲三册]"라고 하였다.

2) 시(詩) 22건 : 1.최치원(崔致遠)-오언절구 / 7.이제현(李齊賢)-칠언절구(원천석(元天錫)의 〈도중작 2수(途中作 二首)〉 중 1수를 옮겨 적었다.) / 24.성삼문(成三問)-오언율시 / 29.어세겸(魚世謙)-칠언절구 / 31.허종(許琮)-육언고시 / 54.이언적(李彦迪)-칠언율시 / 61.이황(李滉)-칠언절구 / 67.황준량(黃俊良)-칠언율시 / 71.오수영(吳守盈)-칠언절구 2수, 오언율시 1수 / 94.김륵(金玏)-사언고시 / 112.한호(韓濩)-칠언율시(두보(杜甫)의 〈추야(秋野)〉 5수 중 1,2수를 옮겨 적었다.) / 114.남이공(南以恭)-오언율시 / 125.이준(李埈)-칠언율시 / 139.황기로(黃耆老)-칠언절구(하지장(賀知章)의 〈채련곡(採蓮曲)〉을 옮겨 적었다.) / 141.최명길(崔鳴吉)-오언율시 / 145.장유(張維)-오언고시 / 154.홍우정(洪宇定)-오얼율시 / 155.고인계(高仁繼)-오언절구 / 159.허경윤(許景胤)-칠언절구 / 171.홍여하(洪汝河)-칠언절구 / 203.강박(姜樸)-오언율시 / 206.윤두서(尹斗緖)-오언절구(이백(李白)의 〈독좌경정산(獨坐敬亭山)〉)를 옮겨 적었다.)

3) 부(賦) 1건 : 75.김우굉(金宇宏)-설야미행(雪夜微行)

4) 서(序) 3건 : 127.여대로(呂大老)-향안중수기(鄕案重修記) / 16.서거정(徐居正) / 44.김안국(金安國)

1건[5], 품(品) 1건[6]이 실려 있다.

큰 틀은 연대별로 순서를 잡았지만 세부적으로는 조금씩 어긋난 부분도 있는데 이는 "연대의 차례가 간혹 어긋난 분들도 있는데, 이는 원근에서 손에 넣은 대로 인쇄한 것이 조금씩 순서가 나는 상황에서 빚어진 것이지만 어찌 자세하지 못한 책임을 벗어날 수 있겠는가?[年代順序 間有錯倒 則此遠近之隨入隨印 差先差後 勢所使然 而烏敢免未克精詳之責]"라고 하여 한꺼번에 모아서 인쇄한 것이 아니라 수집되는 대로 인쇄를 하여 약간의 착오가 빚어지게 된 것이다. 또한 원문의 오른쪽에 글쓴이에 대한 간단한 이력을 적은 내용에서도 여러 곳에 사실과 다른 부분들이 나타나는데 이에 관해 편저자는 "간혹 미처 자세하게 살펴볼 곳이 없어 소략하거나 빠뜨린 부분도 있고[或有未及詳考處 而致疏漏]"라고 인정하고 있는데, 국역과 탈초하는 과정에서 다수의 오류[7]를 확인할 수 있었다. 이는 참고할 만한 자료들이 풍부하지 못했던 시대적 한계로 인한 실수로 이해된다.

2. 위조의 흔적

2-1. 전사(轉寫)를 통한 위조

일제강점기 때 일본인들에 의해 수많은 문화재들이 그들인의 손으로 넘어갔다. 수요가 있는 곳에 공급이 생기는 것은 당연한 법, 구입자가 필요로 했던 자료들은 자연스럽게 공급자의 손에 의해 위조되었는데 이러한 상황은 그리 많은 고민을 하지 않아도 이해되는 구조이다. 그렇게 위조되었던 서첩이나 그림 등이 오늘날까지도 다수 발견 된다. 의도하였건 그렇지 않건 간에 위조된 가짜 유묵들로 인해 우리문화재의 피해는 참으로 골칫거리지만 그나마 이를 통해 거짓을 가려내는 반면교사(反面教師)로 삼을 자료로 여겨 위안을 삼는다.

---

5) 비문(碑文) 1건 : 6.우탁(禹倬)

6) 품(品) 1건 : 2.김생(金生)-《화엄경(華嚴經)》〈야마궁중게찬품(夜摩宮中偈讚品)〉의 일부이다.

7) 다수의 오류 : 김생(金生)의 자(字)는 '지서(知瑞)'임에도 '지서(之瑞)'라고 소개하였고, 이제현(李齊賢)은 공민왕(恭愍王)의 사당에 배향이 되었음에도 충민왕(忠愍王)의 사당에 배향되었다는 등의 오류가 있다.

《동국명현유묵(東國名賢遺墨)》	《해동역대명가필보(海東歷代名家筆譜)》[8]
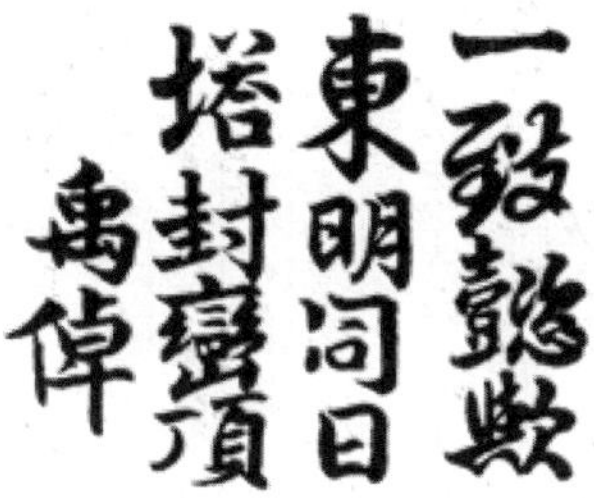	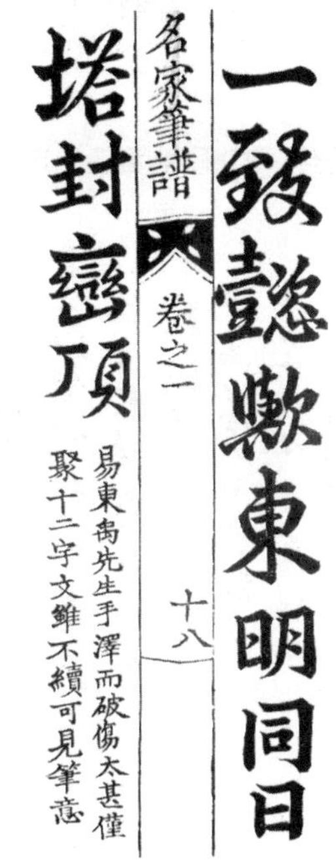

6. 우탁(禹倬)의 동일한 글씨가 《해동역대명가필보(海東歷代名家筆譜)》[9]와 《동국명현유묵(東國名賢遺墨)》[10]에 모두 실려 있다. 《동국(東國)》에는, 《해동(海東)》에 없던 우탁의 이름이 추가 되었고, 《해동》에는, 《동국》에 없는 주석이 추가되었다. 물론 주석은 《해동》의 편저자인 백두용이 기록한 것으로 추정된다. 이밖에도 15. 김숙자(金叔滋)의 편지는 《해동 1권》 p52에, 19. 박팽년(朴彭年)의 편지 역시 《해동 1권》 p60에, 25. 하위지(河緯地)의 편지는 《해동 1권》 p62에, 44. 김안국(金安國)의 편지는 《해동 2권》 p15에, 56. 백인걸(白仁傑)의 편지는 《해동 2권》 p23에 서체가 조금 다른 동일한 내용의 자료가 실려 있는데 모두 위조로 의심이 된다.

---

8) 《해동역대명가필보(海東歷代名家筆譜)》 : 1926년에 백두용(白斗鏞, 1872~1935)이 우리나라 역대 필적 약 700점을 모아 엮은 6권의 책이다.

9) 《해동역대명가필보(海東歷代名家筆譜)》 : 이하 《해동(海東)》으로 약칭한다.

10) 《동국명현유묵(東國名賢遺墨)》 : 이하 제목을 제외한 본문에서는 《동국(東國)》으로 약칭한다.

이밖에도 45. 노우명(盧友明)의 경우 '군량(君亮)'인데 '명중(明中)'으로 소개하고 있다. 이는 명중(明中)은 이우(李瑀)의 자(字)인데 이를 혼동하여 생긴 오류도 존재한다.

《동국명현유묵(東國名賢遺墨)》	《정암선생유묵(靜菴先生遺墨)》
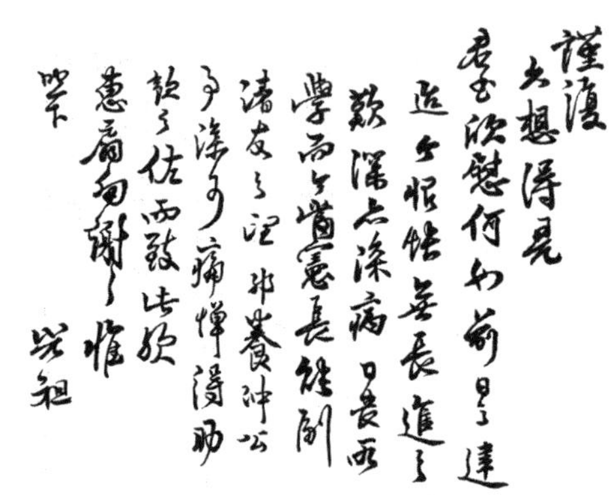	

위 두 편은 41. 조광조(趙光祖)의 편지로 마치 쌍둥이처럼 동일하지만 서체가 조금씩 다르고 끝에 쓰여진 '광조(光祖)'라는 이름도 행(行)을 서로 달리 하고 있다. 모사했을 가능성이 높은 글씨다.

2-2. 원작자의 이름을 변개(變改)하여 위조한 흔적

82. 기대승(奇大升)의 편지는 《농암집(農巖集)》〈답이동보(答李同甫)〉의 일부로, 명확히 김창협(金昌協)이 이동보(李同甫)에게 보낸 편지를 기대승(奇大升)의 편지로 위조하였고, 86. 성혼(成渾)의 편지는 《율곡선생전집(栗谷先生全書)》에 실린 〈답성호원(答成浩原)〉이라는 편지의 일부로, 성혼(成渾)에게 보낸 율곡(栗谷)의 편지를 도리어 성혼의 편지로 위조하였다. 또 124. 서성(徐渻)의 편지는 《우복선생문집(愚伏先生文集)》〈상서애선생(上西厓先生)〉의 일부로, 정경세(鄭經世)가 유성룡(柳成龍)에게 보낸 편지를 서성(徐渻)의 편지로 위조하였고, 141. 최명길(崔鳴吉)의 편지는 《분서집(汾西集)》에 〈천규축차지천운(天圭軸次遲川韻)〉이라는 제목으로 실려 있다. 제목에서도 알 수 있듯이 지천의 시를 차운한 박미(朴瀰)의 시를, 최명길의 시로 위조하였다. 142. 김장

생(金長生)의 편지는《농암집(農巖集)》〈답이동보욕서(答李同甫辱書)〉의 일부로 농암(農巖)이 이동보(李同甫)에게 보낸 편지를 김장생(金長生)의 편지로 위조하였다.

3. 원문과 차이가 있는 사례

《동국명현유묵(東國名賢遺墨)》	《개암선생문집(開巖先生文集)》
雪夜微行 開巖 惟人君出警而入蹕 儼動靜之有節 夫何屈萬乘之尊 勤微行於**夜雪** 是知魚水之際會 諒眷顧之懇篤 **曰**自龍興之初載 幾多**從**鱗而附翼 紛豪傑之影從 效汗馬於逐鹿 時幽薊之一老 屹社稷之柱石 自掌書於僞周 **智**己明於擇木 及運籌於帷幄 幾贊襄而補闕 將魯論而佐定 異具臣之尸祿 擬殷庭之伊傅 責唐朝之稷契 備謀猷之詢**咨** **惟**一堂之吁咈 義已重於相遇 情亦切於枉顧 矧鼾睡未絕於榻 **倒**策當咨其攻取 時冬夜之漫漫 亂滕六之浮浮 紆宸念於碩輔 思獻替之嘉猷	雪夜微行賦 惟人君出警而入蹕 儼動靜之有節 夫何屈萬乘之尊 勤微行於**夜雪** 是知魚水之際會 諒眷顧之懇篤 **一**自龍興之初載 幾多**攀**鱗而附翼 紛豪傑之影從 效汗馬於逐鹿 時幽薊之一老 屹社稷之柱石 自掌書於僞周 **知**己明於擇木 及運籌於帷幄 幾贊襄而補闕 將魯論而佐定 異具臣之尸祿 擬殷庭之伊傅 責唐朝之稷契 備謀猷之詢**訪** **歡**一堂之吁咈 義已重於相遇 情亦切於枉顧 矧鼾睡未絕於榻 **外**策當咨其攻取 時冬夜之漫漫 亂滕六之浮浮 紆宸念於碩輔 思獻替之嘉猷

위는 75. 김우굉(金宇宏)의 부(賦)로, 그의 문집《개암선생문집(開巖先生文集)》〈설야미행부(雪夜微行賦)〉에 실린 내용과 몇 글자 차이를 보인다. 이 밖에 2. 김생(金生)의 글씨는《화엄경(華嚴經)》〈야마궁중게찬품(夜摩宮中偈讚品)〉의 일부이고, 20. 남효온(南孝溫)의 편지는《추강집(秋江集)》〈답동봉산인서(答東峯山人書)〉의 일부이다. 또한 82. 기대승(奇大升)의 편지로 기록된 내용 역시《농암집(農巖集)》〈답이동보(答李同甫)〉의 일부이다.

4. 《동국명현유묵(東國名賢遺墨)》의 가치

편지는 일반적인 글과 달리 1:1, 또는 1:다수, 다수:1의 경우에서처럼 발신자와 수신자가 명확하게 한정된 글로 일반적인 산문과는 성격과 문체가 매우 다르다. 다소 다듬지 않은 거친 면도 있지만 이를 통해 당시 선비들의 시대정신과 정신세계, 생활상들을 숨김없이 엿볼 수 있는 문화사적인 측면에서도 돋보이는 자료다.

일부 위조로 의심되는 몇 편을 제외한 나머지는 모두 평소보기 힘든 명현들의 글씨로 필획들이 완연하다. 특히 신라시대 서성(書聖)이라고 불리었던 김생(金生)의 글씨는 당시 유행하던 구양순(歐陽詢)의 서체를 따르지 않고, 진(晉)과 남조(南朝)의 필의를 모방하면서도 획의 굵고 가늘며 곡직(曲直)의 변화를 주어 신품(神品)이라 평가받던 글씨다. 또한 길재(吉再)의 편지는 그의 문집《야은선생속집(冶隱先生續集)》에도 실려 있는데, 문집에 실린 실제의 편지를 보기란 그리 쉽지 않다.

4-1. 생활상 엿보기

214. 이주천(李柱天)의 편지에, "이 병은 일반적인 증세와 달라 한 달 남짓 끄는 사람도 있고 두세 번 앓는 사람도 있습니다. 의원도 재주가 부족해서, 전적으로 월경(月經)[11]만 쓰는 것은 해롭다는 말하는 사람도 있고, 인건(人乾)[12]을 쓰는 것은 이롭고 해로운 것이 반반이라고 말하는 사람도 있습니다. 심하게 열이 나면 조위승기탕(調胃承氣湯)[13]으로 묘하게 효과를 보았다는 사람도 꽤나 많다고 합니다. 대개 죽는 사람들이 이미 속출하고 의술이 이와 같으니 마침내 월경처럼 큰 해가 없는 것만 못합니다.[大抵此患 大異常症

11) 월경(月經) : '월경수(月經水)' · '몸엣것'이라고도 하는데, 생리혈을 이른다.《동의보감(東醫寶鑑)》에, 언해(諺解)로 "계집의 월경슈" 또는 "계집의 처엄난 월슈"라고 설명되어 있는데, 생리혈이 묻은 천을 물에 풀어 약으로 사용하는 것으로, "독을 풀고 여로복을 회복시킨다.[解毒箭并女勞復]"고 했고, 또 "음열을 치료하는 데 가장 좋다.[治陰熱最佳]"고 하였다.

12) 인건(人乾) : '야인건수(野人乾水)' · '야건수(野乾水)' · '야인건(野人乾)'이라고도 하는데, 인분(人糞)을 가리킨다. 정약용(丁若鏞, 1762~1836)은 "우리 풍속에 똥 먹는 것을 매우 좋아하여 병이 나면 똥을 곧잘 먹지만, 똥에 대하여 분명히 알지 못하니 안타깝다. 무가산(無價散)은 사람·고양이·돼지·개의 똥인데 개똥인 줄만 알고, 야인건은 미후분(獼猴糞) 즉 원숭이똥인데 인분으로 잘못 알고 있다."라고 하였다.《여유당전서(與猶堂全書)》〈의학집(醫學集) · 마과회통(麻科會通)〉

13) 조위승기탕(調胃承氣湯) : 열이 심하고 대변을 보지 못하는 데에 사용하는 처방이다.

或有支離月餘者 再痛三痛者 醫亦技窮 或言專用月經之害 或言人乾之半利半害 或言熱甚 則調胃承氣湯爲妙 見效者 頗多云 盖死已相繼 故醫術如此 而終不如月經之無大害耳]"라고 생리혈(生理血)이나 인분(人糞)까지 약으로 사용했을 정도로 다급했던 상황을 미루어 짐작할 수 있다.

152. 임담(林墰)은 아들을 전송하며 전해 주었을 것으로 추정되는 편지에, "'유질우(惟疾憂)[14]' 세 글자를 써서 너를 전송하니 이 말을 잊지 말고 소리 없는데서 들리는 것[15]을 징험하거라![惟疾憂 三字書之 送汝行 玆言庶毋忘 乃驗聽無聲歲]"라고 하면서 몸 건강하기를 바라는 아버지의 마음을 담았다.

4-2. 학문적 토론

86. 성혼(成渾)의 것으로 위조된 이이(李珥)의 편지에, "이른바 '생각한다.'는 것은 격물치지(格物致知)가 아니고 무엇이겠으며, 이른바 '힘쓴다.'는 것은 성의정심(誠意正心)이 아니고 무엇이겠습니까. 사물이 오면 생각하지 않을 수 없어 반드시 생각하게 됩니다. 오늘 이미 생각하여 터득했는데 내일 사물이 오면 또 생각하는 것을 면치 못한다면, 격물치지의 공부를 이미 마쳤다고 할 수 있겠습니까. 오늘 이미 힘써서 중(中)했는데, 내일 또 힘쓰는 것을 면치 못한다면, 성의정심의 공부를 이미 마쳤다고 할 수 있겠습니까. 이른바 '힘쓰기를 극진히 한다.'는 것은 다만 이것이 인사(人事)에 있어서 그 힘을 극진히 하여 다시 더할 수 없는 것을 이른 것입니다. 제가 이른바 '미진'이란 것이 어찌 감히 도리에 어긋난 말을 함부로 한 것이겠습니까.[夫所謂思者 非格致而何 所謂勉者 非誠正而何 事物之來 未能不思而必思之 今日旣思而得矣 明日事物之來 又不免於思 則可謂格致之功 已畢乎 今日 旣勉而中矣 明日 又不免於勉 則可謂誠正之功 已畢乎 夫所謂力之盡者 只是就人事上極其力 無以復加云爾 珥之所謂未盡者 豈敢胡說亂道哉]",

---

14) 유질우(惟疾憂) : 《논어(論語)》 〈위정(爲政)〉에, "부모는 오직 자식이 병들까만을 근심한다.[父母惟疾之憂]"라는 공자의 말이 있다.

15) 소리 …… 것 : 원문은 '聽無聲'. 《소학(小學) 6장》에, "부모님의 모습이 보이지 않아도 보이는 것처럼 하며, 소리가 들리지 않아도 들리는 것처럼 한다.[視無形 聽無聲]"라고 하였는데 이는 효자가 어버이를 친애하는 지극한 정을 표현한 것이다.

142. 김장생(金長生)의 것으로 위조된 김창협(金昌協)의 편지에, "며칠 전부터서야 다시 책을 보기 시작했지만 엄격하게 과정을 세우지 못하고 하루에 단 서너 번밖에 반복하여 읽지 못하는 형편입니다. 간혹 다른 책을 보기도 하는데, 기삼백법(朞三百法)[16]과 술법에 관한 책은 도리어 실제적인 공부에 방해가 되니 정말 차라리 우선은 제쳐두는 것이 더 나을 것 같습니다.[近又苦暑濕 一味昏惰過日 自數日 始復尋繹冊子 而亦未能嚴立課程 日不過讀數徧而止矣 或閱他書 朞三百法與術法之書 反有妨於實工 誠不如置之不論爲愈耳]"라며 학문의 방향과 어려움에 관하여 토론하고 있다.

4-3. 나머지 가치

총 225건의 자료 중 위조이거나 위조로 추정되는 자료들이 일부 섞여 있는 것은 사실이다. 그러나 비슷한 시기나 그 이전에 출간되었던 여타의 자료에서도 흔히 발견되는 것으로 이를 빌미로 전체를 낮추어 볼 수 없을 정도로 자료의 양과 내용이 풍부하다. 비록 원본자료의 행방이 묘연한 것이 아쉬움으로 남지만 거의 1,000년에 걸친 명현(名賢)들의 유묵에서 풍기는 글씨에 기운이 넘친다.

5. 마무리

《동국(東國)》을 인터넷 헌책방 사이트를 통해 구입한지 10여년 정도 된 듯하다. 어느 집 구석에서 나뒹굴며 천대를 받았는지 앞의 몇 장에는 노랑크레용으로 낙서가 되어 있었다. 구입할 때는 전혀 몰랐다가 책을 펴볼 때마다 신경이 쓰였다. 그러던 어느 날은, 당시 널리 이름이 알려진 명현들의 글씨와 그 위에 아무런 가치도 모른 채 덧칠해놓은 어린아이의 낙서가 묘한 대조를 이루어 우습기도 하고 한편으로 서글픈 마음도 들었다.

---

16) 기삼백(朞三百) : 《서경(書經)》 〈요전(堯典)〉에, '기삼백육순유육일(朞三百六旬有六日)'에서 온 말로, 1년의 날수를 가리킨다.

1년 넘게 끌고 오던 번역을 가까스로 마무리 짓고 틈이 나서 서둘러 탈초와 번역을 해치우자고 덤벼들었다가 중간중간에 숨어 있던 복병들로 한참을 골머리를 썩인 부분도 없지 않지만 그때마다 매주 함께 공부하며 마음을 다잡아준 구초회(九草會) 회원(봉원동, 박황희, 안종율, 박한) 선생님들께 감사를 드린다. 특히 김송자 선생님은 자신의 원고인 것처럼 번거롭게 여기지 않고 처음부터 끝까지 꼼꼼하게 읽어주어 오류를 줄일 수 있었다. 끝으로 출간의 어려운 간청을 너무나 쉽게 허락해주신 김병환 사장님께 다시 한 번 진심으로 감사를 드린다.

구일헌(九一軒)에서 **박상수 씀**

차 례

탈초 국역 동국명현유묵

(東國名賢遺墨)

일러두기

※ 원문에서 누락된 부분이지만 추정 가능한 글자는 〔 〕로 표시하고 추가하였다.
※ 원문에서 누락된 글자의 수를 추정하기 어려운 부분은 …… 로 표시하였다.
※ 원문에서 누락된 글자나 판독이 불가능한 부분은 글자 수에 따라 ○로 표시하였다.
※ 원문에서 중복된 글자는 〚 〛로 표시하였다.
※ 발신인이 직접 교정하여 삭제한 글자는 〘 〙로 표시하였다.
※ 인장(印章)이나 원문 노출이 필요한 부분은 [ ]로 표시하였다.

1. 崔致遠 字孤雲 號海雲 慶州人 入唐登科 官翰林院修撰 諡 文昌候 從祀文廟

최치원(崔致遠, 857~?) : 자는 고운(孤雲)이고, 호는 해운(海雲)이며, 본관은 경주(慶州)다. 당 나라로 들어가 과거에 급제하였고, 한림원 수찬(翰林院修撰)을 지냈다. 시호는 문창후(文昌侯)[1]고, 문묘(文廟)에 종사(從祀)되었다.

湖亭一尊酒 送子
下江南 當老
難得伴
○廾我不甘
致遠

호정(湖亭)에서 한 동이 술로
강남 가는 그대를 전송하네.
늙으면 짝 얻기 어려우니
… 나는 달갑지 않네.
치원(致遠)

2. 金生 字之瑞 元聖王時人 官侍郞

김생(金生, 711~?) : 자는 지서(知瑞)[2]고, 원성왕[3] 때 사람이며, 시랑(侍郞)을 지냈다.

---

1) 문창후(文昌侯) : 원문의 '文昌候'를 바로잡았다.
2) 지서(知瑞) : 원문의 '之瑞'를 바로잡았다.
3) 원성왕 : 신라 제38대 왕으로 이름은 김경신(金敬信, ?~798)이다. 780년 이찬(伊飡)으로서 김지정의 난을 평정하고, 선덕왕이 즉위하자 상대등(上大等)에 올랐다.

我等今見佛

處此天宮殿

昔發菩提願

普及十方界

是故佛威力

充徧難思議[4]

우리가 지금 부처님을 보니

천궁에 계시네.

옛날 지혜를 이루려는 소원,

시방세계에 두루 미쳤네.

이런 까닭에 부처님 위력은

널리 가득하여 헤아릴 수도 없네.

3. 尹瓘 字同玄 號默齋 坡平人 肅宗朝 文科 官吏部尙書

윤관(尹瓘, ?~1111) : 자는 동현(同玄)이고, 호는 묵재(默齋)며, 본관은 파평(坡平)이다. 숙종 때 문과에 급제하였고, 이부상서(吏部尙書)를 지냈다.

設小酌 以慰臨

年之老 明明

毋負厚望也 切切

敬白 瓘

작은 술자리를 마련해 연로하신 부모님을 위로하려고 합니다. 모레이니 초청하는 절실한

4)《화엄경(華嚴經)》〈야마궁중게찬품(夜摩宮中偈讚品)〉의 일부다. "如來普安住 一切諸國土 我等今見佛處此天宮殿 昔發菩提願 普及十方界 是故佛威力 充徧難思議"

바람을 저버리지 마십시오. 간절히 삼가 말씀드립니다.

관(瓘)

4. 申崇謙 平山人 高麗 太祖朝 儒科壯元 又爲大將 封太師開國公 謚壯節 享太師祠

신숭겸(申崇謙, ?~927) : 본관은 평산(平山)이다. 고려 태조 때 문과에 장원으로 합격하였고, 또 대장(大將)이 되었다가 태사개국공(太師開國公)에 봉해졌다. 시호는 장절(壯節)이고, 태사사(太師祠)에 제향되었다.

有人來 傳聞

好過 多慰多慰 僕 如前狀 而

第索居悰緖 良可

苦悶 相見姑無期 所

不相孤 只有方寸耿耿

神昏氣短 只此

二晦 崇謙

어떤 사람이 찾아와서 잘 지내신다는 소식을 전해주어 몹시 위안이 되었습니다. 저는 예나 다름없이 지내고는 있지만 외로이 지내는 쓸쓸한 마음은 참으로 괴롭습니다. 아직은 만날 기약조차 없지만 저버리지도 않고 마음으로 늘 그리워하고 있습니다. 정신이 혼미하고 기운이 딸려 이만 씁니다.

2월 그믐, 숭겸(崇謙)

5. 安裕 字[士蘊] 號晦軒 順興人 修文殿太學士 謚文成 從祀文廟

안유(安裕[5]**, 1243~1306)** : 자는 사온(士蘊)이고, 호는 회헌(晦軒)이며, 본관은 순흥(順興)이다. 수문전 태학사(修文殿太學士)를 지냈고, 시호는 문성(文成)이고, 문묘(文廟)에 종사(從祀)되었다.

示喻史抄 前雖承敎

考索多勞 未敢煩稟

委此垂問 多荷 但本

冊 曾於崔侍郎處 偶蒙

借許 深幸矣 敢附己

見 幸細閱數三 再見敎

爲望 不具

庚午 六月 初八日

安珦

사초(史抄)에 관한 말씀을 지난번에 듣기는 했지만 찾는 것이 너무 수고스러울 것 같아 감히 여쭙지 못했었는데 이렇게 말씀 해주시니 감사합니다. 다만 이 책을 최시랑에게 마침 빌렸으니 매우 다행입니다. 감히 저의 의견을 부치니 상세히 여러 번 보시고 거듭 가르쳐 주시기 바랍니다. 이만 줄입니다.

경오년(庚午年, 1270) 6월 8일, 안향(安珦)

6. 禹倬 字天章 號易東 丹陽人 官祭酒 諡文僖 晦軒門人 享易東書院

우탁(禹倬, 1262~1342) : 자는 천장(天章)이고, 호는 역동(易東)이며, 본관은 단양(丹陽)이다. 좨주(祭酒)를 지냈고, 시호는 문희(文僖)다. 회헌(晦軒 : 安珦)의 문인이고, 역동서원(易東書院)에 제향되었다.

5) 안유(安裕) : 안향(安珦)의 다른 이름이다. 초명을 '유(裕)'라고 부르다가 '향(珦)'으로 개명하였는데, 조선시대에 들어와 문종의 이름과 같아 이를 피하여 초명인 '유'로 다시 바꾸어 부르게 되었다.

一致懿歟

東明同日

塔封巒頂

禹倬[6]

7. 李齊賢 字仲思 號益齋 慶州人 官侍郎 謚文忠 鷄林府院君 配享忠愍廟

이제현(李齊賢, 1287~1367) : 자는 중사(仲思)고, 호는 익재(益齋)며, 본관은 경주(慶州)다. 시랑(侍郞)을 지냈고, 시호는 문충(文忠)이다. 계림부원군(鷄林府院君)에 봉해졌고, 공민왕(恭愍王)[7]의 사당에 배향되었다.

春陰不散鳴幽禽 到處那堪無

我吟 指點奇觀頻擧目 晴川

芳草情難禁[8] 齊賢 草

봄 그늘 흩어지지 않아 새들은 지저귀니

가는 곳마다 읊지 않고는 견딜 수 없네.

기이한 경치 가리키며 자주 눈을 드니

맑은 시냇가 꽃에 정을 금하기 어렵네.

제현(齊賢)은 급히 씁니다.

---

6) 《해동역대명가필보(海東歷代名家筆譜) 1卷》 p18에도 원본과 동일한 글씨가 실려 있고, "역동 우선생의 글씨로 깨진 것이 너무 심해 겨우 12자 밖에 모을 수 없었다. 글의 문맥이 이어지지는 않지만 필의를 볼 수 있다.[易東禹先生水澤 而破傷太甚 僅聚十二字 文雖不續 可見筆意]"고 주석을 달았다. 깨어진 비문(碑文)의 한 부분으로 추정되며, 문맥이 이어지지 않아 번역은 생략한다.

7) 공민왕(恭愍王) : 원문의 '忠愍'을 바로잡았다.

8) 원천석(元天錫, 1330~?)의 《운곡행록(耘谷行錄)》 〈도중작 2수(途中作 二首)〉 가운데 한 수다.

8. 李集 字浩然 號遁村 廣州人 忠肅朝 文科 官判典校寺事 享 龜巖書院

이집(李集, 1327~1387) : 자는 호연(浩然)이고, 호는 둔촌(遁村)이며, 본관은 광주(廣州)다. 충숙왕 때 문과에 급제하였고, 판전교시사(判典校寺事)를 지냈으며, 구암서원(龜巖書院)에 제향되었다.

伏承

辱書惠問 謹審

侍履萬重 僕 如昨遣 而近

間 知舊之書問 隔絕如闊中

尊問至此 可知不遐之

盛意 感極銘佩 不〔知爲〕謝耳

餘只祈萬安 不宣 伏惟

下照 謹謝狀上

卽 僕 集 頓

보내신 편지를 받고 부모님 모시고 잘 지내시는 줄 알았습니다. 저는 전과 다름없이 지내고 있지만 요사이 친구들과 완전히 소식이 끊어진 것 같았는데 당신의 편지가 도착하니 저를 멀리하지 않으신 두터운 정의에 감사하며 잊지 못하는 이 마음을 어떻게 감사를 표해야할지 모르겠습니다. 나머지는 잘 지내시기 바라며 이만 줄입니다. 살펴주시기 바라며 답장을 올립니다.

즉일, 복인(僕人) 집(集)은 머리를 조아립니다.

9. 李穡 字穎叔 號牧隱 韓山人 恭愍朝 文科 官侍中韓山伯 謚 文靖 享臨江書院

이색(李穡, 1328~1396) : 자는 영숙(穎叔)이고, 호는 목은(牧隱)이며, 본관은 한산(韓山)이다.

공민왕 때 문과에 급제하였고, 시중(侍中)을 지냈으며, 한산백(韓山伯)에 봉해졌다. 시호는 문정(文靖)이고, 임강서원(臨江書院)에 제향되었다.

韓山〔八〕詠 始於松 自策
礪也 終於釣 思其直也
次之日光 生於東而及於
遠近也 次之孤石 確其
質而表其介特也 次之
回寺 〔重〕郡乘也 次之圓山 謹兵[9]
事也 次〔之〕[10]鎭浦 示民利也 次
之鴨野 立民命也 由輕入重
先末後本 傚[11]晉問終於唐也 鄕
之善士 幸監焉 穡

〈한산팔영(韓山八詠)〉을 소나무[松]로 시작한 것은 스스로 책려하는 뜻이고, 낚시질[釣]로 마친 것은 곧음을 생각한 것이며, 그다음의 햇빛[日光]은 동쪽에서 나와 원근을 두루 미치는 것을 의미하고, 그다음의 외로운 돌[孤石]은 바탕이 확고하고 우뚝하게 드러난 뜻을 취한 것이며, 그다음의 회사(回寺)는 고을의 문헌을 소중히 여기는 뜻이고, 그다음의 원산(圓山)은 군대의 일을 삼가는 뜻이며, 그다음의 진포(鎭浦)는 백성의 이로움을 보인 것이고, 그다음의 압야(鴨野)는 백성의 생활을 정립한 것이다. 그리하여 가벼운 일에서 무거운 일로 들어가서 말단적인 것을 먼저 말하고 근본이 되는 것을 나중에 말 한 것은 진문(晉問)의 글이 당(唐)에서 마친 것을 본뜬 것이니[12], 고을의 훌륭한 선비들은 살펴주시기 바란다.
색(穡)

9) 兵 : 《목은시고(牧隱詩藁)》를 근거로 원문의 '是'를 바로잡았다.

10) 之 : 《목은시고(牧隱詩藁)》를 근거로 추가하였다.

11) 傚 : 《목은시고(牧隱詩藁)》를 근거로, 원문의 '做'를 바로잡았다.

12) 진문(晉問)의 …… 것이니 : '晉問'은 유종원(柳宗元, 773~819)이 지은 글의 편명으로, 그 글이 맨 처음 산하의 험함을 논한 것에서 시작하여 그다음으로 견갑(堅甲)과 이병(利兵), 명마(名馬) 등을 논하고, 맨 뒤에 이르러 진(晉)은 곧 옛 당(唐)의 땅으로 요임금의 유풍이 남아 있다는 내용으로 끝마쳤기 때문에 이른 말이다.

10. 卞季良 字巨卿 春亭 密陽人 麗季 文科 官大提學 諡文肅

변계량(卞季良, 1369~1430) : 자는 거경(巨卿)이고, 호는 춘정(春亭)이며, 본관은 밀양(密陽)이다. 고려 말에 문과에 급제하였고, 대제학(大提學)을 지냈으며, 시호는 문숙(文肅)이다.

自君南下後 吾
懶不能問 君亦如之
唯戀積于心也 忽此
便至得書 仍審
侍餘學況 迓膺
新休 慰滿不容
言 此間 才過終身
之祀 罔極如新
不知所言 何間當
上洛計 春前
必一作洛行 是企
是企 奴便促書 略草
不盡 唯祝
侍讀不怠[13)]
丁 元月 十九日
季良 伏謝

자네가 남쪽으로 내려가고 나서 나의 게으름으로 안부 편지도 못하고 있었는데, 자네도 나처럼 오직 마음속에만 그리움을 쌓아두는가? 갑자기 이렇게 인편이 와서 편지를 받고 부모님 모시고 공부하면서 새해 복 받고 지낸다니 말할 수 없이 위안이 되었네.
나는 이제 막 기제사를 지내고 나니 새롭게 드는 망극한 마음을 어떻게 말해야 할지 모르

---

13) 《춘정선생속집(春亭先生續集)》〈답혹인(答或人)〉에 원문이 실려 있고, "출전은 《동국명현유묵(東國名賢遺墨)》이다.[出東國明賢遺墨]"는 주석이 달려있다.

겠네. 언제쯤 서울로 올라올 계획인가? 봄이 오기 전에 꼭 한번 서울을 다녀가기 바라네. 종을 통해 급히 편지를 보내느라 간단하게 적고 말을 다하지 못하네. 오직 자네는 부모님 모시며 독서를 게을리 하지 말기 바라네.

정○년(丁○年) 1월 19일, 계량(季良)은 답장을 보내네.

11. 吉再 字再夫 號冶隱 善山人 文科 注書 圃隱文人 享烏山書院

길재(吉再, 1353~1419) : 자는 재부(再夫)[14]고, 호는 야은(冶隱)이며, 본관은 선산(善山)이다. 문과에 급제하였고, 주서(注書)를 지냈다. 포은(圃隱 : 鄭夢周)의 문인이고, 오산서원(烏山書院)에 제향되었다.

昨夕 承獲

惠書 謹審日間

尊候安福 開慰不可言

僕 粗過而踪地事

勢 在都下不便 欲於

秋夕 般眷往在於

善鄉爲計耳 餘

不宣式

八月 七日 再 頓

어제 저녁에 보내신 편지를 받고 요사이 편히 지내신다니 말할 수 없이 위안이 되었습니다. 저는 그럭저럭 지내고 있지만 저의 처지와 사정이 서울에 있기가 불편하여 추석에 식구들을 데리고 고향 선산으로 내려갈 생각입니다. 나머지는 이만 줄입니다.

8월 7일, 재(再)는 머리를 조아립니다.

---

14) 재부(再夫) : '재부(再父)'라고도 한다.

12. 黃喜 字懼夫 號厖村 長水人 麗季 文科 官領相 諡翼成 配享世祖廟

황희(黃喜, 1363~1452) : 자는 구부(懼夫)고, 호는 방촌(厖村)이며, 본관은 장수(長水)다. 고려 말에 문과에 급제하였고, 영의정(領議政)을 지냈다. 시호는 익성(翼成)이고, 세조(世宗)[15]의 사당에 배향되었다.

謹承

尊遠札 就審新年

閑況保重 遙賀萬萬

賢胤 遠涉嶺路 今又失意而去 有〔才〕[16]

無命 殊可怪嘆[17] 而亦豈無亨泰之

日也 只以

尊兄之老境漸深 爲可慮

先稿序跋 托非其人 實所難承 第以

載名其間 爲榮輝 頃已掇拾若干

語 而冗忙雲集[18] 尙未脫稿 可嘆可嘆

當竢復便 臘劑少許 略表微忱 再

伏惟

尊照 謹謝狀

辛巳 仲春 念七 舊拙 喜 頓

멀리서 보내신 편지를 받고 신년에 한가롭게 잘 지내신다니 멀리서 매우 축하드립니다. 아드님이 멀리 고갯길을 넘어와 지금 또다시 과거에 합격하지 못하고 떠나니, 가진 재주에

15) 세조(世宗) : 원문의 '世祖'를 바로잡았다.

16) 才 : 《해동역대명가필보(海東歷代名家筆譜)》에 서체가 약간 다른 동일한 편지가 실려 있는 것을 근거로 바로잡았다.

17) 嘆 : 《해동역대명가필보(海東歷代名家筆譜)》에 '言'으로 되어 있다.

18) 集 : 《해동역대명가필보(海東歷代名家筆譜)》를 근거로 원문의 '委'를 바로잡았다.

비해 타고난 운이 없어 자못 이상하지만 뜻을 이룰 날이 어찌 없겠습니까? 점점 늙어가는 존형이 걱정입니다.

선조유고(先祖遺稿)의 서발문을, 적임자가 아닌 저에게 부탁을 하시니 뜻을 받들기가 어렵지만 유고 사이에 제 이름을 올리는 것을 영광으로 생각해 요사이 약간의 글을 엮어 두었지만 너무 바빠 아직 탈고하지 못하고 있으니 탄식스럽습니다.

돌아가는 인편을 기다렸다가 소략하나마 약간의 납제(臘劑)[19]로 저의 정성을 표합니다. 살펴주시기 바라며 답장을 올립니다.

신사년(辛巳年, 1401) 2월 27일, 늙고 졸렬한 희(喜)는 머리를 조아립니다.

13. 鄭夢周 字達可 號圃隱 延日人 恭愍朝 文科 官侍中 本朝 贈領相 諡文忠 從祀文廟

정몽주(鄭夢周, 1337~1392) : 자는 달가(達可)고, 호는 포은(圃隱)이며, 본관은 연일(延日)이다. 공민왕 때 문과에 급제하였고, 시중(侍中)을 지냈으며, 조선에서 영의정(領議政)에 증직되었다. 시호는 문충(文忠)이고, 문묘(文廟)에 종사(從祀)되었다.

八月五日 忽承

惠示佳章 披閱再三 如對

面目 親賜慰問 喜慰可知也 宦情 非余樂也

每逢秋至 山水之興 尤有感於中心

先生何人 能獨辦此 人回 不勝惘惘 餘

希

順序自玉 只此 昏黑草草 夢周 頓首

19) 납제(臘劑) : '납제(臘濟)' · '납약(臘藥)'이라고도 한다. 동지 뒤의 셋째 미일(未日)인 납일에 궁중의 내의원(內醫院)에서 여러 가지 환약을 지어 올리면 임금은 이를 신하들에게 나누어 주었다. 이 약을 '납약'이라고 하는데, 청심환(淸心丸) · 안신환(安神丸) · 소합환(蘇合丸) 등이 있다.

8월 5일에, 문득 보내신 편지를 받고 몇 번이고 읽어보니 마치 얼굴을 마주하고 친히 위문하시는 것 같아 기뻤으니, 위안되는 제 마음을 아실 것입니다.

벼슬살이는 저에게는 기쁘지가 않고, 매번 가을이 오면 산수의 흥취가 더욱 마음속에서 일어납니다. 선생은 어떤 분이기에 홀로 이러한 즐거움을 마련하였는지요? 사람이 돌아오니 멍한 마음 이길 길 없습니다. 나머지는 계절에 따라 몸을 보중하시기를 빌며 이만 줄입니다. 날이 어두워 급히 씁니다.

몽주(夢周)는 머리를 조아립니다.

14. 河演 字淵亮 號敬齋 晉州人 太祖朝 文科 官領相 謚文孝 圃隱門人

하연(河演, 1376~1453) : 자는 연량(淵亮)이고, 호는 경재(敬齋)며, 본관은 진주(晉州)다. 태조 때 문과에 급제하였고, 영의정(領議政)을 지냈다. 시호는 문효(文孝)고, 포은(圃隱 : 鄭夢周)의 문인이다.

侍奉政履安穩 足替一
面 慰感交至 迷豚北行
出於自作
聖恩如天 不謫以官 渠亦年
少無病 往莅何害 不
遠弊邑 以
書來慰 可見
故人鄭重
厚眷 感與謝并 弊縣 雖曰
海邑 乃是泓口 流澌僅
消 魚未興産 略將醢物
少許 以表下忱 伏惟

尊下鑑 謹拜

上謝狀

戊午 三月 初吉 演

부모님 모시며 정사보시는 안부가 좋으시다는 소식에 한 번 만나는 것도 대신할 만큼 위안과 감사의 마음이 교차되었습니다. 아이의 서울 행차는 제 스스로 간다고 한데서 나온 것입니다. 하늘같은 임금님의 은혜로 귀양을 보내지 않고 벼슬을 내리셨으니, 그도 나이가 젊고 병이 없으니 부임에 방해는 없을 것입니다.
저의 고을을 멀다 여기지 않고 편지로 위로하시니 친구의 정중하고 두터운 보살핌에 고맙고 감사합니다. 저의 고을이 비록 바닷가라지만 어귀에는 물이 깊고 얼음도 이제 겨우 녹아 물고기도 잡히지 않아서 소략하나마 약간의 젓갈로 저의 정성을 표합니다. 당신께서 살펴주시기 바라며 절하고 답장을 올립니다.
무오년(戊午年, 1438) 3월 1일, 연(演)

15. 金叔滋 字子培 號江湖 善山人 世宗朝 文科 官司藝 冶隱門人

김숙자(金叔滋, 1389~1456) : 자는 자배(子培)고, 호는 강호(江湖)며, 본관은 선산(善山)이다. 세종 때 문과에 급제하였고, 사예(司藝)를 지냈으며, 야은(冶隱 : 吉再)의 문인이다.

頃蒙

令枉陋 向承

令札 感慰交至 弟 重得寒疾

呻痛度日 苦悶苦悶

示事書上耳 俟

兄晩直造拜是計 伏惟

令量 答上狀

乙酉 正月 初九日 申時

叔滋 頓[20]

접때 영감께서 저의 집에 왕림해 주신데다, 또 지난번 영감의 편지에 감사와 위안이 교차하였습니다.

저는 거듭 감기에 걸려 신음하며 날을 보내고 있으니 괴롭습니다. 말씀하신 일은 글로 써서 올렸습니다. 형을 기다렸다가 늦더라도 찾아뵐 생각입니다. 영감께서 헤아려 주시기 바라며 답장을 올립니다.

을유년(乙酉年, 1405) 1월 9일 신시(申時)[21], 숙자(叔滋)는 머리를 조아립니다.

16. 徐居正 字剛中 號四佳 大邱人 世宗朝 文科 官貳相 謚文忠

서거정(徐居正, 1420~1488) : 자는 강중(剛中)이고, 호는 사가(四佳)며, 본관은 대구(大邱)다. 세종 때 문과에 급제하였고, 좌찬성(左贊成)을 지냈으며, 시호는 문충(文忠)이다.

今讀諸所爲詩歌 詠

言其志 皆有古之〔遺音〕

在昔十〔五〕國之風 猶有

惡 此則盡美

徐居正

20) 《해동역대명가필보(海東歷代名家筆譜) 1卷》 p52에도 서체가 약간 다른 동일한 내용의 자료가 실려 있어, 위조로 의심이 된다.

21) 신시(申時) : 오후 3~5시를 이른다.

지금 여러 곳의 시와 노래를 읽어보니 그 뜻을 표현한 것으로 모두 옛날의 유음(遺音)이 있다.

옛날 15국풍(國風)[22]에도 나쁜 작품이 있었는데 이것은 모두가 아름답다.

서거정(徐居正)

17. 錦城大君瑜 世宗大王第六子 諡貞愍

금성대군(錦城大君) 이유(李瑜, 1426~1457) : 세종대왕의 여섯 번째 아들로 시호는 정민(貞愍)이다.

戀深 忽伏承

上京后

惠翰 實慰無已

此間 宿狀猶昔 目

疾復劇 奈何奈何 所

餉何太優也 感謝

多多 還自不安

官事 果無難處之

端耶

昨別海伯 悵望之

極 忙不宣 謹謝

令亮

三月 初一日 瑜 頓

〖瑜 頓〗

22) 15국풍(國風) : 《시경(詩經)》 305편 가운데 15개 나라의 민간가요 160편의 시가를 말한다. 국풍은 당시 일반 백성들의 사상과 감정 등을 노래한 시가로 주로 백성들의 생활감정, 남녀 간의 애정이나 현실에 대한 비판과 원망을 표현하고 있다.

몹시도 그립던 중에 홀연히 서울로 올라와서 당신의 편지를 받고 끝없이 위안이 되었습니다. 저는 예나 다름없이 지내고는 있지만 눈병이 다시 심해지니 어찌하겠습니까? 먹을거리는 어떻게 이렇게 많이 보내셨는지요? 매우 감사한 나머지 도리어 제 마음이 편치가 않습니다. 관청의 일은 처리하기 어려운 단서는 없으신지요? 어제 황해도 관찰사와 이별하여 몹시 서운했습니다. 바빠서 이만 줄이며 답장을 드리니 영감께서 헤아려 주십시오.

3월 1일, 유(瑜)는 머리를 조아립니다.

18. 元昊 字子虛 號觀瀾 元州人 世宗朝 文科 官集賢殿學士 諡靖簡

원호(元昊, 1396~1463) : 자는 자허(子虛)고, 호는 관란(觀瀾)이며, 본관은 원주(原州)[23]다. 세종 때 문과에 급제하였고, 집현전 학사(集賢殿學士)를 지냈으며, 시호는 정간(貞簡)[24]이다.

伏承
手札 慰喜可言 仍問[25]
尊起居萬安 馳溸切切 此間 依遣
而公務閒安無暇中 病擾轉甚
艱堪奈何 三種
惠饋 感荷盛意 時事大有罔測
之樣 自以謂不見不知之爲愈也 悶
慮將何爲之 只切抑塞而已 神昏只此
不究 伏惟
下照謹狀上
至月 十一日 元昊 頓

23) 원주(原州) : 원문의 '元州'를 바로잡았다.
24) 정간(貞簡) : 원문의 '靖簡'을 바로잡았다.
25) 仍問 : '仍聞'의 오자다.

편지를 받으니 위안되고 기쁜 마음 말로 하겠습니까? 당신께서 잘 지내신다니 그리움만 간절합니다.

저는 별탈없이 지내고는 있지만 공무로 한가할 틈도 없고 병은 더욱 깊어만 가서 견디기 힘들 정도이니 어찌해야 하겠습니까? 세 가지 먹을거리를 보내신 정성에 감사합니다. 요사이 돌아가는 일이 크게 예측할 수 없는 모양새라 차라리 못보고 아무것도 모르는 게 낫겠다는 생각마저 듭니다. 걱정을 장차 어찌하겠습니까? 마음만 답답할 뿐입니다. 정신이 혼미하여 이만 줄입니다. 살펴주시기 바라며 편지를 올립니다.

11월 11일, 원호(元昊)는 머리를 조아립니다.

19. 朴彭年 字仁叟 號醉琴軒 順天人 世宗朝 文科 官刑參 謚忠正

박팽년(朴彭年, 1417~1456) : 자는 인수(仁叟)고, 호는 취금헌(醉琴軒)이며, 본관은 순천(順天)이다. 세종 때 문과에 급제하였고, 형조참판(刑曹參判)을 지냈으며, 시호는 충정(忠正)이다.

家有祀事 不得出入

闕然至此 只自悵歎

卽拜

台委書 慰慰○○

弟之陳箚 出於不自安

之〔意〕心 故語意 都

是自訟耳 箚草○

○謹取去 從當覓

呈耳 餘客〔擾〕○

拜姑不宣

六日 夕 彭年[26)]

집에 제사가 있어 바깥출입도 못하고 지금까지 문안드리지 못해 탄식스러웠는데, 오늘 대감의 편지에 위안이 되었습니다.

저의 차문(箚文)은 마음이 편치 않은데서 나온 것이라 말뜻이 대부분 저를 자책하는 내용입니다. 차문의 초고는 가져갔으니 조만간 찾아서 보내드리겠습니다. 나머지는 손님으로 어수선하여 이만 줄입니다.

6일 저녁, 팽년(彭年)

20. 南孝溫 字伯恭 號秋江 宜寧人 文宗朝 文科 贈吏判 諡文簡 享彰節祠

남효온(南孝溫, 1454~1492) : 자는 백공(伯恭)이고, 호는 추강(秋江)이며, 본관은 의령(宜寧)이다. 문종 때 문과에 급제하였고, 이조판서(吏曹判書)에 증직되었다. 시호는 문정(文貞)[27]이고, 창절사(彰節祠)에 제향되었다.

東峯山人岑公答書

日者 蒙先生莫大之賜 廬山送客 遠渡虎溪 恩

榮幸甚 又不以淺弊無憤悱反隅智[28]識 敎之以持身

設施之方 援引古義 反覆丁寧 幸亦大焉 自料不至碎

首 無以仰報 然僕嘗聞之 千鈞至重 而孟賁擧之則易 一

羽至輕 而醯鷄負之則重 何者 力之強弱致然也 人之

行也亦然 有從容中道者 有勉強行道者 彼勉強者

非不欲不思而得 不勉而中 其氣駁質濁 已稟於有生

之初 故當百倍其功 自強不息 何者 德之厚薄然也[29] 嗚

---

26) 《해동역대명가필보(海東歷代名家筆譜) 1卷》 p60에 서체가 약간 다른 동일한 내용의 자료가 실려 있어, 위조로 의심이 된다.

27) 문정(文貞) : 원문의 '文簡'을 바로잡았다.

28) 智 : 원문의 知는, 《추강집(秋江集)》 〈답동봉산인서(答東峯山人書)〉를 근거로 바로잡았다.

29) 《추강집(秋江集)》 〈답동봉산인서(答東峯山人書)〉의 일부이다. "日者 蒙先生莫大之賜 廬山送客 遠渡虎溪

呼 醒屈醉倫 本非二致 淸夷和惠 竟是一道 先生不可強以不飮之穆生爲累 冀以一字示可否 仲夏極熱 伏惟先生動止萬福 煉方所用神苓一封呈上 鼎裏烏兔 莫使獨對 枕中鴻寶 兼濟枯骨

南秋江

동봉(東峯)[30] 산인 잠공(岑公)에게 답하는 편지

일전에 선생의 더할 수 없는 후의를 얻어, 산속에서 저를 전송하며 멀리 호계(虎溪)를 건너오셨으니[31], 은혜와 영광을 이루 형언할 수 없습니다. 더구나 저같이 천박한 사람은 애달픈 생각도 없고 한 모퉁이를 들면 세 모퉁이를 미루어 알 만한[32] 지식이 없는데도 불구하고, 몸가짐과 일을 베푸는 방법을 가르치되, 옛사람의 도의를 인용하여 두 번 세 번 되풀이해 주시니, 무엇보다 다행스럽고 동시에 뼈가 가루 되지 않고서는 보답할 길이 없다고 생각합니다.

그러나 저는 일찍이 들으니, 천근이 몹시 무겁지만 맹분(孟賁)[33]은 쉽게 들고 새 깃 하나는 매우 가볍지만 초파리가 짊어지기에는 무겁다고 했으니, 이는 힘의 강약이 있기 때문입니다. 사람의 행실도 그러해서 조용히 도에 적중하는 사람이 있고, 애써서 도를 행하는 사람이 있습니다. 애쓰는 사람은 생각하지 않아도 체득되고 힘쓰지 않아도 조용히

恩榮幸甚 又不以淺弊無憤悱反隅智識 敎之以持身設施之方 援引古義 反覆丁寧 幸亦大焉 自料不至碎首 無以仰報 然僕嘗聞之 千鈞至重 而孟賁擧之則易 一羽至輕 而醯鷄負之則重 何者 力之強弱致然也 人之行也亦然 有從容中道者 有勉強行道者 彼勉強者非不欲不思而得 不勉而中 其氣駁質濁 已稟於有生之初 故當百倍其功 自強不息 何者 德之厚薄然也 夫酒之爲德 五經子史詳矣 …… 天地可忽則措諸身何處 況慈母育子 每敎省酒 及聞此語 喜動於色 斷酒之誓 庸可渝乎 嗚呼 醒屈醉倫 本非二致 淸夷和惠竟是一道 先生不可強以不飮之穆生爲累 冀以一字示可否 仲夏極熱 伏惟先生動止萬福 煉方所用神苓一封呈上 鼎裏烏兔 莫使獨對 枕中鴻寶 兼濟枯骨”

30) 동봉(東峯) : 김시습(金時習)의 호이고, 승명(僧名)은 설잠(雪岑)이다.

31) 산속에서 …… 건너오셨으니 : 〈여산기(廬山記)〉에, “샘물이 여산사(廬山寺)를 둘러서 호계(虎溪)로 들어간다. 옛날 원법사(遠法師)가 손님을 전송하여 이 시내를 지나가면, 문득 성내어 소리를 내므로 호계라 이름하였다. 그때 도연명은 율리산(栗里山)에 살고, 산 남쪽에 사는 육수정(陸修靜)도, 또한 도를 지닌 선비이므로, 원법사가 일찍이 이 두 사람을 전송하며 더불어 이야기하다가 모르고서 지나갔다.”고 하였다.

32) 한 …… 만한 : 《논어(論語)》 〈술이(述而)〉에, “한 모퉁이를 들어 일러 주었는데 세 모퉁이를 반증하여 알지 못하면 더 이상 말해 주지 않는다.[擧一隅 不以三隅反 則不復也]”고 하였다.

33) 맹분(猛奮) : 진(秦) 나라 무왕(武王, BC 329~BC 307) 때의 장사다.

도에 적중되기를 원하지 않는 것은 아니지만, 탁한 기질은 태어날 때부터 품부 받은 것이라 마땅히 백배나 더 공부해서 스스로 쉴 새 없이 힘써야 하는 것입니다. 왜냐하면 각기 다른 덕의 두터움 때문입니다.

아, 깨어 있는 굴원(屈原)[34]이나 취한 유령(劉伶)이 본래 둘이 아니고, 성(聖)의 청(淸)인 백이(伯夷)나 성의 화(和)인 유하혜(柳下惠)가 끝내는 동일한 도이니[35], 선생은 애써 술 못 마시는 목생(穆生)을 잘못이라 하지마시고, 글 한편을 내려 가부를 알려주시기 바랍니다.

5월 무더위에 선생의 기력이 강녕하시길 빌며, 수련방(修煉方)에 쓰이는 복령 한 봉을 드리니, 솥 안의 오토(烏兎)[36]만 복용하지 마시고, 베개 속 홍보(鴻寶)[37]도 함께하여 뼈만 남은 몸을 구제하십시오.

남추강(南秋江)

21. 成聃壽 字耳壽 號文斗 昌寧人 世宗朝 文科 官校理 贈吏判 諡貞簡

성담수(成聃壽, ?~?) : 자는 이수(耳壽)고, 호는 문두(文斗)며, 본관은 창녕(昌寧)이다. 세종 때 문과에 급제하였고, 교리(校理)를 지냈다. 이조판서(吏曹判書)에 증직되었고, 시호는 정숙(靖肅)[38]이다.

---

34) 깨어 …… 굴원(屈原) : 굴원(BC 343?~BC 278?)의 〈어부사(漁父辭)〉에, "세상 사람이 다 취했는데 나는 홀로 깨어 있노라.[擧世皆濁 我獨淸 擧世皆醉 我獨醒]"는 구절이 있다.

35) 성(聖)의 …… 도(道)이니 : 백이(伯夷, ?~?)는 너무 청(淸)하여 갓을 바르게 쓰지 않은 사람만 보아도 곧 피할 정도이고, 유하혜(柳下惠, BC 720~BC 621?)는 너무 화(和)하여 부르면 나가서 벼슬하고, 자기의 옆에서 옷을 벗는 사람이 있더라도, "너는 너요, 나는 나다. 네가 어찌 나를 더럽히랴."고 하였다.

36) 오토(烏兎) : 해와 달의 이칭이며, 도가(道家)의 연단(煉丹)을 말한 것이다.

37) 홍보(鴻寶) : 신선의 도술을 말한다. 《한서(漢書)》 〈유향전(劉向傳)〉에, "임금이 신선(神仙) 방술(方術)에 관한 것을 숭상하는데, 회남왕(淮南王) 유안(劉安, BC 179~BC 122)의 베개 속에 들었던 홍보원비서(鴻寶苑祕書)가 있었다."고 하였다.

38) 정숙(靖肅) : 원문의 '貞簡'을 바로잡았다.

{皮封} 狀上

除式 日月之邁 已迫歲正 可想

哀歸掃戾連 區區慰感 未諦

哀氣力 此時何如 而但自古人 處此

當如此況

仲氏所苦 今已快復耶 馳慮猶切

僕 僅遣而特蒙

恩敘之命 生來無想所未到 懼悶何

言 自顧欺世 以致

上誤 罪未加而

恩宥太濫 玆今以後 與世屛跡 樵山漁

水 可以寓懷處也

令尊 或與相話 亦可以敘多少蘊緖

豈能容易耶

令侄哀處 未得奉狀矣 煩致言如何

餘只冀

尊哀履支保 不宣 伏惟

下照 謹狀上 元月 十日 僕 聃壽 拜

{피봉} 편지를 올립니다.

인사말은 생략합니다. 세월은 흘러 어느덧 1월이 가까운데 상중에 계신 당신께서는 선영(先塋)에서 돌아와 연산(連山)에 도착했을 것이라 생각하니 간절히 위안됩니다. 상주의 안부는 요사이 어떠신지요. 다만 옛사람도 이런 처지를 당했다면 매한가지 상황이었을 것입니다. 둘째 형님께서 앓던 병은 지금 회복되셨는지 매우 걱정입니다.

저는 어렵사리 지내는 처지에 특별히 제수(除授) 명령을 받으니 살면서 온갖 생각이 들어 두렵고 민망한 마음을 어떻게 말로 하겠습니까? 스스로 돌아보건대, 왕께서 죄를

주시지 않으시고 은혜롭게 분에 넘치는 용서를 받으니 이제부터는 세상에서 자취를 감추고 나무하고 물고기나 잡는 것에 마음을 붙여볼까 합니다. 영감과 혹시라도 서로 이야기를 나누게 된다면 다소간에 쌓였던 회포를 풀 수 있겠지만 어찌 쉬운 일이겠습니까? 영감의 조카인 상주에게는 편지를 보내지 못하니 번거롭겠지만 안부를 전해주는 것이 어떻습니까? 나머지는 상중에 몸을 잘 보존하시기를 빌며 이만 줄입니다. 살펴주시기 바라며 편지를 올립니다.

1월 10일, 복(僕) 담수(聃壽)는 절합니다.

22. 李孟專 字伯純 號耕隱 碧珍人 世宗朝 文科 贈吏判 諡貞簡

이맹전(李孟專, 1392~1480) : 자는 백순(伯純)이고, 호는 경은(耕隱)이며, 본관은 벽진(碧珍)이다. 세종 때 문과에 급제하였고, 이조판서(吏曹判書)에 증직되었으며, 시호는 정간(靖簡)[39]이다.

塞垣早寒 未諳

旅食情味如何 仰

慮切矣

黴書已降 試事尼

之 不過少遲數旬爾

傾企之情 不啻倍

萬 生 奉老粗遣

而一秋飢噤 病未

控免 此間愁苦 何

可筆寫 惟願

珍護 伏希

情照 餘不宣 上狀 孟專 頓

39) 정간(靖簡) : 원문의 '貞簡'을 바로잡았다.

변방은 추위가 일찍 찾아오는데 객지생활은 어떠신지요? 몹시 걱정입니다. 징서(徵書)[40]가 이미 내려왔고 중단되었던 과거시험이 불과 수십일 밖에 늦추어지지 않았지만 기대되는 마음 배나 간절할 뿐만이 아닙니다.

저는 부모님 모시고 별탈없이 지내고는 있지만, 가을 내내 굶주리고 병을 앓으면서도 면직을 요청하지 못하고 있으니 저의 괴로움을 어떻게 필설로 다 하겠습니까? 몸을 잘 보존하시기를 빌겠습니다. 살펴주시기 바랍니다. 나머지는 이만 줄이고 편지를 드립니다. 맹전(孟專)은 머리를 조아립니다.

23. 李塏 字淸甫 號白玉 韓山人 世宗朝 文科 官直提學 謚文簡

이개(李塏, 1417~1456) : 자는 청보(淸甫)고, 호는 백옥헌(白玉軒)[41]이며, 본관은 한산(韓山)이다. 세종 때 문과에 급제하였고, 직제학(直提學)을 지냈으며, 시호는 충간(忠簡)[42]이다.

似聞
華旆下路 卽欲就
敍 親庭病患方甚
不暇人事 歎仰曷
極 俟病小間 進仰
是計 還
旆之期 當在何間耶
前達親家奴子允
龍事 何以爲之耶
欲探
行履 先伻替候 留

40) 징서(徵書) : 조정에서 벼슬하라고 부르는 글을 이른다.
41) 백옥헌(白玉軒) : 원문의 '白玉'을 바로잡았다.
42) 충간(忠簡) : 원문의 '文簡'을 바로잡았다.

俟奉盡 伏惟

尊照 謹上狀

庚 念五 塏

얼핏 행차가 내려가신다는 말을 듣고 곧바로 찾아가 문안을 드리고 싶었지만 부모님의 병환이 심해 인사드릴 겨를조차 없었으니 탄식이 어찌 끝이 있겠습니까? 병환이 조금이나마 차도를 보이면 찾아뵐 생각입니다. 언제쯤 돌아오시는지요? 지난번 말씀드린 친가의 종 윤용(允龍)에 관한 일은 어떻게 되었습니까?

안부를 여쭙고 싶어 우선 심부름꾼을 보내 문안을 대신하고, 나머지는 만나서 말씀을 드리겠습니다. 살펴주시기 바라며 편지를 올립니다.

경○년(庚○年) 25일, 개(塏)

24. 成三問 字謹甫 號梅竹軒 昌寧人 世宗朝 文科 官承旨 謚文忠

성삼문(成三問, 1418~1456) : 자는 근보(謹甫)고, 호는 매죽헌(梅竹軒)이며, 본관은 창녕(昌寧)이다. 세종 때 문과에 급제하였고, 승지(承旨)를 지냈으며, 시호는 충문(忠文)[43]이다.

野鶴無靈性 飛翔失故

柯 稻粱欺聞雁 飮啄渾

群鵝 舊侶江湖障 新巢

雨雪多 羽儀何可望 自

足免虞羅

三問 謹甫 稿

두루미는 영성이 없어

43) 충문(忠文) : 원문의 '文忠'을 바로잡았다.

날다가 날아오른 옛 가지도 잊었네.
곡식을 먹다가도 기러기 소리에 놀라고
물을 마시다가도 거위 떼에 속네.
옛 친구들은 강과 호수로 막혔고
새 둥지에는 눈이 펑펑 쏟아지네.
날개가 있으니 무엇을 바랄까?
그물에 걸리지 않은 것만도 충분하네.
삼문(三問) 근보(謹甫) 시고(詩稿)

25. 河緯地 字仲章 號丹溪 晉州人 世宗朝 文科 官禮參 諡忠烈

하위지(河緯地, 1412~1456) : 자는 중장(仲章)이고, 호는 단계(丹溪)며, 본관은 진주(晉州)다. 세종 때 문과에 급제하였고, 예조참판(禮曹參判)을 지냈으며, 시호는 충렬(忠烈)이다.

前冬 各分南北 行色甚忙 未獲
一面 而出青門 懷緖愈難堪
只是
令手札 迨今藏在行笥 時時
披閱 稍慰客思 卽惟春和
令政候萬相 瞻傃倍切 弟 擔
疾踰嶺 生還爲幸 而意外
還仍狼狽極矣 玆修赫蹄 送
君玉姻丈家 冀早晩付傳
萬萬非穎可旣 伏惟
下照 上謝狀
卽日 弟 緯地[44]

44) 《해동역대명가필보(海東歷代名家筆譜) 1卷》 p62에 서체가 약간 다른 동일한 내용의 자료가 실려 있어,

지난겨울 각자 남북으로 헤어지면서 너무 바쁘게 길을 떠나는 바람에 잠시도 만나지 못한 채 청문(靑門)[45]을 나섰으니 그리운 마음 더욱 견디기 어렵습니다. 그러나 형의 편지를 아직도 행장에 보관하고 수시로 꺼내 읽으며 객지의 회포에 조금이나마 위안 삼습니다. 따뜻한 봄 날씨에 영감님께서는 정사보시며 잘 지내시는지 배나 그립습니다. 저는 병든 몸으로 고개를 넘어 살아 돌아온 것만도 다행이라 생각했었는데 뜻밖에 심한 낭패를 당해 이렇게 편지로 군옥(君玉)의 인척어른 댁에 보내니 조만간 전해지기를 기대합니다. 많은 사연들은 필설로는 다할 수 없습니다. 살펴주시기 바라며 답장을 올립니다.

즉일, 아우 위지(緯地)

26. 柳誠源 字太初 號[琅玕] 文化人 世宗朝 文科 官集賢殿學士 贈吏判 謚忠景 享鷺梁書院

유성원(柳誠源, ?~1456) : 자는 태초(太初)고, 호는 낭간(琅玕)이며, 본관은 문화(文化)다. 세종때 과거에 급제하였고, 집현전 학사(集賢殿學士)를 지냈다. 이조판서(吏曹判書)에 증직되었고, 시호는 충경(忠景)이며, 노량서원(鷺梁書院)에 제향되었다.

稽顙 卽奉

華字 慰沃可言

吟履清絕 殊呈高昴

瓊什謹置 焚香以讀然後

歸之 近者 時與士行

一作剝啄聲如何 企甚

不次

卽 罪弟 誠源 疏上

위조로 의심이 된다.

45) 청문(靑門) : '도성문(都城門)'을 이른다. 한 나라 장안(長安)의 동쪽문인 패성문(覇城門)이 청색이었던 데서 이르는 말이다.

머리를 조아립니다. 오늘 편지를 받고 위안되는 마음을 말로 하겠습니까? 시를 읊조리며 지내시는 안부는 좋으신지 그립습니다. 보내주신 시는 공손히 놓아두고 향을 사르고 읽고 되돌려 놓았습니다.

요사이 때때로 사행(士行)과 함께 한번 찾아와 주시는 것[46]이 어떻습니까? 간절히 바라며 두서없이 씁니다.

즉일, 상주(喪主) 아우 성원(誠源) 소상(疏上)[47]

27. 趙旅 字主翁 號漁溪 咸安人 端宗朝 進士 贈吏判 謚靖節

조여(趙旅, 1420~1489) : 자는 주옹(主翁)이고, 호는 어계(漁溪)며, 본관은 함안(咸安)이다. 단종 때 진사(進士)에 입격하였고, 이조판서(吏曹判書)에 증직되었으며, 시호는 정절(貞節)[48]이다.

伻回 承得

委覆 良用慰荷 疏

草覽後 謹完

旣出之後 不參擧動

遽爾引入 似不穩便

更思之如何 餘困倒

倩草不宣

卽 旅 頓

심부름꾼이 돌아와 보내신 답장을 받고는 참으로 위안이 되었습니다. 상소문의 초고는 보고 나서 돌려드리겠습니다. 이미 서울에서 나와 거둥에 참여하지 못하는데 갑자기 끌어 들이는 것은 온당치 않은듯하니 다시 생각해 보시는 것이 어떻습니까? 나머지는

46) 찾아와 …… 것 : 원문은 '剝啄'. 문을 두드리는 소리를 이르는 말로, 여기서는 상대방의 방문을 이른다.

47) 소상(疏上) : 상을 당한 사람이 편지의 끝에 쓰는 말로, 일반적인 편지에서의 '장상(狀上)'과 쓰임이 같다.

48) 정절(貞節) : 원문의 '靖節'을 바로잡았다.

쓰러질 듯 피곤해서 대필하고 이만 줄입니다.
즉일, 여(旅)는 머리를 조아립니다.

28. 姜孟卿 字子章 號私淑 晉州人 世宗朝 文科 官領相 謚文景

강맹경(姜孟卿, 1410~1461) : 자는 자장(子章)이고, 호는 사숙(私淑)[49]이며, 본관은 진주(晉州)다. 세종 때 문과에 급제하였고, 영의정(領議政)을 지냈으며, 시호는 문경(文景)이다.

昨者 見氣融和 邀同任把總 造
謁轅門 敘闊談心 欲求布射逸景
不侫賤騎失足 不亦濕衣而退 今
荷蒙玉翰過寵 何以當此
厚情 容在翌日面
叩 不宣 卽日 子章 頓首

어제 날씨가 좋아 같은 직임의 파총(把摠)[50]을 불러 함께 영문(營門)으로 당신을 찾아뵙고 이야기 나누며 활쏘기와 준마(駿馬)를 구경하고 싶었는데 저의 말이 실족을 하였습니다. 그렇지만 그나마 옷은 물에 젖지 않고 돌아왔습니다. 지금 분에 넘치는 사랑으로 보내신 편지를 받았으니 이러한 두터운 정을 어떻게 감당하겠습니까? 다음날 만나 용서받기로 하고 이만 줄입니다.
즉일, 자장(子章)은 머리를 조아립니다.

---

49) 사숙(私淑) : 그의 호가 사숙(私淑)이라는 명확한 근거를 찾을 수 없다. 그의 비문을 지은 강희맹(姜希孟)의 호가 사숙재(私淑齋)인 데서 빚어진 오류인 듯하다.
50) 파총(把摠) : 원문의 '把總'을 바로잡았다. 조선시대 각 군영(軍營)에 두었던 종4품 서반 무관으로, 임무는 하번중인 향군을 훈련시키고, 군비상태를 순시하고 점검하며, 유사시에는 이들을 이끌고 참전하였다.

29. 魚世謙 字子益 號西川 咸從人 世祖朝 文科 官右相 諡文貞

어세겸(魚世謙, 1430~1500) : 자는 자익(子益)이고, 호는 서천(西川)이며, 본관은 함종(咸從)이다. 세조 때 문과에 급제하였고, 우의정(右議政)을 지냈으며, 시호는 문정(文貞)이다.

淸時此選屬吾人
前後榮光聳比隣
出處行裝惟我共
神交千里留懷新
魚世謙

맑은 시절 우리들 선발되어
전후의 영광에 이웃도 공경하네.
나가고 물러나기를 나와 함께하니
천리 밖 벗의 남은 회포 새롭네.
어세겸(魚世謙)

30. 金宗直 字季溫 號佔僤齋 江湖子 世宗朝 文科 官刑判 諡文簡

김종직(金宗直, 1431~1492) : 자는 계온(季溫)이고, 호는 점필재(佔僤齋)로 강호(江湖 : 金叔滋)의 아들이다. 세종 때 문과에 급제하였고, 형조판서(刑曹判書)를 지냈으며, 시호는 문충(文忠)[51]이다.

近來
起居何如 爲慕不已 前
日寄問 時未見回

51) 문충(文忠) : 원문의 '文簡'을 바로잡았다.

報 無乃浮沈於中道
耶 今見士仰之歸 職
事所係 不得同之恨焉
餘懷萬在 此行所
傳不多及 伏惟
令鑑 謹狀
庚之六月 念五 宗直

요사이 안부는 어떻습니까? 그리운 마음 끝이 없습니다. 전날 보낸 안부편지에 아직 답장을 받지 못했는데 중간에 누락된 것은 아닌지요? 지금 돌아가는 사앙(士仰)을 만났지만 직무에 매여 함께하지 못한 것이 한스럽습니다. 남은 회포가 많지만 이번에는 다 전하지 않습니다. 영감께서 살펴주시기 바라며 편지를 드립니다.

경○년(庚○年) 6월 25일, 종직(宗直)

31. 許琮 字宗卿 號尙友堂 陽川人 世祖朝 文科 官右相 陽川府院君 謚忠貞

허종(許琮, 1434~1494) : 자는 종경(宗卿)이고, 호는 상우당(尙友堂)이며, 본관은 양천(陽川)이다. 세조 때 문과에 급제하였고, 우의정(右議政)을 지냈다. 양천부원군(陽川府院君)에 봉해졌고, 시호는 충정(忠貞)이다.

今年冠冕高車 昔日琱
發大纛 穎邑何須借而 次
公猶自新到
修德恩羊叔子 羌兵策
馬征南 秋風遠塞旌旆 明
月高樓笑談
陽川 許琮

금년 벼슬아치들의 높은 수레에도

옛날엔 징발하던 큰 깃발을 꽂았지.

무엇하러 영읍(潁邑)을 빌릴까?

차공(次公)[52]도 절로 새로워졌네.

양숙자(羊叔子)[53]는 덕과 은혜를 닦고

강병(羌兵)은 말을 몰아 남쪽을 쳐들어왔네.

가을바람 부는 먼 변방에는 깃발이 펄럭이는데

밝은 달밤에 높은 누각에 올라 담소를 나누네.

양천(陽川) 허종(許琮)

32. 李則 字叔度 號竹溪 固城人 世祖朝 文科 官知中樞 諡貞肅

이칙(李則, 1438~1496) : 자는 숙도(叔度)고, 호는 죽계(竹溪)며, 본관은 고성(固城)이다. 세조 때 문과에 급제하였고, 지중추(知中樞)를 지냈으며, 시호는 정숙(貞肅)이다.

皇天降割

大行大王禮陟 哀慟罔

極 率普惟均 況吾輩

處地 情勢自別於人 則

其所催痛可知矣 居諸流

52) 차공(次公) : 한(漢) 나라 개관요(蓋寬饒, ?~BC 60)의 자다. 평은후(平恩侯) 허백(許伯, ?~?)의 집들이 잔치에 마지못해 참석해서 술잔을 받을 때 "많이 따르지 말라. 나는 술 취하면 광기가 나온다.[無多酌我 我乃酒狂]"고 하자, 승상 위후(魏侯, ?~?)가 웃으면서 그의 강직한 성품을 빗대어 놀리기를 "차공은 정신이 멀쩡할 때에도 광기를 부리는데, 어찌 술이 필요하겠는가.[次公醒而狂 何必酒也]"는 고사가 전한다. 《한서(漢書)》 〈개관요전(蓋寬饒傳)〉

53) 양숙자(羊叔子) : 남북조(南北朝) 시대 진(晉) 나라 양호(羊祜, 221~278)를 가리킨다. 양호가 군대를 맡고 있으면서는 갑옷을 입지 않은 채 항상 가벼운 옷을 입고 허리띠를 느슨히 풀어놓고 있었는데도 군사들이 모두 그 덕에 감복하였다. 진남대장군(鎭南大將軍)이 되어 오 나라를 치다가 병으로 죽자 변경을 지키던 오 나라 군사들까지 그의 덕을 사모하여 눈물을 흘렸으며, 양양(襄陽) 사람들이 그가 즐겨 노닐던 현산(峴山)에 비석을 세웠는데, 그 비석을 보고는 눈물을 흘리지 않는 사람이 없어서 '타루비(墮淚碑)'라고 불렀다. 《자치통감절요(資治通鑑節要)》 〈한기(漢紀) · 후제선 하(後帝禪下)〉

邁 初朞迫近 痛廓

罔極 亦可想矣 拘於公

路 姑不知過行 痛尤當

如何耶 玆付數字

姑不具

至月 卄日 叔度 頓

하늘이 재앙을 내려 대행대왕(大行大王)[54]께서 승하하셨으니 끝없는 애통함은 온 나라가 같을 것입니다. 더구나 우리들의 처지와 형편은 절로 남과 다르니 가슴 찢어지는 애통함을 아실 것입니다. 세월은 흘러 돌아가신지 1년이 되어가니 망극한 애통함과 허전한 마음을 상상하실 수 있을 것입니다.

저는 공무에 매여 행차가 지나는 것도 몰랐으니 애통한 마음을 더욱 어찌하겠습니까? 이렇게 몇 글자 부치며 이만 줄입니다.

11월 20일, 숙도(叔度)는 머리를 조아립니다.

33. 金宏弼 字大猷 號寒暄堂 瑞興人 成宗朝 逸刑佐 贈左相 諡文敬 佔僤齋門人 從祀文廟

김굉필(金宏弼, 1454~1504) : 자는 대유(大猷)고, 호는 한훤당(寒暄堂)이며, 본관은 서흥(瑞興)이다. 성종 때 유일(遺逸)로 천거되어 형조좌랑(刑曹佐郎)을 지냈고, 좌의정(左議政)에 증직되었다. 시호는 문경(文敬)이고, 점필재(佔僤齋 : 金宗直)의 문인이며, 문묘(文廟)에 종사(從祀)되었다.

承

誨於積慕之餘 仍得徧歷

54) 대행대왕(大行大王) : 승하한 지 얼마 안 되어 시호(諡號)가 아직 없는 전왕을 높여 부르는 말로, 대행은 천자의 붕어(崩御), 혹은 제왕이나 후비가 승하한 뒤 시호를 올리기 전의 부르던 존칭이다.

名區 飽賞勝致 實一生難
得之事 而歸臥蓬廬 怳若
瑤臺夢 能不依依 卽惟
僉近履起居珍福 下浣之
會 實非偶然事 ◯◯以欲靜
掃齋堂以待 幸
令勿孤◯無意也 此中諸益
皆樂聞而翹跂耳 近見申
晉甫書 欲於開望間會
敘 只◯餘 今有歸便當報 幸
僉回教可否 如何 餘萬不已 伏惟
僉尊鑑 謹上狀
◯子 九月 三日 宏弼

그립던 중에 편지를 받고 두루 명승지를 다니며 아름다운 경치를 실컷 감상하였다니 참으로 일생에 얻기 어려운 일이었을 것입니다. 초가집으로 돌아가 누워있으면 마치 요대(瑤臺)[55]의 꿈 속 일처럼 잊을 수 없을 것입니다.
요사이 여러분의 안부는 좋으신지요. 하순의 모임은 실로 우연한 일이 아니라 조용히 집을 청소하고 기다릴 것이니 대감께서는 저버리지 마십시오. 이곳 여러 친구들도 모두 즐겁게 소식을 듣고 발돋움하며 기다리고 있습니다.
요사이 신진보(申晉甫)의 편지에, '다음 달 보름에 만나 회포를 풀려고 한다.'는 사연을 보았습니다. 다만 그립던 나머지 지금 돌아가는 인편을 통해 말씀드리니 여러분께서 가부를 알려주시는 것이 어떻습니까? 나머지는 이만 줄이니 여러분들께서는 살펴주시기 바라며 편지를 올립니다.
◯자년(◯子年) 9월 3일, 굉필(宏弼)

---

55) 요대(瑤臺) : 이백(李白, 701~762)의 〈청평조사(淸平調詞)〉에, "군옥의 산 정상에서 본 것이 아니라면, 요대의 달빛 아래에서 만난 것이 분명하네.[若非群玉山頭見 會向瑤臺月下逢]"라는 구절이 있는데, 요대(瑤臺)는 유융(有娀)의 미녀가 산다는 누대 이름이다.

34. 蔡壽 字耆之 號懶齋 仁川人 睿宗朝 文科 官承旨 仁川君 諡襄靖

채수(蔡壽, 1449~1515) : 자는 기지(耆之)고, 호는 나재(懶齋)며, 본관은 인천(仁川)이다. 예종 때 문과에 급제하였고, 승지(承旨)를 지냈다. 인천군(仁川君)에 봉해졌고, 시호는 양정(襄靖)이다.

日者 喪家之奉 迨用依悵
卽惟行園往來之餘
令候萬相 此中兒子醮禮 將
行於十一日 繞客 雖之是俗禮之
廢 亦涔埋沒 欲邀一家若
干人隨往 幸令忘勞惠臨
如何 彛令家 亦必相邀 而
令豈舍親族而赴婚家乎 玆
以專恃煩告 餘姑不旣〔伏惟〕
令照 卽 壽 頓

일전에 상가(喪家)에서 만났었는데 아직도 서운합니다. 즉일에 능원(陵園)을 다녀온 끝내 영감의 안부는 좋으신지요? 저의 아들 혼례는 11일에 치르는데 세속의 예에 요객(繞客)[56]이 없어지기는 했지만 완전히 없어진 것은 아니라 일가 중에 몇 사람을 초청해서 따라 가려고 하니 영감께서 수고로움을 잊고 왕림해주시는 것이 어떻습니까? 이(彛) 영감댁에서도 반드시 요청 하겠지만 영감께서 어찌 친척을 버리고 혼가(婚家)에 가시겠습니까? 오로지 믿고 번거롭게 말씀드립니다. 나머지는 이만 줄이니 영감께서 살펴주십시오.
즉일, 수(壽)는 머리를 조아립니다.

56) 요객(繞客) : 혼인 때에 가족 중에서 신랑이나 신부를 데리고 가는 사람을 이른다.

35. 權柱 字支卿 號花山 安東人 成宗朝 文科 官大憲

권주(權柱, 1457~1505) : 자는 지경(支卿)이고, 호는 화산(花山)이며, 본관은 안동(安東)이다. 성종 때 문과에 급제하였고, 대사헌(大司憲)을 지냈다.

前冬各分南北 行色甚忙
未獲一面 懷念愈難堪
者耳 卽惟春和
令政候萬相 瞻溸倍切 弟
一是碌碌 而興陽生員 病
患更發 今至十分地頭
一家驚惶之狀 亦可盡言
餘忙心擾不宣 伏惟
照下
卽日 弟 柱 頓

지난겨울 남북으로 서로 헤어져 길을 나서느라 너무 바빠 한번 만나지도 못해 그리움은 더욱 견딜 수 없습니다. 봄기운이 따뜻한데 영감님의 정사보시는 안부는 좋으신지 곱절이나 보고 싶습니다.
저는 한결같이 보잘것없이 지내고 있지만 흥양(興陽) 생원의 병이 재발하여 지금 위중한 지경에 이르렀으니, 온 집안 식구들의 놀란 상황을 다 말씀 드릴 수 있겠습니까? 나머지는 바쁘고 심란해서 이만 줄이니 살펴주십시오.
즉일, 아우 주(柱)는 머리를 조아립니다.

36. 趙之瑞 字伯符 號知足堂 林川人 成宗朝 文科 官輔德

조지서(趙之瑞, 1454~1504) : 자는 백부(伯符)[57]고, 호는 지족당(知足堂)[58]이며, 본관은 임천(林川)이다. 성종 때 문과에 급제하였고, 보덕(輔德)[59]을 지냈다.

夜來
所患如何 已消斑否 極順云
極幸 君家諸兒 或
有消滅者 或有發斑
者 丁生書詳報 不爲疊
床 要之 畢竟都無
事耳 藥則幸兒奴 專
送可也 餘不具
卽 之瑞 頓首

밤새 병은 어떤가? 반점은 이미 사라졌는가? 매우 순조롭게 이겨내고 있다니 아주 다행이네. 자네 집 여러 아이들 가운데 반점이 사라진 아이도 있고, 반점이 생기는 아이도 있다고 정생(丁生)이 편지로 자세히 알려왔네. 병이 더해지지 않는 것이 중요하니 끝내는 모두 무사할 걸세. 약은 아노(兒奴)에게 오로지 전하는 것이 좋겠네. 나머지는 이만 줄이네. 즉일, 지서(之瑞)는 머리를 조아리네.

37. 鄭汝昌 字伯勖 號一蠹 河東人 成宗朝 文科 官翰林 諡文獻 佔畢齋門人 從祀文廟

정여창(鄭汝昌, 1450~1504) : 자는 백욱(伯勖)이고, 호는 일두(一蠹)며, 본관은 하동(河東)이다. 성종 때 문과에 급제하였고, 한림(翰林)을 지냈다. 시호는 문헌(文獻)이고, 점필재(佔畢齋 : 金宗直)의 문인이며, 문묘(文廟)에 종사(從祀)되었다.

57) 백부(伯符) : '百符'로도 쓴다.
58) 지족당(知足堂) : '지족헌(知足軒)'으로도 쓴다.
59) 보덕(輔德) : 세자시강원(世子侍講院)에서 세자를 가르치던 관직이다.

{皮封} 萬伯兄 詞案

連承手誨 獲審
靜況超勝 欣遡無任 昨來別紙之誨 謹
已三復領讀矣 敢發問於高明之下者 但
不知啓其途之如何矣 誨人開明 滌昏如
是 勤勞不辭 感祝無任 渙然自新於前
聞之餘也 切欲晉去 連承數日之誨爲
計然 職事未休 只自伏悚伏歎曷任 後日
更望剩賜一轉誨語 甚幸甚幸 謹拜復
復月 初五日 汝昌 白

{피봉} 만백(萬伯) 형 사안(詞案)

연이어 보내 준 편지를 받고 정양하시는 형의 근황이 매우 좋으시다니 기쁨을 이길 수 없습니다. 어제 보내신 별지를 여러 번 다시 읽었습니다. 고명하신 형께 감히 여쭌 것은 다만 어떻게 그 길을 열어야 할지 몰라서입니다. 분명하게 사람을 가르쳐 이렇게 몽매함을 씻어주시고 수고로움도 사양치 않으시니 감사한 마음 이길 길 없습니다.
지난번 가르침을 듣고 환연히 절로 새로워진 나머지에 간절히 찾아뵙고 며칠 더 가르침을 받을 생각이었지만 직무에 바빠 절로 죄송하고 탄식하는 마음을 어찌 견디겠습니까.
뒷날 명료하게 가르쳐 주시기를 간절히 바라며 답장을 드립니다.
11월 5일, 여창(汝昌)은 아룁니다.

38. 金馹孫 字季雲 號濯纓 金海人 成宗朝 文科 官吏正 謚文愍 佔畢齋門人 享紫溪書院

김일손(金馹孫, 1464~1498) : 자는 계운(季雲)이고, 호는 탁영(濯纓)이며, 본관은 김해(金

海)다. 성종 때 문과에 급제하였고, 이조정랑(吏曹正郞)을 지냈다. 시호는 문민(文愍)이고, 점필재(佔畢齋 : 金宗直)의 문인이며, 자계서원(紫溪書院)에 제향되었다.

連奴之歸 始承答書 今又承問 得知
平安 慰喜不淺 此處僅遣免恙 而時
事危懼 傍生子弟事 多可悶憂 惱
無發動實狀 幸勿輕動 務得其安
以待之如何 此中亦以關慮不少 江倅
年少之人 不曾見唁 亦無奉着 自彼家
聞見之際 遽爲拜辭 竟未得實
情 可歎可歎 初謂柳從事 可傳言上
將遞 尤慮尤慮 嶺伯處 今以裁書
家伯下去時 付候稱念爾 自撓 謹
奉復 乙 二月 初一日 馹孫 頓

노비 연(連)이가 돌아와 답장을 받았었는데, 지금 또 편지를 받고 편히 잘 지내신다니 위안과 기쁨이 적지 않습니다. 저는 겨우 병 없이 지내고는 있지만 요사이 벌어지는 일들이 위태롭고 두려운데 곁에서 생겨나는 자제(子弟)들의 일이 매우 걱정입니다. 실상이 드러나지 않을까 걱정이니 경거망동하지 마시고 힘써 편안하게 기다리는 것이 어떻습니까? 저도 걱정이 적지 않습니다.
곡강(曲江)[60] 수령은 젊은 사람으로 아직까지는 위문을 받은 적도, 만난 적도 없었습니다. 저 집에서 듣고 보는 사이에 갑자기 작별하게 되어 끝내 사정을 모르니 탄식스럽습니다. 애초에 유(柳) 종사관이 상장군(上將軍)의 체직에 관해 말을 전하는 것이 좋겠다고 생각했었는데 더욱 걱정입니다. 경상도 관찰사께는 지금 편지를 써두었다가 저의 큰 형님이 내려갈 때 보내 부탁을 드리겠습니다. 마음이 절로 번요합니다. 답장을 드립니다.
을○년(乙○年) 2월 1일, 일손(馹孫)은 머리를 조아립니다.

---

60) 곡강(曲江) : 경상북도 포항 흥해(興海)의 옛 지명이다.

39. 李賢輔 字斐仲 號聾巖 永川人 燕山朝 文科 官戶參 諡節孝 享汾江書院

이현보(李賢輔, 1467~1555) : 자는 비중(斐仲)이고, 호는 농암(聾巖)이며, 본관은 영천(永川)이다. 연산군 때 문과에 급제하였고, 호조참판(戶曹參判)을 지냈다. 시호는 절효(節孝)고, 분강서원(汾江書院)에 제향되었다.

昨對賢胤 今又承
惠札 得審秋高江上
靜履冲裕 慰感無已 此堇
支 餘無可喩 船隻
留念指示 其幸可言 但明日 則
禦寒之具 未及措備 若差
遲明日 則可以及矣 幸望開
喩船人 使之退行於再明日如何
專恃專恃 倘遂此計 明夕 欲爲
出宿於
君家耳 詳示爲望 餘姑不
備式 卽 斐仲

어제 아드님을 만났었는데, 오늘 또 보낸 편지를 받고 깊은 가을에 강가에서 정양하는 안부가 좋다니 위안되는 마음 끝이 없네.
나는 겨우 버티며 지내고 있으니 나머지는 말할 것이 없네. 배[船]에 관한 일은 유념하여 지시한다면 다행스러움을 말로 하겠나? 다만 내일까지는 방한도구가 미처 마련되지 못할 것 같으니 만약 다음날까지 늦추어 준다면 준비가 가능할 걸세. 뱃사공에게 모레까지 행차를 늦춘다고 말해 주시는 것이 어떤가? 오로지 자네만 믿네. 혹시라도 계획대로 된다면 내일 저녁에는 자네의 집에 묵을 걸세. 자세히 알려주게. 나머지는 이만 줄이네.
즉일, 비중(斐仲)

40. 鄭光弼 字士壎 號守夫 東萊人 成宗朝 文科 官領相 諡文翼 配中宗廟

정광필(鄭光弼, 1462~1538) : 자는 사훈(士勛)[61]이고, 호는 수부(守夫)며, 본관은 동래(東萊)다. 성종 때 문과에 급제하였고, 영의정(領議政)을 지냈다. 시호는 문익(文翼)이고, 중종(中宗)의 사당에 배향되었다.

病蟄窮巷 絕未聞外事 忽地承拜

下札 始審行旆戾洛

侍履萬重 伏慰何等 第

復路在明 無計進拜 是切悵仰 侍生

宿患痰核 當暑添苦 呻痛度日 伏

悶何喩

下惠三饍秋露 適及於病渴之中 洗

盞急酌 如飲瓊漿 深認

下眷 感珮何已 惟祈

行李珍重 即伏惟

下察 再拜謝狀上

戊申 七月 初三日 侍生 光弼 頓首

병으로 궁벽한 골목에서 칩거하고 지내느라 세상소식을 전혀 듣지 못하고 있었는데 갑자기 보내신 편지를 받고 비로소 서울로 행차하셨다는 소식과 부모님 모시며 잘 지내신다는 소식을 들었으니 얼마나 위안이 되든지요. 내일이 돌아가는 날이라 찾아뵐 계획조차 잡을 수 없으니 매우 서운합니다.

저는 오랫동안 앓던 담핵(痰核)[62]이 더위를 만나 더욱 고통스러워 신음하며 날을 보내고

61) 사훈(士勛) : 원문의 '士壎'을 바로잡았다.

62) 담핵(痰核) : 피부아래에 생기는 큰 멍울로, 습담(濕痰)이 돌아다니다가 단단하게 뭉쳐져서 생긴다. '담괴(痰塊)'라고도 한다.

있으니 민망함을 어떻게 말씀드리겠습니까? 보내주신 세 가지 반찬과 추로(秋露[63])는 마침 소갈병으로 갈증이 나던 중에 도착해서 잔을 씻고 급히 마시니 마치 신선의 음료를 마시는 듯하였습니다. 이렇게 깊이 돌보아 주시니 감사하고 잊지 못하는 마음이 어찌 끝이 있겠습니까? 여행길에 몸을 잘 보중하시기를 빌겠습니다. 살펴주시기 바라며 재배하고 답장을 올립니다.

무신년(戊申年, 1488) 7월 3일, 시생(侍生) 광필(光弼)은 머리를 조아립니다.

41. 趙光祖 字孝直 號靜菴 漢陽人 中宗朝 文科 官大司憲 諡文正 從祀文廟

조광조(趙光祖, 1482~1519) : 자는 효직(孝直)이고, 호는 정암(靜菴)이며, 본관은 한양(漢陽)이다. 중종 때 문과에 급제하였고, 대사헌(大司憲)을 지냈다. 시호는 문정(文正)이고, 문묘(文廟)에 종사(從祀)되었다.

謹復

久想得見

君書 欣慰何如 前日之違

迨今恨悵 無長進之

歎 僕 亦深病 日喪所

學 而今當憲長 能副

諸友之望耶 養冲公

事 深可痛悼 得助

飮之佐 而致此歟

惠扇 多謝多謝 惟

照下 光祖[64])

63) 추로(秋露) : '추로백(秋露白)'의 준말로, 가을철에 내리는 이슬을 받아 빚은 청주를 이른다.

64) 《정암선생문집(靜菴先生文集)》에 〈답안순지서(答安順之書)〉라는 제목으로 실려 있고, 《정암선생유묵(靜

답장을 보내네. 오랫동안 그립던 중에 자네의 편지를 받았으니 기쁨과 위안이 어떠했겠나? 전날의 이별은 아직도 서운하네. 크게 발전이 없다는 탄식은 나에게도 깊은 병통으로, 날마다 공부하는 것도 잃어버리는데 지금 대사헌(大司憲)의 직책을 맡았으니 여러 벗들의 바람에 부응이나 하겠나? 양충공(養冲公)의 일은 매우 슬프네. 기생을 얻어서 이렇게 되었나? 부채는 매우 고맙네. 살펴주게.

광조(光祖)

42. 李浚慶 字元吉 號東皐 廣州人 中宗朝 文科 官領相 諡忠正 配享宣祖廟

이준경(李浚慶, 1499~1572) : 자는 원길(原吉)[65]이고, 호는 동고(東皐)며, 본관은 광주(廣州)다. 중종 때 문과에 급제하였고, 영의정(領議政)을 지냈다. 시호는 충정(忠正)이고, 선조(宣祖)의 사당에 배향되었다.

前月廿八日 奉讀

辱書俯問 就審春寒

起居若何 頃擧審理 又至

落莫 缺然之懷 尤何可言 弟 明

日將發東行 而計其日字 恐

未及於科日 以是爲慮耳 千

里之行 未暇面謝 伏歎如何

只祝

尊履珍護 不宣 伏惟

尊照 謹謝狀

辛巳 二月 九日 弟 浚慶 頓

菴先生文集遺墨)》에 초서원본이 실려 있다.

65) 원길(原吉) : 원문의 '元吉'을 바로잡았다.

지난달 28일 보내신 편지를 받고, 봄추위에 안부가 어떠신지 알았습니다. 지난번 거행되었던 심리에서 또 일이 성사되지 않아 서운한 마음을 어떻게 말로 하겠습니까?
저는 내일 동쪽으로 출발하지만 날짜를 계산해보면 아마도 과거날짜에 미처 도착하지 못할 듯 하니 이것이 걱정입니다. 천리 길이라 만나서 사례할 겨를조차 없으니 탄식스러움을 어찌하겠습니까? 다만 당신께서 잘 지내시기를 바랄 뿐입니다. 이만 줄이니 살펴주시기를 바라며 답장을 올립니다.
신사년(辛巳年, 1521) 2월 9일, 아우 준경(浚慶)은 머리를 조아립니다.

43. 朴英 字子實 號松堂 密陽人 中宗朝 武科 官兵使 諡文穆

박영(朴英, 1471~1540) : 자는 자실(子實)이고, 호는 송당(松堂)이며, 본관은 밀양(密陽)이다. 중종 때 무과에 급제하였고, 병마절도사(兵馬節度使)를 지냈으며, 시호는 문목(文穆)이다.

省式 積闊阻晤 居常
耿悵 即問陽生
啓居連勝 區區仰溯之至
僕 親候數朔彌[66]寧 憂遑
何喻 文監牧 意外長逝 慘
怛之極 非特爲私好而已 想
左右 亦同此慘 痛哉痛哉 爲
乞新年七政 玆以專伻 或
記爲之否
付惠 至仰至仰 不宣狀式
乙酉 初五 英 頓

66) 彌 : '靡'자의 오자인 듯하다.

인사말은 생략합니다. 오랫동안 만나지 못해 늘 그리웠습니다. 동짓달[陽生]에 안부는 줄곧 좋으신지 간절히 그립습니다. 저는 부모님께서 몇 달이나 편찮으시니 근심스런 마음을 어떻게 말로 하겠습니까? 문 감목(文監牧)이 뜻밖에 별세를 하니 지극히 애통한 마음은 사적인 친분만으로 그런 것은 아닙니다. 당신께서도 저와 마찬가지로 참혹하게 여기실 것이니 애통합니다. 새해《칠정산(七政算)》[67]을 빌려주십시오. 심부름꾼을 보내니 혹시라도 기억하고 계십니까? 부쳐주시기를 간절히 바라며 이만 줄입니다.

을유년(乙酉年, 1525) 5일, 영(英)은 머리를 조아립니다.

44. 金安國 字國卿 號慕齋 義城人 燕山朝 文科 官貳相 謚文敬 配享仁宗廟

김안국(金安國, 1478~1543) : 자는 국경(國卿)이고, 호는 모재(慕齋)며, 본관은 의성(義城)이다. 연산군 때 문과에 급제하였고, 찬성(贊成)을 지냈다. 시호는 문경(文敬)이고, 인종(仁宗)의 사당에 배향되었다.

安國按嶺南日 曾訪
棐仲所居 升堂壽
雙親 年俱八袠 尙康强 溪洞
窈窕 山水淸麗 恍[68]然若入
桃源而値仙老[69]
嘉靖 壬午 聞韶 金安國

67) 《칠정산(七政算)》 : 내편(內篇)과 외편(外篇)으로 되어 있는데, 세종 때 이순지(李純之) · 김담(金淡) 등이 왕명으로 편찬한 역서이다. 내편은 원 나라의《수시력법(授時曆法)》과 명 나라의《통궤력법(通軌曆法)》을 참고하여 한양을 기준으로 삼아 우리나라의 도수에 맞도록 만든 것이고, 외편은《회회력경통(回回曆經通)》과《가령력서(假令曆書)》를 개정 증보하였다.

68) 恍 : 원문의 '愰'은,《농암선생문집(聾巖先生文集)》〈농암애일당시(聾巖愛日堂詩)〉을 근거로 바로잡았다.

69) 《모재선생집(慕齋先生集)》〈차비중롱암애일당운(次棐仲聾巖愛日堂韻)〉"娛親新搆水雲鄕 歌管朝朝樂意長 還似慢亭張會日 曾孫滿眼拜高堂 塵蹤曾記訪仙鄕 溪洞留春化日長 千歲椿萱交映翠 壽觴霞液共升堂"의 아래에 달린 주석이다.《해동역대명가필보(海東歷代名家筆譜) 2卷》p15에 서체가 약간 다른 동일한 내용의 자료가 실려 있어, 위조로 의심이 된다.

내가 영남 안찰사(按察使)로 가던 날 비중(棐仲)[70]이 사는 곳을 방문한 적이 있었다. 당에 올라 양친께 축수를 드렸는데 연세가 모두 여든이나 되었지만 여전히 건강하셨고, 골짜기는 깊고 그윽하며 경치는 깨끗하고 아름다워 마치 무릉도원에 들어가 신선이라도 만난 듯했다.

가정(嘉靖) 임오년(壬午年, 1522) 문소(聞韶)[71] 김안국(金安國)

45. 盧友明 字明中 號信古堂 豊川人 中宗朝 司馬 薦齋郎 一蠹門人

노우명(盧友明, 1471~1523) : 자는 군량(君亮)[72]이고, 호는 신고당(信古堂)이며, 본관은 풍천(豊川)이다. 중종 때 사마시(司馬試)에 합격하여 재랑(齋郎)에 천거되었으며, 일두(一蠹 : 鄭汝昌)의 문인이다.

昨有出入歸 聞
兄題鳳 爲愧恨 承
書 恰一慰也 夜
況 復如何 弟 今日 當靜居
須賁臨 否則竢晩 當
進去 不宣 明中 頓

어제 외출했다가 돌아와 형께서 제봉(題鳳)[73]하셨다는 소식에 부끄럽고 서운했었는데

70) 비중(棐仲) : 농암(聾巖) 이현보(李賢輔)의 자다.

71) 문소(聞韶) : 김안국(金安國)의 본관인 의성(義城)의 옛 이름이다.

72) 군량(君亮) : 원문의 '明中'을 바로잡았다.

73) 제문(題門) : '제봉재문(題鳳在門)'의 준말로, 만나지 못하고 돌아갔다는 뜻으로, 진(晉) 나라 때에 혜강(嵇康, 223?~262?)과 여안(呂安, ?~263)은 절친한 사이였다. 하루는 여안이 혜강을 찾아갔는데 혜강은 외출 중이고 그의 형 혜희(嵇喜, ?~?)가 나와 맞이했다. 여안은 들어가지 않고 문 위에다 봉(鳳)자를 써 놓고 가 버렸다. 혜희는 무슨 뜻인지 모르고 기뻐했을 뿐이다. 그러나 봉자를 파자하면, 범조(凡鳥)이다. 실은 혜희가 평범한 새에 불과하다고 우롱한 것이었다. 《세설신어(世說新語)》〈간방(簡傲)〉

편지를 받으니 위로가 되는 듯합니다. 밤새 근황은 다시 어떠하신지요?

저는 오늘 조용히 지내고 있으니 모쪼록 왕림해 주실 수 있는지요? 아니면 늦더라도 나아가기를 기다려 주십시오. 이만 줄입니다.

명중(明中)[74]은 머리를 조아립니다.

46. 金正國 字國弼 號思齋 慕齋弟 中宗朝 文科 官禮參 諡文定

김정국(金正國, 1485~1541) : 자는 국필(國弼)이고, 호는 사재(思齋)며, 모재(慕齋 : 金安國)의 아우다. 중종 때 문과에 급제하였고, 예조참판(禮曹參判)를 지냈으며, 시호는 문목(文穆)[75]이다.

新歲 得承

尊翰 聞

尊茂膺益福 遙慰無任

惠來歲儀依受 仰慰仰慰

閤衙萬相 伏惟

下鑑 謹拜謝

上狀 正月 初三日 正國

頓

새해 편지를 받고 많은 복을 받으신다니 멀리서 위안되는 마음을 감당할 수 없었습니다. 은혜롭게 보내신 새해 선물은 보낸 대로 잘 받아 위안이 되었습니다. 관아에도 모두 잘 지내시는지요? 살펴주시기를 바라며 답장을 올립니다.

1월 3일, 정국(正國)은 머리를 조아립니다.

---

74) 명중(明中) : 47.이우(李瑀)의 자가 '明中'이다. 위조로 의심이 된다.

75) 문목(文穆) : 원문의 '文定'을 바로잡았다.

47. 李堣 字明中 號松齋 眞誠人 燕山朝 文科 官戶參

이우(李堣, 1469~1517) : 자는 명중(明仲)[76]이고, 호는 송재(松齋)며, 본관은 진성(眞誠)이다. 연산군 때 문과에 급제하였고, 호조참판(戶曹參判)을 지냈다.

近患寒疾 伏枕經旬

令邊消息 邈然不聞 何歎

如之 旣離配所之後 過冬

於何處耶 不堪鬱悵 玆

付一書於永川官便 以探

令所住耳 朝報送呈

覽卽還擲 伏惟

令照 謹上候狀

甲午 十二月 初六日 堣

요사이 감기를 앓아 열흘이 넘도록 자리에 누워 아득히 영감의 소식을 듣지 못하니 탄식을 어찌하겠습니까? 이미 유배지를 떠나 어느 곳에서 겨울을 나시는지요? 답답함을 견딜 수 없었습니다. 영천(永川)의 관리 편에 편지를 한 통 부쳐 영감이 계신 곳을 탐문하여 조보(朝報)를 보내니 보시고 돌려주십시오. 영감께서 살펴주시기를 바라며 안부편지를 보냅니다.

갑오년(甲午年)[77] 12월 6일, 우(堣)

48. 奇遵 字子敬 號服齋 幸州人 中宗朝 文科 官應教

76) 명중(明仲) : 원문의 '明中'을 바로잡았다.

77) 갑오년(甲午年) : 이우(李堣, 1469~1517)의 생애에서 갑오년은 그의 나이 6세(1474)으로 편지를 작성하기엔 불가능한 시기다. 발신인에 대한 기록에 오류가 있는 듯하다.

**기준(奇遵, 1492~1521) : **자는 자경(子敬)이고, 호는 복재(服齋)며, 본관은 행주(幸州)다. 중종 때 문과에 급제하였고, 응교(應敎)를 지냈다.

{皮封} 兪掌憲 謝狀上 [手決] 頓

自有特敎之後 凡諸章疏
一切勿捧 有何旣諾還食之
事乎 況當
虛佇之日 使能言之臺諫 無
故謝免耳 昏暮不宣
卽 服齋 頓

{피봉} 유 장헌(兪掌憲)에게 답장을 보냅니다. [수결] 머리를 조아립니다.

왕께서 특별히 말씀을 내리신 뒤로 모든 상소를 일체 받아들이지 말라고 하시니 이미 허락을 한 사항인데도 다시 식언(食言)하는 일이 있단 말입니까? 더구나 허저(虛佇)[78] 하는 날 말 잘하는 대간을 아무런 이유 없이 사면을 하니 어떠하겠습니까? 날이 어두워 이만 줄입니다.
즉일, 복재(服齋)는 머리를 조아립니다.

49. 成世昌 字蕃仲 號遯齋 昌寧人 中宗朝 文科 官左相 謚文康 寒暄堂門人

**성세창(成世昌, 1481~1548) : **자는 번중(蕃仲)이고, 호는 둔재(遯齋)며, 본관은 창녕(昌寧)이다. 중종 때 문과에 급제하였고, 좌의정(左議政)을 지냈다. 시호는 문장(文莊)[79]이고, 한훤당(寒

78) 허저(虛佇) : '허저(虛宁)'라고도 한다. 저(宁)는 문과 외병(外屛) 사이로 정당(正堂) 앞의 정중(庭中)에 있는데, 임금이 정사를 들을 때 서는 곳으로 이곳을 비운다는 의미로 임금이 마음을 비우고 어진 신하의 말을 듣는 것을 비유하여 이르는 말이다.

暄堂 : 金宏弼)의 문인이다.

夜來
行李何似 昨午有雨
陰未發 昌山於其前 則
仍留宿否 聞有酺祭
設行之峯 多官 將
會閑邑 似多鬧矣
餘冀返稅萬吉
忙甚不具
卄六 朝 仲

밤사이에 행차는 어떠하신지요? 어제 낮에 비가오고 날씨가 흐려 출발하지 못했습니다. 창산(昌山)은 그전처럼 그대로 머물러 있는지요? 포제(酺祭)[80]를 지내는 산봉우리가 있어 많은 벼슬아치들이 조용한 마을로 모여든다고 하니 매우 시끄러울 듯합니다. 나머지는 아무 탈 없이 잘 돌아가시기를 빕니다. 매우 바빠 이만 줄입니다.
26일 아침, 중(仲)

50. 奉天祥 字履善 號○○ 河陰人 薦參奉

봉천상(奉天祥, ?~1521) : 자는 이선(履善)이고, 호는 ○○이며, 본관은 하음(河陰)이다. 참봉(參奉)에 천거되었다.

入城時 忽忙 數次相面 只是
寒暄而已 耿耿餘懷 尙切于

79) 문장(文莊) : 원문의 '文康'을 바로잡았다.
80) 포제(酺祭) : 논밭의 충해가 심할 때에 피해를 물리치기 위하여 지내던 제사를 이른다.

中 峽裏歲暮 舊思益切
卽伏惟窮寒斗劇
侍餘做候萬勝 昻慰且溯
無已 弟 歸侍粗安 而
冒寒驅馳 積傷成疾 吅
苦度日 殆無居官好況 還
可笑也 餘病伏擾艸
不宣 伏惟
僉下照 謹拜候狀
戊◯ 臘月 六日 弟 天祥 拜

성으로 들어가느라 바빠 여러 번 만났지만 인사만 나눌 뿐이었으니, 여전히 그리운 회포는 여전히 마음속에 간절합니다. 산 속 한해가 저물어 가니 옛 생각이 더욱 간절합니다. 섣달 추위가 매서운데 부모님 모시고 공부하는 근황이 좋으리라 생각하니 위안되고 보고픈 마음 끝이 없습니다.
저는 집으로 돌아와 부모님 모시며 그럭저럭 지내고는 있지만 추위를 무릅쓰고 바삐 다니느라 오랫동안 앓던 것이 병이 되어 신음하며 괴롭게 날을 보내고 있으니 벼슬살이의 좋은 상황이라고는 자못 없으니 우습습니다. 나머지는 병으로 엎드려 어지럽게 쓰고 이만 줄입니다. 여러분들께서 살펴주시기를 바라며 안부편지를 드립니다.
무◯년(戊◯年) 12월 3일, 아우 천상(天祥)은 절합니다.

51. 金麟厚 字厚之 號河西 蔚山人 中宗朝 文科 官敎理 諡文靖 從祀文廟

김인후(金麟厚, 1510~1560) : 자는 후지(厚之)고, 호는 하서(河西)며, 본관은 울산(蔚山)이다. 중종 때 문과에 급제하였고, 교리(校理)[81]를 지냈다. 시호는 문정(文正)[82]이고, 문묘(文廟)에 종사(從祀)되었다.

此時雪寒 未審
何如 爲之戀戀 基峴兼安
此非君大慶耶 婚事 或云
定于筆洞 而猶未詳 果是
何處 尙爾前所耶 入城已久 未
知其能訪任公耶 須毋勿[83]孤負
此情思 石花凍者 其或得
送耶 深企深企 餘在更進
只此 巳 至月 卄一 河西
麟厚 頓

눈 내리는 추위에 어떻게 지내시는지 그립습니다. 기현(基峴)에도 모두 편안하게 지내신다니 이것은 그대에게 큰 경사가 아니겠습니까? 혼사는 어떤 사람이 필동(筆洞)으로 정하셨다고 하던데 아직은 자세히 모르겠습니다. 과연 어느 곳으로 정하셨는지요? 여전히 지난 그곳인지요? 서울로 들어 온지 벌써 오래되었는데 임공(任公)은 찾아뵈었는지요? 저의 그리는 마음을 저버리지 마시기 바랍니다. 석화동(石花凍)[84]을 보내주실 수 있는지요? 매우 기대하겠습니다. 나머지 사연은 다음에 보내기로 하고 이만 줄입니다.
○사년(○巳年) 11월 21일, 하서(河西) 인후(麟厚)는 머리를 조아립니다.

52. 徐敬德 字可久 號花潭 唐城人 文宗朝 司馬 贈左相 謚文康 享松陽書院

서경덕(徐敬德, 1489~1546) : 자는 가구(可久)고, 호는 화담(花潭)이며, 본관은 당성(唐城)

81) 교리(校理) : 원문의 '敎理'를 바로잡았다.
82) 문정(文正) : 원문의 '文靖'을 바로잡는다.
83) 毋勿 : 글의 문리에 따라 '毋'자를 생략하여 번역하였다.
84) 석화동(石花凍) : 우무가사리의 일종이다.

이다. 문종 때 사마시(司馬試)에 합격하였고, 좌의정(左議政)에 증직되었으며, 시호는 문강(文康)이다. 송양서원(松陽書院)에 제향되었다.

頃承
枉過 迨慰之至 自後未
惟
侍奉政況如何 懸溸倍
品 積雪滿山 團會未
易 奈如之何 生 中寒
甚重 臥床已久 尙未發
表 悶極悶極 兼使之行
不意來到 尤以接待
爲憂 伏惟
尊照 謹狀上
臘 三 戚 敬德

지난번 왕림해 주신 것은 지금까지도 매우 위안이 되었습니다. 이후로 부모님 모시고 정사보시는 안부는 어떠신지 배나 그립습니다. 온 산에는 눈이 가득해서 단란하게 모이는 것도 쉽지 않으니 어찌하겠습니까?
저는 감기가 심해 누워서 지낸지 오래되었는데 아직도 땀을 내지 못하고 있으니 매우 걱정입니다. 겸사(兼使)의 행차가 뜻밖에 도착하니 접대가 더욱 걱정입니다. 살펴주시기를 바라며 편지를 올립니다.
12월 3일, 척(戚) 경덕(敬德)

53. 周世鵬 字景遊 號愼齋 柒原人 中宗朝 文科 官大司成

주세붕(周世鵬, 1495~1554) : 자는 경유(景游)[85]고, 호는 신재(愼齋)며, 본관은 칠원(柒原)이다. 중종 때 문과에 급제하였고, 대사성(大司成)을 지냈다.

昨
覆慰甚 丹丘騎
借之 亦幸 通宵篝燈
三四讀 足見一養之於
千里之外 而但不見向時
所見奇偉之句 無乃
此人精神 太半爲喪
子所貫耶 然體段
極有中的處耳 歸
事 不在今日在明曉
不得一敘 殊可恨也
忙甚不次
卽 景 弟 拜

어제 답장을 보고 매우 위안이 되었습니다. 단구(丹丘)에서 말을 빌려 탔다고 하니 다행입니다. 밤새 구등(篝燈)[86]을 밝히고 서너 번 읽고, 천리 밖에서 한결같이 수양하고 계신 줄 알았습니다. 다만 지난번 보았던 뛰어난 구절은 보이지 않으니 이는 아마도 사람의 정신이 태반은 자식을 잃고 낙담하여 그렇지 않겠습니까? 그렇지만 체계와 구성은 매우 적중한 곳이 있었습니다. 오늘이나 내일 새벽에는 돌아가야 해서 만나 뵙지도 못하니 매우 서운합니다. 너무 바빠 두서를 갖추지 않습니다.
즉일, 아우 경(景)은 절합니다.

54. 李彦迪 字復古 號晦齋 驪州人 成宗朝 文科 官贊成 贈領相 謚文元 從祀文廟

85) 경유(景游) : 원문의 '景遊'를 바로잡는다.
86) 구등(篝燈) : 밖에 빛이 보이지 않게 하기 위하여 농(籠) 안에 넣은 등불을 말한다.

이언적(李彦迪, 1491~1553) : 자는 복고(復古)고, 호는 회재(晦齋)며, 본관은 여주(驪州)다. 성종 때 문과에 급제하였고, 찬성(贊成)을 지냈으며, 영의정(領議政)에 증직되었다. 시호는 문원(文元)이고, 문묘(文廟)에 종사(從祀)되었다.

送子由乞養南行

嶺外風流信有人 早年
聲價徹楓宸 鵷班巍
北豸冠正 雛[87]弄天南彩
服新 百里桑麻民安堵[88]
滿城絃誦俗歸淳 循
良古有龔黃傳 河內行
看借寇恂
戊戌 季秋 下澣 李彦迪
稿

어머니 봉양을 위해 남쪽으로 가는 자유(子由)를 전송하며.

고개 밖 풍류는 진실로 사람 있어
어린 나이에도 명성이 임금님께 들렸네.
치관(豸冠)[89]을 단정히 하고 대궐에 섰다가
색동옷 입고[90] 남쪽에서 병아리 희롱하겠지.
백리고을 뽕밭 삼밭 경영하니 백성들은 편안하고
성 가득 현송(絃誦)[91]으로 풍속은 교화되겠지.

---

87) 雛 : 원문의 '鄒'를 바로잡았다.

88) 安堵 : 《운암선생일고(雲巖先生逸稿)》〈별장(別章)〉의 원문에는 '按堵'로 되어있다.

89) 치관(豸冠) : '해치관(獬豸冠)'의 준말이다. 해치는 뿔이 하나인 전설상의 동물로, 사람의 정사(正邪)와 곡직(曲直)을 분변할 줄 알아, 사람들이 다투면 그중 그릇되고 사악한 자를 뿔로 들이받는다고 한다. 그래서 법을 관장하던 사헌부(司憲府)의 관원을 이른다.

90) 색동옷 입고 : 늙은 어버이를 봉양하며 효성을 바칠 수 있게 되었다는 뜻이다. 어버이를 기쁘게 해드리기 위해 70세 된 노래자(老萊子, ?~?)가 일부러 색동옷을 입고 어린아이처럼 재롱을 떨었다는 고사에서 나온 말이다. 《초학기(初學記)》〈효자전(孝子傳)〉

91) 현송(絃誦) : 현가(絃歌)와 같은 말이다. 금슬(琴瑟)을 연주하며 노래하는 것으로, 예악의 교화를 뜻한다. 공자(孔子, BC 551~BC 479)의 제자 자유(子遊, ?~?)가 무성(武城)이란 고을의 읍재(邑宰)로 있으면서

고을수령의 어진 정사는 예전 공황(龔黃)[92]으로 전해지니
하내(河內)를 다스리던 구순차일(寇恂借一)[93]을 보게.
무술년(戊戌年, 1538) 9월 하순, 이언적(李彦迪) 시고(詩稿)

55. 權橃 字冲虛 號冲齋 安東人 中宗朝 文科 官贊成 贈領相 諡忠定 享三溪書院

권벌(權橃, 1478~1548) : 자는 중허(仲虛)[94]고, 호는 충재(冲齋)며, 본관은 안동(安東)이다. 중종 때 문과에 급제하였고, 찬성(贊成)을 지냈으며, 영의정(領議政)에 증직되었다. 시호는 충정(忠定)이고, 삼계서원(三溪書院)에 제향되었다.

前承
寵顧 一宵淸話 勝讀十年之書 今拜
辱書 辭意藹然 如對
兩眼之靑 忻慰無量 因想霜寒
尊履佳勝 馳賀不已 僕 荷
念粗遣 而海衣卅八貼 香蕈二十餘斤
猝難措備 坐待生事耳 敬差無
事支送 而弊府 漏卜 將二結矣 近邑
如此者 四官 不知烏止于誰之屋也 人
之用捨行藏 莫非命也 當安於所遇
設或坐罷 寧有介介耶 幸

현가로 백성을 교화하는 수단을 삼았다. 《논어(論語)》 〈양화(陽貨)〉

92) 공황(龔黃) : 한 나라 때 지방 장관으로 선정을 베풀어 치민(治民)이 으뜸으로 꼽혔던 발해태수(渤海太守) 공수(龔遂, ?~?)와 영천태수(穎川太守) 황패(黃霸, BC 130~BC 51)를 아울러 이르는 말이다.

93) 구순차일(寇恂借一) : 구순(寇恂, ?~36)은 후한(後漢) 창평(昌平) 사람으로, 광무제를 따라 영천(穎川)의 도적을 평정하고 돌아가려 하자, 백성들이 광무제에게 구순이 1년만 더 재임할 수 있게 해주기를 간청하였다는 고사에서 유래하여, 훌륭한 지방관이 떠나는 것을 그곳 백성들이 만류한다는 의미로 쓰인다.

94) 중허(仲虛) : 원문의 '冲虛'를 바로잡았다.

兄勿以欣戚之常情 視我如何 呵呵

伏惟

尊照亮 謹拜謝狀

九月 二十一日 橃

지난번 왕림하여 하룻밤 나눈 이야기가 10년간의 독서보다 나았습니다. 오늘 보내신 편지를 받고 글에 담긴 뜻이 온화하여 마치 마주한 것 같아 헤아릴 수 없이 기쁘고 위안이 되었습니다. 추운 겨울에 잘 지내시는지 그리운 마음 가시지 않습니다.

저는 염려덕분에 그럭저럭 지내고는 있지만, 김 38첩과 표고버섯 20근 남짓을 급히 마련하기는 어려워 앉아서 일이 일어나기만을 기다리고 있습니다. 경차관(敬差官)[95]은 무사히 지송(支送)[96]하였는지요? 저의 관부(官府)의 누복(漏卜)[97]은 2결입니다. 근처 고을도 이와 같은데 사방의 관원들은 누구를 따라 살지 모르겠습니다[98]. 사람들이 세상에 나아가고 물러나는 모든 것이 운명이니, 마땅히 처해진 상황에 마음을 편히 여기시고, 설령 파직된다 하더라도 무엇을 개의하겠습니까? 형께서는 기쁨과 슬픔이라는 일반적인 감정으로 저를 보지 말아주시기 바랍니다. 우습습니다. 형께서 살펴주시기를 바라며 절하고 답장을 드립니다.

9월 22일, 벌(橃)

56. 白仁傑 字士偉 號休菴 水原人 仁宗朝 文科 官贊成 謚忠肅 精菴門人

---

95) 경차관(敬差官) : 중앙 정부의 필요에 따라 특수 임무를 띠고 지방에 파견된 관직을 이른다.

96) 지송(支送) : 관아에서 돈이나 물품 따위를 내주어 보내는 것을 이른다.

97) 누복(漏卜) : 양안(量案)에 논밭의 결복(結卜)을 올리지 않고 누락된 것을 이른다.

98) 누구를 …… 모르겠습니다 : 원문은 '不知烏止于誰之屋'. 《시경(詩經)》 〈정월(正月)〉에, "가련한 우리들 누구에게서 녹을 받으려나, 저 까마귀 누구의 집에 앉을는지[哀我人斯 于何從祿 瞻烏爰止于誰之屋]"라고 하였는데, 이는 나라를 잃게 된 신민(臣民)들이 슬퍼하여 지은 시로서, 누구의 집에 앉을지 모르는 까마귀처럼 누구를 따라 살게 될지 모르겠다는 뜻이다.

백인걸(白仁傑, 1497~1579) : 자는 사위(士偉)고, 호는 호암(休菴)이며, 본관은 수원(水原)이다. 인종 때 문과에 급제하였고, 찬성(贊成)을 지냈다. 시호는 문경(文敬)[99]이고, 정암(靜菴 : 趙光祖)의 문인이다.

意外 承拜

令惠札 從審

令候萬珍 慰賀萬萬 生

老病如昨 尙何言

惠寄藥材與魚種 無非

老病人要物 珍謝

厚誼 無以鳴言 萬萬統

希

令照 謹謝狀

七月 九日 仁傑 頓[100]

뜻밖에 영감의 편지를 받고 잘 지내신다니 매우 위안이 되었습니다.

저의 늙고 병든 여전한 상황을 어찌 말씀드리겠습니까? 보내주신 약과 물고기는 늙고 병든 사람에게는 모두 긴요한 것이니 참으로 감사한 후의를 말로 할 수 없습니다. 이만 줄이니 모두 영감께서 살펴주시기 바라며 답장을 보냅니다.

7월 9일, 인걸(仁傑)은 머리를 조아립니다.

57. 李長坤 字希剛 號琴軒 碧珍人 中宗朝 文科 官兵判

이장곤(李長坤, 1474~?) : 자는 희강(希剛)이고, 호는 금헌(琴軒)이며, 본관은 벽진(碧珍)이다. 중종 때 문과에 급제하였고, 병조판서(兵曹判書)를 지냈다.

---

99) 문경(文敬) : 원문의 '忠肅'을 바로잡았다.

100) 《해동역대명가필보(海東歷代名家筆譜) 2권》 p23에 서체가 약간 다른 동일한 내용의 자료가 실려 있어, 위조로 의심된다.

出入如相避 此亦有數存焉者

耶 今朝忽得

手札絕域 開眼恍然 如寐

醒耳 就諦

歸朝萬安 可謂神所勞矣 何

幸何幸 區區行役 得免顚仆 今已回

駕 入京 似不遐矣 逢迎是企

他不暇及 未間

珍護 謹上謝狀

乙 至 上旬 長坤 頓

드나들면서도 서로 피하기라도 한 듯 만나지 못하였으니, 이 또한 운수가 있어서 그러한 것입니까? 오늘 아침에 뜻밖에 먼 곳에서 보내온 편지를 받으니 눈이 환히 뜨여 마치 잠에서 깬 것 같았습니다. 조정으로 돌아가셨다니 신령의 도움이라 할 만합니다. 얼마나 다행인지요.

저는 여행길에 쓰러지지는 않았고, 지금 이미 말머리를 돌렸으니 서울로 돌아갈 날이 머지않은 듯합니다. 만나기를 기대하며 다른 일은 언급할 겨를이 없습니다. 서로 만나지 못하는 사이에도 잘 지내시기를 빌며 답장을 드립니다.

을○년(乙○年) 11월 상순(上旬)에, 장곤(長坤)은 머리를 조아립니다.

58. 李瀣 字景明 號溫溪 松齋侄 中宗朝 文科 官大司憲 諡貞愍 享淸溪書院

이해(李瀣, 1496~1550) : 자는 경명(景明)이고, 호는 온계(溫溪)며, 송재(松齋 : 李堣)의 조카다. 중종 때 문과에 급제하였고, 대사헌(大司憲)을 지냈다. 시호는 정민(貞敏)[101]이고, 청계서원(淸溪書院)에 제향되었다.

101) 정민(貞敏) : 원문의 '貞愍'을 바로잡았다.

謹伏問

起居何如 弟 自頃免苦 得閑憂游 多幸

多幸 但滉也踵入 可憫可憫 此中

兄主箇滿事 常囑于該曺 去月二十四日

政 不意計其箇滿已過 改以朴士準下

批 箇滿 則除放學 而計之 已過云 何其與

兄主所計異耶 非但遽爾遆之 并其仕加而

棄之 深可恨也 但去十二月 別加已得宣務六

品加 亦何足恨乎 只以朴生 非不知此意

而乘暗囑圖而奪之 甚不當也 六品

以下前加 從當出送 伏惟

下照 完也 無恙在泮 謹拜上

達

甲辰 五月 初六 弟 瀣

잘 지내시는지요? 저는 지난번에 고생은 면하고 한가히 지내고 있으니 매우 다행입니다. 다만 황(滉)[102]이가 따라와 고민입니다. 저는 형님의 임기만료에 관한 일로 해당 부서에 물어보았었는데, 지난달 24일 정목(政目)[103]에서 뜻밖에 임기가 이미 만료되어 박사준(朴士準)으로 교체한다는 비답이 내려졌습니다. 임기만료에 관해서는 방학기간을 제외하고 계산해보아도 벌써 지났다고 하는데 어떻게 형님의 계산과 다릅니까? 비단 갑자기 체직되었을 뿐만 아니라 사가(仕加)[104]까지도 버려진 것이라 매우 한탄스럽습니다.
다만 지난 12월 별가(別加)[105]로 이미 선무랑(宣務郎) 6품의 가자(加資)[106]를 얻었었는데 어찌 한스럽지 않겠습니까? 박생(朴生)은 이런 뜻을 모르는 것도 아니면서 몰래 부탁해서

102) 황(滉) : 퇴계(退溪) 이황(李滉)을 이른다. 발신자 이해(李瀣)는 퇴계의 형이다.
103) 정목(政目) : 관원의 임명이나 해임, 그 밖의 중요한 사실을 기록한 문서를 이른다.
104) 사가(仕加) : '사만가계(仕滿加階)'의 준말로, 계급이 올라가는 자는 반드시 달수를 따져서 기한이 차야 올라가는 것을 이른다.
105) 별가(別加) : 나라에서 은상(恩賞)이 있어서 특별히 벼슬아치들에게 나누어 주는 것을 이른다.
106) 가자(加資) : 관원들의 임기가 찼거나 근무 성적이 좋은 경우 품계를 올려 주던 일을 이른다.

자리를 뺏으니 매우 부당합니다. 6품 이하로 이전에 가자된 사람들은 이후로 마땅히 내보낸다고 합니다. 살펴주시기 바랍니다. 완(完)[107]이는 별탈없이 성균관에서 지내고 있습니다. 절하고 올립니다.

갑진년(甲辰年, 1544) 5월 6일, 아우 해(瀣)

59. 林薰 字仲成 號葛川 恩津人 中宗朝 薦参奉 官判决事 享龍門書院

임훈(林薰, 1500~1584) : 자는 중성(仲成)이고, 호는 갈천(葛川)이며, 본관은 은진(恩津)이다. 중종 때 참봉(參奉)에 천거되었고, 판결사(判決事)를 지냈으며, 용문서원(龍門書院)에 제향되었다.

自北歸來 益有愁
耿 郎承審春峭
梱履增毖 慰瀉之
極 如獲良晤 薰 病添
風土 衰與憊[108]俱 澌瘁
厭厭 無佳處耳
惠饋諸種 深欣
情寄 遙謝深深 不
宣式

癸巳 二月 十三日
薰 謝

107) 완(完) : 퇴계(退溪)의 큰 조카인 기암(企庵) 이완(李完, 1512~1596)을 이른다.
108) 憊 : 원문의 '備'를 바로잡았다.

북쪽에서 돌아온 뒤로 그리움이 더합니다. 요사이 봄추위에 집안 안부가 좋으시다니 위안되는 지극한 마음은 만나서 이야기를 나누는 것 같습니다.

저는 병에 풍토병까지 더해져 쇠약함과 피곤함으로 기운이 점점 딸려 좋은 일이라고는 없습니다. 보내주신 여러 종류의 음식들은 정으로 보내주신 것이라 잘 받고 멀리서 나마 매우 감사드리며 이만 줄입니다.

계사년(癸巳年, 1533) 2월 13일, 훈(薰)이 답장을 드립니다.

60. 曺植 字楗仲 號南溟 昌寧人 明宗朝 遺逸 享德山書院

조식(曺植, 1501~1572) : 자는 건중(楗仲)이고, 호는 남명(南冥)[109]이며, 본관은 창녕(昌寧)이다. 명종 때 유일(遺逸)[110]이고, 덕산서원(德山書院)에 제향되었다.

遙想絕塞 歲已盡矣
旅況能得安穩 末日聞來音
今幾日矣 馳情日以切矣 生
奉老粗遣外 頃緣卯酉供
劇 重得傷寒 呻喟彌旬 今
財小歇 而尚在枕席之間 區
區情況 有非泓穎可悉者矣
病餘手顫 不能究萬一 所祝
膚玉自護 伏惟
下照 謹拜上狀
甲 除夕前一日
植 頓

109) 남명(南冥) : 원문의 '南溟'을 바로잡았다.
110) 유일(遺逸) : 명망이 높은 사람으로 초야에 묻힌 사람을 이른다.

멀리서 변방의 한해도 벌써 저물었을 것이라 생각합니다. 객지의 근황은 좋으신지요? 말일에 편지가 온지도 지금 며칠이 되었습니다. 그리운 마음 날로 간절합니다.

저는 부모님 모시고 그럭저럭 지내던 나머지에, 요즘 출퇴근[111]하며 공무로 바쁜 중에 거듭 감기에 걸려 신음하고 지낸지 한 달이나 되어 겨우 조금 낫기는 하지만 아직까지 자리에 누워있습니다. 저의 정황을 편지로 다 할 수 없습니다. 앓던 끝에 손이 떨려 하고 싶은 말은 많지만 하나도 쓸 수가 없습니다. 자신을 옥처럼 잘 다듬고[112] 스스로 보호하시기 바랍니다. 살펴주시기를 바라며 편지를 올립니다.

갑○년(甲○年) 섣달그믐 하루 전날, 식(植)은 머리를 조아립니다.

61. 李滉 字景浩 號退溪 溫溪弟 仁宗朝 文科 官贊成 謚文純 從祀文廟

이황(李滉, 1501~1570) : 자는 경호(景浩)고, 호는 퇴계(退溪)며, 온계(溫溪 : 李瀣)의 아우다. 인종 때 문과에 급제하였고, 찬성(贊成)을 지냈다. 시호는 문순(文純)이고, 문묘(文廟)에 종사(從祀)되었다.

復用烟字韻 奉酬

大成兼示大用

仙巖東得好風烟

縹緲瓊臺控玉川

遼鶴不歸雲杳杳

幾回當酒又停船

滉 稿

111) 출퇴근 : 원문은 '卯酉'. 벼슬아치들은 묘시에 출근하고 유시에 퇴근하는데서 이르는 말이다.

112) 옥처럼 …… 다듬고 : 장재(張載, 1020~1077)의 〈서명(西銘)〉에, "궁한 상황 속에서 근심에 잠기게 하는 것은 그대를 옥으로 만들어 주려는 것이다.[貧賤憂戚 庸玉汝於成也]"는 말에서 나왔다.

-다시 연(烟)자 운(韻)으로 대성(大成)에게 화답하니 대용(大用)도 함께 보게.-
선암의 동쪽에서 좋은 경치를 얻었으니
아스라이 경대(瓊臺)는 옥천(玉川)에 닿았네.
요동의 학[113)]은 돌아오지 않고 구름은 아득한데
몇 번이고 술 마시려 또 배를 멈추었나?
황(滉) 시고(詩稿)

62. 盧守愼 字寡悔 號穌齋 光州人 中宗朝 文科 官領相 諡文懿 享鳳山書院

노수신(盧守愼, 1515~1590) : 자는 과회(寡悔)고, 호는 소재(穌齋)며, 본관은 광주(光州)다. 중종 때 문과에 급제하였고, 영의정(領議政)을 지냈다. 시호는 문의(文懿)고, 봉산서원(鳳山書院)에 제향되었다.

此中无物着些兒 此
外何人得弄移 惟我
獨尊從快活 合還
天地與相知 穌翁

이곳엔 어떤 물건도 없으니
이밖에 어떤 사람이 희롱할까?
나만이 존귀하여 쾌활하니
천지는 알아주겠지.
소옹(穌翁)

113) 요동의 학 : 요동 사람인 정영위(丁令威, ?~?)가 신선술을 닦아 학으로 변했다는 고사가 있다. 《수신후기(搜神後記)》

63. 洪暹 字退之 號忍齋 南陽人 中宗朝 文科 官領相 諡景憲

홍섬(洪暹, 1504~1585) : 자는 퇴지(退之)고, 호는 인재(忍齋)며, 본관은 남양(南陽)이다. 중종 때 문과에 급제하였고, 영의정(領議政)을 지냈으며, 시호는 경헌(景憲)이다.

{皮封} 上謝狀

黃引儀 宅

吾所未能 極感

厚意 伏祝

迓新萬福 謹上

謝狀

歲前一日 暹[114)]

{피봉} 답장을 올립니다.

황 인의(黃引儀)[115)] 댁

저는 할 수 없는 일이었는데 후의에 매우 감사합니다. 새해 복 많이 받으시기 바라며 답장을 올립니다.

설 하루 전날, 섬(暹)

64. 金就文 字文之 號久菴 善山人 中宗朝 文科 官大司諫 諡文簡 松堂門人

114) 《해동역대명가필보(海東歷代名家筆譜) 2卷》 p18에도 서체가 약간 다른 동일한 내용의 자료가 실려 있어, 위조로 의심된다.

115) 황 인의(黃引儀) : 통례원의 종6품 관직인 인의(引儀) 벼슬인 황씨 성을 가진 사람이다.

김취문(金就文, 1509~1570) : 자는 문지(文之)고, 호는 구암(久菴)이며, 본관은 선산(善山)이다. 중종 때 문과에 급제하였고, 대사간(大司諫)을 지냈다. 시호는 문간(文簡)이고, 송당(松堂 : 朴英)의 문인이다.

{皮封} 求範二兄 上候

春和 僉履何如 比
想科近埋頭 昨半業
也 頃日範書 頗復一慰
弟 畏約無窮時 吟咏
亦復抛却 冬前所作
數篇〔付〕書去 可評了 即付
此奴 送之瑣印之 近
寫册子〔筆〕毛公 甚不可
人求兄所蓄抄筆 隨
可惠來爲望 家奴疇
發 夜草 悤悤不宣 上候
庚戌 上元 後日 文 弟 頓

{피봉} 구(求)와 범(範) 두 형에게 올립니다.

따뜻한 봄날 여러분의 안부는 어떠신지요? 요사이 과거가 가까워오니 공부에 머리를 묻고 있을 테지만 작년에 비하자면 반 공부밖에 되지 않을 것이라 생각됩니다. 지난날 범(範)형의 편지를 받고 자못 다시 한 번 위안이 되었습니다. 저는 끝없는 빈궁과 위축으로[116] 시를

116) 끝없는 …… 위축으로 : 《사기(史記)》 〈자객열전(刺客列傳)〉에, "고점리는 오래도록 숨어 살면 빈궁과 위축됨이 끝이 없을 것이라 생각하고, 이에 물러나 상자 속에 간직해 두었던 축과 좋은 옷을 꺼내어 용모를 바꾸고 나아갔다.[高漸離念久隱畏約無窮時 乃退 出其裝匣中筑與其善衣 更容貌而前]"라는 말이 있는데, 이에 대한 사마정(司馬貞, 679~732)의 《색은(索隱)》에서 "약은 빈천검약의 뜻이다.[約 謂貧賤儉約]"라고 하였다.

읊조리는 것도 모두 포기하고 있습니다. 그러나 겨울 전에 지은 몇 편을 써서 보내니 평가해서 곧바로 종에게 주어 저[117]에게 부쳐주시기 바랍니다. 요사이 책자를 베끼는 붓이 너무 좋지 않으니 구(求)형이 가지고 있는 가는붓을 가능한 데로 보내주시기 바랍니다. 집안의 종 주(疇)가 출발하는 밤에 급히 쓰고 이만 줄입니다. 편지를 올립니다.
경술년(庚戌年, 1550) 정월 보름 다음날, 아우 문(文)은 머리를 조아립니다.

65. 申用漑 字漑之 號二樂齋 高靈人 成宗朝 文科 官左相 諡文敬 享禮林書院

신용개(申用漑, 1463~1519) : 자는 개지(漑之)고, 호는 이요헌(二樂軒)[118]며, 본관은 고령(高靈)이다. 성종 때 문과에 급제하였고, 좌의정(左議政)을 지냈다. 시호는 문경(文景)[119]이고, 예림서원(禮林書院)에 제향되었다.

昨日題鳳 今日忽披
辱書 已間
兄履珍重 何幸何幸
僕 尙不滅而已 四十
九年人之事變 妾散
極甚 來臨一覩 如
何如何 不能盡悉
卽 用漑 頓

어제 찾아오셨다가 헛걸음 하셨는데, 오늘 홀연히 보내신 편지를 열어보았습니다. 그간에 형의 안부가 좋으시다니 얼마나 다행이든지요.
저는 아직도 죽지 않고 있습니다. 49년 인생사의 변화로 만나고 흩어지는 것이 너무

---

117) 저 : 원문은 '瑣印'. '비관(卑官)'이라고도 하며, 벼슬이 낮은 자기 자신을 낮추어 이르는 말이다.
118) 이요헌(二樂軒) : 원문의 '二樂齋'를 바로잡았다.
119) 문경(文景) : 원문의 '文敬'을 바로잡았다.

심한데, 한번 왕림하시어 만나 보는 것이 어떻습니까? 다 적지 못합니다.

즉일, 용개(用漑)는 머리를 조아립니다.

66. 林億齡 字大樹 號石川 善山人 中宗朝 文科 官監司

임억령(林億齡, 1496~1568) : 자는 대수(大樹)고, 호는 석천(石川)이며, 본관은 선산(善山)이다. 중종 때 문과에 급제하였고, 감사(監司)를 지냈다.

秋風蹔凉 想
侍奉萬福 朝廷交章 尊
公特拜六品官 聖恩
大 君勿以病高臥 强起赴
謝恩 然後衣冠 以榮
大夫人 則忠孝 豈不俱也
古爲親有榮 故動色 元
非官爲榮 爲親莫如斯
君亦必熟計 而善處 從
權爲之 謹奉舊儀 則
庶此可矣 謹拜白
壬 七 十二日 億齡 頓

가을바람이 잠시 차가워지는데 부모님 모시며 잘 지낼 것이라 생각하네. 조정에서 교대로 소장을 올려 존공께 특별히 6품의 관직에 배수되었으니 성은이 크다 하겠네. 그대는 병을 핑계로 사직하고 물러나지 말고 억지로라도 몸을 일으켜 사은숙배(謝恩肅拜)한 뒤 관리의 의관을 차려 대부인(大夫人)[120]을 영광스럽게 한다면 충성과 효도가 어찌 갖추어지지 않겠는가? 옛날에 어버이를 위해 영예스럽게 하였기에 기쁜 낯빛을 하였으니

120) 대부인(大夫人) : 상대의 어머니를 높여 이르는 말이다.

벼슬이 영광스러워서가 아니라 부모님을 위해 이만한 것이 없기 때문이니 그대도 반드시 심사숙고하여 잘 처리해서 권도를 따라 구의(舊儀)를 받든다면 거의 옳을 것이네. 삼가 절하고 말하네.

임○년(壬○年) 7월 12일, 억령(億齡)은 머리를 조아리네.

67. 黃俊良 字仲擧 號錦溪 平海人 中宗朝 文科 官牧使 退溪門人

황준량(黃俊良, 1517~1563) : 자는 중거(仲擧)고, 호는 금계(錦溪)며, 본관은 평해(平海)다. 중종 때 문과에 급제하였고, 목사(牧使)를 지냈으며, 퇴계(退溪 : 李滉)의 문인이다.

〔攻文眉目舊襟期 聯袂仙〕[121)]

山亦一奇 蹴踏煙霞

君益捷 較量筋力

我嗟[122)]衰 冥思得喪元

無定 看透閑忙自可知

淸水曾聞肥勝肉 結茅

雲壑伴棲遲

攻文眉目 使○甫事 錦溪 戱稿

글공부가 얼굴에 느껴지는 옛날 친구

함께 명산 유람하니 또한 기이한 인연이네.

안개와 노을 밟는 걸음 그대 더욱 날렵하고

근력을 따져 보니 내가 조금 더 쇠하였구나.

---

121) 〔攻文眉目舊襟期 聯袂仙〕: 《금계집 내집(錦溪集內集)》 〈차증곽상사대용동유산중(次贈郭上舍大容同遊山中)〉을 근거로 누락된 부분을 추가하였다.

122) 嗟 : 《금계집 내집(錦溪集內集)》 〈차증곽상사대용동유산중(次贈郭上舍大容同遊山中)〉에는, '差'로 실려 있다.

묵묵히 생각하면 득실은 본디 정해진 것 없고
자세히 살펴보면 바쁘고 한가함 절로 알 수 있지.
맑은 물이 고기보다 낫다고 예전에 들었으니
구름 낀 골짝에 초가 짓고 함께 살고 싶어라.

‘글공부가 얼굴에[攻文眉目]’의 구절은 사○보(使○甫)의 일이다.
금계(錦溪)는 장난삼아 시를 짓다.

68. 金貴榮 字顯卿 號東園 尙州人 明宗朝 文科 官左相 上洛府院君

김귀영(金貴榮, 1520~1593) : 자는 현경(顯卿)이고, 호는 동원(東園)이며, 본관은 상주(尙州)다. 명종 때 문과를 급제하였고, 좌의정(左議政)을 지냈으며, 상락부원군(上洛府院君)에 봉해졌다.

景仰
高風 爲日久矣 冗務所
掣 未遂一場從容 忽
値
令駕南還 悵惘可言 輒
忘荒拙 錄奉近體一
篇 冀得
瓊報 以慰他日馳慕之
懷云
嘉靖 乙卯 仲春 念日
商山人 金貴榮 稿

당신을 사모한지 여러 날이 되었지만 공무에 매여 한 번도 조용히 만남을 이루지 못했었는데 갑자기 영감께서 남쪽으로 돌아가시니 서운함을 말로 하겠습니까? 문득 보잘 것 없는 솜씨를 잊고 근체시 한편을 드리니 회답시를 얻어 뒷날 사모하는 마음에 위안을 삼고 싶습니다.

가정(嘉靖) 을묘년(乙卯年, 1555) 2월 20일, 상산인(商山人)[123] 김귀영(金貴榮)은 시고(詩稿)[124]를 씁니다.

69. 朴承任 字重甫 號嘯皐 潘南人 仁祖朝 文科 官大司諫 退溪門人 享龜江書院

박승임(朴承任, 1517~1586) : 자는 중보(重甫)고, 호는 소고(嘯皐)며, 본관은 반남(潘南)이다. 인조 때 문과에 급제하였고, 대사간(大司諫)을 지냈다. 퇴계(退溪 : 李滉)의 문인이고, 구강서원(龜江書院)에 제향되었다.

宋上舍 許留教誨云
深以爲幸 然若
不肯熟讀 則何益
之有 細細知悉 勿
違此詆爲佳
不具
嘯皐

송 상사(宋上舍)가 머물며 가르쳐 주기로 했다니 매우 다행이다. 그러나 만약 익숙히 책을 읽지 않으면 무슨 보탬이 있겠느냐? 자세히 알아야 할 것이니, 이 꾸짖음을 어기지 않는 것이 좋겠다. 이만 줄인다.

소고(嘯皐)

---

123) 상산인(商山人) : '商山'은 경상북도 상주(尙州)의 옛 이름으로, 김귀영(金貴榮)의 본관이다.
124) 시고(詩稿) : 본문은 시와 함께 첨부된 편지로, 현재 시고(詩稿)는 남아 있지 않다.

70. 吳健 字子强 號德溪 咸陽人 明宗朝 文科 官典翰 退溪門人 享西溪書院

오건(吳健, 1521~1574) : 자는 자강(子强)이고, 호는 덕계(德溪)며, 본관은 함양(咸陽)이다. 명종 때 문과에 급제하였고, 전한(典翰)을 지냈다. 퇴계(退溪 : 李滉)의 문인이고, 서계서원(西溪書院)에 제향되었다.

伏承

下札 謹審過夜

體中一樣 區區仰慰 西伯上書

〔漠〕昨因下示而知之 入達與否

顧何由聞之耶 根台答書

以爲無論當否 此非其時 其言

信然矣 領相若濶略 則好 而吾

輩之居間解紛 無乃不緊耶

如見根台 則第當以

來敎奉傳也 書本還上 姑不〔具〕

卽 弟 健 謝拜

보내신 편지를 받고 밤새 한결같이 지내신다니 간절히 위안이 되었습니다. 평안도 관찰사에게 올린 편지는 어제 말씀으로 알았지만 입달(入達)[125]하였는지의 여부는 누구를 통해 들을 수 있을 런지요? 근태(根台)의 답장은 시비를 따질 필요도 없고 지금은 그 때가 아니니 그의 말이 참으로 그런듯합니다. 영상(領相)께서 만약 죄를 용서하여 놓아주신다면 좋겠지만 우리들의 중간에서 분쟁을 해결하는 것은 꼭 필요하지는 않은듯합니다. 만약 근태를 만나면 마땅히 보내온 글을 전해주십시오. 글의 원본은 돌려드리겠습니다. 우선 이만 줄이겠습니다.

즉일, 아우 건(健)은 답장을 올립니다.

---

125) 입달(入達) : 왕세자에게 아뢰는 글을 올리는 것을 이른다.

71. 吳守盈 字謙仲 號春塘 高敞人 明宗朝 進士 官同樞 退溪門人 享南溪祠

오수영(吳守盈, 1521~1606) : 자는 겸중(謙仲)이고, 호는 춘당(春塘)이며, 본관은 고창(高敞)이다. 명종 때 진사(進士)에 입격하였고, 동지중추부사(同知中樞府事)를 지냈다. 퇴계(退溪 : 李滉)의 문인이고, 남계사(南溪祠)에 제향되었다.

遊清凉山 與士元陪城主 往遊

憩博石村江邊 用退陶叔主韻

清江一帶瀉瓊瑤 蒼壁風高木葉飄 擬想

此身參鶴馭 秋山無數路迢迢

坐蓮臺寺月臺

蓮臺臺上平如掌 千仞岡頭夕照明 曩連遊蹤

依約在 擎杯招慰故山靈

宿地藏殿

六十桃巖老 來遊問幾年 仙山不改舊 霜鬢

更堪憐 萬壑秋將盡 長天月政妍 每〔時〕年方丈

路 却喜有因緣 春塘 稿

청량산(淸凉山)[126)]을 유람하며.

-사원(士元)[127)]과 성주(城主)를 모시고 가서 유람하다 박석촌(博石村) 강가에서 쉬면서 퇴계 숙부의 시운을 따서 짓다.-

맑은 강 한 줄기는 보석을 쏟아내는 듯하고

푸른 벽 바람 높아 낙엽이 날리네.

이 몸 학이라도 탄 듯한데

---

126) 청량산(淸凉山) : 경상북도 봉화군 명호면에 있는 산의 이름이다.

127) 사원(士元) : 권응인(權應仁, ?~?)의 자다.

가을 산의 수많은 길은 아득하네.

연대사(蓮臺寺) 월대(月臺)에 앉아서.

연대사의 월대는 손바닥처럼 평평하고
천길 산꼭대기엔 석양빛에 밝게 비치네.
지난번에 이은 유람은 약속이라도 한 듯하고
술잔 들어 고향의 산신령을 초대하여 위로하네.

지장전(地藏殿)에서 자며.

60세의 도암(桃巖)[128]노인에게
온 유람객들 몇 살인지 묻네.
신령한 산은 옛 모습 그대론데
백발은 더욱 가련하네.
온 골짜기에는 가을이 다하였고
하늘에는 달이 어여쁘네.
해마다 방장산(方丈山)[129] 길
인연 있어 기쁘네.
춘당(春塘) 시고(詩稿)

72. 孫英濟 字德裕 號鄒川 密陽人 仁宗朝 文科 官持平 退溪門人 享慕禮祠

소영제(孫英濟, ?~1588) : 자는 덕유(德裕)고, 호는 추천(鄒川)이며, 본관은 밀양(密陽)이다. 인종 때 문과에 급제하였고, 지평(持平)을 지냈다. 퇴계(退溪 : 李滉)의 문인이고, 모례사(慕禮祠)에 제향되었다.

128) 도암(桃巖) : 오수영(吳守盈)의 또 다른 호다.
129) 방장산(方丈山) : 원래는 신선이 산다는 전설상의 산 이름이지만, 여기서는 청량산을 이른다.

承
問慰慰 可興之任 時未圖遞
如僕 病生 力疾以行 則
病必加發 悯無所措 切擬
再再呈病 而監司遞去
尤用悯悯 就中 日者 見
京奇 別試進定事不見
矣 舍弟 初八修簡 亦無
進定之語 并惟
照審 謹拜復
卽日 濟 頓

편지를 받고 위안되었습니다. 가흥(可興)의 임무는 아직 체직을 도모하지 않고 있습니다. 앓고 있는 제가 병을 무릅쓰고 억지로 길을 떠났다가는 반드시 병이 재발할 것이니 망연히 몸 둘 바를 모르겠습니다. 간절히 거듭거듭 병으로 관직에 나아가지 못한다는 장계(狀啓)를 올리려고 했었는데 감사가 체직되어 떠나버렸으니 더욱 정신이 아득합니다.
다름 아니라, 요사이 서울 소식을 들었지만 별시(別試) 날짜를 언제로 정했는지 알 수가 없습니다. 저의 아우가 쓴 8일의 편지에도 날짜를 정했다는 말은 없었습니다. 살펴주시기를 바라며 답장을 드립니다.
즉일, 제(濟)는 머리를 조아립니다.

73. 朴淳 字和叔 號思菴 忠州人 明宗朝 文科 官領相 謚文忠 退溪門人

박순(朴淳, 1523~1589) : 자는 화숙(和叔)이고, 호는 사암(思菴)이며, 본관은 충주(忠州)다. 명종 때 문과에 급제하였고, 영의정(領議政)을 지냈다. 시호는 문충(文忠)이고, 퇴계(退溪 : 李滉)의 문인이다.

魂宮常事奄迫 群情

彌痛 謂外伻來 獲承

惠札 以審凝沍

政履有愼 驚念 區區

無已 記末〔重〕經感 久未

差安 私悶〔何〕喻

惠來諸種 認信勤

意 兼謝不獨以物也

留俟早晏之奉 不

宣 唯望餞迎多宜

丙子 元月 十四 淳

頓首

혼궁(魂宮)[130]의 상사(常事)[131]가 다가오니 모든 사람들의 마음이 더욱 애통합니다. 뜻밖에 심부름꾼이 와서 편지를 받고 추운 날씨에 정사보시는 안부가 편찮으시다고 하니 놀라고 걱정되는 간절한 마음 끝이 없습니다.

저는 거듭된 감기가 오래토록 낫지 않으니 사사로운 걱정을 어떻게 말씀드리겠습니까? 보내주신 여러 가지 물건들은 간절한 뜻에서 주신 것이고 아울러 감사함이 물건 때문만은 아닙니다. 나머지 사연은 조만간 만나 뵐 때를 기다리며 이만 줄입니다. 송구영신(送舊迎新)하며 복 많이 받으시기를 빌겠습니다.

병자년(丙子年, 1576) 1월 14일, 순(淳)은 머리를 조아립니다.

74. 鄭澈 字季涵 號松江 延日人 明宗朝 文科 官左相 諡文靖 河西門人

130) 혼궁(魂宮) : 왕세자의 장례 뒤 3년 동안 신위(神位)를 모시던 궁전을 이르는 말이다.

131) 상사(常事) : '소상(小祥)'이라고도 하며, 사망한 날로부터 1년이 지난 뒤에 지내는 상례의 한 절차를 이르는 말이다.

정철(鄭澈, 1536~1593) : 자는 계함(季涵)이고, 호는 송강(松江)이며, 본관은 연일(延日)이다. 명종 때 문과에 급제하였고, 좌의정(左議政)을 지냈다. 시호는 문정(文靖)이고, 하서(河西 : 金麟厚)의 문인이다.

{皮封} 拜呈

謂外
下札 伏承極感 始認春暮
仕事萬迪 遠村安候連康云 甚
是遠賀千萬 僕 乞退還家 比前日
則俗事 頓無百忙悉了 此亦
國恩 不勝感祝 無以知如何報也 禮記
依教付送耳 伏惟下照 謹拜謝復
三月 十日 澈 拜

{피봉} 절하고 올립니다.

뜻밖에 보내신 편지를 받으니 매우 감사합니다. 봄이 저물어 가는데 벼슬하시는 안부가 좋으시고 원촌(遠村)의 안부도 연이어 좋으시다니 멀리서 매우 축하를 드립니다.
저는 벼슬에서 물러나기를 청해 집으로 돌아오니 전날에 비해 세속의 온갖 바쁜 일들이 문득 사라졌습니다. 이 또한 나라의 은혜이니 감사한 마음 감당할 수 없어 어떻게 보답해야 될지 모르겠습니다. 《예기(禮記)》는 말씀하신대로 보냈습니다. 살펴주시기를 바라며 답장을 드립니다.
3월 10일, 철(澈)은 절합니다.

75. 金宇宏 字敬夫 號開巖 義城人 宣祖朝 文科 官副提學 退溪門人

김우굉(金宇宏, 1524~1590) : 자는 경부(敬夫)고, 호는 개암(開巖)이며, 본관은 의성(義城)이다. 선조 때 문과에 급제하였고, 부제학(副提學)을 지냈으며, 퇴계(退溪 : 李滉)의 문인이다.

雪夜微行 開巖

惟人君出警而入蹕 儼動靜之有節

夫何屈萬乘之尊 勤微行於雪夜[132)]

是知魚水之際會 諒眷顧之懇篤

一[133)]自龍興之初載 幾多攀[134)]鱗而附翼

紛豪傑之影從 效汗馬於逐鹿

時幽薊之一老 屹社稷之柱石

自掌書於僞周 知[135)]己明於擇木

及運籌於帷幄 幾贊襄而補闕

將魯論而佐定 異具臣之尸祿

擬殷庭之伊傅 責唐朝之稷契

備謀猷之詢訪[136)] 歡[137)]一堂之吁咈

義已重於相遇 情亦切於枉顧

矧鼾睡未絕於榻 外[138)]策當咨其攻取

時冬夜之漫漫 亂滕六之浮浮

紆宸念於碩輔 思獻替之嘉猷[139)]

---

132) 雪夜 : 원문의 '夜雪'은, 《개암선생문집(開巖先生文集)》 〈설야미행부(雪夜微行賦)〉를 근거로 바로잡았다.
133) 一 : 원문의 '日'은, 《개암선생문집(開巖先生文集)》 〈설야미행부(雪夜微行賦)〉를 근거로 바로잡았다.
134) 攀 : 원문의 '從'은, 《개암선생문집(開巖先生文集)》 〈설야미행부(雪夜微行賦)〉를 근거로 바로잡았다.
135) 知 : 원문의 '智'는, 《개암선생문집(開巖先生文集)》 〈설야미행부(雪夜微行賦)〉를 근거로 바로잡았다.
136) 訪 : 원문의 '咨'는, 《개암선생문집(開巖先生文集)》 〈설야미행부(雪夜微行賦)〉를 근거로 바로잡았다.
137) 歡 : 원문의 '惟'는, 《개암선생문집(開巖先生文集)》 〈설야미행부(雪夜微行賦)〉를 근거로 바로잡았다.
138) 外 : 원문의 '倒'는, 《개암선생문집(開巖先生文集)》 〈설야미행부(雪夜微行賦)〉를 근거로 바로잡았다.
139) 《개암선생문집(開巖先生文集)》 〈설야미행부(雪夜微行賦)〉의 일부다. "惟人君出警而入蹕 儼動靜之有節 夫何屈萬乘之尊 勤微行於夜雪 是知魚水之際會 諒眷顧之懇篤 一自龍興之初載 幾多攀鱗而附翼 紛豪傑之影從 效汗馬於逐鹿 時幽薊之一老 屹社稷之柱石 自掌書於僞周 知己明於擇木 及運籌於帷幄 幾贊襄而補闕 將魯論而佐定 異具臣之尸祿 擬殷庭之伊傅 責唐朝之稷契 備謀猷之詢訪 歡一堂之吁咈 義已重於相遇 情亦切於枉顧 矧鼾睡未絕於榻 外策當咨其攻取 時冬夜之漫漫 亂滕六之浮浮 紆宸念於碩輔 思獻替之嘉猷 非不知咨諏於臣隣 所當自公而召之 …… 非禮不動 動惟厥時 幸獲覩於今日"

눈 내리는 밤의 미행[雪夜微行][140] 개암(開巖)

오직 임금께서 나가시면 경계하고 들어오시면 벽제(辟除)하여
엄숙한 동정에 절도가 있네.
어찌 만승의 존귀함을 굽혀
눈 내리는 밤에 미행을 하나?
수어지교(水魚之交)[141]의 사귐을 알아
살피고 돌아보심이 간절하네.
왕위에 등극한 처음부터
얼마나 많이 용의 비늘을 잡고 봉황의 날개에 붙었나[142]?
어지러운 호걸들 그림자처럼 따르고
축록(逐鹿)[143]에 한마(汗馬)[144]의 수고를 다하였네.
유계(幽薊)[145]의 한 늙은이
사직의 기둥과 주춧돌로 우뚝하였네.
위주(僞周)[146]에서 문서를 관장하면서도
자기를 알아주는 임금을 만나는데 밝았네.
임금을 가까이 모시면서 꾀를 운용하였고
얼마나 임금의 부족함을 도왔었나?
《논어(論語)》을 읽고 나라의 안정을 돕고

---

140) 雪夜微行 : 《개암선생문집(開巖先生文集)》에 〈설야미행부(雪夜微行賦)〉라는 제목으로 실려 있고, '무오년 정시(廷試)에 장원하였다.[戊午廷試居魁]'는 주석이 달려있다.

141) 수어지교(水魚之交) : 물과 물고기의 사귐이란 뜻으로, 임금과 신하가 서로 떨어질 수 없을 만큼 매우 친밀한 관계를 이른다.

142) 용의 …… 붙었나 : 제왕 혹은 명사에게 몸을 의탁해서 공명을 이루는 것을 말한다. 한 나라 양웅(揚雄, BC 53~BC 18)이 지은 《법언(法言)》 〈연건(淵騫)〉에, "용의 비늘을 잡고 봉의 날개에 달라붙는다.[攀龍鱗 附鳳翼]"라는 말에서 유래하였다.

143) 축록(逐鹿) : 사슴을 쫓는다는 뜻으로, 나라를 얻기 위해 서로 각축함을 이른다.

144) 한마(汗馬) : 대완(大宛)의 준마인 한혈마(汗血馬)를 이르는데, 천리마처럼 뛰어난 재질을 갖춘 인재를 이르는 말이다.

145) 유계(幽薊) : 유주(幽州)와 계주(薊州)를 아울러 이르는 말이다.

146) 위주(僞周) : 당(唐) 나라 고종(高宗, 628~683)의 황후이면서 황제였던, 측천무후(則天武后, 624~ 705)를 이른다. 병약한 고종의 황후가 되어 실질적으로 나라를 통치하고, 고종 사후에 국호를 '주(周)'로 변경한 뒤 황제가 되어 각종 사회개혁을 성공적으로 이끌었으나, 지나친 탄압과 추문으로 비난받았다.

자리만 차지하고 녹만 먹는 신하도 남다르게 여겼네.

은 나라 조정의 이부(伊傅)[147]을 본받고

당 나라의 직설(稷契)[148]을 바랐네.

원대한 꾀로 순방을 하니

한 집안이 환호하며 기뻐하네.

의리는 이미 만난 것보다 중하고

정도 왕림한 것보다 절실하였네.

걸상에서 코고는 소리 끊이지 않고[149]

그 밖의 책략은 공격하여 취하는 것을 물었네.

겨울밤은 길기만 하고

무릎에는 어지러이 눈발이 날리네.

왕의 은총에 보답을 생각하고

훌륭한 계책 바칠 것을 생각하네.

76. 崔岦 字立之 號簡易 通川人 明宗朝 文科 官刑判

최립(崔岦, 1539~1612) : 자는 입지(立之)고, 호는 간이(簡易)며, 본관은 통천(通川)이다. 명종 때 문과에 급제하였고, 형조판서(刑曹判書)를 지냈다.

近久阻奉 意以爲以事

出他 卽聞

---

147) 이부(伊傅) : 탕(湯) 임금의 신하인 이윤(伊尹, ?~?)과 상 고종(商高宗, BC 1250~BC 1192)의 신하 부열(傅說, BC 1335~BC 1246)을 가리키는데, 이들은 대표적인 명신으로 손꼽힌다.

148) 직설(稷契) : 순(舜) 임금의 신하인 후직(后稷, ?~?)과 설(契, ?~?)의 아울러 이르는 말로, 왕을 보좌하여 경륜을 펴는 어진 신하를 가리키는 말이다.

149) 걸상에서 …… 않고 : 송 나라 태조가 강남에 웅거하고 있던 남당(南唐)의 이욱(李煜, 937~978)이 복종하지 않으므로 공격을 하였는데, 남당에서는 서현(徐鉉, 917~992)을 보내 공격을 늦추어 줄 것을 누차 청하였다. 그러자 태조는 "강남이 무슨 죄가 있겠는가. 다만 천하가 일가인데 잠을 자는 옆자리에서 어찌 다른 사람이 코를 골고 자는 것을 용납하겠는가.[江南亦何罪 但天下一家 臥榻之側 豈容他人鼾睡]"라고 하였다.

尊候違和 未知何症

而今得勿藥之效耶

極欲躬晉以候 新

經大賓 方有負薪

之憂 姑先伻

候 伏惟

尊照 謹狀上

卽日 服人 岦 頓首

요사이 소식이 막힌 지 오래되었는데 일 때문에 출타하셨을 것이라 생각했습니다. 당신께서 병을 앓고 계시다는 소식을 들었는데 무슨 증세이며 병이 낫는 효과는 있는지요[150]? 몸소 나아가 문안드리고 싶지만 귀빈을 접대하느라 병이 나서 우선 먼저 심부름꾼을 보내 문안을 드립니다. 당신께서 살펴주시기를 바라며 편지를 올립니다.

즉일, 복인(服人) 립(岦)은 머리를 조아립니다.

77. 金富弼 字彦遇 號後凋堂 光山人 宣祖朝 司馬 官參奉 贈吏判 退溪門人

김부필(金富弼, 1516~1577) : 자는 언우(彦遇)이고, 호는 후조당(後凋堂)이며, 본관은 광산(光山)이다. 선조 때 사마시에 합격하였고, 참봉(參奉)을 지냈다. 이조판서(吏曹判書)에 증직되었고, 퇴계(退溪 : 李滉)의 문인이다.

謹問

僉留況何如 不勝遙慮 昨見一二所

榜 而未見所三榜 已因裵汝友

150) 병이 …… 있는지요 : 원문은 '勿藥'. 《주역(周易)》 〈무망괘(无妄卦)〉에, "무망의 병이니, 약을 쓰지 않고도 낫는 기쁨이 있다.[无妄之疾 勿藥有喜]"라는 구절에서 유래한다.

知其入三所 故雖不慮無名
但憫其久未聞消息耳 惟甥
則高參 維可喜 但不知厥終如
何 番奚持簡 已及
僉案否 汝友來後 安未亦如
何 承僉問深感 伏惟
僉照 謹柬 季春 初四 富弼 頓

{追伸} 壕坱坦三姪消息 亦如何 可念可念

삼가 문안드립니다. 여러분의 머무르시는 근황은 어떠합니까? 멀리서 염려되는 마음을 감당할 수 없습니다. 어제 일소방(一所榜)과 이소방(二所榜)은 보았지만 삼소방(三所榜)은 아직 보지 못했습니다. 이미 배여우(裵汝友)[151]를 통해 삼소방에 이름이 들었다는 사실을 알아 비록 이름이 없을까 염려는 하지 않지만 오랫동안 소식을 듣지 못해 걱정입니다. 조카가 높은 점수로 과거에 합격한 것은 오직 기쁘지만 결과가 어떠한지를 몰라, 종 번(番)이에게 편지를 가지고 가게 했는데 이미 여러분들께서 받아보셨는지요? 여우(汝友)가 온 이후로 안부는 어떠한지요? 여러분의 문안편지를 받으니 매우 감사합니다. 살펴 주시기를 바라며 편지를 드립니다.
3월 4일, 부필(富弼)은 머리를 조아립니다.

{추신} 호(壕) · 전(坱) · 탄(坦) 세 조카 소식은 또한 어떻습니까? 걱정입니다.

78. 趙穆 字士敬 號月川 橫城人 仁宗朝 司馬 官工參 退溪門人 從享陶山書院

151) 배여우(裵汝友) : '汝友'는, 배삼익(裵三益, 1534~1588)의 자다.

조목(趙穆, 1524~1606) : 자는 사경(士敬)이고, 호는 월천(月川)이며, 본관은 횡성(横城)이다. 인종 때 사마시에 합격하였고, 공조참판(工曹參判)[152]을 지냈다. 퇴계(退溪 : 李滉)의 문인이고, 도산서원(陶山書院)에 종향(從享)되었다.

邑吏來 得承
柬書 仍見使相答
左右書 事可得成 謝荷
君致力致意到此也 極荷極荷
但聞倭賊聲息 益新轉熾
恐自此無復生道 奈何奈何 所謂
微管仲 吾其被髮左衽 安不
興嘆於今日乎 且聞
假守玉馬 足慰久鬱之懷 但
丈夫 卽爲眞耳 何以假爲 呵呵 使相書 姑留
後便當還上
照諒 謹拜謝復
六 夕 穆

읍리(邑吏)가 와서 편지를 받아보고, 사상(使相)이 좌우(左右)[153]께 답한 편지로 일이 성사되었음을 알았으니 매우 감사드립니다. 그대가 힘과 뜻을 다해 이렇게 된 것이니 매우 축하드립니다. 다만 왜적들이 더욱 다시 치성을 부린다는 소식을 들었는데 지금부터 다시 살길이 없을까 두려우니 어찌하겠습니까? 이른바 관중(管仲)이 아니었다면 머리를 풀고 옷섶을 왼쪽으로 여미었을 것이니[154] 어찌 오늘날에 탄식을 하지 않겠습니까? 다만 임시로 옥마(玉馬)[155]의 수령이 되었으니 오랫동안 답답하던 마음에 위안이 되었습니다.

---

152) 공조참판(工曹參判) : 공조참판에 제수된 적은 있지만 병을 핑계로 벼슬에 나아가지 않았다.

153) 좌우(左右) : 평교간에 상대를 높여 이르는 말이다.

154) 관중(管仲)이 …… 것이니 : 《논어(論語)》〈헌문(憲問)〉에, 공자(孔子, BC 551~BC 479)가 관중(管仲, BC 716?~BC 645?)의 공을 찬양하면서 "만약에 관중이 아니었다면 우리들은 머리를 풀고 옷섶을 왼쪽으로 여미는 오랑캐의 신세가 되고 말았을 것이다.[微管仲 吾其被髮左衽矣]"는 구절이 있다.

다만 대장부로서 진짜 수령이 되어야지 임시 수령이 된단 말입니다. 우습습니다. 사상(使相)의 편지는 우선 두었다가 다음번 인편에 보내겠습니다. 살펴주시기를 바라며 절하고 답장을 드립니다.

6일 저녁, 목(穆)

79. 兪泓 字止叔 號松堂 杞溪人 明宗朝 文科 官左相 諡忠穆 杞城府院君

유홍(兪泓, 1524~1594) : 자는 지숙(止叔)이고, 호는 송당(松塘)[156]이며, 본관은 기계(杞溪)다. 명종 때 문과에 급제하였고, 좌의정(左議政)을 지냈다. 시호는 충목(忠穆)이고 기성부원군(杞城府院君)에 봉해졌다.

自聞

令監居留重京 松楸接界 時

或往來不無難奉之私 而自顧

閑廢 聲息非便 不敢以書煩候

常所耿耿 秋晴山松下 伏惟

令起居增重 就悚迷子倖參新

榜 略擬設席 以慰病親情不

容已 而四顧家壁 無以爲資 如蒙

令監憐念 助以多少 則荷

賜大矣 餘憑謹候 不容他及 伏惟

令下鑑 謹拜上狀

卽 泓 頓

---

155) 옥마(玉馬) : 경상북도 봉화(奉化)의 신라시대 지명이다.

156) 송당(松塘) : 원문의 '松堂'을 바로잡았다.

영감께서 경중(重京)에 계시다는 소식을 듣고 고향과 인접해서 때때로 왕래하면서 부모님 모시는데 어려움이 없을 것이라고 생각합니다. 그러나 보잘것없는 제 자신을 돌아보면 소식을 전하는 것조차 편치 않아 감히 번거롭게 안부 드리지 못해 늘 걱정이었습니다. 가을의 맑은 산과 소나무 아래에서 영감의 안부는 좋으시겠지요.

드릴 말씀은, 저의 아이가 다행히 과거에 합격을 하여 간소하나마 자리를 마련해서 병든 부모님의 마음을 위로해야 하지만 사방을 돌아봐도 비용으로 삼을 것이 없습니다. 만약 영감의 가련하게 여기고 염려하는 마음으로 어느 정도 도와주신다면 매우 감사하겠습니다. 나머지는 이만 줄이며 달리 언급하지 않겠습니다. 영감께서 살펴주시기를 바라며 절하고 편지를 올립니다.

즉일, 홍(泓)은 머리를 조아립니다.

80. 鄭芝衍 字衍之 號南峰 東萊人 中宗朝 文科 官左相

정지연(鄭芝衍, 1525~1583) : 자는 연지(衍之)고, 호는 남봉(南峰)이며, 본관은 동래(東萊)다. 종종 때 문과에 급제하였고, 좌의정(左議政)을 지냈다.

春間電拜 追入夢想 歲云暮
矣 寒威甚劇 伏未委 此旹
侍奉及氣體若何 仰慕區區
兄主返旆之後 每欲修候 而未逢的
便 尙闕一書以問 尋常慨歎之懷
曷日少弛
盈衙消息 絕不聞知 伏悶伏悶 得聞
特蒙恩敘云 伏喜伏喜 曆書臘藥 他無
可控之處 伏望今年 亦爲
下送如何 餘不宣 伏惟
下照 謹候狀 從弟 芝衍 頓首
丙申 至月 念五日

봄에 잠깐의 만남은 아직도 꿈속 일 같습니다. 한해가 저물고 추위가 심한 이때 부모님과 형의 안부는 어떠신지요? 간절히 그립습니다. 형님께서 돌아가신 뒤로 늘 안부편지를 쓰고 싶었지만 정확한 인편을 만나지 못해 지금까지 한 통의 편지로 문안도 못하고 있으니 늘 개탄스런 마음이 어찌 조금이나마 느슨할 날이 있었겠습니까? 영덕(盈德) 관아의 소식을 전혀 듣지 못해 걱정입니다. 특별히 성은이 내려졌다는 소식에 기뻤습니다. 달력과 납약(臘藥)[157]을 달리 부탁할 곳이 없으니 올해도 내려 보내주시는 것이 어떻습니까? 나머지는 이만 줄입니다. 살펴주시기를 바라며 안부편지를 올립니다. 종제(從弟) 지연(芝衍)은 머리를 조아립니다.

병신년(丙申年)[158] 11월 25일

81. 鄭琢 字子精 號藥圃 淸州人 明宗朝 文科 官領相 諡貞簡 西原府院君 退溪門人

정탁(鄭琢, 1526~1605) : 자는 자정(子精)이고, 호는 약포(藥圃)며, 본관은 청주(淸州)다. 명종 때 문과에 급제하였고, 영의정(領議政)을 지냈다. 시호는 정간(貞簡)이고, 서원부원군(西原府院君)에 봉해졌으며, 퇴계(退溪 : 李滉)의 문인이다.

客窓歲改 離思可量

未審獻正

茂禧幾萬 僕 僅保病

軀 而滯原城 實荷

厚念 惟冀珍重珍重 狀

紙參卷 狀紙七卷 合爲

---

157) 납약(臘藥) : '납제(臘濟)' · '납제(臘劑)'라고도 한다. 동지 뒤의 셋째 미일(未日)인 납일에 궁중의 내의원(內醫院)에서 여러 가지 환약을 지어 올리면 임금은 이를 신하들에게 나누어 주었다. 이 약을 납약이라고 하는데, 청심환(淸心丸) · 안신환(安神丸) · 소합환(蘇合丸) 등이 있다.

158) 병신년(丙申年) : 정지연(鄭芝衍, 1525~1583)의 생애에서 병신년은 1536년, 그의 나이 11세로 위와 같은 편지를 작성하기엔 불가능한 시기로, 발신자에 대한 기록이 잘못된 듯하다.

一封送似 幸考領

伏惟雅照 謹此拜上

問狀 不宣

戊寅 穀日 翌朝 琢 頓

객지에서 해가 바뀌니 이별의 그리움을 헤아릴 수 있겠습니까? 새해 복을 많이 받으시는지요?

저는 겨우 병든 몸을 보존한 채 원성(原城)[159]에 체류하고 있으니 당신의 두터운 염려에 감사하고 진중하시기만 바랍니다. 장지(狀紙)[160] 3권과 장지 7권, 도합 1봉을 보내니 받아주십시오. 살펴주시기를 바라며 절하고 문안편지를 드리며 이만 줄입니다.

무인년(戊寅年, 1578) 1월 8일[161] 다음날 아침, 탁(琢)은 머리를 조아립니다.

82. 奇大升 字明彦 號高峰 幸州人 明宗朝 文科 官提學 退溪門人

기대승(奇大升, 1527~1572) : 자는 명언(明彦)이고, 호는 고봉(高峰)이며, 본관은 행주(幸州)다. 명종 때 문과에 급제하였고, 제학(提學)을 지냈으며, 퇴계(退溪 : 李滉)의 문인이다.

{皮封} 鄭監役 執事

長至日所惠書 數昨 始獲

承兄誨諭勤摯 極令人

省發 所恨其後時也 前昭曠

159) 원성(原城) : 함경도 예원현(預原縣)의 또 다른 이름이다.

160) 장지(狀紙) : 공사(公私)의 편지나 관공서의 관문(關門)・첩문(牒文) 등에 사용하는 보통 품질의 종이를 이른다.

161) 1월 8일 : 원문은 '穀日'. '곡식날'이라고도 하는데, 이 날 곡식 심을 준비를 하면 풍년이 든다고 하여 보관하고 있던 씨앗들을 점검하고, 농기구와 축사를 손질하였다.

之云 誠所謂太早計者 然此

亦因近來觀書玩理 輒多軋

滯 或作此折 一[162]時間不能排去耳[163]

萬萬 紙窄筆凍 不能盡所欲言 惟

在照察 卽回 大升 拜

{피봉} 정 감역(鄭監役) 집사(執事)께

동지(冬至)에 보내신 편지를 며칠 전에야 받았습니다. 내용이 간곡하여 사람을 매우 반성하고 분발하게 하니 뒤늦게 받은 것이 한스럽습니다. 전에 '환하고 막힘이 없다.'고 하신 것은 그야말로 이른바 성급한 기대입니다. 그렇지만 이 또한 요사이 글을 보고 이치를 연구할 때 번번이 의심스럽거나 막히는 경우가 많아 그러한 생각을 한 것이니 한순간에 물리쳐 버릴 수는 없습니다. 수많은 사연은 종이가 좁고 붓이 얼어서 다 쓰지 못하니 헤아려 주십시오.

즉일, 답장을 드립니다. 대승(大升)은 절합니다.

83. 琴蘭秀 字聞遠 號惺齋 奉化人 宣祖朝 司馬 官翊衛 贈承旨 退溪門人 享東溪書院

금난수(琴蘭秀, 1530~1604) : 자는 문원(聞遠)이고, 호는 성재(惺齋)며, 본관은 봉화(奉化)다. 선조 때 사마시(司馬試)에 합격하였고, 익위(翊衛)를 지냈으며, 승지(承旨)에 증직되었다. 퇴계(退溪 : 李滉)의 문인이고, 동계서원(東溪書院)에 제향되었다.

162) 《농암집(農巖集)》 〈답이동보(答李同甫)〉에, '想一 ……'로 실려 있다.

163) 《농암집(農巖集)》 〈답이동보(答李同甫)〉의 일부다. 농암(聾巖)이 이동보(李同甫)에게 보낸 편지가, 기대승(奇大升)의 편지로 위조되었다. "長至日所惠書 數昨 始獲承見 誨諭勤摯 極令人省發 不恨其後時也 前書昭曠之云 誠所謂太早計者 然此亦因近來觀書玩理 輒多疑滯 或作此 想一時間不能排去耳 若揣摩想度 切切以爲病 則自覺不至是也 …… 每讀詩至此 未嘗不三復感奮 輒爲左右一誦之"

違拜數日 鄙吝復存 何當速奉
清儀 以洗滿腔塵土耶 跂佇跂佇 伏想
梅塢風和
神相快適 閑中 必有古人事業 不但吟咏而已
也 如何如何 如蘭秀者 昏慵日甚 近日 尤覺放
倒 終至於墮坑落塹 則豈非
諸尊侍之憫念誨責 而極救之者乎 伏惟
尊照 且前諾盛川魚鹽醯之器送上 欲一進
老親 故不知自止耳 野蔬略許送上
此雖惡菜 似聞彼中無有 而欲望
尊侍知咬得菜根之苦 幸
一哄何如 然意伏惟
尊照 不宣
壬申 閏二月 十一日 蘭秀

헤어진 지 며칠이 되니 인색함과 비루한 마음이 싹트는데[164] 어떻게 하면 빨리 당신을 만나 마음 속에 가득한 더러움을 씻어낼 수 있겠습니까? 기대하고 기대합니다. 매화나무 언덕에 바람이 따뜻한데 잘 지내시고, 한가한 가운데 옛사람의 사업을 보존하며 시만 읊조리고 지내시지는 않을 것이니 어떻습니까?
저는 어리석음이 날로 심해지는데, 요사이 정신은 더욱 혼몽해져 끝내 구렁텅이에 빠지는 지경에 이른다면 어찌 존시(尊侍)께서 걱정하면서 염려하고 가르치고 꾸짖어 구해주지 않겠습니까? 살펴주시기 바랍니다.
또 지난번 절인 물고기를 담은 그릇을 보내주신다고 허락하셔서 한번 연로하신 부모님께 드리고 싶어 자제할 줄도 모르고 말씀드립니다. 채소 약간을 보내드립니다. 비록 좋지는 않지만 그곳에는 없는 것이라는 말을 듣고 당신께 쓴 나물이라도 맛보여드리고 싶어서입

---

164) 인색함과 …… 싹트는데 : 후한(後漢) 황헌(黃憲)의 인품이 훌륭해서 안자(顏子)에 비유되기까지 하였는데, 그와 동군(同郡) 사람인 진번(陳蕃)과 주거(周擧) 등이 항상 그를 칭찬하며 "잠시라도 황생(黃生)을 보지 못하면 마음속에 비루하고 인색한 생각이 싹튼다.[時月之間 不見黃生 則鄙吝之萌復存乎心]"는 구절이 있다. 《후한서(後漢書)》〈황헌열전(黃憲列傳)〉

니다. 한번 웃어주시는 것이 어떻습니까? 살펴주시기 바라며 이만 줄입니다.

임신년(壬申年, 1572) 윤 2월 11일, 난수(蘭秀)

84. 許頊 字公愼 號負暄 陽川人 宣祖朝 文科 官左相 陽陵府院君 諡貞穆

허욱(許頊, 1548~1618) : 자는 공신(公愼)이고, 호는 부훤(負暄)이며, 본관이 양천(陽川)이다. 선조 때 문과에 급제하였고, 좌의정(左議政)을 지냈다. 양릉부원군(陽陵府院君)에 봉해졌고, 시호는 정목(貞穆)이다.

病裏 一倍馳想 頃承
令覆札 迨慰此懷 即惟
令起居萬相 賤疾日漸沈
重 今月餘矣 危苦之狀 豈
待說委 只切悶憐悶憐
開示藥治之方 出於
至悃 感不容喻 昏憊不究
伏惟
令照察 謹拜狀上
即日 頊 頓

병중이라 배나 그립습니다. 지난번 영감의 답장을 받고 아직까지 제 마음에 위안이 되었습니다. 영감의 안부는 좋으시겠지요. 저의 병은 날로 깊어진지가 지금 한 달 남짓 되어 괴로운데 이러한 상황을 어찌 자세히 말씀드릴 필요가 있겠습니까? 걱정되는 마음이 간절합니다.

알려주신 약방문은 지극한 정성에서 나온 것이라 감사한 마음 말로 할 수가 없습니다. 정신이 흐리고 피곤해서 이만 줄입니다. 영감께서 살펴주시기 바라며 편지를 올립니다.

즉일, 욱(頊)은 머리를 조아립니다.

85. 權文海 字仲虛 號草澗 醴泉人 明宗朝 文科 官監司 諡忠敏 退溪門人

권문해(權文海, 1534~1591) : 자는 호원(灝元)[165]이고, 호는 초간(草澗)이며, 본관은 예천(醴泉)이다. 문과에 급제하였고, 감사(監司)를 지냈다. 시호는 충민(忠敏)[166]이고, 퇴계(退溪 : 李滉)의 문인이다.

伏惟新歲

令監體履茂膺萬福 遙切仰賀 侍生

意外

新命 祗自惶感 再控辭疏 惕息以竢

耳 只以離親受歲 情理難堪 奈何

苦無可送之物 略呈封餘 大口卵三

部 深用慚歎

令胤坡州令前 忙未修候 伏恨伏恨 伏

令下鑑 謹拜上狀

即日 文海 頓首

새해 영감님께서 만복을 누리실 것이니, 멀리서 간절히 축하드립니다. 저는 뜻밖에 새로운 명을 받아 다만 황송하고 감격하여 두 번이나 사직상소를 올리고 두려운 마음으로 명을 기다리고 있습니다. 다만 부모님을 떠나 새해를 맞이하는 마음은 견디기 어려우니 어찌하겠습니까? 괴롭게도 보내드릴 물건이 없어 간략하나마 진상하고 남은 대구알 3부(部)[167]를 드리니 매우 부끄럽습니다. 영감의 아드님인 파주(坡州) 영감에게는 바빠 안부를 쓰지 않으니 한스럽습니다. 영감께서 살펴주시기 바라며 절하고 편지를 올립니다.

즉일, 문해(文海)는 머리를 조아립니다.

---

165) 호원(灝元) : 원문의 '仲虛'를 바로잡았다. '仲虛'는 권벌(權橃)의 자다.

166) 충민(忠敏) : 권문해의 시호는 정확한 근거가 없다.

167) 3부(部) : '部'는 물고기의 알집을 세는 단위로, '세 개의 알 집'을 이른다.

86. 成渾 字浩源 號牛溪 昌寧人 明宗朝 逸參贊 諡文簡 從祀文廟

성혼(成渾, 1535~1598) : 자는 호원(浩原)[168]이고, 호는 우계(牛溪)며, 본관은 창녕(昌寧)이다. 명종 때 유일(遺逸)로 참찬(參贊)을 지냈다. 시호는 문간(文簡)이고, 문묘(文廟)에 종사(從祀)되었다.

{皮封} 狀上

顔子 一毫未盡之說 衆皆非之 而珥[169]獨
不〔然〕肯自非者 非故立異而好勝也 誠以鄙意
終有所未安 故不敢曲循衆見耳 顔子與聖人
所爭者 只在思與不思 勉與不勉耳 其得之
其中[170]之則一也 夫所謂思者 非格致[171]而何 所謂勉者
非誠正而何 事物之來 未能不思而必思之 今日旣
思而得矣 明日事物之來 又不免於思 則可謂格致之
功 已畢乎 今日 旣勉而中矣 明日 又不免於勉 則可謂
〔誠正〕之功 已畢乎 夫所謂力之盡者 只是就人事上極其力 無以
復加云爾[172] 珥[173]之所謂未盡者 豈敢胡說亂道哉 更論別紙中
耳 伏惟細覽焉 是日 渾 謹拜

---

168) 호원(浩原) : 원문의 '浩源'을 바로잡았다.

169) 珥 : 원문의 '渾'은, 《율곡선생전집(栗谷先生全書)》〈답성호원(答成浩原)〉을 근거로 바로잡았다.

170) 其中 : 원문의 '中'은, 《율곡선생전집(栗谷先生全書)》〈답성호원(答成浩原)〉을 근거로 바로잡았다.

171) 非格致 : 원문의 '非格物致'는, 《율곡선생전집(栗谷先生全書)》〈답성호원(答成浩原)〉을 근거로 바로잡았다.

172) 《율곡선생전집(栗谷先生全書)》에 실린 〈답성호원(答成浩原)〉이라는 편지의 일부다. 성혼(成渾)에게 보낸 율곡(栗谷)편지가 성혼의 편지로 위조되었다. "顔子一毫未盡之說 衆皆非之 而珥獨不肯自非者 非故立異而好勝也 誠以鄙意終有所未安 故不敢曲循衆見耳 顔子與聖人所爭者 只在思與不思 勉與不勉耳 其得之其中之則一也 夫所謂思者 非格致而何 所謂勉者 非誠正而何 事物之來 未能不思而必思之 今日旣思而得矣 明日事物之來 又不免於思 則可謂格致之功已畢乎 今日旣勉而中矣 明日又不免於勉 則可謂誠正之功已畢乎 夫所謂力之盡者 只是就人事上極其力 無以復加云爾 非若聖人之動以天而不施人事也 …… 已上朱子語 深味此言 則可見心正之極功 非聖人未了 而程子所謂顔子心麤者 非謂衆人之麤心也"

173) 珥 : 원문의 '渾'은, 《율곡선생전집(栗谷先生全書)》〈답성호원(答成浩原)〉을 근거로 바로잡았다.

{피봉} 편지를 올립니다.

안자(顔子)에 대하여 "털끝만큼 미진하다"고 하는 설을 여러 사람이 모두 옳지 않다고 하는데, 저만 그르다고 하지 않는 것은 남에게 고의로 다른 의론을 세워 이기기를 좋아해서가 아닙니다. 진실로 저의 생각에는 끝까지 온당치 못한 부분이 있기 때문에 감히 굽혀서 여러 사람의 의견을 따르지 못하는 것입니다. 안자와 공자에 대해 다투는 것은, 다만 생각하고 생각하지 않는 것과 힘쓰고 힘쓰지 않는 데 달려 있을 뿐, 얻게 되고 중(中)하게 되는 것은 한 가지입니다. 이른바 '생각한다.'는 것은 격물치지(格物致知)가 아니고 무엇이겠으며, 이른바 '힘쓴다.'는 것은 성의정심(誠意正心)이 아니고 무엇이겠습니까. 사물이 오면 생각하지 않을 수 없어 반드시 생각하게 됩니다. 오늘 이미 생각하여 터득했는데 내일 사물이 오면 또 생각하는 것을 면치 못한다면, 격물치지의 공부를 이미 마쳤다고 할 수 있겠습니까. 오늘 이미 힘써서 중(中)했는데, 내일 또 힘쓰는 것을 면치 못한다면, 성의정심의 공부를 이미 마쳤다고 할 수 있겠습니까. 이른바 '힘쓰기를 극진히 한다.'는 것은 다만 이것이 인사(人事)에 있어서 그 힘을 극진히 하여 다시 더할 수 없는 것을 이른 것입니다. 제가 이른바 '미진'이란 것이 어찌 감히 도리에 어긋난 말을 함부로 한 것이겠습니까.

즉일, 혼(渾)은 절합니다.

87. 李珥 字叔獻 號栗谷 德水人 明宗朝 文科 官贊成 贈領相 謚文成 退溪門人 從祀文廟

이이(李珥, 1536~1584) : 자는 숙헌(叔獻)이고, 호는 율곡(栗谷)이며, 본관은 덕수(德水)다. 명종 때 문과에 급제하였고, 찬성(贊成)을 지냈으며, 영의정(領議政)에 증직되었다. 시호는 문성(文成)이고, 퇴계(退溪 : 李滉)의 문인[174]이며, 문묘(文廟)에 종사(從祀)되었다.

174) 퇴계(退溪 : 李滉)의 문인 : 1558년 율곡은 장인이 있던 경북 성주에 들렀다가 안동에 가서 3일 동안 퇴계와 만난 적이 있지만, 율곡을 퇴계의 문인으로 규정지은 것은 무리가 있다.

{皮封} 狀上

奇明言 執事

伏承指諭 諄諄不已 退而思之 尙多
餘戀之至 珥 識見昧昧 終不可學道
耶 何其不相合至此也 疑當思問於高
明之下 而問其姑捨 候音 從以漠然於
南北之間 豈不悶哉 格物致知之說 書
于細告中 而伏乞更加三思 復示以
至當之論何如 吾輩中議論 且相矛
盾 則何暇定他說之是非耶 此所以汲
汲於歸一者也[175]
壬 六月 初九日 珥 拜

{피봉} 편지를 올립니다.

기명언(奇明言)[176] 집사(執事)께.

편지를 받으니 간곡한 말씀이 끝이 없어 물러나 생각하니 아직도 남은 미련이 지극합니다. 저의 어두운 식견으로는 끝내 도를 배울 수 없습니까? 어찌 이토록 의견이 일치되지 않는단 말입니까? 의심나는 부분은 마땅히 생각하고 고명하신 당신께 여쭈어야 하는데, 묻는 것은 고사하고 소식조차 남북으로 떨어져 막연하니 어찌 민망하지 않겠습니까? 격물치지(格物致知)에 대한 설명은 편지로 상세히 말씀드리니 더더욱 여러 번 생각하시어 다시 지당한 논리를 알려주시는 것이 어떻겠습니까? 우리들 가운데 의논이 서로 모순된다면

175) 《율곡선생전집(栗谷先生全書)》에 〈여기명언대승(與奇明彦大升)〉이란 제목으로 실려 있다. "昨承指諭 諄諄不已 退而思之 終未喩高明之旨 豈珥識見昧昧 終不可學道耶 何其不相合至此耶 疑當思問 更陳瞽說 珥所謂知之至善云者 不必深排 夫至善云者 只是事物當然之則也 其則非他 只是十分恰好處耳 …… 如珥者 只塗於口耳而已 宜乎所言之多窒也 但君子不以人廢言 伏乞更加三思 復示以至當之論 何如 吾輩中議論 且相矛盾 則何暇定他說之是非耶 此所以汲汲於歸一者也"

176) 기명언(奇明彦) : '明彦'은 기대승(奇大升)의 자다.

어느 겨를에 다른 학설의 시비를 결정지을 수 있겠습니까? 이것은 하나의 귀결점을 찾는데 급급한 것입니다.

임○년(壬○年)[177] 6월 9일, 이(珥)는 절합니다.

88. 具鳳齡 字景瑞 號栢潭 綾城人 明宗朝 文科 官參判 退溪門人 享周溪書院

구봉령(具鳳齡, 1526~1586) : 자는 경서(景瑞)고, 호는 백담(栢潭)이며, 본관은 능성(綾城)이다. 명종 때 문과에 급제하였고, 참판(參判)을 지냈다. 퇴계(退溪 : 李滉)의 문인이고, 주계서원(周溪書院)에 제향되었다.

{皮封} 惇敘 奉謝
金生員宅

昨者因
枉 勤慰勤慰 僕 病熱臥痛 未及先
候 而
公問忽至 感愧兼并 但審
落傷 慮深慮深
索藥乏儲 未卽所副 恨恨如
何 當徐求送 若以馬太〔熟〕
熟者 盛于囊俗慰貼 爲必
敗之 則必有效矣 幸
先試如何 餘以臥吟不一 謹拜謝
鳳齡

177) 임○년(壬○年) : 《율곡선생전집(栗谷先生全書)》〈여기명언대승(與奇明彦大升)〉에는, 정묘년(丁卯年, 1567)으로 실려 있다.

{피봉} 돈서(惇敍)[178]는 답장을 드립니다.

김 생원(金生員) 댁에

지난번 왕림해주어 매우 위안이 되었습니다. 저는 병으로 열이 나서 앓아누워 있는 바람에 미처 먼저 문안편지를 보내지 못했었는데 공의 편지가 갑자기 이르니 감사하고 부끄러운 마음 아울러 이릅니다. 다만 낙상을 당했다는 소식에 매우 걱정입니다. 찾으시는 약재는 보관하고 있는 것이 부족하여 곧바로 요구에 부응하지 못하고 있으니 한스러움을 어찌하겠습니까? 마땅히 늦더라도 구해 보내겠습니다. 만약 익힌 말먹이 콩을 자루에 담아 상처에 붙여 반드시 병세를 꺾어놓는다면 필시 효과가 있을 것이니 먼저 시험삼아 해보시는 것이 어떻습니까? 나머지는 누워서 신음하느라 자세히 쓰지 못합니다. 절하고 답장을 드립니다.

봉령(鳳齡)

89. 李元翼 字公勵 號梧里 全州人 宣祖朝 文科 官領相 諡文忠 配享仁祖廟

이원익(李元翼, 1547~1634) : 자는 공려(公勵)고, 호는 오리(梧里)며, 본관은 전주(全州)다. 선조 때 문과에 급제하였고, 영의정(領議政)을 지냈다. 시호는 문충(文忠)이고, 인조(仁祖)의 사당에 배향되었다.

頃因夢先去付書 想於今明 可以登
覽矣 便阻有日 日熱如火 戀意方
切 昨夕因縣吏來 得見十二出
問書 細審送還惡客無事
侍況政候 俱得平善 欣慰不可盡
言 此中一家諸處 俱無事 當守

178) 돈서(惇敍) : 김부륜(金富倫, 1531~1598)의 자로, 피봉(皮封)과 내지(內紙)과 일치하지 않는다.

主 亦得遞免是幸 而今年虐熱 曾所

未見 以病渴之身 而値此兇焰 如置身

於紅爐 或欲發狂大叫 且飮冷無算

必爲添病 憫憫奈何 此吏欲急歸 故

忙草不備 且祝虐炎侍下政履萬

重 奉謝狀

乙丑 流頭日 午 元翼 頓

지난번 몽(夢)이가 먼저 떠나는 편에 편지를 부쳤는데 오늘 내일 사이에 받아 보실 것입니다. 인편이 막힌 지 여러 날이 되었고, 해는 불덩이처럼 뜨거운데 그리운 마음 간절합니다. 어제 저녁에 고을 아전이 오는 편에 12일 보내신 편지를 받고 나쁜 손님을 무사히 보냈고, 부모님 모시는 근황과 정사보시는 안부가 모두 좋으시다니 기쁘고 위안되는 마음 말로 할 수 없습니다.

저의 일가 안부는 모두 무사하고 맡아서 주관하던 일에서도 체직되어 다행입니다. 올해 같은 심한 더위는 전에는 들어본 적도 없습니다. 소갈증(消渴症)을 앓던 몸으로 이런 혹독한 더위를 만나니 마치 붉게 달아오른 화로에 몸을 넣어둔 것 같아 미쳐 크게 소리라도 지르고 싶습니다. 또 셀 수도 없이 차가운 것을 마셔 필시 병이 더할 것이라 걱정되지만 어쩌겠습니까? 아전이 급히 돌아가려하기에 서둘러 쓰고 이만 줄입니다. 또 심한 더위에 부모님 모시고 정사보시는 안부가 좋으시길 빌며 답장을 올립니다.

을축년(乙丑年, 1625) 6월 15일 한낮, 원익(元翼)은 머리를 조아립니다.

90. 許曄 字太輝 號草堂 陽川人 明宗朝 文科 官副提學

허엽(許曄, 1517~1580) : 자는 태휘(太輝)고, 호는 초당(草堂)이며, 본관은 양천(陽川)이다. 명종 때 문과에 급제하였고, 부제학(副提學)을 지냈다.

{皮封} 情侍上狀

日者 會晤之幸 久不去心 秋序已屆
伏惟尊侍仕俱勝 近聞倚樓
使君榮 被徵黃入城不遠 欣慰何極
第想有侍奉遷次之事耶 是則奉
慮 就〔白〕[179] 切親家 欲得氷片 來索鄙
簡 此猶吾家之直爲宛轉也 幸冀
優帖以濟如何 餘忙不宣 伏惟
下照 謹拜上狀
壬子 七月 卄八日 曄 頓

{피봉} 정시(情侍)에 올립니다.

일전에 당신을 만났던 행운은 오랠수록 마음에 떠나지 않습니다. 가을이 되었는데 당신께서는 부모님 모시고 벼슬하면서 모두 잘 계시겠지요. 요사이 의루(倚樓)[180] 사또가 영광스럽게도 징황(徵黃)[181]되어 서울로 들어갈 날이 머지않다는 소식을 들었으니 기쁘고 위안되는 마음 어찌 끝이 있겠습니까? 다만 부모님을 모시고 거처를 옮길 일이 걱정입니다. 다름이 아니라, 절친한 집에서 얼음을 얻고 싶어 저에게 편지로 요구하였는데 이는 저희 집으로 둘러 부탁을 하는 것이나 마찬가지입니다. 넉넉하게 보내주시는 것이 어떻습니까? 나머지는 바빠 이만 줄이며 편지를 올립니다.
임자년(壬子年, 1552) 7월 28일, 엽(曄)은 머리를 조아립니다.

179) 白 : 원문의 '怕'를 바로잡았다.
180) 의루(倚樓) : 당(唐) 나라 조하(趙嘏, ?~?)의 시에, "몇 점 희미한 별 떠 있는 변방 하늘에 기러기 날아가고, 어디선가 들리는 구슬픈 피리 소리에 한 사람 누각에 기대어 섰네.[殘星幾點雁橫塞 長笛一聲人倚樓]"라는 구절이 있는데, 두목(杜牧)이 이에 탄복한 나머지 조하를 '조의루(趙倚樓)'라고 부르기 시작하면서부터, 조씨(趙氏) 성을 가진 사람을 '의루인'이라고 칭하게 되었다. 《전당시화(全唐詩話)》〈척언(摭言)〉
181) 징황(徵黃) : 지방관을 조정으로 소환함을 이른다. 한 나라 때 황패(黃霸, BC 130~BC 51)가 영천태수(潁川太守)로 있으면서 치적이 천하제일로 일컬어져서, 관내후(關內侯)의 작위를 하사받고 조정으로 소환되어 태자태부(太子太傅)가 된 데서 유래한다.

91. 金誠一 字士純 號鶴峰 義城人 宣祖朝 文科 官參判 謚文忠 退溪門人 享臨川書院

김성일(金誠一, 1538~1593) : 자는 사순(士純)이고, 호는 학봉(鶴峰)이며, 본관은 의성(義城)이다. 선조 때 문과에 급제하였고, 참판(參判)을 지냈다. 시호는 문충(文忠)이고, 퇴계(退溪 : 李滉)의 문인이며, 임천서원(臨川書院)에 제향되었다.

伏問此時
政履若何 前承
示喩 本月初將入都云 未委幾日定
發程耶 切欲就敍 而非但方
伯入州 自五六日前 受由鍼灸
身如蟄虫 奈何奈何 洛中如見
故舊 爲
報潦倒南荒 人事頓廢 未得
以時問訊之意 李宏仲 瑟聞
遠 朴參奉櫷 頃有書 自此荅
去耳 餘祈
行李萬珍 且決焚舟之捷
千萬千萬 伏惟
尊照 謹拜狀上 誠一

요사이 정사보시는 안부는 어떻습니까? 앞서 이 달 초에 서울로 들어간다는 말을 들었는데 며칠로 날짜를 잡았는지요? 나아가 작별하고 싶었지만 방백(方伯)이 고을로 들어오는 일 뿐 아니라 5,6일전부터 휴가를 얻어 침과 뜸을 뜨기 위해 칩거하고 있으니 어찌하겠습니까? 서울에서 만약 친구들을 만나면 남쪽변방에서 쇠락하게 지내면서 인사를 완전히 폐기하고 있느라 때맞추어 안부도 못했다고 말해 주십시오. 이굉중(李宏仲)[182]과 슬문원

182) 이굉중(李宏仲) : '宏仲'은 이덕홍(李德弘, 1541~1596)의 자다. 호는 간재(艮齋)고, 형조참판 이현보(李

(瑟聞遠) 183)과 참봉 박려(朴欐)184)에게는 지난번 편지를 받아 이제 답장을 보냅니다. 나머지는 객지에서 잘 지내시기를 빕니다. 또 죽기를 각오하고185) 합격하시기를 간절히 바랍니다. 당신께서 살펴주시기를 바라며 절하고 편지를 올립니다.

성일(誠一)

92. 鄭崑壽 字汝仁 號栢谷 淸州人 宣祖朝 文科 官判書 西川府院君 諡忠翼 退溪門人

정곤수(鄭崑壽, 1538~1602) : 자는 여인(汝仁)이고, 호는 백곡(栢谷)이며, 본관은 청주(淸州)다. 선조 때 문과에 급제하였고, 판서(判書)를 지냈다. 서천부원군(西川府院君)에 봉해졌고, 시호는 충민(忠愍)186)이며, 퇴계(退溪)의 문인이다.

{皮封} 拜謝復

宋僉知

朴判書 僉侍史

路次

出迓 加之以酒食遠行之人

已極感荷 況又

追遣專伻 惠書相問 而申

之以珍饌 至於卄尾之多

賢輔)의 종손자이다. 이황(李滉)의 문인으로, 집경전 참봉(集慶殿參奉)을 지냈다. 저서로 저서로 《주역질의(周易質疑)》 등이 있다.

183) 슬문원(瑟聞遠) : '瑟'은 '琴'의 오자다. '聞遠'은 금난수(琴蘭秀)의 자고, 호는 성재(惺齋)며, 퇴계(退溪)의 문인이다.

184) 박려(朴欐, 1551~1592) : 본관은 고령(高靈)이고, 퇴계(退溪)의 문인이면서 손자사위다. 초명은 박량(朴樑)이었으나 퇴계가 고쳐 주었고, 경기좌도 수운판관(京畿左道水運判官)을 지냈다.

185) 죽기를 각오하고 : 원문은 '焚舟'. '제하분주(濟河焚舟)'의 준말로, 적을 치러 가면서 배를 타고 물을 건너서는 그 배를 태워버린다는 뜻이다.

186) 충민(忠愍) : 원문의 '忠翼'을 바로잡았다.

耶 繾綣厚意

不一 而遙極謝謝 明日賤

行 當向迤南 只祈

僉履萬安 謹狀

七月 廿六日 鄕記

崑壽 病草

{피봉} 절하고 답장을 올립니다.

송 첨지(宋僉知)와 박 판서(朴判書) 여러분께

길로 나와 맞아주시고 먼 길가는 사람에게 술과 음식을 대접해주시니 매우 감사합니다. 더구나 또 심부름꾼을 보내 편지로 문안하고 거듭 맛있는 반찬으로 20마리의 물고기도 보내주시니 어떠하겠습니까? 간곡한 후의가 한두 번이 아니니 멀리서 매우 감사드립니다. 내일 저의 행차는 남쪽으로 가니 모두 잘 계시기 바라며 편지를 드립니다.

7월 26일, 향임(鄕任)[187] 곤수(崑壽)는 병으로 급히 씁니다.

93. 柳雲龍 字應見 號謙菴 豊山人 宣祖朝 官牧使 贈吏判 謚文敬 退溪門人 享花川書院

유운용(柳雲龍, 1539~1601) : 자는 응견(應見)이고, 호는 겸암(謙菴)이며, 본관은 풍산(豊山)이다. 선조 때 목사(牧使)를 지냈고, 시호는 문경(文敬)이다. 퇴계(退溪 : 李滉)의 문인이고, 화천서원(花川書院)에 제향되었다.

{皮封} 弘仲拜復

盧佐郎 侍史 [手決]

187) 향임(鄕任) : 조선시대 지방 자치 기구의 하나인 유향소(留鄕所)의 직임이다.

承

書知

行色淸茂 甚慰甚慰

覲省後 卽還爲妙爲妙

示事一如所

敎爲計 母病 幸得差愈

何喜如之 玆惟

照遲 餘復狀

八月 二十日 雲龍

{피봉} 홍중(弘仲)[188]은 답장합니다.

노 좌랑(盧佐郎) 시사(侍史)[189]에 [수결]

편지를 받고 건강이 좋으시다니 매우 위안이 되었습니다. 부모님을 뵙고 곧바로 돌아오는 것이 좋겠습니다. 말씀하신 일은 모두 말씀대로 할 계획입니다. 어머니의 병은 다행히 조금 나았으니 기쁨이 어떠하겠습니까? 살펴주시고 들러주시기만 기다리겠습니다[190]. 답장을 올립니다.

8월 20일, 운용(雲龍)

94. 金玏 字希正 號栢巖 禮安人 宣祖朝 文科 官吏參 退溪門人

김륵(金玏, 1540~1616) : 자는 희정(希正)이고, 호는 백암(栢巖)이며, 본관은 예안(禮安)이다. 선조 때 문과에 급제하였고, 이조참판(吏曹參判)을 지냈으며, 퇴계(退溪 : 李滉)의 문인이다.

188) 홍중(弘仲) : 노경임(盧景任, 1569~1620)의 자로, 피봉(皮封)과 내지(內紙)가 일치하지 않는다.

189) 시사(侍史) : 귀인의 곁에서 손님과의 대화를 기록하고 문서를 맡아보며 비서 역할을 하던 사람을 이르는 말로, 편지의 피봉에 상대의 이름을 직접 말하지 않고 보낼 때 주로 쓴다.

190) 살펴주시고 …… 기다리겠습니다 : 원문은 '照遲'. '遲'는 '기다리다[待]'의 의미로, '살펴봐주시고 들러주시기를 기다리겠다.[照諒而遲待過門之也]'는 의미이다.

住寒翠岩 西距長林 僅五

里許 泉石可翫 故記之

玉峽溪雲老 瑤花野鳥寒

尋仙問何處 千古自靑山

玏 頓

한취암(寒翠岩)에 머물며.

-서쪽으로 장림(長林)과는 겨우 5리 밖에 되지 않고 천석(泉石)도 감상할 만하여 적는다.-

옥 같은 골짜기와 계곡의 구름은 늙어가고

아름다운 꽃과 들새는 차갑네.

어느 곳에 물어야 신선을 찾을까?

천고의 청산은 절로 푸르네.

륵(玏)은 머리를 조아립니다.

95. 曺好益 字士友 號芝山 昌寧人 贈吏判 謚文簡 退溪門人

조호익(曺好益, 1545~1609) : 자는 사우(士友)고, 호는 지산(芝山)이며, 본관은 창녕(昌寧)이다. 이조판서(吏曹判書)에 증직되었고, 시호는 문간(文簡)이며, 퇴계(退溪 : 李滉)의 문인이다.

頃承

枉訪 迨感

勤念 但日暮又雨

行色極艱 夜以轉側 追思罔措

未諳 卽今

尊履何如 采增傾傃 謝屐之游 當

擇晴和之日 客一鞭羸耳

柳生員前 所懷如右 伏惟

僉尊照 謹上狀

辛丑 三月 十五日 好益 再拜

지난번의 찾아주신 것은 지금까지 감사합니다. 다만 날이 저물고 비가 내려 길을 나설 준비가 너무 힘들어 밤에 몸을 뒤척이며 잠을 이루지 못하고 지난 일을 생각하니 몸 둘 바를 모르겠습니다.

요사이 당신의 안부는 어떠신지요? 무척 그립습니다. 사극(謝屐)[191]의 유람은 좋은 날을 잡아 나그네가 되어 마른 당나귀를 한번 채찍질하겠습니다. 유 생원(柳生員)에게도 소회가 위와 같습니다. 여러분들께서 살펴주시기를 바라며 편지를 올립니다.

신축년(辛丑年, 1601) 3월 15일, 호익(好益)은 재배(再拜)합니다.

96. 李德馨 字明甫 號漢陰 廣州人 宣祖朝 文科 官領相 諡文翼

이덕형(李德馨, 1561~1613) : 자 명보(明甫)고, 호는 한음(漢陰)이며, 본관은 광주(廣州)다. 선조 때 문과에 급제하였고, 영의정(領議政)을 지냈으며, 시호는 문익(文翼)이다.

伏承台敎 感悚 經理處

事失中 旣重失軍兵之心 今爲

已破之甑 救之固無及 且丁也

帶科官來 則右楊者 無一

人 而在此 都是敵也 此極爲悶

虞 今番台敎 實出遠慮

天下事 已厭精思 今日早會 商

確宜當 昨見丁 自家刊印

191) 사극(謝屐) : '사공극(謝公屐)'의 준말로, 등산용 신발을 말한다. 남조 송(南朝宋)의 시인 사령운(謝靈運)이 명산을 유람할 적에 산을 오를 때에는 나막신[屐]의 앞굽을 떼어 버리고 산을 내려올 때에는 뒤축을 떼어 걷기에 편리하도록 했다는 고사가 있다. 《송서(宋書)》 〈사령운열전(謝靈運列傳)〉

其稿 分送各處 其計不徒然矣
伏惟台鑑 謹拜狀
德馨

대감의 말씀을 받드니 감사하고 죄송합니다. 일처리가 중도를 잃고 이미 거푸 군병(軍兵)의 마음을 잃어버려 지금 이미 깨진 시루[192]가 되었으니 구하려 해도 미칠 수가 없습니다. 또 정(丁)이가 과관(科官)[193]을 데리고 오면 양(楊)보다 뛰어난 사람은 한 사람도 없고 여기에 있어서는 모두가 적입니다. 이것이 매우 걱정입니다.
이번 대감의 말씀은 참으로 미래를 걱정하는데서 나온 것이고 천하의 일은 이미 싫증이 났습니다. 오늘 일찍 모여 상의해서 정하는 것이 마땅할 듯합니다. 내일 정(丁)이를 만나면 자기가 인출해서 원고를 각 곳으로 나누어 보내려고 할 것이니 그 계획이 공연한 것만은 아닙니다. 대감께서 살펴주시기를 바라며 절하고 편지를 올립니다.
덕형(德馨)

97. 金宇顒 字肅夫 號東岡 開巖弟 宣祖朝 文科 官吏參 謚文貞 退溪門人 享晴川書院

김우옹(金宇顒, 1540~1603) : 자는 숙부(肅夫)고, 호는 동강(東岡)이며, 개암(開巖 : 金宇宏)의 아우다. 선조 때 문과에 급제하였고, 이조참의(吏曹參議)를 지냈다. 시호는 문정(文貞)이고, 퇴계(退溪 : 李滉)의 문인이며, 청천서원(晴川書院)에 제향되었다.

承審近來
孝履支勝 慰仰慰仰 兒子 承悉

192) 깨진 시루 : 원문은 '破之甑'. 소식(蘇軾)의 〈여주장관리수재유경산이군선이시견기차기운 2수(與周長官李秀才遊徑山二君先以詩見寄次其韻二首)〉에, "공명은 한 번 깨진 시루 같으니, 버려두고 돌아볼 것 없어라.[功名一破甑 弃置何用顧]"는 구절이 있다.

193) 과관(科官) : 육과(六科)의 관원이다. 도찰원(都察院)에 육과가 있고 각과를 맡은 급사중(給事中)이 있는데 이들을 이른다.

提誨之勤 至感至感 渠近頗讀書云 此
無非
指敎之力 尤謝尤謝 家書抵萬金詩 想
出於
潤色之手 然如是敎導 使之漸
解作句之法 則其幸可言可言
生 僅保 他無足云 婚事可成 而
處子可嘉云 深慰深慰 此婚若
成 則卜居東海之計 可以漸圖
青鶴寒溪 解顔中
公可歷覽 擇其可處如何 守宰
營農之事 臺諫 曾有論列矣
但寒岡素稍黠 雖或有農計之事 必不爲肆
行貽弊〔之事〕故不疑也 呵呵
伏惟鑑察 謹疏
甲午 八月 二十九日 宇顒 疏上

편지를 받고 요사이 상(喪)중에 잘 지내신다니 위안이 되었습니다. 아이들이 부지런히 가르침을 받고 있다니 매우 감사합니다. 그도 요사이 자못 독서를 한다고 하니, 이것은 가르치신 힘이 아닌 것이 없으니 더욱 감사합니다. 집으로 보내신 편지에 만금(萬金) 값어치의 시는 윤색하는 솜씨에서 나온 것이라 생각합니다. 그러나 이러한 가르침으로 점점 작문하는 방법을 해득하도록 한다면 매우 다행일 것입니다.
저는 겨우 몸만 보존하며 지내고 있어 달리 말할 것은 없습니다. 혼사도 성사되고 처녀도 좋다 하니 매우 위안이 됩니다. 이 혼사가 만약 잘 치러지고 동쪽 바닷가에 자리를 잡아 차츰 청학(青鶴)과 차가운 시냇물을 도모하면서 시름을 잊고 있으면, 공께서 유람하시고 거처할 만한 곳을 선택하시는 것이 어떻습니까? 수령이 농사를 경영하는 일에 관해 대간(臺諫)에서 논한 예가 있었습니다. 다만 한강(寒岡)[194]이 평소 조금 힐난한 적은 있지만 아무리 농사에 대한 계획이 있다고 해서 굳이 제멋대로 남에게 폐를 입히는 일은 하지 않을 것이니,

이를 의심하지 않습니다. 우습습니다. 살펴주시기를 바라며 위문장을 올립니다.

갑오년(甲午年, 1594) 8월 29일, 우옹(宇顒)은 위문장(慰問狀)을 올립니다.

98. 柳成龍 字而見 號西厓 謙庵弟 宣祖朝 文科 官領相 豊原府院君 諡文忠 退溪門人 享屛山書院

유성룡(柳成龍, 1542~1607) : 자는 이견(而見)이고, 호는 서애(西厓)며, 겸암(謙庵 : 柳雲龍)[195]의 아우다. 선조 때 문과에 급제하였고, 영의정(領議政)을 지냈으며, 풍원부원군(豊原府院君)에 봉해졌다. 시호는 문충(文忠)이고, 퇴계(退溪 : 李滉)의 문인이며, 병산사원(屛山書院)에 제향되었다.

惘惘 伏承

辱書及惠詩 珍玩感歎

無已也 伏惟卽今

仕況 如何如何 鄙人路中 僅見

景雲一面 急於歸思 倍

道西來還家 奉母粗遣

靑壑澄山 圍繞閑廬 靜

裏登眺 亦自不惡 但不堪

思人不見之歎耳 如何可

謨合并 歸便甚忙 不能效

嚬 竣後日 伏惟尊照

謹狀 丁丑 三月 卄日 成龍

194) 한강(寒岡) : 정구(鄭逑, 1543~1620)의 호다.

195) 겸암(謙庵 : 柳雲龍) : 93. 원문에는 '겸암(謙菴)'으로 소개되어 있는데, 엄밀히 따지만 다른 글자이지만 일반적으로 '庵'과 '菴'을 혼용하여 사용하는 글자이다.

망망(惘惘)[196]합니다. 편지와 시를 받고 진귀하게 완미하며 끝없이 탄복하고 있습니다. 요사이 벼슬하시는 근황은 어떻습니까?

저는 길에서 겨우나마 경운(景雲)이를 잠깐 만났고, 서둘러 돌아가고 싶은 마음에 평소에 비해 배나 서둘러 서울에서 집으로 돌아와 어머니를 모시고 그럭저럭 지내고 있습니다. 푸른 골짜기와 맑은 산이 한가한 집을 둘러싸고 있어 고요함 속에 산에 올라 내려다보면 이 또한 절로 나쁘지 않습니다. 다만 보고픈 사람을 만나지 못하는 탄식은 견딜 수 없습니다. 어떻게 하면 도모하여 함께 모일 수 있겠습니까? 돌아가는 인편이 너무 급해 당신의 편지에 흉내도 내지 못한 채 뒷날을 기다리겠습니다. 당신께서 살펴주시기를 바라며 삼가 편지를 드립니다.

정축년(丁丑年, 1577) 3월 20일, 성룡(成龍)

99. 禹性傳 字景善 號秋淵 丹陽人 宣祖朝 文科 官大司成 退溪門人

우성전(禹性傳, 1542~1593) : 자는 경선(景善)이고, 호는 추연(秋淵)이며, 본관은 단양(丹陽)이다. 선조 때 문과에 급제하였고, 대사성(大司成)을 지냈으며, 퇴계(退溪 : 李滉)의 문인이다.

南望悠悠 忽承滿尺長書 字
字句句 無非警語 不但道寒暄
敘殷勤而已 拆讀未卒 豈
勝欣慰 挾仙抱月 不知其隔千
里也 惠贐感則多矣 知
舊輸情 一書足矣 如餽
之以物者 俗人之態也
尊丈前 日不得頻寄存問者

196) 망망(惘惘) : 뜻을 잃고 멍한 모양을 이르는 말이다.

無乃不備此物而然耶 呵呵

己 正 望後 性傳

아득히 남쪽을 바라보며 지내던 중에 갑자기 한 재[尺]나 되는 긴 편지를 받으니, 글자마다 구절마다 저를 일깨워주는 말씀이라 단지 안부나 전하고 은근한 뜻만 펴는 편지가 아니었습니다. 편지를 다 읽기도 전에 기쁘고 위안되는 마음을 감당할 수 없었으니, 신선을 끼고 달을 안고 있는 듯해서 천리나 멀리 떨어진 줄도 몰랐습니다.

노잣돈은 매우 감사합니다. 친구의 정다운 편지 한 통으로도 충분한데, 이처럼 물건까지 보내지니 세속 사람들의 모습입니다. 존장인 나에게 자주 안부편지를 보내지 못하는 것은 아마도 이러한 물건을 준비하지 못해서 그렇습니까? 우습습니다.

○기년(○己年) 보름 뒤, 성전(性傳)

100. 鄭逑 字道可 號寒岡 栢谷弟 宣祖朝 逸大司憲 諡文穆 退溪門人 享檜淵書院

정구(鄭逑, 1543~1620) : 자는 도가(道可)고, 호는 한강(寒岡)이며, 백곡(栢谷 : 鄭崑壽)의 아우다. 선조 때 유일(遺逸)로 대사헌(大司憲)을 지냈다. 시호는 문목(文穆)이고, 퇴계(退溪 : 李滉)의 문인이며, 회연서원(檜淵書院)에 제향되었다.

近以家奴來往 連奉

手書 且於錫命之來見

書 又細聞消息 孤寂 殊甚

慰幸 生 旅寓海曲 固是失

計 而水味不佳 恐不可久留

昨避於山中 一月而歸 明春

則勢於北還 交與扶此

亦時未有定 乘流得坎 何

所不可也 唯是一家 則張
會合無期 此亦勢也 無可
奈何矣 餘在荐書 臂痛
且艱書 姑此不一
臘月 三日 病生 述

요사이 오가는 집의 종편에 연이어 편지를 받았는데, 또 석명(錫命)이가 와서 편지를 받고 자세한 소식을 듣고는 고적하게 지내던 차에 매우 위안이 되었습니다.
저는 객지 바닷가에 살고 있는데 진실로 잘못된 계획으로 물맛도 좋지 않아 아마 오래 머무르지는 못할 것 같습니다. 지난해는 산속으로 피신했다가 한 달 만에 돌아왔습니다. 내년 봄이면 서울로 돌아가야 할 상황이라 사귐과 도움도 아직은 때를 정하지 못하고 있습니다. 배를 타다 웅덩이를 만나는 것[197]은 어딘들 없겠습니까? 오직 한 집안이 회합할 기약[198]이 없으니 이 역시 상황상 그러하니 어쩔 수 없습니다. 나머지는 다음 편지에 말씀드리고 팔이 아파 겨우 쓰며 이만 줄입니다.
12월 3일, 병든 사람 구(述)

101. 李瑀 字季獻 號玉山 栗谷弟 明宗朝 官僉正

이우(李瑀, 1469~1517) : 자는 계헌(季獻)이고, 호는 옥산(玉山)이며, 율곡(栗谷 : 李珥)의 아우다. 명종 때 첨정(僉正)을 지냈다.

卽承
惠書 仍審

197) 배를 …… 것 : 불우한 현실이지만 정신적으로는 한껏 자유를 만끽함을 이른다. 《소동파시집(蘇東坡詩集)》〈화채준낭중견요유서호(和蔡準郎中見邀遊西湖)〉 시에, "고명한 분은 무심하여 불가함이 없으니, 웅덩이 만나면 멈추고 흐름을 타면 떠다닐 뿐.[高人無心無不可 得坎且止乘流浮]"이라는 구절이 있다.
198) 회합할 기약 : 원문은 '張會合'. '한장회합(韓張會合)'의 준말로, 당 나라 시인이자 문장가인 한유(韓愈, 768~824)와 장적(張籍, 766?~830?)이 시문을 주고받으며 친분을 쌓았다.

渾舍如宜 喜慰喜慰

生 粗保如前 而未

得蘇息 可恨可恨

君之所患 何如是

耶 深念深念 熟地

黃 肉桂 無有 生

尙未知也

道簡 當傳巡相

是計 但未知

歸便之速歸與否

也 近日 若得

枉臨 幸可言耶

適値相切之人

携酒來勸 以此

困仆 不宣 并惟

照察 謹奉復

四月 初一日 玉山 翁

편지를 받고 식구들이 다 잘 지내신다니 기쁘고 위안이 되었습니다. 저는 겨우 전이나 다름없이 지내고는 있지만 아직 완전히 몸이 낫지 않아 한스럽습니다. 그대의 병은 어떻게 이렇습니까? 몹시 걱정입니다. 숙지황(熟地黃)과 육계(肉桂)[199]를 보관하고 있는지 제가 아직 모르겠습니다. 말씀하신 편지는 순상(巡相)에게 전달은 하겠지만 인편이 빨리 돌아가는지는 아직 모르겠습니다. 가까운 시일에 만약 왕림해주신다면 다행스러움을 말로 하겠습니까? 마침 절친한 사람을 만나 술을 가져와서 권해 취해서 누웠다가 쓰며 이만 줄입니다. 모두 살펴주시기 바라며 답장을 씁니다.

4월 1일, 옥산(玉山) 늙은이

199) 육계(肉桂) : 5~6년 자란 계수나무의 두꺼운 껍질을 이른다.

102. 宋翼弼 字雲長 號龜峰 礪山人

송익필(宋翼弼, 1534~1599) : 자는 운장(雲長)이고, 호는 구봉(龜峰)이며, 본관은 여산(礪山)이다.

頃以書達 未知
登覽否 卽候陽春
僉兄仕履若何 遠惟對時佳勝
弟 賤疾入春轉劇 吐瀉無止 昏
倒不省 只待用命者處分 悶不
可言 而且昨聞家鄕消息 則濟兒
重患寒疾 且添胸痛 專廢
飮啖 症甚非細云 驚慮煎懷
夙宵不置 此中情境 如何如何 餘不
備 伏惟
翼弼

지난번 보내드린 편지는 받으셨는지요? 요사이 따뜻한 봄 날씨에 여러 형들의 벼슬하시는 안부는 어떻습니까? 멀리서나마 절서에 따라 잘 지내실 것으로 생각합니다.
저의 병은 봄이 되니 더욱 심해 구토와 설사가 멎지 않아 혼수상태로 인사불성인 채 운명을 관장하는 조물주의 처분만 기다리고 있으니 번민을 어떻게 말씀드리겠습니까? 게다가 어제 고향소식을 들으니 제아(濟兒)[200]가 심한 감기에 걸려 가슴통증까지 더해 전혀 먹지 못하고 병증이 너무 심하다니 놀라고 걱정되어 애타는 마음을 밤낮으로 내려놓지 못하고 있습니다. 저의 이러한 형편을 어찌하겠습니까? 나머지는 이만 줄이니 살펴주십시오.
익필(翼弼)

200) 제아(濟兒) : 이름에 '濟'자가 들어가는 아이를 이른다.

103. 沈喜壽 字伯懼 號一松 青松人 宣祖朝 文科 官領相 謚文貞 退溪門人

심희수(沈喜壽, 1548~1622) : 자는 백구(伯懼)고, 호는 일송(一松)이며, 본관은 청송(青松)이다. 선조 때 문과에 급제하였고, 영의정(領議政)을 지냈다. 시호는 문정(文貞)이고, 퇴계(退溪 : 李滉)의 문인이다.

一陽已生 天時始栗 伏惟
令政候神相康裕 仰慰仰慰 僕 保
存頑命 無可言者 邊患
國事 日益艱急 遭此不辰 尚寐
無吪 卽今民生之飢困極矣 勞
來安集之策 將何以
講究也 仰慮仰慮 就中 極恐濆三寸
姪女夫 李三近之母寡婦金氏
呈單子於
令前者 乃以老奴 業同 因事被囚 欲
其放送之懇也
令慈商量許放否 又致煩
令慮 尤增惶愧惶愧 并伏惟 謹上狀
[手決]
己之復月 念六日 襪線老拙所草

하나의 양(陽) 기운이 이미 생긴[201] 11월이 되니 날씨가 비로소 춥습니다. 영감의 정사보시는 안부는 신의 가호로 좋으실 것이라 생각하니 위안이 됩니다.
저는 완악한 목숨만 보존하고 지내고 있어 드릴 말씀이 없습니다. 변방의 환란으로 나랏

---

201) 하나의 …… 생긴 : 동지(冬至)에 해당되는 괘상[☷]에서 맨 아래 양(陽 : ⚊)의 기운이 새롭게 생기는 시기인 11월을 이른다.

일이 날로 더욱 어려워지는 이같은 불행한 때를 만났으니 차라리 잠들어 깨지 말았으면 싶습니다[202]. 지금 백성들은 굶주림과 곤궁함이 극심한데 백성을 위로하여 편안히 살도록 할 계책을 어떻게 강구해야 하겠습니까? 걱정입니다.

다름이 아니라, 매우 황공하지만 저의 조카사위 이삼근(李三近)의 어미 과부김씨가 영감께 단자(單子)를 올렸는데, 이는 늙은 종 업동(業同)이가 일로 인해 갇혀 있어 석방시켜주기를 간청하는 내용이었습니다. 영감께서 사랑으로 헤아려 풀어주실 수 있을 런지요? 또 번거롭게 영감께 염려를 끼쳐 더욱 죄송하고 부끄럽습니다. 아울러 바라며 편지를 올립니다.

[수결]

○기년(○己年) 11월 26일, 말선노졸(襪線老拙)[203]은 급히 씁니다.

104. 李詠道 字聖與 號東巖 退溪孫 宣祖朝 官牧使 贈吏參

이영도(李詠道, 1559~1637) : 자는 성여(聖與)고, 호는 동암(東巖)이며, 퇴계(退溪)의 손자다. 선조 때 목사(牧使)를 지냈고, 이조참판(吏曹參判)에 증직되었다.

{皮封} 岐兒答書 [手決]

連見平書 深喜 順母 亦無事以歸
尤喜 此處依昨 生葛 依前書 一
一收捧載送爲可 嶷兒 昨夕出
歸其氷家 明當還矣 餘不具
甲寅 三月 十三日 父

202) 차라리 …… 합니다 : 《시경(詩經)》〈왕풍(王風)·토원(兎爰)〉에, "온갖 근심 모여드니, 차라리 잠이 들어 깨어나지 말았으면.[逢此百罹 尙寐無吪]"라는 구절이 있다.

203) 말선노졸(襪線老拙) : 원문의 '韈線老拙'을 바로잡았다. '襪線'은 버선을 풀어 놓은 실오리를 이르는 말로, 긴 것이 없으므로 재주 짧은 것에 비유하여 자신의 재주를 낮추어 이른다. 촉(蜀)의 한소(韓昭)가 금기서화(琴碁書畵)에 두루 대강 능했는데, 이태하(李台瑕, ?~?)가 '한씨의 재주는 버선을 풀어 놓은 실오리 같아서 하나도 긴 것이 없다.'고 말했다 한다. 《태평광기(太平廣記)》〈조초(嘲誚)〉

{皮封} 기아(岐兒)에게 보내는 답장. [수결]

연이어 평안하다는 편지를 받으니 매우 기쁘다. 순(順)이 어미도 무사히 돌아갔다니 더욱 기쁘다.

나는 여전히 지내고 있다. 생칡은 지난번 편지대로 하나하나 거두어서 실어 보내주는 것이 좋겠다. 억아(嶷兒)는 어제 저녁에 처가로 돌아갔다가 내일이면 돌아올 것이다. 나머지는 이만 줄인다.

갑인년(甲寅年, 1614) 3월 13일, 아비가

105. 李山海 字汝受 號鵝溪 韓山人 明宗朝 文科 官領相 鵝城府院君 謚忠文

이산해(李山海, 1539~1609) : 자는 여수(汝受)고, 호는 아계(鵝溪)며, 본관은 한산(韓山)이다. 명종 때 문과에 급제하였고, 영의정(領議政)을 지냈다. 아성부원군(鵝城府院君)에 봉해졌고, 시호는 문충(文忠)[204]이다.

……

而到 其時所用 亦不可不如此

數而豫備也 其詳在委

差僧之口矣 適在公擾

不一 謹狀

戊申 四月 念日 山海 頓

……

도착을 했는데 당시 사용될 것들도 이 숫자대로 미리 준비하지 않을 수 없습니다. 자세한 것은 보내는 승려의 입에 맡겨두겠습니다. 마침 공무로 바빠 자세히 적지 않고, 편지를

204) 문충(文忠) : 원문의 '忠文'을 바로잡았다.

드립니다.

무신년(戊申年, 1608) 4월 20일, 산해(山海)는 머리를 조아립니다.

106. 李恒福 字子常 號白沙 慶州人 宣祖朝 文科 官領相 鰲城府院君 諡文忠

이항복(李恒福, 1556~1618) : 자는 자상(子常)이고, 호는 백사(白沙)며, 본관은 경주(慶州)다. 선조 때 문과에 급제하였고, 영의정(領議政)을 지냈다. 오성부원군(鰲城府院君)에 봉해졌고, 시호는 문충(文忠)이다.

凍霜 未審

令況何似 頃日

令胤持答書

入領否 僕 頃拜松留

當發 殘年作別

思甚不佳 切欲

奉敍多少 未知

入城 定在何間 幸望珍 念

前

登路 切企切企 前 ……

行不遠 玆自 ……

難望 伏 ……

令鑑 拜 ……

恒

서리가 어는 이때 영감의 근황은 어떠시지요? 지난번 당신의 아드님이 가져간 답장을 받아보셨는지요? 저는 지난번 개성유수(開城留守)를 만나려고 길을 나섰지만 쇠잔한 나이에 작별이라 마음이 몹시 좋지 않습니다.

만나 다소간의 사연을 펴고 싶은데 서울로 들어올 날짜는 언제로 잡았는지요? 잘 지내시기를 빌겠습니다. 20일 전에 출발하시기를 매우 기대합니다. 전에 …… 길이 멀지 않아 이렇게 …… 기대하기 어렵습니다. …… 영감께서 ……

항(恒)

107. 尹斗壽 字子仰 號梧陰 海平人 明宗朝 文科 官領相 諡文靖

윤두수(尹斗壽, 1533~1601) : 자는 자앙(子仰)이고, 호는 오음(梧陰)이며, 본관은 해평(海平)이다. 명종 때 문과에 급제하였고, 영의정(領議政)을 지냈으며, 시호는 문정(文靖)이다.

人間有此異境 賴

君指遙 得恣一覽

惠 安可揭夢寐忘 玆

承手字 慰深慰深 明明當

到光山 幸來訪如何

當有以來之 餘不盡

未間倍重 謹上復

九月 卄日 弟 斗壽

인간세상 이렇게 아름다운 경치를 그대가 멀리서 일러준 도움으로 마음껏 구경하게 되니 어찌 꿈엔들 잊겠습니까?

보내신 편지를 받고 몹시 위안이 되었습니다. 모레쯤이면 광산(光山)에 도착할 테니 찾아와 주시는 것이 어떻습니까? 마땅히 오실 수 있겠는지요? 나머지는 이만 줄이고 뵙지 못하는 사이에도 배나 더 보중하시기 바라며 답장을 드립니다.

9월 20일, 아우 두수(斗壽)

108. 李舜臣 字汝諧 號○○ 德水人 宣祖朝 武科 統制使 贈左相 德豊府院君 諡忠武

이순신(李舜臣, 1545~1598) : 자는 여해(汝諧)고, 호는 ○○며, 본관은 덕수(德水)다. 선조 때 무과에 급제하였고, 통제사(統制使)를 지냈으며, 좌의정(左議政)에 증직되었다. 덕풍부원군(德豊府院君)에 봉해졌고, 시호는 충무(忠武)다.

蒙臨陋止 感幸則多矣
尊駕催還 鄙家酒薄 敘別
未厚 令人愧恨 不審反旆後
侍餘動靜如何 瞻遡不已 候
星無暇 未即伻候 亦恨亦恨
餘不萬不宣 伏惟
尊照 謹拜上謝狀 卽 舜臣

누추한 저의 집을 찾아와 주시어 매우 감사하고 다행이었습니다. 당신의 수레가 바쁘게 돌아가는 바람에 저의 집에서 술대접도 제대로 하지 못하고 후한 이별하지도 못해 사람을 부끄럽고 한스럽게 합니다.
돌아가시고 나서 부모님 모시는 동정은 어떠하신지요? 그리운 마음 끝이 없습니다. 종이 여가가 없어 곧바로 심부름꾼을 통해 안부하지 못해 한스럽습니다. 나머지 많은 것들을 다 적지 않고 이만 줄입니다. 살펴주시기를 바라며 절하고 답장을 올립니다.
즉일, 순신(舜臣)

109. 元斗杓 字子建 號灘叟 原州人 仁祖朝 武科 官領相 諡忠翼 原平府院君

원두표(元斗杓, 1593~1664) : 자는 자건(子建)이고, 호는 탄수(灘叟)며, 본관은 원주(原州)다. 인조 때 무과에 급제하였고, 영의정(領議政)을 지냈다. 시호는 충익(忠翼)이고, 원평부원군(原平府

院君)에 봉해졌다.

積阻中 承此
情札委問 恰得對
討 蘇慰十分 生
每欲進拜 自爾
未果 徒切悵恨
婚事 定於何間耶
凡具辦得爲難
奉慮區區 餘萬
不備 伏惟
情照 上謝狀
至月 卄二日 斗杓

소식이 막혔던 중에 위문(委問)을 받으니 흡사 마주하고 이야기를 나누는 것 같아 매우 위안이 되었습니다.
저는 매번 찾아뵙고 싶었지만 절로 그러지 못해 한갓 서운한 마음만 간절합니다. 혼삿날은 언제로 정하셨는지요? 필요한 여러 가지 물건들은 마련하기 어려울 텐데 매우 걱정입니다. 나머지는 이만 줄입니다. 정으로 살펴주시기를 바라며 답장을 드립니다.
11월 22일, 두표(斗杓)

110. 洪履祥 字元禮 號慕堂 豊山人 宣祖朝 文科 官大司憲 諡文敬 享文峰書院

홍이상(洪履祥, 1549~1615) : 자는 원례(元禮)고, 호는 모당(慕堂)이며, 본관은 풍산(豊山)이다. 선조 때 문과에 급제하였고, 대사헌(大司憲)을 지냈다. 시호는 문경(文敬)이고, 문봉서원(文峰書院)에 제향되었다.

謹承
令問 就審
令胤迎新多福 兼受兩
物之
惠 慰謝无已 僕 奉老添
齡 亦荷
念賜 所
示買山事 事勢若然則
奈何 趙君之招 似好 而
守護之難 必果如
令慮 惟在
令公量處 何如一一見敎
於鄙人乎 餘祈春和
令胤增慶 拜狀
丁 元春 六日 履祥

영감의 편지를 받고 아드님이 새해 많이 받으시는 줄 알았습니다. 아울러 보내신 두 가지 물건을 받았으니 감사한 마음 끝이 없습니다.
저는 부모님 모시고 나이만 들어가는데, 염려해주시는 마음에 감사드립니다. 말씀하신 산을 사는 일은 상황이 그렇다면 어찌하겠습니까? 조군(趙君)을 부르는 것이 좋을 듯한데, 지켜내기 어려운 것은 필시 영감의 염려와 마찬가지입니다. 오직 영감께서 헤아려 처리하시는데 달려 있으니 어찌 하나하나 저에게 말씀할 필요가 있겠습니까? 나머지는 따뜻한 봄 날씨에 아드님이 더욱 경사스럽길 빌며 편지를 드립니다.
정○년(丁○年) 1월 6일, 이상(履祥)

111. 趙憲 字汝式 號重峯 白川人 宣祖朝 文科 贈吏判 諡文烈 栗谷門人 從祀文廟

조헌(趙憲, 1544~1592) : 자는 여식(汝式)이고, 호는 중봉(重峯)이며, 본관은 배천(白川)이다. 선조 때 문과에 급제하였고, 이조판서(吏曹判書)에 증직이 되었으며, 시호는 문열(文烈)이다. 율곡(栗谷 : 李珥)의 문인이고, 문묘(文廟)에 종사(從祀)되었다.

前日之
訪 有意留止穩話 憂患
忽生 卽地告還 何等
悵惜 昨便
惠書 承審歸侍利吉
慰慰 亦尤勝已 此數日依
遣 而尹生之病 亦向歇
幸矣 姑不宣 只希
尊照尊照 謹謝狀 服人 憲 頓
壬申 十月 十二日

전날 찾아오셨을 때 머물러 조용히 이야기를 나누려고 했었는데 갑자기 우환이 생기는 바람에 곧바로 돌아가시어 얼마나 서운하던지요. 어제 인편으로 보내신 편지를 받고 무사히 잘 돌아가셨다니 위안되는 마음을 또한 이길 길 없습니다. 며칠을 그런대로 지내고 윤생(尹生)의 병도 나아가니 다행입니다. 이만 줄입니다. 당신께서 살펴주시기를 바라며 답장을 드립니다. 복인(服人) 헌(憲)은 머리를 조아립니다.
임신년(壬申年, 1572) 10월 12일

112. 韓濩 字景浩 號石峯 淸州人 宣祖朝 生進 官護軍

한호(韓濩, 1543~1605) : 자는 경홍(景洪)[205]이고, 호는 석봉(石峯)이며, 본관은 청주(淸州)다. 선조 때 생원(生員)과 진사(進士)에 입격하였고, 호군(護軍)을 지냈다.

秋野[206]

秋野日荒蕪 寒江動碧虛 繫舟蠻井絡
卜宅楚村墟 棗熟從人打 葵荒欲自
鋤 盤飧老夫食 分減及溪魚
易識浮生理 難敎一物違 水深魚極樂
林茂鳥知歸 吾老甘貧病 榮華有是
非 秋風吹几杖 不厭北山薇 [石峯]

가을들.

가을 들판 나날이 황폐해지고
찬 강물에 비친 푸른 하늘 일렁이네.
만정진에 배를 묶어 두고
초 나라 옛 땅에 집을 지었네.
대추 익으면 남들 따라 따고
거칠어진 아욱밭엔 호미 들고 나가려네.
소반에 차려 온 건 나의 밥이지만
조금 덜어 개울 속 물고기에게 나눠주네.

인생이 덧없음은 알기 쉬워도
한 물건 잘못된 것은 가르치기 어렵네.
물 깊으니 물고기들도 즐거워하고

---

205) 경홍(景洪) : 원문의 '景浩'를 바로잡았다.
206) 秋野 : 두보(杜甫, 712~770)의 〈추야(秋野)〉 5수 중, 1,2수를 적은 것이다.

숲이 무성하니 새들이 돌아갈 곳을 아네.
늙은 이 몸 가난과 질병을 달게 여기지만
영화에는 본래 시비가 따르는 법이라네.
가을바람 안석과 지팡이에 불어오니
북산의 나물 싫어하지 않는다네.
인장 : [석봉(石峯)]

113. 盧稷 字士馨 號○○ 交河人 宣祖朝 文科 官判中樞

노직(盧稷, 1545~1618) : 자는 사형(士馨)이고, 호는 ○○이며, 본관은 교하(交河)다. 선조 때 문과에 급제하였고, 판중추(判中樞)를 지냈다.

歲色忽已終 別懷久益深
謹問
省候平安 僕 寒感爲苦 而事
多煩惱 不可有安 湖水泛漲
亦不可渡隔崖送付 只
此不具
十二月 三日 稷 頓
[清風自然足]

한 해가 벌써 다 지나가니 이별의 회포는 오랠수록 더욱 간절합니다. 부모님 모시며 평안하게 지내시는지요?
저는 감기로 고생하고 많은 일에 시달려 편치가 않습니다. 호수가 넘쳐 건너지도, 언덕이 가로막혀 보낼 수도 없습니다. 이만 줄입니다.
12월 3일, 직(稷)은 머리를 조아립니다.
인장 : [맑은 바람이 절로 만족스럽네.]

114. 南以恭 字子安 號雪蓑 宜寧人 宣祖朝 文科 官吏判

남이공(南以恭, 1565~1640) : 자는 자안(子安)이고, 호는 설사(雪蓑)며, 본관은 의령(宜寧)이다. 선조 때 문과에 급제를 하였고, 이조판서(吏曹判書)를 지냈다.

送別

副使赴日本

聖度天同大 能容

款塞夷 何須論

曲直 只可不羈

縻 符彩當朝選

威名異俗知 春

風滄海濶 行色

是男兒

丁未 上元 蓑 拙

일본으로 가는 부사(副使)를 전송하며.

하늘처럼 큰 임금님의 도량으로

변방의 오랑캐도 포용하였네.

어찌 옳고 그름을 논할까?

속박과 견제만은 아니라네.

재주 있는 사람 조정에 선발되고

뛰어난 명성은 세속 지혜와는 다르네.

봄바람에 넓은 바다를 건너는데

남자다운 차림이네.

정미년(丁未年, 1607) 1월, 사(蓑)는 졸렬하게 씁니다.

115. 金德齡 字景樹 號○○ 光州人 宣祖朝 兵判 謚忠壯

김덕령(金德齡, 1567~1596) : 자는 경수(景樹)고, 호는 ○○며, 본관은 광주(光州)다. 선조 때 병조판서(兵曹判書)를 지냈고, 시호는 충장(忠壯)이다.

前書已照否 意外
委伻 仍審春和
侍履有相 慰喜慰喜
生 粗保病狀 而喪
慘之餘 意緖無聊
塊處海曲 歸意日
促 而再疏未遞 鬱
悒難堪耳
山陵時 當上京 其時可
得從容 病困不宣
初 五日 病生
德齡 頓

지난번 보내드린 편지는 이미 받아보셨습니까? 뜻밖에 심부름꾼을 보내와 따뜻한 봄날씨에 부모님 모시고 잘 지내신다니 위안이 되고 기뻤습니다.
저는 그런대로 병든 상태로 지내고 있고, 상을 당한 슬픈 나머지 무료함에 바닷가에 아무 지각이 없는 흙덩이처럼 앉아 돌아가고 싶은 마음만 날마다 서둘러 두 번이나 상소를 올렸지만 체직되지 않고 있으니 수심을 견딜 수 없습니다. 산릉(山陵)을 갈 때 마땅히 상경할 것이니 만날 수 있을 것입니다. 병으로 피곤하여 이만 줄입니다.
5일, 병든 사람 덕령(德齡)은 머리를 조아립니다.

116. 高敬命 字而順 號霽峰 長興人 宣祖朝 文科 官工參 諡忠烈 享錦山從容祀

고경명(高敬命, 1533~1592) : 자는 이순(而順)이고, 호는 제봉(霽峰)이며, 본관은 장흥(長興)이다. 선조 때 문과에 급제하였고, 공조참판(工曹參判)을 지냈다. 시호는 충렬(忠烈)이고, 금산(錦山) 종용사(從容祀)에 제향되었다.

桓桓虎臣眞將軍 毅然甲冑唯擐
躬 徐驅非是損皇靈 式車稱謝彌謙
沖 諄諄問勞詘帝尊 六軍蹈舞齊
呼嵩 旌旗變色士氣增 一笑已覺胡
塵空 休哉能得駕御術 耀兵不貴
窮邊功 如何後世昧將將 弄諸股掌
庸奴同 君不見閹豎觀畢竟輿尸[207]
三嘆漢文靑史中[208] 霽峰

씩씩한 무장(武將)은 참된 장군,
의연한 갑옷을 몸에 입었네.
천천히 말을 모니 천자의 신령 손상이 없고
식거(式車)[209]의 감사는 더욱 겸손하네.
자상한 위로는 황제의 권위도 굽히니
육군(六軍)이 춤을 추니 모두가 환호하네.
깃발의 빛깔 달라지니 사기가 더해지고

207) 尸 : 원문의 '戸'를 바로잡았다.

208) 《제봉집(霽峯集)》〈노군세류영(勞軍細柳營)〉의 구절이다. "後元天子攬英雄 偉量同符馬上翁 …… 先驅辟易挫萬乘 爲傳溫詔何雍容 桓桓虎臣眞將軍 毅然甲冑唯擐躬 徐驅非是損皇靈 式車稱謝彌謙沖 諄諄問勞詘帝尊 六軍蹈舞齊呼嵩 旌旗變色士氣增 一笑已覺胡塵空 休哉能得駕御術 耀兵不貴窮邊功 如何後世昧將將 弄諸股掌庸奴同 君不見閹豎觀軍竟輿尸 三嘆漢文靑史中"

209) 식거(式車) : 임금이 수레를 타고 가다가 답례를 해야 할 때 수레 앞 가로막이 나무에 손을 얹고 경의를 표하는 것을 이른다.

한번 웃으니 이미 오랑캐의 먼지 날아갔네.

아름답다. 임금께서 어진 인재 다스려

군대의 위력은 변방의 공로만 귀하지 않네.

어찌하여 후세에는 장수를 거느리는데 어두워

신하를 희롱하며 종처럼 여기나?

그대는 보지 못했나. 환관들이 끝내 여시(輿尸)[210]된 상황[211]을.

한 나라 역사를 보고 여러 차례 탄식하네.

제봉(霽峰)

117. 郭越 字正志 號存齋 玄風人 宣祖朝 縣監 贈禮判 諡忠烈 寒岡門人

곽준(郭越, 1551~1597) : 자는 정지(正志)고, 호는 존재(存齋)며, 본관은 현풍(玄風)이다. 선조 때 현감(縣監)을 지냈고, 예조판서(禮曹判書)에 증직이 되었으며, 시호는 충렬(忠烈)이다. 한강(寒岡 : 鄭逑)의 문인이다.

日來

做履佳勝否 懸溯區區

弟 得士岡來邑 方開

研 而病恨之 …… 來

耳 懷川答

書 托直元傳達 亦有

傳書鄕附 亦懷人 如可

歷入 必使歷入 或有

---

210) 여시(輿尸) : 싸움에 패하여 시체를 수레에 싣고 돌아온다는 뜻이다. 《주역(周易)》 〈사괘(師卦)〉에, "싸움에서 패하여 시체를 싣고 오면 흉하다.[師或輿尸凶]"고 하였다.

211) 환관들이 …… 상황을 : 동한(東漢) 영제(靈帝) 때 환관인 장양(張讓, ?~189) · 월충(越忠, ?~?) 등 12명이 중상시(中常侍)가 되어 제후에 봉해지고 국정을 농단하여 나라가 큰 혼란에 빠졌던 일을 가리킨다.

難便者 望遠投耳

不具狀式

卽 養 弟 頓

요즈음 공부하시는 안부는 좋으신지요? 간절히 그립습니다.

저는 사강(士岡)이 고을에 와서 지금 벼루를 열려고 하는데 병이 들어 한스럽습니다. 회천(懷川)의 답서는 직원(直元)에게 맡겨 전달하도록 했습니다. 고향으로 부치는 편지도 있으니 회천 사람 중에 만약 들르는 사람이 있으면 반드시 들르도록 할 것입니다. 혹시라도 불편한 점이 있으면 멀리서라도 편지를 보내주시기 바라며 이만 줄입니다.

즉일, 아우 양(養)[212]은 머리를 조아립니다.

118. 河洛 字道源 號喚醒齋 晉州人 宣祖朝 文科 官提學

하락(河洛, 1530~1592) : 자는 도원(道原)[213]이고, 호는 환성재(喚醒齋)이며, 본관은 진주(晉州)다. 선조 때 문과에 급제하였고, 제학(提學)을 지냈다.

頃者 意外 得承

書問 重之以蘇魚之

惠 感謝

厚情 無以爲喻 此間 家運

不幸 少女 竟以前症 昨日不

救 痛悼之懷 何可以筆端

盡言也 萬萬心神悲撓 不能

一一 姑惟

照亮 拜謝狀

212) 양(養) : 곽준(郭䞭)의 또 다른 자가 양정(養靜)이다.

213) 도원(道原) : 원문의 '道源'을 바로잡았다.

六月 十三日

服人 洛

지난번 뜻밖에 편지를 받고 아울러 밴댕이도 보내주시니 감사한 후의를 말로 할 수 없습니다. 저는 집안의 운이 불행하여 어린 딸아이가 끝내 지난번 앓던 병으로 어제 죽었으니 애통한 마음을 어떻게 필설로 다하겠습니까? 하고 싶은 말은 많지만 심신이 슬프고 안정이 되지 않아 일일이 다 쓰지 못합니다. 우선 살펴주시기를 바라며 절하고 답장을 드립니다.

6월 13일, 복인(服人) 락(洛)

119. 李彦英 字君顯 號浣石亭 碧珍人 宣祖朝 文科 官承旨 寒岡門人

이언영(李彦英, 1568~1639) : 자는 군현(君顯)이고, 호는 완정(浣亭)[214]이며, 본관은 벽진(碧珍)이다. 선조 때 문과에 급제하였고, 승지(承旨)를 지냈으며, 한강(寒岡 : 鄭逑)의 문인이다.

四五日來 兩三番 裁問安書 想必達者

得達 胡騎急急 玆以兩子還送之耳

金王子 率兵多日 已到林畔 群胡率妻

子及牛羊槖駝 連渡鴨江而來者 不知

其數 應是以此國 爲永居之計也 仲男

阿之好 持汗書 今日 當到京城 而書內

辭議 願借朝鮮船隻 以襲椵島云

而變詐不測 未知結末之如何耳 弟

以一死許國久矣 惟當須臾不離 應從

之列 一死於忠義而已 更復何浼 兄之勤

214) 완정(浣亭) : 원문의 '浣石亭'을 바로잡았다.

不可不爲須速上來如何
辛未 六月 十一日 浣亭 病友

4,5일 동안 두세 번 문안편지를 써서 보냈는데, 반드시 전달될 것은 전달되었을 것이라 생각합니다. 오랑캐의 기병이 급히 몰려와 이렇게 두 아이를 돌려보냅니다. 금(金) 나라 왕자가 군대를 이끌고 온지 여러 날이 되어 이미 임반(林畔)에 도착했습니다. 오랑캐 무리가 처자와 소와 양과 낙타를 이끌고 줄지어 압록강을 건너 온 자들의 수를 알 수조차 없을 정도이니, 우리나라를 영원히 살 곳으로 생각한 것입니다. 박중남(朴仲男)과 아지호(阿之好)[215]가 칸[汗]의 편지를 가지고 오늘 경성에 도착했는데, 편지의 내용은 '조선의 배를 빌려 가도(椵島)를 습격하자!'는 것이었습니다. 그러나 저들의 속임수를 예측할 수가 없어 어떻게 결말이 날지 모르겠습니다. 저는 한번 죽기로 나라에 몸을 허락한지 오래입니다. 오직 마땅히 잠시도 떠나지 않고 응당 따라야하는 반열에서 한번 충의(忠義)로 죽을 뿐, 다시 무슨 말씀을 드리겠습니까? 형께서도 속히 올라오시는 것이 어떻습니까?
신해년(辛亥年, 1611) 6월 11일, 병든 벗 완정(浣亭)

120. 李潤雨 字茂伯 號石潭 廣州人 宣祖朝 文科 官參議 贈吏參 寒岡門人 享泗陽書院

이윤우(李潤雨, 1569~1634) : 자는 무백(茂伯)이고, 호는 석담(石潭)이며, 본관은 광주(廣州)다. 선조 때 문과에 급제하였고, 참의(參議)를 지냈으며, 이조참의(吏曹參議)에 증직되었다. 한강(寒岡 : 鄭逑)의 문인이고, 사양서원(泗陽書院)에 제향되었다.

潤雨 頓首 再拜 豚兒之來 伏承
下書 仰審
憂服之中 頓
有不安節之候 伏增憂慮之至 竊想神明所扶持

215) 박중남(朴仲男)과 아지호(阿之好) : 금(金) 나라의 차사들이다.

已〔勿藥〕之喜矣 信後忽已數月 伏未審卽今炎熱

〔寢〕息若何 伏慮不已 樂齋丈 竟不起疾 聞來驚

怛〔豈〕不慟也 德門衰薄 一至於此 天道 果可恃乎

今年旱災 八方同然 以南中爲尤甚出 公私

憂撓 非淺非淺耳 餘伏祝

若時爲道懋勉 以副遐跂 伏惟

下鑑 謹不備 再拜狀上

萬曆 四十三年 六月 初十日

門下 李潤雨 頓首 再拜

윤우(潤雨)는 머리를 조아려 재배합니다. 저의 아이가 오는 편에 보내신 편지를 받고 복중(服中)에 편치 않으시다니 더욱 걱정입니다. 신의 도움으로 지금은 이미 병이 나으셨으리라 생각합니다. 소식을 받은 지 벌써 몇 달이 지났습니다. 요즘 같은 무더위에 침식은 어떠하신지 걱정이 마지않습니다.

악재(樂齋)[216] 어른께서는 끝내 병으로 일어나지 못하고 돌아가셨다는 소식에 놀라고 슬픈 마음에 어찌 애통하지 않겠습니까? 덕망이 있는 집안의 쇠약함이 하나같이 이 지경에 이르렀으니 하늘의 도를 믿을 수 있단 말입니까?

올해는 가뭄의 재앙은 전국이 마찬가지지만, 특히 남쪽은 더욱 심하게 발생했으니 공사 간에 근심과 번요함이 적지 않습니다. 나머지는 계절에 따라 도를 위해 더욱 힘써 멀리 있는 저의 바람에 부응해 주시기를 빕니다. 살펴주시기를 빌고 이만 줄입니다. 재배하며 편지를 올립니다.

만력(萬曆) 43년(1615) 6월 10일, 문하생(門下生) 이윤우(李潤雨)는 머리를 조아리고 재배합니다.

216) 악재(樂齋) : 서사원(徐思遠, 1550~1615)의 호다. 자는 행보(行甫)고, 본관은 달성(達城)이다. 옥과현감(玉果縣監) 등에 임명되었으나 부임하지 않고 사임하였다. 구계서원(龜溪書院)에 제향되었다. 저서로 《악재집(樂齋集)》이 있다.

121. 李坱 字叔載 號月澗 興陽人 宣祖朝 進士 官縣監 西厓門人

이전(李坱, 1558~1648) : 자는 숙재(叔載)고, 호는 월간(月澗)이며, 본관은 흥양(興陽)이다. 선조 때 진사(進士)에 입격하였고, 현감(縣監)을 지냈으며, 서애(西厓 : 柳成龍)의 문인이다.

初寒 未審
闔況如何 鄉往不已 此處大都
平安 但龍宮甥女 今十六日 不起
疾 悲念曷勝 子女六人 一未昏
嫁 此尤不可忍也 聞
歸計已決 不欲受護軍祿云 食
口甚衆 何以支過 奉慮千萬
逆獲又起 國家之不幸也 所恃
聖明在上 必無如前冤枉之事矣
愚翁 當於明明發程耳 餘
祝
將理萬愼 起居益福 統惟
照亮 謹狀
十月 二十日 家兄 叔載

첫추위에 식구들의 안부는 평안한가? 이곳은 대체로 편안하지만 용궁(龍宮)[217]의 질녀가 이달 16일에 병으로 죽었으니 비통한 마음을 어떻게 감당하겠나? 여섯 아이들 중 하나도 시집보내지 않았는데 이것이 더욱 견딜 수 없네. 돌아갈 계획은 이미 결정이 났지만 호군(護軍)의 녹봉은 받지 않기로 했다니 식구들도 많은데 어떻게 지낼지 매우 걱정이네. 반역을 토벌하다 죄를 얻는 일[218]이 또 발생하니 나라의 불행이네. 믿을 것이라고는 왕께서 위에 계시니 반드시 전처럼 원통한 일은 없을 걸세.

---

217) 용궁(龍宮) : 경상북도 예천(醴泉)의 옛 이름이다.
218) 반역을 …… 일 : 원문은 '逆獲'. '토역획죄(討逆獲罪)'의 준말이다.

우옹(愚翁)[219]은 모레 출발하네. 나머지는 이치에 따라 모든 일들을 삼가고 많이 받기를 바라네. 살펴주기 바라며 편지를 보내네.

10월 20일, 가형(家兄) 숙재(叔載)

122. 趙靖 字安仲 號黔磵 豊壤人 宣祖朝 文科 官郡守 贈參判 寒岡門人

조정(趙靖, 1555~1636) : 자는 안중(安仲)이고, 호는 검간(黔磵)이며, 본관은 풍양(豊壤)이다. 선조 때 문과에 급제하였고, 군수(郡守)를 지냈으며, 참판(參判)에 증직되었다. 한강(寒岡 : 鄭逑)의 문인이다.

前荷
左顧 迨猶感感 玆又
致物助婚
盛意難謝 無形之地 辨
此倉卒之筵 種種星髮
此際渾白 可咲 曩日之辯
物 各付物於〔靖〕何傷 密人
素多魯點氣像 如吾
左右 洽得狂狷底意味 此
爲所願得者 何至貽謝
千萬俟奉悉奉悉 伏惟
尊諒 謹狀謝
臘月 初七 靖 頓[220]

219) 우옹(愚翁) : 우복(愚伏) 정경세(鄭經世, 1563~1633)를 이른다.

220) 《검간선생문집(黔澗先生文集)》 〈답혹인(答或人)〉에, 상당부분 일치하는 편지가 실려 있다. "前荷左顧 玆又致物 盛意難謝 曩日之辨 物各付物 於靖何傷 密人素多曾點氣像 如吾左右 洽得狂狷底氣味 此所願得者 何至貽謝 千萬俟奉悉"

지난번 왕림해주신 것은 지금까지도 감사한데, 이렇게 또 혼인에 도움이 되는 물건도 보내주시니 당신의 뜻에 감사드리기도 어렵습니다. 아무것도 가진 것 없는 처지에 이렇게 갑작스럽게 잔치를 마련하게 되니 반백의 머리가 온통 백발이 되어가니 우습습니다. 지난번 말씀드린 물건을 각각 저에게 부친들 무슨 해가 있겠습니까? 밀인(密人)[221]의 평소 노점(魯點)[222] 같은 기상은 그대와 비슷한데 광견(狂狷)[223]의 의미를 흡족하게 얻은 것은 원하던 대로이니 무슨 감사할 것까지 있겠습니까? 많은 사연들은 만나서 자세히 말씀드릴 때를 기다리겠습니다. 살펴주시기를 바라며 답장을 올립니다.

12월 7일, 정(靖)은 머리를 조아립니다.

123. 宋亮 字景明 號愚谷 礪山人 宣祖朝 逸別提 享孝谷書院

송량(宋亮, 1534~1618) : 자는 경명(景明)이고, 호는 우곡(愚谷)이며, 본관은 여산(礪山)이다. 선조 때 유일(遺逸)로 별제(別提)를 지냈고, 효곡서원(孝谷書院)에 제향되었다.

阻面阻音 戀鬱不須言 未知近

間

雅履安迪否 昨年以來 有同經

亂 彼此消息 無緣聞知 人事

可歎 從身堇免恙 此則幸矣 而

一家喪慽連仍 少無人世之況

自憐自憐 何當會面 吐此

襞積之懷也 回頭疇昔 只

221) 밀인(密人) : 《맹자(孟子)》 〈양혜왕 하(梁惠王下)〉에, "왕이 크게 노하여 곧 군병을 정돈하고는 완(阮)을 치러 가는 밀인(密人)의 군사를 막아 내어 주 나라의 복을 두텁게 함으로써 천하가 바라는 마음에 보답하였다.[王赫斯怒 爰整其旅 以遏徂莒 以篤周祜 以對于天下]"라고 하였다.

222) 노점(魯點) : 춘추시대 말기 노 나라 증점(曾點, ?~?)을 이른다.

223) 광견(狂狷) : 지식은 넓지 못하지만 자신의 분수에 넘치는 일을 하지 않는 사람을 가리킨다. 공자가 "중도를 행하는 사람을 얻어 함께하지 못할진댄 반드시 광견한 사람을 얻을 것이다.[不得中行而與之 必也狂狷乎]"라고 하였다. 《논어(論語)》 〈자로(子路)〉

自涕流而已 適仍此棘人之
過去 草此不宣狀
己亥 十一月 二十七日 從 景明

만남도 편지도 모두 막혀 그립고 답답한 마음은 말할 필요조차 없습니다. 요사이 잘 지내시는지요? 작년 이후로 함께 난리를 겪은 처지라 서로의 소식을 들을 인연이 없으니 인사가 매우 탄식스럽습니다.
저는 겨우 병에 걸리지 않고 지내는 것이 다행이지만 온 집안에 초상이 이어지니 조금도 세상사는 정황이 없어 제 자신이 가련합니다. 언제쯤 만나 쌓인 회포를 풀 수 있겠습니까? 예전 일을 회상하니 절로 눈물이 흐를 뿐입니다. 마침 들른 극인(棘人)[224]을 통해 급히 편지를 부치고 이만 줄입니다.
기해년(己亥年, 1599) 11월 27일, 조카 경명(景明)

124. 徐渻 字玄記 號藥峯 達城人 宣祖朝 文科 官判中樞 諡忠肅 栗谷門人 享龜巖書院

서성(徐渻, 1558~1631) : 자는 현기(玄紀)[225]고, 호는 약봉(藥峯)이며, 본관은 달성(達城)이다. 선조 때 문과에 급제하였고, 판중추(判中樞)를 지냈다. 시호는 충숙(忠肅)이고, 율곡(栗谷 : 李珥)의 문인이며, 구암서원(龜巖書院)에 제향되었다.

獻歲發春 伏惟
道體起居萬福 區區欣
賀 實切下誠 下生 病縮
度日 僅免他撓 私居
貧約 無由以時致人

224) 극인(棘人) : 부모의 상을 당한 사람을 이른다.
225) 현기(玄紀) : 원문의 '玄記'를 바로잡았다.

候起居 惟是嚮往

之情 不能食息舍也

相居隔遠 奉拜未涯

多少非筆札所能

悉 只祝

爲道加護 以副士望 不宣

伏惟

下鑑 謹拜上候狀[226)]

丁亥 正月 旬日 下生

徐渻 頓首

묵은해를 보내고 봄이 되었는데, 도(道) 닦으시는 당신의 안부는 좋으시리라 생각하니 저의 기쁘고 축하드리는 마음 진실로 간절합니다. 저는 병으로 웅크린 채 날을 보내면서 겨우 다른 번요한 일들은 벗어났습니다. 살림살이가 가난하여 계절마다 사람을 보내 안부를 물을 수도 없지만 오로지 당신을 그리워하는 정만은 밥 먹을 때나 숨 쉴 때조차 내려놓지 못하고 있습니다.

서로 사는 곳이 멀어 찾아뵐 기약할 수가 없고 다소간의 사연들도 편지로 다할 수는 없습니다. 다만 도를 위하여 더욱 더 몸을 보중하시어 선비들의 바람에 부응하시기를 빌며 이만 줄입니다. 살펴주시기를 바라며 편지를 드립니다.

정해년(丁亥年, 1587) 1월 10일, 하생(下生) 서성(徐渻)은 머리를 조아립니다.

226) 《우복선생문집(愚伏先生文集)》〈상서애선생(上西厓先生)〉의 일부다. 정경세(鄭經世)가 유성룡(柳成龍)에게 보낸 편지가, 서성(徐渻)의 편지로 위조되었다. "獻歲發春 伏惟道體起居萬福 區區欣賀 實切下誠 經世 病縮度日 僅免他撓 私居貧約 無由以時致人候起居 惟是嚮往之情 不能食息舍耳 冬間 伏承垂復 謹悉 示喻曲折 …… 竊恐此老作事 見不得此等 而其忠誠直節 世不多得 可敬可敬 相去隔遠 奉拜未涯 何緣盡此 衷曲 此非傳便 故略陳所懷 而多少非筆札所能悉 只祝爲道加愛 以慰士望"

125. 李埈 字叔平 號蒼石 月澗弟 宣祖朝 文科 官副提學 西厓門人

이준(李埈, 1560~1635) : 자는 숙평(叔平)이고, 호는 창석(蒼石)이며, 월간(月澗 : 李㙉)의 아우다. 선조 때 문과에 급제하였고, 부제학(副提學)을 지냈으며, 서애(西厓 : 柳成龍)의 문인이다.

愚伏壽席 口占

氣衝星斗語琳琅 憂

國何嫌鬢髮蒼 世道想

應須出處 林居今奈

閱炎凉 門前紅錦粧

秋洞 籬下黃花泛壽

觴 一點寒光照南

極 百年佳會此華堂

辛未 抄秋 望日 蒼石 稿

우복(愚伏)[227]의 회갑잔치에서 즉석에서 짓다.

기운은 북두성을 찌르고 말은 구슬을 꿴듯하고

백발이 되도록 나라근심 누가 혐의할까?

세상의 도는 응당 출처가 필요하지만

오늘은 숲속에서 더위를 보내네.

문 앞 붉은 단풍은 가을 골짜기를 장식하고

울타리 밑 국화를 축수(祝壽) 술잔에 띄우네.

한 줄기 차가운 빛이 남극을 비추는데

회갑잔치는 평생의 아름다운 모임이라네.

신유년(辛未年, 1621) 9월 15일, 창석(蒼石) 시고(詩稿)

---

227) 우복(愚伏) : 정경세(鄭經世, 1563~1633)의 호다.

126. 裵尙龍 字子章 號藤庵 星州人 宣祖朝 屢薦不就 寒岡門人

배상룡(裵尙龍, 1574~1655) : 자는 자장(子章)이고, 호는 등암(藤庵)이며, 본관은 성주(星州)다. 선조 때 여러 차례 천거되었지만 벼슬에 나아가지 않았고, 한강(寒岡 : 鄭逑)의 문인이다.

{皮封} 泰叔 上謝狀

醫局 都監 下史

蕭寺一散 音徽杳然 暮年老懷

倍不自勝 局吏來致

貴緘 如對

舊儀 慰瀉無已 古規久廢 今遠復見

想局中凡百墜廢 從此日新 此

間起感 不但爲老饞一飽而已

歲且換矣 未涯一奉 可勝依

悵 惟冀

新祀益茂 不宣上謝狀

除夕 尙龍

{피봉} 태숙(泰叔)[228]이 답장을 올립니다.

의국도감(醫局都監) 하사(下史)께

절에서 헤어지고 나서 소식이 아득하니 노년의 회포에 배나 감당할 수 없습니다. 의국(醫局)의 아전이 와서 당신의 편지를 전해주니 얼굴을 마주하는 것 같아 끝없이 위안되었습니다.

옛 규약이 오래전에 폐지되어 지금 멀리서나마 다시 의국(醫局)의 모든 황폐했던 상황들이

228) 태숙(泰叔) : 배상용(裵尙龍)과는 아무런 관계가 없는 인물로, 피봉(皮封)과 내지(內紙)가 일치하지 않는다.

지금부터 날로 새롭게 정비될 것이라 생각하니 일어나는 저의 감정은 걸신들린 사람이 실컷 배불리 먹는 정도일 뿐만이 아닙니다. 한 해가 바뀌어 가는데 한번 만날 기약조차 없어 서운함을 이길 길 없습니다. 새해 복 많이 받으시고 이만 줄이고 답장을 올립니다. 선달 그믐날 밤, 상용(尙龍)

127. 呂大老 字聖遇 號鑑湖 星山人 仁祖朝 文科 官郡守 寒岡門人

여대로(呂大老, 1552~1619) : 자는 성우(聖遇)고, 호는 감호(鑑湖)며, 본관은 성산(星山)이다. 인조 때 문과에 급제하였고, 군수(郡守)를 지냈으며, 한강(寒岡 : 鄭逑)의 문인이다.

鄕案重修記[229)]

鄕之有案古矣 於以辨名物 以之糾善惡 案之

設 豈徒然哉 歲壬辰古案 火於[230)]賊 姓名泯其傳 父

老慨然興感焉 余以[231)]新之 余欲粧黃方策[232)] 而別敘[233)]

名字 兼錄先係[234)] 間有堂名行稱及發身事蹟[235)]者

略疏名下 以爲後人景仰之地 厥後鄕論未完

歷年歲不克成稿 故姑因前例 只書名字如左

嗚呼 前人之已錄於此案者 後人之父兄也 後人之將

錄於此案者 前人之子弟也 凡人聞父母之名 尙不

忍言 況父兄之名字 儼然於卷中者乎 後之人

---

229) 《감호선생문집(鑑湖先生文集)》에 〈금산향안중수서(金山鄕案重修序)〉라는 제목으로 실려 있다.
230) 於 : 《감호선생문집(鑑湖先生文集)》에 〈금산향안중수서(金山鄕案重修序)〉에는 '于'로 실려 있다.
231) 以 : 원문의 '而'를 바로잡았다.
232) 策 : 원문의 '册'을 바로잡았다.
233) 別敘 : 원문의 '列書'를 바로잡았다.
234) 係 : 원문의 '系'를 바로잡았다.
235) 蹟 : 원문의 '迹'을 바로잡았다.

對此案者 將不禁思親敬長之心矣 夫如是則[236]

吾鄕其庶幾孝悌之風乎 月日 呂大老 序[237]

향안중수기(鄕案重修記)

예로부터 고을에 향안(鄕案)[238]을 두었던 것은, 명물(名物)을 분변하고 선악을 바로잡을 목적으로 안(案)을 두었던 것이니 어찌 공연히 그리했겠는가? 임진년 때 오랜 향안이 왜적들에게 불타 성명이 전해지지 않아 부로(父老)들이 안타까워하였다. 그래서 내가 새로 만들고 책을 꾸며 따로 이름을 서술하고 아울러 선계(先係)를 기록하면서 사이사이에 당호와 칭호, 입신양명한 일들의 간략한 내용을 이름 아래에 주석으로 달아 후세 사람들이 존경할 수 있도록 하였다. 그러나 이후 향론(鄕論)이 정해지지 않아 한해를 다 보내도록 원고가 완성되지 못해 우선 전례에 따라 아래와 같이 이름만 기록해 둔다.

아! 이미 이 향안에 기록된 이전 사람들은 후인의 부형이고, 이 향안에 기록하려는 후인들은 이전 사람들의 자제들이다. 무릇 인간들은 부형의 이름조차 차마 말하지 못하는데 하물며 부형의 이름이 책속에 엄연히 있는 사람은 어떠하겠는가? 후세 사람들이 이 향안을 마주한다면 장차 어버이를 그리워하고 어른을 공경하는 마음을 금치 못할 것이다. 이렇게 된다면 우리 고을은 효도하고 공경하는 풍속을 기대할 수 있을 것이다.

모월(某月) 모일(某日), 여대로(呂大老)는 서(序)하노라.

128. 車天輅 字復元 號五山 延安人 宣祖朝 文科 官奉檢[239]

차천로(車天輅, 1556~1615) : 자는 복원(復元)이고, 호는 오산(五山)이며, 본관은 연안(延安)이다. 선조 때 문과에 급제하였고, 봉상시 첨정(奉常寺僉正)을 지냈다.

---

236) 則 : 원문의 '卽'을 바로잡았다.

237) 月日 …… 序 : 《감호선생문집(鑑湖先生文集)》 〈금산향안중수서(金山鄕案重修序)〉에는, "萬曆癸丑秋七月下澣 鄕人呂大老序"로 실려 있다.

238) 향안(鄕案) : 조선시대 지방자치기구인 유향소를 운영하던 고을 사대부들의 명부를 이른다.

239) 奉檢 : '奉僉'의 오자이다.

{皮封} 采眞 上復狀

姜持平 侍者 [手決]

伏望

折簡于栢府相切者 使得之有力

者 同免 不勝幸甚幸甚 事當面

請 無馬不來 今日坐起 必有

前却 須趁早可爲力也 伏惟

尊亮 不宣

天輅 頓

{피봉} 채진(采眞)[240]은 답장을 올립니다.

강 지평(姜持平) 시자(侍者)께 [수결]

사헌부(司憲府)의 친한 사람에게 편지를 보내 힘 있는 사람을 얻어 함께 사면을 받는다면 다행스러움을 이길 수 없을 것입니다. 이 일은 마땅히 만나서 간청을 해야겠지만 말[馬]이 없어 초청도 못하고 있습니다. 오늘 관청으로 출근하면 반드시 사면을 할지말지 정할 것이니 모쪼록 빨리 힘을 쓰십시오. 당신께서 살펴주시기를 바라며 이만 줄입니다. 천로(天輅)는 머리를 조아립니다.

129. 鄭經世 字景任 號愚伏 晉州人 宣祖朝 文科 官吏判 諡文莊 西厓門人 享道南書院

240) 채진(采眞) : '채진지유(采眞之遊)'의 준말이다. 《장자(莊子)》〈천운(天運)〉에, "소요(逍遙)의 뜨락에서 노닐고, 구간(苟簡)의 밭에서 먹고 살며, 부대(不貸)의 구역에서 있나니, 소요면 무위(無爲)요 구간이면 이양(易養)이요 부대면 무출(無出)이라, 이를 옛사람들이 '채진지유(采眞之遊)'라 하였다."라는 구절에서 유래한다.

정경세(鄭經世, 1563~1633) : 자는 경임(景任)이고, 호는 우복(愚伏)이며, 본관은 진주(晉州)다. 선조 때 문과에 급제하였고, 이조판서(吏曹判書)를 지냈으며, 시호는 문장(文莊)이다. 서애(西厓 : 柳成龍)의 문인이고, 도남서원(道南書院)에 제향되었다.

{皮封} 蒼石老兄 拜問狀

久欲一造 餘寒尙緊 閉縮不敢
出 未委比來
靜居味趣何似 懸慕常勤 就
有小稟
先生 答老兄書 遇遯一稿云云 一段
辭嚴義正 最可爲後學矜式 而
老兄 乃刪抹中間一兩語 未知
兄意何在 以爲煩人眼目 或作禍機
則陳迹已遠 人必不怒 以
兄之明 豈畏此耶 如以爲疏 旣不上
則自當藏去 不可延緩 故敢此委告
幸細思見敎如何 刪則當 自今承至諒
之 七行盡刪〔無〕不留一字 爲得矣 不宣
旣望 經世

{피봉} 창석(蒼石)[241] 노형(老兄)께 문안편지를 올립니다.

오래전부터 한번 찾아뵙고 싶었지만 남은 추위가 아직은 매서워 문을 닫고 외출도 못하고 있습니다. 요사이 정양하시는 취미는 어떠하신지요? 간절히 그립습니다.
다름 아니라 조금 여쭈어볼 것이 있습니다. 선생께서 노형께 답한 편지에, '상소하신 원고[242]에서 말씀하신 말뜻은 엄정하여 후학들의 자랑이 될 만하다.'고 하시면서, 노형께서

241) 창석(蒼石) : 이준(李埈, 1560~1635)의 호다.

중간에 한 두 말을 지우셨는데 형의 의도가 어디에 있는지 모르겠습니다. 사람들의 눈을 번거롭게 하거나 재앙이 싹이 된다고 생각하신 것이라면 자취가 이미 오래되어 사람들이 굳이 화를 내지 않을 것인데 형의 명철함으로도 이를 두려워하신 것입니까?

만약 상소가 이미 올려 지지 않을 것이라고 여겼다면 스스로 마땅히 감추거나 없애기를 지연해서는 안됩니다. 그렇기에 감히 이렇게 특별히 말씀을 드리는 것이니 자세히 헤아려 말씀해주시는 것이 어떻습니까? 삭제할 것이면 마땅히 '금승(今承)'부터 '양지(諒之)'까지 일 곱 줄을 한 글자도 남김없이 모두 지우는 것이 좋겠습니다. 이만 줄입니다.

16일, 경세(經世)

130. 鄭蘊 字輝遠 號桐溪 草溪人 光海朝 文科 官副提學 諡文簡 從享濫溪書院

정온(鄭蘊, 1569~1641) : 자는 휘원(輝遠)이고, 호는 동계(桐溪)며, 본관은 초계(草溪)다. 광해군 때 문과에 급제하였고, 부제학(副提學)을 지냈다. 시호는 문간(文簡)이고, 남계서원(濫溪書院)에 종향(從享)되었다.

謹問

僉尊況如何 慕用深至

僕 久忝院任 一未隨參駿

奔之後 揆之情義 大有所

未安 今玆春

享 進參定計 適因家間

有祀事 略自澡潔 前日折

傷處 轉覺呻痛 人言沐浴

242) 상소하신 원고 : 원문은 '遇遯一稿'. '遇遯'은, '송(宋) 나라 주자(朱子, 1130~1200)가 상소하려고 기초를 해 두고 점을 쳐서 둔괘(遯卦)를 만나서 그 소장을 불태워 버렸다.'는 말이 있는데, 상소에 관한 내용으로 추정된다.

甚害於落傷 此無足怪云 若
然 則雖能扶曳進去 似未參
祭 奈如之何 罪恨交極無已 玆
敢專伻仰報 伏惟
僉照 謹拜上狀
仲春 旬一 蘊

여러분들의 근황이 어떠신지 몹시 그립습니다.
저는 오랫동안 서원의 임원에 더해졌지만 한 번도 여러분의 뒤를 따르지도 못하고 있으니 정의를 헤아려보면 크게 미안합니다. 이번 봄 제사에는 참여할 생각이었는데, 마침 집안에 제사가 있어 간단하게라도 몸을 씻으려다 전날 꺾이고 다친 곳으로 더욱 신음하며 고통스러워하자 사람들이 '낙상에는 목욕이 더 해롭다.'고 하니 이 말이 이상할 것은 없습니다. 만약 그렇다면 비록 몸을 부축해서 끌고 가더라도 제사에는 참여하지 못할듯하니 어찌하겠습니까? 죄스럽고 한스러운 마음 교차해 마지않습니다. 그래서 감히 전팽(專伻)을 통해 편지를 부치니 여러분들께서 살펴주시기를 바라며 절하고 편지를 올립니다.
2월 11일, 온(蘊)

131. 尹新之 字君又 號玄洲 海平人 尚宣祖 翁主海崇慰 謚文穆

윤신지(尹新之, 1582~1657) : 자는 군우(君又)고, 호는 현주(玄洲)며, 본관은 해평(海平)이다. 선조의 정혜옹주(定惠翁主)에게 장가들었고, 해숭위(海崇慰)에 봉해졌으며, 시호는 문목(文穆)이다.

老病之人 加以連歲悲苦
窮獨不死 尚此延喘 不料
令監 能置念中 特垂存恤
副以節扇 殊非今世人情
感嘆之至 不知所喻

委問及此 感媿交極萬
萬 只祝
爲國加愛 伏枕草謝 不宣
伏惟
令鑑 謹拜上謝狀
乙未 五月 卄四日 新之 頓首

늙고 병든 사람에게 해마다 슬픔과 고통이 더해져 궁핍하고 외롭게 지내면서 죽지도 못하고 이렇게 목숨을 부지하고 있습니다. 생각지도 못하게 영감께서 저를 기억해주시어 특별히 부채로 부응해주시니 사뭇 오늘날의 세상 인정이 아니어서 지극히 감탄스러움을 어떻게 말씀드려야 할지 모르겠습니다. 이렇게 위문(委問)해주시니 감사와 부끄러움이 교차합니다. 나라를 위해서 더욱 몸을 아끼시기를 빌며 자리에 누워 답장을 씁니다. 이만 줄입니다. 영감께서 살펴주시기를 바라며 답장을 올립니다.
을미년(乙未年, 1655) 5월 24일, 신지(新之)는 머리를 조아립니다.

132. 林慶業 字慶之 號孤松 忠州人 宣祖朝 武科 官府使 贈左議政

임경업(林慶業, 1594~1646) : 자는 영백(英伯)[243]이고, 호는 고송(孤松)이며, 본관은 평택(平澤)[244]이다. 선조 때 무과에 급제하였고, 부사(府使)를 지냈으며, 좌의정(左議政)에 증직되었다.

關聽未卽 惟夜來
客味如何 瞻傃苦苦 弟 差晩
發向 量馬 明午 當抵
兄邊 更乞

243) 영백(英伯) : 원문의 '慶之'를 바로잡았다.
244) 평택(平澤) : 원문의 '忠州'를 바로잡았다.

暫淹今日 毋致落莫 幸甚 卽

接洛秏 客使留館 所索

萬端 而其中一款 乃調兵

六千 往屯三叉河 以禁漢人

耕作事也 此外 辦運一年軍餉

等語 特其餘事 生 當不淑

久欠一死 又聞此言 直欲

溘然 而無訛也 將領以謇

…… 林慶業

소식을 듣고도 곧바로 나아가지 못했습니다. 밤사이에 객지의 안부는 어떻습니까? 간절히 그립습니다.

저는 조금 늦게 출발했는데 말[馬]의 상태를 보니 내일 낮이면 형께 도착할 듯합니다. 오늘까지 잠시 머물렀다고 실망하시지는 마시기 바랍니다. 오늘 서울소식을 들으니, 객사(客使)가 관(館)에 머물면서 요구하는 온갖 단서 중 하나의 조항은, '육천 명의 병사를 뽑아 삼차하(三叉河)[245]에 주둔하게 해서 중국 사람들이 농사를 짓지 못하게 하라.'는 것이었습니다. 그 밖에 '1년 치 군량미를 마련해서 옮겨오라.'는 등의 말들은 단지 중요하지 않은 일입니다. 사는 것도 좋지 않아 오래전에 죽고 싶었었는데, 또 이 말을 들으니 곧바로 죽어서 저의 삶이 잘못되지나 않았으면 합니다. 장령께서는 ……

임경업(林慶業)

133. 崔晛 字季鼎 號訒齋 全州人 宣祖朝 文科 官大司成 贈禮判 完城君 寒岡門人 享松山書院

245) 삼차하(三叉河) : 요동(遼東)에 있는 강으로, 통진하(通眞河)와 보정하(保定河)와 호타하(滹沱河)가 합류하여 교차하는 곳이다.

최현(崔晛, 1563~1640) : 자는 계승(季昇)[246]이고, 호는 인재(訒齋)며, 본관은 전주(全州)다. 선조 때 문과에 급제하였고, 대사성(大司成)을 지냈으며, 예조판서(禮曹判書)에 증직되었다. 완성군(完城君)에 봉해졌고, 한강(寒岡 : 鄭逑)의 문인이며, 송산서원(松山書院)에 제향되었다.

吳山文會 擬盡平生未盡之
懷 而忽忽稠中 竟未得伸一情
話 別來老懷 益覺愴然 玆
蒙專人 拜奉手札 豈勝
欣慰 鄙生 還窩之後 連患
寒疾眼疾 坐臥不安 痛眼莫
開 迷孫 又往青松 寄無子弟
苦不可言 前來問答一卷 草率
看過 付標以稟 今來詩集一卷
亦以暫見 并付標送還 何異盲者
指點之圖本乎 唯在
僉賢契 更詳之耳 揩眼不
成草 不封緘 仰惟
恕鑑 謹拜狀
丙子 至月 十五日 晛 頓首

오산(吳山)[247]의 문회(文會)에서 평소 미진했던 회포를 다 풀려고 했었는데 많은 사람들 틈에서 끝내 정답게 이야기도 나누지 못하고 헤어져 늙은이의 마음이 더욱 서글펐습니다. 그런데 이렇게 특별히 사람을 보내 편지를 받으니 기쁨과 위안을 어찌 감당하겠습니까? 저는 집으로 돌아온 뒤 연이어 감기와 안질에 걸려 앉거나 누워도 몸이 편치가 않고 아픈 눈은 뜰 수조차 없습니다. 손자가 또 청송(青松)으로 가고 없어 몸을 의탁할 아이들도 없으니 고생을 말로 할 수가 없습니다. 전에 보내와서 문답했던 한 권을 서둘러 보고

246) 계승(季昇) : 원문의 '季鼎'을 바로잡았다.
247) 오산(吳山) : 충청남도 부여군 부여읍 능산리(陵山里)와 염창리(鹽倉里)에 걸쳐 있는 산 이름이다.

표(標)를 붙여 보내드리고, 이번에 보내온 시집 한 권은 잠시 보고 함께 표를 붙여서 돌려보내기는 하지만 맹인이 도면(圖面)을 가리키는 것이나 무엇이 다르겠습니까? 여러분들께서 다시 자세히 보시기 바랍니다. 눈을 비비며 글을 제대로 이루지 못하고 편지도 봉하지 않으니 용서하시고 살펴주시기를 바라며 편지를 올립니다.

병자년(丙子年, 1636) 11월 15일, 현(睍)은 머리를 조아립니다.

134. 李廷龜 字聖徵 號月沙 延安人 宣祖朝 文科 官左相 諡文忠

이정구(李廷龜, 1564~1635) : 자는 성징(聖徵)[248]이고, 자는 월사(月沙)며, 본관은 연안(延安)이다. 선조 때 문과에 급제하였고, 좌의정(左議政)을 지냈으며, 시호는 문충(文忠)이다.

隔年阻濶 悠悠不已 卽奉
遠寄書 如對千里之顔
慰瀉難喩 黃廟諸公來
見 道兄閑居 靜況甚
適 令人馳羡 生 乾沒至
此 推擠不去 應爲老
兄所嗤 自憐奈何 黃
廟諸公 俱是佳士 一見傾
盖 便如元賓 餘忙不備
伏惟尊亮 拜上謝狀
廷龜

해를 넘기도록 소식이 막혀 아득한 마음 끝이 없었는데, 오늘 멀리서 보내신 편지를 받으니 천리 밖의 얼굴을 마주하는 듯하여 말할 수 없이 위안이 되었습니다. 황묘(黃廟)의 여러분들이 와서 만나보니 도형(道兄)께서 한가하게 지내시며 정양하시는 안부가 매우

248) 성징(聖徵) : 원문의 '聖徽'를 바로잡았다.

좋다고 하니 사람을 그립고 부럽게 합니다.

저는 이렇게 까지 건몰(乾沒)[249]을 당하며 밀어내도 떠나지 않고 있어 응당 노형의 비웃음꺼리가 되니 스스로 가련함을 어찌하겠습니까? 황묘의 여러분들은 모두 아름다운 선비로 잠깐 만나 뵈었지만 원빈(元賓)[250]과 같았습니다. 나머지는 바빠 이만 줄이니 살펴주시기를 바라며 절하고 답장을 올립니다.

정구(廷龜)

135. 柳袗 字季華 號修巖 西厓子 宣祖朝 逸持平 贈吏參 從享屛山書院

유진(柳袗, 1582~1635) : 자는 계화(季華)고, 호는 수암(修巖)이며, 서애(西厓 : 柳成龍)의 아들이다. 선조 때 유일(遺逸)로 지평(持平)을 지냈고, 이조참판(吏曹參判)에 증직되었으며, 병산서원(屛山書院)에 종향(從享)되었다.

謹奉

惠翰 仍審寒沍

道履珍勝 感慰亡量 袗 餘

厄未殄 種種作殃万狀 奈何

奈何 教海參服法 深荷

眷念 此物倉卒難得 俟葬

役畢 當專人遠貿 而試之

也 亡女發引 退定于卄七 軍

帖 并蒙

249) 건몰(乾沒) : 물을 말려 없애듯이 관에서 백성의 재물을 마구 몰수함을 이른다.

250) 원빈(元賓) : 한유(韓愈, 768~824)의 제자 이관(李觀, 766~794)의 자이다. 한유의 각별한 사랑을 받았는데, 그가 죽은 뒤 한유는 "원빈이 그리워도 만나지 못하니, 원빈과 어울리던 사람을 만나면 마치 원빈을 보는 것 같다.[思元賓而不見 見元賓之所與者 則如元賓焉]"고 하였다.《한창려집(韓昌黎集)》〈답이수재서(答李秀才書)〉

留念圖出 渾家感祝 但近歲
守令 例以出軍爲難 雖上司
之令 全不奉行 亦奈何耳
不宣 伏惟
照察 謹拜謝狀上
乙丑 十一月 卄日 服人 柳袗
狀上

편지를 받고 10월 추위에 도 닦으시는 안부가 좋으시다니 헤아릴 수 없이 감사하고 위안이 되었습니다. 저는 남은 곤액이 끝나지 않아 종종 온갖 재앙들이 일어나니 어찌하겠습니까? 해삼(海參)을 복용하는 방법에 관해 말씀해 주시니 돌보아 주시는 염려에 매우 감사합니다. 이것은 급하게 얻기 어려워 장례를 끝나면 사람을 보내 멀리서 사와 시험해 보겠습니다. 죽은 딸아이의 발인은 27일로 날짜를 늦추어 정했습니다.
군첩(軍帖)[251]은 아울러 염려하고 도모해서 내어주시니 온 집안 식구들이 감사해 합니다. 다만 몇 년 사이에 수령이 의례히 일꾼들을 내주는 것을 난처해하면서 아무리 상사의 명령이 있어도 전적으로는 따르지 않으니 또한 어찌하겠습니까? 이만 줄입니다. 살펴주시기 바라며 답장을 드립니다.
을축년(乙丑年, 1625) 11월 20일, 복인(服人) 유진(柳袗)은 편지를 올립니다.

136. 張興孝 字行源 號敬堂 仁同人 宣祖朝 薦參奉 西厓門人

장흥효(張興孝, 1564~1633) : 자는 행원(行源)이고, 호는 경당(敬堂)이며, 본관은 인동(仁同)이다. 선조 때 참봉(參奉)에 천거되었고, 서애(西厓 : 柳成龍)의 문인이다.

251) 군첩(軍帖) : 상여꾼의 명첩(名帖)을 이른다.

{皮封} 鄭寒岡 宅

先生再拜上候狀

興孝 謹齊沐裁書于

寒岡鄭先生座下 伏聞

先生 違和有年 尋常懸戀 無任遠誠 邇來春

和 不審

調體 已膺勿藥否 念昔

先生 來莅玆土 首興儒教 勉人以爲己之學 朽質

如興孝 亦蒙

先生 奬勵誘掖之勤 不啻若父母生成之恩 則聞

先生病 義當趨走展省 而羸病羈之 山川間之 不

得復小子致身門墻之下 以盡篤信嚮往之情 小

子辜恩負義之罪大矣 伏惟

下鑑 謹不備 再拜

上候狀

萬曆 四十四年 三月 二十三日 侍生 興孝

{피봉} 정한강(鄭寒岡) 댁

선생께 두 번 절하고 편지를 올립니다.

홍효(興孝)는 삼가 목욕재계하고 한강(寒岡)[252] 정선생(鄭先生) 좌하께 편지를 드립니다. 선생께서 몸이 편찮으시다는 소식을 들은 지 여러 해가 되었는데 늘 그리워하는 간절한 마음만 이길 길 없었습니다. 요사이 봄기운이 따뜻한데 조섭하시어 벌써 병이 나으셨는지요? 예전 선생께서 이곳에 오셔서 먼저 유학을 진흥시키면서 위기지학(爲己之學)[253]을 먼저

252) 한강(寒岡) : 정구(鄭逑)의 호다.

253) 위기지학(爲己之學) : 남이 알아주기를 바라면서 공부하는 위인지학(爲人之學)에 상대되는 말로, 오직 자신의 덕성을 닦기 위해 공부하는 것을 말한다. 《논어(論語)》 〈헌문(憲問)〉에, "옛날의 학자들은 자신을

권면해 저 같은 보잘것없는 자질을 가진 사람도 간절한 선생의 장려와 이끌어주심은 입은 것이, 낳아주고 길러주신 부모님의 은혜와 같을 뿐만 아니었는데, 선생께서 병들었다는 소식을 듣고 의리상 마땅히 달려 나아가 문안을 드려야 하지만 병으로 몸이 매이고 산천이 가로막혀 다시 문하로 몸을 바쳐 돈독한 믿음과 그리워하는 마음을 다하지 못하고 있으니 은혜와 의리를 저버린 죄 큽니다. 살펴주시기를 바라며 이만 줄입니다. 재배하고 편지를 올립니다.

만력(萬曆) 44년(1616) 3월 23일, 시생(侍生) 홍효(興孝)

137. 李植 字汝國 號澤堂 德水人 光海朝 文科 官吏判 諡文靖

이식(李植, 1584~1647) : 자는 여고(汝固)고, 호는 택당(澤堂)이며, 본관은 덕수(德水)다. 광해군 때 문과에 급제하였고, 이조판서(吏曹判書)를 지냈으며, 시호는 문정(文靖)이다.

間濶 今幾年矣 第切瞻仰 忽

領隔嶺

情問 驚感已極 副以

餽歲兩種海味 如非

令監世修敦睦 誰記窮寂

至斯耶 攢謝無已 乾銀魚

今歲創見 尤以慮歎 憑惟

令政履萬福 鄙生 伏蒙

令賜 奉老粗遣 而湯藥 恒以

爲撓耳 餘祝

四月 廿六日 植 拜

위한 공부를 하였는데, 지금의 학자들은 남을 위한 공부만 한다.[古之學者爲己 今之學者爲人]"라는 구절에서 유래한다.

소식이 끊긴지 지금 몇 해가 되었습니까? 간절히 그립던 중에 갑자기 고개 넘어 보내신 정다운 편지를 받고 매우 놀라고 감사했습니다. 게다가 두 가지 바다음식도 보내주시니 영감처럼 대대로 돈독하게 교분을 나누던 사람이 아니었다면 누가 이렇게 궁핍하게 지내는 저를 기억이나 해주겠습니까? 감사한 마음 끝이 없습니다. 마른 은어는 올해 처음 보는 것이라 더욱 감탄스럽습니다. 영감의 정사보시는 안부가 만복을 누리시기를 빌겠습니다. 저는 영감의 염려덕분에 늙은 부모님을 모시고 그럭저럭 지내고는 있지만 탕약으로 모시느라 늘 마음이 번요합니다. 나머지는 잘 지내기를 빌겠습니다.
4월 26일, 식(植)은 절합니다.

138. 郭再祐 字季綏 號忘憂堂 玄風人 宣祖朝 官巡察使 諡忠翼 享禮淵書院

곽재우(郭再祐, 1552~1617) : 자는 계수(季綏)고, 호는 망우당(忘憂堂)이며, 본관은 형풍(玄風)이다. 선조 때 순찰사(巡察使)를 지냈고, 시호는 충익(忠翼)이며, 예연서원(禮淵書院)에 제향되었다.

瞻灝中 謹承
令監問惠札 拜審
政履佳勝 仰慰仰慰 朞服人 親
癠 以暑痢 浹旬彌留 私
情焦悶何言
眷惠簡箑依領 鳴謝不已
餘不宣 伏惟
令下察 謹謝狀上
壬辰 六月 二十日 再祐

그립던 중에 영감의 문안 편지를 받고 정사보시는 안부가 좋으시다니 위안이 됩니다. 기복인(朞服人)인 저는 부모님께서 여름설사를 앓은 지 열흘이 되도록 낫지 않으니 애타고 걱정되는 마음을 어떻게 말로 하겠습니까?

보내주신 부채는 잘 받았으니 감사한 마음 끝이 없습니다. 나머지는 이만 줄이니 영감께서 살펴주시기 바라며 답장을 올립니다.

임진년(壬辰年, 1592) 6월 20일, 재우(再祐)

139. 黃耆老 字鮐叟 號孤山 昌寧人 宣祖朝 進士

황기로(黃耆老, 1521~1575) : 자는 태수(鮐叟)[254]고, 호는 고산(孤山)이며, 본관은 창녕(昌寧)이다. 선조 때 진사(進士)에 입격하였다.

稽山罷霧鬱嵯峨
鏡水無風也自波
莫言春度[255]芳菲
盡別有中流釆[256]芰荷[257]
[孤山樵叟] · [黃耆老印]

회계산(會稽山) 안개 흩어지니 산봉우리 치솟고
경호(鏡湖)의 물은 바람 없어도 절로 물결치네.
봄 지나도 꽃향기 없다 말하지 마소.
중류(中流)에는 따로 마름과 연밥 딴다네.
인장 : [고산초수(孤山樵叟)] · [황기로인(黃耆老印)]

---

254) 태수(鮐叟) : 원문의 '鲇叟'를 바로잡았다.
255) 度 : 원문의 '去'를 바로잡았다.
256) 釆 : 원문의 '探'를 바로잡았다.
257) 당(唐) 나라 하지장(賀知章, 677~744)의 〈채련곡(採蓮曲)〉을 적은 것이다.

140. 金尙容 字景擇 號仙源 安東人 宣祖朝 文科 官右相 諡文忠 享忠烈祠

김상용(金尙容, 1561~1637) : 자는 경택(景擇)이고, 호는 선원(仙源)이며, 본관은 안동(安東)이다. 선조 때 문과에 급제하였고, 우의정(右議政)을 지냈다. 시호는 문충(文忠)이고, 충렬사(忠烈祠)에 제향되었다.

紅塵與白雲 相隔萬
重 無由相見 又不得聞
消息 瞻戀徒勤 卽日春
和 想惟
靜履益淸 遙慰 胎室
標石修改事 下來竣事而
還 取路火嶺 卽〔當〕到郡
齋 秣馬而過 聞
尊居僻遠 披霧無緣
悵悵何極 伏惟尊照 餘萬
行忙不宣 姑此奉候
起居 謹狀
仲春 卄六日 尙容

세속 먼지와 흰 구름[258]이 서로 만 겹이나 떨어져 있어 만날 수도 없고 또 소식조차 들을 길이 없어 그리운 마음만 한갓 간절합니다. 요사이 봄기운이 따뜻한데 정양하시는 안부는 더욱 좋으시리라 생각하니 멀리서 위안이 됩니다. 태실(胎室)[259]의 표석을 다시 세우는 일로 내려갔다가 일을 마치고 돌아오면서 화령(火嶺)[260]으로 길을 잡아, 곧바로

258) 세속 …… 구름 : 원문은 '紅塵與白雲'. '紅塵'은 자신의 사는 곳을 이르며, '白雲'은 상대가 사는 곳을 이른다.
259) 태실(胎室) : 왕실의 태(胎)를 묻던 석실을 이른다.
260) 화령(火嶺) : 경북 상주시 화서면 상곡리에 있는 고개 이름이다.

고을 관아(官衙)에 도착해서 말을 먹이고 지나오다가 당신께서 외지고 먼 곳에 계시다는 소식을 들었지만 안개를 헤치고 갈 길이 없으니 서운함이 얼마나 지극하든지요. 당신께서 살펴주시기를 바라며 나머지 많은 드릴 말씀은 길이 바빠 이만 줄입니다. 우선 이렇게만 안부를 드리고 편지를 올립니다.

2월 26일, 상용(尙容)

141. 崔鳴吉 字子謙 號遲川 全州人 宣祖朝 文科 官領相 諡文忠

최명길(崔鳴吉, 1586~1647) : 자는 자겸(子謙)이고, 호는 지천(遲川)이며, 본관은 전주(全州)다. 선조 때 문과에 급제하였고, 영의정(領議政)을 지냈으며, 시호는 문충(文忠)이다.

右
舊限黃扉峻 今孤
綠野深 空嗟王
子棹 未辨向山
陰 眠食憑高足 安
危見苦心 把詩吟
過日 絕勝夢中尋[261)]
遲川

예전에는 황비(黃扉)의 고개에 가로막혔더니
지금은 푸른 들 깊숙한 곳에서 외롭네.
공연히 왕자(王子)의 조각배[262)]가

261) 《분서집(汾西集)》에 〈천규축차지천운(天圭軸次遲川韻)〉이라는 제목으로 실려 있다. '천규(天圭)의 시축에서 지천(遲川)의 시를 차운하다.'는 제목에서 알 수 있듯 지천의 시를 차운한 박미(朴瀰)의 시를, 지천 최명길(崔鳴吉, 1586~1647)의 시로 위조하였다.

262) 왕자(王子)의 조각배 : 왕휘지(王徽之, 338~386)가 산음(山陰)에서 살던 어느 겨울밤, 잠을 자다가 큰

산음(山陰)으로 가지도 못한 것을 탄식하네.
그대 덕에 생활하지만
안위로 인해 마음이 괴롭네.
시를 읊조리며 날을 보내니
꿈속에서 그대를 찾는 것이 낫겠네.
지천(遲川)

142. 金長生 字希元 號沙溪 光山人 孝宗朝 逸參判 謚文元 栗谷門人 從祀文廟

김장생(金長生, 1548~1631) : 자는 희원(希元)이고, 호는 사계(沙溪)며, 본관은 광산(光山)이다. 효종 때 유일(遺逸)로 참판(參判)을 지냈으며, 시호는 문원(文元)이다. 율곡(栗谷 : 李珥)의 문인이고, 문묘(文廟)에 종사(從祀)되었다.

{皮封} 淸洞 詞 座下 回呈

辱書 具悉多少 良以慰豁 況
承所苦 漸就佳境 尤可喜也
此積憊未蘇 近又苦暑濕 一味昏
惰過日 自數日 始復尋繹册子 而
亦未能嚴立課程 日不過讀數
徧而止矣 或閱他書 碁三百法與
術法之書 反有妨於實工 誠不如
置之不論爲愈耳 不具[263]

눈이 내려 사방이 하얀 것을 보고 멀리 섬계(剡溪)에 사는 벗 대규(戴逵, 326~396)를 보고 싶은 충동이 일어났다. 즉시 조각배를 타고 떠나 새벽녘이 되어 그의 문 앞에까지 갔다가 들어가지 않고 그만 돌아오자, 누가 그 이유를 물으니 "나는 본디 홍이 나서 갔다가 홍이 식어 돌아온 것이다. 대규를 반드시 볼 일이 뭐가 있겠는가?"라고 대답하였다는 고사가 있다. 《세설시어(世說新語)》〈임탄(任誕)〉

即回 長生

{피봉} 청동(淸洞) 사형(詞兄) 좌하께 드리는 답장

편지를 받고 다소간의 사연을 잘 알아 진실로 위안이 되었습니다. 더구나 병이 점점 더 나아가고 있다니 더욱 기쁩니다. 저는 쌓인 피로가 아직도 풀리지 않은데다가 요사이 또 덥고 습한 기운 때문에 고생을 하면서 줄곧 맑지 않은 정신으로 게으르게 날을 보내고 있습니다. 며칠 전부터서야 다시 책을 보기 시작했지만 엄격하게 과정을 세우지 못하고 하루에 단 서너 번밖에 반복하여 읽지 못하는 형편입니다. 간혹 다른 책을 보기도 하는데, 기삼백법(朞三百法)[264]과 술법에 관한 책은 도리어 실제적인 공부에 방해가 되니 정말 차라리 우선은 제쳐두는 것이 더 나을 것 같습니다. 이만 줄이고, 즉일 회답합니다. 장생(長生)

143. 金奉祖 字孝伯 號鶴湖 豊山人 光海朝 文科 官持平 西厓門人 享龜湖書院

김봉조(金奉祖, 1572~1630) : 자는 효백(孝伯)이고, 호는 학호(鶴湖)며, 본관은 풍산(豊山)이다. 광해군 때 문과에 급제하였고, 지평(持平)을 지냈다. 서애(西厓 : 柳成龍)의 문인이고, 구호서원(龜湖書院)에 제향되었다.

上年 再見

情翰 深感厚意 無以爲謝 十年

263) 《농암집(農巖集)》〈답이동보욕서(答李同甫辱書)〉의 일부다. 농암(農巖)이 이동보(李同甫)에게 보낸 편지가, 김장생(金長生, 1548~1631)의 편지로 위조되었다. “具悉多少 良以慰豁 況承所苦 漸就佳境 尤可喜也 此積憊未蘇 近又苦暑濕 一味昏惰過日 自數日始復尋繹册子 而亦未能嚴立課程 日不過讀數徧而止矣 偶閱他書 邐迤到朞三百法 旣未得究竟 又不能放下 方此憒悱悶塞 此等事 固不可不知 而欲知之 又如此反有妨於實工 誠不如姑置之爲愈耳 不具”

264) 기삼백(朞三百) : 《서경(書經)》〈요전(堯典)〉에, ‘기삼백육순유육일(朞三百六旬有六日)’에서 온 말로, 1년의 날수를 가리킨다.

前陳迹 每入夢想中 令人耿耿

想

兄亦同此懷耶 進修齋中 觀物臺

上 溪山風月[265] 今尙依舊 而吾

輩昔年之遊 那得更續 已

矣 不復見少年時事 浩歎而

已 只祝

鍊味 與時益勝 伏惟

盛亮 謹謝狀[266]

壬寅 仲春 上旬

年記 奉祖

지난해 두 번이나 편지를 받고 감사함에 사의를 표할 길이 없었습니다. 10년 전의 묵은 자취가 매번 꿈속으로 들어와 사람을 그립게 합니다. 형께서도 이와 같은 마음일 것이라 생각합니다. 진수재(進修齋)와 관물대(觀物臺) 위에서 감상했던 계산풍월(溪山風月)은 지금도 예전이나 마찬가지일 텐데 우리들은 예전 유람을 어떻게 다시 이어가겠습니까? 이미 끝인듯합니다. 다시는 소년시절의 일을 볼 수가 없어 탄식만 할 뿐입니다. 다만 단련하시는 맛이 계절과 함께 더욱 좋으시기를 빌겠습니다. 살펴주시기를 바라며 답장을 드립니다.

임인년(壬寅年, 1602) 2월 상순, 연기(年記)[267] 봉조(奉祖)

---

265) 溪山風月 : 원문의 '溪風山月'을 바로잡았다.

266) 《학호선생문집(鶴湖先生文集)》에 〈답곽정보(答郭靜甫)〉라는 편지의 일부다. "上年再見情翰 深感厚意 無以爲謝 十年前陳迹 每入夢想中 令人耿耿 想兄亦同此懷耶 進修齋中 觀物臺上 溪山風月 尙今依舊 吾輩昔年之遊 那得更續 已矣不見少年時事 浩歎而已 兄高臥山樊 日有觀書玩理之樂 課進村秀 斐然可觀 閒居事業 不爲不富 奉祖 顚汩塵埃 已成一箇村學究 少日零星收拾 今亦消歇已盡 每承來書勸勉 不覺赧然發騂 不知何時更資麗澤 以滌十年鄙吝也 不勝咄歎"

267) 연기(年記) : 나이를 이르는 '연기(年紀)'의 오자로, 동년배를 이르는 말인 듯하다.

144. 金尙憲 字叔度 號淸陰 仙源弟 宣祖朝 文科 官右相 謚文貞

김상헌(金尙憲, 1570~1652) : 자는 숙도(叔度)고, 호는 청음(淸陰)이며, 선원(仙源 : 金尙容)의 아우다. 선조 때 문과에 급제하였고, 우의정(右議政)을 지냈으며, 시호는 문정(文正)[268]이다.

{皮封} 壽增答書 [手決]

忠實回 見書爲慰 余依遣
通津人 更入來 未聞汝嚴所患
復如何 馳慮不已 昨夕 瑞山人 趙
時應者 告變 都事四人 聽
傳敎出去 未知末終如何 爲
公私極慮極慮 牛溪行狀 來
到耳 恒也 明日 欲往通津云
餘不宣
卄四 大父

{피봉} 수증(壽增)[269]에게 회답하다. [수결]

충실(忠實)이가 돌아오는 편에 편지를 받아보고 위안이 되었다. 나는 그런대로 지내고 있다. 통진(通津)[270] 사람이 다시 들어왔지만 네 아비의 병세를 듣지 못했는데 다시 어떠하냐? 걱정이 끝이 없다. 어제저녁 서산(瑞山) 사람 조시응(趙時應)이 고변(告變)해서[271] 도사(都事) 네 사람이 임금의 명령을 듣고 잡으러 나갔는데 어떻게 마무리 되었는지

268) 문정(文正) : 원문의 '文貞'을 바로잡았다.
269) 수증(壽增) : 김상헌(金尙憲)의 손자인 김수증(金壽增, 1624~1701)을 이른다.
270) 통진(通津) : 경기도 김포의 옛 지명이다.
271) 서산(瑞山) …… 고변(告變)해서 : 1646년 인조실록 5월 23일 기사에는 서산 사람 조시응(趙時應)이 정원에 나아가 유학(幼學) 국성유(鞠聖俞) 등의 역모를 상변(上變)했다는 내용이 있다.

모르겠다. 공사(公私)가 매우 걱정이다. 〈우계행장(牛溪行狀)〉은 도착했느냐. 항(恒)이는 내일 통진으로 가려하더구나. 이만 줄인다.

20일, 할아버지가

145. 張維 字持國 號谿谷 德水人 光海朝 文科 官右相 謚文忠 沙溪門人

장유(張維, 1587~1638) : 자는 지국(持國)이고, 호는 계곡(谿谷)이며, 본관은 덕수(德水)다. 광해군 때 문과에 급제하였고, 우의정(右議政)을 지냈다. 시호는 문충(文忠)이고, 사계(沙溪 : 金長生)의 문인이다.

酬白洲[272)]

我抱公幹病 懶作漳濱詩
端居守鼎爐 萬緣都不思
平生金石交 咫尺成睽離
籠中海鶴瘦 櫪上天馬飢
牽帥偶拈筆 寄興仍娛悲
知音幸可託 許爾是鍾期
谿谷

백주(白洲)에게 답하다.

나는 공무에 병을 안고
장빈(漳濱)[273)]에 누워 게을리 시를 짓네.
단정히 앉아 섭생만 할 뿐

272) 酬白洲 : 《계곡선생집(谿谷先生集)》에 〈백주재화 부첩기사(白洲再和復疊寄謝)〉라는 제목으로 실려 있다.
273) 장빈(漳濱) : 은거하여 요양하는 곳을 가리킨다. 장수(漳水)는 물 이름으로, 후한(後漢)의 시인 유정(劉楨, 186~217)이 고질병에 걸려 이곳에 가서 요양하였다고 한다.

온갖 인연 모두 생각지 않네.
평생을 이은 금석 같은 교분
가까이에서도 서로 만나지 못하였지.
새장 속 해조(海鳥)처럼 마르고
우리에 갇힌 천마처럼 굶주리네.
장수의 뜻[274]에 이끌려서 우연히 붓을 잡아
희비의 흥취를 붙여보곤 하였지.
요행히 지음에게나 맡기니
그대는 종자기(鍾子期)[275]를 허락하소.

146. 閔鼎重 字大受 號老峰 驪興人 仁祖朝 文科 官左相 謚文忠 享北道書院

민정중(閔鼎重, 1628~1692) : 자는 대수(大受)고, 호는 노봉(老峰)이며, 본관은 여흥(驪興)이다. 인조 때 문과에 급제하였고, 좌의정(左議政)을 지냈다. 시호는 문충(文忠)이고, 북도서원(北道書院)에 제향되었다.

比比阻音 戀切于中 初
旬出書 因撥傳至 審伊
間 牙內安過 慰倒慰倒 此處
侍遣如昨 無可言者 東家
久病 再昨不救 應今事可
傷 趙仲初尙書 又於其日喘

274) 장수의 뜻 : 《맹자(孟子)》 〈공손추 상(公孫丑上)〉에, "뜻은 기의 장수이다.[夫志氣之帥也]"라고 구절이 있다.

275) 요행히 …… 종자기(鍾子期) : 춘추시대 초 나라 사람 백아(伯牙, ?~?)가 거문고를 잘 연주하였는데, 그가 흐르는 물에 뜻을 두고 연주를 하면[志在流水], 그의 지음(知音)인 종자기(鍾子期, ?~?)가 듣고는 "멋지다, 거문고 솜씨여. 호호탕탕 유수와 같구나.[蕩蕩乎若流水]"라고 알아주었다는 고사가 있다. 《여씨춘추(呂氏春秋)》 〈효행람 본미(孝行覽本味)〉

氣逆上 遽至不淑 慟矣慟矣

朝家有五公主之喪 仍有問

安之擧云 驚怛復如何耶

餘祈萬安不俱

卽 鼎重 頓

요사이 소식이 막혀 마음속에 그리움만 간절합니다. 초순에 보낸 편지는 파발편에 도착했고 그간 병영(兵營)의 식구들도 잘 지내고 있다니 매우 위안이 되었습니다.

저는 전이나 다름없이 그럭저럭 지내고 있어 드릴 말씀이 없습니다. 동가(東家)[276]는 오랜 병으로 어제 죽었으니 오늘일은 가슴이 아픕니다. 상서(尙書) 조중초(趙仲初)도 그날 숨을 헐떡이고 구역질을 하다가 갑자기 죽고 말았으니 애통합니다. 왕실에 다섯 번째 공주의 초상이 있어 문안을 드려야 할 일이 있다니 놀랍고 걱정되는 마음 다시 어떠하겠습니까? 나머지는 잘 지내시기를 빌며 이만 줄입니다.

즉일, 정중(鼎重)은 머리를 조아립니다.

147. 崔恒慶 字德久 號竹軒 永川人 仁祖朝 司馬 增濟監 寒岡門人 享鰲巖書院

최항경(崔恒慶, 1560~1638) : 자는 덕구(德久)고, 호는 죽헌(竹軒)이며, 본관은 영천(永川)이다. 인조 때 사마시(司馬試)에 합격하였고, 제용감(濟用監)에 증직이 되었다. 한강(寒岡 : 鄭逑)의 문인이고, 오암서원(鰲巖書院)에 제향되었다.

{皮封} 狀上

泗水 護喪 僉尊史

276) 동가(東家) : 자신이 머물고 있는 집의 주인을 이른다.

謹問
僉候何如 仰慕仰慕 僕 身有疾恙 徑自退來
常切愧恨之至 所患痁證 尙未快瘳 私悶可喩
且中
永葬發引諸日 想已涓吉 而遠未得聞 伏慮伏慮
山所沙土之役 若速爲始事 則當往來監董
豫以伏計 凡卜日期 仰須
下示 餘祈
僉況保衛 不宣 謹拜
狀上
庚申 正月 十七日
崔恒慶 頓

{피봉} 편지를 드립니다.
사수(泗水) 호상소(護喪所) 여러분께

여러분의 안부는 어떠하신지요? 그립습니다. 저는 몸에 병이 들어 곧바로 자리에서 물러나 늘 부끄럽고 한스러운 마음만 간절했습니다. 앓던 학질은 아직도 완전히 낫지 않으니 말할 수 없이 걱정입니다. 장례날짜는 이미 정했을 텐데 멀리서 듣지 못해 염려됩니다. 산소에 흙을 덮는 일을 빨리 시작하게 된다면 마땅히 가서 감독하려고 미리부터 생각하고 있습니다. 날짜를 잡아 미리 알려주시기 바랍니다. 나머지는 여러분께서 보중하시기 바라며 이만 줄이며 위문편지를 드립니다.
경신년(庚申年, 1620) 1월 17일, 최항경(崔恒慶)은 머리를 조아립니다.

148. 趙任道 字德勇 號澗松 漁溪后 仁祖朝 薦參奉 官工佐 贈持平 月川門人

조임도(趙任道, 1585~1664) : 자는 덕용(德勇)이고, 호는 간송당(澗松堂)[277]이며, 어계(漁溪 : 趙旅)의 후손이다. 인조 때 참봉(參奉)에 천거되었고, 공조좌랑(工曹佐郞)을 지냈다. 지평(持平)에 증직이 되었고, 월천(月川 : 許穆)의 문인이다.

伏問春和佳節

令體起居若何 尋常馳慕 而一未趨候 於

出寓之後 情禮掃地 愧負何釋 任道 婢僕

逃散之餘 家事零仃 將無以自存

令丈 命召其男 申申開誘 使之覺悟 俾無損傷

平相切之義 千萬伏祝 任道 方困於希雲之侵辱

而援兵 又從而四至云 若於此時 又有人唾掌 而陰行

其計 則豈仁人君子之所忍爲者哉 情勢迫隘 信

筆及之耳 伏祝

令鑑 謹拜上候狀 辛未 三月 十四日

記下 趙任道 再拜

봄기운 따뜻한 아름다운 계절에 영감의 안부는 어떠하신지요? 늘 그리워만하고 아직까지 한 번도 찾아뵙고 문안드리지 못하였습니다. 우거한 뒤로 쓸어놓은 듯 아무런 정례(情禮)도 없으니 부끄러운 마음을 어떻게 마음속에서 벗어놓겠습니까?

저는 종들이 달아난 뒤로 가세가 기울어 앞으로 스스로 보존할 방법이 없습니다. 영감께서 기남(其南)이를 불러 거듭 타일러 깨닫게 하신다면 손상이 없을 듯하니 평소 절친한 의리로 간절히 바랍니다.

저는 희운(希雲)에게 곤욕을 당하고 있는데 구원병이 사방에서 이른다고 하니, 만약 지금 또 어떤 사람이 너무나 쉽게[278] 몰래 계획을 실행한다면 어찌 어진 군자들이 참아낼 수

277) 간송당(澗松堂) : 원문의 '澗松'을 바로잡았다.

278) 너무나 쉽게 : 원문은 '唾掌'. 손에 침을 뱉듯이 아주 쉽다는 의미이다. 진(晉) 나라 사마표(司馬彪, 265~274)의 《구주춘추(九州春秋)》에, "후한의 공손찬(公孫瓚, ?~199)이 일찍이 말하기를 '처음에 천하의 군대가 일어났을 때에는 내가 손바닥에 침을 뱉고 당장 결단하겠다고 했노라.'했다.[始天下兵起 我謂唾掌而決]"라고 하였다.

있겠습니까? 급박한 상황이라 급히 써서 말씀드립니다. 영감께서 살펴주시기 바라며 편지를 드립니다.

신미년(辛未年, 1631) 3월 14일, 기하(記下) 조임도(趙任道)는 두 번 절합니다.

149. 尹善道 字約而 號孤山 南海人 仁祖朝 文科 官參判

윤선도(尹善道, 1587~1671) : 자는 약이(約而)[279]고, 호는 고산(孤山)이며, 본관은 남해(南海)다. 인조 때 문과에 급제하였고, 참판(參判)을 지냈다.

翁意在山不在廬 肩
輿十日九幽居 林泉
了此平生願 軒駟
于今一夢如 芳艸多
情經雨後 奇巖呈態
捲簾初 閒雲谷口
長留住 坐處煙香
世慮疎 孤山

늙은이의 뜻은 산에 있지 집에 있지 않아
10일은 가마타고 9일은 우거하네.
자연에서 이 삶을 마치고 싶고
출세는 한바탕 꿈과 같네.
비 지나자 꽃은 다정하고
기암괴석은 모습을 드러내니 비로소 주렴을 걷네.
한가한 구름은 계곡어귀에서 오래 머물고

279) 약이(約而) : 원문의 '幼而'를 바로잡았다.

향기로운 연기 속에 앉으니 세상근심 사라지네.

고산(孤山)

150. 吳斗寅 字元徵 號陽谷 海州人 仁祖朝 文科 官刑判 諡忠貞

오두인(吳斗寅, 1624~1689) : 자 원징(元徵)[280]이고, 호는 양곡(陽谷)이며, 본관은 해주(海州)다. 인조 때 문과에 급제하였고, 형조판서(刑曹判書)를 지냈으며, 시호는 충정(忠貞)이다.

伏惟此時
政候有相 仰慰無已 僕 行
期已迫 私悶可喩 遠離親庭
心緖爾難堪矣 惠來四種
魚饌 依受深感 行役之前 加
餐尤幸 來月卄七 迷兒當行
婚禮於南陽 而弟不得留滯
此間 缺然如何 坡州叔父 聞將
率去 令監 若無大段事故
未可忘勞馳往 繞送生
彩耶 當行末由
令下照 謹拜上謝狀
辛 十 卄三 吳斗寅 頓

요사이 정사보시는 안부가 좋으시리라 생각하니 위안되는 마음 끝이 없습니다. 저는 길을 나설 때가 임박하니 걱정을 말로 하겠습니까? 멀리 부모님을 떠나는 마음을 견딜 수 없습니다. 보내주신 네 가지 물고기 반찬은 잘 받았으니 매우 감사합니다. 길을 나서기

---

280) 원징(元徵) : 원문의 '元徽'를 바로잡았다.

전에 밥을 더 먹을 수 있어서 다행입니다.

다음 달 27일에 저희 아이가 남양(南陽)에서 혼례를 치르느라 제가 오랫동안 머물 수 없으니 저의 서운한 마음 어떻겠습니까? 파주(坡州) 숙부님께서는 식구들을 데리고 간다는 말을 들었는데 영감께서는 만약 큰 일이 없으면 잊지 마시고 왕림하여 요객(繞客)[281]을 전송하는 자리를 빛나게 하시는 것이 어떻습니까? 마땅히 행해야 하지만 길이 없습니다. 영감께서 살펴주시기 바라며 절하고 편지를 올립니다.

신○년(辛○年) 10월 23일, 오두인(吳斗寅)은 머리를 조아립니다.

151. 尹元擧 字伯奮 號龍西 坡平人 仁祖朝 逸進善 沙溪門人

윤원거(尹元擧, 1601~1672) : 자는 백분(伯奮)이고, 호는 용서(龍西)며, 본관은 파평(坡平)이다. 인조 때 유일(遺逸)로 진선(進善)[282]을 지냈고, 사계(沙溪 : 金長生)의 문인이다.

再蒙

垂問之辱 感戢無已 等 爲行忌事 來

會宜寧兄村家 關雨留滯 聞

車騎將過 庶獲趨走

下風 姑不各申謝意耳

服人 尹元擧

宣擧 等

두 번이나 보내신 편지에 감사한 마음 끝이 없습니다. 저희들은 기제사를 드리기 위해서 의령(宜寧) 시골 형님 댁에 와서 모였다가 비가 와서 지체하고 있습니다. 행차가 이곳을 들린다고 하니 찾아뵐 수 있을 듯합니다. 각자 편지로 답장을 펴지 않습니다.

복인(服人) 윤원거(尹元擧)와 윤선거(尹宣擧) 등이 올립니다.

---

281) 요객(繞客) : 혼인 때에 가족 중에서 신랑이나 신부를 데리고 가는 사람을 이른다.

282) 진선(進善) : 세자시강원(世子侍講院)에 딸린 정4품 벼슬의 하나다.

152. 林墰 字載叔 號淸癯 善山人 仁祖朝 文科 官吏判 諡忠翼

임담(林墰, 1596~1652) : 자는 재숙(載叔)이고, 호는 청구(淸臞)[283]며, 본관은 선산(善山)이다. 인조 때 문과에 급제하였고, 이조판서(吏曹判書)를 지냈으며, 시호는 충익(忠翼)이다.

惟疾憂 三字書之 送
汝行 玆言庶毋忘
乃驗聽無聲
歲 庚寅 月正 墰

'유질우(惟疾憂)[284]' 세 글자를 써서 너를 전송하니 이 말을 잊지 말고 소리 없는데서 들리는 것[285]을 징험하거라!
경인년(庚寅年, 1650) 1월[286], 담(墰)

153. 吳達濟 字季輝 號秋潭 海州人 仁祖朝 文科 官校理 贈吏判 諡忠烈 享顯忠祠

오달제(吳達濟, 1609~1637) : 자는 계휘(季輝)고, 호는 추담(秋潭)이며, 본관은 해주(海州)다. 인조 때 문과에 급제하였고, 교리(校理)를 지냈으며, 이조판서(吏曹判書)에 증직되었다. 시호는 충렬(忠烈)이고, 현충사(顯忠祠)에 제향되었다.

---

283) 청구(淸臞) : 원문의 '淸癯'를 바로잡았다.

284) 유질우(惟疾憂) : 《논어(論語)》 〈위정(爲政)〉에, "부모는 오직 자식이 병들까만을 근심한다.[父母惟疾之憂]"라는 공자의 말이 있다.

285) 소리 …… 것 : 원문은 '聽無聲'. 《소학(小學) 6장》에, "부모님의 모습이 보이지 않아도 보이는 것처럼 하며, 소리가 들리지 않아도 들리는 것처럼 한다.[視無形 聽無聲]"라고 하였는데 이는 효자가 어버이를 친애하는 지극한 정을 표현한 것이다.

286) 1월 : 원문은 '月正'. 새로운 해가 시작되는 첫 달이라는 뜻으로, '정월(正月)' · '원월(元月)' · '인월(寅月)'이라고도 한다. 중국의 하(夏) · 은(殷) · 주(周) 시대는 역성혁명으로 왕조가 바뀌었는데 이때마다 역법(曆法)을 다시 고친 데서 유래하였다.

{皮封} 謹拜謝狀上

伏承
尊問 仍審
侍奉萬安 萬慰萬慰之至
此直言 雖被誅戮 心得
其所 只自仰天 更何憂哉
事必急迫 惟竢而已 伏
冀萬安 不能就緖
卽日 達濟 頓

{피봉} 답장을 드립니다.

편지를 받고 부모님 모시는 안부가 좋으시다니 매우 위안이 되었습니다. 저의 직언은 아무리 죽임을 당해도 마음의 제자리를 얻었으니 다만 하늘을 우러러 볼뿐 무엇을 근심하겠습니까? 일은 필시 급박하겠지만 기다릴 뿐입니다. 잘 지내시기를 빌며 두서가 없습니다.
즉일, 달제(達濟)는 머리를 조아립니다.

154. 洪宇定 字靜而 號杜谷 南陽人 仁祖朝 進士 薦大君師傅 贈吏判 謚介節 享文山書院

홍우정(洪宇定, 1595~1656) : 자는 정이(靜而)고, 호는 두곡(杜谷)이며, 본관은 남양(南陽)이다. 인조 때 진사(進士)에 입격하였고, 대군사부(大君師傅)에 천거되었다. 이조판서(吏曹判書)에 증직되었고, 시호는 개절(介節)이며, 문산서원(文山書院)에 제향되었다.

窣窣風喧夜
煢煢客抱愁
短衾難護足
攲枕不承頭
處世迷中道
謀身闕上籌
飄零南又北
羸馬亦應羞[287)]
杜谷 稿

한밤 바람 소리 솔솔 불어오고
쓸쓸한 나그네 외로움만 더해가네.
짧은 이불로 몸도 다 덮지 못하고
베게는 머리를 받치지도 못하네.
세상살이 중도가 힘드니
몸을 도모할 계책도 부족하네.
외로이 남북으로 흩어지니
파리한 말조차 부끄럽네.
두곡(杜谷) 시고(詩稿)

155. 高仁繼 字善承 號月峰 開城人 仁祖朝 文科 官司藝 西厓 門人 享孝谷書院

고인계(高仁繼, 1564~1647) : 자는 선승(善承)이고, 호는 월봉(月峰)이며, 본관은 개성(開城)이다. 인조 때 문과에 급제하였고, 사예(司藝)를 지냈다. 서애(西厓 : 柳成龍)의 문인이고, 효곡서원(孝谷書院)에 제향되었다.

287) 《두곡선생문집(杜谷先生文集)》에 〈객수(客愁)〉라는 제목으로 실려 있다.

竹谷吟

孤竹何蒼然

碧山猶古色

吾將老於茲

玆心有誰識

月峰居士 書

죽곡(竹谷)을 읊다.

외로운 대나무는 어찌 저리 푸른가?

벽산은 옛 모습 그대로네.

나는 이곳에서 늙겠지만

이 마음을 누가 알아주리.

월봉거사(月峰居士) 쓰다.

156. 李安訥 字子敏 號東岳 德水人 仁祖朝 文科 官判書 諡文惠

이안눌(李安訥, 1571~1637) : 자는 자민(子敏)이고, 호는 동악(東岳)이며, 본관은 덕수(德水)다. 인조 때 문과에 급제하였고, 판서(判書)를 지냈으며, 시호는 문혜(文惠)다.

伏承

下書 仰慰無量 第數日來 初寒頗

緊 不審

尊體平安 瞻戀倍切 栖妻以兒

輩寒衣未備 久稽來使 今始

進去 想勤

尊慮不勝〔未〕安 身患氣症服藥

調治 尙未快差 遽差西行 近來
此任 厭避成風 自
上屢下嚴敎 至有斷以軍律 白衣
從軍之敎 及身啓差之後 又
下催促之命 世難難料 奉拜無
由 臨書悒悒 言不能喩 伏惟
鑑察 謹拜
上覆狀
壬戌 十月 十二日 侍生
李安訥 頓首

보내신 편지를 받고 헤아릴 길 없이 위안되었습니다. 며칠 동안 첫 추위가 매서웠는데 잘 지내시는지요? 배나 간절히 그립습니다. 아내가 아이들의 겨울옷을 마련하지 못해 한동안 심부름꾼을 보내지 않다가 이제야 보내오니, 존장께 염려를 끼쳐드려 미안한 마음 이길 길 없습니다.

저는 기증(氣症)을 앓고 있어 약으로 치료하고는 있지만 아직 낫지 않고 있는데, 갑자기 사신행차에 차출되었습니다. 요사이 이 직임을 회피하는 풍조가 있어 왕께서 여러 번 엄히 분부하여 군율로 엄단하거나 백의종군(白衣從軍)하라는 말씀까지 내렸습니다. 제가 계차(啓差)[288]된 뒤에도 재촉하는 명령이 내려졌으니 세상의 어려움을 헤아리기 어렵고 만날 방법이 없어 편지를 마주하니 근심스런 마음 말로 할 수 없습니다. 살펴주시기 바라며 절하고 답장을 올립니다.

임술년(壬戌年, 1622) 10월 12일, 시생(侍生) 이안눌(李安訥)은 머리를 조아립니다.

157. 金應祖 字孝徵 號鶴沙 鶴湖弟 仁祖朝 文科 官左尹 西厓門人 享勿溪書院

288) 계차(啓差) : 임금에게 아뢰어 벼슬아치를 차출(差出), 차정(差定)하는 것을 이른다.

김응조(金應祖, 1587~1667) : 자는 효징(孝徵)이고, 호는 학사(鶴沙)며, 학호(鶴湖 : 金奉祖)의 아우다. 인조 때 문과에 급제하였고, 좌윤(左尹)을 지냈다. 서애(西厓 : 柳成龍)의 문인이고, 물계서원(勿溪書院)에 제향되었다.

千萬意表 謹承

專价 記存感極 而悚然不知所裁 仍審

酷寒 遷厝禮完

學履珍毖 區區傾慰 前承服制之

諭 正得禮意 而鄙意 則子之於父 親見

尸柩 不忍無服 雖有斬衰當緦之論 降

而服朞 似與他朞異 故疑而不敢質言

矣 至於旣葬而除 非但近禮爲然 退溪

先生 已有定論 而今審

尙爾仍存何耶 盖親見尸柩 不忍簡服

而若大事纔畢 服素還家 則日子 稍久之

後 豈有更服緦服之事耶 三月而除者

素服也 退溪先生 折衷垂訓 恐不可率

意强行也 如何如何 只祝

迓新蔓福 以副相愛之望

○○○ 謹謝狀上

甲午 十二月 二十五日

應祖 拜

뜻밖에 사람을 보내 기억하고 문안해주시는 지극한 감사한 마음에 죄송스러워 어떻게 해야 할지 모르겠습니다. 매서운 섣달 추위에 이장(移葬)을 마쳤고 공부하시는 안부는 좋으시다니 간절히 위안이 되었습니다. 지난번 복제(服制)에 관한 말씀을 통해 예의(禮意)를 알았습니다. 그러나 제 생각에는 자식이 아비에 대해서 직접 시신과 관을 보면서 차마 복을 입지 않을 수 있겠습니까? 아무리 참최(斬衰)에는 시마복(緦麻服)[289]을 입는다는 논의에 따라 강복(降服)[290]하여 기년복을 입는다지만 다른 기년복과는 차이가 있기 때문에 의심스러워 감히 질문을 드린 것입니다. 이미 장사를 치르고 복을 벗는 경우에는 비단 요사이 예가 그러할 뿐만 아니라 퇴계(退溪) 선생도 이미 정론하셨고 지금도 오히려 남아 있는 것은 무엇 때문이겠습니까?

직접 시신이나 관을 본다면 차마 복을 간소하게 하지 못할 것입니다. 만약 큰일을 겨우 마치고 소복(素服)을 입고 집으로 돌아오면 날짜가 조금 오래 걸릴 것이니 어찌 다시 시마복을 입을 일이 있겠습니까? 3개월 만에 복을 벗는 것이 소복입니다. 퇴계 선생께서 절충하여 하신 말씀을 제 맘대로 강행하는 것은 아닌지 걱정이지만 어찌하겠습니까?

새해를 맞아 복 많이 받으시기를 빌며 아끼는 바람에 부응하기바랍니다. 이만 줄이며 답장을 드립니다.

갑오년(甲午年, 1654) 12월 25일, 응조(應祖)는 절합니다.

158. 文緯 字順甫 號茅溪 丹城人 仁祖朝 逸縣監 寒岡門人

문위(文緯, 1554~1631) : 자는 순부(純夫)[291]고, 호는 모계(茅溪)며, 본관은 남평(南平)[292]이다. 인조 때 유일(遺逸)로 현감(縣監)을 지냈고, 한강(寒岡 : 鄭逑)의 문인이다.

{皮封} 先生前 百拜上書

伏問春來

氣候如何

起居進膳[293] 視前亦如何 溫井行次 不知因何中止 而

---

289) 시마복(緦麻服) : 3개월간 입는 상복을 이르다. 시마복을 입는 친족의 범위를 시마친(緦麻親)이라 한다. 시마친의 범위는 위로 고조를 중심으로 한 후손, 아래로는 4대손, 즉 8촌까지를 망라하고 있다.

290) 강복(降服) : 오복(五服)의 규정된 복(服)보다 한 등급 낮아지는 복제를 이른다.

291) 純夫 : 원문의 '順甫'를 바로잡았다.

292) 南平 : 원문의 '丹城'을 바로잡았다.

293) 膳 : 《모계선생문집(茅谿先生文集)》 〈상한강선생(上寒岡先生)〉에는, '饌'으로 되어 있다.

大槩

氣力運用 漸有平復否 日夜馳心 不能自已 小生

頓覺胗瞶[294] 食飮日減 必非久世之兆奈何 頃以省

墓事 到會稽 因入書院 院中凡事 事事無形 若此

不已 今雖

奉安 後無可爲 伏慮伏慮 數三下人 困於舟師 將

有逃移之漸 新監司 若令除復 則庶有救之

之路矣 到營 必拜

先生 試以此請之如何 丹雘之需 祭爵之價 皆

無其資 并爲請之亦如何

奉安事 今見吳正言書 其意以寧無成爲

義 想於

先生書中盡之矣 天時已和 伏願

勉進藥物

速收神功 不勝瞻天祈祝之至 伏惟

下鑑 不備謹

上書[295]

萬曆 丁巳 三月 十七日

門下 文緯 百拜

294) 頓覺胗瞶 : 《모계선생문집(茅谿先生文集)》〈상한강선생(上寒岡先生)〉에는, '今年頓覺胗瞶'으로 되어 있다.

295) 《모계선생문집(茅谿先生文集)》에 〈상한강선생(上寒岡先生)〉이라는 거의 동일한 내용의 편지가 실려 있다. "伏問春來 氣候如何 起居進饌 視前亦如何 溫井行次 不知因何中止 而大槩氣力運用 漸有平復否 日夜馳心 不能自已 小生今年頓覺胗瞶 食飮日減 必非久世之兆奈何 頃以省墓事到會稽 因入書院 院中凡事 事事無形 若此不已 今雖奉安 後無可爲 伏慮伏慮 數三下人 困於舟師 將有逃移之漸 新監司若令除復 則庶有捄之之路矣 到營必拜先生 試以此請之如何 丹雘之需 祭爵之價 皆無其資 並爲請之亦如何 奉安事 今見吳正言書 其意以寧無成爲義 想於先生書中盡之矣 小生之意 亦與彼相符矣 前日吳澥之去 先生亦示其微意 而渠輩不察 直欲爲之 畢境事勢抵梧 終至無就矣 小生近苦齒舌 必有結末我肉彼机 任其刀釖而已 天時已和 伏願勉進藥物 速收神功"

{피봉} 선생님께 백번 절하고 편지를 올립니다.

봄이 왔는데 안부는 어떠신지요? 거동이나 식사는 전에 비해 어떠신지요? 온천행차는 무슨 일로 그만 두셨는지요? 기력의 운용은 점차 회복되시지요? 밤낮으로 그리운 마음 가시지 않습니다. 저는 갑자기 눈이 어두워지고 입맛이 없어 필시 세상에 오래 살아있을 조짐이 아닌듯하지만 어쩌겠습니까?

지난번 성묘하는 일로 회계(會稽)에 갔다가 서원에 들렀더니 서원의 모든 일들이 제모양을 갖추지 못하고 있었습니다. 만약 이러한 일이 계속된다면 지금은 비록 제사는 드리고는 있지만 이후로는 이마저도 행할 수가 없을 것이니 걱정입니다. 서너 명의 하인들은 수군(水軍)을 일로 피곤하여 장차 차츰 달아나고 있으니 새로 부임한 감사가 만약 세금을 감면해 준다면 구제할 길이 있을 것입니다. 새 감사가 병영에 도착하면 반드시 선생을 찾아뵐 것이니 이 일을 요청하는 것이 어떻습니까?

단청에 필요한 비용이나 제사에 쓰이는 돈도 밑천 삼을 것이 없으니 이 일도 함께 요청하는 것도 어떻습니까? 제사를 드리는 일에 관해 지금 오 정언(吳正言)의 편지를 보니, 그는 차라리 하지 않는 것으로 의리로 삼는 것이 낫겠다고 하던데, 선생께 드린 편지에서도 다 말씀드렸을 것입니다. 날씨도 벌써 화창한데 약 드시고 빨리 낫기를 바랍니다. 하늘을 우러러 기도드리는 마음 이길 길 없습니다. 살펴주시기를 바라며 편지를 올립니다.

만력(萬曆) 정사년(丁巳年, 1617) 3월 17일, 문하생(門下生) 문위(文緯)는 백번 절합니다.

159. 許景胤 字[士述] 號竹菴 金海人 仁祖朝 文科 官直長

허경윤(許景胤, 1572~1646) : 자는 사술(士述)이고, 호는 죽암(竹菴)이며, 본관은 김해(金海)다. 인조 때 문과에 급제하였고, 직장(直長)을 지냈다.

山外都忘甲子回
柴扉不向世人開
庭前一樹梅花
老 獨愛王春〔去歲栽〕[296)]
竹老

산 밖에서는 모두들 날짜도 잊어
세상 사람에게 사립문을 열지 않네.
뜰 앞 한 그루 늙은 매화나무는
홀로 봄[297)]을 좋아해 지난해 심은 것이라네.
죽로(竹老)

160. 尹澄之 字巨源 號棄菴 海州人 仁祖朝 文科 官司藝

윤징지(尹澄之, 1601~1663) : 자는 거원(巨源)이고, 호는 기암(棄菴)이며, 본관은 해주(海州)다. 인조 때 문과에 급제하였고, 사예(司藝)를 지냈다.

{皮封} 士範

從者 自京還
幾日〔無〕矣 歲
換不得相面
可悵 奴以事
進 玆問
起居平安與

296) 〈정매우감(庭梅寓感)〉이라는 제목으로 전한다.
297) 봄 : 원문은 '王春'. 음력 정월의 또 다른 이름으로, 여기서는 봄이 시작되는 계절을 이른다.

否耳 不
備規
照之
卽 族 澄之

{피봉} 사범(士範)에게.

종이 서울에서 돌아온 지 며칠 되었습니다. 한해가 바뀌었는데도 만나지 못해 한스럽습니다. 종이 일 때문에 가서 이렇게 안부를 묻습니다. 이만 줄이니 살펴주십시오.
즉일, 족(族) 징지(澄之)

161. 南龍翼 字雲卿 號壺谷 宜寧人 宣祖朝 文科 官吏判 諡文憲

남용익(南龍翼, 1628~1692) : 자는 운경(雲卿)이고, 호는 호곡(壺谷)이며, 본관은 의령(宜寧)이다. 선조 때 문과에 급제하였고, 이조판서(吏曹判書)를 지냈으며, 시호는 문헌(文憲)이다.

青門奉別 至今依仰 伏想此時
軒盖已返 不審方
駐何邑 而
氣體若何 區區伏慕之至 侍生 奉
親依遣 它無仰達 迎拜不出
姑此憑便仰候 謹不備 伏
惟
下鑑 謹拜上候狀
庚戌 四月 十七日
侍生 南龍翼 頓

청문(靑門)[298]에서 헤어지고 나서 지금까지 그립습니다. 이때 당신의 행차는 이미 돌아오고 계실듯한데 어느 고을에 머무르며 안부는 어떠하신지, 간절히 그립습니다.
저는 부모님 모시고 그럭저럭 지내고 있어 달리 드릴 말씀이 없습니다. 마중을 나가지 못하고 우선 인편을 통해 안부를 드리며 이만 줄입니다. 살펴주시기를 바라며 절하고 편지를 올립니다.
경술년(庚戌年, 1670) 4월 17일, 시생(侍生) 남용익(南龍翼)은 머리를 조아립니다.

162. 許積 字汝車 號默齋 陽川人 仁祖朝 文科 官領相

허적(許積, 1610~1680) : 자는 여차(汝車)고, 호는 묵재(默齋)며, 본관은 양천(陽川)이다. 인조 때 문과에 급제하였고, 영의정(領議政)을 지냈다.

酷寒無比 坐念
晨昏 不任憧憧 吾則
明明 當待權右尹之謝
恩替出 出江 則亦未可
料也 悶人悶人 餘不宣
即夕 積 頓

전에 없는 혹독한 추위에 가만히 앉아서 밤낮으로 그리워하는 간절한 마음을 이길 길 없습니다.
저는 모레 마땅히 권 우윤(權右尹)이 사은숙배하고 교체되어 나아가기를 기다렸다가 강으로 나아가겠지만, 이 또한 아직은 모르겠으니 사람을 민망하게 합니다. 나머지는 이만 줄입니다.
즉일, 저녁 적(積)은 머리를 조아립니다.

---

298) 청문(靑門) : '도성문(都城門)'을 이른다. 한 나라 장안(長安)의 동쪽문인 패성문(霸城門)이 청색이었던 데서 이르는 말이다.

163. 金集 字士剛 號愼獨齋 沙溪子 仁祖朝 逸判中樞 諡文敬 從祀文廟

김집(金集, 1574~1656) : 자는 사강(士剛)이고, 호는 신독재(愼獨齋)며, 사계(沙溪 : 金長生)의 아들이다. 인조 때 유일(遺逸)로 판중추(判中樞)를 지냈고, 시호는 문경(文敬)이며, 문묘(文廟)에 종사(從祀)되었다.

{皮封} 回呈

念中 令從氏 遠訪於寂寞
之間 可慰近日阻懷 因知近日
道履 漸就佳穆云 甚喜甚喜 此
窮處僻陋 稍可爲慰者 連日
學工問論 實不草草耳 如君
超人之才 巧値有故 錯打以度 良
多可惜 餘便忙不盡所懷矣
卽 欠 頓

{피봉} 답장을 드립니다.

그립던 중에 영감의 종씨(從氏)께서 멀리서 적적한 가운데 방문해 주시어 요사이 소식이 막혀 답답했던 마음에 위안이 되었습니다. 요사이 도 닦으시는 안부가 점점 좋아지신다니 매우 기쁩니다. 궁벽하게 살고 있는 보잘 것 없는 제가 조금이나마 위안되었던 것은 연일 학문하고 토론하는 것이 실로 엉성하지 않아서입니다. 그대처럼 남보다 뛰어난 인재가 공교롭게 연고를 만나 잘못 세월을 보내고 있으니 참으로 안타깝습니다. 나머지는 인편이 바빠 이만 줄입니다.
즉일, 흠명(欠名)[299]하며 머리를 조아립니다.

---

299) 흠명(欠名) : 이름은 쓰지 않음을 이르는 말로, 일반적으로 수신인과 친한 사이거나 아랫사람일 경우에

164. 許穆 字和父 號眉叟 陽川人 孝宗朝 逸領相 謚文正 寒岡門人

허목(許穆, 1595~1682) : 자는 화부(和父)[300]고, 호는 미수(眉叟)며, 본관은 양천(陽川)이다. 효종 때 유일(遺逸)로 영의정(領議政)을 지냈고, 시호는 문정(文正)이며, 한강(寒岡 : 鄭逑)의 문인이다.

台體所患頗重 不勝驚慮之至
積傷之餘 卒有此患 但不在
衰暮之年 當有完復之喜
是所望也
台敎藥錄 敢不許耶 但本府
無丸藥全材行下之例 如用
湯劑
更示何如 近得圖書新錄 此何如
伏惟台鑑 謹拜謝上復書
穆 拜

대감의 병환이 꽤나 깊어 놀랍고 걱정되는 지극한 마음을 감당할 수 없습니다. 묵은 상처가 끝내 병을 이루었지만 쇠약하고 늙은 나이에 생긴 것이 아니어서 회복될 기쁨이 있을 것이니 이를 희망합니다. 대감께서 말씀하신 약재를 감히 허락하지 않을 수 없습니다. 다만 이 관부(官府)에는 환약과 모든 약재를 행하(行下)[301]하는 관례는 없었습니다. 만약 탕약으로 쓴다면 다시 알려주시는 것이 어떻습니까? 요사이 도서(圖書)에 관한 새로운 기록을 얻으셨는데 이것은 어떻습니까? 대감께서 살펴주시기를 바라며 절하고 답장을 올립니다.
목(穆)은 절합니다.

주로 쓴다.

300) 화부(和父) : '화보(和甫)'라고도 한다.

301) 행하(行下) : 여러 고을에 관자(關子)를 내리거나, 상급 관청에서 관하에 관자를 보내어 허락하는 것을 이른다.

165. 宋浚吉 字明甫 號同春 恩津人 孝宗朝 逸參贊 諡文正 沙溪門人 從祀文廟

송준길(宋浚吉, 1606~1672) : 자는 명보(明甫)고, 호는 동춘당(同春堂)[302]이며, 본관은 은진(恩津)이다. 효종 때 유일(遺逸)로 참찬(參贊)을 지냈고, 시호는 문정(文正)이다. 사계(沙溪 : 金長生)의 문인이고, 문묘(文廟)에 종사(從祀)되었다.

峕書荐至 感愧十
分 況此兩壺壺山春
實是生平所願欲
而未得者 卽與客對
酌 陡覺春意 在玆
良喜良喜 第盛名之
下 其實難副 人固
甚焉 物亦宜然 令
人發長歎 願
尊政聲 勿如此及
唉唉 日昏潦草 不宣
甲 元 卄八日 老生 浚吉

거듭 편지가 도착하니 매우 감사하고 부끄럽습니다. 더구나 이 두 병의 호산춘(壺山春)[303]은 참으로 평소 원했지만 얻지 못하던 것입니다. 즉일에 손님과 마주하고 술을 마시자 별안간 봄을 느끼겠으니 참으로 기쁩니다.

높으신 명성 아래에서 실로 부응하기 어려운 것은, 사람에게도 참으로 심하고 물건에도 그러해서 사람을 길게 탄식하게 합니다. 당신의 정성(政聲)으로 저를 언급하지 말아주십

302) 동춘당(同春堂) : 원문의 '同春'을 바로잡았다.

303) 호산춘(壺山春) : 전라북도 여산(礪山)에서 생산되던 특주다. 여산의 또 다른 이름이 '호산(壺山)'인데서 붙여진 이름으로, '春'은 '술'이라는 뜻이다.

시오. 우습습니다. 날이 저물어 어지럽게 쓰고 이만 줄입니다.

갑○년(甲○年) 1월 28일, 늙은이 준길(浚吉)

166. 尹鑴 字希仲 號白湖 坡平人 仁祖朝 逸貳相

윤휴(尹鑴, 1617~1680) : 자는 희중(希仲)이고, 호는 백호(白湖)며, 본관은 파평(坡平)이다. 인조 때 유일(遺逸)로 좌찬성(左贊成)을 지냈다.

朝於吏便 修附一書 昨來

官僕 又此告歸 略將平安

字以達 此便所持

書披拜 慰聳之狀 豈易

言喩 伏不審信後

閤候若何 伏慮萬萬 此間安

否 前書已達 唯是所事 不

能實着 當暑倒空 爲難

堪事也 可笑可嘆 念間又

必有便 未知吳友之行

與此能偕否也 萬萬何能旣

伏祝

體履萬安 不

宣 伏惟

下照 謹拜上

狀

仲春 五日

鑴 頓首

아침에 아전 편에 한 통의 편지를 부쳤고, 어제 이곳에 왔던 관아의 노복이 또 돌아간다고 하기에 간략하게나마 안부의 글자를 보냈습니다. 이번에 온 인편이 가져온 편지를 읽어보고 위안되고 기쁜 상황을 어찌 쉽게 말하겠습니까? 소식을 받은 뒤로 식구들의 안부는 어떻습니까? 매우 걱정입니다.

저의 안부는 지난 편지에 이미 말씀드리기는 했지만 오직 일삼는 것이라고는 착실하지 못한 것이고, 더위를 맞아 양식이 텅 비어 난감합니다. 우습고도 탄식스럽습니다. 20일 사이에 또 필시 인편이 있을 텐데, 친구 오(吳)씨가 갈 때 함께 갈 수 있을지 모르겠습니다. 많은 말들을 어찌 다 하겠습니까? 잘 지내시길 빌며 이만 줄입니다. 살펴주시기를 바라며 편지를 올립니다.

2월 5일, 휴(鑴)은 머리를 조아립니다.

167. 宋時烈 字英甫 號尤菴 恩津人 顯宗朝 逸左相 諡文正 沙溪門人 從祀文廟

송시열(宋時烈, 1607~1689) : 자는 영보(英甫)고, 호는 우암(尤菴)이며, 본관은 은진(恩津)이다. 현종 때 유일(遺逸)로 좌의정(左議政)을 지냈다. 사계(沙溪 : 金長生)의 문인이고, 문묘(文廟)에 종사(從祀)되었다.

卽刻家便 自京下來 門
外以染疾 今卄五日未時 捐
逝 痛哭痛哭 最是善姪 往
在尙衙 諸姪 皆在鄕 兒輩
自此上去 直入救病 仍以遭
喪 渠氣虛體肥者 何
以扶持 終能免染 又不可
保思之 尤切痛哭 家無
使喚 遞借鎭便以告 不
宣
辛丑 三月 卄九日 時烈

곧바로 집안의 인편이 서울에서 내려왔지만 전염병으로 문밖에서, 이번 달 25일 미시(未時)에 세상을 떠났으니 통곡하고 통곡합니다. 서둘러 조카 선(善)이를 상주(尙州) 관아에 보내고 여러 조카는 모두 고향에 있게 해야 할 것입니다. 아이들은 여기서 올려 보내 곧바로 들어가 병구완하게 하려했는데 이어 초상을 당하였으니, 원기도 약하고 살찐 사람이 어떻게 견디며 끝내 전염병에서 벗어날 수 있었겠습니까? 몸을 보존하지 못하였을 것이라 생각하니 더욱 애통합니다. 집에 사환이 없어 진영(鎭營)의 인편을 빌려 말씀을 드리고 이만 줄입니다.

신축년(辛丑年, 1661) 3월 29일, 시열(時烈)

168. 鄭太和 字囿春 號陽坡 東萊人 仁祖朝 文科 官領相 謚翼憲

정태화(鄭太和, 1602~1673) : 자는 유춘(囿春)이고, 호는 양파(陽坡)며, 본관은 동래(東萊)다. 인조 때 문과에 급제하였고, 영의정(領議政)을 지냈으며, 시호는 익헌(翼憲)이다.

罔極之
國恤 出於千萬意慮之外 五內
如裂 不知攸喩 撰集堂上
自該曹差出 非等所知 奈
何奈何 不宣
己亥 五月 十一日 太和

망극한 국상(國喪)[304]이 천만 뜻밖에 나와 오장육부가 찢어질 듯한 슬픔을 말로 할 수 없습니다. 찬집청(撰集廳)[305] 당상(堂上)은 해당 관서에서 차출해서 저희들은 알지 못하니 어찌하겠습니까? 이만 줄입니다.

기해년(己亥年, 1659) 5월 11일, 태화(太和)

304) 국상(國喪) : 1659년 5월 4일 효종이 승하하였다.
305) 찬집청(撰集廳) : 시가나 문장 등을 모아서 책을 만들어 내기 위하여 설치하는 임시 관아를 이른다.

169. 權諰 字思誠 號炭翁 安東人 孝宗朝 逸左尹

권시(權諰, 1604~1672) : 자는 사성(思誠)이고, 호는 탄옹(炭翁)이며, 본관은 안동(安東)이다. 효종 때 유일(遺逸)로 좌윤(左尹)을 지냈다.

昨奉
書翰 今欲仰報 而未及矣
又此
貽書 承審夜
況安勝 慰不可言
示意 謹已領會 而前此有未
易仰副者 亦其勢然爾
今夕 當有繞行於遠坊
歸後 或荷來過 甚幸矣
便服何傷 餘擾不宣
卽日 諰 頓

어제 편지를 받고 오늘 답장을 드리고 싶었지만 그러지 못했습니다. 또 이번에 보내신 편지를 받고 밤사이에 편안하시다니 말할 수 없이 위안이 되었습니다. 말씀하신 뜻은 이미 잘 알았습니다. 종전에 쉽게 부응하지 못했던 것은 상황이 그럴 수밖에 없었기 때문입니다. 오늘 저녁 마땅히 먼 곳으로 요객(繞客)의 행차가 있어서 돌아온 뒤에 혹시라도 방문해 주신다면 매우 다행일 것입니다. 평상복인들 무슨 해가 있겠습니까? 나머지는 번요하여 이만 줄입니다.
즉일, 시(諰)는 머리를 조아립니다.

170. 張應一 字經叔 號聽天堂 旅軒子 孝宗朝 文科 官副提學 諡文穆 寒岡門人

장응일(張應一, 1599~1676) : 자는 경숙(經叔)이고, 호는 청천당(聽天堂)이며, 여헌(旅軒 : 張顯光)의 아들이다. 효종 때 문과에 급제하였고, 부제학(副提學)을 지냈다. 시호는 문목(文穆)이고, 한강(寒岡 : 鄭逑)의 문인이다.

卽見下人告目 知
遂欲歸之意 此在
城主爲可喜 其於民情 豈勝落
莫 如民者 白首此別 當以泉下
爲期 悵黯曷喻 近竢泥路稍
乾 一趨伏計 兒子 昨已登程 方
爲之依歎 伏惟
尊鑑 謹拜候狀上
壬子 閏月 十七日 民 張應一

오늘 하인의 고목(告目)[306]을 보고서야 돌아가고 싶다는 의향이 있는 줄 알았습니다. 성주의 입장에서는 기쁘시겠지만 백성들의 쓸쓸한 심정을 어찌 감당하시겠습니까? 저 같은 화민(化民)[307]은 백발에 이별을 하게 되니 저승에서나 기약할 듯하니 서운함을 어떻게 말로 하겠습니까?
최근 진흙길이 조금 마를 때를 기다렸다가 한번 찾아뵐 생각이었는데, 아이가 어제 벌써 길을 떠나버려 탄식스럽습니다. 당신께서 살펴주시기를 바라며 안부편지를 드립니다.
임자년(壬子年, 1672) 윤달 17일, 화민(化民) 장응일(張應一)

306) 고목(告目) : 조선시대 각사(各司)의 서리와 지방 관아의 향리가 상관에게 공적인 일을 알리거나 문안할 때 올리는 간단한 문서를 이른다.
307) 화민(化民) : 자신이 사는 고을 수령에게 보내는 편지에서 자신을 이르는 말로, 수령의 교화를 입은 백성이란 뜻으로 자신을 낮추어 이르는 말이다.

171. 洪汝河 字百源 號木齋 缶林人 孝宗朝 文科 官大司諫 修巖門人

홍여하(洪汝河, 1620~1674) : 자는 백원(百源)이고, 호는 목재(木齋)며, 본관은 부림(缶林)[308]이다. 효종 때 문과에 급제하였고, 대사간(大司諫)을 지냈으며, 수암(修巖 : 柳袗)의 문인이다.

敬次呈

令丈詩案下

遙憶淵明獨臥潯

看雲秋峀也無心 醉

餘得句勤相問 分我

東籬白酒斟

壬寅 九秋 侍教生 洪汝河

拜稿

-삼가 차운하여 영감님 시안하(詩案下)에 드립니다.-

멀리서 도연명(陶淵明)이 홀려 심양(潯陽)에 누웠던 일[309] 추억하고

무심히 구름 낀 가을 산굴을 바라보네.

술 취하면 시구 얻어 정겹게 문안하고

동쪽 울타리에서 백주(白酒)[310] 빚어 나누어 마시네.

임인년(壬寅年, 1662) 9월 가을, 시교생(侍教生) 홍여하(洪汝河)는 절하고 시고(詩稿)를 올립니다.

---

308) 부림(缶林) : '부계(缶溪)'의 또 다른 지명으로, 경상북도 군위군(軍威郡) 지역에 있었던 부계현(缶溪縣)을 이른다.

309) 도연명(陶淵明)이 …… 일 : 심양(潯陽)은 도연명(365~427)의 출신지로, 진 나라가 망하고 유송(劉宋)이 들어서자, 정절을 지켜 이곳에서에서 은거하고 살았다.

310) 백주(白酒) : 옛 풍습에 9월 9일에 백주에 국화를 띄워 마시던 풍속이 있었다.

172. 李觀徵 字國賓 號芹谷 延安人 孝宗朝 文科 官判中樞 謚貞僖

이관징(李觀徵, 1618~1695) : 자는 국빈(國賓)이고, 호는 근곡(芹谷)이며, 본관은 연안(延安)이다. 효종 때 문과에 급제하였고, 판중추(判中樞)를 지냈으며, 시호는 정간(貞簡)[311]다.

卽惟新元
閑履增勝 慰溯交至 顧此歲與
齒添 無況可道 楊口畓庫 賣買
事 何以爲之 如欲買取 則價錢 何
不送來 如不欲買取 則六十文 何不
投還 前冬因後坪金生家付書
尙不見答 殊乖面約 相信之意 極
可怪訝 玆更送奴 價錢與文券兩
岐間 此便付送如何 昨秋稅穀
果捧來 則亦望送來耳 如未捧
來 則方欲自此送奴收捧 須
詳示之如何 病倩不宣 伏惟
尊照 謹候狀
元月 旬三 觀徵 頓

새해에 한가히 지내시는 안부가 더욱 좋으시리라 생각하니 위안과 그리움이 교차합니다. 이 해를 돌아보니 나이만 먹고 좋은 상황이 없음을 말로 하겠습니다. 양구(楊口)의 논과 창고를 매매하는 일은 어떻게 하시려는지요? 만약 매입하실 생각이 있다면 돈을 왜 보내지 않으십니까? 그리고 매입하지 않으실 생각이면 60문(文)[312]을 왜 돌려주지 않으십니까?

---

311) 정간(貞簡) : 원문의 '貞僖'를 바로잡았다.
312) 문(文) : 조선시대 화폐의 단위로, 1문은 냥(兩)의 100분의 1이며, 전(錢)의 10분의 1, 또는 1푼[分]에 해당된다.

지난겨울 후평(後坪)에 사는 김생의 집으로 부친 편지에 아직도 답장을 받지 못해 만남의 약속이 어긋나고 말아 서로 믿는 뜻에 매우 괴이하고 의아하여 이렇게 종을 보냅니다. 돈과 문서, 두 가지 가운데 이 인편을 통해 보내주시는 것이 어떻습니까? 지난가을 세곡(稅穀)을 받으셨으면 보내주시기 바랍니다. 만약 아직 받지 못했다면 이번에 보내는 종을 통해 받아오게 할 것이니 모쪼록 자세히 알려주시는 것이 어떻습니까? 병으로 대필하고 이만 줄입니다. 살펴주시기를 바라며 편지를 올립니다.

1월 13일, 관징(觀徵)은 머리를 조아립니다.

173. 李翻 字仲羽 號逸休堂 牛峰人 孝宗朝 文科 官右相 諡文憲

이숙(李翻, 1626~1688) : 자는 중우(仲羽)고, 호는 일휴정(逸休亭)[313]이며, 본관은 우봉(牛峰)이다. 효종 때 문과에 급제하였고, 우의정(右議政)을 지냈으며, 시호는 충헌(忠獻)[314]이다.

{皮封} 答兒書

卽見兩度書 知好在

深慰 吾再昨 到此 今日

還向新陵耳

汝以假通禮 當出中路

則無馬何以爲之 深念

江華去人 此書送之

忽忽不具

父 九月 卄九

313) 일휴정(逸休亭) : 원문의 '逸休堂'을 바로잡았다.

314) 충헌(忠獻) : 원문의 '文憲'을 바로잡았다.

{피봉} 아이에게 답한다.

오늘 두통의 편지를 받고 잘 지낸다니 매우 위안이 되었다. 나는 그제 이곳에 도착을 해서 오늘 신릉(新陵)으로 향한다. 너는 가통례(假通禮)[315]로 중간에서 출발을 해야 할 것인데 말없이 어떻게 하려는지 걱정이다. 강화도로 가는 인편에 편지를 보낸다. 바빠서 이만 줄인다.

아비가, 9월 29일

174. 鄭道應 字鳳輝 號無忝齋 愚伏孫 仁祖朝 逸諮議 蒼石門人

정도응(鄭道應, 1618~1667) : 자는 봉휘(鳳輝)고, 호는 무첨재(無忝齋)며, 우복(愚伏 : 鄭經世)의 손자다. 인조 때 유일(遺逸)로 자의(諮議)를 지냈으며, 창석(蒼石 : 李埈)의 문인이다.

前後二書 想

入照 其果津行否 卽審比間

僉動靜若何 懸慕區區 卽見

奉諡官回報 則開十日入縣

十一日行禮云

僉須趁時惠臨爲望 且卽派

通于鄕堂書院鄕校及遠近

諸處 俾知日期 而來會無

違如何 專恃

周旋 敢此復告 忙甚不宣 伏

惟

僉照 謹上狀

315) 가통례(假通禮) : 임시로 맡은 통례(通禮)를 이르는 말이다. 통례원(通禮院)의 정3품 벼슬로, 좌우 각 한 사람씩 두었다.

己巳 七月 卄七日 戚下 道應

拜

차례로 보내드린 두 통의 편지는 받아보셨겠지요? 나루로 가는 행차는 하셨는지요? 요사이 여러분의 안부는 어떠신지, 간절히 그립습니다. 즉일 봉시관(奉諡官)의 회답을 보니, '오는 10일 현(縣)에 들어가서 11일 날 예식을 치른다.'고 했습니다. 여러분들께서도 모쪼록 때에 맞추어 왕림해주시기 바랍니다. 또한 곧바로 향당의 서원과 향교, 그리고 원근의 여러 곳에 통지하여 날짜를 알려 어김없이 오도록 하는 것이 어떻습니까? 오로지 주선해주시기를 믿고 감히 이렇게 말씀드립니다. 바빠서 이만 줄입니다. 여러분들께서 살펴주시기를 바라며 편지를 올립니다.

을사년(乙巳年, 1665) 7월 27일, 척하(戚下) 도응(道應)은 절합니다.

175. 金涌 字道源 號雲川 義城人 仁祖朝 文科 官參議 贈吏判

김용(金涌, 1557~1620) : 자는 도원(道源)이고, 호는 운천(雲川)이며, 본관은 의성(義城)이다. 인조 때 문과에 급제하였고, 참의(參議)를 지냈으며, 이조판서(吏曹判書)에 증직되었다.

前在龜巢一見 幸矣 第

君效鄭伯之逃 不得面別 追

惟悵缺 無以爲懷 卽奉

問字 憑悉

還旆安吉 良用慰浣 生 中

路疾作 僅來任所 又負

襄陽之約 可咲可恨 內行

日昨 無事入來 而官事 如

倒亂髮 愁病山積 張銘

覓送何如 若優送 則可分用

也 當須豫謀之 爲妙爲妙

統惟心照 不宣 謹狀

壬 三 初五 涌 頓

지난번 구소(龜巢)에서 한 번 만났던 것은 행운이었습니다. 그대가 달아난 정백(鄭伯)을 본받아[316] 만나지도 못하고 헤어졌으니 서운한 마음을 달랠 길 없었는데, 오늘 문안 편지를 받고 잘 돌아가셨다니 매우 위안이 되었습니다. 저는 중도에 병이 나서 겨우 부임지로 오는 바람에 또 양양(襄陽)에서 만나자는 약속을 저버리게 되었으니 우습고도 서운하였습니다. 내행(內行)은 며칠 전 무사히 들어왔지만 관청의 일이 마치 헝클어진 머리처럼 뒤엉기어 근심과 병통이 산적합니다.

장명(張銘)을 구해서 보내주시는 것이 어떻습니까? 만약 넉넉히 보내주시면 나누어서 쓰겠습니다. 마땅히 반드시 미리 도모하는 것이 좋을 것 같습니다. 모든 것들을 마음으로 살펴주시기 바랍니다. 이만 줄이며 편지를 드립니다.

임○년(壬○年) 3월 5일, 용(涌)은 머리를 조아립니다.

176. 朴世采 字和叔 號玄石 潘南人 孝宗朝 逸左相 謚文純 從祀文廟

박세채(朴世采, 1631~1695) : 자는 화숙(和叔)이고, 호는 현석(玄石)이며, 본관은 반남(潘南)이다. 효종 때 유일(遺逸)로 좌의정(左議政)을 지냈다. 시호는 문순(文純)이고, 문묘(文廟)에 종사(從祀)되었다.

316) 달아난 …… 본받아 : '鄭伯'은 정 나라 장공(莊公, ?~?)을 이른다. 《춘추좌씨전(春秋左氏傳)》 희공 5년 조(條)에, 그해 가을 제후들이 수지(首止)에 회맹하였는데, 주 나라 혜왕이 정백을 총애하여 초 나라를 따르고 진 나라를 도우라는 명령을 내리고, 정백은 천자의 명령을 기뻐하였으나 제 나라의 관계가 소원하였던 것을 두려워하여 동맹에 참가하지 않고 군대를 버려 둔 채 도망가 홀로 나라로 돌아간다는 기사가 있다. 여기서는 상대에게 환대를 받았지만 돌아가 버리는 것을 빗대어 이른 말이다.

便至 謹承

下札 就審霜寒

兄起居萬福 欣慰何量 弟

方到東陽新山 而開井破

墓 尙隔數日 心緖悄悅 罔

知所措也 女息不産 已可

驚慮 而病慍尙苦云 使人

遠慮 專當率來調治 而

身係此處 亦今未易者 悶

悶 李台家輪盤 幸蒙

曲圖得其大助 其幸如何

萬萬 方登山點穴 忽甚 姑

不宣 伏惟

兄下照 謹上謝

辛未 九月 十七日

弟 世采 拜

인편이 도착해서 보내신 편지를 받고 서리 내리는 추위에 형의 안부는 좋으실 것이라 생각하니 헤아릴 수 없이 기뻤습니다. 저는 지금 막 동양(東陽)의 새로 쓴 무덤에 도착하였는데, 파묘하는 날짜는 아직 며칠 남아 낙담한 마음에 몸 둘 바를 모르겠습니다. 딸아이가 아이를 낳지 못하고 있는 것도 이미 놀랍고 걱정인데 앓고 있는 온울증(慍鬱症)으로 아직도 고생하고 있다니 멀리서 사람을 걱정하게 합니다. 오로지 데리고 와서 병을 구완해야 하지만 이곳에 몸이 매여 있어 쉽지 않으니 민망합니다.

이(李) 대감댁의 나침반은 간곡하게 도모해주시어 큰 도움을 얻는다면 다행스러움이 어떠하겠습니까? 지금 산에 올라 무덤을 쓸 혈자리를 찾느라 너무 바빠 이만 줄입니다. 형께서 살펴주시기를 바라며 답장을 올립니다.

신미년(辛未年, 1691) 9월 17일, 아우 세채(世采)는 절합니다.

177. 南九萬 字雲路 號藥泉 宜寧人 孝宗朝 文科 官領相 謚文忠 配享肅宗廟

남구만(南九萬, 1629~1711) : 자는 운로(雲路)고, 호는 약천(藥泉)이며, 본관은 의령(宜寧)이다. 효종 때 문과에 급제하였고, 영의정(領議政)을 지냈다. 시호는 문충(文忠)이고, 숙종(肅宗)의 사당에 배향되었다.

奉寄

淮陽明府案下

淮陽舊號偶相得 想

見千秋汲直風 此地送

君爲太守 歌詞今復

唱關東

己卯 仲春

藥泉 病夫

\- 회양(淮陽)[317] 수령 안하(案下)에 부칩니다. -

회양이라는 옛 지명을 우연히 얻었으니

천년의 급직(汲直)[318]의 기풍을 얻었네.

이곳으로 그대를 수령으로 보내니

지금 다시 관동별곡(關東別曲)을 노래하겠지.

기묘년(己卯年, 1699) 2월, 병든 사내 약천(藥泉)

---

317) 회양(淮陽) : 강원도 회양군을 이른다.

318) 급직(汲直)은 …… 여겼고 : '汲直'은 직간으로 유명한 한 나라 급암(汲黯, ?~BC 112)의 별명이다. 무제(武帝, BC 156~BC 87)가 급암을 회양태수(淮陽太守)로 임명하자, 급암이 아뢰기를 "신은 몸이 허약하여 질병이 많으니, 외직보다는 내직에 있으면서 임금의 부족한 점을 보충하고 빠뜨리는 일을 수습하겠습니다."라고 하였다. 이에 무제가 말하기를 "그대는 회양태수를 하찮게 여기는가. 회양이 멀리 바닷가에 있어 교화가 잘 베풀어지지 않고 백성과 관리가 서로 맞지 않기 때문에, 명망이 높은 그대로 하여금 다스리게 하려는 것이다. 내 곧 그대를 다시 부를 것이다."라고 하였다. 그 후 급암은 10년 동안 회양태수로 있다가 끝내 돌아오지 못하고 부임지에서 죽었다. 《사기(史記)》 〈급암열전(汲黯列傳)〉

178. 權尙夏 字致道 號遂菴 安東人 孝宗朝 逸右相 諡文純 尤菴門人

권상하(權尙夏, 1641~1721) : 자는 치도(致道)고, 호는 수암(遂菴)이며, 본관은 안동(安東)이다. 효종 때 유일(遺逸)로 우의정(右議政)을 지냈고, 시호는 문순(文純)이며, 우암(尤菴 : 宋時烈)의 문인이다.

庶叔 已作地中人 事事 皆成陳
跡 慘傷之私 何可言喩 閏念
書來 慰撫勤至 悲感悲感 秋
序已盡
僉履用近何如 榜中不見名
尤用悵悵 此積敗未蘇 臂
痛又苦 益覺摧殘 如不
可支 今年何等厄運 自憐自憐
氣昏手病 久廢書札人
事 今能握管 堇堇草修 餘
不盡
照亮 庚寅 九月 十九日 致道

서숙(庶叔)[319]이 이미 돌아가시어 모든 일들이 다 옛 자취가 되고 말았으니 참혹하고 아픈 마음을 어떻게 말씀드리겠습니까? 윤달 20일에 보내신 편지가 도착을 하여 간절히 위로하고 달래 주시니 슬프고 감사합니다. 가을이 이미 다해가는데 여러분의 안부는 요사이 어떠신지요? 급제를 알리는 방(榜)에 이름이 없어 매우 서운하였습니다.
저는 오랫동안 쌓인 병이 회복되지도 않았는데 팔이 아파 더더욱 마음이 꺾여 더 이상 버티지 못할 듯합니다. 금년의 이러한 곤액은 절로 가련합니다. 기운이 혼미하고 손에 병이 들어 오랫동안 편지와 인사를 하지 못하다가 지금 붓을 잡고 어렵사리 편지를 씁니다.

319) 서숙(庶叔) : 할아버지의 서자(庶子)를 숙부로서 일컫는 말이다.

나머지는 이만 줄이니 살펴주십시오.

경인년(庚寅年, 1710) 7월 19일, 치도(致道)

179. 李萬敷 字仲舒 號息山 延安人 景宗朝 薦別提

이만부(李萬敷, 1664~1732) : 자는 중서(仲舒)고, 호는 식산(息山)이며, 본관은 연안(延安)이다. 경종 때 별제(別提)에 천거되었다.

此漢來 伏承

下書 伏慰下情區區 厥后已過一旬

日候非常 伏未審

體中 一向萬安耶

因山已過 而當日凍雨 如夏雨 臣民 痛

劇且慮 何可喻乎 侄子 再經

毒感 又因往來哭班 不得調

理 伏悶伏悶 陝信連得平善 治聲

爲加不減 多幸多幸 第衙內消息

漸不美 盖狗尾久埋不變也

伏歎伏歎

氣體對序康福 不備 伏惟

下鑑 上書

甲辰 臘月 十九 侄子 萬敷 上書

이놈이 오는 편에 보내신 편지를 받고 저의 간절한 마음에 위안이 되었습니다. 이후 벌써 열흘이 지났습니다. 날씨도 좋지 않은데 잘 지내시는지요? 벌써 인산(因山)[320]도

320) 인산(因山) : 임금의 장례를 이르는 말로, 1724년 8월 25일 경종(景宗)이 사망하였다.

지났습니다. 당일 겨울비가 마치 여름비처럼 내렸으니 신민(臣民)들의 애통하고 염려되는 마음을 어떻게 말로 하겠습니까?
조카인 저는 두 번이나 독감을 앓았는데 또 곡반(哭班)[321]을 왕래하느라 몸을 조리하지 못하고 있으니 민망합니다. 합천 소식을 통해 줄곧 잘 지내고 있고 치성(治聲)도 줄어들지 않고 있다니 매우 다행입니다. 관아의 소식이 점점 나빠져 개꼬리를 아무리 오래 묻어두어도 변할 턱이 없으니 탄식스럽습니다. 계절에 따라 잘 지내시기를 바라며 이만 줄입니다. 살펴주시기를 바라며 편지를 올립니다.
갑진(甲辰年, 1724) 12월 19일, 조카 만부(萬敷)는 편지를 올립니다.

180. 金壽恒 字久之 號文谷 安東人 孝宗朝 文科 官領相 諡文忠

김수항(金壽恒, 1629~1689) : 자는 구지(久之)고, 호는 문곡(文谷)이며, 본관은 안동(安東)이다. 효종 때 문과에 급제하였고, 영의정(領議政)을 지냈으며, 시호는 문충(文忠)이다.

瞻係中 忽拜
辱札 就審炎序
啓處淸福 慰荷倍常 僕 兒病
經月阽危 幸占生道 而夢寐之
外 遽膺
新命 日夕憂懼 不知置身之所也
寒疾彌留 半月 尙在枕席 尤
悶尤悶
下惠鮮鯽 及於病兒思喫之際
倍荷
盛眷 萬萬不宣 伏惟
尊下照 謹拜上謝狀 戚下 壽恒 頓

321) 곡반(哭班) : 국상(國喪) 때에 곡을 하는 벼슬아치의 반열을 이른다.

그립던 중에 갑자기 편지를 받고 무더운 계절에 안부가 좋으시다니 평상보다 배나 위안이 되고 감사하였습니다. 저는 아이의 병이 한 달이 지나도록 위태로운 상황이었다가 다행히 살아나고 있습니다. 꿈속에서도 생각지 못한 새로운 명을 받아 밤낮으로 두려워 몸 둘 바를 모르겠습니다. 감기가 떨어지지 않아 반달동안 자리에 누워 지내니 민망합니다. 보내주신 붕어는 병든 아이에게 먹이고 싶던 차에 도착을 하였으니 돌보아 주신 마음에 배나 감사하였습니다. 이만 줄이니 살펴주시기 바라며 답장을 드립니다.

척하(戚下) 수항(壽恒)은 머리를 조아립니다.

181. 吳始壽 字德而 號水村 同福人 孝宗朝 文科 官右相

오시수(吳始壽, 1632~1681) : 자는 덕이(德而)고, 호는 수촌(水村)이며, 본관은 동복(同福)이다. 효종 때 문과에 급제하였고, 우의정(右議政)을 지냈다.

此歲將盡 音書久濶 區區

瞻傃 去益難堪 未知

朱墨叢中 亦嘗念及否 南至

隔宵 此時

字履閤候 想惟

佳勝未 弟 奉老董支 得與

大亂 日夕追隨 它何足道者 陪

吏 李義善 爲乃其叔之在

治下者 告行 幸

曲加愛恤 額給糧饌 千萬生

光生光 自餘多少 書不可悉 伏

惟

兄主情照 拜上狀 弟 始壽 頓

올해도 다해가는데 오랫동안 소식이 막혀 간절한 그리움은 갈수록 더욱 견디기 어렵습니다. 바쁘신 중에도 생각하신 적이 있으신지요? 동지가 하루 남은 이때 자리(字履)[322]와 식구들은 잘 지내실 것이라 생각합니다.

저는 연로하신 부모님을 모시고 어렵사리 지내고 있습니다. 큰 아드님과 함께 밤낮으로 서로 왕래하며 교유하고 있으니 달리 무엇을 말씀드리겠습니까? 배리(陪吏)[323] 이의선(李義善)은 숙부의 치하에 있는 사람으로 간다고 알려왔으니, 각별히 불쌍히 여기고 은혜롭게 양식과 반찬을 베풀어 주신다면 매우 생색이 날 것입니다. 나머지 다소간의 사연들은 글로 다 할 수가 없습니다. 형께서 정으로 살펴주시기를 바라며 절하고 편지를 올립니다.

아우 시수(始壽)는 머리를 조아립니다.

182. 柳命天 字[士元] 號靑軒 文化人 肅宗朝 文科 官吏判 眉叟門人

유명천(柳命天, 1633~1705) : 자는 사원(士元)이고, 호는 청헌(靑軒)이며, 본관은 문화(文化)다. 숙종 때 문과에 급제하였고, 이조판서(吏曹判書)를 지냈으며, 미수(眉叟 : 許穆)의 문인이다.

{皮封} 沈參判 寓所記室

[手決] 頓

伏承

惠札 憑審

政候神相 仰慰

322) 자리(字履) : 주로 서간문에서 평교간에 지방 수령(守令)의 안부를 이르는 말이다. '字'는 '사랑하다', '기르다'는 의미다.

323) 배리(陪吏) : 웃사람을 모시어 따라다니는 관리를 이른다.

惠下兩種 深感 硯

石 足潤文房 尤謝

生 菫支病狀 餘

不宣 伏惟

下照 謝狀上

庚 五月 十二日 命天 頓

{피봉} 심 참판(沈參判) 우소(寓所) 기실(記室)[324]

[수결] 머리를 조아립니다.

편지를 받고 다스리시는 안부가 좋으시다니 위안이 됩니다. 보내신 두 가지 물건은 매우 감사합니다. 벼루는 서재를 빛나게 하기에 충분하니 매우 감사합니다.

저는 겨우 병든 상황을 보존한 채 지내고 있습니다. 나머지는 이만 줄이니 살펴주시기를 바라며 편지를 드립니다.

경○년(庚○年) 5월 12일, 명천(命天)은 머리를 조아립니다.

183. 柳世鳴 字爾能 號寓軒 謙菴后 景宗朝 文科 官校理

유세명(柳世鳴, 1636~1690) : 자는 이능(爾能)이고, 호는 우헌(寓軒)이며, 겸암(謙菴 : 柳雲龍)의 후손이다. 경종 때 문과에 급제를 하였고, 교리(校理)를 지냈다.

日前 伏承

尊下覆書 感慰之餘 益增悲哽 卽聞以今日

來營窀穸 伏想

心事有難底定 其何以堪勝

324) 기실(記室) : 아전이 근무하는 방을 이르는 말로, 상대방을 직접 가리키지 않고 밑에서 일하는 아전을 가리켜 상대방을 높이는 표현법이다.

令從孫 又復夭折 天之與奪 一至於此 令人慘
怛 不能俞[325]之於懷 且聞
本宅憂患方深 想惟悲疚之中 有此煎慮
區區不任馳㥽之至 蒙
索挽語 近因賤疾方苦 未堪作此等文字 久
未奉副 今聞葬期 已迫 力疾構此 不成語句
恨缺尤至 脩短有數 悲哀無益 惟伏祝
十分寬抑 以慰瞻慕之忱 世鳴 終年病廢 綿
惙如此 前承
敎意 末由遂計 今於營窆之日 亦未得趨慰
只自憐歎 奈何奈何 萬萬倚枕艱草 只此
伏惟
尊鑑 謹拜〔狀〕上
辛亥 八月 十九日 侍生
柳世鳴 狀上

일전에 당신께서 보내신 답장을 받고 감사와 위안되던 나머지에 더욱 슬프고 목이 멥니다. 오늘 장례를 치른다는 말을 듣고는 마음을 다잡기 어려울 듯한데 어떻게 견디며 지내시는지요? 영종손(令從孫)이 또 요절을 하였으니 하늘이 주고 빼앗기는 것이 모두 이러한 지경까지 이르니 말할 수 없이 사람을 비참하게 합니다. 또 본가의 우환이 심하다는 말을 들었는데 슬픔 속에 이러한 애타는 염려가 있으니 그리운 마음 간절합니다.
부탁하신 만사(輓詞)는 요사이 제가 병이 심하여 이런 글을 짓지 못해 오랫동안 부응하지 못하고 있습니다. 지금 장례일이 임박했다는 말을 듣고 병을 무릅쓰고 글을 엮었지만 말의 구절을 이루지 못해 한스러운 마음 더욱 지극합니다. 사람의 장수와 단명은 운에 달린 것이니 애통해 한들 보탬이 없습니다. 오직 마음을 너그럽게 가지시고 슬픔을 억눌러 그리워하는 저의 정성에 위안이 되게 하십시오.

325) 俞 : '喻'의 오자이다.

저는 해를 마치도록 병으로 실낱같은 목숨만 이렇게 보존한 채 지내고 있습니다. 지난번에 말씀은 들었지만 계획을 완수하지 못하고 있는데, 오늘 장례식에도 나아가 위문하지 못하니 절로 가련하고 탄식스럽지만 어찌하겠습니까? 하고 싶은 말은 많지만 베개에 기대어 간신히 씁니다. 살펴주시기 바라며 편지를 올립니다.

신해년(辛亥年, 1671) 8월 19일, 시생(侍生) 유세명(柳世鳴)은 편지를 올립니다.

184. 柳赫然 字晦甫 號野堂 晉州人 孝宗朝 武科 官兵判 諡武愍

유혁연(柳赫然, 1616~1680) : 자는 회이(晦爾)[326]고, 호는 야당(野堂)이며, 본관은 진주(晉州)다. 효종 때 무과에 급제하였고, 병조판서(兵曹判書)를 지냈으며, 시호는 무민(武愍)이다.

卽惟

籌候佳勝 仰慰萬萬

令札來吏 忽失之 問

其緣由 則實非慢忽

之事矣 生 菫支 不足道

者

情饋 深謝無已 只希

萬安 伏惟

令照上狀

癸丑 二月 卄一日 赫然 頓

주후(籌候)[327]가 좋으시리라 생각하니 위안이 됩니다. 영감의 편지를 가져 오던 아전이

326) 회이(晦爾) : 원문의 '晦甫'를 바로잡았다.

327) 주후(籌候) : 병마절도사(兵馬節度使)와 수군절도사(水軍節度使) 등 고위 무관의 안부를 물을 때 쓰는 말이다.

갑자기 잃어버렸다기에 까닭을 물어보니 소홀히 해서 벌어진 일은 아니었습니다. 저는 겨우 버티며 지내고 있는 상황이라 드릴 말씀이 없습니다. 정으로 보내신 먹을거리에 감사한 마음 끝이 없습니다. 편안하기시를 빌겠습니다. 살펴주시기 빌며 편지를 드립니다. 계축년(癸丑年, 1673) 2월 21일, 혁연(赫然)은 머리를 조아립니다.

185. 李元禎 字士徵 號歸岩 石潭遜 孝宗朝 文科 官吏判 諡文翼

이원정(李元禎, 1622~1680) : 자는 사징(士徵)이고, 호는 귀암(歸岩)이며, 석담(石潭 : 李潤雨)의 손자다. 효종 때 문과에 급제하였고, 이조판서(吏曹判書)를 지냈으며, 시호는 문익(文翼)이다.

忽承
委札 憑審
齋況有相 仰慰無已 弟 被
譴惶蹙之餘 昨因首揆陳達
旋蒙
還收 感激雖深 狼狽亦極
不知所以處之也 烏薪之
惠 渾室珍謝耳 伏惟
情照 謝狀上
卽 曉 元禎 頓

갑자기 보내신 편지를 받고 재계하시는 근황이 좋으시리라 생각하니 위안되는 마음 끝이 없습니다. 저는 견책을 당해 송구한 끝에 어제 영의정의 진달(進達)로 다시 명령을 거두시니 감격한 마음이 비록 깊기는 하지만 지극히 낭패스러움에 처신할 바를 모르겠습니다. 보내신 숯은 식구들 모두 감사하였습니다. 살펴주시기 바라며 편지를 올립니다. 즉일, 새벽 원정(元禎)은 머리를 조아립니다.

186. 孫萬雄 字敵萬 號野村 慶州人 顯宗朝 文科 官府尹 無忝齋門人

손만웅(孫萬雄, 1643~1712) : 자는 적만(敵萬)이고, 호는 야촌(野村)이며, 본관은 경주(慶州)다. 현종 때 문과에 급제하였고, 부윤(府尹)을 지냈으며, 무첨재(無忝齋 : 鄭道應)의 문인이다.

前日謝帖 想卽
入照 春序已盡 此時
起居 不審萬迪否 積年阻懷
書不可旣 此間賤疾 去益沈
淹 甚無可言 就悚 祠宇中
門蓋及垣墻 尙未蓋瓦 久欲
貿得之際 聞赤村
貴祠廟已空 如有欲買之人
則
尊有許可之意云 幸望
示及焉 瓦價有規 弟 豈公取
餘在張姪口報 伏希
情照 上狀
壬 三 卄八 萬雄 頓

전날 보내드린 답장은 받아보셨으리라 생각합니다. 봄이 이미 다 지나가는 이때 안부는 좋으신지요? 여러 해 동안 쌓였던 회포는 글로 다할 수 없습니다. 저의 병세는 갈수록 더욱 깊어 말할 수 없을 정도입니다.
드릴 말씀은, 사당의 문개(門蓋)와 담장에 아직까지 기와를 얹지 못해 구입하려고 마음먹은 지가 오래되었을 무렵 적촌(赤村)에 있는 공의 빈 사당을 사려는 사람이 있으면 공께서 허락할 생각이 있다는 말을 들었는데, 저에게 알려주십시오. 기와 가격은 정해진 규정이 있으니 제가 어찌 공에게 공공연히 취하겠습니까? 나머지는 조카의 입을 통해 말씀드리기로

하고 살펴주시기 바라며 편지를 올립니다.

임○년(壬○年) 3월 28일, 만웅(萬雄)은 머리를 조아립니다.

187. 尹拯 字子仁 號明齋 美村子 顯宗朝 逸左相 謚文成

윤증(尹拯, 1629~1714) : 자는 자인(子仁)이고, 호는 명재(明齋)며, 미촌(美村 : 尹宣擧)의 아들이다. 현종 때 유일(遺逸)로 좌의정(左議政)을 지냈고, 시호는 문성(文成)이다.

頃奉

伯氏及厚叔之過 仍得

惠札 披慰沒量 病慵稽謝 方深

戀溯 卽於便中 又擎

手滋 感荷情義 無以盡喩 此

俊卿之喪 悼痛在心 久而愈結

五月初 過葬事 仍率其孤寡而來

以爲保活之計 見此慘狀 實關險

命 奈何奈何 近事 何可勝言 以我之

罪 獨使顯道 離親遠謫 亟欲以

身隨往 而不可得 唯日俟勘罪

而已 餘縷不盡 千萬

下照 奉謝狀上

丁卯 六月 卄八日 拯

지난번 백씨(伯氏)와 후숙(厚叔)이 들러 전해준 당신의 편지를 받고 헤아릴 수없이 위안되었습니다. 그렇지만 병들고 게을러서 답장이 늦어지는 탓에 그리움만 간절합니다. 요사이 인편을 통해 또 편지를 받으니 당신의 정의에 감사한 마음 말로 다할 수 없습니다. 저는 준경(俊卿)의 죽음에 마음 속 애통함은 오랠수록 더욱 가슴에 맺힙니다. 5월 초에 장례를 치르고 그의 아내와 아이들을 데리고 와서 보호하고 살 계획인데, 이러한 참혹한 상황을 당한 것은 실로 기구한 운명이니 어찌하겠습니까?

요사이 일들을 어떻게 다 말씀드리겠습니까? 저의 죄로 현도(顯道)만 어버이와 헤어져 멀리 귀양을 가게 되었으니 속히 따라가고 싶지만 그럴 수도 없습니다. 오직 날마다 처벌을 기다릴 뿐입니다. 나머지는 일일이 다 쓰지 못합니다. 살펴주시기를 바라며 답장을 드립니다.

정묘년(丁卯年, 1687) 6월 28일, 증(拯)

188. 朴泰尙 字士行 號晚休 潘南人 顯宗朝 文科 官吏判

박태상(朴泰尙, 1636~1696) : 자는 사행(士行)이고, 호는 만휴당(晚休堂)[328]이며, 본관은 반남(潘南)이다. 현종 때 문과에 급제하였고, 이조판서(吏曹判書)를 지냈다.

歲暮戀仰倍苦 忽承

辱復 就審

令起居珍福 稍慰此懷 弟

病狀 遇寒添苦 委席菫

度耳

惠餉三種 大侈冷廚 良荷

令眷 珍感不已 呵凍草復 只

俟早晚奉盡 伏惟

令下照 拜謝上狀

甲戌 臘月 一日 弟 泰尙 頓

한 해가 다해가니 그리운 마음 배나 괴로웠는데 갑자기 보내신 편지를 받고 영감의 안부가 좋으시다니 조금은 제 마음에 위안이 되었습니다.

저는 병증이 추위를 만나니 더욱 고통스러워 자리에 겨우나마 누워서 지내고 있습니다.

328) 만휴당(晚休堂) : 원문의 '晚休'를 바로잡았다.

보내주신 세 가지 음식은 가난한 부엌을 매우 사치스럽게 하는 것이라 참으로 영감의 돌보심에 감사한 마음 끝이 없습니다. 붓이 얼어 급하게 답장을 쓰고 조만간 만나서 다 말씀드리기로 하겠습니다. 영감께서 살펴주시기를 바라며 절하고 답장을 드립니다.
갑술년(甲戌年, 1694) 12월 1일, 아우 태상(泰尙)은 머리를 조아립니다.

189. 尹陽來 字季亨 號晦窩 坡平人 顯宗朝 文科 官禮參

윤양래(尹陽來, 1673~1751) : 자는 계향(季亨)이고, 호는 회와(晦窩)며, 본관은 파평(坡平)이다. 현종 때 문과에 급제하였고, 예조참판(禮曹參判)을 지냈다.

數月之阻 便同幾年之阻 卽惟
日熱轉劇
侍履安重者乎 區區無任且祝 弟
家門不幸 奄遭季妹慘制
悲寃 何忍泚筆提道 而慈候 近
多凜綴 焦灼万万耳 第
惠捐五種 非徒物由 眷腆得此 沾
旣於此時 其仁及於民 推可知矣
感珮之外 尤所欽嘆也 科時似當
戻洛 可以〇展 預慰 餘不備
癸巳 念二 夜 燈下 弟
陽來 頓

소식이 막힌 몇 달이 몇 년이나 진배없습니다. 날씨가 점점 더워지는데 부모님 모시는 안부는 좋으시리라 생각하니 간절한 바람을 이길 길 없습니다.
저는 가문이 불행하여 갑자기 막내 여동생이 죽었으니 슬프고 원통함 마음을 어찌 차마 필설로 다 하겠습니까? 어머니의 안부는 요사이 숨이 끊어질듯해서 애타는 마음 간절합니다.

보내 주신 다섯 가지 물건을 은혜롭게 여기는 것은 한갓 물건 때문만은 아닙니다. 두터이 돌보아주시어 이렇게 얻은 것이니 이 때 주신 것은 어진 마음이 백성에게 미친 것임을 미루어 알 수 있습니다. 감사하며 잊지 못하는 나머지 더욱 공경하며 감탄합니다. 과거시험 때 서울에 가면 소회를 풀듯하니 미리부터 위안이 됩니다. 나머지는 이만 줄입니다.

계사년(癸巳年, 1713) 22일 밤, 등불 아래에서 아우 양래(陽來)는 머리를 조아립니다.

190. 閔鎭厚 字靜能 號止齋 驪州人 顯宗朝 文科 官左相 諡文忠

민진후(閔鎭厚, 1659~1720) : 자는 정순(靜純)[329]이고, 호는 지재(趾齋)[330]며, 본관은 여주(驪州)다. 현종 때 문과에 급제하였고, 좌의정(左議政)을 지냈으며, 시호는 문충(文忠)이다.

瞻戀方切 忽伏承

辱問札 憑審比來旱風

令旬宣 起居增福 區區欣慰 曷

勝言喩 鎭厚 妄言獲罪 惶

悚雖深 蟄伏江郊 閑靜可

樂 而家內癘疫大熾 兩小女

方在危境 焫悶切迫 莫知所

出 下惠兩種珍味 猥及於

僑寓淸廚 感戢之至 媿忘

承當耳 不宣 伏惟

令下察 謹拜上謝狀

己卯 五月 卄日 閔鎭厚

頓首

329) 정순(靜純) : 원문의 '靜能'을 바로잡았다.

330) 지재(趾齋) : 원문의 '止齋'를 바로잡았다.

간절히 그립던 중에 갑자기 보내신 편지를 받고 가뭄이 든 요사이 순찰사 영감의 안부가 좋으시다니 기쁘고 위안되는 마음을 어떻게 말로 하겠습니까?

저는 망령된 말로 죄를 얻어 황송한 마음이 비록 깊지만 강교(江郊)에서 칩복하고 지내는 한가함이 즐겁습니다. 그러나 집안에 역질(疫疾)이 치성을 부려 어린 딸아이 둘이 위급하여 마음이 초조하고 절박하지만 벗어날 방법이 없습니다.

보내신 두 가지 맛있는 음식이 외람되이 우거하고 지내는 가난한 부엌에까지 미쳤으니 감사한 지극한 마음에 부끄러움마저 잊고 받았습니다. 이만 줄입니다. 살펴주시기를 바라며 절하고 답장을 올립니다.

기묘년(己卯年, 1699) 5월 20일, 민진후(閔鎭厚)는 머리를 조아립니다.

191. 李東標 字君則 號懶隱 松齋后 顯宗朝 文科 官承旨 贈大提學 諡忠簡

이동표(李東標, 1644~1700) : 자는 군칙(君則)이고, 호는 나은(懶隱)이며, 송재(松齋 : 李堣)의 후손이다. 현종 때 문과에 급제하였고, 승지(承旨)를 지냈다. 대제학(大提學)에 증직이 되었고, 시호는 충간(忠簡)이다.

昨日 爲別

鄉友僉兄 偷隙入泮

村 適値

兄旆出郊 悵觖無

已 明日

遂行耶 未由更

敘 愧恨 然

中路榮還 指日可期

此別不須恨耳

禹輔及申城 答

簡裁上 只恨其擾忙 不
盡所欲說也 擾不備式
卽 服弟 東標 頓

어제 고향의 여러 친구와 형들과 작별하고 짬을 내어 반촌(泮村)[331]으로 들어갔었는데 마침 형께서 교외로 나가고 계시지 않아 서운한 마음 끝이 없었습니다. 내일은 행차를 하시는지요? 다시 안부를 펼 길이 없어 부끄럽고 한스럽습니다. 그러나 도중에 영광스럽게 돌아오시기를 날을 지정하여 기대하고 있으니 이번 작별을 한스럽게 여길 필요가 없습니다. 우보(禹輔)와 신성(申城)에게 답장을 보내기는 했지만 번요하고 바빠서 하고 싶은 말을 다하지 못해 한스럽습니다. 마음이 번요하여 이만 줄입니다.
즉일, 복제(服弟) 동표(東標)는 머리를 조아립니다.

192. 吳命恒 字士常 號永慕亭 海州人 顯宗朝 文科 官右相 海恩府院君 謚忠孝

오명항(吳命恒, 1673~1728) : 자는 사상(士常)이고, 호는 영모당(永慕堂)[332]이며, 본관은 해주(海州)다. 현종 때 문과에 급제하였고, 우의정(右議政)을 지냈다. 해은부원군(海恩府院君)에 봉해졌고, 시호는 충효(忠孝)다.

省式 落木寒天 瞻仰尤
倍他時 匪意伏拜
惠疏 謹審始寒
兄侍餘 哀候 連護萬支
閤內諸節 亦得均宜 何
等仰賀 弟 客狀依遣 餘

331) 반촌(泮村) : 성균관의 또 다른 이름인 '반궁(泮宮)'이 있는 마을이라는 뜻에서, 성균관이 있는 고을을 이른다.
332) 영모당(永慕堂) : 원문의 '永慕亭'을 바로잡았다.

無仰浼者也 就悚 月初

金官之復來 雖無初

次下來時面分 其區區欽

喜 無異合席 餘在續

後 不備謝疏

壬寅 十月 十九日 弟

命恒 拜謝

인사말은 생략합니다. 낙엽이 지고 날이 추워지니 다른 때에 비해 더 그리웠었는데, 뜻밖에 보내신 편지를 받고 추워지는 날씨에 형님께서 부모님 모시고 상중에 줄곧 잘 지내시고 식구들도 모두 잘 지내신다니 얼마나 위안이 되든지요. 저는 객지에서 그럭저럭 지내고 있어 달리 드릴 말씀이 없습니다.
다름이 아니라, 월초에 금관(金官)[333]이 다시 왔었는데 처음 내려왔을 때는 만나지는 못했지만 간절한 기쁨은 함께 자리한 것이나 마찬가지였습니다. 나머지는 뒤에 말씀드리기로 하고 답장을 드립니다.
임인년(壬寅年, 1722) 10월 19일, 아우 명항(命恒)은 절하고 답장을 드립니다.

193. 李玄逸 字翼昇 號葛菴 載寧人 肅宗朝 逸吏判

이현일(李玄逸, 1627~1704) : 자는 익승(翼昇)이고, 호는 갈암(葛菴)이며, 본관은 재령(載寧)이다. 숙종 때 유일(遺逸)로 이조판서(吏曹判書)를 지냈다.

{皮封} 金生員上

當日寒甚深 以病兒傣風作

333) 금관(金官) : '금관가야'를 이르는 말로, 오늘날 김해(金海)를 이른다. 여기서는 김해수령을 지냈던 사람을 이른다.

行爲念 昨信得知無事到

泊 一行皆安好 哀慰良深

日間 想還侍加慶 此間

苟延視息外 此何言

尊府有辱 宗非草土人

所敢承當 本欲還投

適次兒來到 令構呈 恐

不堪用 此意 詮告爲望

卽 玄逸

{피봉} 김 생원(金生員)께 올립니다.

당일 날씨가 매우 추웠는데 병든 아이를 데리고 바람을 맞으며 길을 나서는 것이 염려되었습니다. 어제 편지를 받으니 무사히 잘 도착했고, 일행들도 모두 편안하다니 상주인 저는 매우 위안이 되었습니다. 요사이 집으로 돌아가 부모님 모시며 더욱 경사스럽게 지내실 것이라 생각합니다.
저는 구차히 목숨을 부지한 채 어렵사리 살아가는 것 외에 무엇을 말씀 드리겠습니까? 존부장(尊府丈)[334]께서 부탁하신 것은 참으로 상주[335]인 제가 감당할 수 있는 것이 아니어서 본래 돌려 드리려고 했었는데, 마침 둘째 아들이 와서 그에게 글을 엮어서 올리려고 했지만 이마저도 쓰시기에 적당하지 않은듯하니 자세히 말씀드려주시기 바랍니다.
당일, 현일(玄逸)

194. 丁時翰 字天民 號愚潭 羅州人 肅宗朝 逸進善

334) 존부장(尊府丈) : 상대의 아버지를 높여 이르는 말이다.

335) 상주 : 원문은 '草土人'. 상중(喪中)에 있는 상주가 풀 자리를 깔고, 흙덩이를 베고 자기 때문에 이르는 말이다.

정시한(丁時翰, 1625~1707) : 자는 군익(君翊)[336]이고, 호는 우담(愚潭)이며, 본관은 나주(羅州)다. 숙종 때 유일(遺逸)로 진선(進善)을 지냈다.

有罪不受罰 自徵者 槪
鮮 今聞就理 豈非君
之幸歟 我不得不賀 須
輸情伏罪 以開自新之路
毋周遮 遂非終爲小人之
歸 是所望也 卽今結末如何
賢季之高中司馬 實是
衰門之慶也 適因恒子
科行 甎此寄音 昏草
不宣 謹狀上
己卯 四月 初六日 服人 時翰
頓

죄를 짓고도 벌을 받지 않고 스스로 징계하는 사람은 드무네. 지금 심리를 한다고 하니 어찌 그대에게 다행이 아니겠는가? 그래서 나는 하례하지 않을 수 없네. 죄를 낱낱이 고백하고 죄를 수긍하여 스스로 새로워지는 길을 열고, 자신을 변호하지 말아서 끝내 소인으로 돌아가지 않기 바라네. 지금 어떻게 결말이 났는가? 막내아우가 사마시에 높은 점수로 합격했다니 실로 쇠약한 가문의 경사일세. 마침 아들 항(恒)이가 과거를 보러 가느라 잠시 소식을 전하네. 날이 저물어 급히 쓰고 이만 줄이고 편지를 보내네.
을묘년(乙卯年, 1675) 4월 6일, 복인(服人) 시한(時翰)은 머리를 조아리네.

195. 李頤命 字養叔 號疎齋 全州人 肅宗朝 文科 官左相 諡忠文

336) 군익(君翊) : 원문의 '天民'을 바로잡았다.

이이명(李頤命, 1658~1722) : 자는 양숙(養叔)이고, 호는 소재(疎齋)며, 본관은 전주(全州)다. 숙종 때 문과에 급제하였고, 좌의정(左議政)을 지냈고, 시호는 충문(忠文)이다.

伏惟新凉
僉兄起居神相 季兄被彈罷
官 近或入城否 弟 栖遑郊
坰 未適厥居 悶悶 初欲轉向湖
中 搬移眷屬甚艱 又爲過冬
於東路江上之計矣 所借家有故
未可入 事甚狼貝 今無他策 昨年
蒙許幸洲空舍於朴參奉
兄所紹介也 今年 亦空而可借者 幸
於數日內 得其可否 下示如何
爲接芳隣 亦一幸矣 力綿才拙
不能作一蝸室 臨急 每向人求乞
可媿也 餘姑不備 伏惟
僉下照 拜上狀 丙 八 十八日
弟 頤命 拜

초가을 서늘한 날씨에 형님들의 안부는 좋으신지요? 막내 형님께서 탄핵을 당해 파직되었는데 요사이 혹시라도 서울로 들어가셨는지요?
저는 교외에서 서성대느라 그곳에 가지 못했으니 민망합니다. 애초에 충청도로 가려 했는데 식구들을 옮겨가기가 너무 어려워서, 또 동로(東路)의 강가에서 겨울을 지낼 생각이었습니다. 빌린 집에 사정이 있어 아직 들어가지 못하는 매우 낭패스러운 일이 벌어졌지만 지금 달리 대책도 없습니다. 작년에 박 참봉(朴參奉)의 소개로 행주(幸洲)에 있는 빈집을 허락 받았는데 올해도 사는 사람이 없어 빌릴 수 있을지 수일 안으로 가부를 알아보시고 알려주시는 것이 어떻습니까? 좋은 이웃을 가까이 하는 것도 하나의 다행한 일입니다. 힘이 약하고 재주도 보잘것없어 작은 오두막집 하나도 마련하지 못한 상태로 급할 때마다 매번 남들에게 구걸을 하니 부끄럽습니다. 나머지는 이만 줄입니다. 형들께서 살펴주시기를 바라며 편지를 올립니다.

병○년(丙○年) 8월 18일, 아우 이명(頤命)은 절합니다.

196. 李健命 字仲剛 號寒圃齋 全州人 肅宗朝 文科 官左相 諡 忠愍

이건명(李健命, 1663~1722) : 자는 중강(仲剛)이고, 호는 한포재(寒圃齋)며, 본관은 전주(全州)다. 숙종 때 문과에 급제하였고, 좌의정(左議政)을 지냈으며, 시호는 충민(忠愍)이다.

謹承

問札 就審苦炎

政履有相 慰荷無已 服人 奉

老粗遣 無足喻者

惠來節箑 依受鳴謝 餘姑

不宣 伏惟

尊照 謹拜謝狀上

戊子 六月 初四日

服人 健命 頓

편지를 받고 무더위에 정사보시는 안부가 좋으시다니 위안되는 마음 끝이 없습니다. 저는 연로하신 부모님 모시고 그럭저럭 지내고 있어 드릴 말씀이 없습니다. 보내주신 부채는 잘 받아 매우 감사합니다. 나머지는 이만 줄이니 살펴주시기를 바라며 절하고 답장을 드립니다.

무자년(戊子年, 1708) 6월 4일, 복인(服人) 건명(健命)은 머리를 조아립니다.

197. 金昌集 字汝成 號夢窩 文谷子 肅宗朝 文科 官領相 謚忠憲 配享英宗廟

김창집(金昌集, 1648~1722) : 자는 여성(汝成)이고, 호는 몽와(夢窩)며, 문곡(文谷 : 金壽恒)의 아들이다. 숙종 때 문과에 급제하였고, 영의정(領議政)을 지냈다. 시호는 충헌(忠憲)이고, 영종(英宗)의 사당에 배향되었다.

前日謝狀 計已
入照矣 便中 又承
令委札 就審春和
令政況益勝 良慰良慰 服人 菫支如昨
而溫泉
擧動 定在來月初三 將爲隨
駕〔矣〕 而臣民之憂 亦不可勝言也 千
萬忙甚 不宣 統惟
令照 謹謝狀
丁酉 二月 卄五 朞服人 昌集

전날에 보내드린 답장은 벌써 받아 보셨으리라 생각합니다. 인편을 통해 또 영감의 편지를 받고 따뜻한 봄 날씨에 영감의 정사보시는 안부가 더욱 좋으시다니 매우 위안이 됩니다.
저는 어렵사리 전처럼 지내고 있습니다. 다음 달 3일로 임금의 온천 거둥(擧動)이 정해졌는데[337] 그때 수행을 하시는지요? 신민들의 근심을 말로 다 할 수가 없습니다. 매우 바빠 이만 줄입니다. 영감께서 살펴주시기를 바라며 답장을 드립니다.
정유년(丁酉年, 1717) 2월 25일, 기복인(朞服人) 창집(昌集)

337) 온천 …… 정해졌는데 : 숙종(肅宗, 1661~1720)의 안질(眼疾)이 심해지자, 1717년(숙종 43) 2월 7일 온천 행차에 관해 논의하여, 3월 3일로 정하였던 일을 이른다.

198. 朴泰輔 字士元 號定齋 潘南人 肅宗朝 文科 官應教 贈領相 諡文烈

박태보(朴泰輔, 1654~1689) : 자는 사원(士元)이고, 호는 정재(定齋)며, 본관은 반남(潘南)이다. 숙종 때 문과에 급제하였고, 응교(應敎)를 지냈으며, 영의정(領議政)에 증직되었다. 시호는 문열(文烈)이다.

慈聖禮陟 攀號何言 意外 伏承

令下札 憑審將有

奉使疆外之行 馳慮不容懷耳

第三冬吟病 久未歸覲 近方爲南

行計 而中路失主人 過鶴橋之

且想不免依依耳 路費只據

謄錄 略略如此 慙歎奈何 萬萬 只

冀

行李神相 不備 伏惟

令下照 拜謝狀上

甲子 正月 初四日 弟 朞服人 泰輔 頓

대비께서 돌아가시니[338] 부여잡고 통곡하는 마음을 어떻게 말로 하겠습니까? 영감의 편지를 받으니 국경을 넘어 사신행차를 하신다는 소식에 마음속 걱정을 형용할 수 없습니다. 겨울 석 달을 병으로 신음하며 지내느라 한동안 부모님을 뵈러 가지 못하다가, 요사이 남쪽 행차를 계획하고 있었는데 중도에 주인을 잃어버리고 학다리를 지나게 되었으니 섭섭함을 면치 못하겠습니다. 노자는 등록(謄錄)대로 소략하나마 드리니 부끄럽고 탄식스럽지만 어찌하겠습니까? 다만 별고 없이 여행 잘 하시기를 빌며 이만 줄입니다. 영감께서 살펴주시기 바라며 절하고 답장을 올립니다.

갑자년(甲子年, 1684) 1월 4일, 아우 기복인(朞服人) 태보(泰輔)는 머리를 조아립니다.

---

338) 대비께서 돌아가시니 : 조선의 제18대 왕 현종의 왕비로, 숙종 · 명선공주 · 명혜공주 · 명안공주의 친모인 명성왕후(明聖王后)가 1683년 12월 5일, 43세의 나이로 사망하였다.

199. 李昌鎭 字雲長 號滄洲 浣石亭子 肅宗朝 逸察訪

이창진(李昌鎭, 1619~1684) : 자는 운장(雲長)이고, 호는 창주(滄洲)며, 완석정(浣石亭 : 李彦英)의 아들이다. 숙종 때 유일(遺逸)로 찰방(察訪)을 지냈다.

佐郎祖考篇什 蕩失於龍蛇
兵燹中 只有疑一首行于世 常
爲慨然 歲乙丑七月日 五言小詩
三首 七言小詩一首 來自金龍宮
輝世甫家 于今九十三年筆
跡 宛然如昨 作爲寶帖 以爲
他日 子孫之覽焉
昌鎭 識

좌랑(佐郎) 조고(祖考)[339]의 글을 임진왜란 중에 소실하고, 다만 의(疑)[340] 1수만 세상에 전해 늘 개탄스럽게 생각했었다. 그러다가 을축년(乙丑年) 7월 ○일, 오언소시(五言小詩) 3수와 칠언소시(七言小詩) 1수가 용궁(龍宮)[341]의 김휘세(金輝世)의 집에 전해온 지 지금 93년이 되었는데도 완연히 마치 어제 쓴 것 같아 보첩을 만들어 뒷날 자손들이 볼 수 있도록 하였다.
창진(昌鎭)이 쓰다.

200. 權相一 字台仲 號淸臺 安東人 肅宗朝 文科 官副提學 諡靖僖

---

339) 조고(祖考) : 돌아가신 자신의 할아버지를 이른다.
340) 의(疑) : 시(詩)·부(賦)·표(表)·책(策)·의(疑)·의(義)의 여섯 종류의 문체 중 하나로, 과거시험 과목 중 하나이다.
341) 용궁(龍宮) : 경상북도 예천 지역의 옛 지명이다.

권상일(權相一, 1679~1759) : 자는 태중(台仲)이고, 호는 청대(淸臺)며, 본관은 안동(安東)이다. 숙종 때 문과에 급제하였고, 부제학(副提學)을 지냈으며, 시호는 희정(僖靖)[342]이다.

省式 窮臘 承讀
兩書 所以欣感慰豁 無異對討 而尙稽修復 心
常愧嘆 新春又向盡 不審
體度 近得何如 消息杳寞 徒切遠遡而已 相一 昨秋哭
姑母 孤露餘命 益增催痛 且爲輪患所逐 不得保守臺
窩 而奔泊山村 憂畏度日 或廢尋數之工 咄嘆咄嘆
近留有着力處耶 科場不欲斷置 則勤做精鍊 而
待之好矣 不然潛心玩味於聖賢書 期眞知宗得 若半上落
下 費了光陰 則豈不可惜之甚 前書有自悼之意 故
及之 然如此時遠役似往 而奉七十雙親舍 出六捷階
不合道理 玆黽勉發去 前頭返洛之時 想必居半 可
原照 答狀上
壬戌 三月 十八日 服人 權相一 欠式

인사말은 생략합니다. 섣달에 두 통의 편지를 받고 기쁘고 감사함은 만나 이야기를 나누는 것이나 다름없었습니다. 그런데도 아직 답장을 보내지 못해 마음속으로 늘 부끄럽고 탄식스러웠습니다. 새봄이 또 다해가는데 안부는 요사이 어떠신지요? 소식이 아득해서 멀리서 간절히 그리워만 하고 있습니다.
저는 지난가을에 고모님이 돌아가시어 외로운 여생에 더더욱 가슴이 찢어질 듯 애통합니다. 또 돌림병에 쫓겨 대와(臺窩)[343]을 지키지도 못하고 산촌으로 달아나 근심과 두려움으로 날을 보내면서 공부를 늘 폐하고 있으니 탄식스럽습니다.

---

342) 희정(僖靖) : 원문의 '靖僖'를 바로잡았다.
343) 대와(臺窩) : 1739년 권상일(權相一)이, 오늘날 문경시 산양면 존도리에 세운 정자인 '존도서와(尊道書窩)'를 이른다. 이후 1808년에 화재로 소실되고 편액만 남아있던 것을, 1863년에 다시 세워 '농청정(弄淸亭)'이라고 하였다.

요사이 염두해서 힘쓰시는 곳은 있으십니까? 과거시험을 단념하지 않으셨다면 부지런히 연마하면서 날짜를 기다리는 것이 좋겠습니다. 그렇지 않다면 성현들의 글에 마음을 쏟고 완미하면서 참으로 알고 실제로 체득하기를 기약해야 할 것입니다. 그렇지 않고 중도에서 그만둔다면 시간만 허비할 뿐이니 어찌 심히 아깝지 않겠습니까?

지난번 편지에 자신을 애석하게 여긴다는 뜻이 있어 말씀드리는 것입니다. 그러나 만약 이때 멀리 떠난다면 일흔의 연로하신 부모님을 모시는 집에서 출육(出六)[344]으로 품계가 오르는 것은 도리에 합당치 않습니다. 이렇게 마지못해 떠난다면 앞으로 고향으로 돌아올 때[345]를 반드시 반은 허비할 것이니 깊이 헤아려 주십시오.

임술년(壬戌年, 1742) 3월 18일, 복인(服人) 권상일(權相一)은 흠식(欠式)[346]합니다.

201. 李惟樟 字夏卿 號孤山 宣城人 肅宗朝 薦教官 享洛淵書院

이유장(李惟樟, 1625~1701) : 자는 하경(夏卿)이고, 호는 고산(孤山)이며, 본관은 선성(宣城)이다. 숙종 때 교관(教官)에 천거되었고, 낙연서원(洛淵書院)에 제향되었다.

昨因還上便 謹呈謝書 未幾

惠翰適至 所謂同聲相應 同氣相求者

非耶 因審累處遷移搬徙 其何以

堪其苦耶 從姑此一處蹲坐 而所居處

果如是狹陋 計其經過暑熱 不知其

何以爲計也 西報末由得聞 而但與白猿手

段 稍異云 若未至於芟夷之慘 則幸

344) 출육(出六) : 7품직에 있던 관원이 임기가 만료되어 성적이 좋을 경우에 6품으로 승급하여 다른 직에 전임되는 것을 이른다.

345) 고향 : 원문은 '反洛'. '洛'은 서울을 이르는 낙양(洛陽)이란 뜻으로 주로 쓰이지만, 여기서는 상대의 고향인 낙동강(洛東江)의 의미로 쓰였다.

346) 흠식(欠式) : 예를 갖추지 않고 절하고 보낸다는 뜻이다. 편지 사연을 다 쓰고 자기 이름 아래에 쓰는 말로, 흠돈(欠頓)·흠사(欠謝)·흠배(欠拜) 등으로 쓴다.

矣 禹輔之病 聞極驚心 渠以孤獨之身

勢 將專恃於

左右 亦可悶慮 栗峯君 馬官 所

得幾何 而及人如是豊腆 荷佩之餘

還增未安 惟祝

謹避益愛 謹謝狀

甲戌 五月 六日 從 惟樟 頓

어제 돌아가는 인편에 답장을 부쳤는데 얼마 지나지 않아 당신의 편지가 마침 도착을 하니 이는 이른바 동성상응(同聲相應)과 동기상구(同氣相求)[347]가 아니겠습니까? 여러 곳으로 이사를 하셨다니 그 고생을 어떻게 견디셨습니까?

저는 한 곳에 쭈그리고 앉아 지내고 있으니 사는 곳이 이처럼 좁고 누추한데 여름 더위를 지낼 생각을 하면 어떻게 계획을 세워야 할지 모르겠습니다. 서울 소식은 듣지 못하고 있습니다만 경신년(庚申年)[348]과는 수단이 조금 다르다고 합니다. 만약 가시덤불을 제거하는 듯한 참혹함에 이르지 않는다면 다행일 것입니다.

우보(禹輔)[349]가 병들었다는 소식에 매우 놀랍습니다. 그는 고독한 신세로 오직 당신만 믿고 있으니 이 또한 걱정입니다. 율봉 군(栗峯君)은 찰방(察訪)의 소득이 얼마나 된다고 이렇게까지 남에게 넉넉하게 베푼단 말입니까? 감사한 나머지 도리어 미안합니다. 피신하시어 더욱 몸을 아끼시기 바라며 답장을 올립니다.

갑술년(甲戌年, 1697) 5월 6일, 조카 유장(惟樟)은 머리를 조아립니다.

202. 李縡 字熙師 號陶菴 牛峰人 肅宗朝 文科 官吏判 諡文正

347) 동성상응(同聲相應)과 동기상구(同氣相求) : 같은 소리끼리는 서로 응하여 울린다는 뜻으로, 의견을 같이하여 서로 통한다는 의미이다.

348) 경신년(庚申年) : 원문은 '白猿'. '경(庚)'은 방위로 볼 때 서쪽을 나타내는데 흰색이 방위상으로 서쪽에 해당하므로 '백(白)'이라고 한 것이고, '신(申)'은 원숭이라는 뜻이므로 '원(猿)'이라 한 것이다.

349) 우보(禹輔) : 190.이동표(李東標)의 편지에도 나오는 인물로, 동일한 인물인지 확인은 불가능하다.

이재(李縡, 1680~1746) : 자는 희경(熙卿)[350]이고, 호는 도암(陶菴)이며, 본관은 우봉(牛峰)이다. 숙종 때 문과에 급제하였고, 이조판서(吏曹判書)를 지냈으며, 시호는 문정(文正)이다.

前月
惠翰 久而承拜 怳若更奉
淸晤於泉聲岳色之間
耳 天氣漸暖
政履萬福 慰遡交至 弟
今年覺益衰 願乞得句
漏 却老之方 而何可望也 屋子別
後 不聞消息 意謂覆起板瓦
尙亦未也 千萬不宣〔伏惟〕
下照 謹謝上狀
甲寅 二月 十九日
庚弟 縡 頓

달포 전 편지를 오랜만에 받으니 마치 물소리와 산 빛 사이에게 당신을 만나 뵙는 듯합니다. 날씨가 점점 따뜻해지는데 정사보시는 안부가 좋으시다니 위안과 그리움이 교차됩니다. 저는 올해 점점 더 쇠약해져가니 구루(句漏)[351]를 얻는 것이 늙음을 물리치는 방법이지만 어떻게 바라겠습니까? 초가집에서 헤어지고 나서 아직 소식을 듣지 못했는데 아마도 널기와를 덮는 일이 아직 끝나지 않아서일 것입니다. 이만 줄입니다. 살펴주시기 바라며 답장을 올립니다.
갑인년(甲寅年, 1734) 2월 19일, 경제(庚弟)[352] 재(縡)는 머리를 조아립니다.

---

350) 희경(熙卿) : 원문의 '熙師'를 바로잡았다.
351) 구루(句漏) : 구루는 단사(丹沙)가 나는 곳으로 진 나라 때 갈홍(葛洪, 284~364)이 연단(鍊丹)을 하기 위하여 자청해서 구루 영(句漏令)으로 부임했다고 한다.《진서(晉書)》〈갈홍열전(葛洪列傳)〉
352) 경제(庚弟) : 동갑 사이에 자기를 겸손하게 이르는 말이다.

203. 姜樸 字子淳 號菊圃 晉州人 肅宗朝 文科 官牧使 贈吏判 晉陵君 眉叟門人

강박(姜樸, 1690~1742) : 자는 자순(子淳)이고, 호는 국포(菊圃)고, 본관은 진주(晉州)다. 숙종 때 문과에 급제하였고, 목사(牧使)를 지냈으며, 이조판서(吏曹判書)에 증직되었다. 진릉군(晉陵君)에 봉해졌고, 미수(眉叟 : 許穆)의 문인이다.

地上麒麟骨 其
於馬尉何
人看如玉甚 官
說得錢多 冬至
屋梅動 天長雲
海[353]賒 衰緖當
離別 感激市中
歌[354] 辛酉 冬至 前日
菊圃 病蟄 草

세상에 기린 같은 골격에
어떻게 마위(馬尉) 벼슬인가?
사람들은 옥처럼 귀하게 보니
벼슬살이에 돈도 많이 얻는다네.
동지에 집에는 매화가 움트고
긴 하늘엔 구름바다가 멀리까지 펴졌네.
쇠약한 정서에 이별하니
시가(市街)의 노래에 감격하네.
신유년(辛酉年, 1741) 동지 전날, 국포(菊圃)는 병으로 칩거하며 쓰다.

---

353) 雲海 : 원문의 '海運'은,《국포선생집(菊圃先生集)》〈송린우(送麟郵)〉을 근거로 바로잡았다.
354)《국포선생집(菊圃先生集)》에 〈송린우(送麟郵)〉라는 제목으로 실려 있다.

204. 朴文秀 字成甫 號耆隱 高靈人 肅宗朝 文科 官判敦寧 靈城君 諡忠憲

박문수(朴文秀, 1691~1756) : 자는 성보(成甫)고, 호는 기은(耆隱)이며, 본관은 고령(高靈)이다. 숙종 때 문과에 급제하였고, 판돈령부사(判敦寧府事)를 지냈다. 영성군(靈城君)에 봉해졌고 시호는 충헌(忠憲)이다.

此時甚寒
凡百如何 馳念 此間 萬山 才經
紅疫 憂灼何可幸
君家尹內丁 大痛 小兒 不大痛
然方煎服葛根湯 兒奴久
病者 發斑而未洽 又兒婢
痛之 亦服葛根耳 卽今
君家紅疫 似滿室
祠宇 姑勿奉來 君過葬禮
後 卽日下來甚好 而未經紅疫
此極爲慮 商量爲之也 餘不具
初三 靈翁

몹시 추운 이때 모든 생활은 어떤지 그립네. 이곳에 있는 만산(萬山)이는 겨우 홍역을 치렀으니 걱정했었는데 얼마나 다행인가? 자네 집안의 윤내정(尹內丁)은 크게 아프고 작은 아이는 크게 아프지는 않지만 갈근탕(葛根湯)을 다려 복용을 하고 있네. 어린 종들 중에 오랫동안 병을 앓고 있는 자들은 반점이 났지만 아직은 완전히 퍼진 상태는 아니고 어린 계집종도 아파서 갈근탕을 복용하고 있네.

오늘 그대의 집에도 홍역이 집안에 가득하니 사당에는 우선 오지 말고 자네는 장례를 치르고 나서 그날 내려오는 것이 좋을 듯하지만, 아직 홍역을 치르지 않아 매우 걱정이니 헤아려서 하게. 나머지는 이만 줄이네.

3일, 영옹(靈翁)[355)]

205. 趙泰耉 字德叟 號素軒 陽州人 肅宗朝 文科 官右相

조태구(趙泰耉, 1660~1723) : 자는 덕수(德叟)고, 호는 소헌(素軒)이며, 본관은 양주(陽州)다. 숙종 때 문과에 급제하였고, 우의정(右議政)을 지냈다.

戀承
兄問札 謹諦盛炎
字履萬安 披慰〔如〕
對 ◯◯積悴之極
恐〔難〕久支 自憐自憐
兩味之
餉 多荷
情念 無以爲謝 不宣
謝狀上
癸巳 五月 十三日 服弟 泰耉
頓

그립던 중에 형의 문안편지를 받고 무더위에 수령으로 정무보시는 안부가 좋으시다니 마치 뵙는 것처럼 위안되었습니다.
저는 오랫동안의 심한 초췌함으로 오래 버티기는 어려울듯하니 절로 가련합니다. 보내신 두 가지 음식은 정으로 염려해 주신 것이라 어떻게 감사해야 할지 모르겠습니다. 이만 줄이며 답장을 올립니다.
계사년(癸巳年, 1713) 5월 13일, 복제(服弟) 태구(泰耉)는 머리를 조아립니다.

206. 尹斗緖 字孝彦 號恭齋 孤山孫

355) 영옹(靈翁) : 박문수(朴文秀)가 영성군(靈城君)에 봉해진데서 이르는 말이다.

윤두서(尹斗緖, 1668~1715) : 자는 효언(孝彦)이고, 호는 공재(恭齋)며, 고산(孤山 : 尹善道)의 증손(曾孫)[356]이다.

衆鳥高飛盡
孤雲獨去閑
相看兩不厭
只有敬亭
山[357]
[孝彦]

뭇 새는 높이 모두 날아가 버리고,
흰 구름은 혼자서 한가롭게 떠나가네.
서로 보며 양쪽 다 싫어함이 없는 것은,
오직 이 몸과 경정산(敬亭山) 둘뿐이네.
인장 : [효언(孝彦)]

207. 鄭澔 字仲淳 號丈菴 松江后 肅宗朝 文科 官領相 謚文敬 尤菴門人

정호(鄭澔, 1648~1736) : 자는 중순(仲淳)이고, 호는 장암(丈巖)[358]이며, 송강(松江 : 鄭澈)의 후손이다. 숙종 때 문과에 급제하였고, 영의정(領議政)을 지냈다. 시호는 문경(文敬)이고, 우암(尤菴 : 宋時烈)의 문인이다.

早承
問札 不任感慰 時事不欲掛口
唯以辭單之 見却於喉司 成

356) 증손(曾孫) : 원문의 '孫'을 바로잡았다.
357) 이백(李白, 701~762)의 오언절구 〈독좌경정산(獨坐敬亭山)〉을 적은 것이다.
358) 장암(丈巖) : 원문의 '丈菴'을 바로잡았다.

一心疾 極可苦也 下款

所示 敢不奉副 但亞銓 牢

守己見 無意出肅 是可慮

也 然當殫心周旋耳 多少

不宣狀

卽 服弟 澔 頓

일찍이 문안편지를 받고 감사와 위안되는 마음을 감당할 수 없었습니다. 세상일은 말하고 싶지 않습니다만, 오직 사직 단자(單子)는 승정원에서 받아주지도 않아 마음의 병을 이루어 매우 고민입니다. 내리신 조목에서 말씀하신 것을 감히 받들지 않겠습니까만 이조판서가 자신의 견해를 굳게 고집하면서 나와서 사은숙배할 생각도 없으니 걱정입니다. 그렇지만 마땅히 마음을 다해서 주선할 뿐입니다. 다소간의 사연은 이만 줄입니다.

즉일, 복제(服弟) 호(澔)는 머리를 조아립니다.

208. 兪拓基 字展甫 號知守齋 杞溪人 仁祖朝 文科 官領相 諡文翼

유척기(兪拓基, 1691~1767) : 자는 전보(展甫)고, 호는 지수재(知守齋)며, 본관은 기계(杞溪)다. 인조 때 문과에 급제하였고, 영의정(領議政)을 지냈으며, 시호는 문익(文翼)이다.

拓基白 家門不幸 仲母 奄忽棄背

纔過一旬 又哭次女 催慟痛割 非

所可堪 伏蒙

尊慈俯賜

慰問 哀感〔不任下誠〕極熱 猶靳一霈

不審日來

尊體何似 拓基 才〔乭〕仲母葬所還

亡女入地 又隔四日 悲哀隕剝 無復
可言 老人疚懷多日 神氣甚損
尤切悶迫 謹奉狀上謝 不宣 謹狀
癸亥 五月 五日 朞服人 俞拓基 狀上

척기(拓基)는 말씀드립니다. 가문이 불행해서 중모(仲母)[359]께서 갑자기 돌아가신지 겨우 열흘밖에 지나지 않았는데, 또 둘째 딸이 죽었으니 가슴이 찢어지는 애통함을 견딜 수가 없습니다. 당신께서 사랑으로 위문장을 내리시니 저의 감사한 마음을 이길 길 없습니다. 무더위에 한 줄기 소나기도 내리지 않는데 요즘 안부는 어떠하신지요? 저는 막 중모님의 장례를 치르고 돌아와 죽은 딸아이를 땅에 묻은 지 사흘이 지났지만 비통하고 괴로운 마음을 다시 말로 할 수 없습니다. 연로하신 부모님이 아픈지 오래되어 정신이 매우 손상되니 더욱 민망합니다. 답장을 드리며 이만 줄입니다.
계해년(癸亥年, 1743) 5월 5일, 기복인(朞服人) 유척기(俞拓基)는 편지를 올립니다.

209. 趙德鄰 字宅仁 號玉川 漢陽人 仁祖朝 文科 官承旨

조덕린(趙德鄰, 1658~1737) : 자는 택인(宅仁)이고, 호는 오천(玉川)이며, 본관은 한양(漢陽)이다. 인조 때 문과에 급제하였고, 승지(承旨)를 지냈다.

雪裏窮寒 何至
專价持書 遠尋空山 雖
知賜意之厚 而實所不
安 因審
侍下學味 當寒益進 不任
慕悅之情 弟 堇能自存
而時議經營不已 愈出

359) 중모(仲母) : 둘째아버지의 아내인 둘째어머니를 이른다.

愈峻 方東裝待

命耳 相去絕遠 且値嚴

沍 相見固不易謀 而便信

往來 亦多費日子 不必憧憧

爾 思分了光陰 而專意所

事 日有所得 有進無退

則是爲善學 而慰親知

之期望大矣 何待同堂合

席 而爲恨懊也 不宣 伏惟

令照下[360)]

丙辰 十一月 十九日

德鄰 頓

눈 속 매서운 추위에 어떻게 심부름꾼이 편지를 가지고 멀리 빈산까지 찾아왔습니까? 비록 후의로 보내신 것을 알지만 참으로 마음이 편치가 않습니다. 부모님 모시고 공부하시면서 추위를 만나 더욱 정진하신다니 그립고 사모하는 마음 이길 길 없습니다.
저는 겨우나마 제 자신을 보존하고 지내고 있으면서 끊임없이 여론을 경영하고 있지만 여론은 나올수록 더욱 준엄해져 지금은 짐을 꾸리고 명을 기다리고 있을 뿐입니다. 서로 너무 멀리 떨어져 있는데다 추위가 혹독하여 만나는 것조차 쉽게 도모할 수 없고, 인편이 오가는 데도 오랜 날짜가 소요되니 간절히 그립지 않겠습니까? 세월을 생각하며 오로지 할 일에 뜻을 둔다면 날마다 터득하여 물러남이 없는 발전만 있을 것입니다. 이것이 훌륭한 학문이니 친지들의 기대와 바람을 크게 위안하는 것이 어찌 한 자리에 만나는 것만 기다려서 한스럽게 여기겠습니까? 이만 줄입니다. 영감께서 살펴주십시오
병진년(丙辰年, 1736) 11월 19일, 덕린(德鄰)은 머리를 조아립니다.

---

360) 《옥천선생문집(玉川先生文集)》에 〈답이성중(答李性中)〉이라는 제목으로 거의 동일한 내용의 편지가 실려 있다. "雪裏專价持書 遠尋空山 雖知賜意之厚 而實所不安 因審侍學益進 甚慰 德鄰廑能自存 而時議經營不已 愈出愈峻 方東裝待命耳 相去絕遠 且値嚴沍 相見姑未易謀 而便信往來 亦多費日子 不必憧憧爾思分了光陰 而專意所事 日有所得 有進無退 則是爲善學 而慰親知之期望大矣 何待同堂合席而後 爲可學耶只幾學履日茂 以副忉忉"

210. 金昌協 字仲和 號農菴 文谷子 肅宗朝 文科 官禮判 諡文簡

김창협(金昌協, 1651~1708) : 자는 중화(仲和)고, 호는 농암(農巖)[361]이며, 문곡(文谷 : 金壽恒)의 아들이다. 숙종 때 문과에 급제하였고, 예조판서(禮曹判書)를 지냈으며, 시호는 문간(文簡)이다.

卽承
專書 就審暑潦
令履佳安 慰荷區區 僕 一
臥彌月 澌敗倍甚 委頓
床席 了無差蘇之意
私悶何言
惠送杏宗 頓可於病口 珍
謝良慰 餘手顫堇堇 不宣
上謝狀
丙戌 五月 卄六 昌協

편지를 받고 여름 장마에 영감께서 잘 지내신다니 매우 위안이 되었습니다.
저는 줄곧 한 달 남짓 누워 지내고 있으니 온 몸에 기운이 다 빠지는 것이 배나 심합니다. 자리를 보존하고 있으면서 조금도 소생할 기미가 없으니 민망함을 어떻게 말씀드리겠습니까? 보내신 은행열매는 환자의 입맛에 맞으니 매우 감사합니다. 나머지는 손이 떨려 겨우 쓰고 이만 줄이며 답장을 올립니다.
병술년(丙戌年, 1706) 5월 26일, 창협(昌協)

---

361) 농암(農巖) : 원문의 '農菴'을 바로잡았다.

211. 李栽 字幼材 號蜜菴 葛菴子 景宗朝 薦掌樂院主簿

이재(李栽, 1657~1730) : 자는 유재(幼材)고, 호는 밀암(蜜菴)이며, 갈암(葛菴 : 李玄逸)의 아들이다. 경종 때 장악원 주부(掌樂院主簿)에 천거되었다.

戀頭 承聞忻悉

侍眷匀勝 此亦依遺 而

自父子分離 益覺懷緖無

聊 兼各處分隔 撓惱非一

此生良苦 學孫來後 姑無

事課業 頗精專孤寂

中 日與兩孫相對慰懷

但眼瞖 恐成痼症

所送藥丸 當依

示 湯服 而略少可歎 隨後

優覓 以送爲望 生 欲於今

卄八日間 往哭兜院喪家

歸期 似在晦日 或初一日

耳 餘不究 遠惟

乙 二 卄五

栽

그립던 끝에 편지를 받고 부모님 모시며 식구들도 잘 지내신다니 매우 기쁩니다. 저는 그럭저럭 지내고 있지만 아버지와 아들이 서로 헤어지고 나서 더욱 마음이 무료합니다. 아울러 각지로 떨어져 있어 번요함이 한 둘이 아닙니다.

저는 삶이 참으로 고달픈데, 손자 학(學)이가 와서 우선 아무 일 없이 공부하고 있습니다. 고적한 가운데 마음을 쏟으면서 날마다 두 손자와 마주하는 것으로 마음에 위안을 삼습니다. 그러나 눈병이 불치병이 될까 걱정입니다.

보내주신 환약은 말씀하신대로 탕으로 복용하였는데 소략한 것이 한스러웠습니다. 추후에 넉넉히 보내 주시기를 빌겠습니다. 저는 이달 28일 사이에 두원(兜院)의 상가에 가서 문상을 하고 그믐날이나 초하룻날에나 돌아갈 것 같습니다. 나머지는 이만 줄입니다. 을○년(乙○年) 2월 25일, 재(裁)

212. 權斗經 字天章 號蒼雪 沖齋后 肅宗朝 文科 官修撰

권두경(權斗經, 1654~1725) : 자는 천장(天章)이고, 호는 창설재(蒼雪齋)[362]며, 충재(沖齋 : 權橃)의 후손이다. 숙종 때 문과에 급제하였고, 수찬(修撰)을 지냈다.

昨日歸驂 能免侵星 而

僉啓居 俱淸勝否 此中洞主 夜深始到

疏首 更加消詳磨礱 復書奉呈 幸依

此書之如何 密翁 必欲進見

會所 洞主 力無不如勿往 還嫌 鄙等之見 亦

然 翁猶無往 鄙欲雖不往見

會中 豈疑情淺相悉之間 自當心會而已

竊計

僉意 亦如鄙意也 餘惟

僉下照 辛丑 二月 小望 斗經 頓

[追伸] 疏本改書時 忙寫 間有省畵書半字處 正寫時 更詳察如何

어제 말을 타고 돌아오는 덕에 새벽에 도착하지는 않았습니다. 여러 형제들은 모두 잘 계신지요? 이곳에 동주(洞主)[363]가 한밤중에 도착해서 소수(疏首)[364]와 더욱 상세히 글을

362) 창설재(蒼雪齋) : 원문의 '蒼雪'을 바로잡았다.

363) 동주(洞主) : 서원(書院)의 원장을 이른다.

다듬어서 다시 써서 올립니다. 이대로 쓰는 것이 어떻습니까? 밀옹(密翁)께서 모임에 가서 꼭 만나고 싶어 하셨는데 동주가 가지 않는 것이 좋겠다고 애써 말리니 도리어 혐의스럽습니다. 저희들의 견해도 그렇지만 밀옹께서 가령 않으신다면 저희들이 아무리 가서 만나지 않더라도 모임에서 어찌 서로 잘 아는 사이에 정이 없다고 의심을 하겠습니까? 절로 마땅히 마음으로 이해할 것입니다. 여러분들의 생각도 저의 뜻과 같을 것이라 생각합니다. 나머지는 여러분들께서 살펴주십시오.

신축년(辛丑年, 1721) 2월 14일, 두경(斗經)은 머리를 조아립니다.

[추신] 상소문을 고쳐 쓸 때 바쁘게 쓰느라 간간히 획을 생략하거나 약자로 쓴 것 곳이 있습니다. 정서할 때 다시 자세히 살피는 것이 어떻습니까?

213. 趙顯命 字穉晦 號鹿翁 漢陽人 英宗朝 文科 官領相 諡忠孝

조현명(趙顯命, 1690~1752) : 자는 치회(穉晦)고, 호는 녹옹(鹿翁)이며, 본관은 한양(漢陽)이다. 영종 때 문과에 급제하였고, 영의정(領議政)을 지냈으며, 시호는 충효(忠孝)다.

卽伏承

下札 謹審日來

台體神相萬安 伏慰

之深 積城之病 非不念之

而續續啓 實涉惶恐 故

手本 不三至 則不許矣 改筆

令連日呈之如何 書

末事 不至大段觸激 亦可見

天地之大矣 方對客草草 不

---

364) 수소(首疏) : 연명으로 상소를 올릴 때 제일 먼저 이름을 적는 우두머리를 이른다.

宣 伏惟

台下照 謹拜上謝狀

卽 記下 趙顯命 頓

오늘 편지를 받고 요사이 대감께서 잘 지내신다니 매우 위안이 되었습니다. 적성(積城)[365]지역의 병폐가 염려스럽지 않은 것은 아니지만 연이어 장계(狀啓)를 올리는 것은 참으로 황공하기 때문에 수본(手本)[366]이 세 차례 이르지 않으면 허락할 수 없습니다. 고쳐 써서 매일 올리는 도록 하는 것이 어떻습니까? 글의 말미에 있는 사건은 대단히 충격이어서 쓰지 않는 것이 또한 천지와 같은 큰 은혜를 볼 수 있을 것입니다. 손님을 마주하여 급히 쓰고 이만 줄입니다. 대감께서 살펴주시기 바라며 답장을 드립니다. 즉일, 기하(記下) 조현명(趙顯命)은 머리를 조아립니다.

214. 李柱天 字爾能 號洛渚 滄洲孫 肅宗朝 文科 官翰林

이주천(李柱天, 1662~1711) : 자는 이능(爾能)이고, 호는 낙저(洛渚)며, 창주(滄洲 : 李昌鎭)의 손자다. 숙종 때 문과에 급제하였고, 한림(翰林)을 지냈다.

戀頭見

書 知安況 慰沃難狀

孫兒紅疫之後 患復

痛云 慮念不已 京中

此患之慘 甚於戊己之

病 聽視愁慘 實關

時變 可怕可怕 聞塵巷稍

歇云 此可稍降 而前頭

365) 적성(積城) : 경기도 파주시 적성면을 이른다.

366) 수본(手本) : 공적인 일로 상급기관이나 관계관청에 보고하는 문서를 이른다.

安可必也 大抵此患 大異
常症 或有支離月餘
者 再痛三痛者 醫亦技窮
或言專用月經之害 或
言人乾之半利半害 或
言熱甚 則調胃承氣湯
爲妙 見效者 頗多云 盖
死已相繼 故醫術如此 而
終不如月經之無大害耳
吾則瓜滿之後 更往本道
爲苦無奈 京中出代之後
觀勢備意下去計 而判下
之 殆不行公 故尙不出代 尤悶
近來京奇別 無可聞
者耳 便忙不具
五月 初七日 爾能

그립던 끝에 편지를 받고 잘 지내신다니 말할 수 없이 위안이 되었습니다. 손자가 홍역을 겪은 뒤에 또 다시 아프다고 하니 걱정이 마지않습니다. 서울에서 지금 앓고 있는 참상은 무기(戊己)[367] 때의 병보다 심하니 보고 듣는 처참함은 실제로 일어나는 현재의 변고이니 두렵습니다. 먼지 나는 골목에는 조금 낫다고는 하지만 이렇게 조금 꺾였다고 해서 앞일들을 어떻게 장담할 수 있겠습니까?
이 병은 일반적인 증세와 달라 한 달 남짓 끄는 사람도 있고 두세 번 앓는 사람도 있습니다. 의원도 재주가 부족해서, 전적으로 월경(月經)[368]만 쓰는 것은 해롭다는 말하는 사람도

367) 무기(戊己) : 무(戊)자가 들어가는 해와 기(己)자가 들어가는 해를 아울러 이르는 말이다.
368) 월경(月經) : '월경수(月經水)' · '몸엣것'이라고도 하는데, 생리혈을 이른다. 《동의보감(東醫寶鑑)》에, 언해(諺解)로 "계집의 월경슈" 또는 "계집의 처엄난 월슈"라고 설명되어 있는데, 생리혈이 묻은 천을 물에 풀어 약으로 사용하는 것으로, "독을 풀고 여로복을 회복시킨다.[解毒箭并女勞復]"고 했고, 또 "음열을 치료하는 데 가장 좋다.[治陰熱最佳]"고 하였다.

있고, 인건(人乾)[369]을 쓰는 것은 이롭고 해로운 것이 반반이라고 말하는 사람도 있습니다. 심하게 열이 나면 '조위승기탕(調胃承氣湯)[370]'으로 묘하게 효과를 보았다는 사람도 꽤나 많다고 합니다. 대개 죽는 사람들이 이미 속출하고 의술이 이와 같으니 마침내 월경처럼 큰 해가 없는 것만 못합니다.

저는 임기가 끝난 뒤 다시 본도(本道)로 갈 것인데 괴롭지만 어찌하겠습니까? 서울에서 교대하러 나온 뒤 상황을 살펴보고 뜻을 갖추어 내려갈 계획이었는데 판하(判下)[371]가 자못 공적으로 행해지지 않아 아직 나가서 교대하지 못하고 있으니 더욱 민망합니다. 보내온 서울 소식은 따로 말씀드릴 것이 없습니다. 인편이 바빠 이만 줄입니다.

5월 5일, 이능(爾能)

215. 朴孫慶 字孝有 號南野 咸陽人 正宗朝 逸教官

박손경(朴孫慶, 1713~1782) : 자는 희유(希有)[372]고, 호는 남야(南野)며, 본관은 함양(咸陽)이다. 정종 때 유일(遺逸)로 교관(教官)을 지냈다.

秋來多事 一倅而稽 悵然歎然 山

中葉盡 伏惟

侍餘 靜想超然 病叔氣息 近更何

似 春間 捨歸之際 意謂此病 若甦

當宗喜氏來 作十日之留 邇來此意

漸弛 有若痛定者 忘痛 此亦頑忍餘

---

369) 인건(人乾) : '야인건수(野人乾水)' · '야건수(野乾水)' · '야인건(野人乾)'이라고도 하는데, 인분(人糞)을 가리킨다. 정약용(丁若鏞, 1762~1836)은 "우리 풍속에 똥 먹는 것을 매우 좋아하여 병이 나면 똥을 곧잘 먹지만, 똥에 대하여 분명히 알지 못하니 안타깝다. 무가산(無價散)은 사람 · 고양이 · 돼지 · 개의 똥인데 개똥인 줄만 알고, 야인건은 '미후분(獼猴糞)' 즉 원숭이똥인데 인분으로 잘못 알고 있다."라고 하였다. 《여유당전서(與猶堂全書)》〈의학집(醫學集) · 마과회통(麻科會通)〉

370) 조위승기탕(調胃承氣湯) : 열이 심하고 대변을 보지 못하는 증상에 사용하는 처방이다.

371) 판하(判下) : 신하가 올린 안건에 대하여 임금이 검토하여 그 가부를 재가하는 것을 말한다.

372) 희유(希有) : 원문의 '孝有'를 바로잡았다.

生情愛都喪耶 可嘆可嘆 弟 病瘁姑

遣 慈候 亦粗安 而相視爲命者 畢竟

分離 已於八晦送 至峴西先墓而歸 人

生有情 當何以堪 其兄無似 旣不能

竭誠回幹 又不忍自挈渡漢 請堂

父帶去而留落 掩泣之餘 精魂◯

已 如失如癡甚矣 命之畸也 堂父歸

後 一因邸便 略聞聲息 邇來杳然

已數旬矣 孰謂生別 愈於死別也

苦哉苦哉 素性懶緩 兩事都弛 家

內瑣屑 專靠於渠 自送渠以來 紛冗

叢蝟 兼有先壟展掃之 故不能偸得

數日隙 末由進叙吐此 多少咄咄 奈何

從大父壽席 定在來初三 堂父爲邀

隣近知舊 兼及姻戚之家 今付書

於貴邊 想亦爲此也 伏惟

下照 上狀 乙丑 十月 二十二日

姻弟 孫慶 拜

가을이 오니 일이 많아 심부름 하나 보내지 못하고 소식이 늦었으니 서운합니다. 산 속 낙엽이 다 떨어져 부모님 모시는 나머지 고요한 생각이 초연할 것이라 생각합니다. 병든 숙부의 기식(氣息)은 요사이 다시 어떻습니까? 봄에 벼슬을 버리고 돌아갈 즈음에 병이 만약 낫는다면 종희(宗喜)씨가 와서 10일 정도 머무를 생각이었는데, 요사이 이런 뜻이 점점 없어져만 갑니다. 통증이 진정된 사람이라야 통증을 잊을 수 있으니, 이 또한 완악하게 남은 삶에서 애정이 모두 사라지기를 인내해야 한단 말입니까? 탄식스럽습니다.

저는 병으로 초췌한 채 그냥저냥 지내고 있고 어머니도 그런대로 지내고 계십니다. 서로 만나는 것을 운명으로 여기는 사람은 끝내 헤어지는 법이라, 이미 8월 그믐에 현서(峴西)의

선영(先塋)에서 전송을 하고 돌아왔습니다. 사람에게는 감정이란 것이 있는데 어떻게 견딘단 말입니까? 그의 형이 불초해서 이미 정성을 다해 되돌리지도 못하고 또 차마 손을 이끌고 한강을 건널 수도 없어 당숙부에게 부탁을 하여 데리고 갈 것을 청하였고 남아서 울던 나머지, 혼이 다 사려져 마치 정신을 잃은 듯 멍합니다. 운명은 기구해서 당숙부께서 돌아가시고 나서 한번 저리편(邸吏便)에 간략하게나마 소식을 들었지만, 이후 아득히 소식을 듣지 못한지 벌써 수십일이 되었습니다. 누가 생이별이 죽은 이별보다 낫다고 하였습니까? 고통스럽습니다.

저는 본성이 게으르고 민첩하지 못해 두 가지 일 모두를 지체하고 있습니다. 집안의 자잘한 일들도 오로지 그에게 의지하고 지냈는데 그를 보내고 나자 번요한 일들이 모여듭니다. 아울러 선산에 성묘할 일도 있는데 며칠 틈을 낼 수조차 없어 찾아뵙고 제 마음을 말씀드릴 수가 없으니 안타까움을 어찌하겠습니까?

종조부의 환갑이 다음달 3일로 잡혀 당숙께서 인근 친구들을 초청하고, 아울러 인척들의 집에도 편지를 보냈는데 지금 그대에게 편지를 보낸 것도 아마 이 때문이라 생각합니다. 살펴주시기 바라며 편지를 드립니다.

을축년(乙丑年, 1745) 10월 22일, 인척 아우 손경(孫慶)은 절합니다.

216. 李象靖 字景文 號大山 牧隱后 英宗朝 文科 官刑議 諡文敬 享高山書院

이상정(李象靖, 1711~1781) : 자는 경문(景文)이고, 호는 대산(大山)이며, 목은(牧隱 : 李穡)의 후손이다. 영종 때 문과에 급제하였고, 형조참의(刑曹參議)를 지냈다. 시호는 문경(文敬)이고, 고산서원(高山書院)에 제향되었다.

一脚出門 覺此身非我有
魂夢猶懶 向故山 矧暇書
札存問意中人耶 迺
座下獨無一言遠及 已便

置江湖之外耶 則未能
無介然也 卽日弊歲
靜中 啓處何似 胤郎
已成人何幸 有人見說
高軒盆梅盛開 不覺
淸香襲人 一段好意思
忽自塵肚中 拔出來 直
是可笑 未可折來一枝
續前日蘭蕙故事否 若
侈以瓊韻 又何幸 方溫
存理病 不敢出入 欲坐屈
梅兄 亦愧不敏 幸爲我解
嘲如何 不宣 伏惟
下察
除歲前 四日 戚弟 象靖
拜手

문 밖으로 한 걸음만 나서도 이 몸은 나의 소유가 아닌 듯하고 꿈속에서도 게으른데 고향으로 마음속에 있는 사람에게 편지를 보내 안부라도 물으시는지요? 좌하께서는 홀로 한마디 멀리 저에게 편지도 하지 않으시니 벌써 강호의 밖에 저를 두신 것인지요? 꺼림칙한 마음이 없을 수 없습니다.
한해가 다해 가는 요사이 고요히 정양하시는 가운데 안부는 어떠하신지요? 당신의 아드님이 벌써 성인이 되었으니 얼마나 다행인지요. 어떤 사람은 당신의 화분에 활짝 핀 매화가 자신도 모르는 사이에 맑은 향기가 사람들에게 스며들었다고 말했습니다. 한 조각 좋은 생각이 홀연히 먼지 가득한 속에서 뽑혀 나오니 우습습니다. 한 가지를 꺾어 지난날 난초와 혜초의 고사를 이을 수는 없겠는지요? 만약 사치스럽지만 좋은 시도 보내주시면 얼마나 다행이겠습니까? 따뜻하게 병을 조리하고 있어 출입하지 못하고 앉아서 매형(梅兄)[373]을 받으려고 하니 또한 불민하여 부끄럽습니다. 저를 위해 웃어주시는 것이 어떻습니까? 이만 줄이니 살펴주십시오.

새해 4일 전날, 친척 아우 상정(象靖)은 두 손 맞잡고 절합니다.

217. 崔興遠 字汝浩 號百弗菴 慶州人 英宗朝 逸進善

최흥원(崔興遠, 1705~1786) : 자는 여호(汝浩)고, 호는 백불암(百弗菴)이며, 본관은 경주(慶州)다. 영종 때 유일(遺逸)로 진선(進善)을 지냈다.

賢胤歸時 所復小書 特被遽菫倩成 其

必有不成說者 想有以恕照也 從子之行 合

又爲書 而其所告行 乘晨太促 只寄語而

止 渠必有告矣 冬日不甚寒 玆時

令候動靜得無添感否 呈辭之計 果

有順道得遂之否 區區而念 殆無虛日 昨暮

偶因轉轉來傳 所聞於良洞者 略知其順遞

得 然旣非親耳目所得何可信耶 弟 雖能

日强精力 盥巾如人 頓覺神識 視昨大耗

脫 往往思慮昏錯 日用雜酬冗做 太半沒

頭緖 必非吉兆 況於卷中師友之說 有何持

守其所嘗見得者乎 强收神思 菫此草草 伏惟

恕察 不備謹候狀

庚子 十一月 十八日 弟 崔興遠 拜

아드님이 돌아올 때 짧은 답장은 서둘러 겨우 대필한 것이라 분명 제대로 말이 되지 않는 부분도 있겠지만 용서하시고 보아주시리라 생각합니다. 조카의 행차를 만나 또

373) 매형(梅兄) : 수선화에 대해서 매화를 꽃의 형이라는 의미로 매형이라고 하였다.

편지를 쓰지만 길을 나선다고 알려온 것이 새벽이라 너무 급하게 말만 전할 뿐이니, 조카가 이러한 상황을 필시 말씀 드렸을 것입니다. 겨울인데도 날씨가 그리 춥지 않은 이때 영감께서는 감기는 걸리지 않으셨는지요? 사직 상소를 올릴 계획은 과연 순조롭게 이루어졌는지요? 거의 매일 간절히 염려하였습니다. 그런데 어제 저녁에 우연히 전해온 소문을 양동(良洞)에서 듣고 대강이나마 무사히 체직되신 줄 알았습니다. 그렇지만 직접 보고 들은 것이 아니니 어떻게 믿을 수 있겠습니까?

제가 비록 날마다 강한 정신력으로 남들처럼 의관을 단정히 하고는 있지만 문득 정신이 전에 비해 크게 손상된 것을 느끼겠습니다. 왕왕 생각이 흐릿하고 착각이 들어 일상적인 자질구레하고 사소한 일조차도 태반은 두서를 잃어버리니 반드시 좋은 조짐은 아닙니다. 더구나 책 속의 사우들의 말에 관해 어찌 보고 얻은 것을 지킬 수 있겠습니까? 억지로라도 정신을 수습해서 겨우 이렇게 거칠게나마 편지를 쓰니 용서하시고 살펴주십시오. 이만 줄이고 편지를 드립니다.

경자년(庚子年, 1780) 11월 18일, 아우 최흥원(崔興遠)은 절합니다.

218. 姜橒 字擎夏 號松西 晉州人 純祖朝 文科 官持平 贈副提學

강운(姜橒, 1772~1834) : 자는 경하(擎夏)고, 호는 송서(松西)며, 본관은 진주(晉州)다. 순조 때 문과에 급제하였고, 지평(持平)을 지냈으며, 부제학(副提學)에 증직되었다.

向便巧值駕言 未承其
復 茹悵 尙未已 卽因意外
便 轉得安報 而高吉之
逝去 令人氣短 非但才器可
惜 此家氣運 何獨偏厄乃
爾 景五從光景 想之可
酸然也 弟 孫兒醮日看近 凡

須俱茫然 其父之東西桔据

還亦苦事 都留不備

候儀

丙戌 正月 卄一日 弟 姜橒

拜

지난번 인편은 공교롭게 당신께서 외출하고 계시지 않아 답장을 받지 못해 서운한 마음 아직도 가시지 않습니다. 즉일에 뜻밖의 인편을 통해 안부편지를 받았습니다. 그러나 고길(高吉)이 세상을 떠났다는 소식은 사람의 기운을 꺾게 합니다. 그의 재기가 아까울 뿐 아니라 그 집안의 형편을 살펴보면 어찌 그 집만 곤액이 이와 같습니까? 조카 경오(景五)의 형편을 생각하면 괴롭습니다. 저는 손자의 혼례가 얼마 남지 않았는데 필요한 모든 물건들을 갖추지도 못해 그의 아비가 동서로 바쁘게 쫓아다니니 도리어 괴롭습니다. 이만 줄이며 서식을 갖추지 않습니다.

병술년(丙戌年, 1826) 1월 21일, 아우 강운(姜橒)은 절합니다.

219. 丁範祖 字法正 號海左 羅州人 英宗朝 文科 官判書

정범조(丁範祖, 1723~1801) : 자는 법세(法世)[374]고, 호는 해좌(海左)며, 본관은 나주(羅州)다. 영종 때 문과에 급제하였고, 판서(判書)를 지냈다.

報與疏草覽過 而愚

見 則太遽耳 盖左閤

姑不行次對 而忽爲此報

狀磨勘 而繼又陳辭疏

則非所以釐捄而初心也

374) 법세(法世) : 원문의 '法正'을 바로잡았다.

徐議 而審識一条如何
結梢而退坐 如何如何
紙玆還之耳
卽 範祖 拜

보장(報狀)와 상소문의 초고는 다 보았습니다. 제 생각에는 너무 서두르시는 것 같습니다. 좌의정께서는 우선 차대(次對)[375]를 행하지 않고 갑자기 이 보장으로 마감하고, 이어서 또 사직 상소를 올린다면 다스려 폐단을 구제하려던 초심은 아닙니다. 천천히 의논하시고 한 조목을 살펴서 아시는 것이 어떠하며, 결말을 지어놓고 물러나시는 것이 어떻습니까?
종이는 돌려드립니다.
즉일, 범조(範祖)는 절합니다.

220. 李光靖 字休文 號小山 大山弟 英宗朝 逸別提

이광정(李光靖, 1714~1789) : 자는 휴문(休文)이고, 호는 소산(小山)이며, 대산(大山 : 李象靖)의 아우다. 영종 때 유일(遺逸)로 별제(別提)를 지냈다.

{皮封} 崔佐郎 侍次
仲蘊 奉復

頃得書久矣 無便未復
秋且盡矣 便中概審
重侍 學履珍勝 第從
氏襄期有日 遠惟悲緒
勞擾 爲之馳情

375) 차대(次對) : 매달 여섯 차례씩 의정(議政) · 대간(臺諫) · 옥당(玉堂)들이 임금 앞에서 정무를 보고하던 일을 이른다.

伯氏 頃蒙委訪 雖行事忽

卒 未克從容 而感幸則深

矣 科事得雋 自是分內

而故人之情 殊不任馳賀 生

夏秋來 一向困惱 殆無以自

振 苦事苦事 近來用工 果如何

擧世 奔趣於場屋 而

君獨妙年高臥 天之餉我 不爲

不厚 於是而思所以自力者 無

頃刻悠泛意思然後 庶不負於

天餉之厚 亦何俟於他求

哉 不究 照諒[376]

乙巳 菊月 卄二日 病生 光靖 草

{피봉} 최 좌랑(崔佐郎) 시차(侍次)

중온(仲蘊)[377]에게 답장을 드립니다.

지난번 편지를 받고 한참이 지났지만 아직도 답장을 드리지 못한 채 가을이 다해갑니다. 인편을 통해 중시하(重侍下)[378]에서 공부하시는 근황이 좋으시다는 것을 알았습니다. 조카의 장례날짜가 정해지니 멀리서 애통한 심정을 진정시키지 못한 채 그리는 마음만 간절합니다. 백씨께서 지난번 방문해 주시어 비록 일이 바빠 조용히 이야기도 나누지 못했지만 매우 감사하였습니다. 과거에 급제하신 것은 분수에 당연한 일이지만 친구의 마음에 축하하는 마음 끝이 없습니다.

---

376) 《소산선생문집(小山先生文集)》에 〈여최중온(與崔仲蘊)〉이라는 제목으로 거의 동일한 편지가 실려 있다. "伯氏頃蒙委訪 雖行事忽卒 未克從容 而感幸則深矣 近來用工果何如 擧世奔趨於場屋 而君妙年高臥 天之餉我 不爲不厚 於是而思所以自力者 無頃刻悠汎意思 然後庶不負於天餉之厚 亦何竢於他求哉 一部朱書 卽其方法 於此著力喫緊受用可也"

377) 중온(仲蘊) : 최벽(崔璧, 1762~1813)의 자로, 이광정(李光靖, 1714~1789)의 형인 이상정(李象靖, 1711~1781)과 학문적인 교류가 많았던 인물이다.

378) 중시하(重侍下) : 조부모와 부모를 함께 모시고 있는 상황을 이른다.

저는 여름 가을 이래로 줄곧 골치 아픈 일을 떨쳐버리지 못하고 있으니 괴롭습니다. 요사이 공부는 어떻습니까? 온 세상 사람들이 과거에 분주한데 그대만 묘년(妙年)에 세속을 떠나 있습니까? 하늘이 우리에게 내리신 복이 두텁지 않은 것이 아니기에 스스로 노력하여 잠시도 허송세월할 생각일랑 없어야 하늘이 내린 두터운 복을 저버리지 않을 것이니, 또 다른 무엇을 더 구하겠습니까? 이만 줄이니 살펴주십시오.

을사년(乙巳年, 1785) 9월 22일, 병든 사람 광정(光靖)은 씁니다.

221. 鄭宗魯 字士仰 號立齋 愚伏后 正宗朝 逸持平

정종로(鄭宗魯, 1738~1816) : 자는 사앙(士仰)이고, 호는 입재(立齋)며, 우복(愚伏 : 鄭經世)의 후손이다. 정종 때 유일(遺逸)로 지평(持平)을 지냈다.

{皮封} 蘇湖侍案 棣史

省式 客冬
垂問 所以慰我喪耦之悲者 甚勤
顧償便未易 加之荒廢甚 頃於
仲君之枉顧也 其感荷尤自別 於其歸
又坐忙 未克修謝 徒切歉恨於心 不謂
退可書 又如是惓惓 十回披玩 開瀉何極
卽日 天氣慘慄 不審
奉晨餘 僉學履 更何似
渭陽丈喪事 不勝驚怛
慈闈孔懷之痛 其何以仰寬耶 種種
懸溯不可言 戚服人 居然作老鰥身世者
幾及周歲 而却念人生 旣不能與之偕死
則會當有此境界 亦不足深悲 惟是精神

日漸消亡 其於此事 無復寸進之望 可愧也

惟希僉心照

謹謝狀上

甲子 九月 初三日 戚朞服人

宗魯 狀

{피봉} 소호(蘇湖) 시안(侍案)[379)] 체사(棣史)[380)]

인사말은 생략합니다. 지난겨울에 편지를 보내 아내를 잃은 저의 슬픔을 위로해 주신 것이 매우 간절하였습니다. 인편을 얻는 것도 쉽지 않고 더욱이 저의 정신이 너무 황폐했었는데 지난번 중군(仲君)[381)]께서 왕림해 주시니 감사함이 더욱 남달랐습니다. 돌아가실 때도 바쁜 일로 미쳐 답장을 쓰지 못해 마음속에 매우 서운하였습니다. 생각지도 못하게 자신을 낮추어 이처럼 간절하게 편지를 보내주셔서, 열 번이고 되풀이해서 읽으니 시원한 마음이 어찌 끝이 있겠습니까?

요즘 날씨가 추운데 부모님 모시는 나머지 형제들의 안부는 어떠신지요? 외숙부[382)]께서 돌아가셨다는 소식에 놀라움을 견딜 수 없습니다. 어머니의 형제[383)]간의 애통한 심정을 어떻게 진정시키는지요? 그리운 마음 말로 할 수가 없습니다.

척복인(戚服人)인 저는 어느새 늙은 홀아비 신세가 된지 거의 한 해가 다되어갑니다. 인생을 돌이켜 생각해 보면 이미 그와 함께 죽지 못했다면 이러한 상황을 만나는 것은 당연하니 깊이 슬퍼할 일도 아닙니다. 정신은 날로 점점 없어져가고 일에 대해서는 조금도

---

379) 시안(侍案) : 어버이를 모시고 있는 사람의 책상이라는 뜻으로, 주로 편지봉투에 받을 사람의 이름이나 호(號) 등의 아래에 쓴다.

380) 체사(棣史) : 형제에게 모시고 있는 사람이 받아서 전하여 달라는 뜻으로, 형제에게 보내는 편지봉투에 쓰는 말이다.

381) 중군(仲君) : 상대의 두 번째 아우를 이른다.

382) 외숙부 : 원문은 '渭陽'. 춘추시대 진 강공(秦康公, ?~BC 609)이 태자로 있을 적에 장차 본국인 진(晉)나라로 돌아가는 외숙부인 진 문공(晉文公, BC 697~BC 628)을 전송했던 곳에서 유래한다.

383) 형제 : 원문은 '孔懷'. 《시경(詩經)》〈상체(常棣)〉에, "죽음의 두려움을 형제간에 심히 걱정하며 언덕과 습지에 쌓인 시신을 형제가 찾아 나서느니라.[死喪之威 兄弟孔懷 原隰裒矣 兄弟求矣]"라고 한 데서 유래하는 말로, 형제간에 그리워하는 마음이나 형제를 지칭하는 뜻으로 쓰인다.

발전할 가망이 없으니 부끄럽습니다. 여러분들께서 마음을 살펴주시기를 바라며 답장을 드립니다.

갑자년(甲子年, 1804) 9월 3일, 척기복인(戚朞服人)[384] 종로(宗魯)는 편지를 드립니다.

222. 李益馝 字聞遠 號霞翁 全義人 英宗朝 武科 官北兵使 贈兵判 全陽君 謚襄武

이익필(李益馝, 1674~1751) : 자는 문원(聞遠)이고, 호는 하옹(霞翁)이며, 본관은 전의(全義)다. 영종 때 무과에 급제하여 북병사(北兵使)를 지냈으며, 병조판서(兵曹判書)에 증직되었다. 전양군(全陽君)에 봉해졌고, 시호는 양무(襄武)다.

省式

令咸玉折 慘慘不忍言 豈意天奪

之速 至此極也 未卽奉慰 承此

先施 還切慚赧 仍審

服履平迪 慰甚慰甚 不但令咸襄

禮

遷窆 亦在邇 想來

追慕罔極 何以堪抑 戚從 老病

近甚 自歎奈何

示索之物 若有之有何難事 而

借人見失有年 不得奉副 可歎 餘

適撓 不宣 伏惟

情照 狀上

丙寅 十月 初五日 戚從 李益馝 狀上

---

384) 척기복인(戚朞服人) : 1년복을 입는 인척관계임을 이른다.

인사말은 생략합니다. 영감의 조카가 요절하였다니 참혹함을 말로 하겠습니까? 어찌 하늘이 이처럼 빨리 목숨을 빼어갈 줄 생각이나 했겠습니까? 즉시 위문을 하지 못하고 먼저 보내신 편지를 받으니 매우 부끄럽습니다. 상중에 잘 지내신다는 소식에 매우 위안이 되었습니다. 다만 조카의 장례와 부모님의 묘를 이장하는 날짜가 가까이 다가오니 망극한 슬픔을 어떻게 견디시는지요?

척종(戚從)인 저는 요사이 늙고 병든 것이 심해 절로 탄식이 나오지만 어찌하겠습니까? 말씀하신 찾으시는 물건이 저에게 있다면 무슨 어려움이 있겠습니까만 다른 사람에게 빌려주고 잃어버린 지 몇 년이나 되어 말씀에 부응하지 못하니 탄식스럽습니다. 나머지는 번요하여 이만 줄이니 살펴주십시오. 편지를 올립니다.

병인년(丙寅年, 1746) 10월 5일, 척종(戚從) 이익필(李益馝)은 편지를 올립니다.

223. 蔡濟恭 字伯規 號樊巖 平康人 英宗朝 文科 官領相 謚文肅

채제공(蔡濟恭, 1720~1799) : 자는 백규(伯規)고, 호는 번암(樊巖)이며, 본관은 평강(平康)이다. 영종 때 문과에 급제하였고, 영의정(領議政)을 지냈으며, 시호는 문숙(文肅)이다.

相別經年 只有願言 忽

拜

下報 驚喜曷勝 第審

喪戚連仍 愕然不知爲喻

惟是

起居之連獲安重 爲區區仰

慰者耳 記末 夏七

纔經

北譴歸後 病不離身 路祟

固應爾也 亦復奈何

令胤委來相訪 可感

至意 餘非遠書可旣 只冀

閑履保重 忙草不宣 伏惟

下照 謹謝上狀

戊子 九月 二十二日 記末 拜

蔡濟恭

헤어진 채 해를 넘기면서 그리워만 하다가 갑자기 보내신 편지를 받으니 놀라음과 기쁨을 어찌 이기겠습니까? 연이어 초상이 났다고 하니 놀라움을 말로 할 수가 없습니다. 안부는 줄곧 좋으시다니 우러러 위안이 될 뿐입니다.

저는 여름 7월 비로소 북쪽으로 견책을 당했다 돌아온 뒤로 몸에서 병이 떠나질 않고 여독도 참으로 이러하지만 다시 어쩌겠습니까? 아드님이 찾아주어 지극히 감사합니다. 나머지는 멀리서 편지로 다 할 수가 없습니다. 다만 한가히 지내시는 안부가 좋으시기를 빌며 급히 쓰고 이만 줄입니다. 살펴주시기를 바라며 답장을 올립니다.

무자년(戊子年, 1768) 9월 22일, 기말(記末)[385]은 절합니다.

채제공(蔡濟恭)

224. 姜世晃 字光之 號豹菴 晉州人 憲宗朝 文科 官判尹

강세황(姜世晃, 1713~1791) : 자는 광지(光之)고, 호는 표암(豹菴)이며, 본관은 진주(晉州)다. 헌종 때 문과에 급제하였고, 판윤(判尹)을 지냈다.

丘令送此宅圖

云 可得卌[386]畝 爾者

385) 기말(記末) : '記'는 서로 기억하는 사이라는 뜻으로, 편지에서 자기보다 지위가 낮은 사람에게 자신를 낮추어 이르는 말이다.

386) 卌 : 원문의 '卅'을 바로잡았다.

爲佳 可與水丘共
行視 佳者 決便
當取問其賈[387]
臨羲之帖 [光之]

구령(丘令)이 집의 그림을 보내며 말하기를, "40무를 얻었는데 그곳에 있는 집은 매우 아름다워 물과 언덕을 함께 둘러볼 만합니다. 아름다운 곳을 사려고 결정을 하였다면 가격을 물어야 할 것입니다."라고 하였다.
왕희지(王羲之)의 첩을 임서하다. 인장 : [광지(光之)]

225. 柳致明 字誠伯 號定齋 全州人 純祖朝 文科 官兵參

유치명(柳致明, 1777~1861) : 자는 성백(誠伯)이고, 호는 정재(定齋)며, 본관은 전주(全州)다. 순조 때 문과에 급제하였고, 병조참판(兵曹參判)을 지냈다.

雨潦 阻鬱尤甚 不審
老親鼎茵一衛
省餘棣履有相 居然之頃
賢閤再朞隔日 竊想悲悼更切 允
君輩得以支持 而明日
大忌又臨 孺慕想益切 種種悲溯無
已 從日以支枕爲事 憊尙可知 兒亦一味
未振 孫又往靑凫 阻水久矣 慮鬱不
可言 卯谷訃音 悲悼悲悼 每謂其內靭 可
以享百歲 而奄至於此 痛矣痛矣 今於祥

387) 동진(東晋) 시대 왕희지(王羲之, 307~365)의 〈구령첩(丘令帖)〉을 적은 것이다.

除之夕 吾父子祖孫 竟作三霜不問

之人 只得以一力替送 而又無物可助奠

於明日 直是不成道理 愧歎何言 不

宣 統照亮

己未 六月 初二日 表從 致明 頓

장마에 소식이 막혀 매우 답답합니다. 연로하신 부모님께서 안부[388]는 줄곧 좋으시고 부모님 모시는 나머지 형제들도 잘 지내시는지요? 당신 아내의 재기(再朞)[389]가 하루밖에 남지 않아 애도하는 마음 더욱 간절하리라 생각합니다. 아드님들은 잘 지내고 있는지요? 내일 대기(大忌)[390]가 또 이르니 어머니를 그리는 마음[391] 더욱 간절할 것이니 슬프고 보고픈 마음 끝이 없습니다.

조카인 저는 날마다 자리를 보존하는 것을 일삼고 있으니 피로함을 아실 것입니다. 아이들도 줄곧 떨쳐 일어나지 못하고 있습니다. 손자들은 청부(靑鳧)[392]에 갔다가 물로 한동안 길이 막혀 염려되고 답답함을 말로 할 수가 없습니다. 묘곡(卯谷)의 부음에 비통합니다. 늘 안으로 강인해서 백수를 누리실 것이라 생각했었는데 갑자기 이렇게 되니 애통합니다. 오늘은 대상(大祥) 전날이라 우리 부자와 조손(祖孫)들은 끝내 3년이 되도록 문안조차 하지 못하는 사람이 되어 다만 종만 대신 보냅니다. 또 내일 제사에 쓸 물건조차 도와드리는 도리를 이루지 못하였으니 부끄럽고 탄식스러움을 어떻게 말로 하겠습니까? 이만 줄이니 모두 살펴주십시오.

기미년(己未年, 1799) 2월 2일, 표종(表從)[393] 치명(致明)은 머리를 조아립니다.

388) 안부 : 원문은 '鼎茵'. 솥과 자리라는 뜻으로, 먹고 자는 일상적인 안부를 비유하여 이르는 말이다.

389) 재기(再朞) : 사망한 날로부터 만 2년이 되는 두 번째 기일에 지내는 상례 절차의 하나로, '대상(大祥)'이라고도 한다.

390) 대기(大忌) : '대상(大祥)'이라고도 한다.

391) 어머니를 …… 마음 : 원문은 '孺慕'. 순임금이 효성이 지극하여 50세가 되도록 부모에 대한 생각을 어린아이가 어머니를 생각하듯이 하였고 한다.

392) 청부(靑鳧) : 경상북도 청송(靑松)의 옛 이름이다.

393) 표종(表從) : 외종사촌을 이르는 말이다.

탈초 번역 동국명현유묵 원문(東國名賢遺墨 原文)

차 례

동국명현유묵 원문

(東國名賢遺墨)

東國名賢遺墨凡例

一東國名賢遺墨率多世代之久遠固難乎本孫暨儒林之家家奉守而珍藏則盡圖今日廣布之義也懼夫手法心畫愈往無徵石版臨刷毫無差異故廣搜窮探合

一名賢姓諱下略註貫籍官歸諡享及誰某門人而或有未及詳考處以致疎漏且年代順序間有錯倒則凡遠近之隨入隨印差先差後勢所使然而烏敢免未克精詳之責

一點畫剥落處是古殘之烟煤沒樣蠹蝕缺字而不敢妄加補畫只依原本摹印以寓謹嚴之意

一名賢之宜入而不載者姑緣蒐求之不及而第俟二回之追續

東國名賢遺墨目錄

李　塏　號白玉
成三問　號梅竹軒
河緯地　號丹溪
柳誠源　號
趙　旅　號漁溪
姜孟卿　號私淑
魚世謙　號西川
金宗直　號佔畢齋
許　琮　號尚友堂
李　則　號竹溪
金宏弼　號寒暄堂
蔡　壽　號懶齋

權　柱　號花山
趙之瑞　號知足堂
鄭汝昌　號一蠹
金馹孫　號濯纓
李賢輔　號聾巖
鄭光弼　號守夫
趙光祖　號靜菴
李復慶　號東皐
朴　英　號松堂
金安國　號慕齋
盧友明　號信古堂
金正國　號思齋

奉天祥 號
金麟厚 號河西
徐敬德 號花潭
周世鵬 號愼齋
李彦迪 號晦齋
權 撥 號冲齋
白仁傑 號休菴
李長坤 號琴軒
李 瀣 號溫溪
李 堣 號松齋
奇 遵 號服齋
成世昌 號遯齋

林 薫 號葛川
曺 植 號南溟
李 滉 號退溪
盧守愼 號穌齋
洪 暹 號忍齋
金範文 號乂菴
申用溉 號二樂齋
林億齡 號石川
黃俊良 號錦溪
金貴榮 號東園
朴承任 號嘯皐
吳 健 號德溪

吳守盈 號春塘
孫英濟 號鄒川
朴淳 號思菴
鄭澈 號松江
金守宏 號閑巖
崔岦 號簡易
金富弼 號後凋堂
趙穆 號月川
俞泓 號松堂
鄭芝衍 號南峰
鄭琢 號藥圃
奇大升 號高峰

琴蘭秀 號惺齋
許頊 號負暄
權文海 號草澗
成渾 號牛溪
李珥 號栗谷
具鳳齡 號栢潭
李元翼 號梧里
許曄 號草堂
金誠一 號鶴峰
鄭崑壽 號栢谷
柳雲龍 號謙菴
金玏 號栢巖
曺好益 號芝山

李德馨 號漢陰
金宇顒 號東岡
柳成龍 號西厓
禹性傳 號秋淵
鄭逑 號寒岡
李瑀 號玉山
宋翼弼 號龜峰
沈喜壽 號一松
李詠道 號東巖
李山海 號鵝溪
李恒福 號白沙
尹斗壽 號梧陰

李舜臣 號
元斗杓 號灘叟
洪履祥 號慕堂
趙憲 號重峰
韓濩 號石峰
盧稷 號
南以恭 號雪蓑
金德齡 號
高敬命 號霽峰
郭越 號存齋
河洛 號喚醒齋
李彥英 號浣石亭

李潤雨 號石潭
李㙉 號月澗
趙靖 號黔磵
宋亮 號愚谷
徐渻 號藥峯
李埈 號蒼石
裵尚龍 號藤菴
呂大老 號鑑湖
車天輅 號五山
鄭經世 號愚伏
鄭蘊 號桐溪
尹新之 號玄洲

林慶業 號孤松
崔晛 號訒齋
李廷龜 號月沙
柳袗 號修巖
張興孝 號敬堂
李植 號澤堂
郭再祐 號忘憂
黃耆老 號孤山
金尚容 號仙源
崔鳴吉 號遲川
金長生 號沙溪
金奉祖 號鶴湖

金尚憲 號清陰
張維 號谿谷
閔鼎重 號老峯
崔恒慶 號竹軒
趙任道 號澗松
尹善道 號孤山
吳斗寅 號陽谷
尹元擧 號龍西
林墰 號清癯
吳達濟 號秋潭
洪宇定 號杜谷
高仁繼 號月峯

李安訥 號東岳
金應祖 號鶴沙
文緯 號茅溪
許景胤 號竹菴
尹隥之 號棄菴
南龍翼 號壺谷
許積 號默齋
金集 號愼獨齋
許穆 號眉叟
宋浚吉 號同春
尹鑴 號白湖
宋時烈 號尤菴

鄭太和 號陽坡
權諰 號炭翁
張應一 號聽天堂
洪汝河 號木齋
李觀徵 號芹谷
李翽 號迂休堂
鄭道應 號無忝齋
金涌 號雲川
朴世采 號玄石
南九萬 號藥泉
權尙夏 號遂菴
李萬敷 號息山

金壽恒 號文谷
吳始壽 號水村
柳命天 號靑軒
柳世鳴 號寓軒
柳赫然 號野堂
李元禎 號歸巖
孫萬雄 號野村
尹拯 號明齋
朴泰尙 號晩休
尹陽來 號晦窩
閔鎭厚 號止齋
李東標 號懶隱

吳命恒 號永慕亭
李玄逸 號葛菴
丁時翰 號愚潭
李頤命 號疎齋
李健命 號寒圃齋
金昌集 號夢窩
朴泰輔 號定齋
李昌鎭 號滄洲
權相一 號清臺
李惟樟 號孤山
李 縡 號陶菴
姜 樸 號菊圃

朴文秀 號耆隱
趙泰耉 號素軒
尹斗緖 號恭齋
鄭 澔 號丈菴
兪拓基 號知守齋
趙德鄰 號玉川
金昌協 號農巖
李 栽 號密菴
權斗經 號蒼雪
趙顯命 號鹿翁
李柱天 號洛渚
朴孫慶 號南野

李象靖 號大山

崔興遠 號百弗庵

姜 橒 號松西

丁範祖 號海左

李光靖 號小山

鄭宗魯 號立齋

李益馝 號霞翁

蔡濟恭 號樊巖

姜世晃 號豹菴

柳致明 號定齋

崔致遠字孤雲號海雲慶州人入唐登科官翰林院
編修諡文昌侯從祀文廟

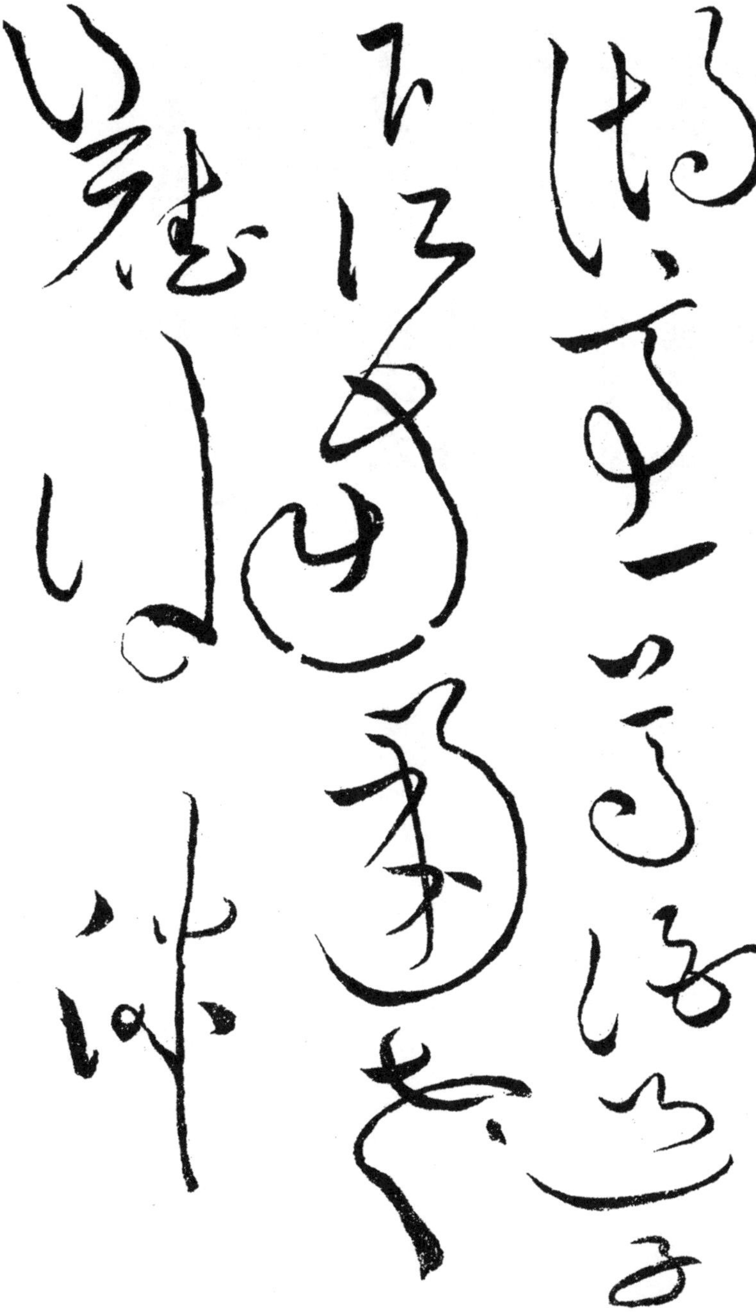

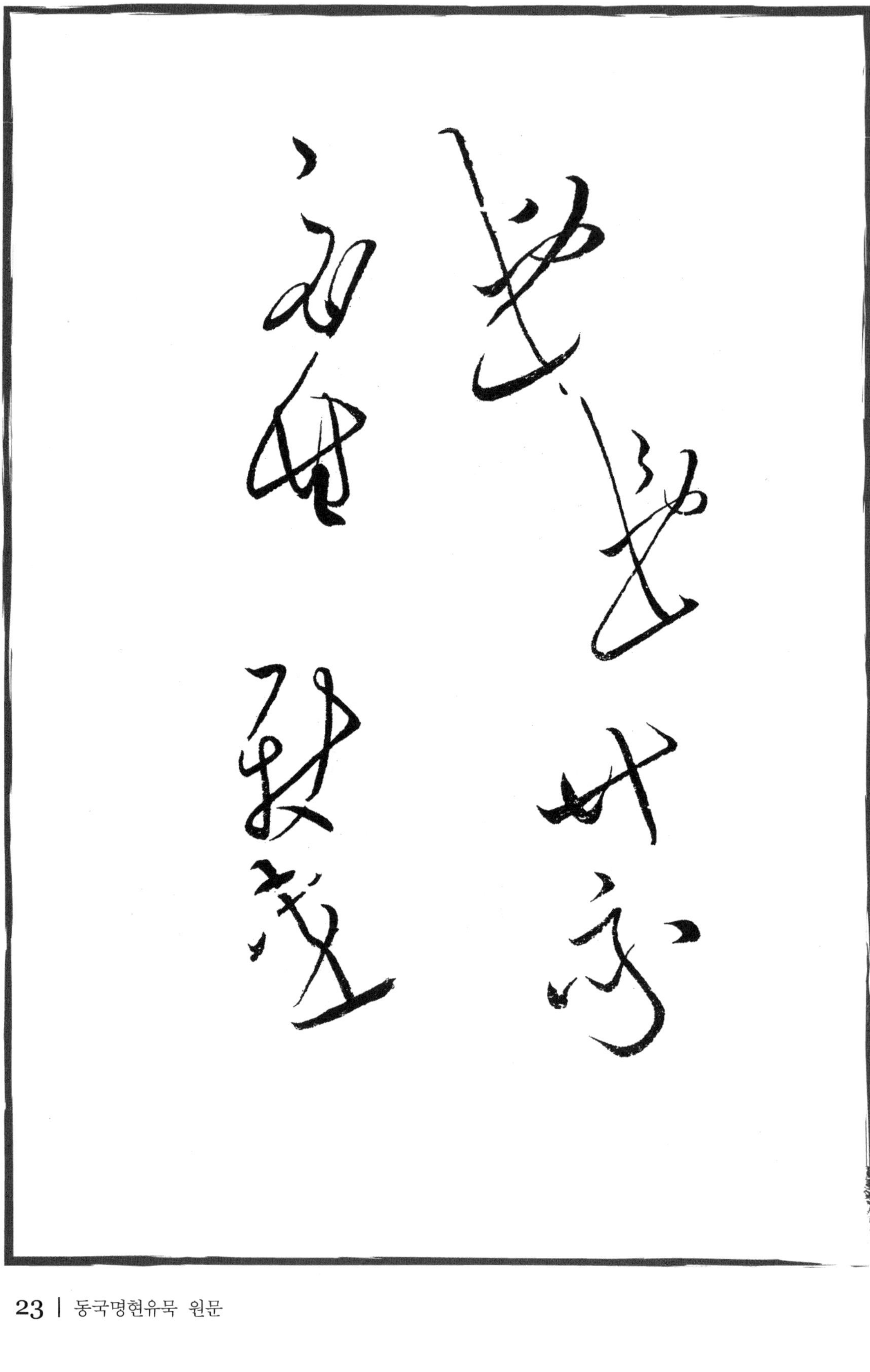

金生 字之瑞 元聖王時人 官侍郞

我等今見佛 處此天宮殿

普及十方界 是故佛威力

昔發菩提願

充徧難思議

尹瓘 字同玄 號默齋 坡平人 肅宗朝文科 官吏部尚書

設小酌以敍懷

今年之老明〻

毋負厚望也切〻

敬白

瓘

中崇謙平山人高麗太祖朝儒科壯元又爲大將封
太師開國公諡壯節享太師祠

有人来傳聞
好過多慰〻僕如嘗狀而
第索居悰緒良可
苦悶相見姑無期旴
不相孫只有方寸耿耿
神昏氣短只此
二晦 崇謙

安 裕字 號晦軒順興人修文殿太學士諡文
成從祀文廟

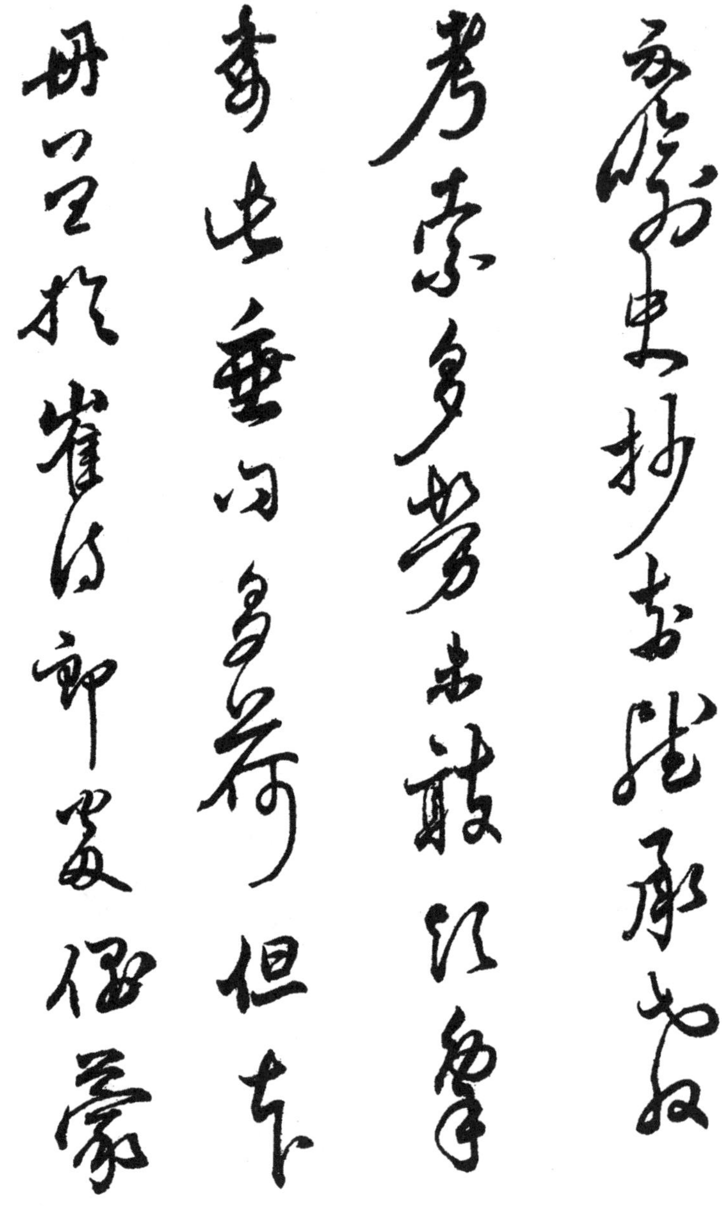

借許源華來讀附已
見幸細閱數之再見我
爲望不具
庚午六月初八日
安珦

禹倬字天章號易東丹陽人官祭酒謚文僖晦軒門人享易東書院

一致懿歎

東明問日

塔封巒頂

禹倬

李齊賢字仲思號益齋慶州人官侍中謚文忠鷄林府院君配享恭愍廟

春陰不放鳴[illegible]禽[illegible]處所堪吟
我吟猶默寄觀頻擧目[illegible]川
芳草情難禁

高吳子

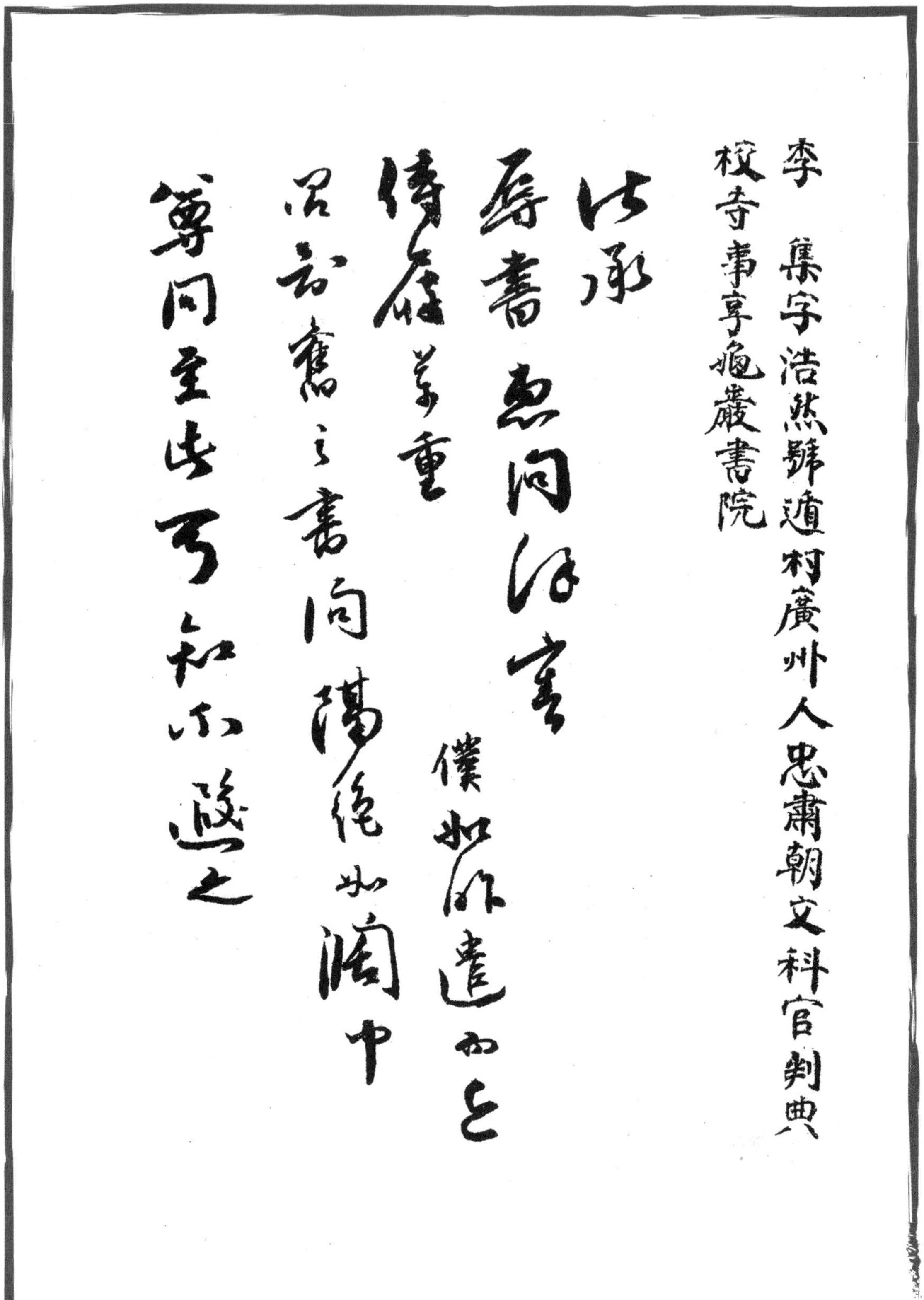
李 集字浩然號遁村廣州人忠肅朝文科官判典
校寺事享龜巖書院

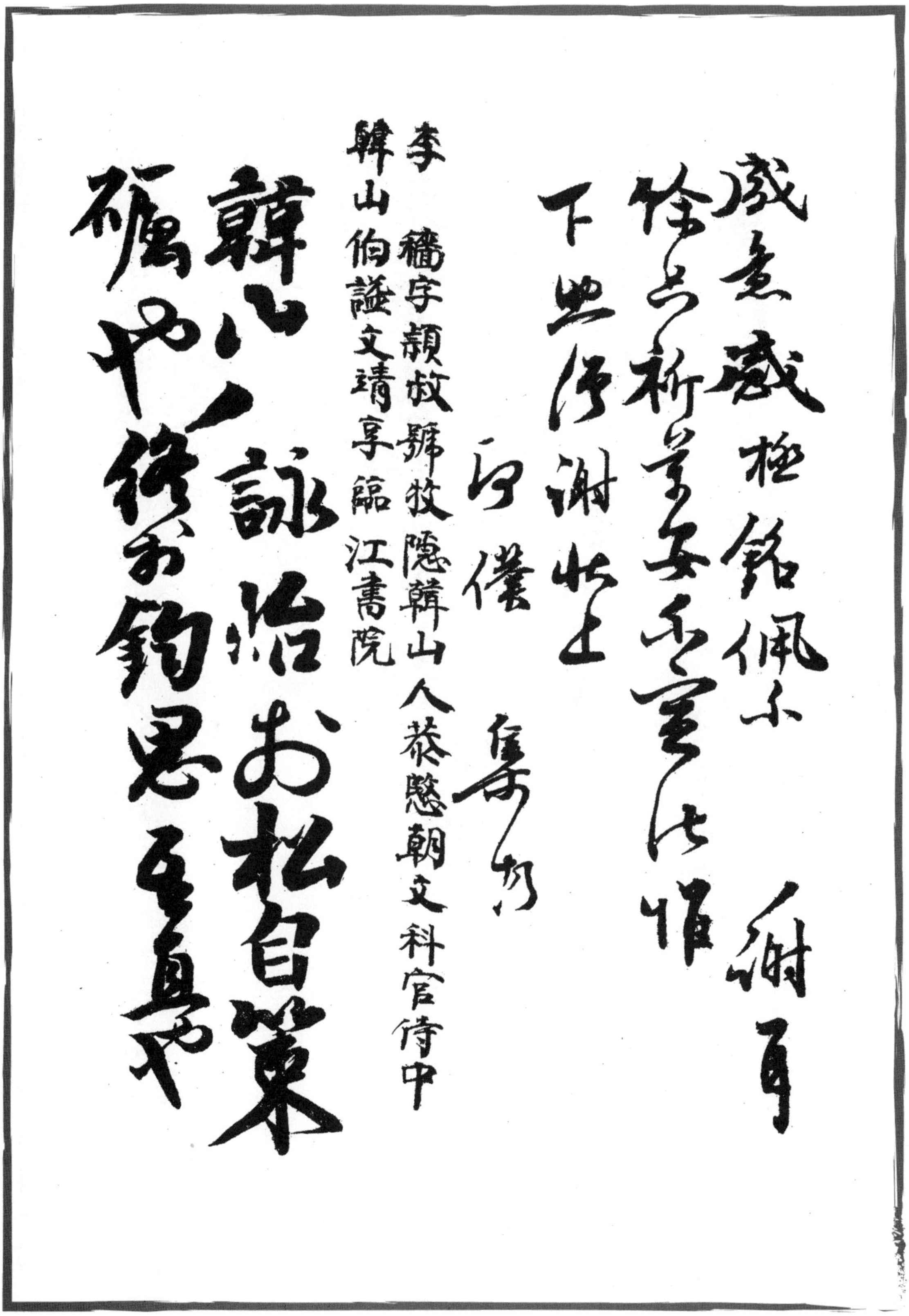
李 穡字穎叔號牧隱韓山人恭愍朝文科官侍中
韓山伯諡文靖享臨江書院

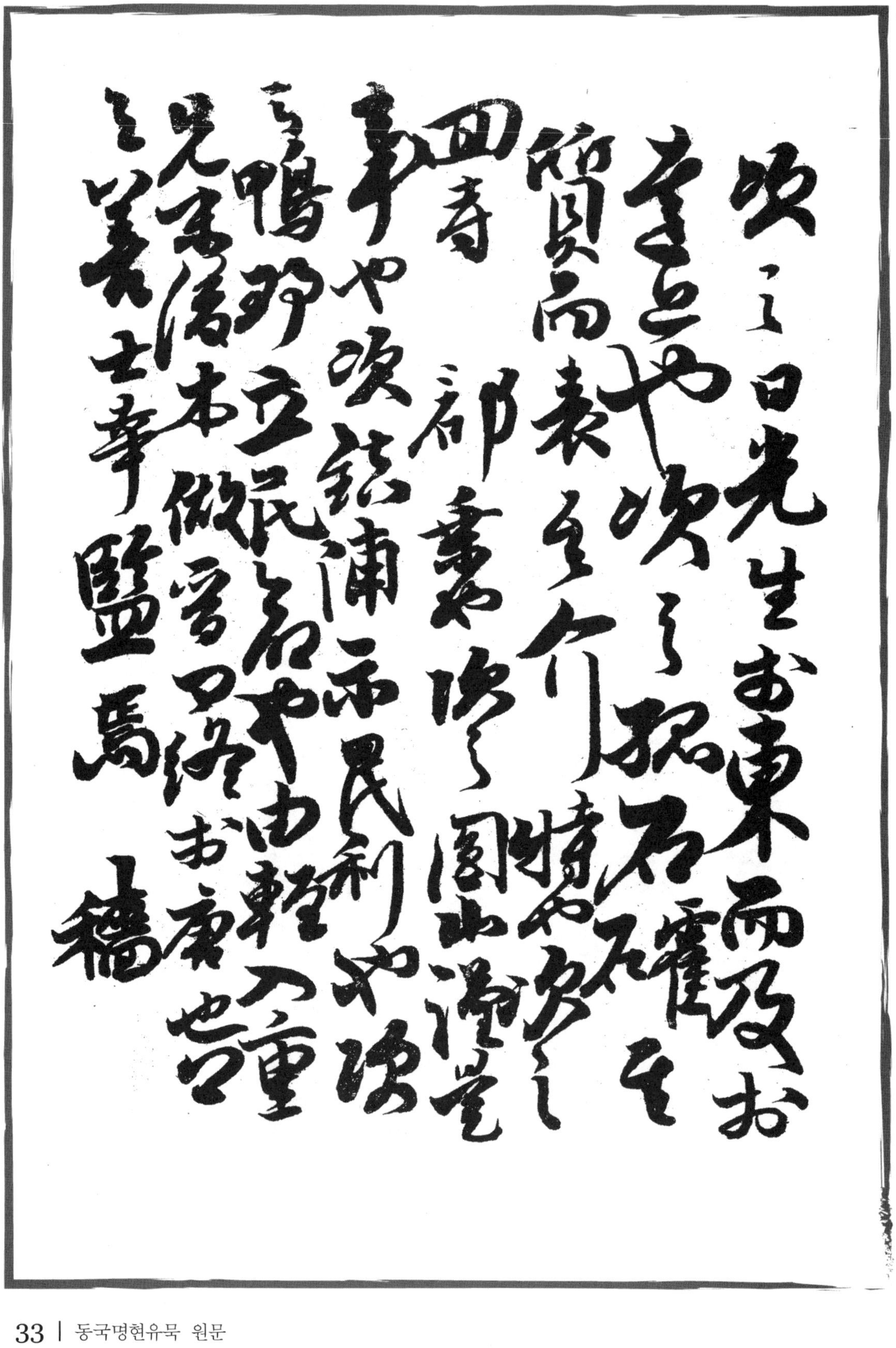

卞季良字巨卿春亭密陽人麗季文科官大提學謚文肅

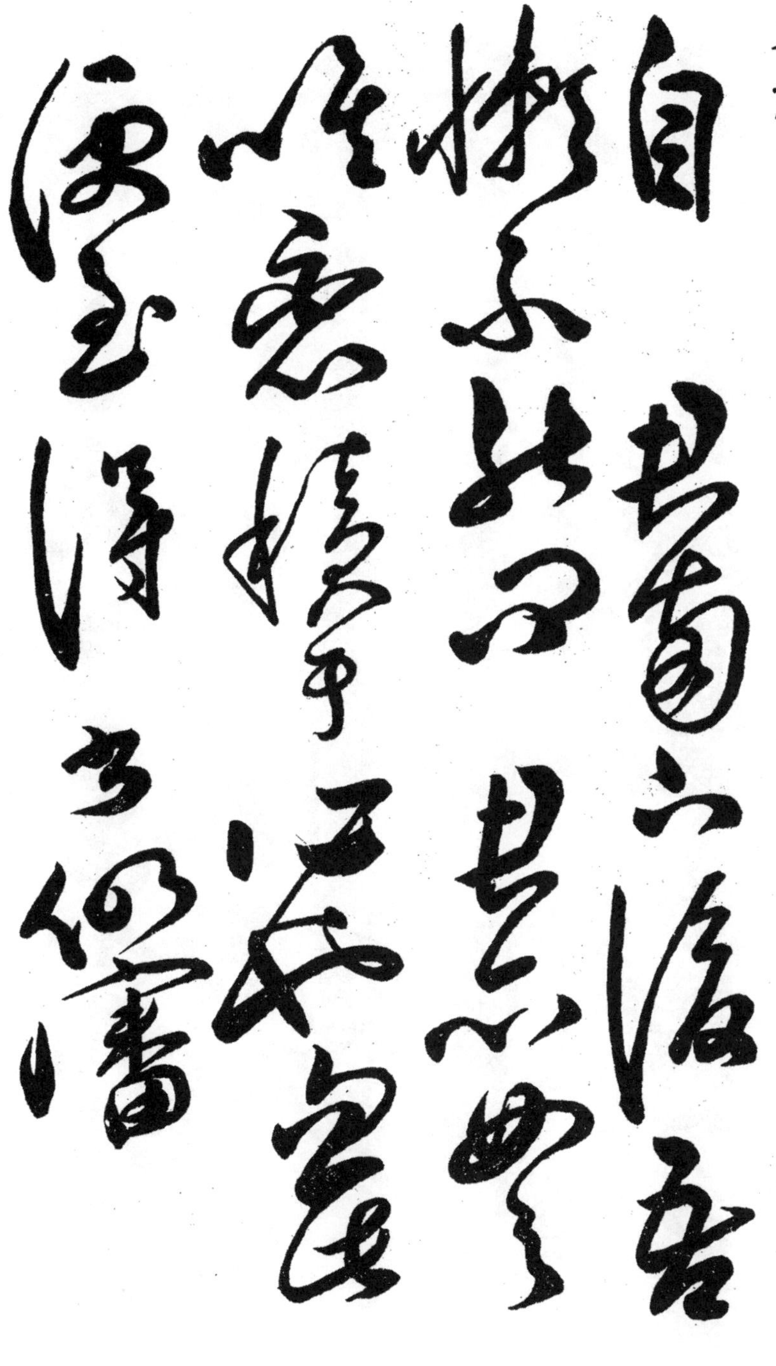

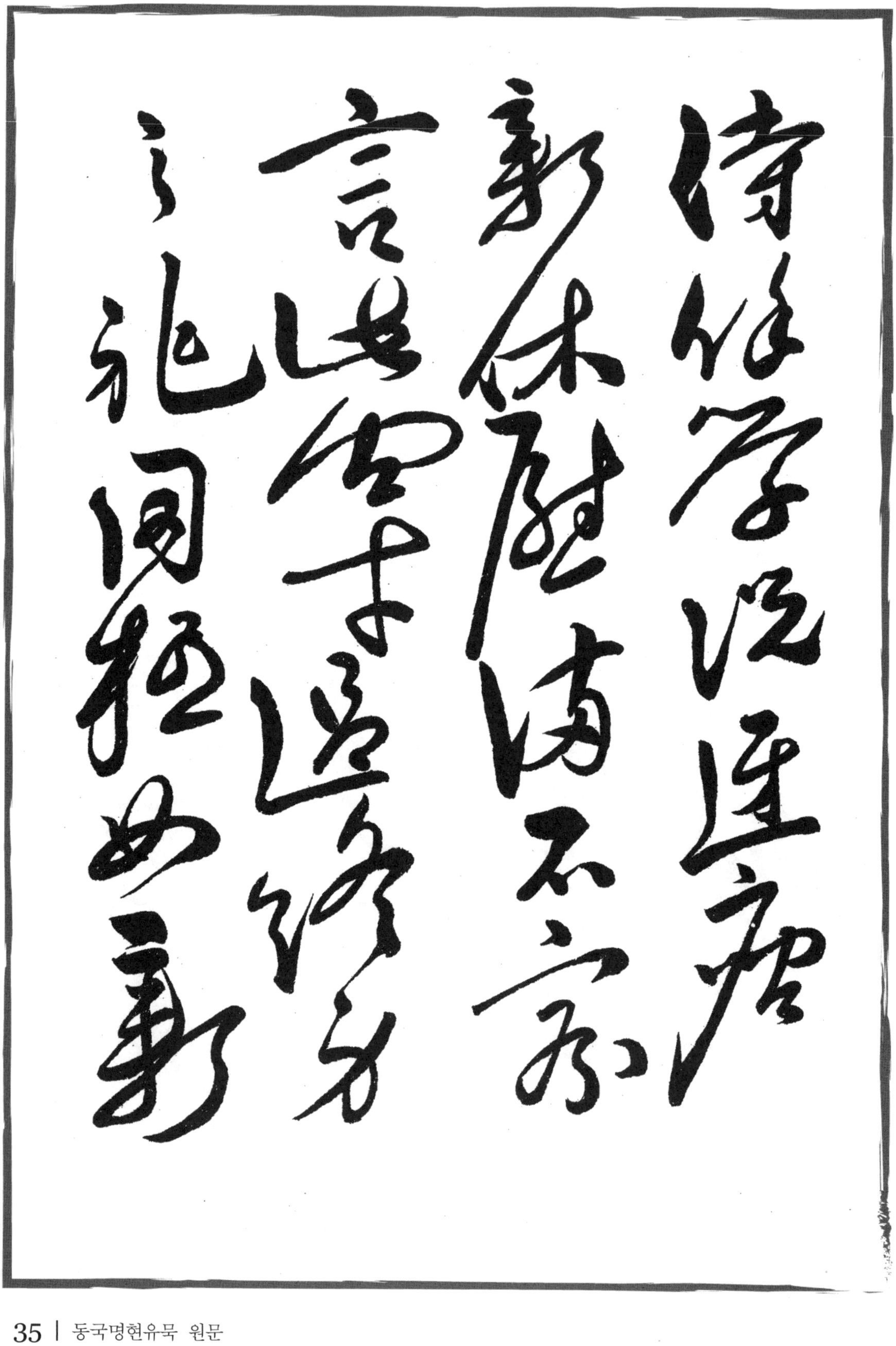

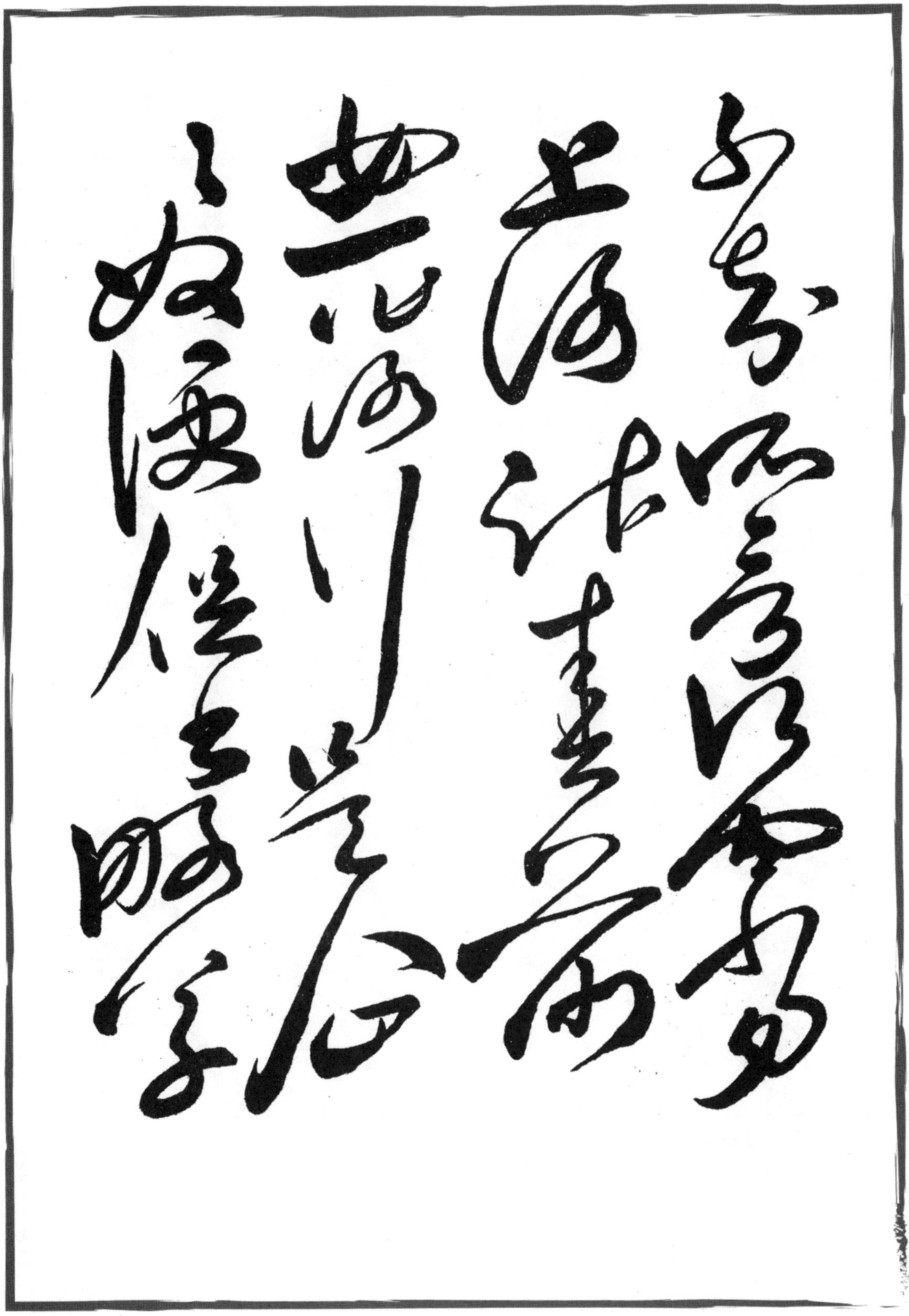

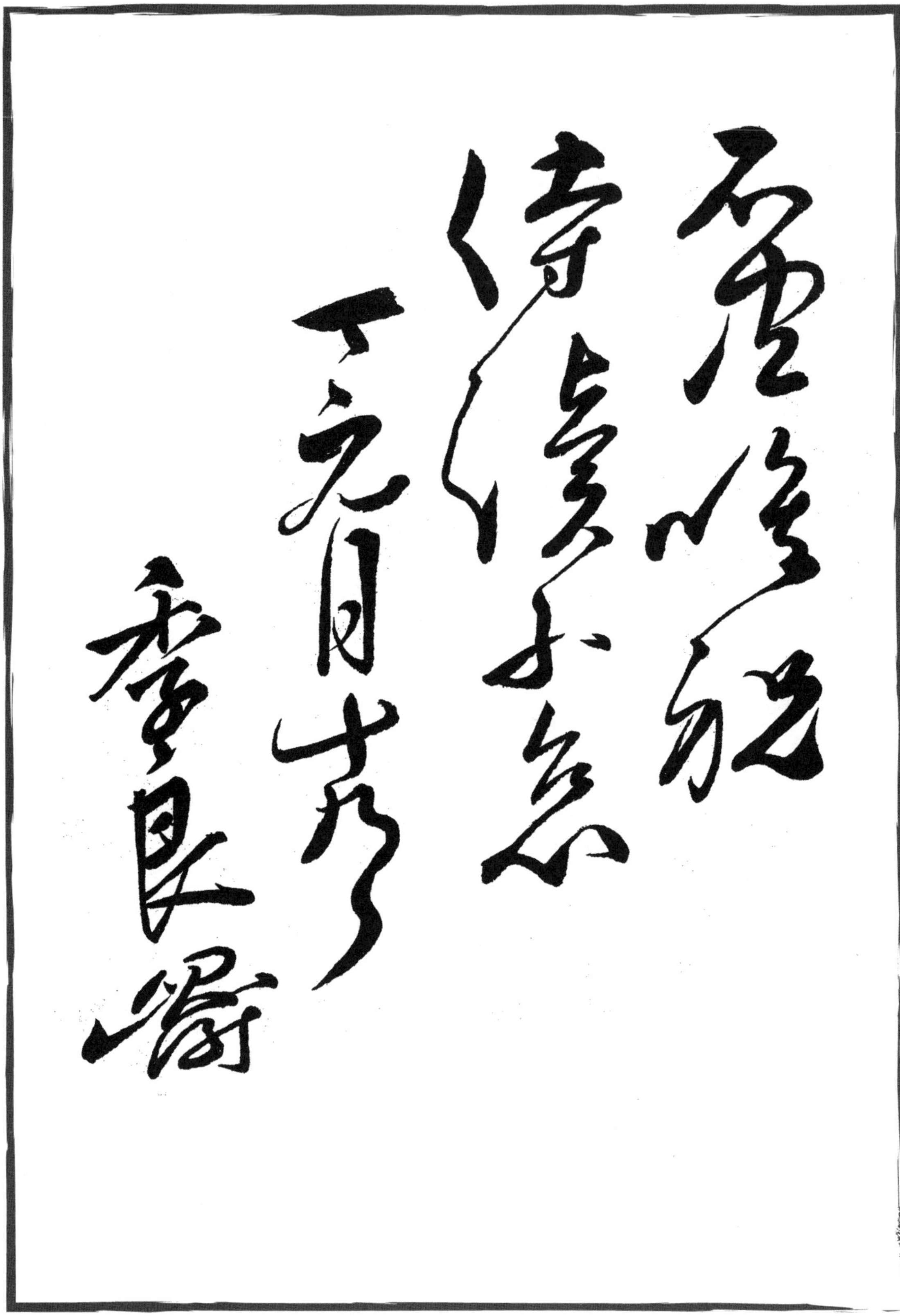

吉 再字再夫號冶隱善山人文科注書圃隱門人
享烏山書院

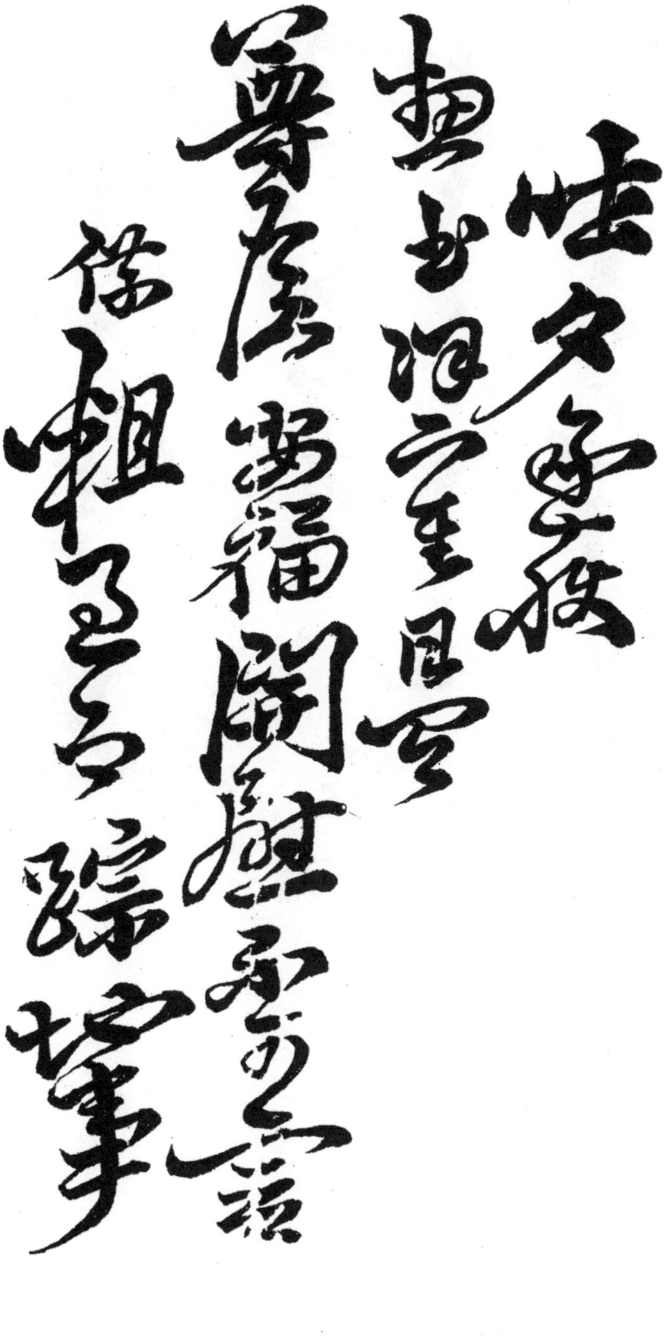

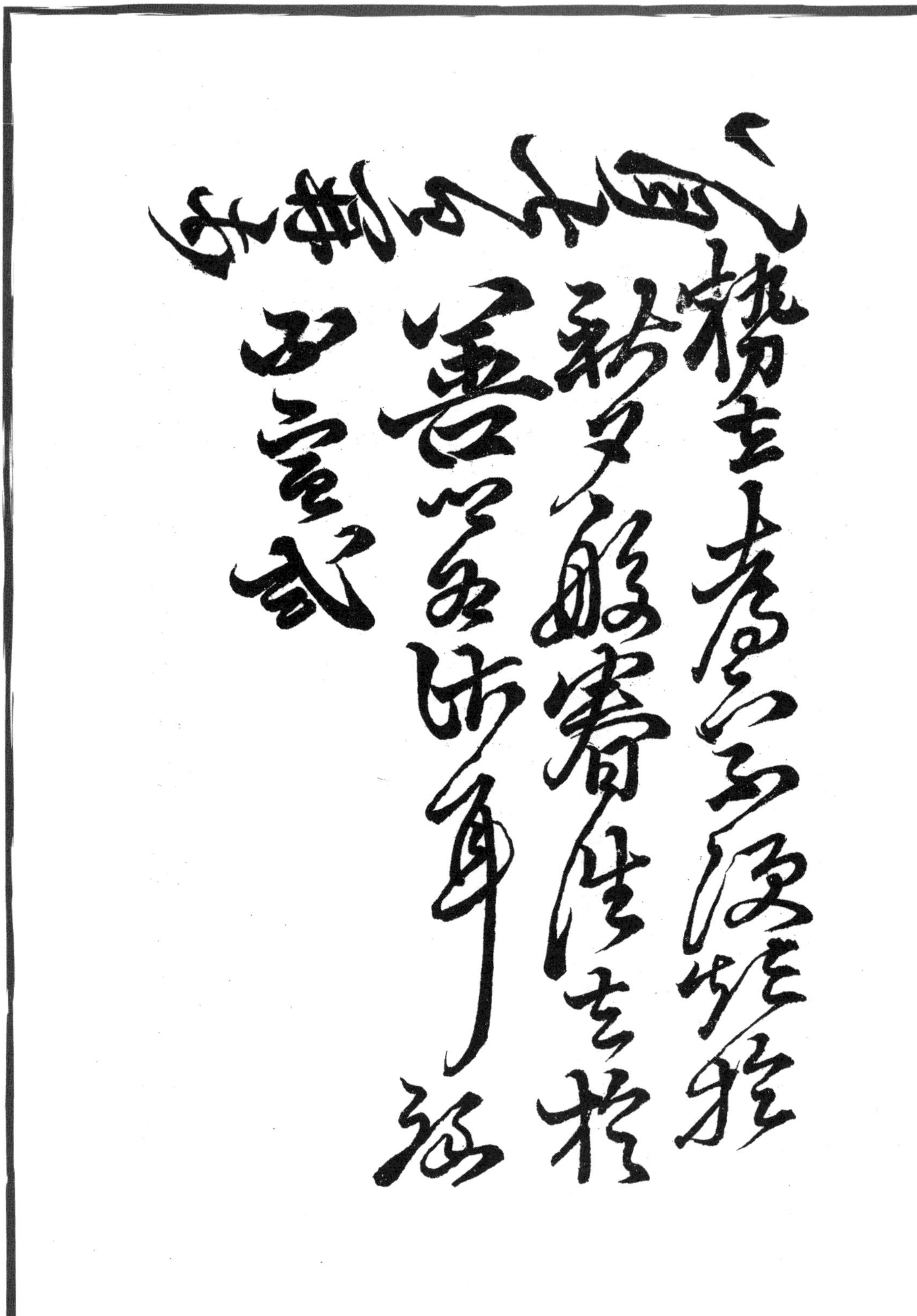

黃 喜字懼夫號厖村長水人麗季文科官領相謚
翼成配享世祖廟

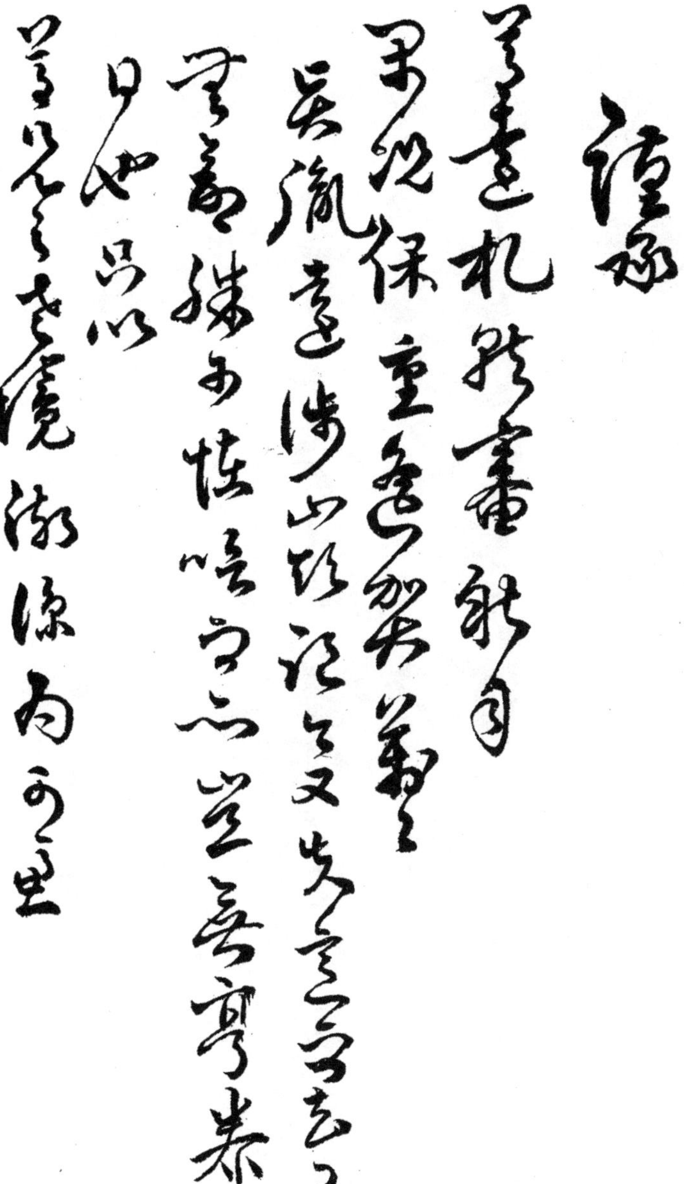

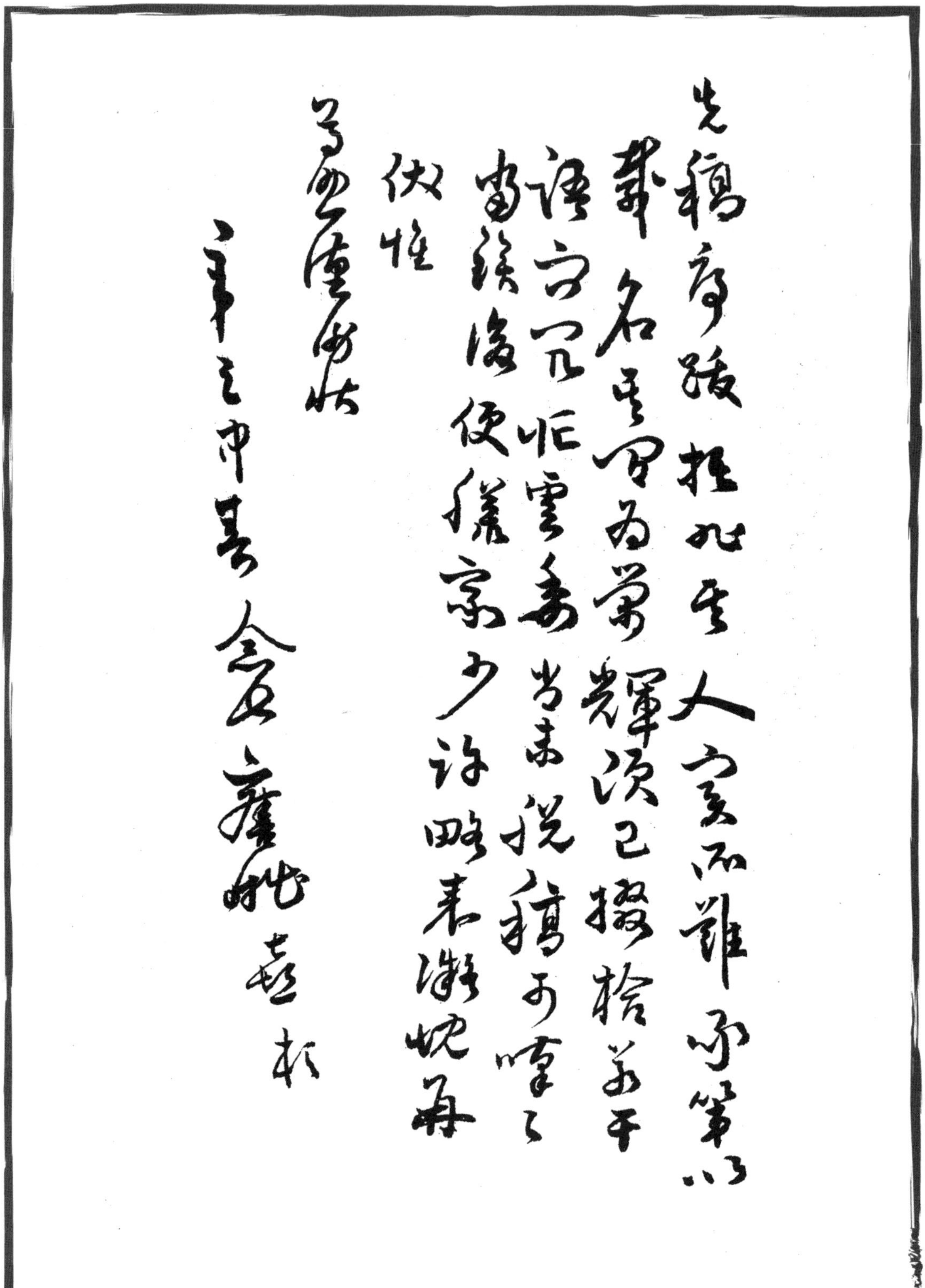

鄭夢周字達可號圃隱延日人恭愍朝文科官侍中
本朝贈領相謚文忠從祀文廟

八月吾歸來
憲宗倖孝 按閱 [illegible]三從謝
西日親賜然向去度多知也 官 懷[illegible]第[illegible]也

[illegible]獄[illegible][illegible]之興[illegible]有感於忠心

先生何人[illegible][illegible]辭此人回[illegible][illegible][illegible][illegible]

帝

收存[illegible][illegible] [illegible][illegible][illegible][illegible][illegible][illegible]

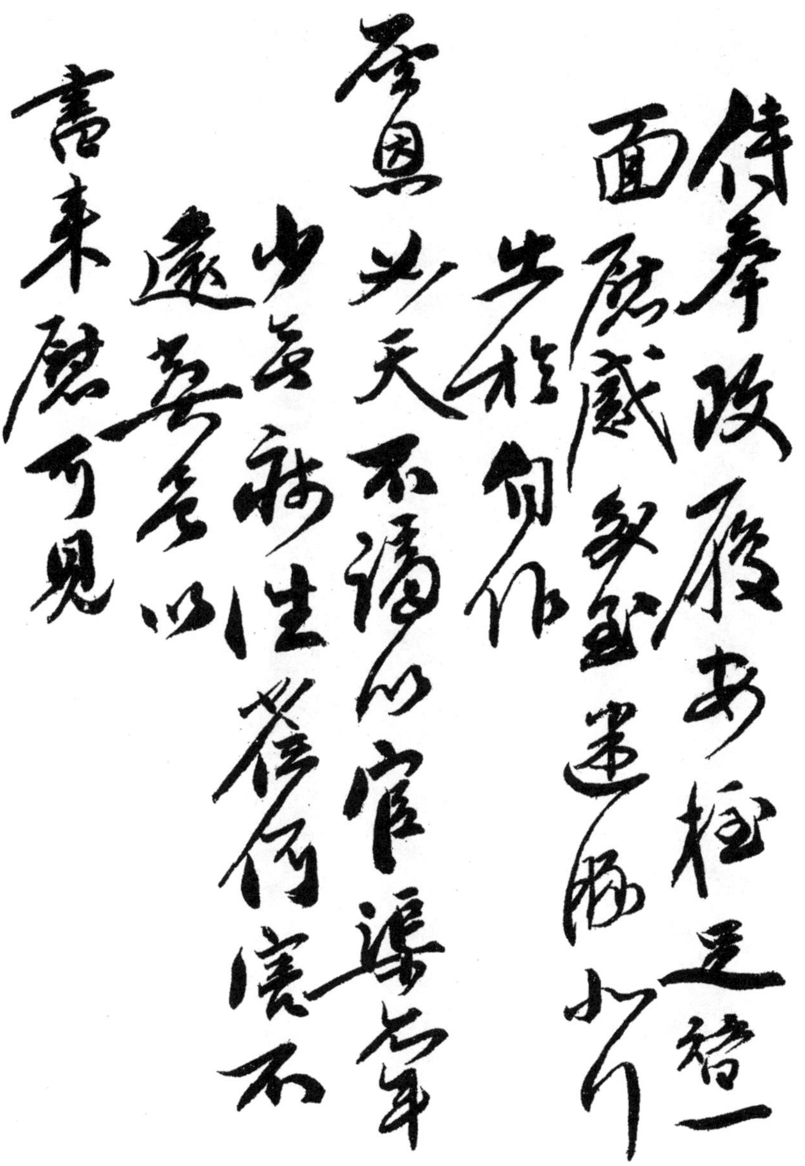

河 演字淵亮號敬齋晉州人太祖朝文科官領相諡文孝圃隱門人

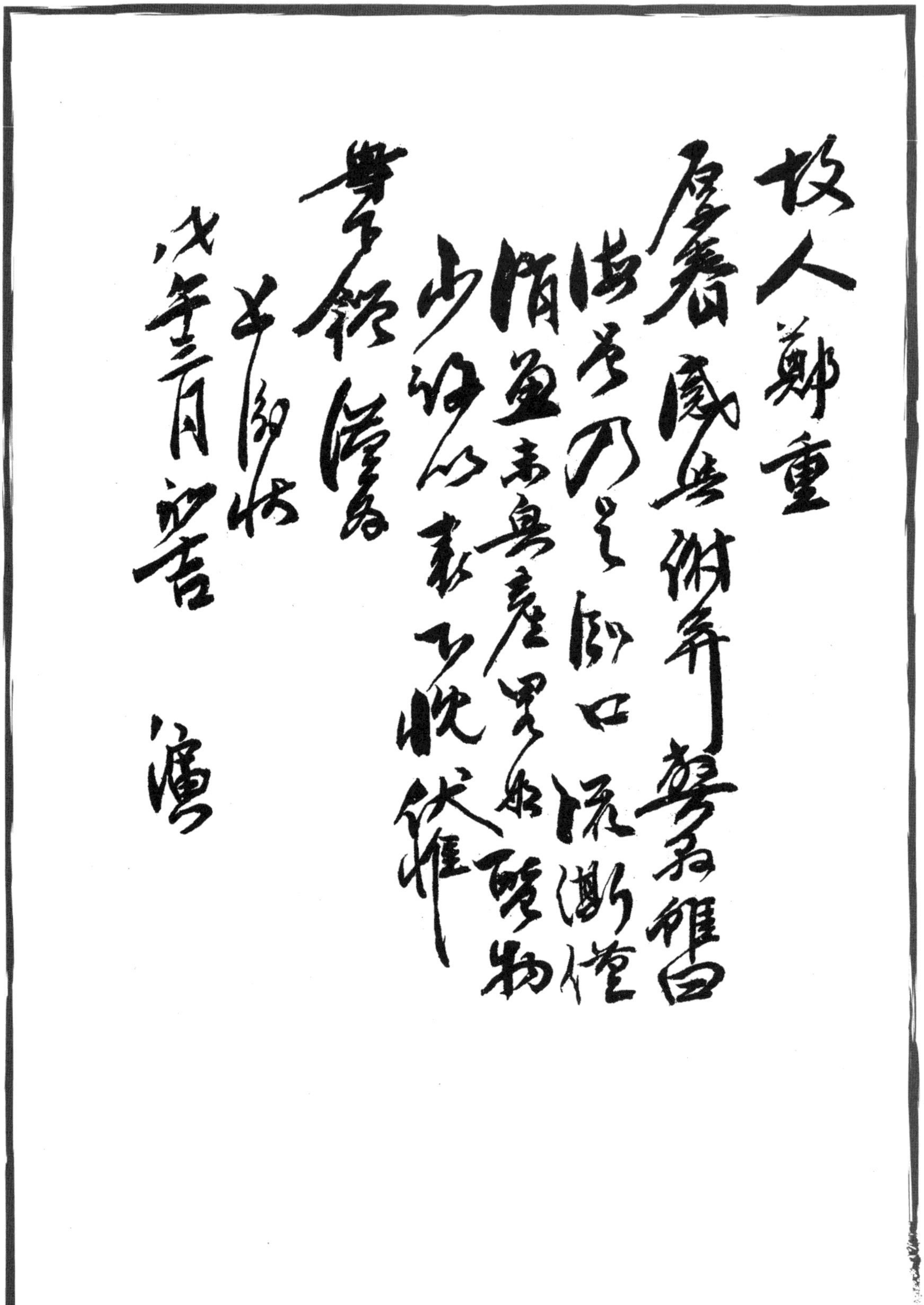

金叔滋字子培號江湖善山人世宗朝文科官司藝
冶隱門人

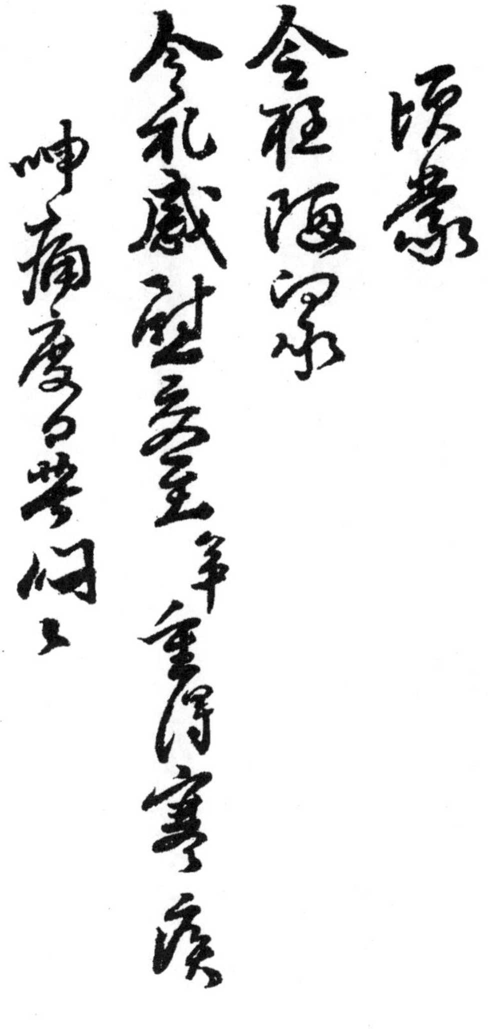

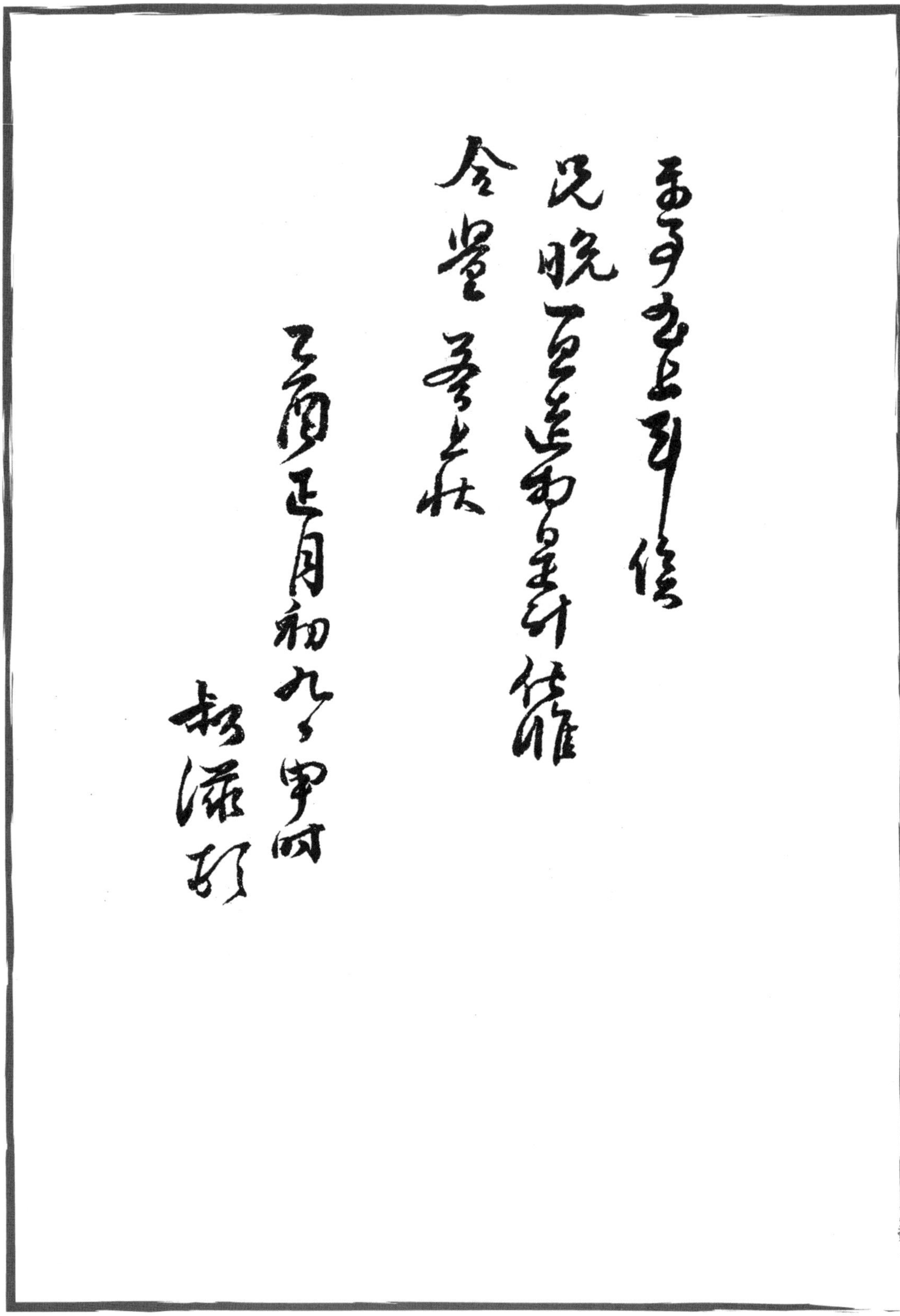

徐居正字剛中號四佳大邱人世宗朝文科官貳相

諡文忠

今讀諸耶爲詩歌詠
言其志皆有古之
在昔十 國之風猶有
惡呼則盡美

徐居正

錦城大君瑜世宗大王第六子謚貞愍

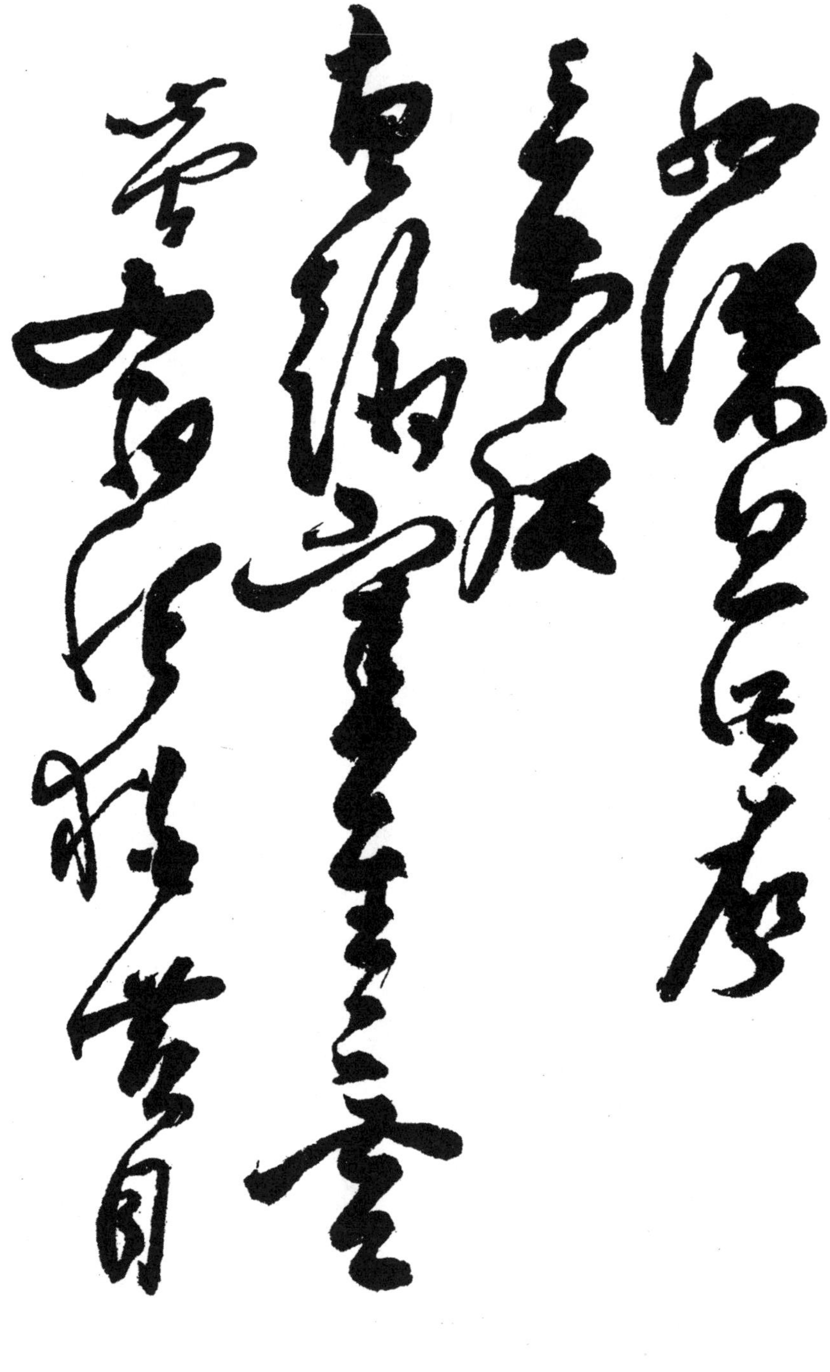

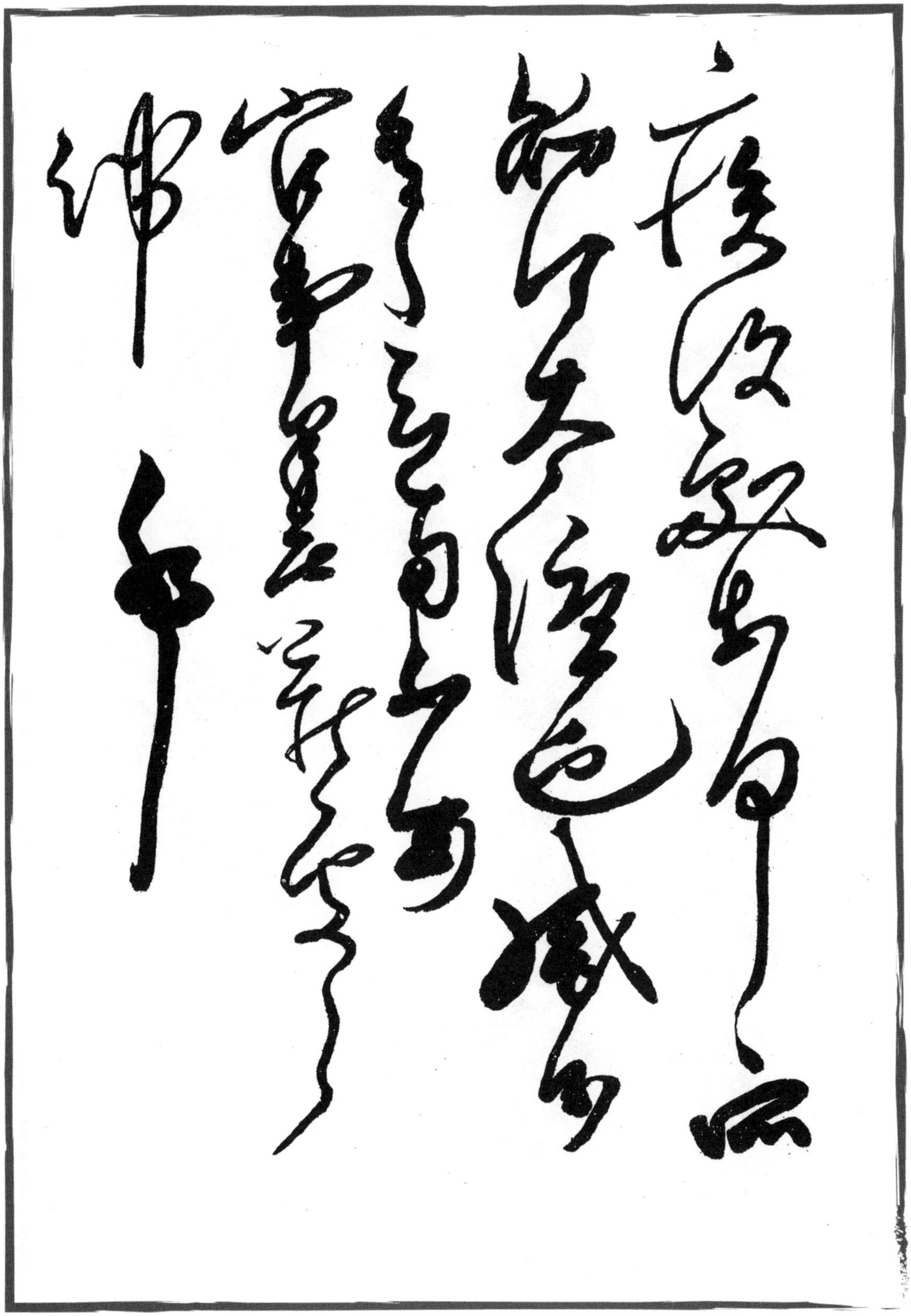

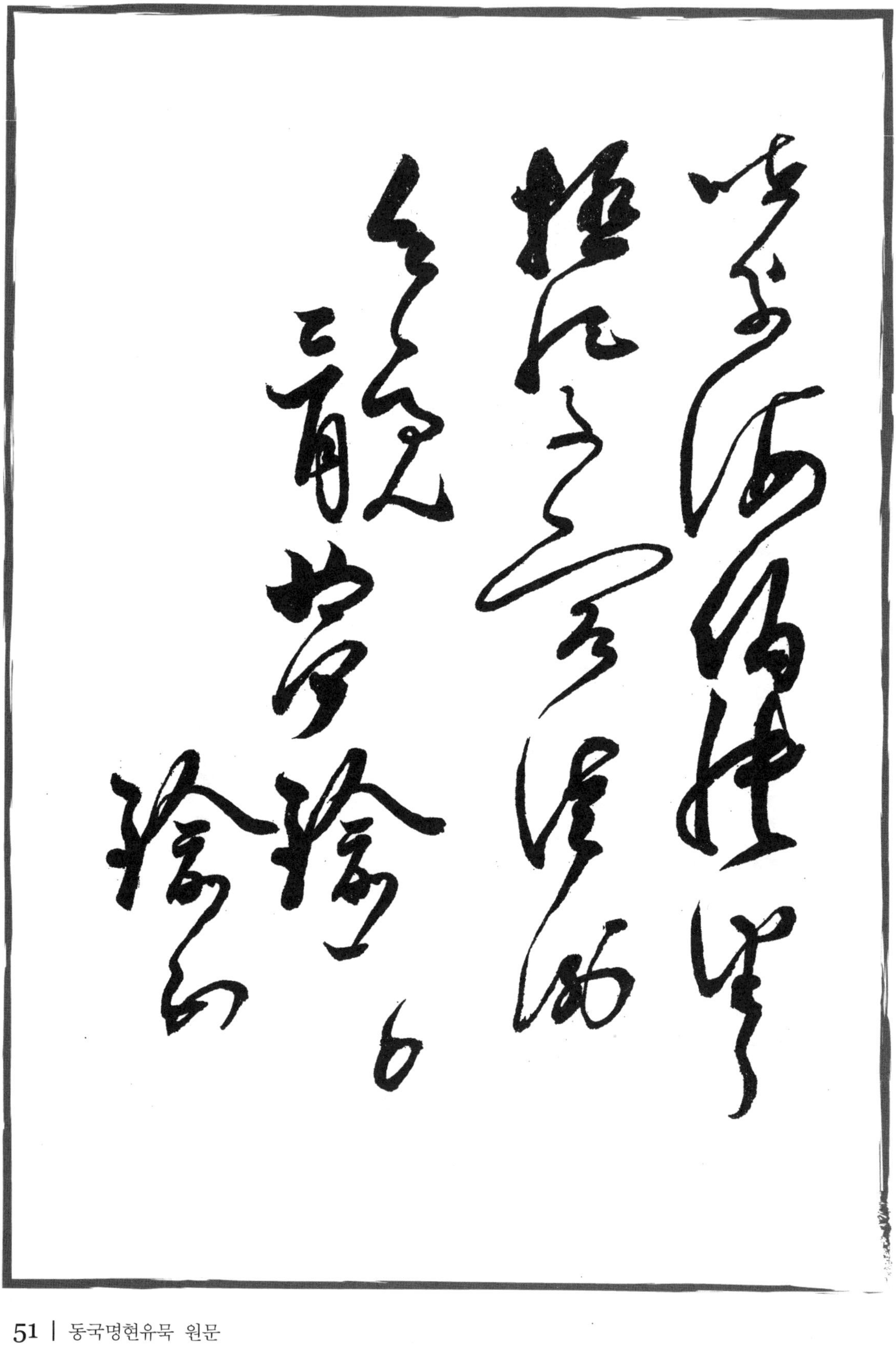

元　昊字子虛 號觀瀾 元州人 世宗朝文科 官集賢殿學士 諡靖簡

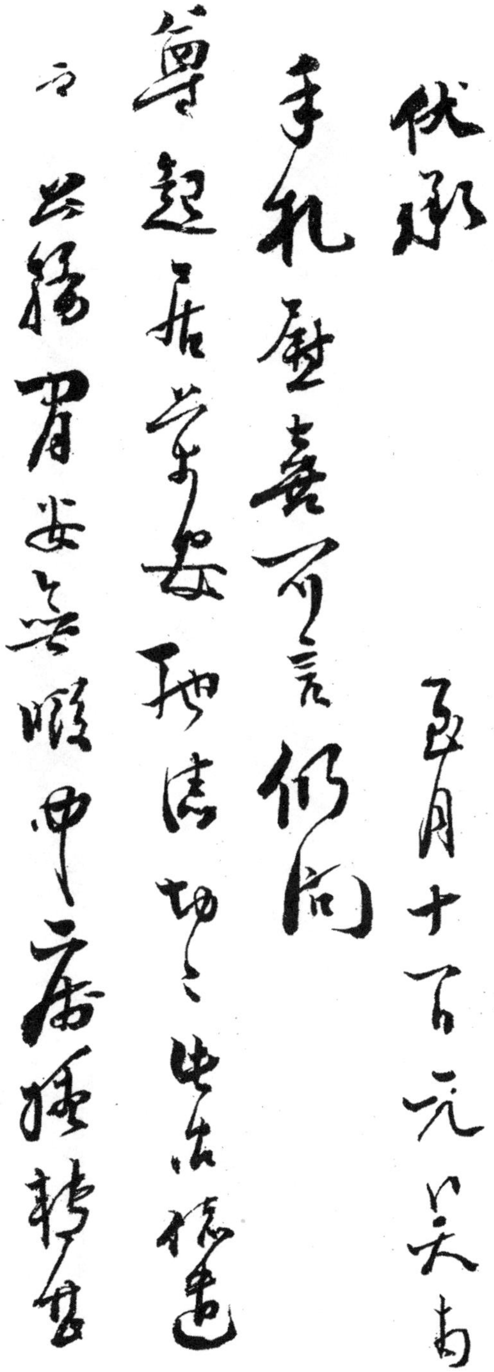
伏承
手札慰喜可言仍問

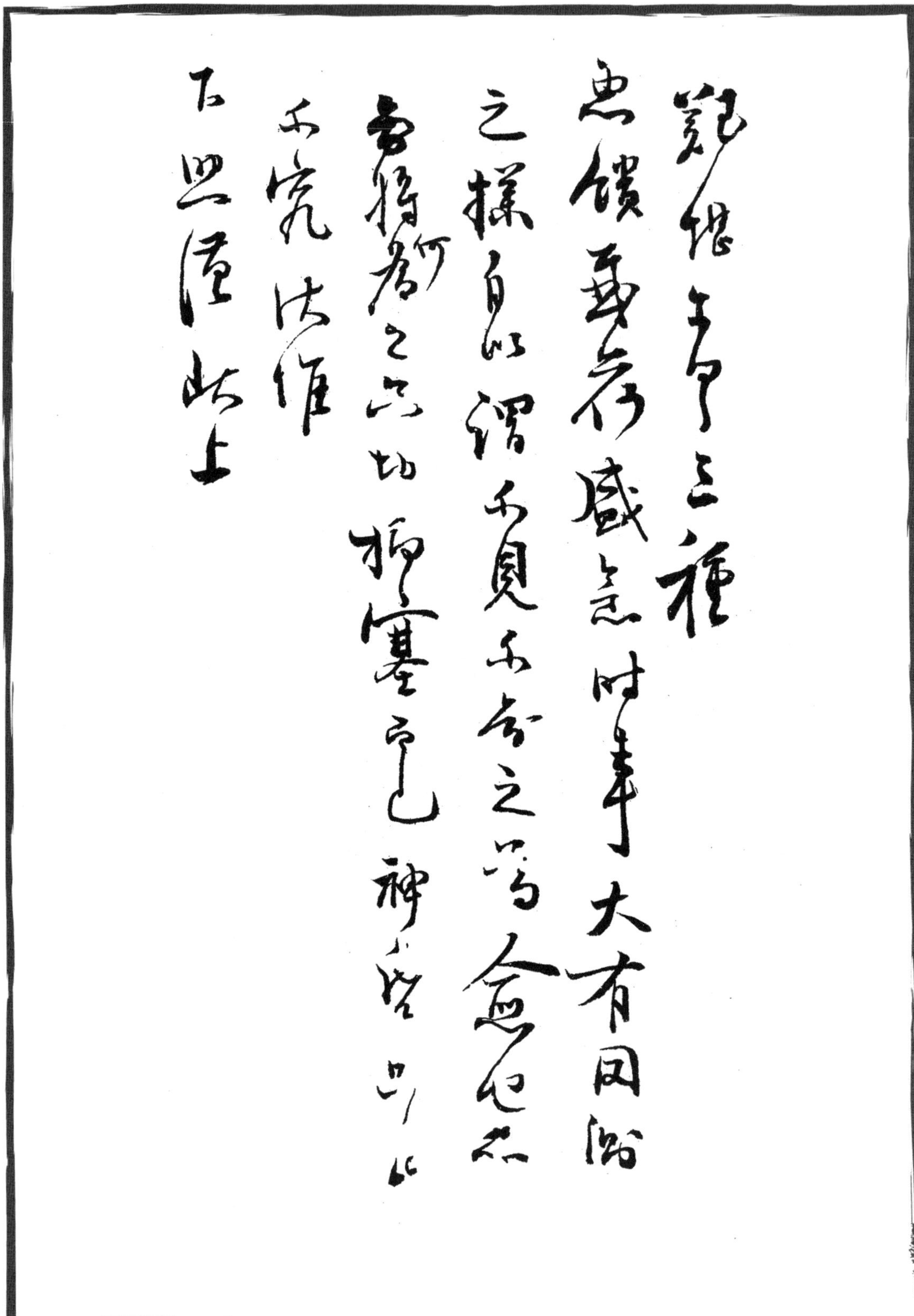

朴彭年字仁叟號醉琴軒順天人世宗朝文科官刑
參 謚忠正

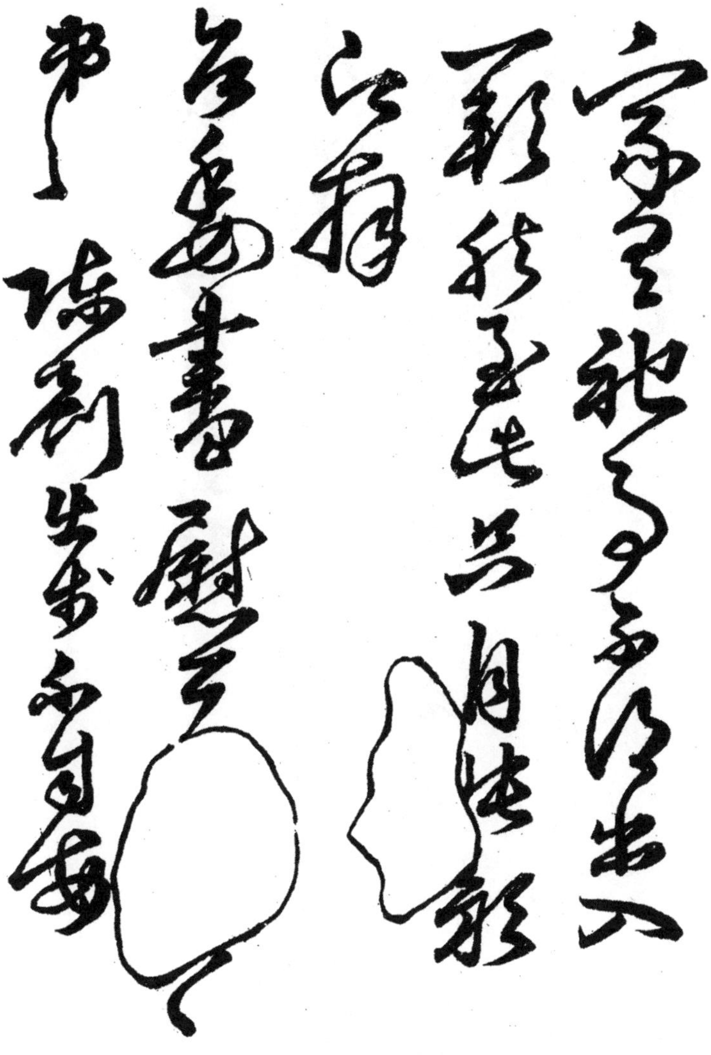

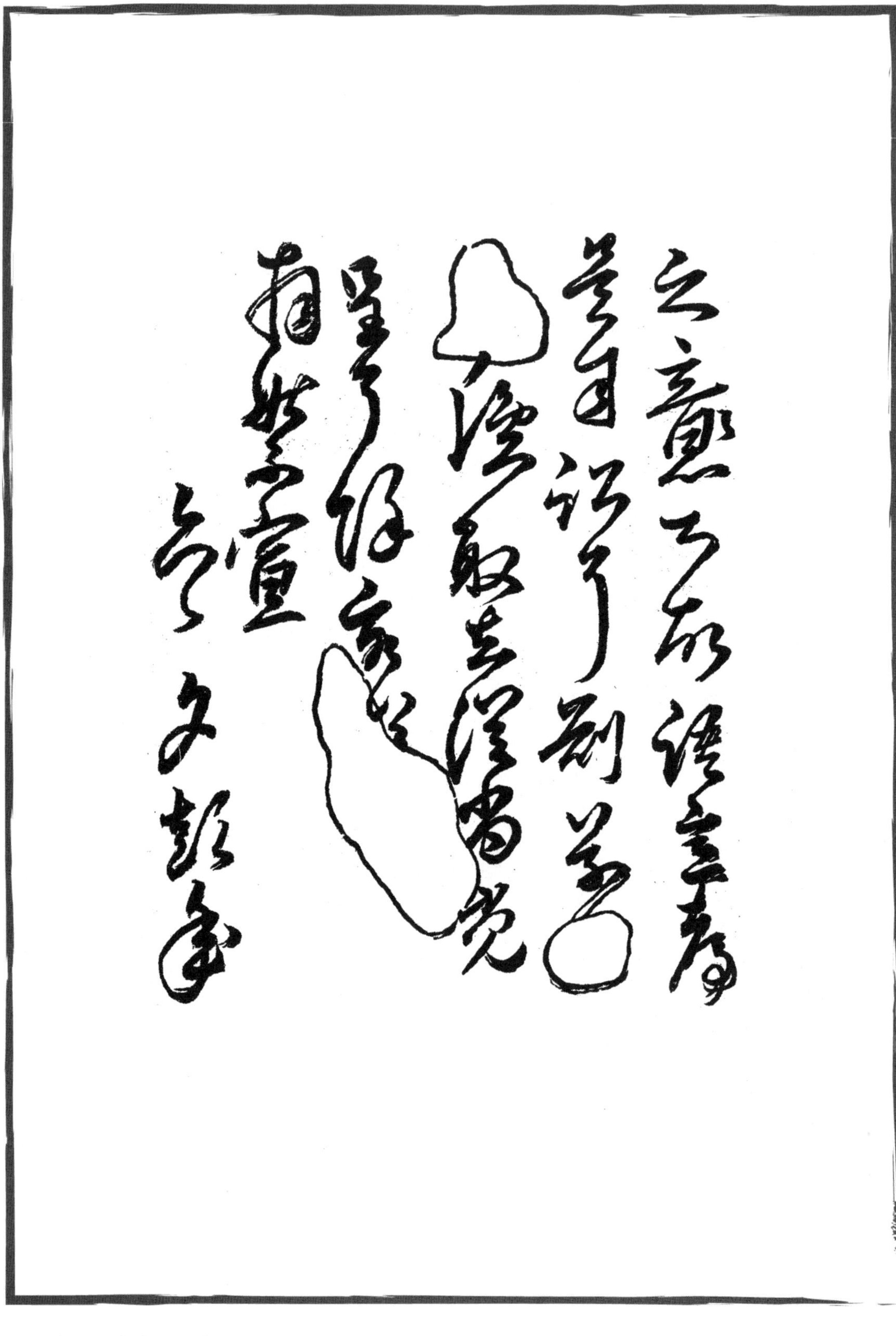

南孝溫字伯恭號秋江宜寧人文宗朝文科贈吏判
諡文簡享彰節祠

東峯山人岑公答書

日者蒙先生莫大之賜虛出遠家老屢俸深厚
榮幸甚之又不以淺拙若懷非及使知識教之以轉為
誤施之方援引古家反覆從下寧幸亦大焉自料不敢辭
首葉以仰報於諸君中之千鈞至重而並責乎之則易一
羽至輕而難移難舉之則重何者力之強弱殊也人之
行也老有違吝中道者有勉強行之者彼勉強者
非之不敢不思而得不勉而中其氣驗質潤之而以稱有生

之初故當百倍其功自强不息何若治之專篤然後爲
修醒在醇倫本此二段清氏 如自覺是一毫先生家
可强以而張 之猿生爲思不之算以一字而可畏仲夏
極熱伏惟 先生動止萬福燒香所用神箋一封呈
上愚弟[illegible]
南[illegible]

成聃壽字耳壽號文斗昌寧人世宗朝文科官校理
贈吏判謚貞簡

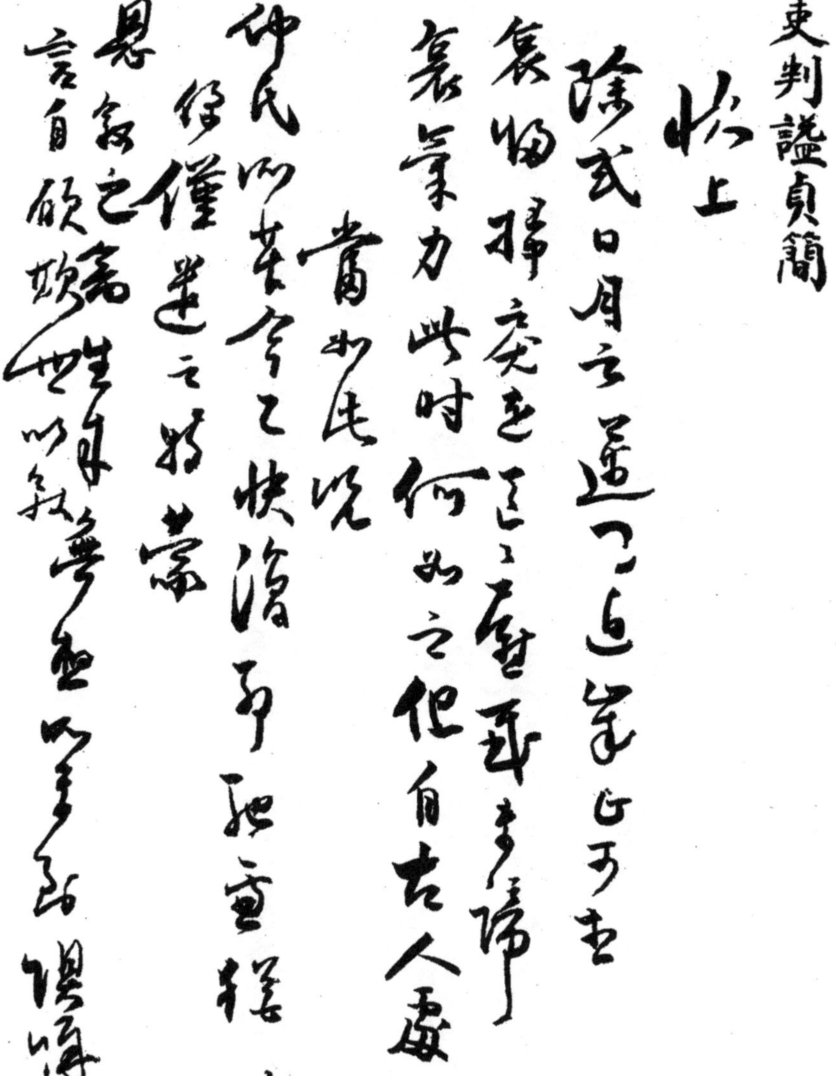

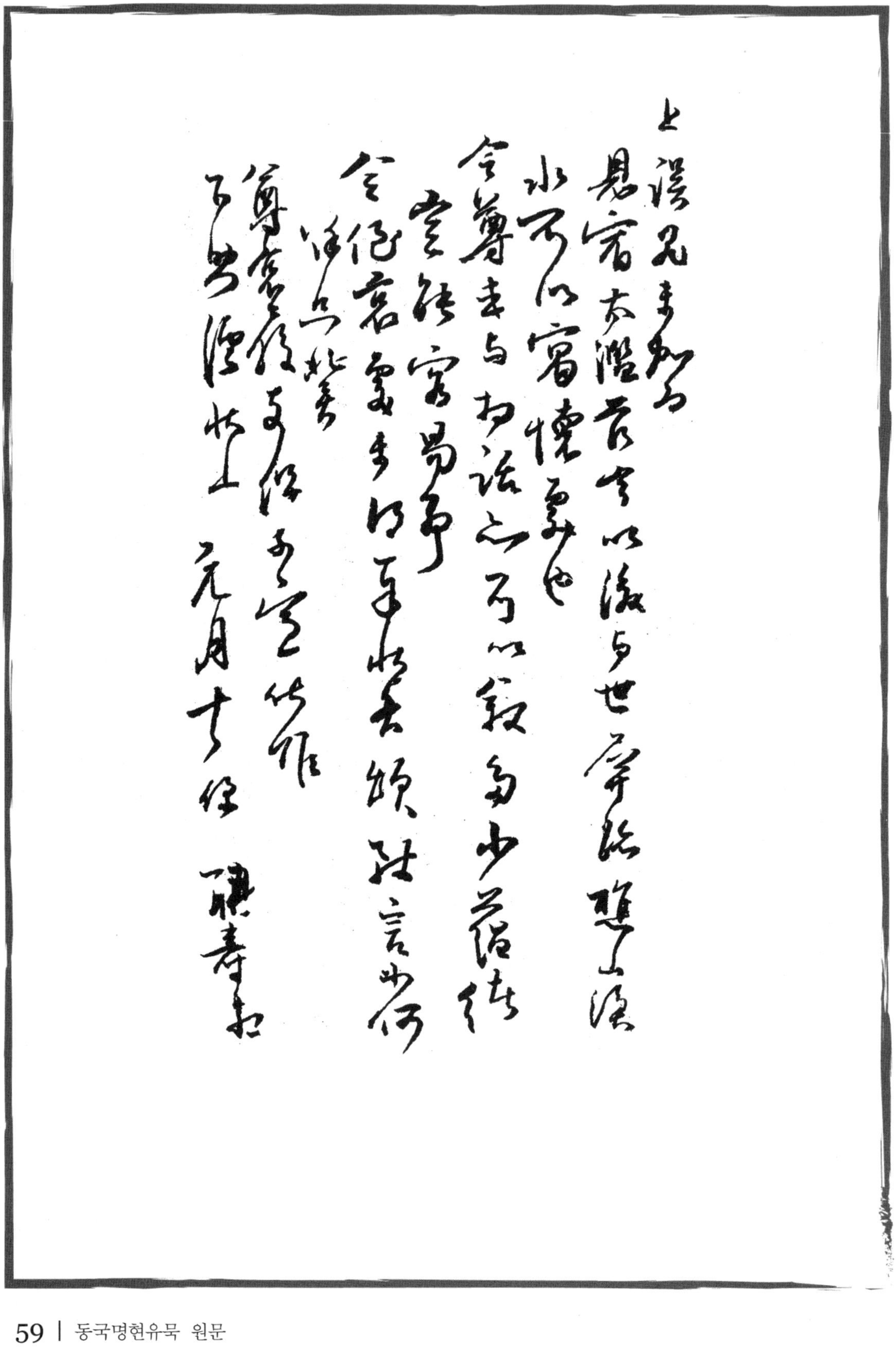

李孟專字伯純號耕隱碧珍人世宗朝文科贈吏判
謚貞簡

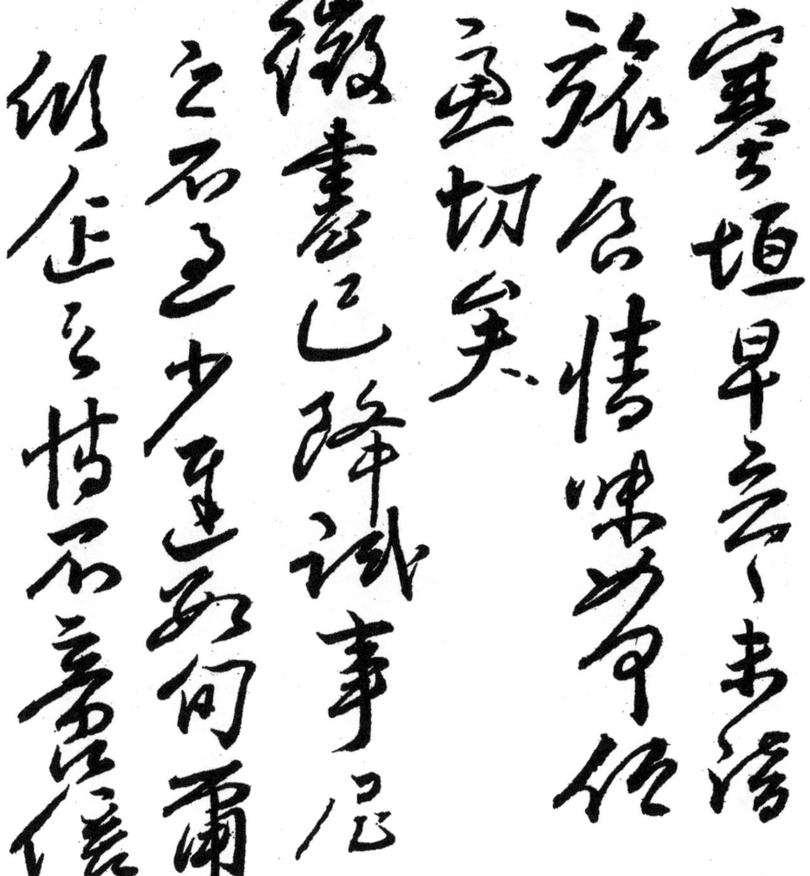

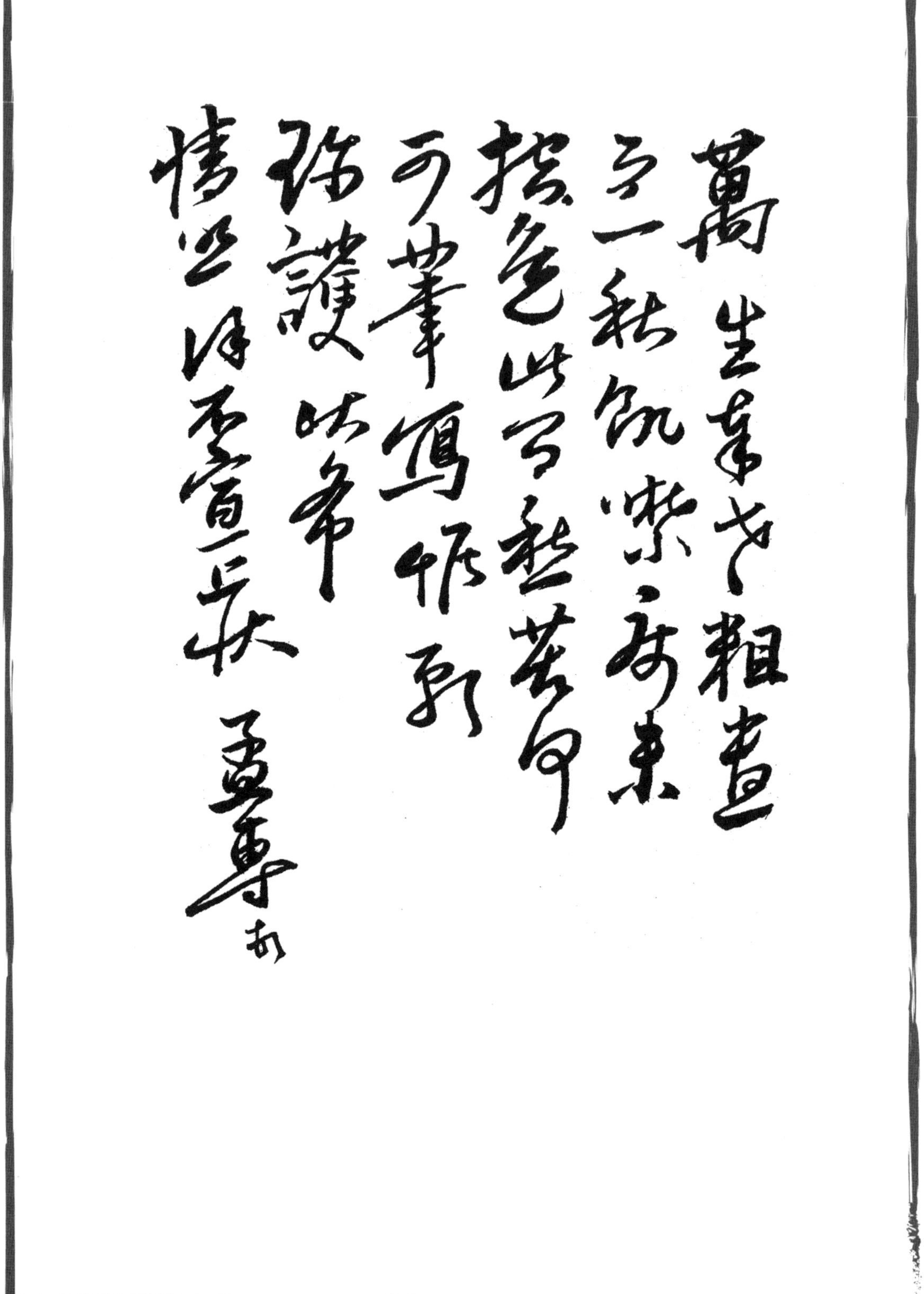

李塏 字淸甫 號白玉軒山人 世宗朝文科官直提學 諡文簡

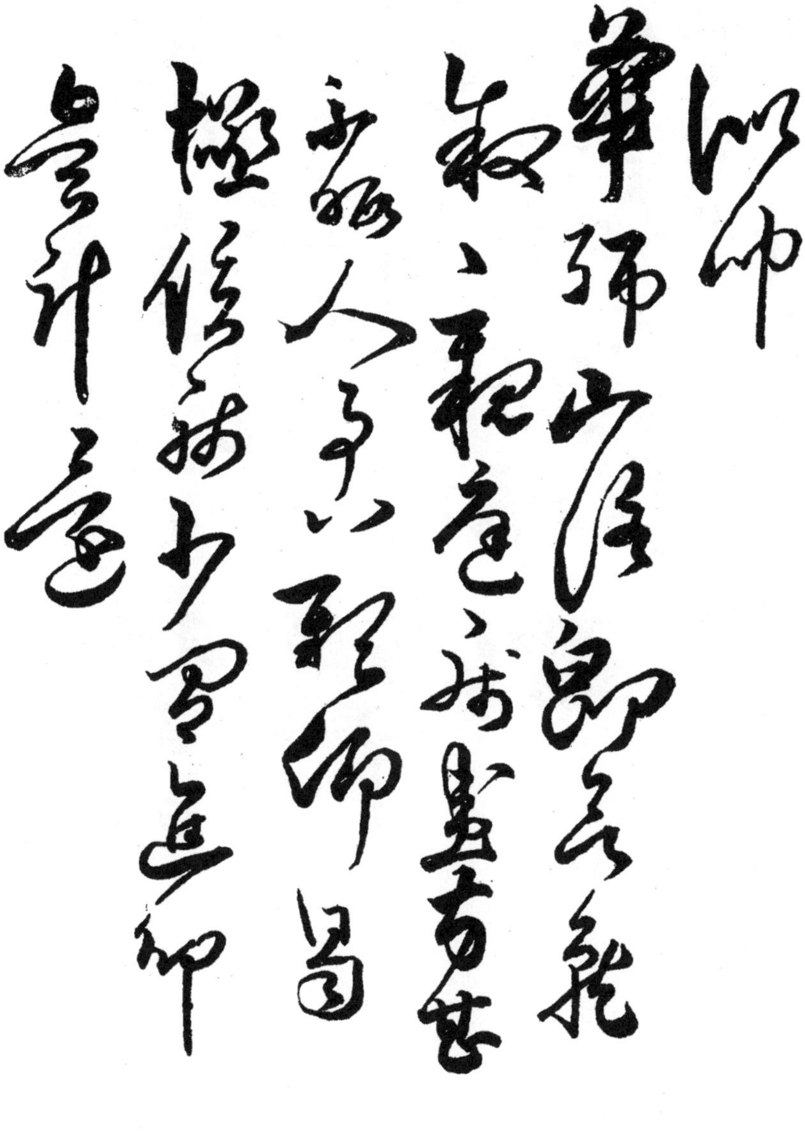

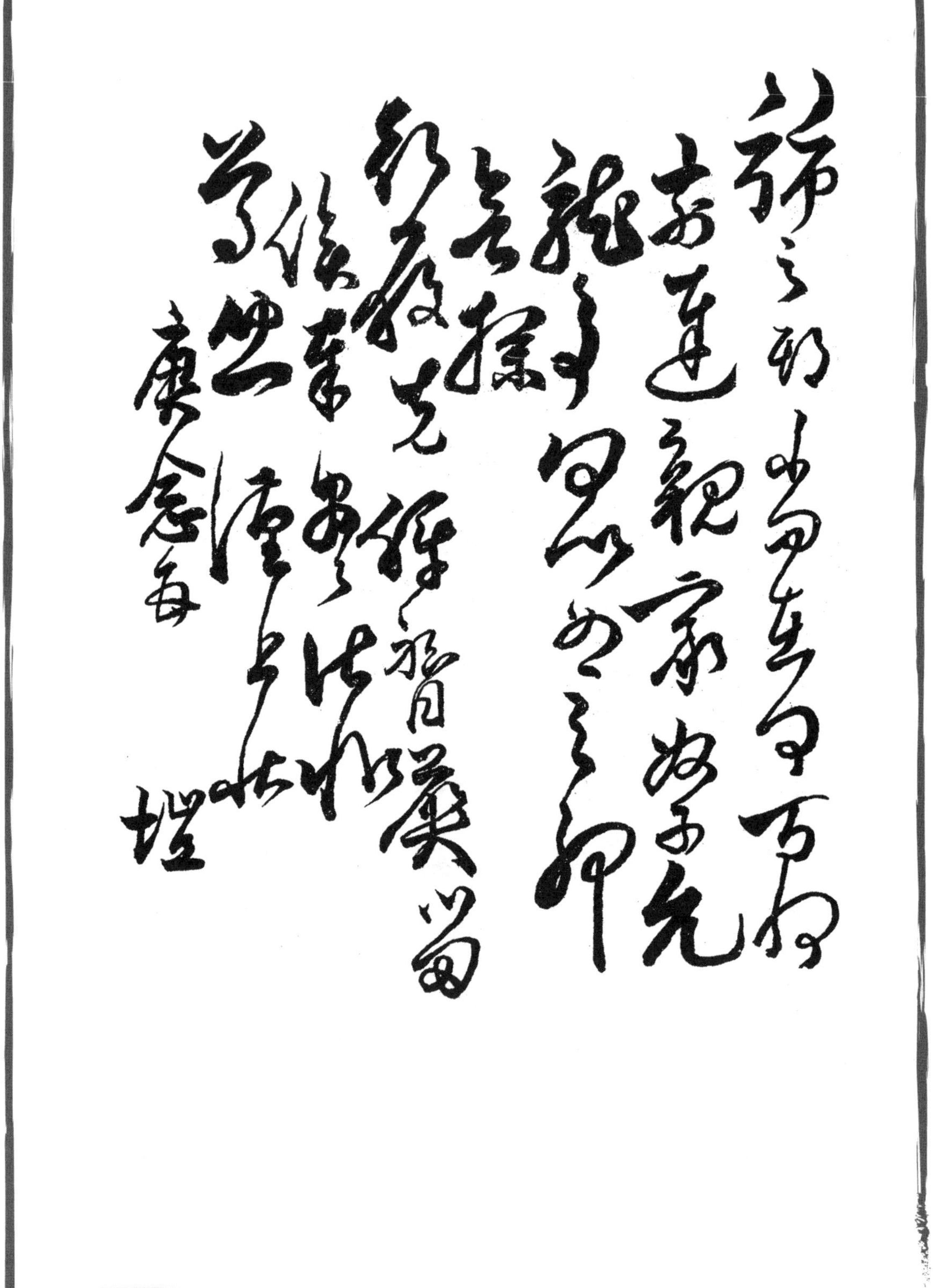

成三問字謹甫號梅竹軒昌寧人 世宗朝文科官承旨諡文忠

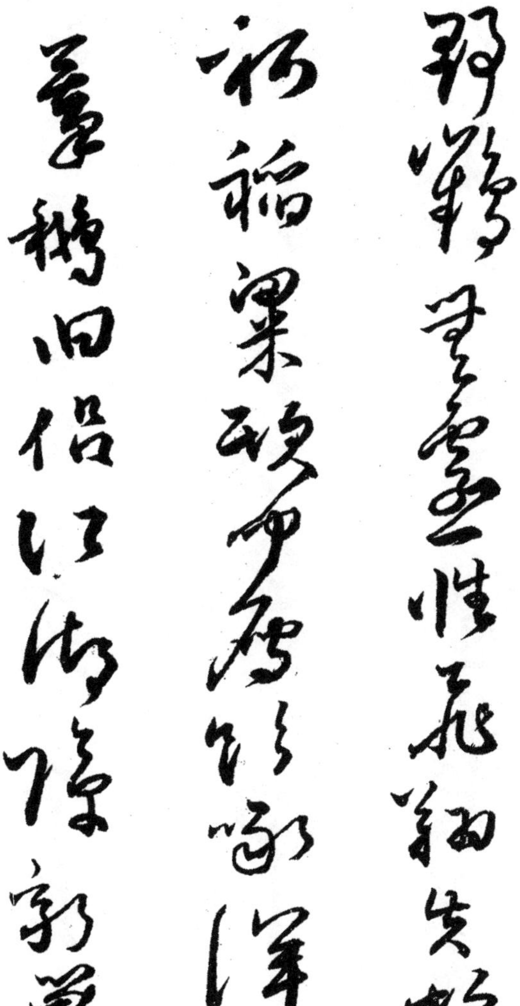

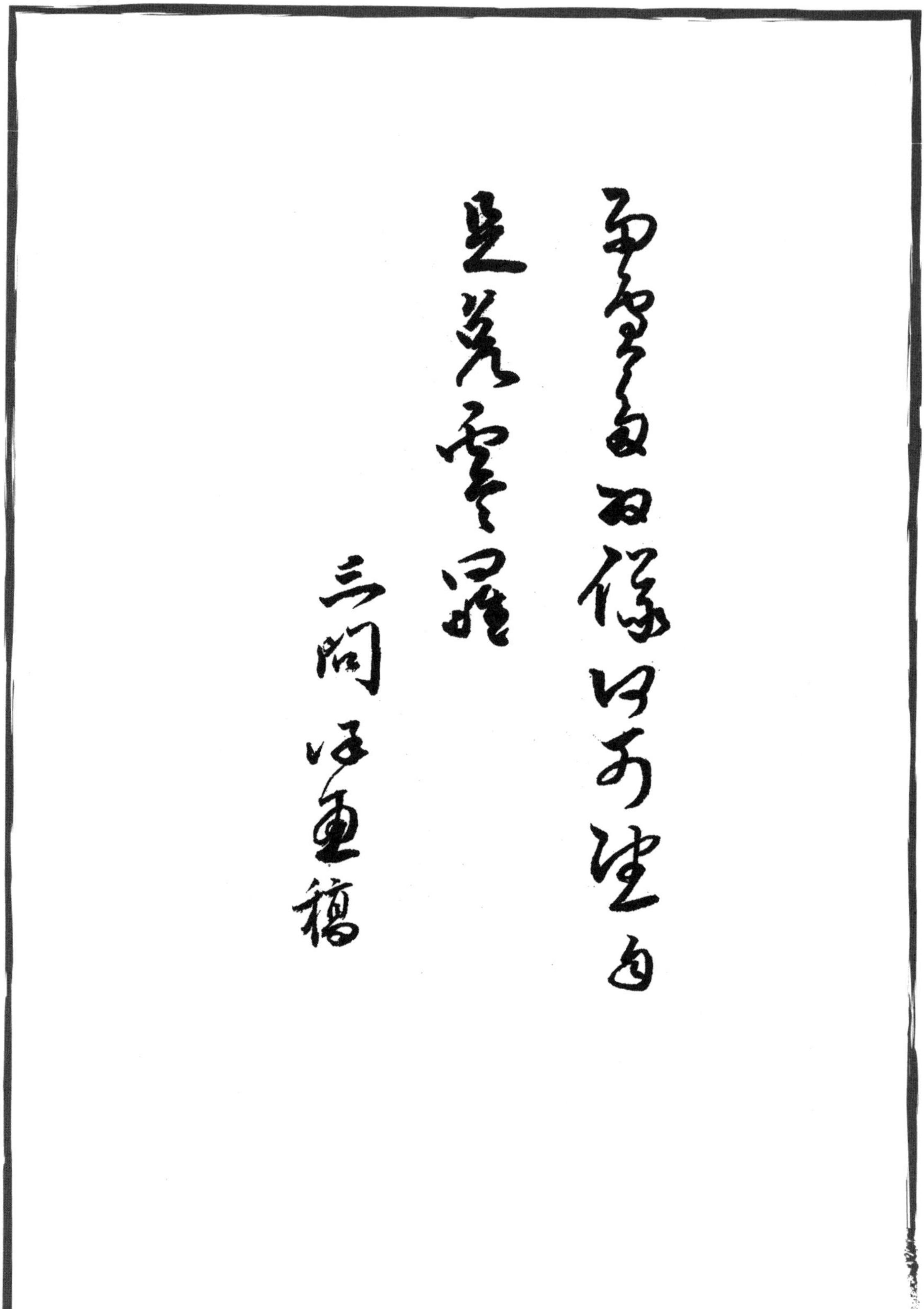

河緯地字仲章號丹溪晉州人世宗朝文科官禮參
謚忠烈

前冬各分南北行色甚忙未獲
一面而出青門懷緒愈難堪
只日是　　己日　　弟　　緯地
令手札追今藏在行笥時〻
披閱稍慰客思卽惟春和

令政候萬相 瞻係倍切弟扶

病踰嶺生還爲幸而意外

還仍狼狽極矣旋修恭歸送

君玉姻丈宅鶯單晚付傳

萬萬非 顒而免依惟

下照 上謝狀

柳誠源字太初歸　文化人世宗朝文科官集賢
殿學士贈吏判諡忠景享鷺梁書院

稽顙再拜

辱字慰沃可言

吟履清絶殊呈高易

頌什謹置棐案以讀於後

歸〻〻近者時〻書
一作剝啄聲如何心甚
不次

卽 服弟 誠源 謹上

趙旅字主翁號漁溪咸安人端宗朝進士贈吏判
諡靖節

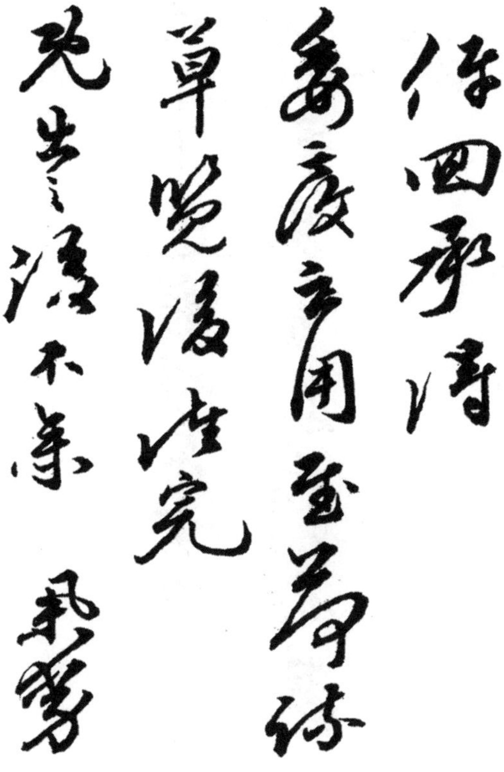

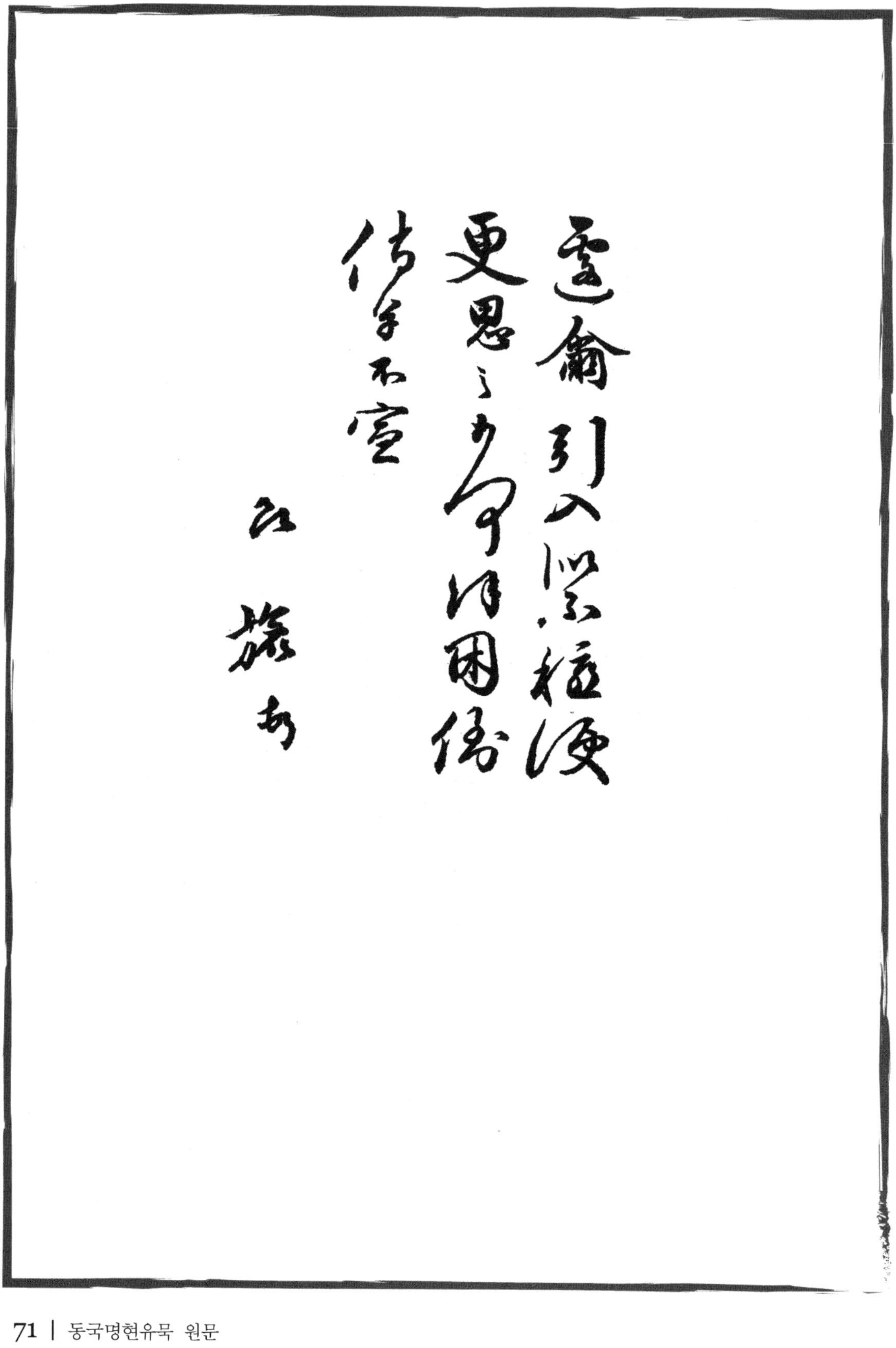

姜孟卿字子章號私淑晉州人世宗朝文科官領相
謚文景

昨者見之氣融和邀同往杞總造
謁轅門叙闊談心欲求布射選畧
不佞賤騎失足不亦濕衣而還今
荷蒙玉輪過寵何以當之
厚情容在翌面
叩不宣 即日 子章頓首

魚世謙字子益號西川咸從人 世祖朝文科官右相
諡文貞

清時此選屬吾人
前後榮光聳北隣
岁處行裝惟我共
神交千里留懷新
魚世謙

金宗直字季溫號佔畢齋江湖子世宗朝文科官刑判諡文簡

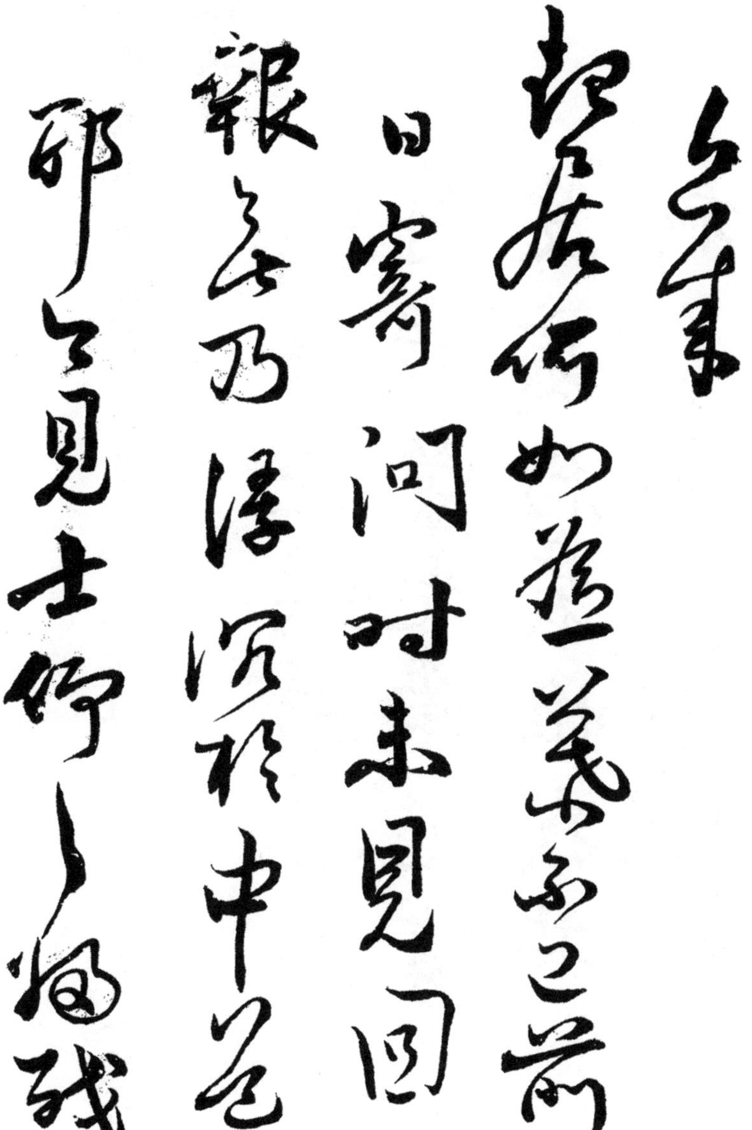

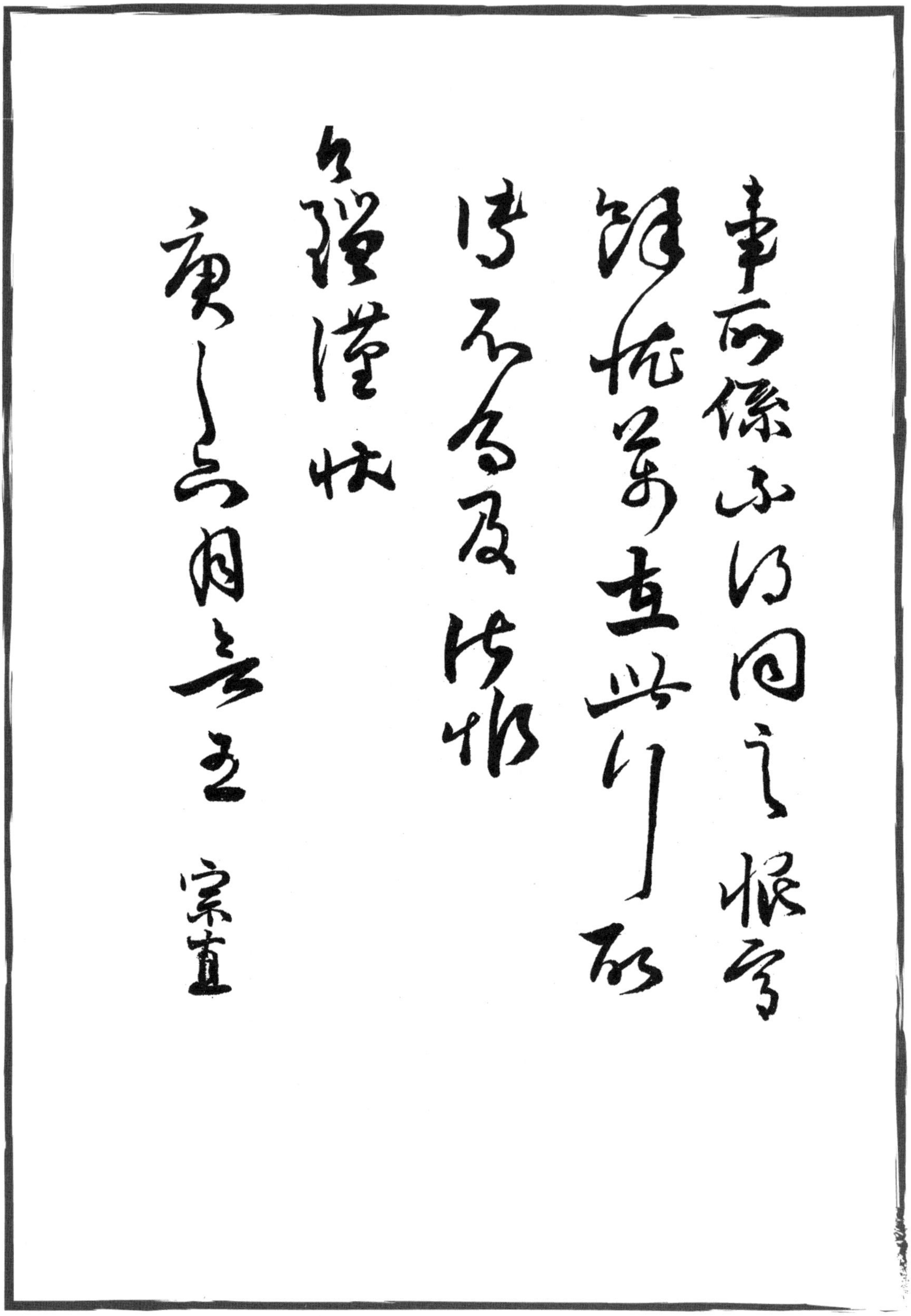

許 琮字宗卿號尚友堂陽川人世祖朝文科官右相陽川府院君諡忠貞

今年冠冕高車昔日調護大纛顓邑何須借而次公徑自新到

修德恩羊叔子羌兵策
馬征南秋風遠塞旌旆明
月高樓笑談

陽川許 琮

李　則字叔度號竹溪固城人世祖朝文科官知中
樞謚貞肅

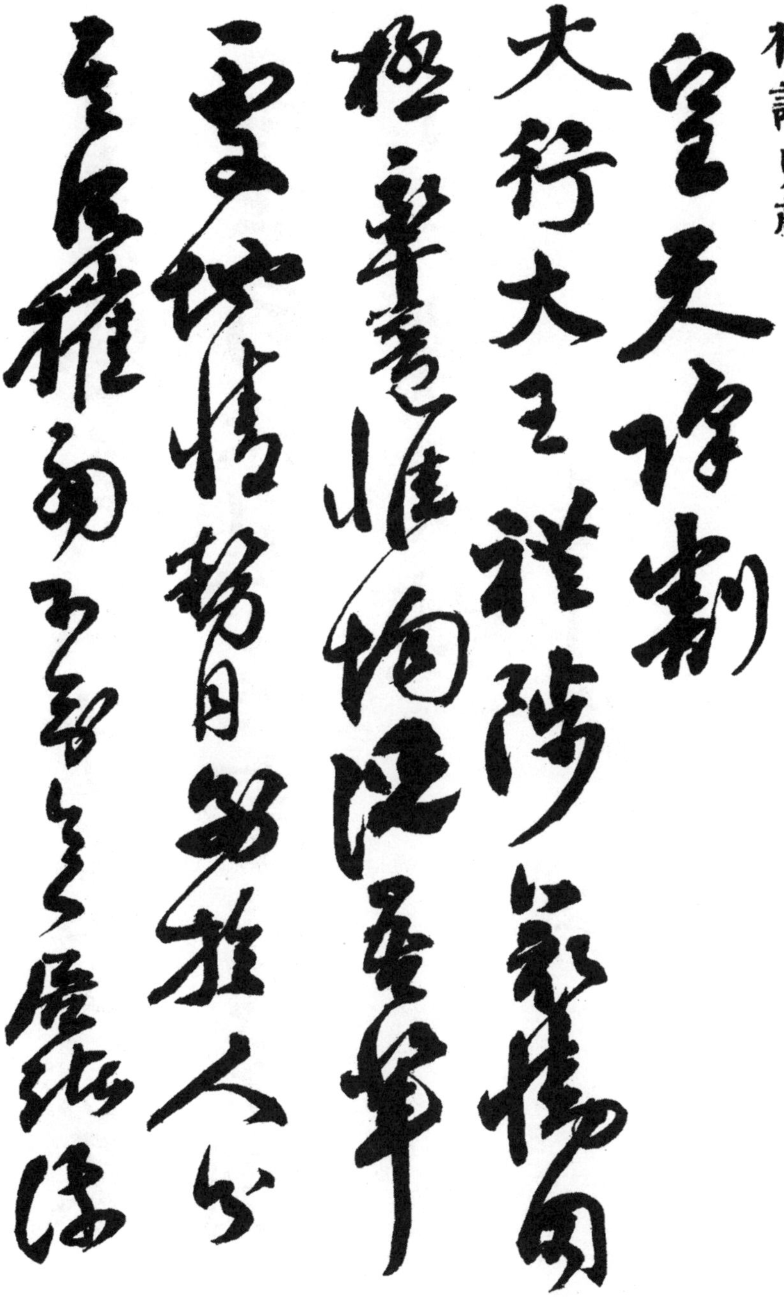

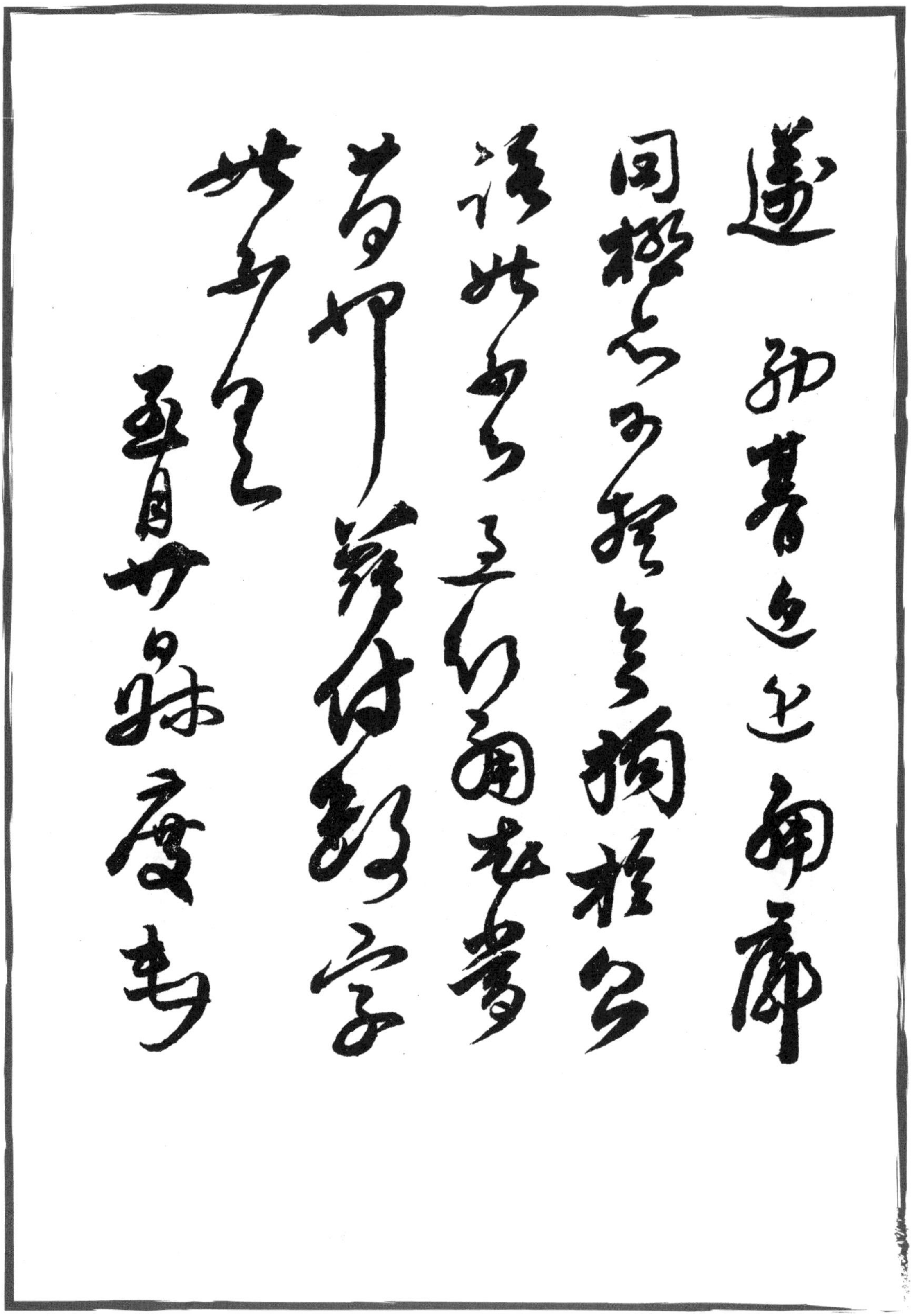

金宏弼字大猷號寒暄堂瑞興人成宗朝逸刑佐贈
左相諡文敬佔畢齋門人從祀文廟

承
誨積累之餘仍得適展
台臣能覺[illegible]寔一生難
得之事而得臥遊之[illegible]
[illegible]是[illegible]
令進之[illegible]居[illegible]
會寔[illegible]事一[illegible]

掃齋案下侍史

令胤孫〻 學業也 出仰[illegible]

前此仰而[illegible]被所送見中

晉[illegible]書[illegible]經 聞[illegible]合尊

叙〻 信〻 今番歸便寄拜[illegible]

合回[illegible]而[illegible]出[illegible]

合尊照[illegible]上狀

以〻 九月三日 [illegible]

蔡壽 字耆之 號懶齋 仁川人 睿宗朝文科官承旨

仁川君 諡襄靖

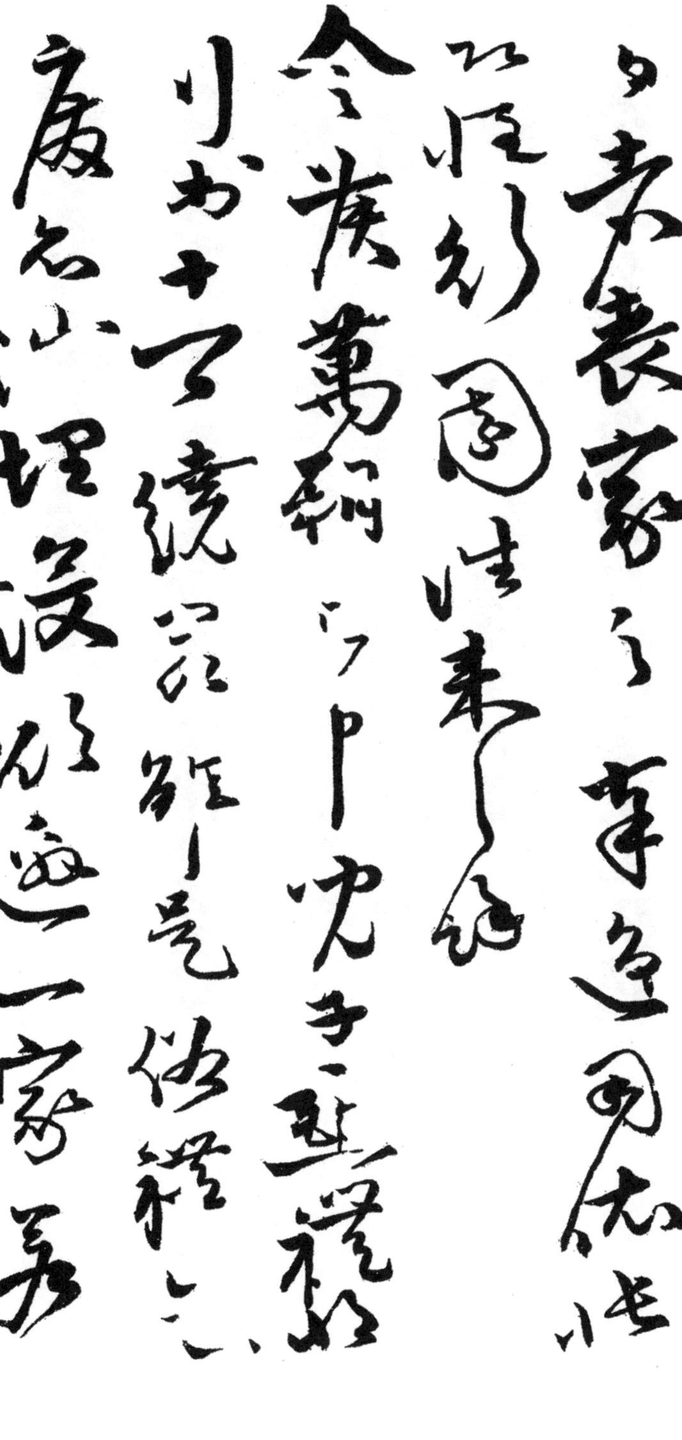

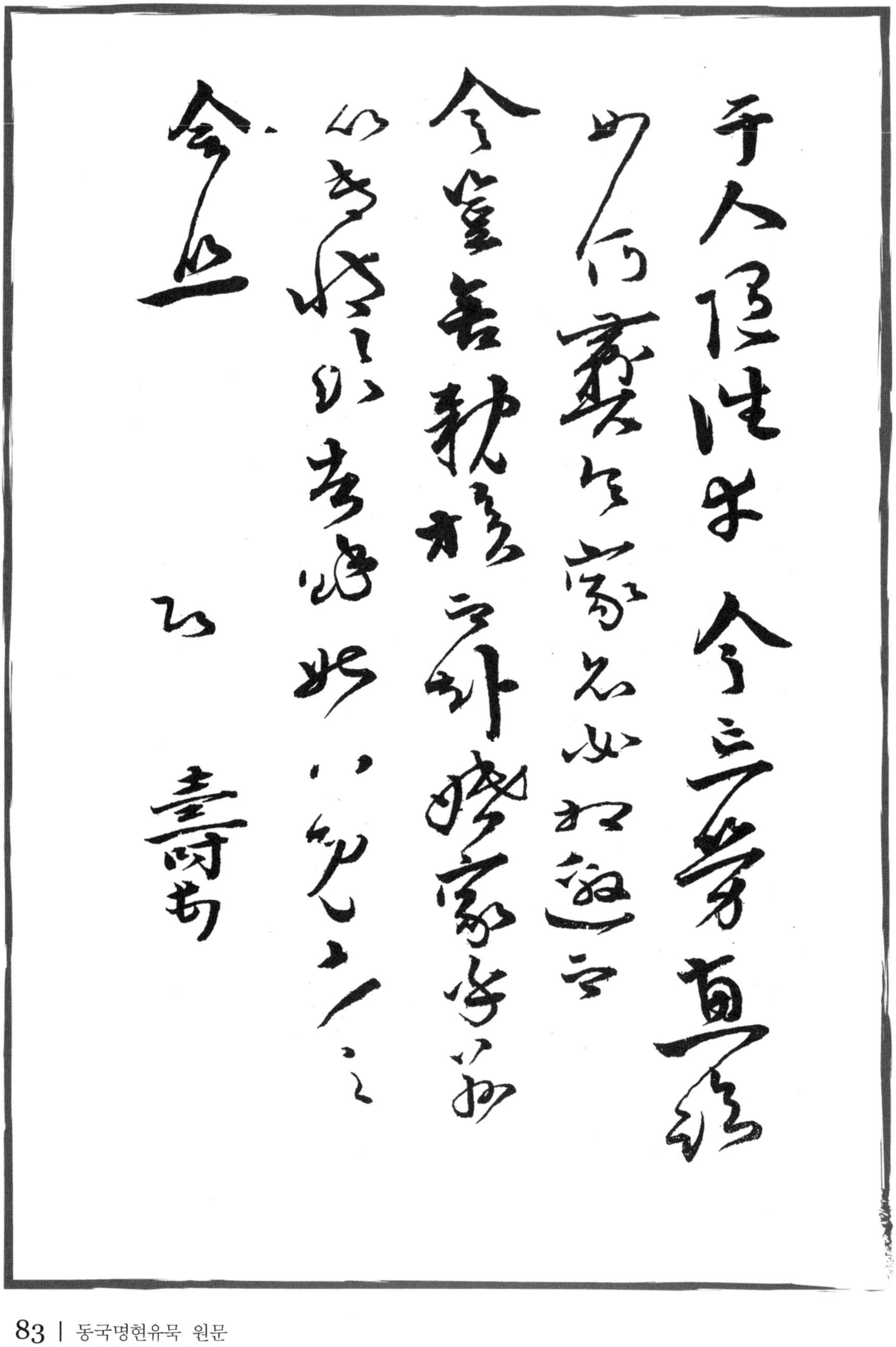

權 柱字支卿號花山安東人成宗朝文科官大憲

前冬參南北行色甚忙

未獲面懷念念難堪

者耳即惟春和

令政候萬福勝慰倍切第

一是孫孫與同生員病

患更甚今已十分地頭
家勢驚惶之狀不可盡言
餘非可積爲宣伏惟
照下
服弟 桓敬

趙之瑞字伯符號知足堂林川人成宗朝文科官輔德

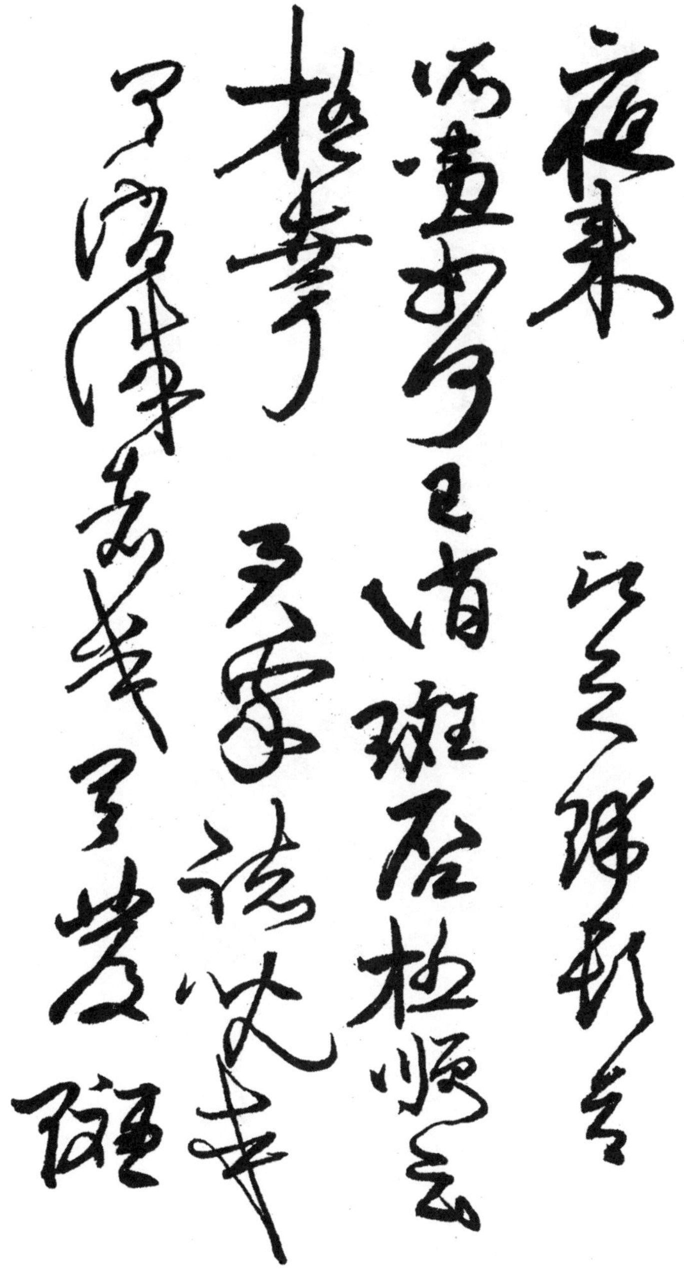

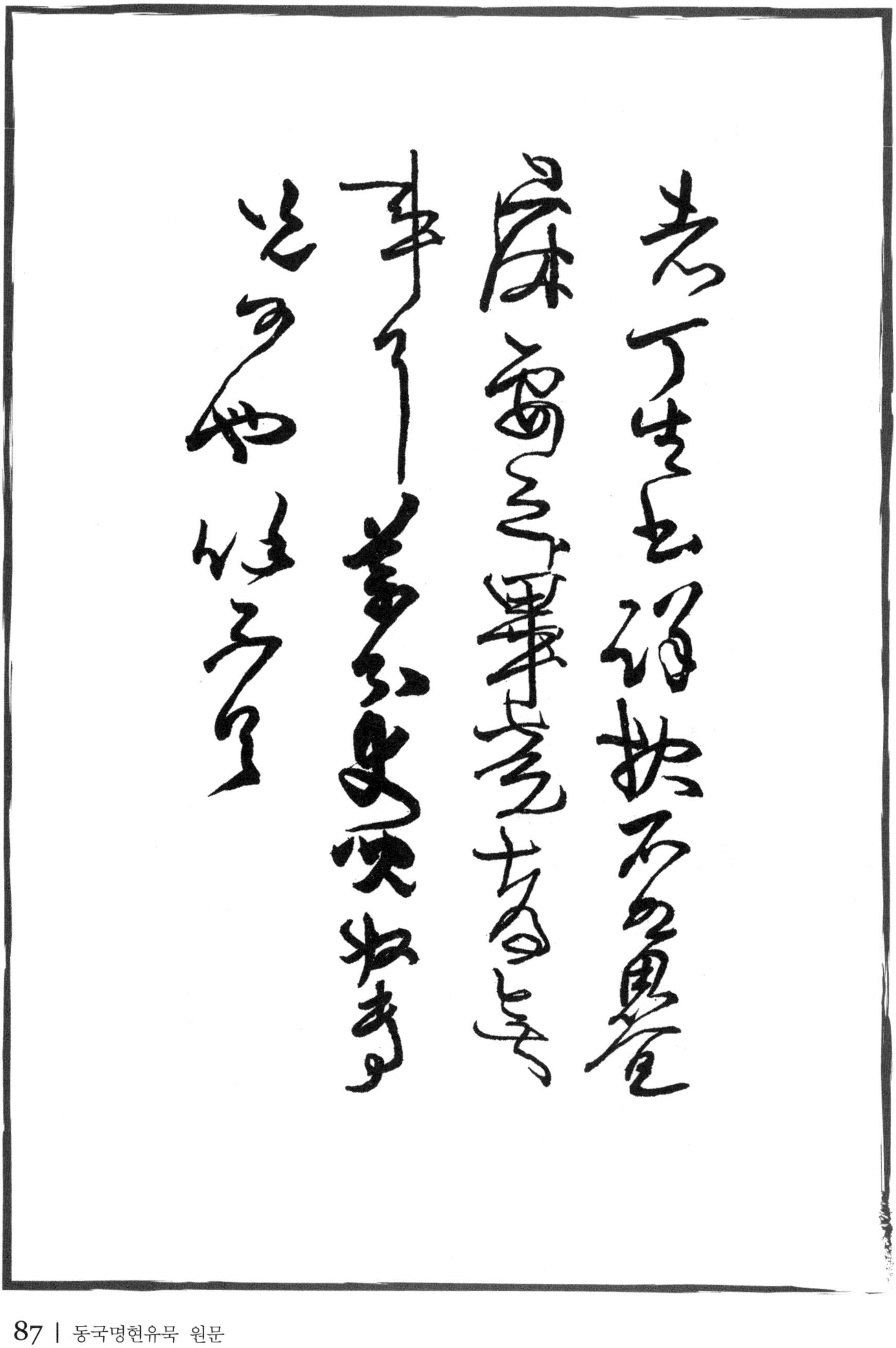

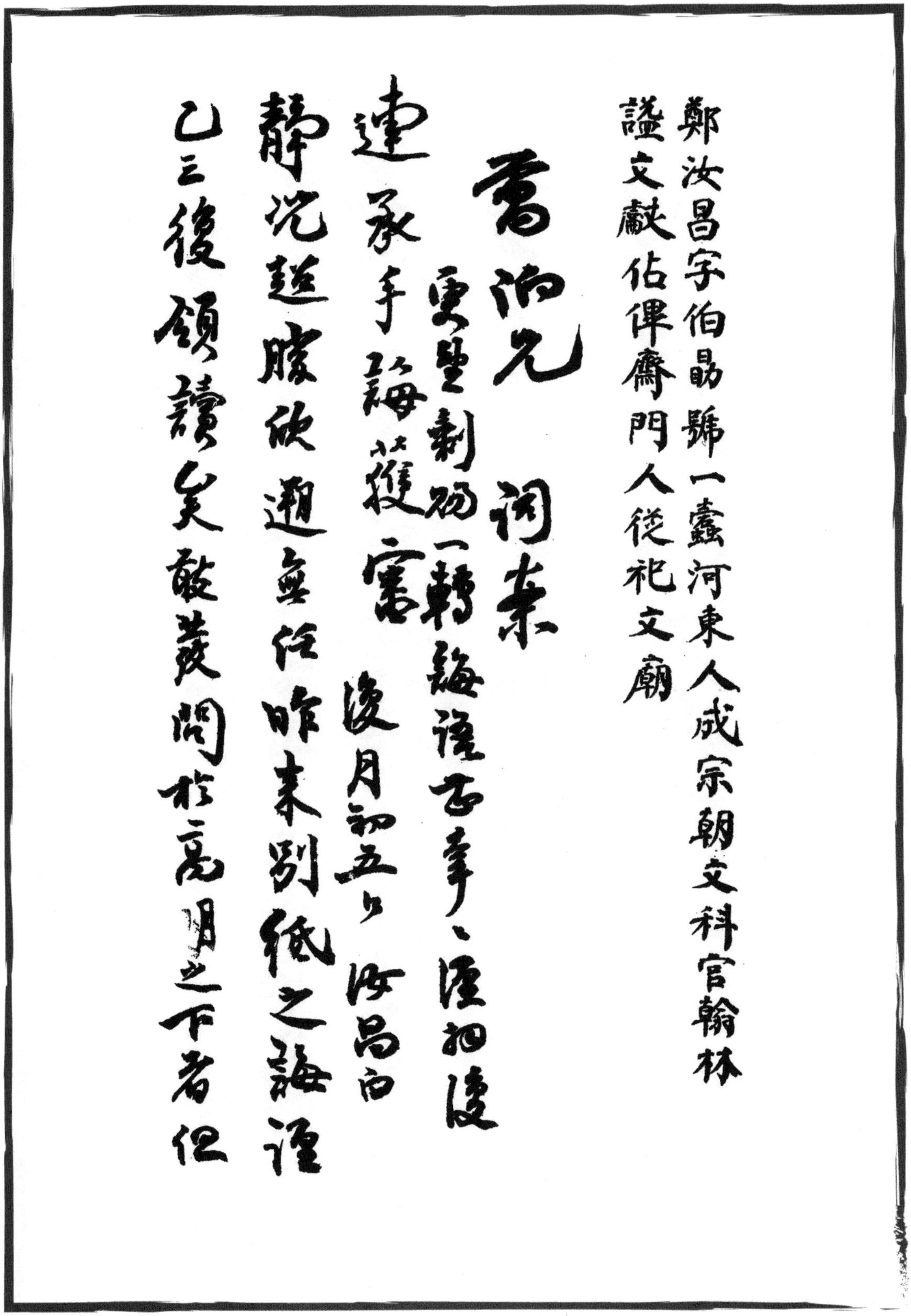

鄭汝昌字伯勗號一蠹河東人成宗朝文科官翰林
謚文獻佔俾齋門人從祀文廟

舊洞兄 詞案
更望剝剔一轉論證示下、還相復
遠承手誨若獲寶
後月初五日 汝昌白
靜況益勝欣溯無任昨來別紙之誨證
乙巳後領讀矣敢發問於高明之下者但

不知路甚遠也如何其誨人間明條暢耶

是高易不靜風花無住漫然自新於前

聞之餘也切欲音去違承數日之誨為

計然職事未休只自悵悚悵歎而往後白

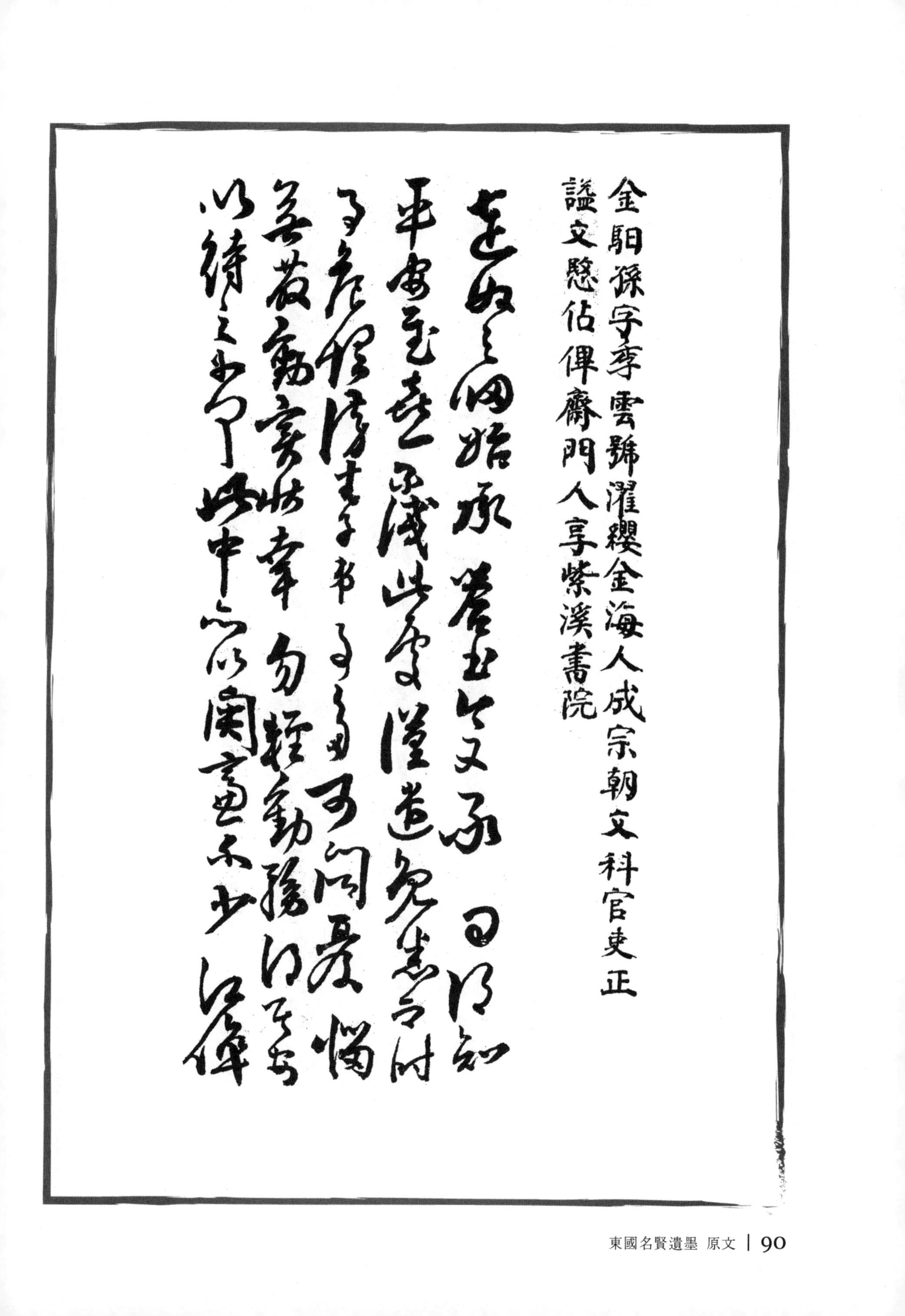

金馹孫字季雲號濯纓金海人成宗朝文科官吏正
諡文愍佔畢齋門人享紫溪書院

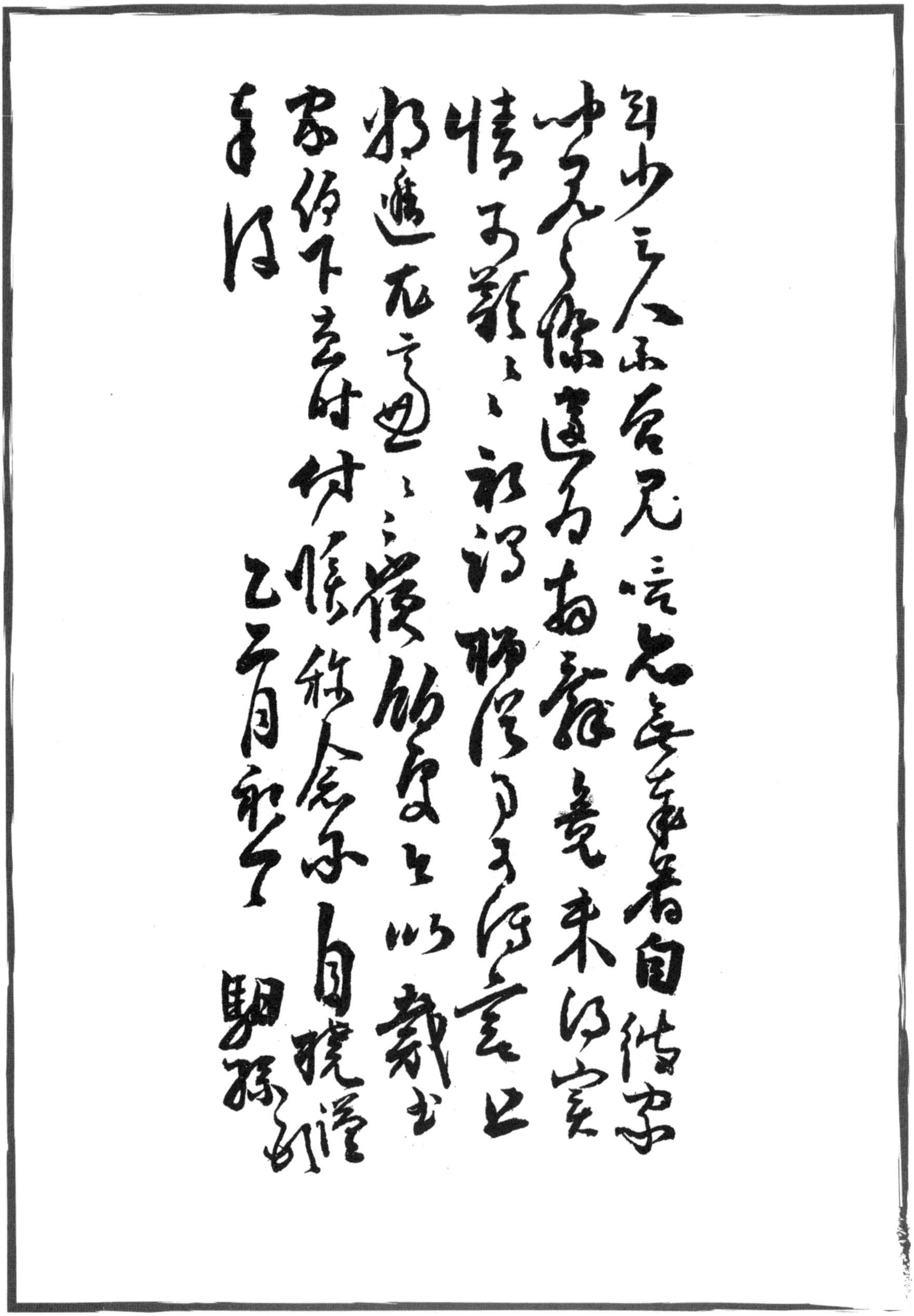

李賢輔字斐仲號聾巖永川人燕山朝文科官戶叅
謚節孝享汾江書院

非對賢胤文豪
素札得書叙高誼上
靜履沖裕慰感無已此墨
去年冬子喻能使
嘗念格名其年有之但明日則
御史寒之具未及措備奈慕

遲明日則可以發矣章理開
諭船人使之退歸於再明日前
專待之滿盈此計明夕歸為
先宿於
君家耳 詳在另紙[illegible]
儞武 也 斐仲

鄭光弼字士勛號守夫東萊人成宗朝文科官領相
謚文翼配中宗廟

病勢靡差絶未沖外事旦地前後
下札如審仍諦慶深
侍履萬重欣慰何等第
復請在明世詠年報是切悵仰侍生
宿患之症積當暑添苦呻痛度日伏
悶何喩

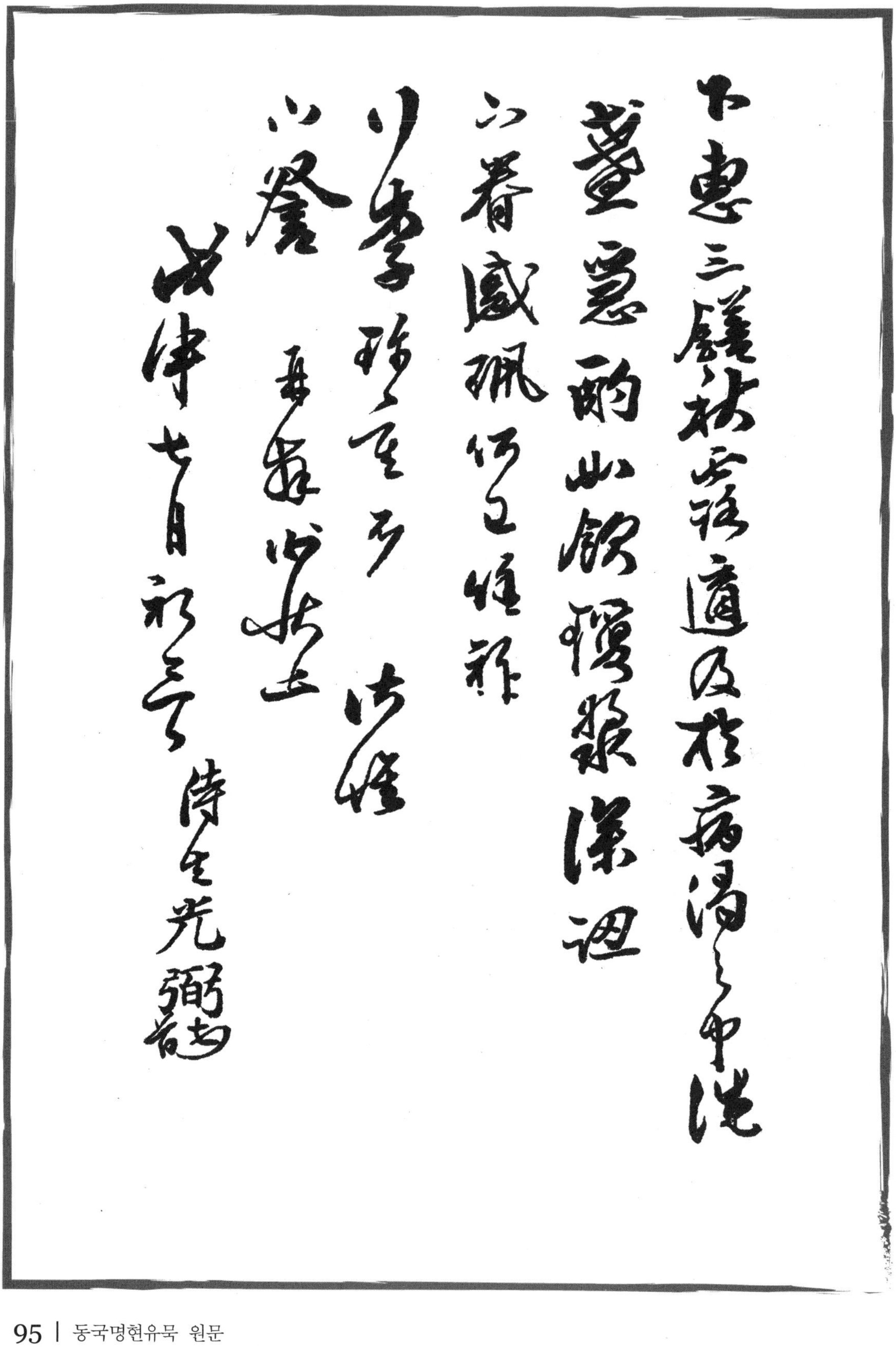

趙光祖字孝直號靜菴漢陽人中宗朝文科官大司
憲諡文正從祀文廟

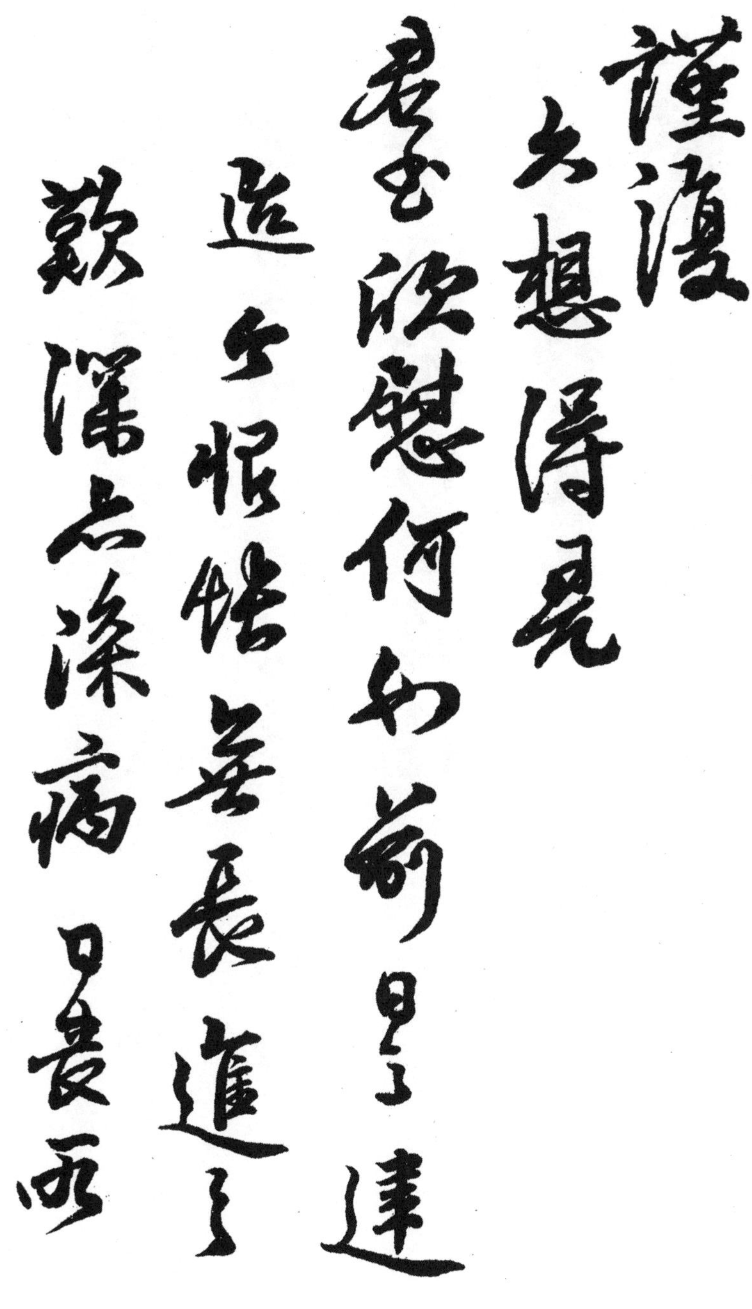

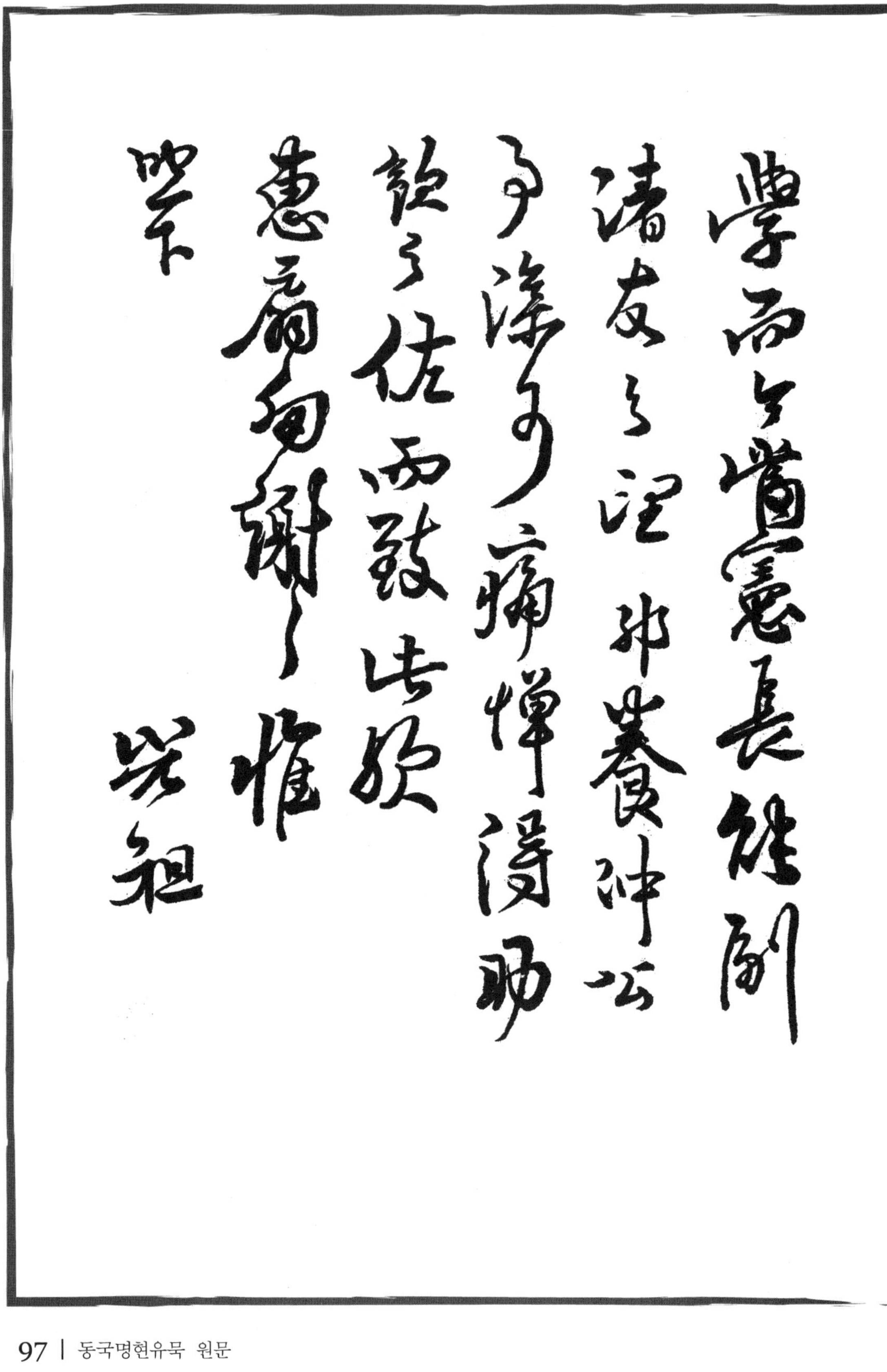

李浚慶字元吉號東皐廣州人中宗朝文科官領相
謚忠正配享宣祖廟

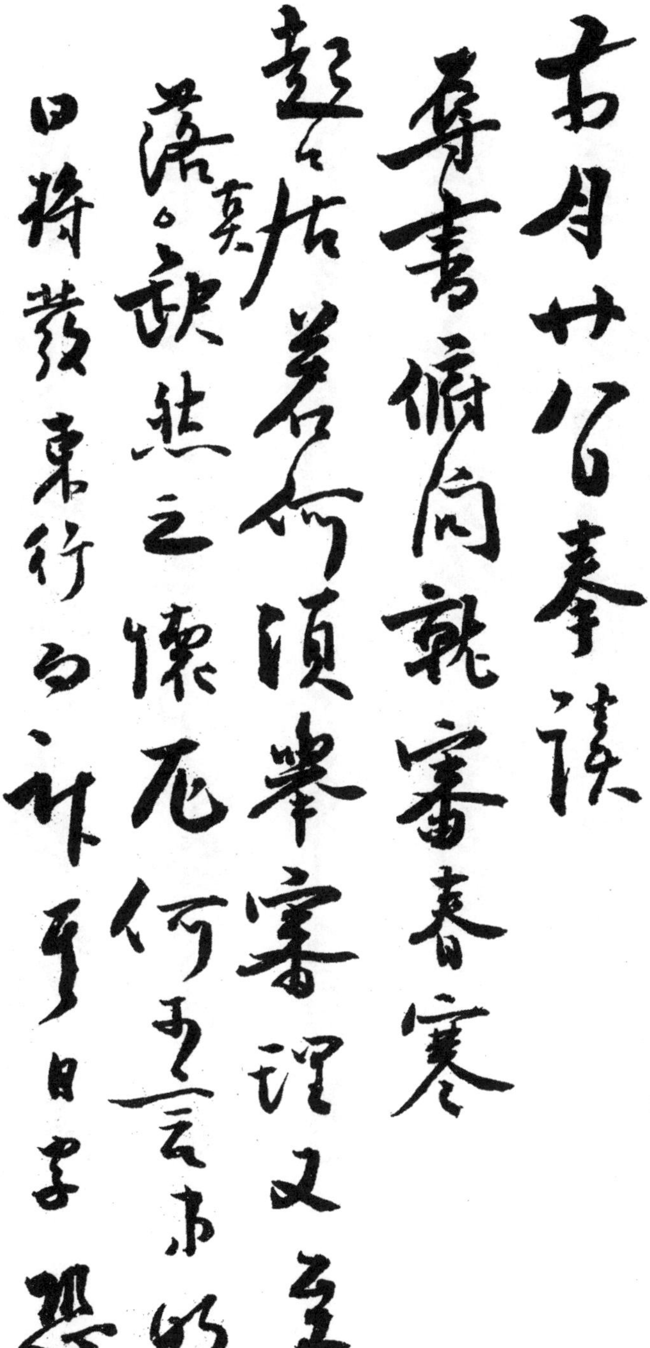

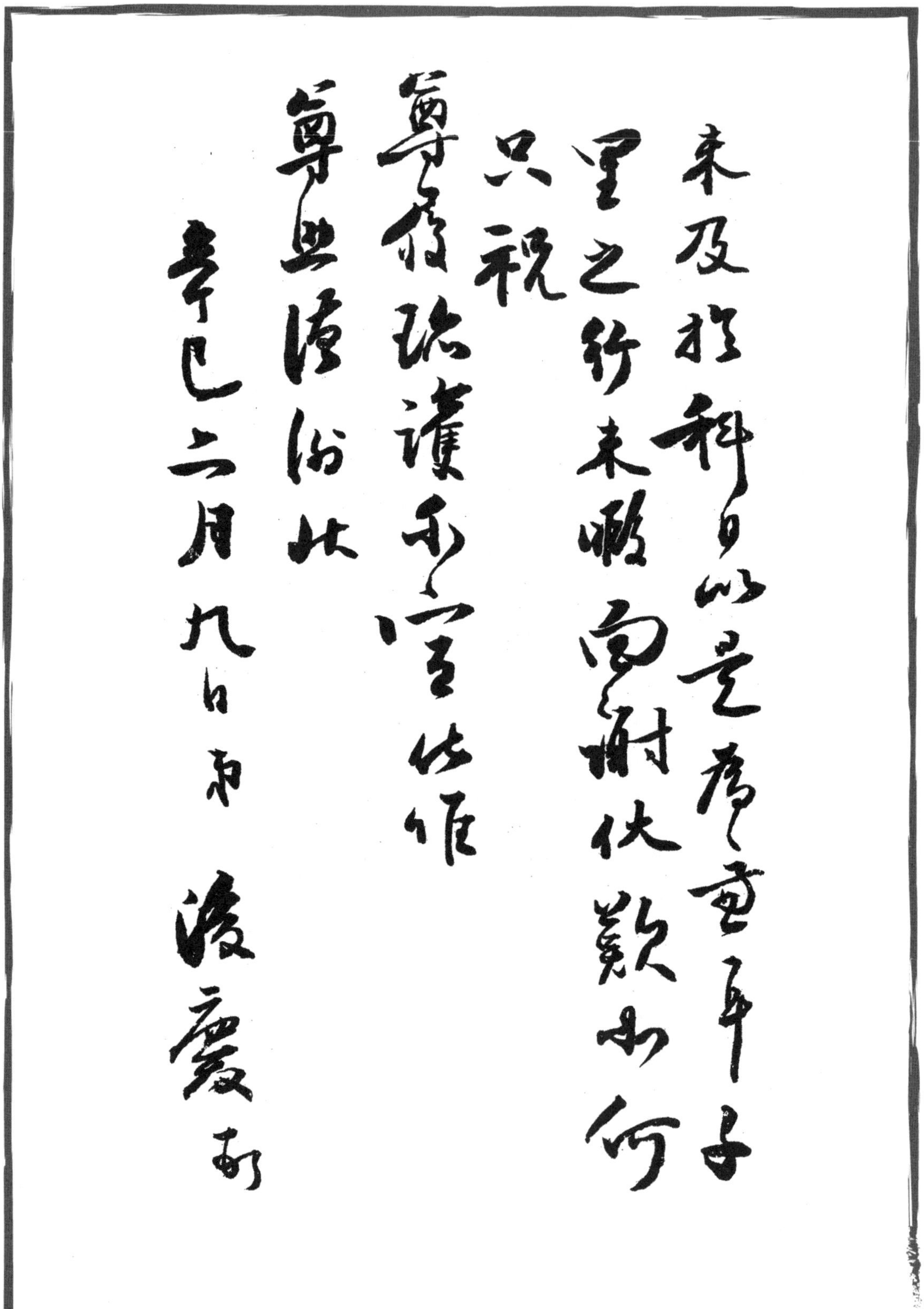
未及於科日以是虧[illegible][illegible]子
望之行未暇面謝伏歎如何
只祝
尊候珍護千萬伏惟
尊照謝狀
辛巳二月九日末浚慶頓

朴英字子實號松堂密陽人中宗朝武科官兵使
謚文穆

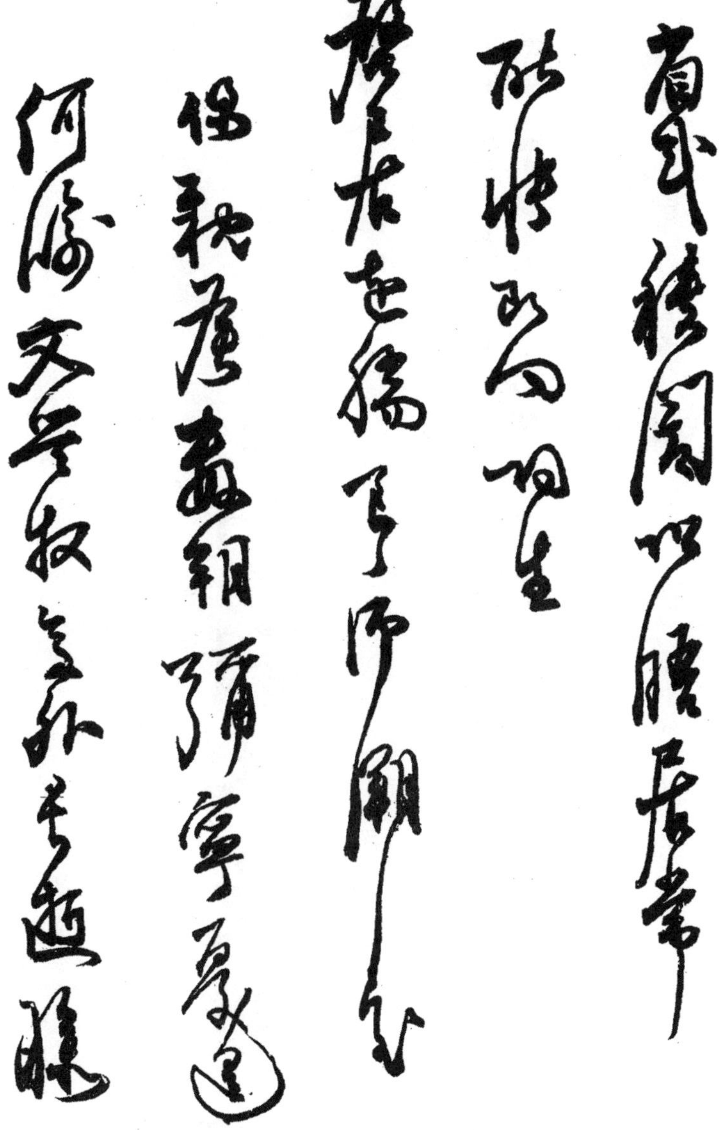

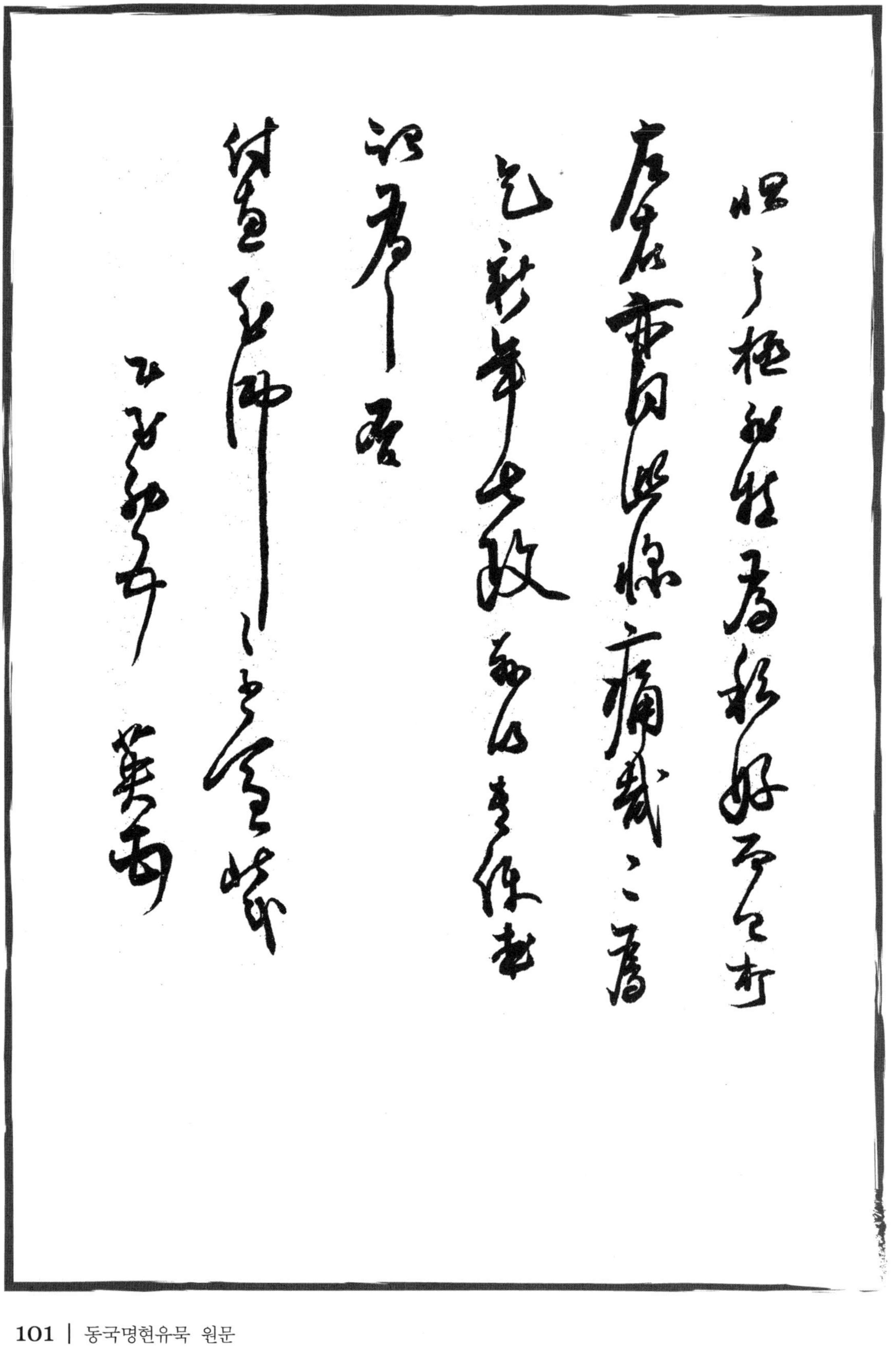

金安國字國卿號慕齋義城人燕山朝文科官貳相
謚文敬配享仁宗廟

安國按嶺南日曾訪
棐仲所居升堂壽
雙親年俱八袠尚康強溪間

穹窿山水清麗恍然若入
桃源而值仙老
嘉靖壬午聞韶金安國

盧友明字明中號信古堂豐川人中宗朝司馬薦齋郎一蠹門人

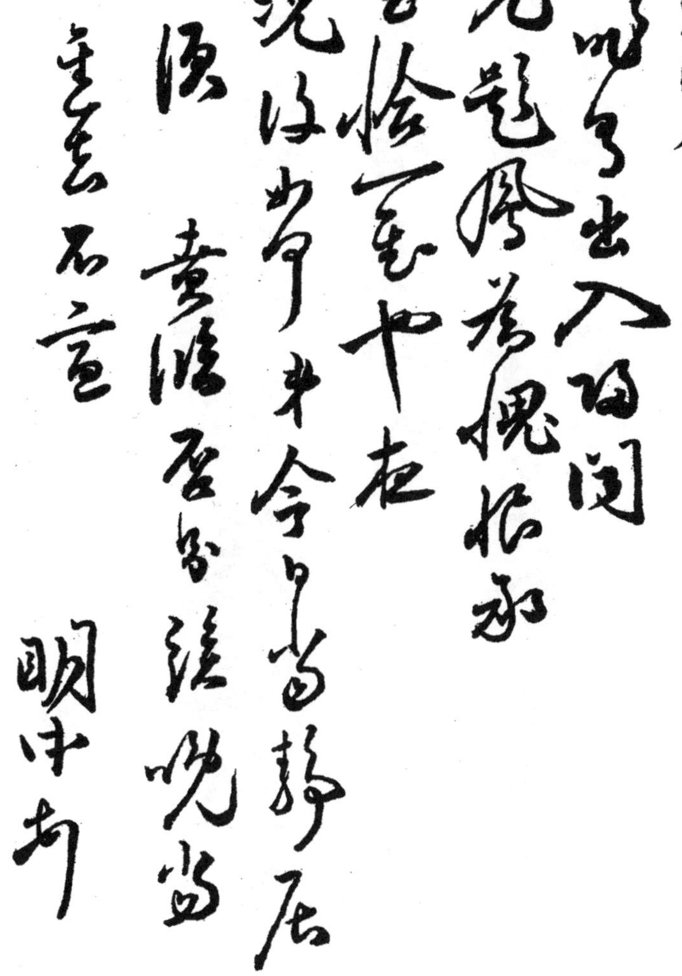

金正國字國弼號思齋慕齋弟中宗朝文科官禮參
謚文定

新歲得承
尊翰仰
審茂履膺 福迪至慰
惠來歲儀依受仰感感
聞而若相伏惟
亮謹 以相附
上狀
正月初三日 正國 啓

李 堣字明中號松齋眞城人燕山朝文科官戶參

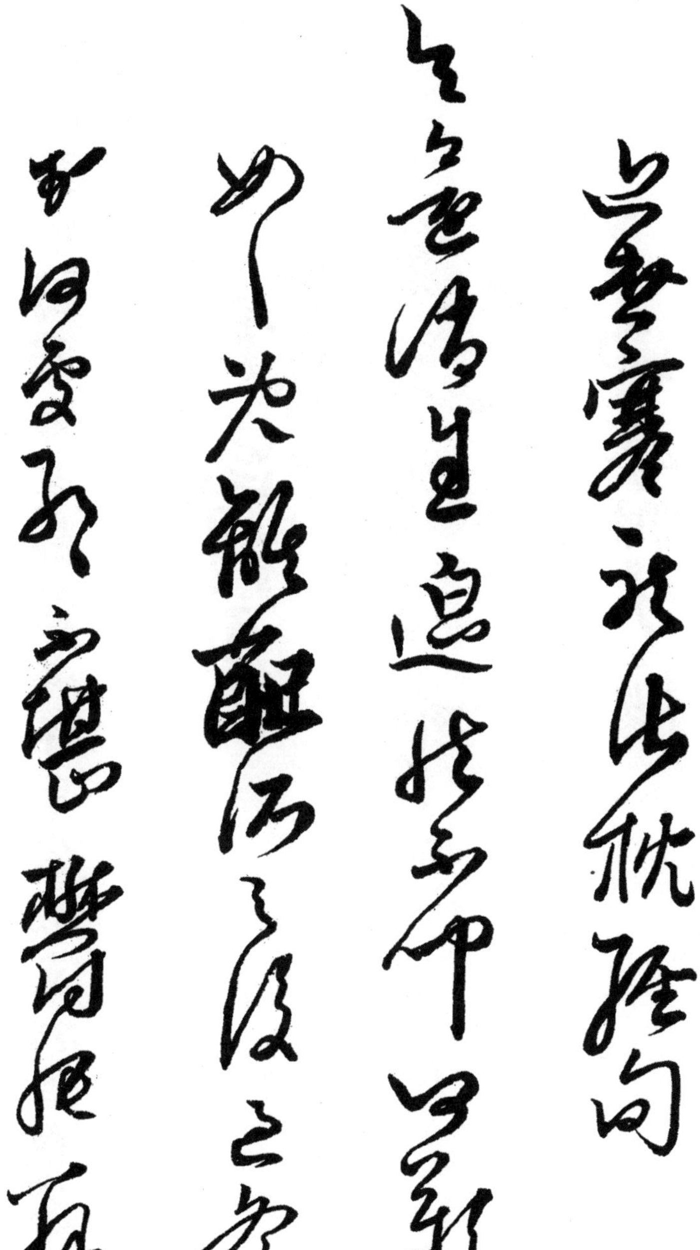

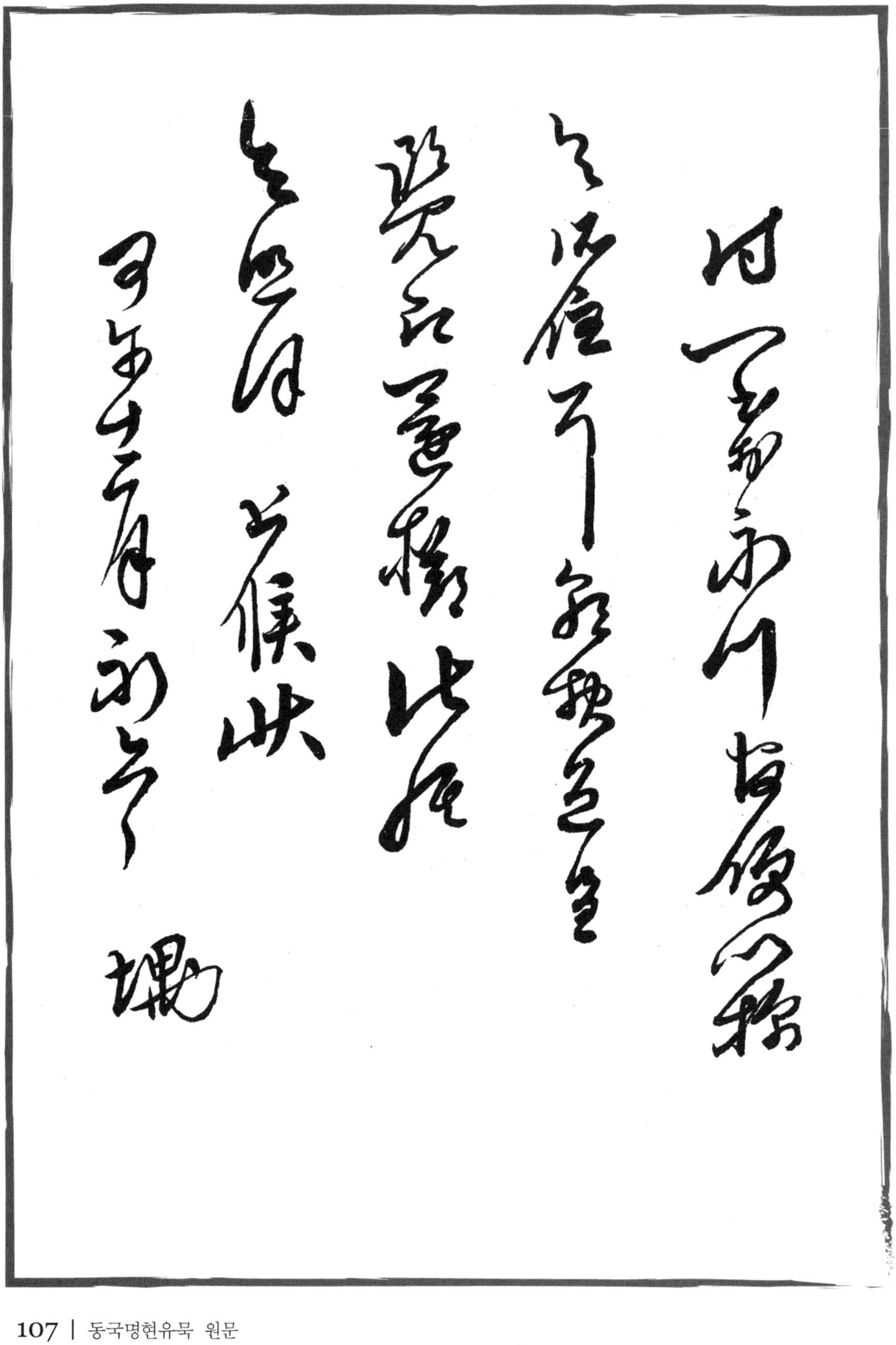

奇遵 字子敬 號服齋 幸州人 中宗朝文科官應教

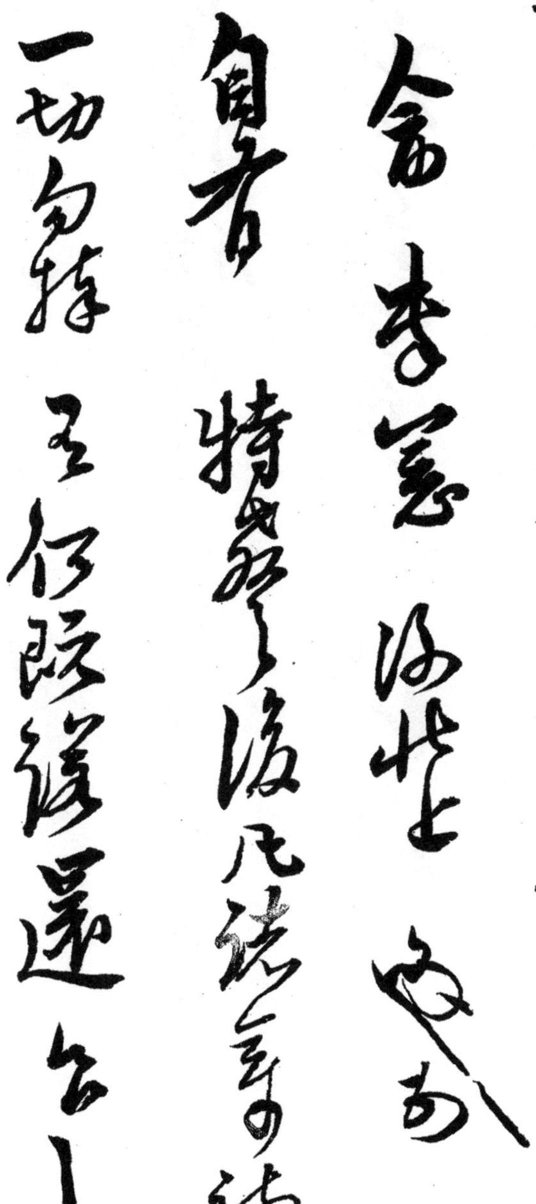

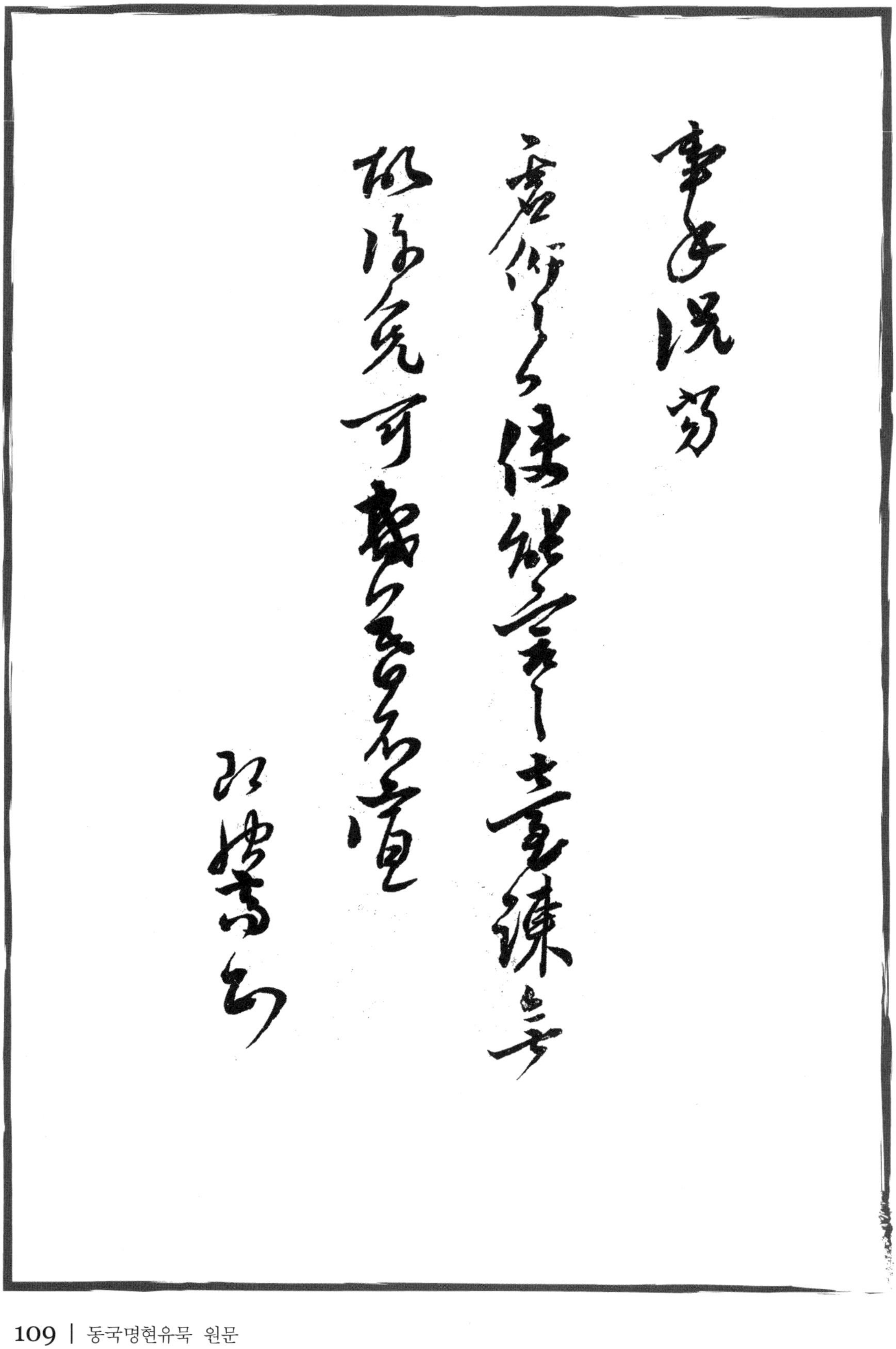

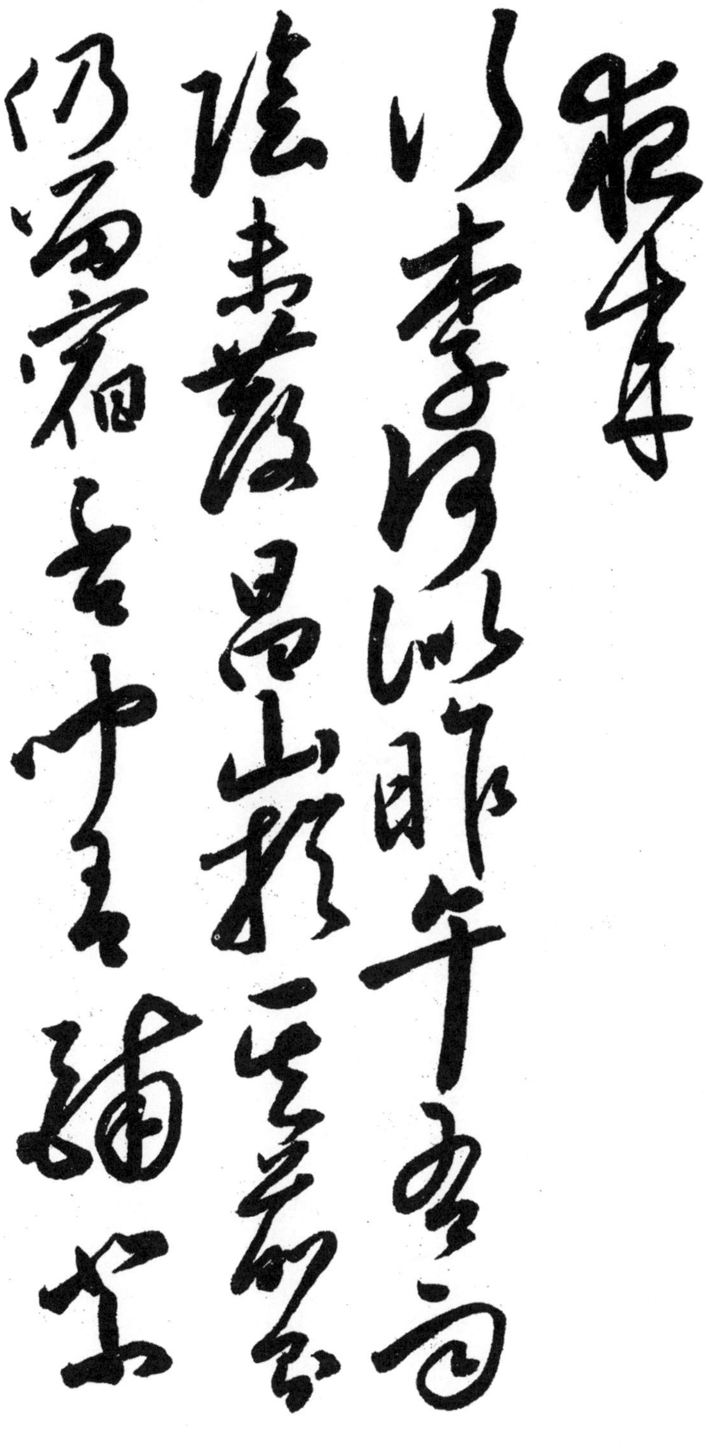

成世昌字蕃仲號遯齋昌寧人中宗朝文科官左相
謚文康寒暄堂門人

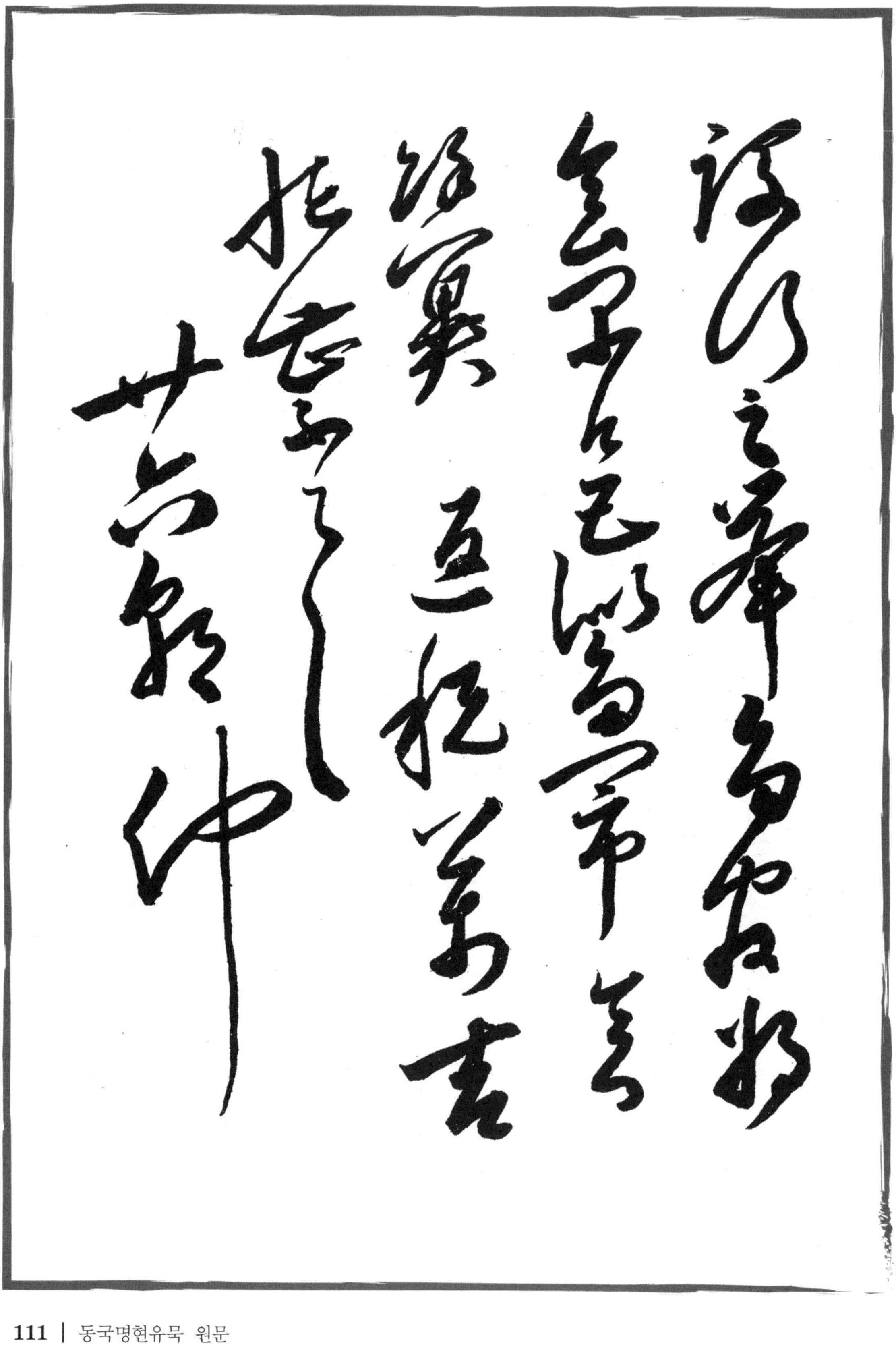

奉天祥字履善歸

河陰人薦來奉

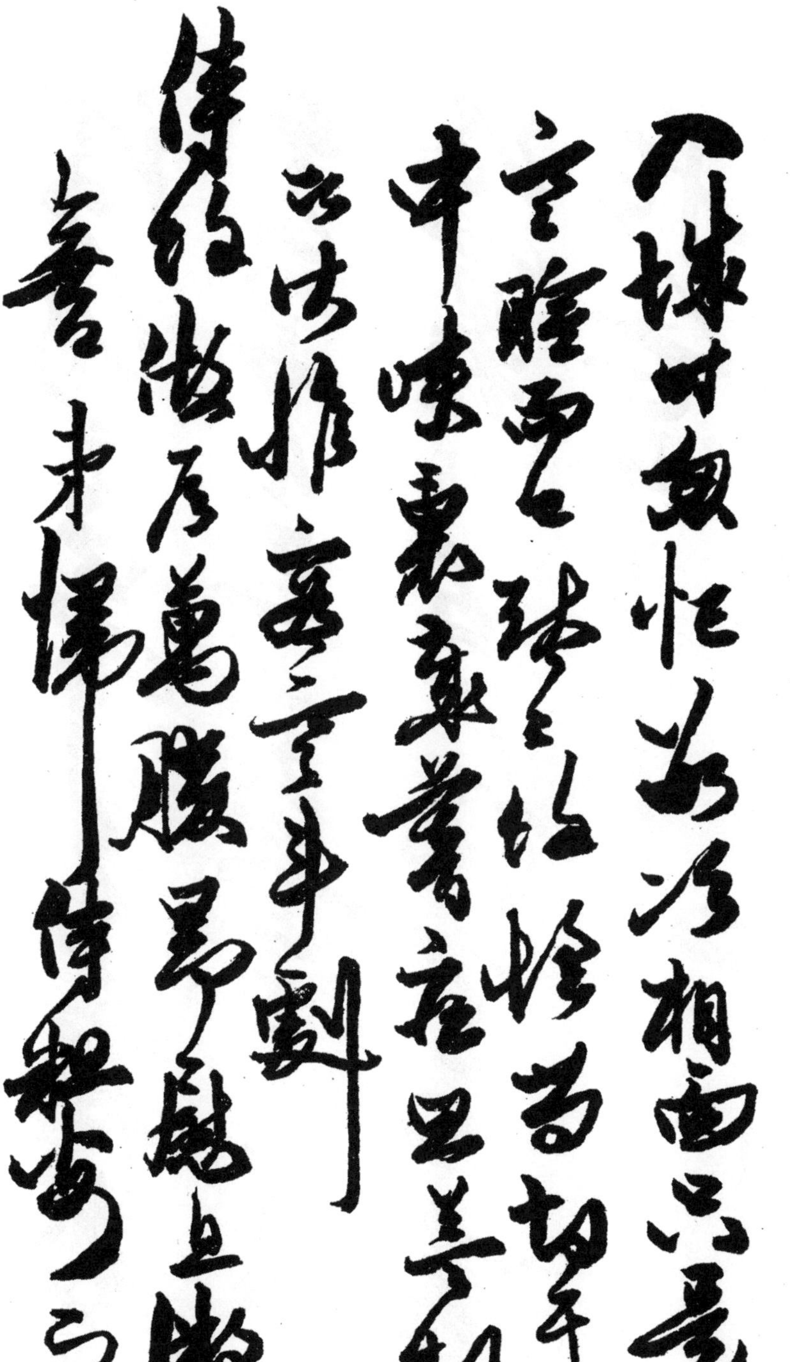

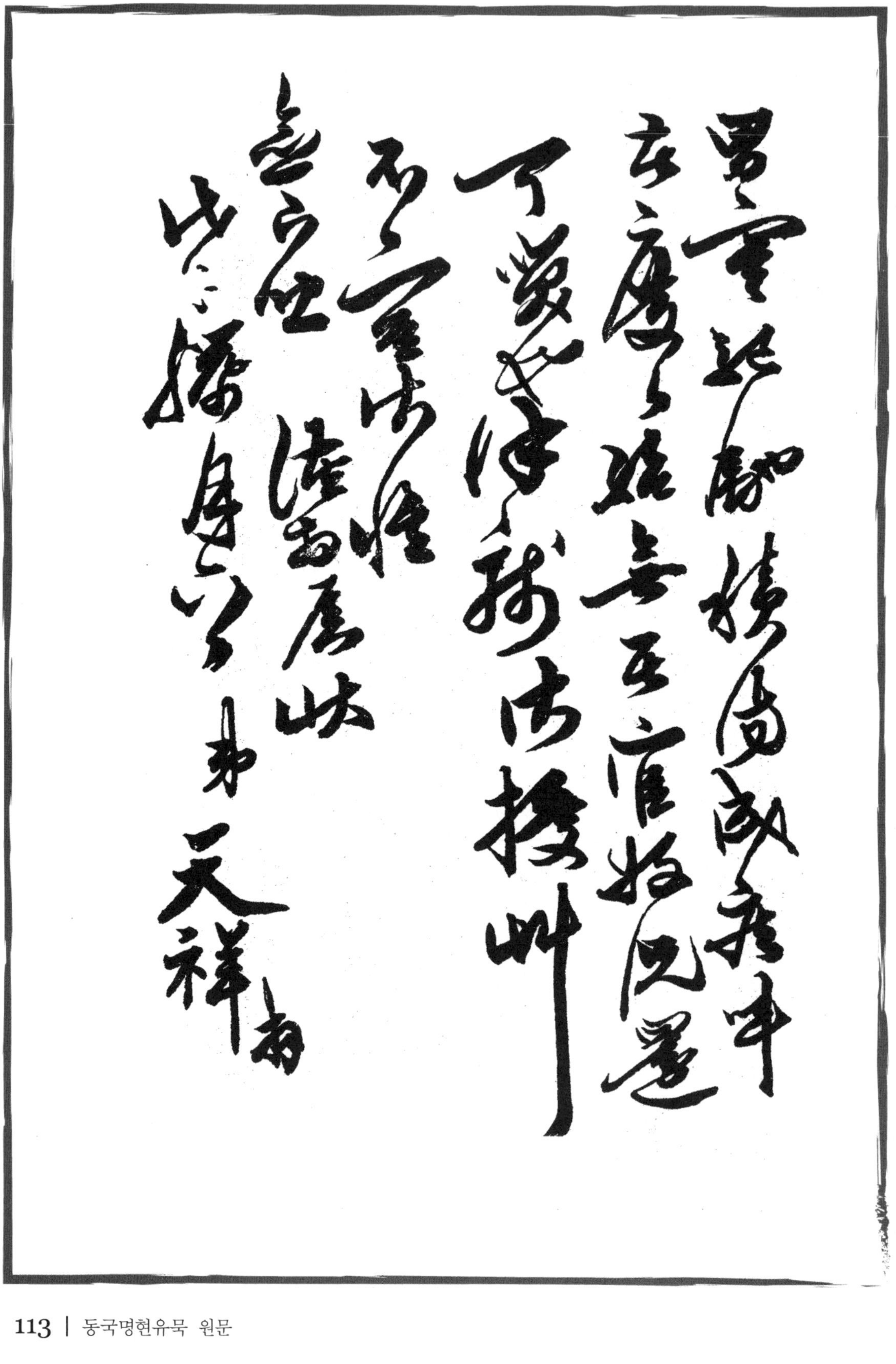

金麟厚字厚之號河西蔚山人中宗朝文科官敎理
諡文靖從祀文廟

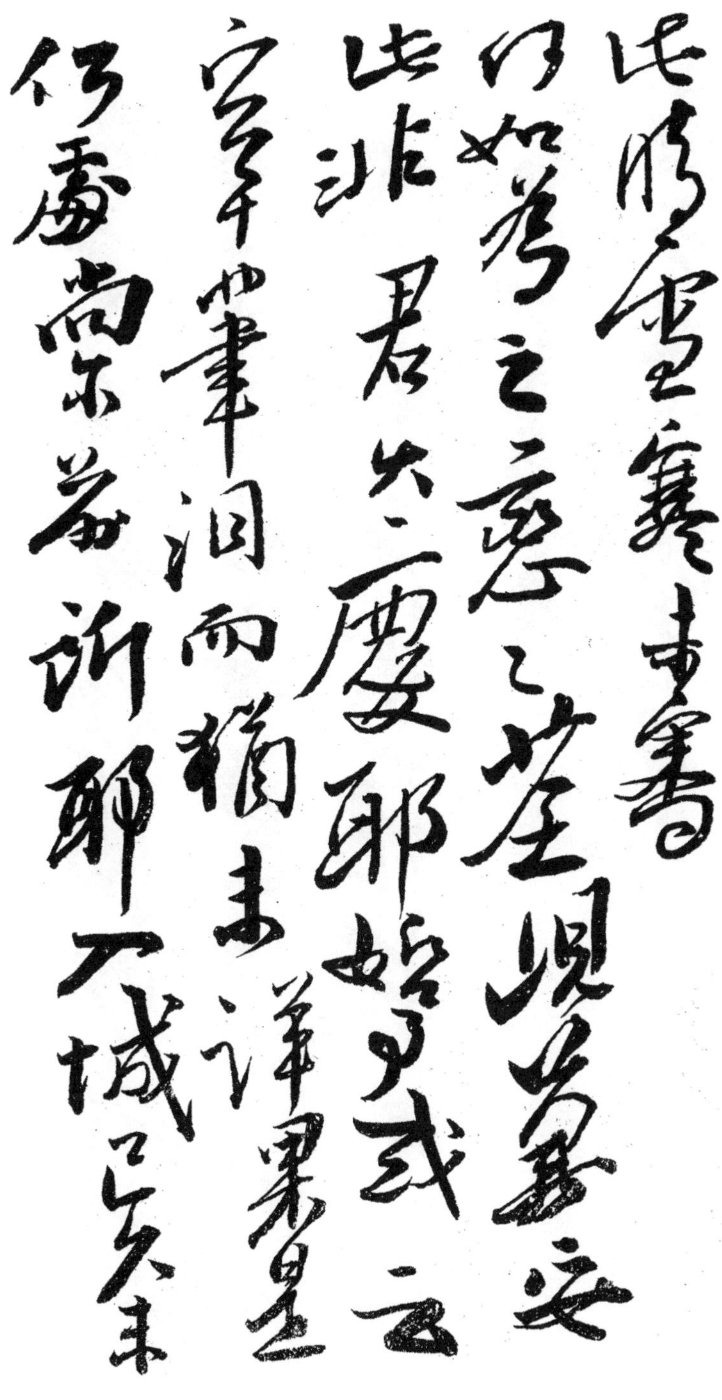

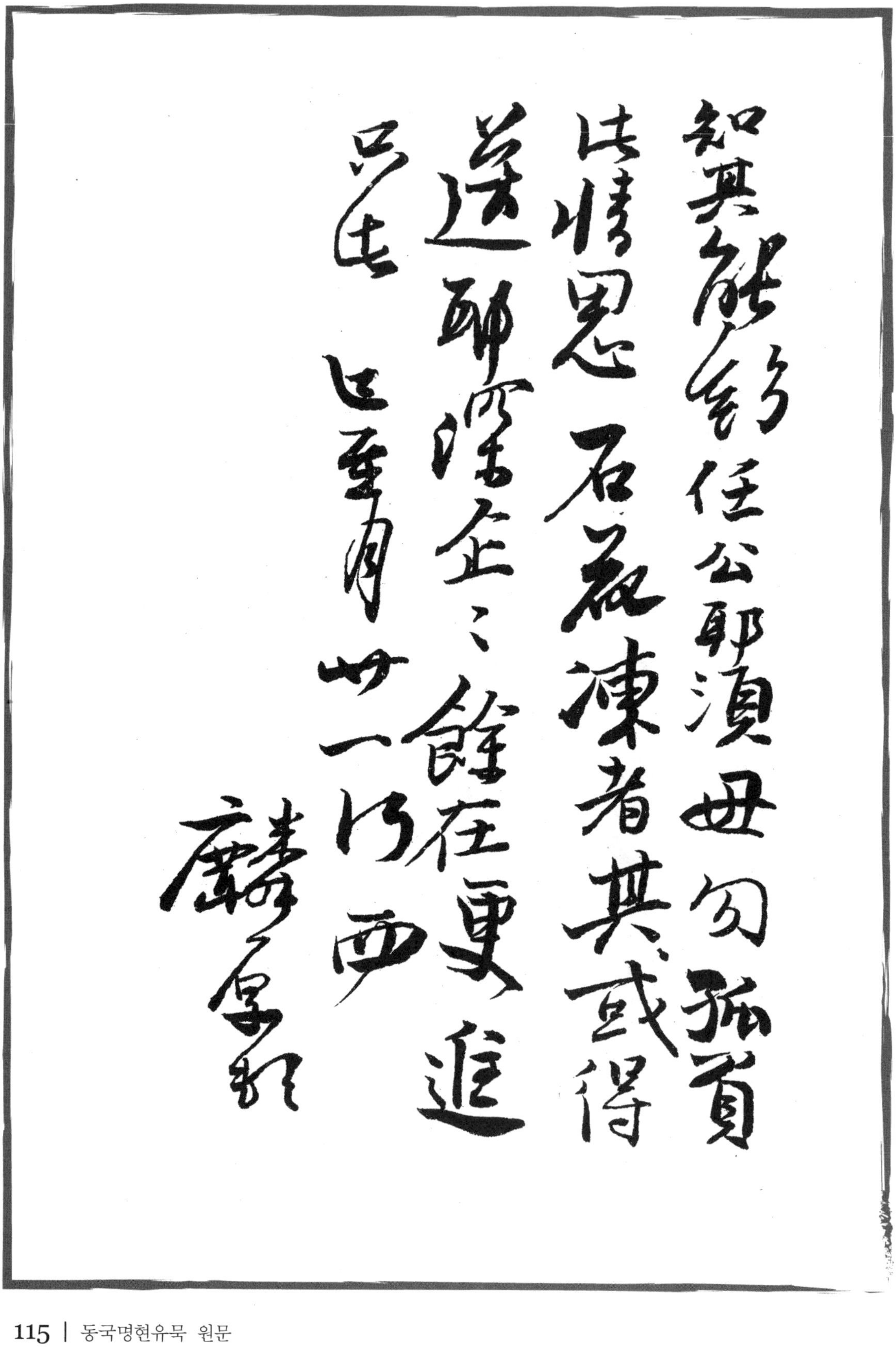

徐敬德字可久號花潭唐城人中宗朝司馬贈左相
諡文康享松陽書院

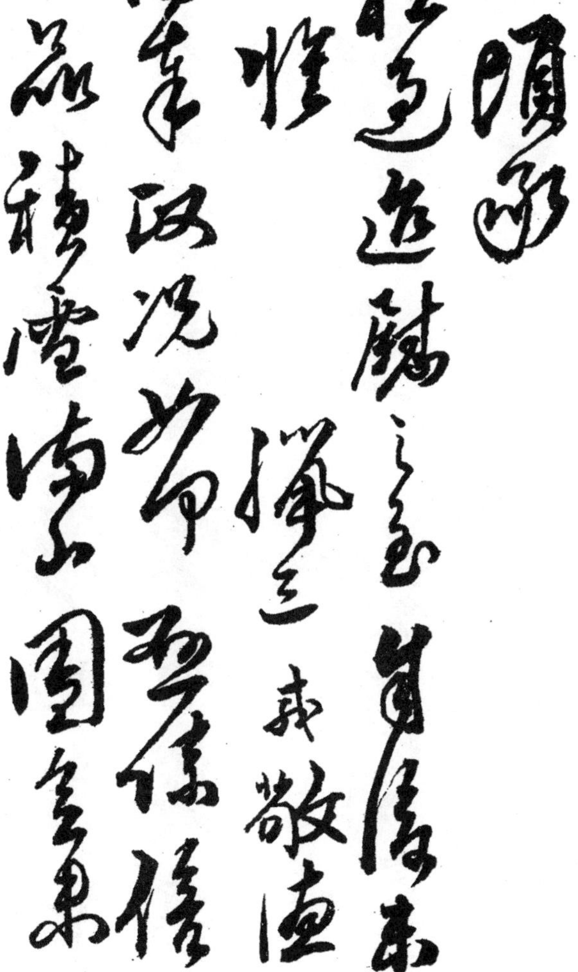

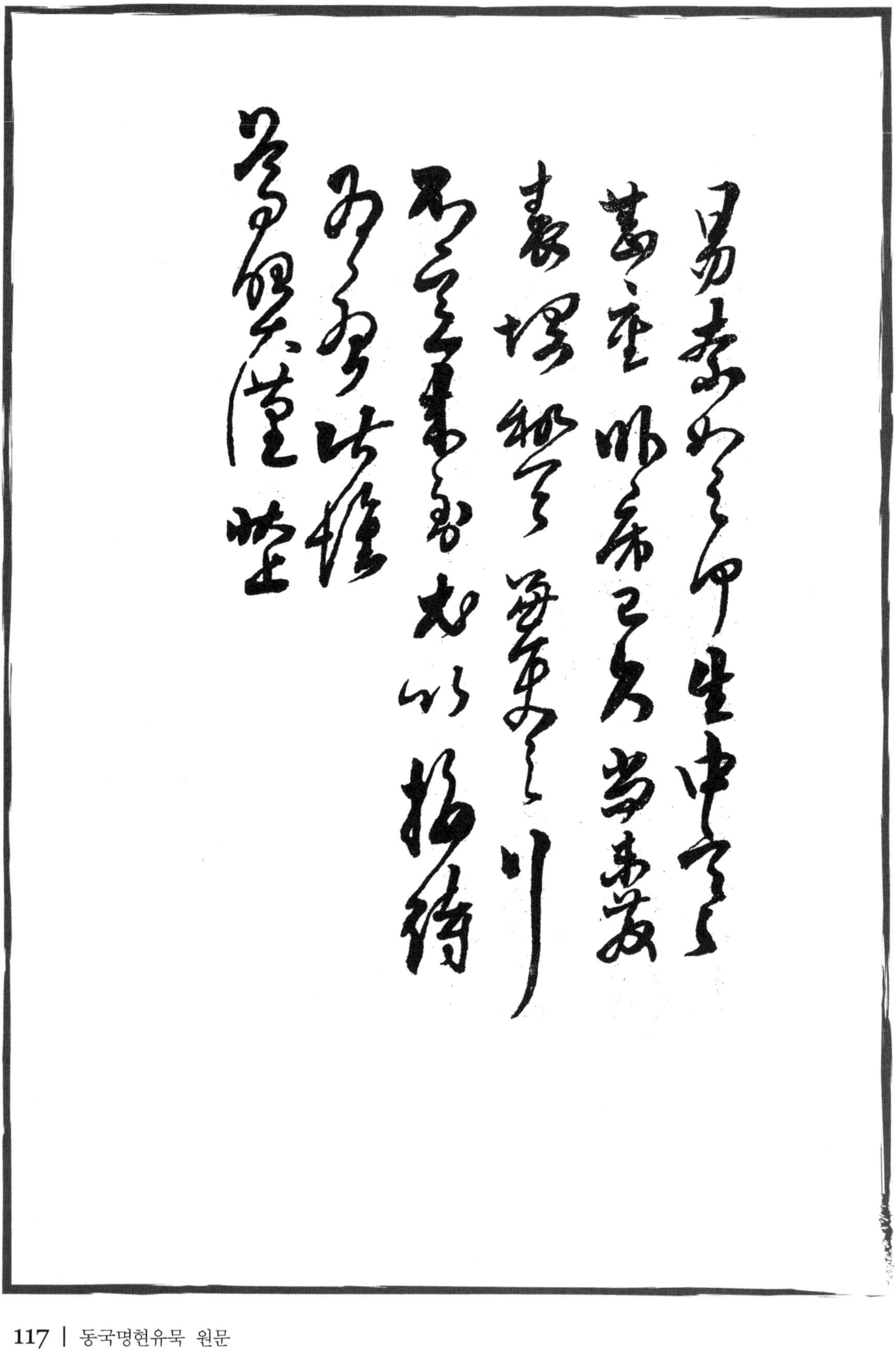

周世鵬字景遊號愼齋柰原人中宗朝文科官大司成

唯

晨溫至暮丹丘詩
惜之六年 道窮算燈
三四讀是見一卷之書
千里之外如但不見向時
所見若律之句老乃
此反精神太半消喪

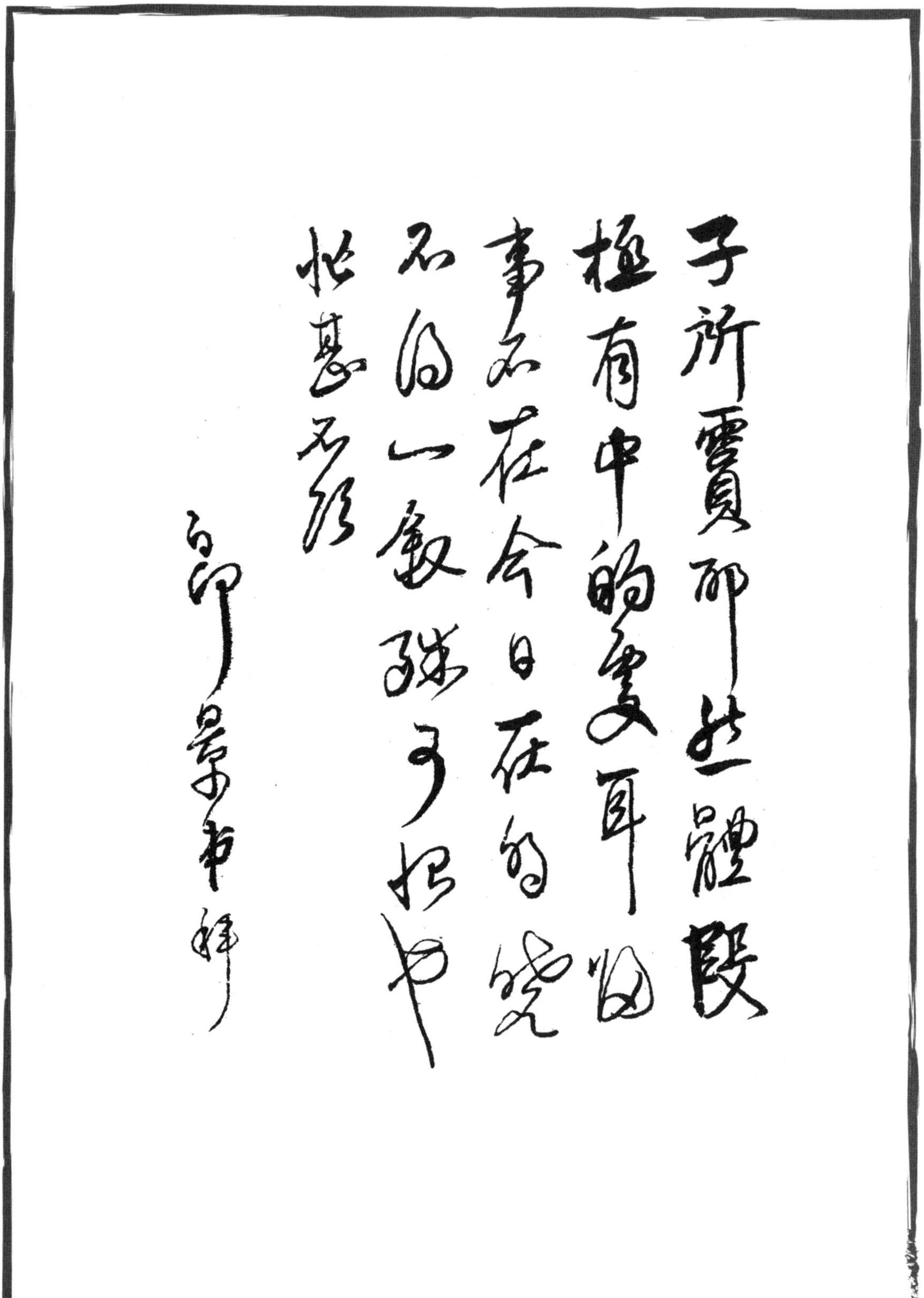

李彦迪字復古號晦齋驪州人成宗朝文科官贊成
贈領 相謚文元從祀文廟

送子由乞養南行
嶺外風流信有人早年
聲價徹 楓宸鵷班巍
北多冠正郞 美天南彩

眼新百里桒麻民安堵
滿城絃誦俗歸淳循
良古有龔黃傳何內行
看借冦恂
戊戌季秋下澣李彥迪
稿

權橃 字冲虛 號冲齋 安東人 中宗朝文科 官贊成
贈領相 謚忠定 享三溪書院

前承

竊聆一宵清話 勝讀十年之書 今釋
厚書蘊窒鬱結如霧
而眼眼青忻慰無量 因想寓宅
當夜佳勝 仰賀不已 餘當
念粧邊 而海衣卅八貼 香蕈二十餘斤

猝難措備坐待生事耳 敢望善

事支過之策府須卜將之經為近邑

如此者四官不知為止于縫之處如人

之用捨則莊莫非命也當安於江邊

汲我坐之孫孽有介之印章

兄勿以欣戚之常情視我如何何之

伏惟

尊照亮 謹拜謝狀

九月二十五日 撥

白仁傑字士偉號休菴水原人中宗朝文科官參贊
諡忠肅靜菴門人

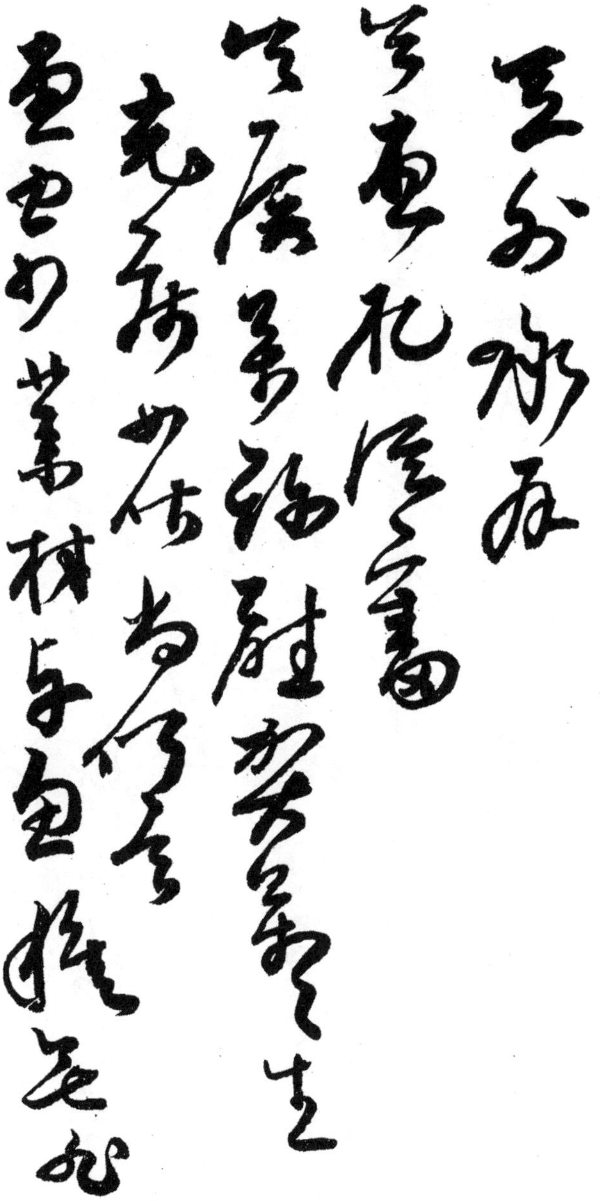

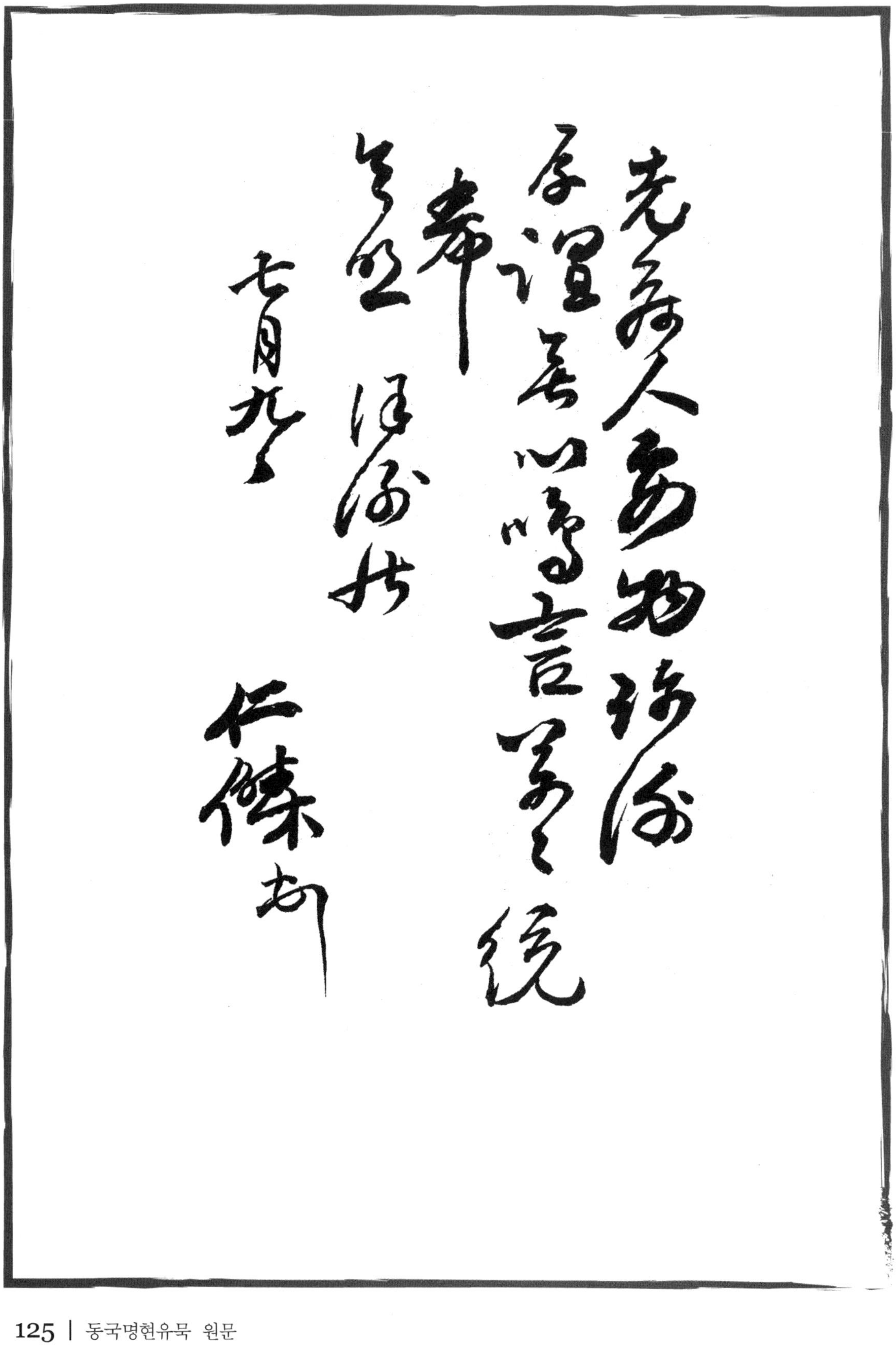

李長坤 字希剛 號琴軒 碧珍人 中宗朝文科官兵判

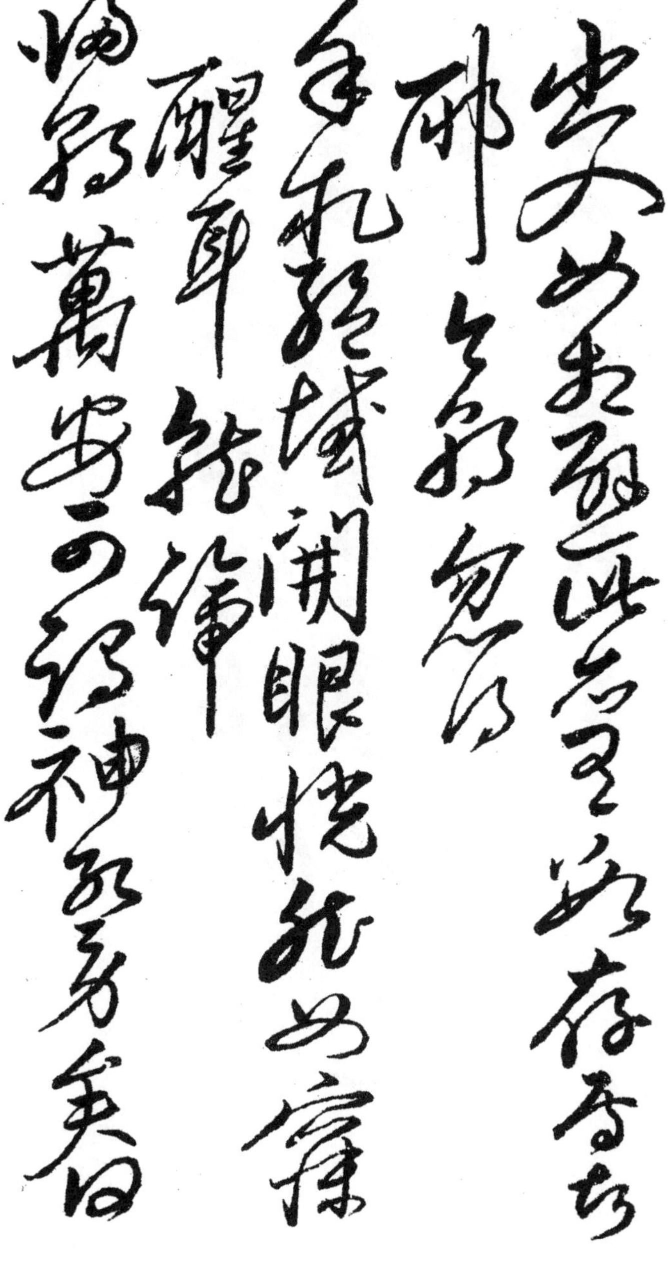

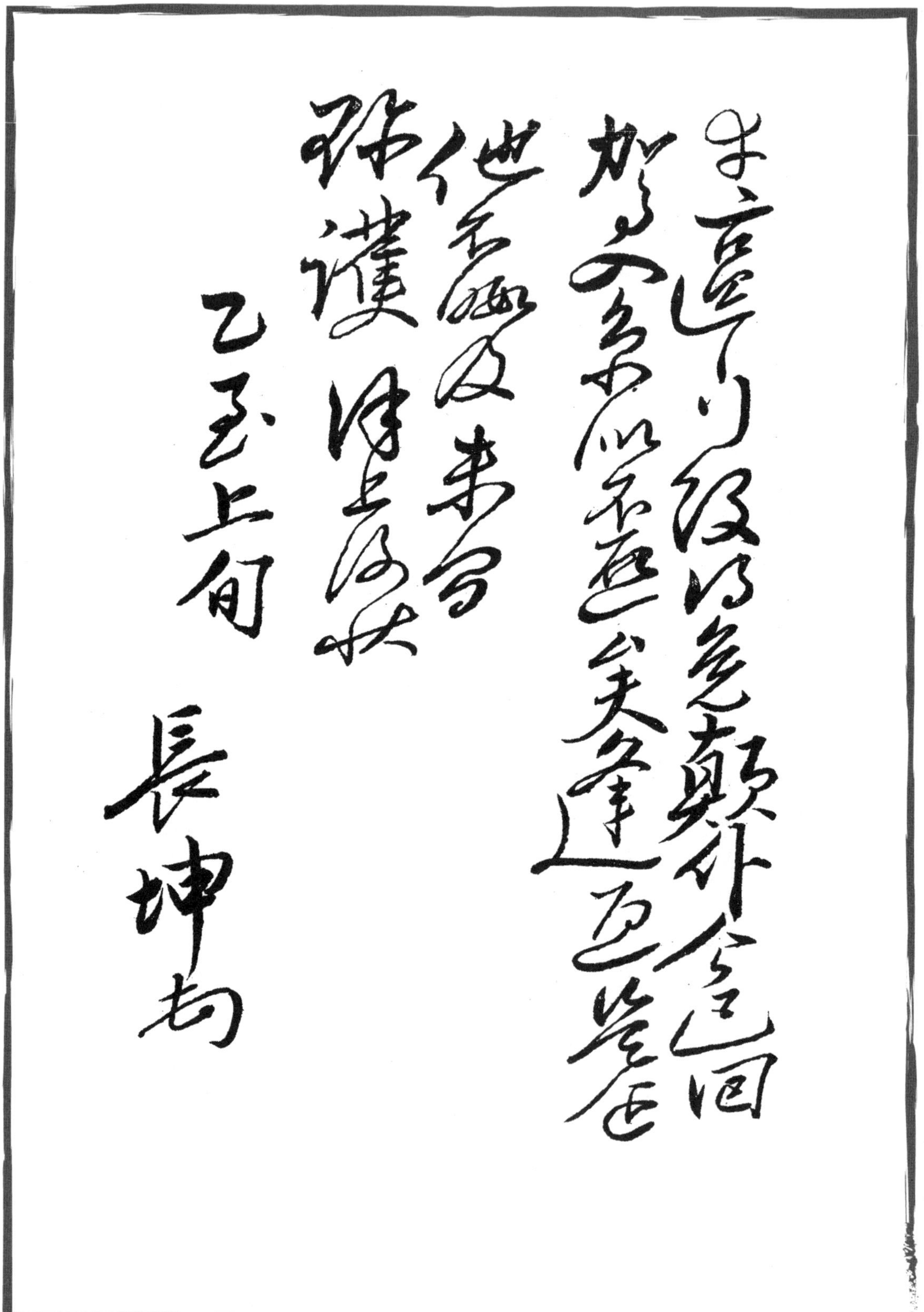

李瀣 字景明 號溫溪 松齋侄 中宗朝文科 官大司憲 謚貞懿 享淸溪書院

謹伏問

起居何如 弟自頃免苦得閑 優游多幸

々 但說也 雖入可悶々 此年

兄主前備事 常嘆于懷 書去月二十四日

政不意 計其前偶遇 及政所報任準下

擬前偶則除政 使子高計々 已過 云何 其事

兄主所計 果爲耶 非但遷歸 遷々 并其任加尙

京之際可恨也但去十二月別加之得宣務六
品加兩何足恨乎只所於生非不知此意
而今者瞻際圖而奪之甚不當也六品
以下前加從當出道伏惟
下照完也其憑在牌謹拜上
達
甲辰五月初六

南瀣

林薰 字仲成 號葛川 恩津人 中宗朝薦叅奉官判決事 享龍門書院

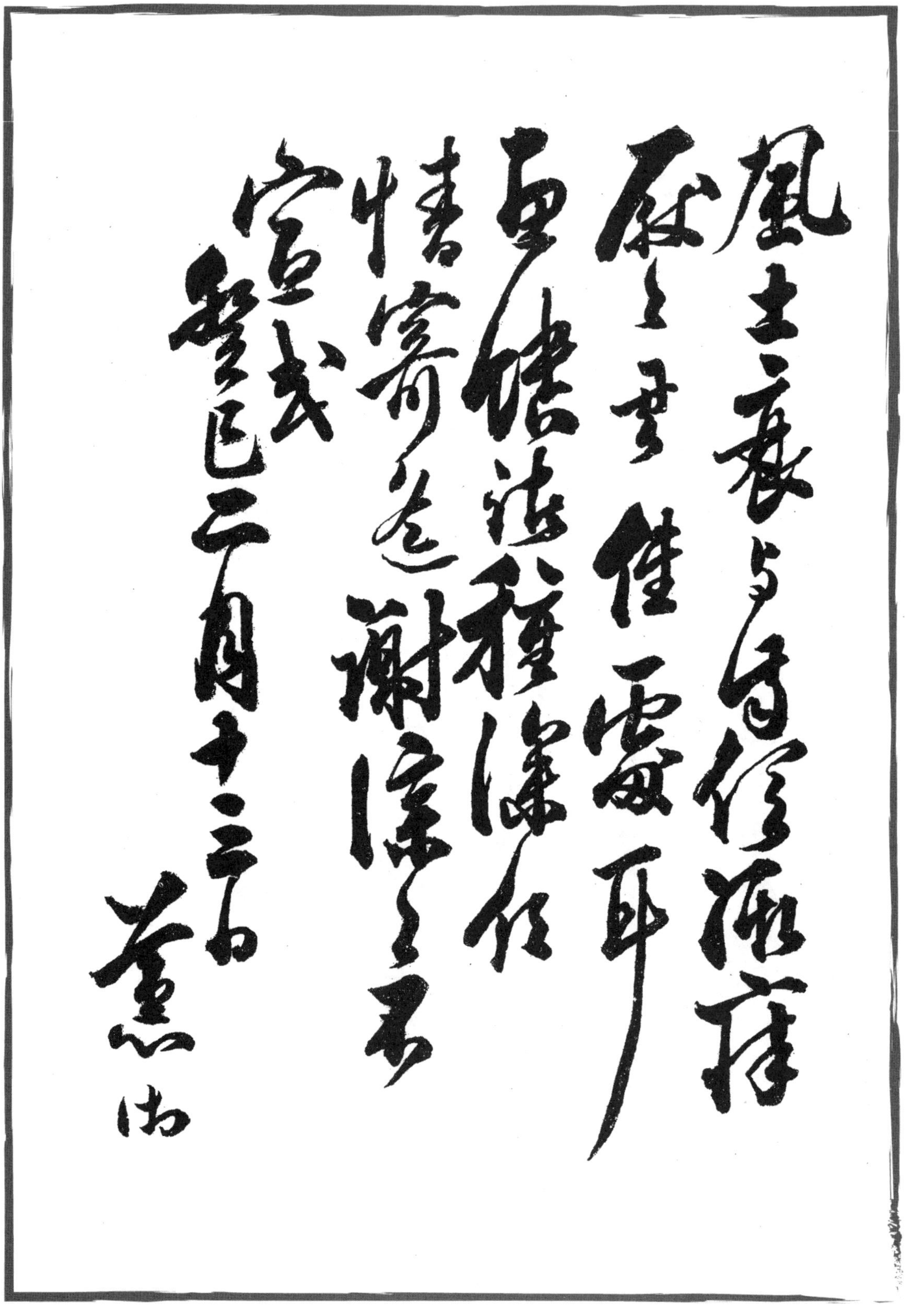
癸巳二月十二日

曹植 字楗仲 號南溟 昌寧人 明宗朝遺逸 享德山書院

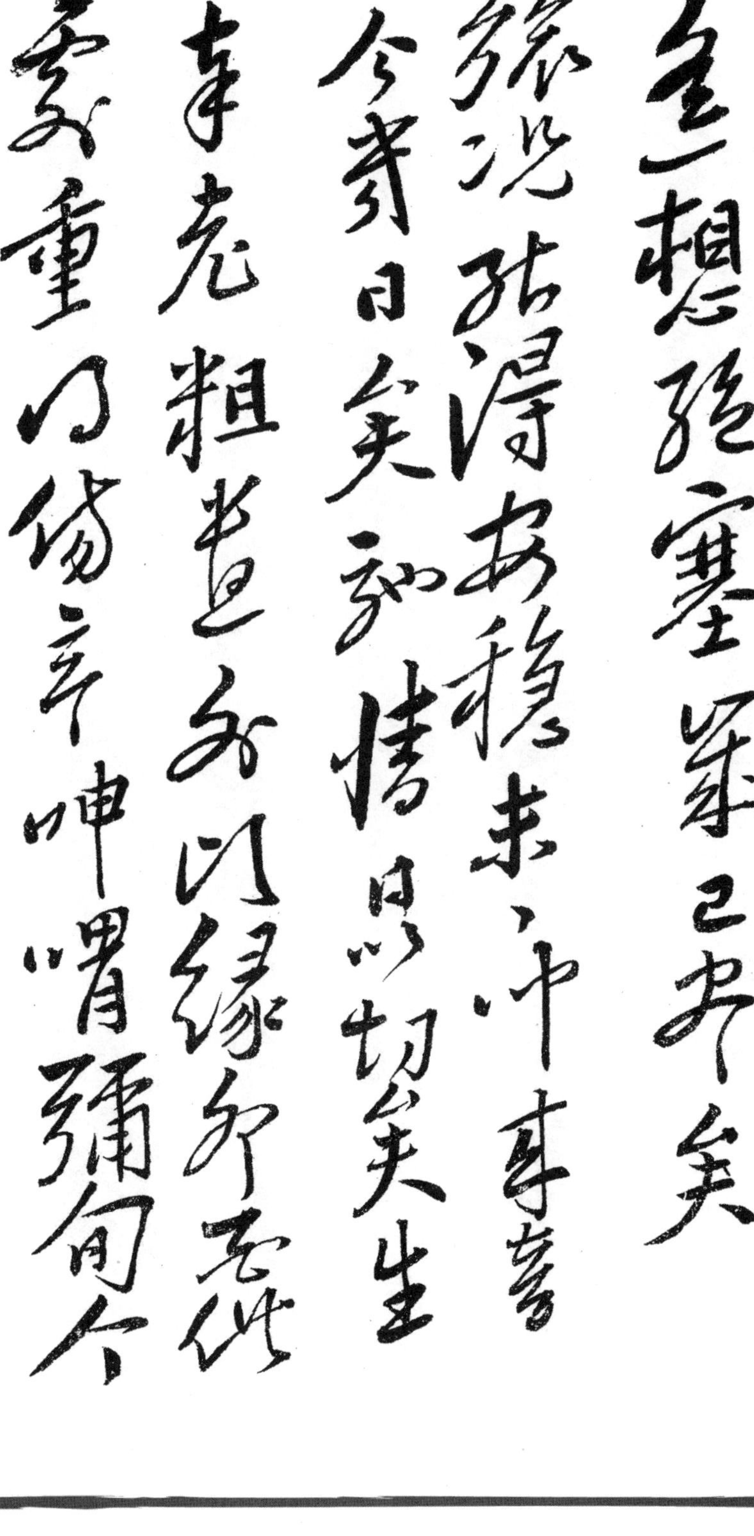

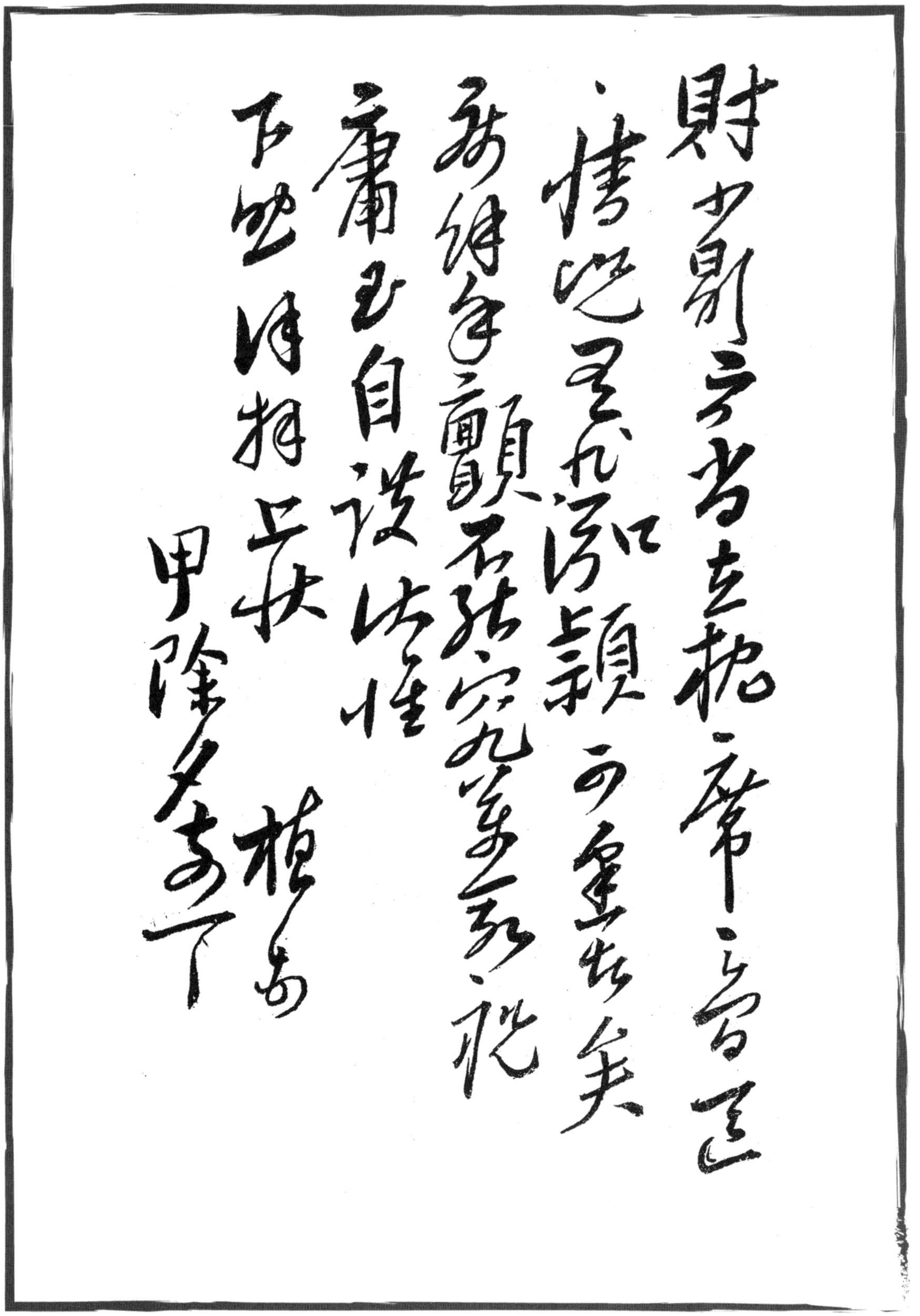

李 滉字景浩號退溪溫溪穿仁 宗朝文科官贊成
謚文純從祀文廟

復用烟字韻奉酬
大成兼示大用
仙巖東潯好風烟

縹緲瓊臺控玉川
遼鶴不歸雲杳〻
幾回嘗酒又停船

滉稿

盧守愼字寡悔號穌齋光州人 中宗朝文科官領相
謚文懿享鳳山書院

此中无物着些兒此
外何人得奚移惟我
獨尊從快活合還
已地与相知 穌翁

洪 暹字退之號忍齋南陽人中宗朝文科官領相

諡景憲

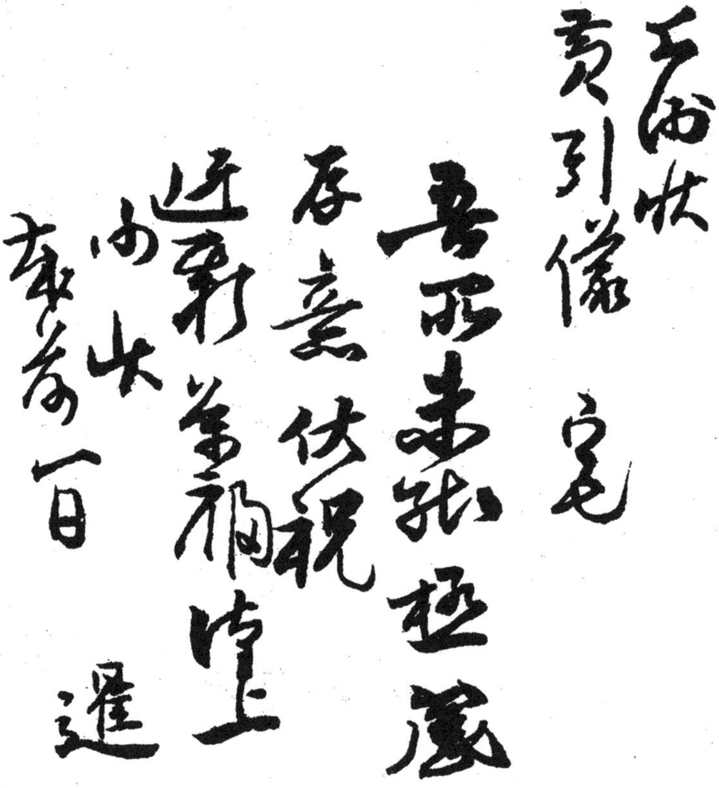

金就文 字文之 號父菴 善山人 中宗朝文科 官大司諫 謚文簡 松堂門人

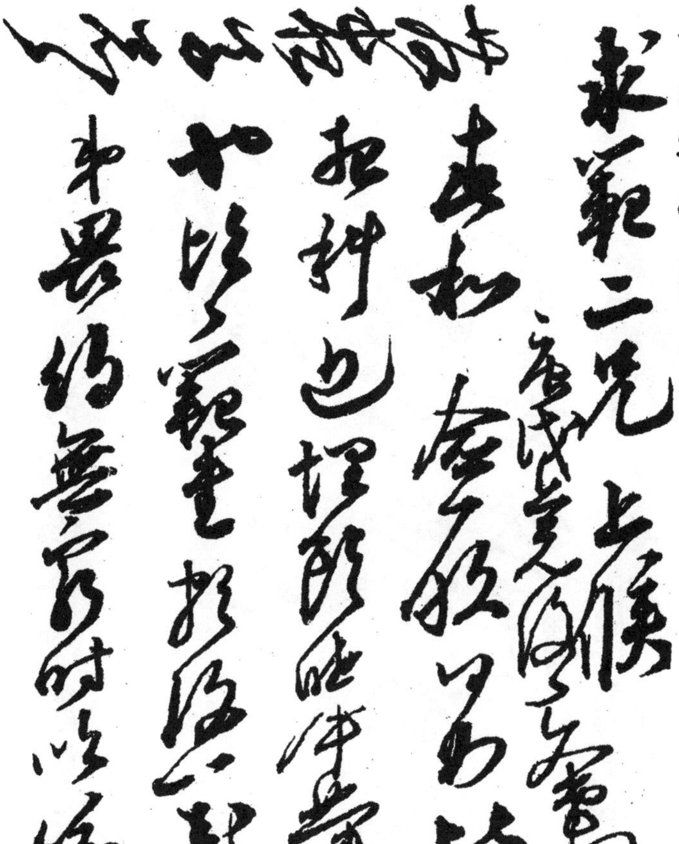

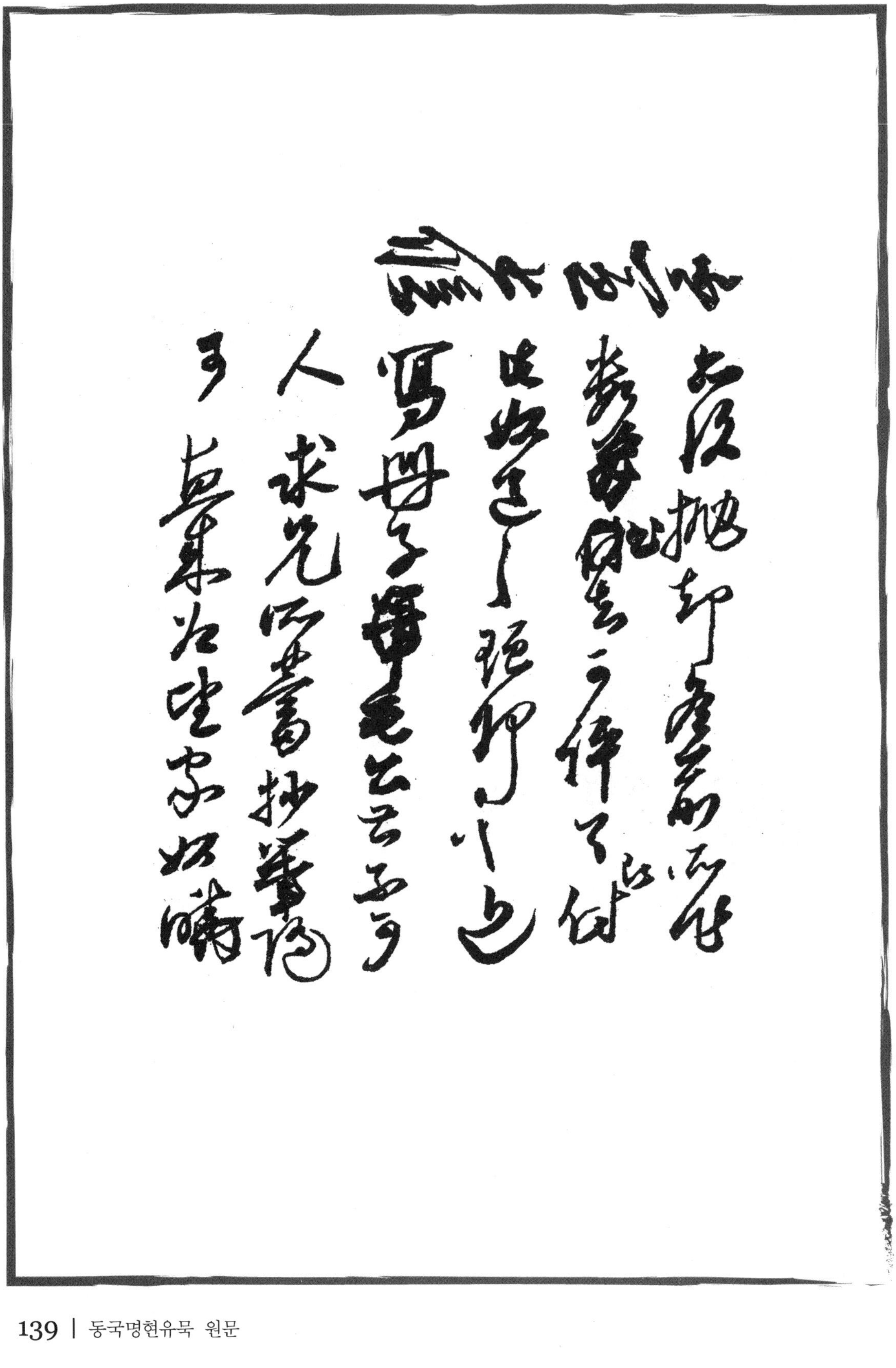

申用漑字漑之號二樂齋高靈人成宗朝文科官左相謚文敬享禮林書院

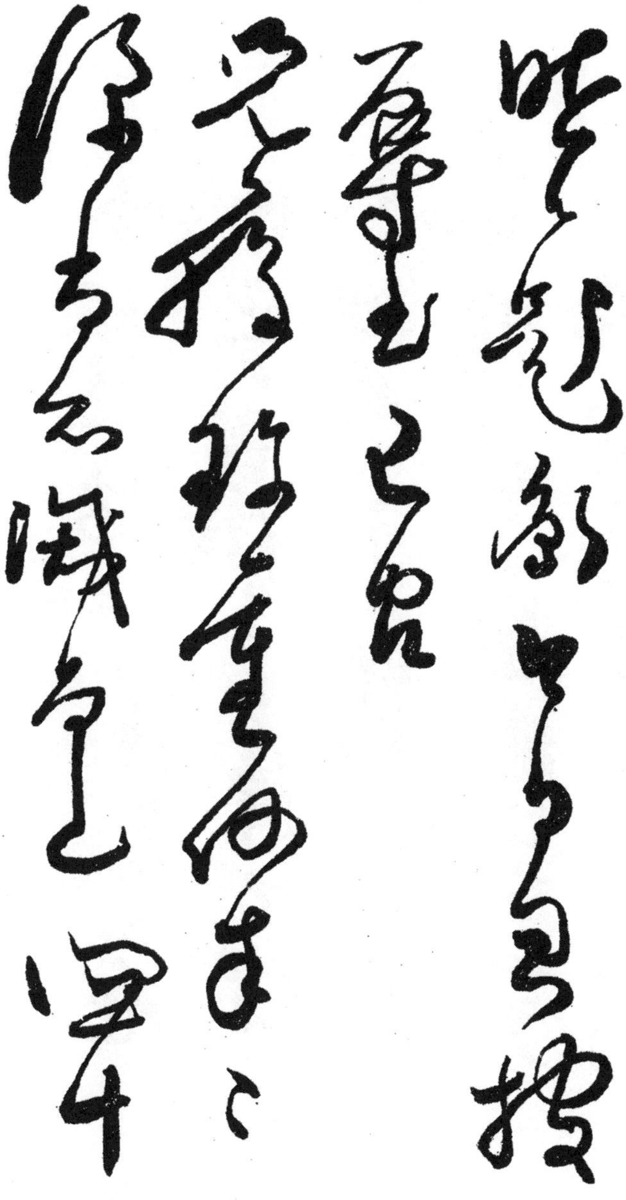

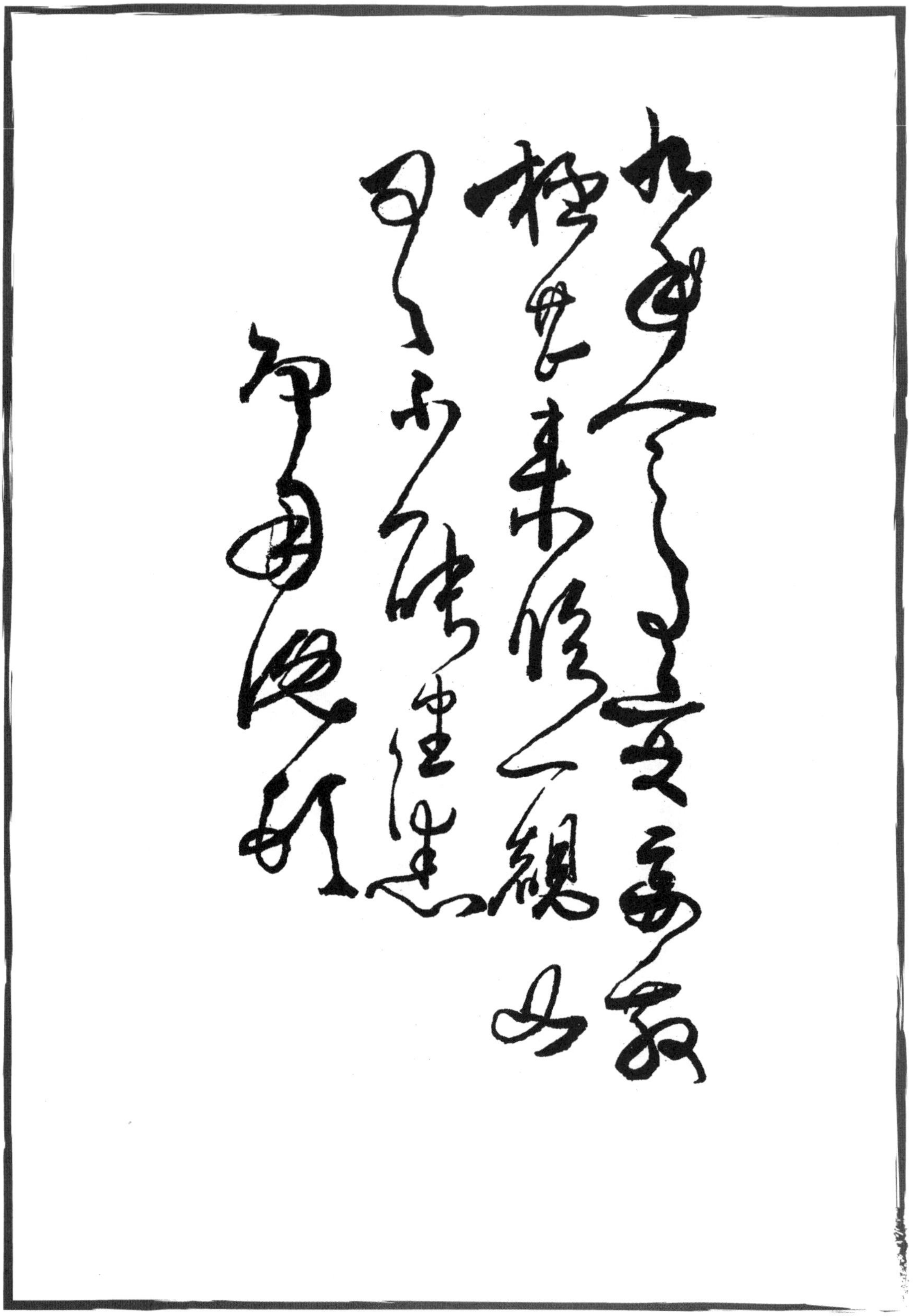

林億齡字大樹號石川善山人中宗朝文科官監司

秋氣漸之懷想
侍奉萬福朝廷文章尊
公特拜六品官一堂恩
大君勿以病高卧强起赴
謝恩然後衣冠以榮

大夫人則忠孝豈不俱也

古爲親有四不故勤色元

非官爲學求爲親貴如斯其

君必亦親擬子計之善學從

權君爲之之謹事在高儀則

應世何其大謹拜白

壬七十二百億齡 拜

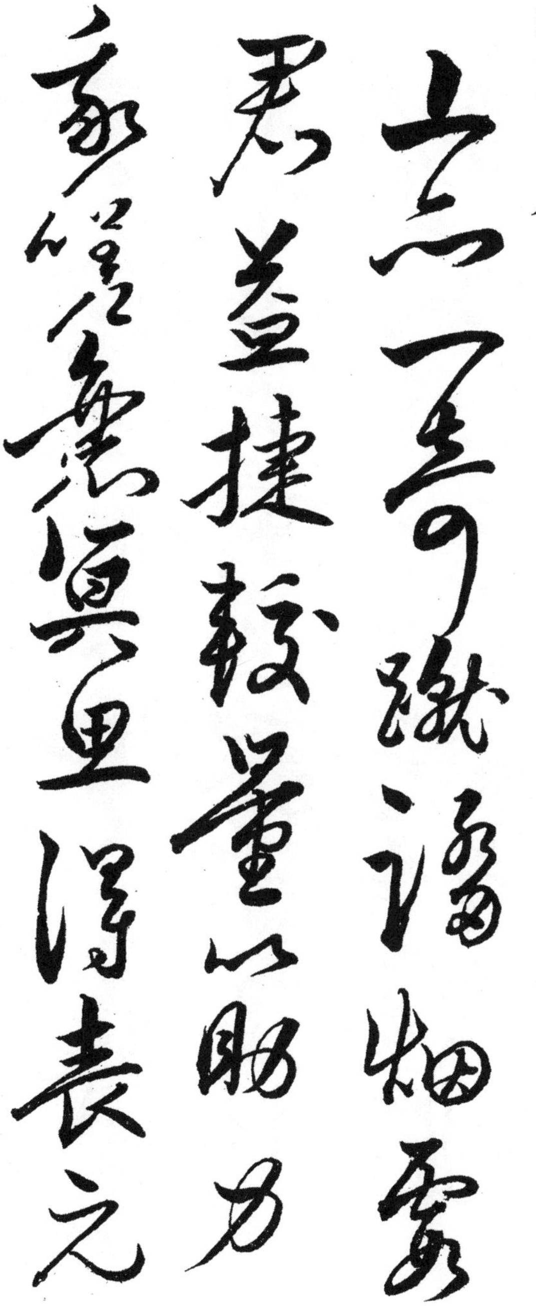

黃俊良字仲擧號錦溪平海人中宗朝文科官牧使
退溪門人

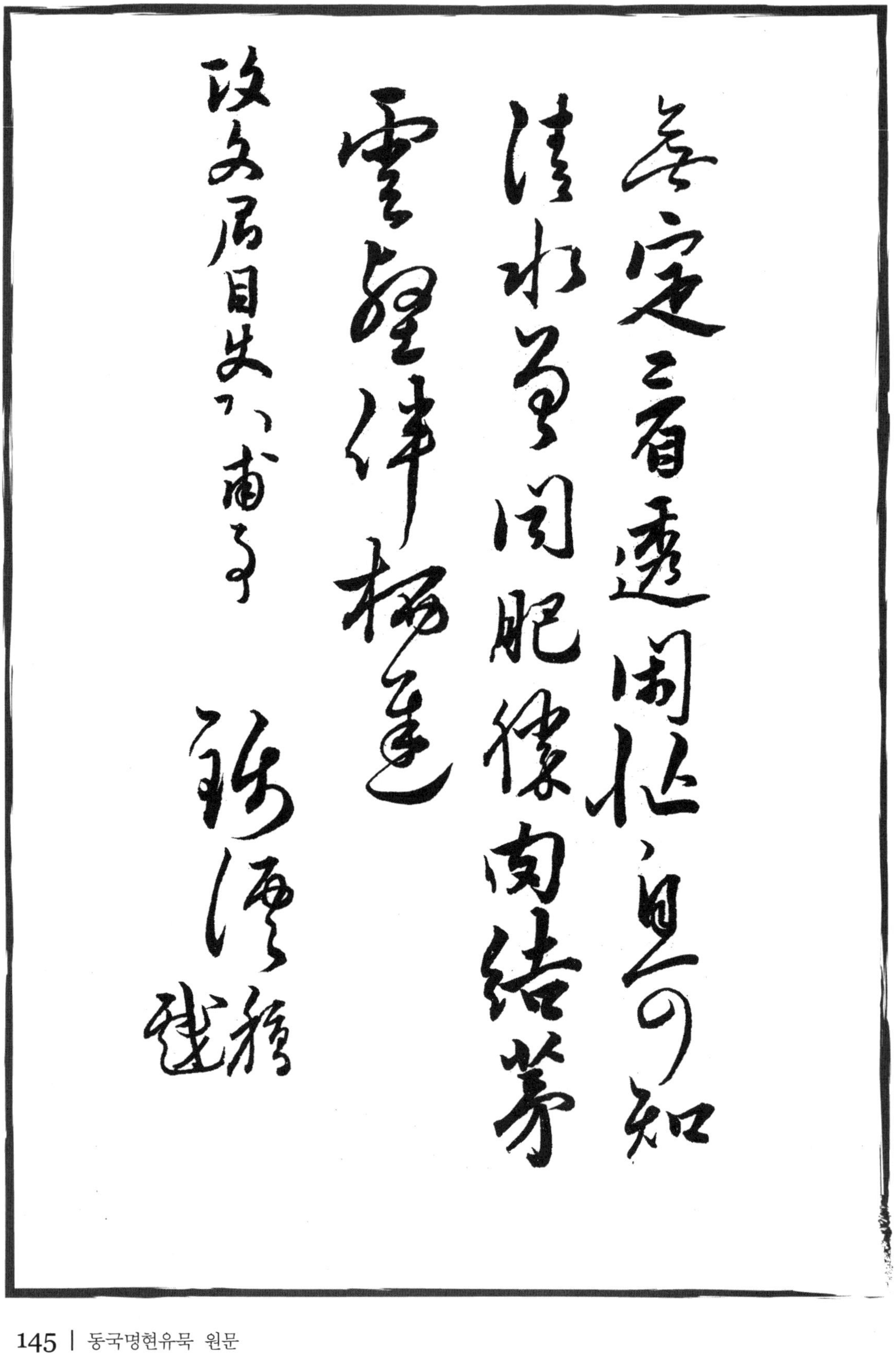

金貴榮字顯卿號東園尚州人明宗朝文科官左相
上洛府院君

景仰
高風久矣寤寐所
嚮未遂一場從容爲
值
令聲南邑一此個可輒
忘茲特劄書以謝一

留尊得

覆執以慰他日馳慕之

惶云

嘉靖乙卯仲春念日

商山人金貴榮 稿

朴承任字重甫號嘯皐潘南人仁祖朝文科官大司諫退溪門人享龜江書院

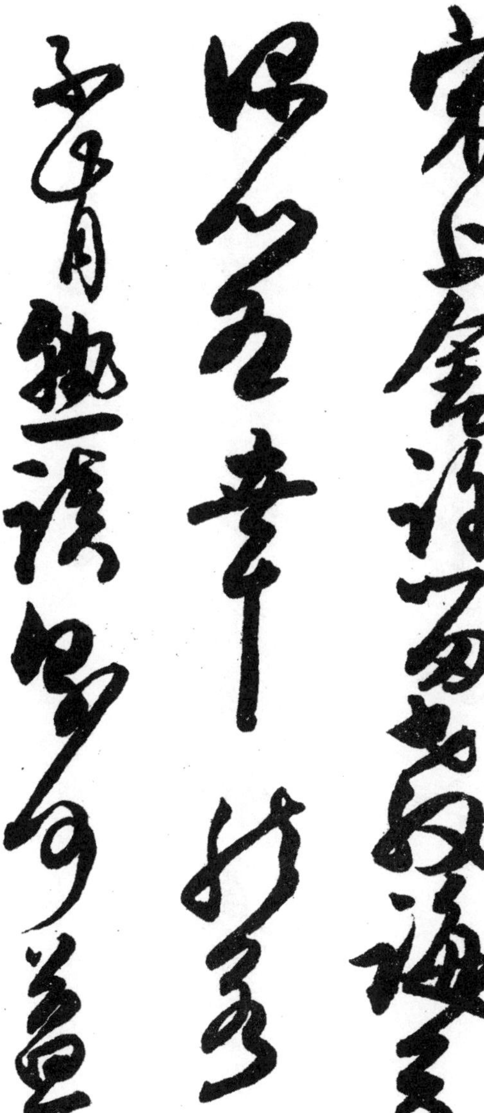

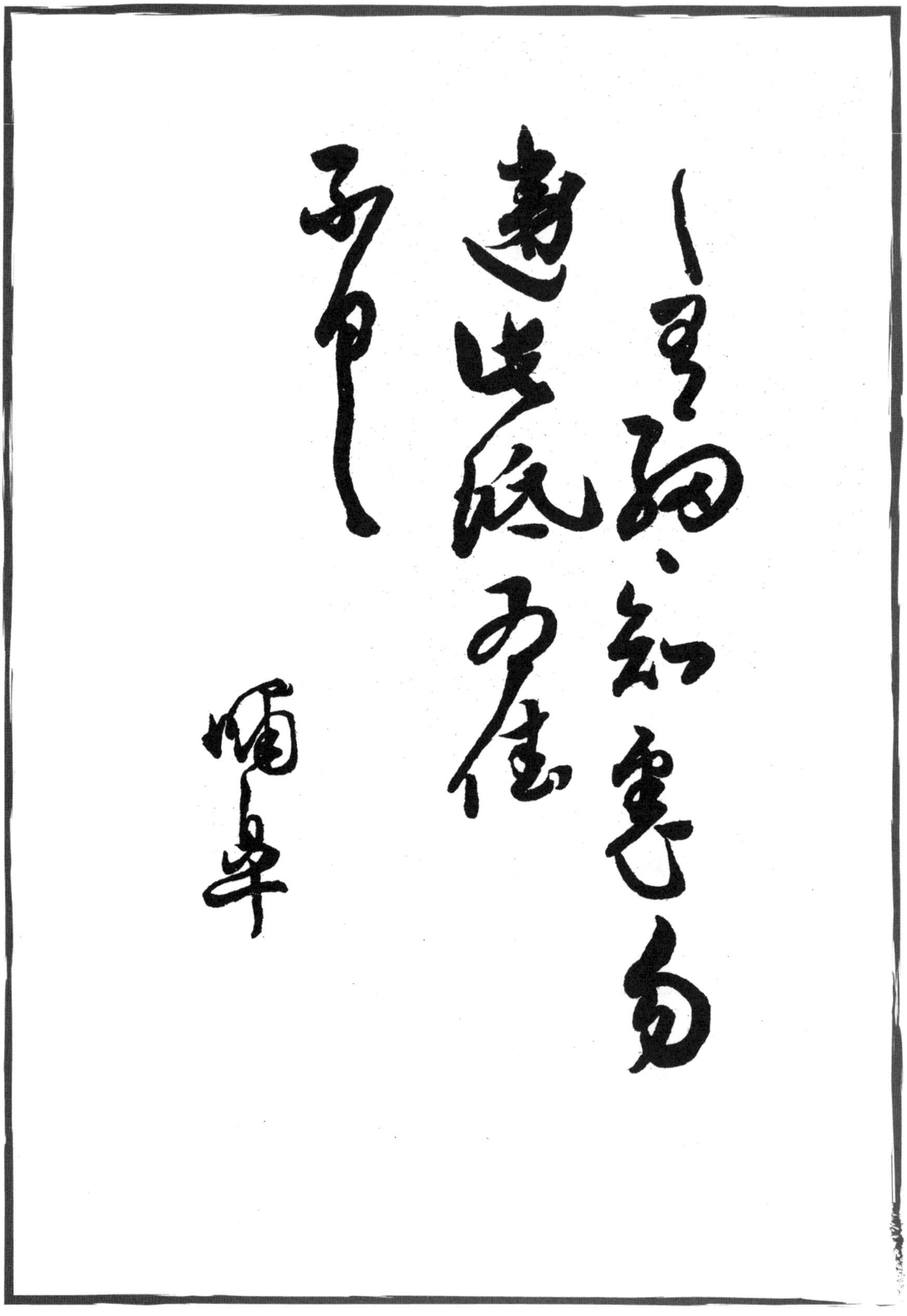

吳　健字子强號德溪咸陽人明宗朝文科官典翰
退溪門人享西溪書院

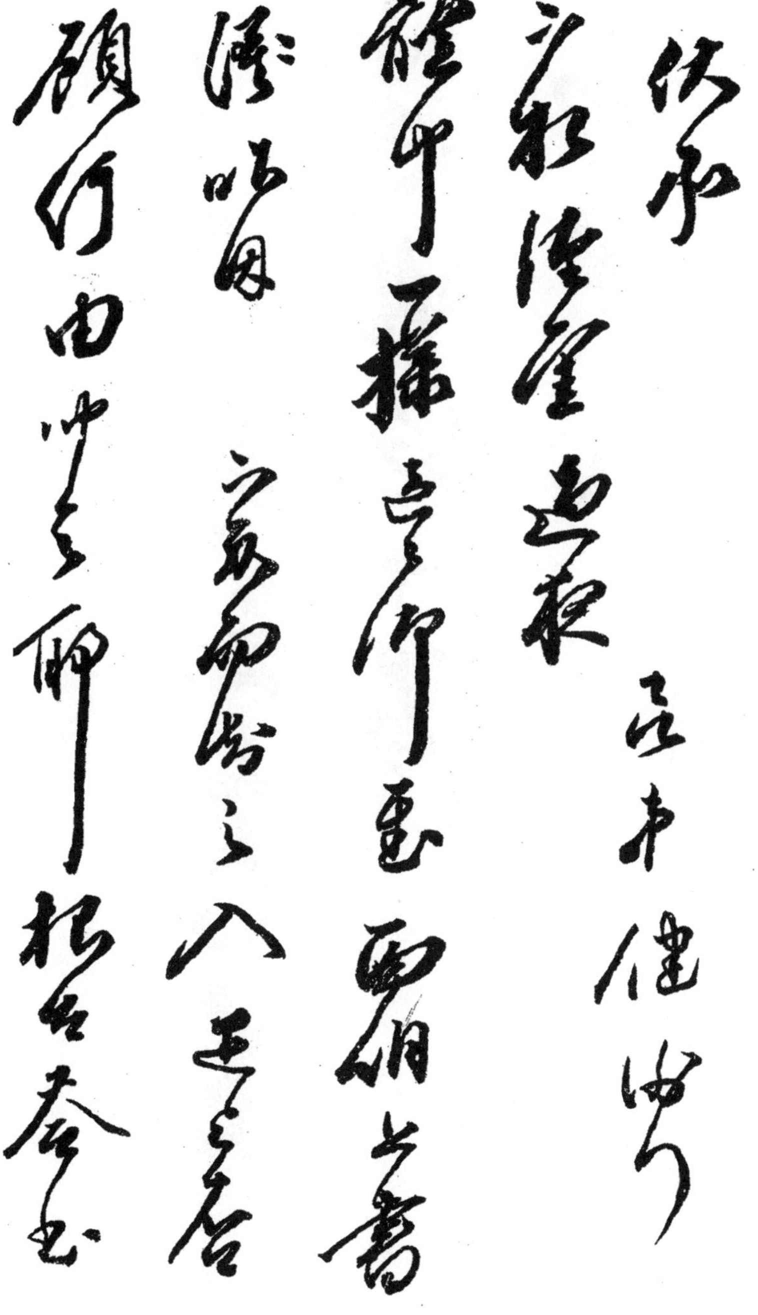

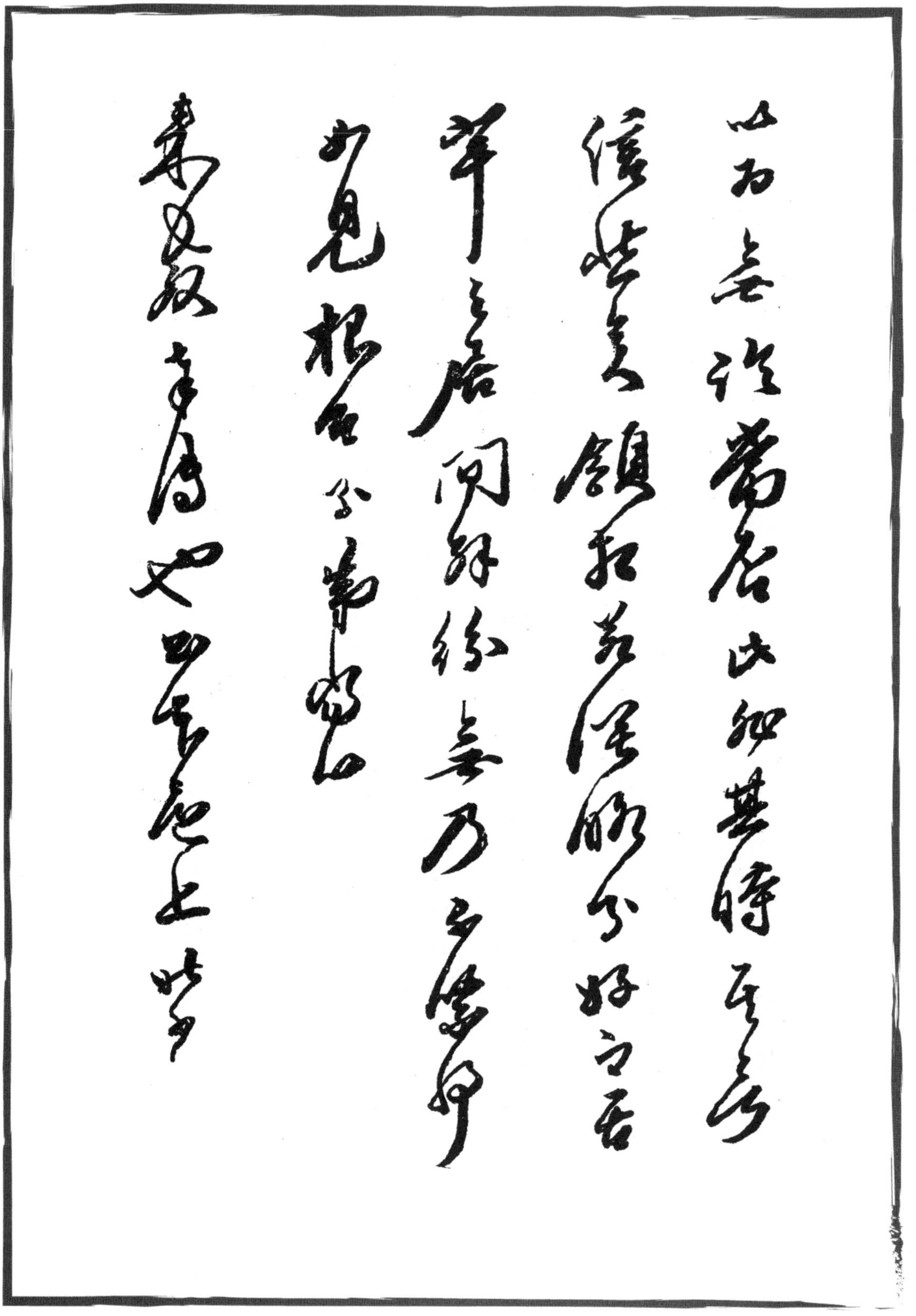

吳守盈字謙仲號春塘高敞人明宗朝進士官同樞
退溪門人享南溪祠

遊清原山右老陪 城主陪遊
憩博石村江名追用 退陶韻
清江一帶瀉瓊瑤蒼壁風高象飛攢把
此台奇鶴叙秋山無處路迢迢
坐蓮臺寺月臺
蓮臺臺上平生學千仞閣頭多路遙明暑夢空相從

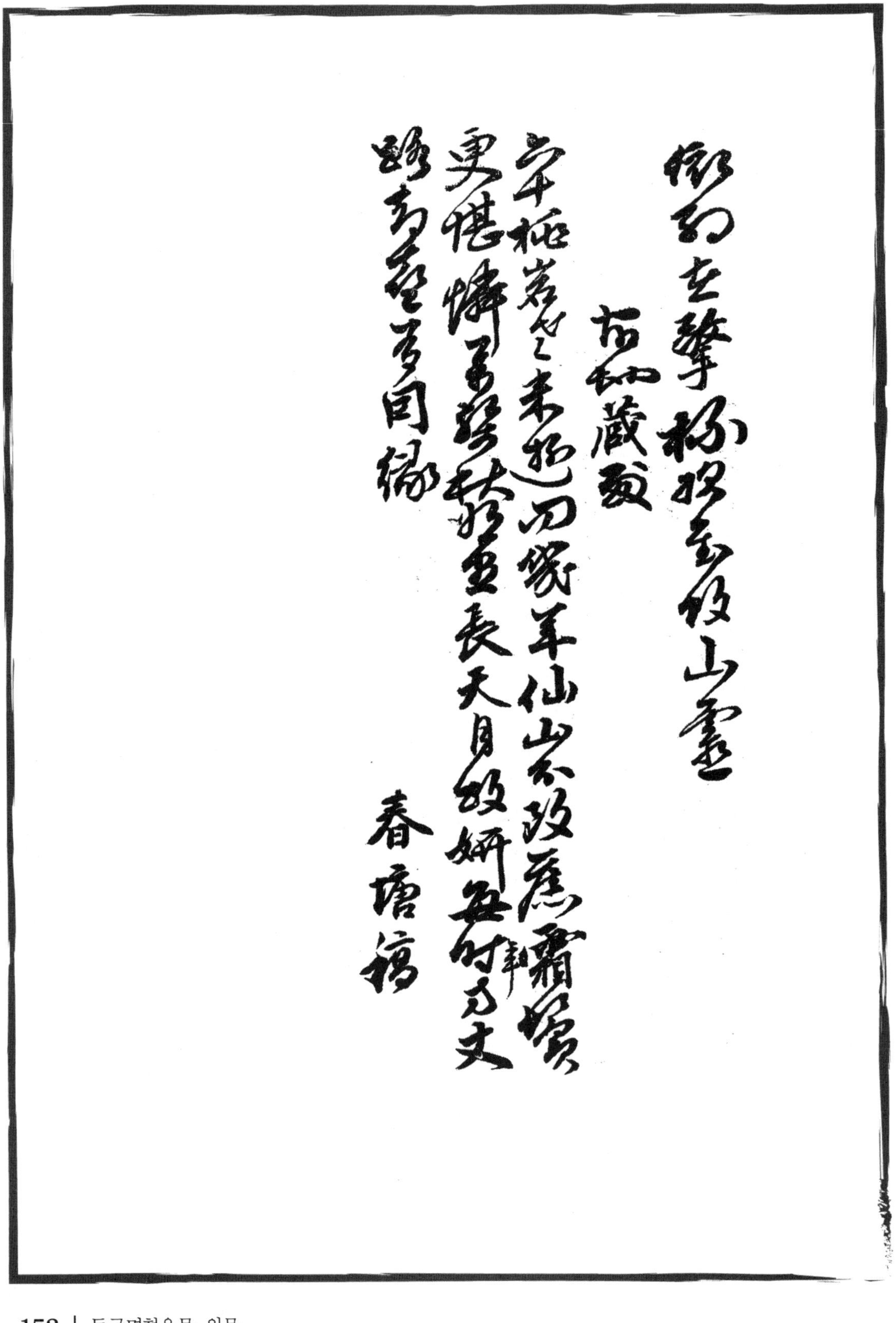
春塘稿

孫英濟字德裕號鄭川密陽人仁宗朝文科官持平
退溪門人享慕禮祠

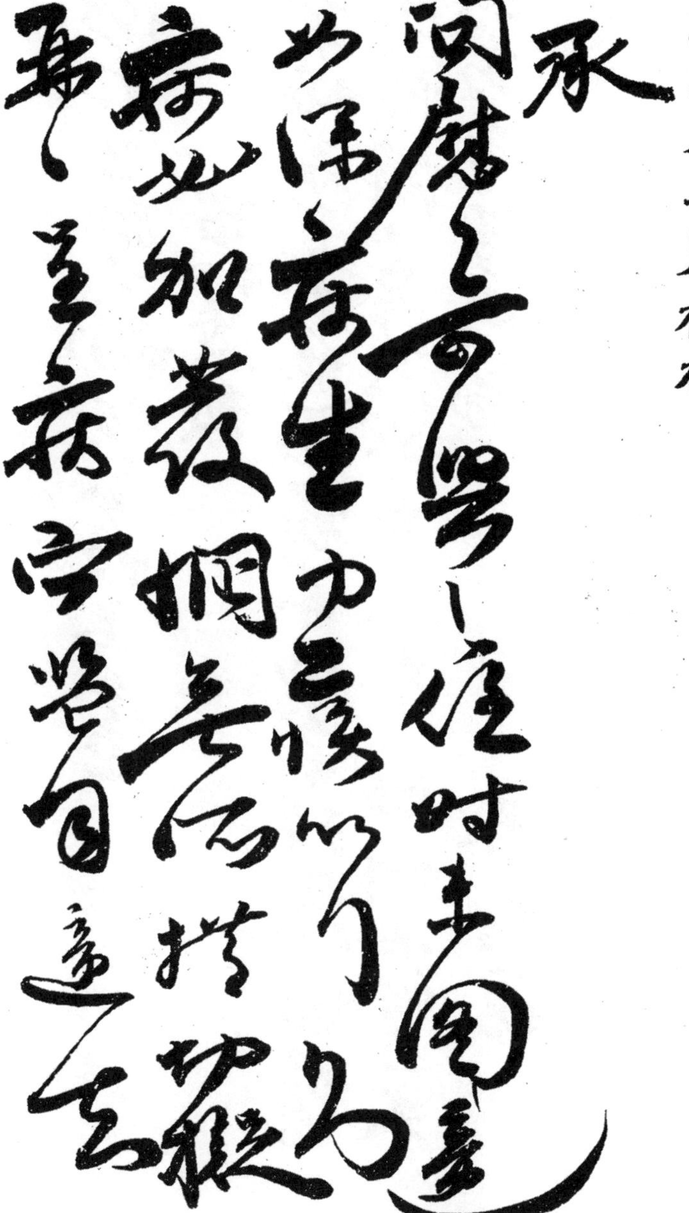

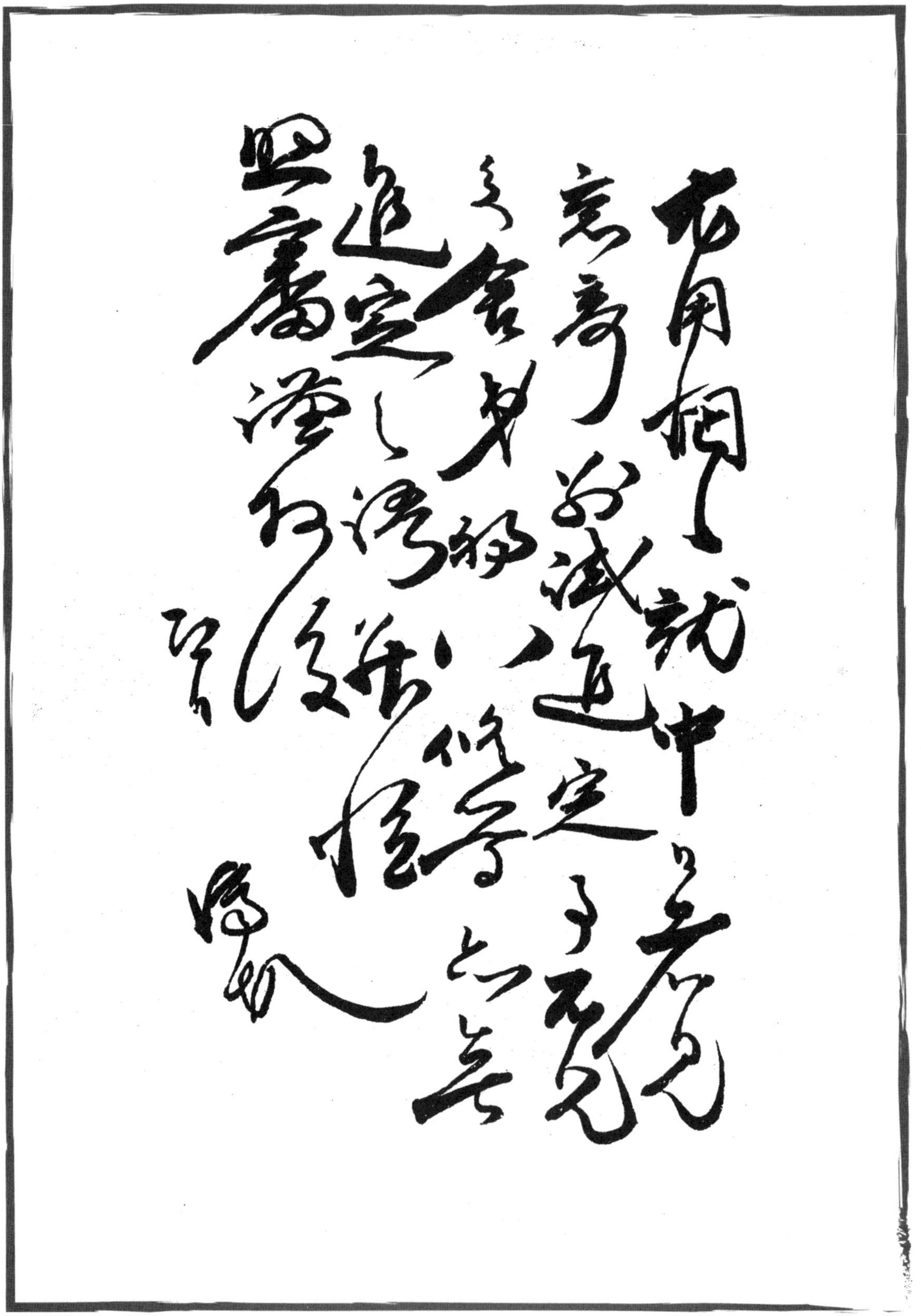

朴淳 字和叔 號思菴 忠州人 明宗朝文科 官領相
諡文忠 退溪門人

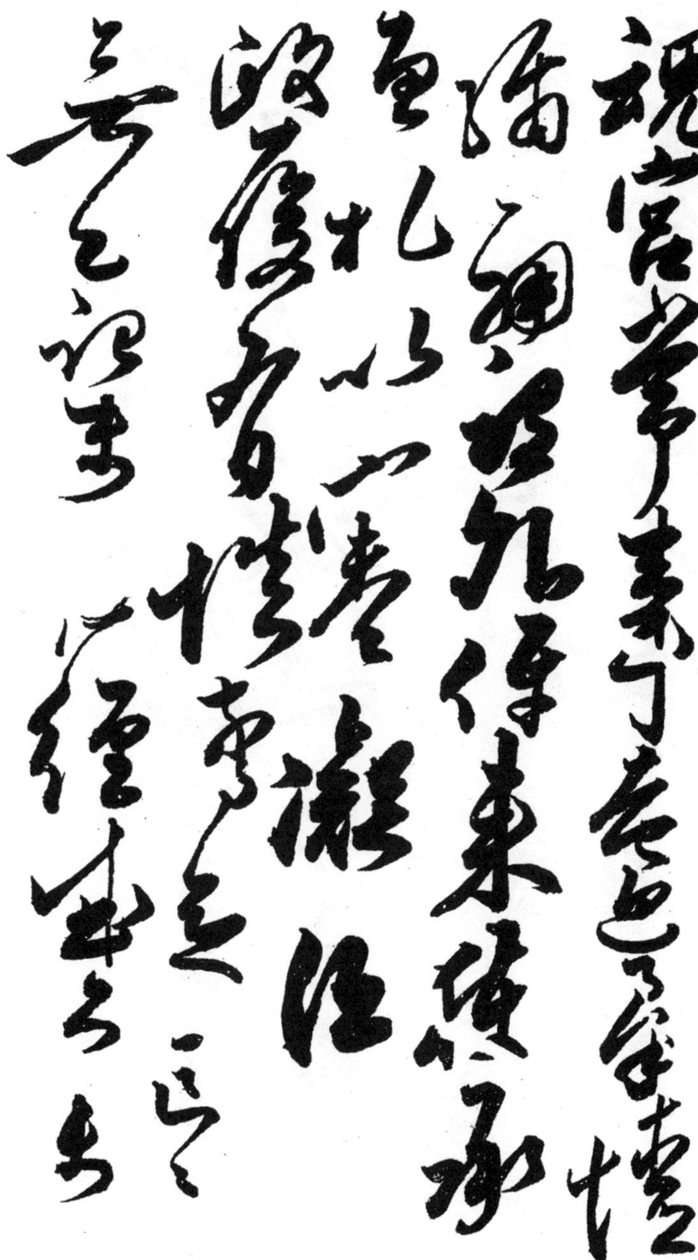

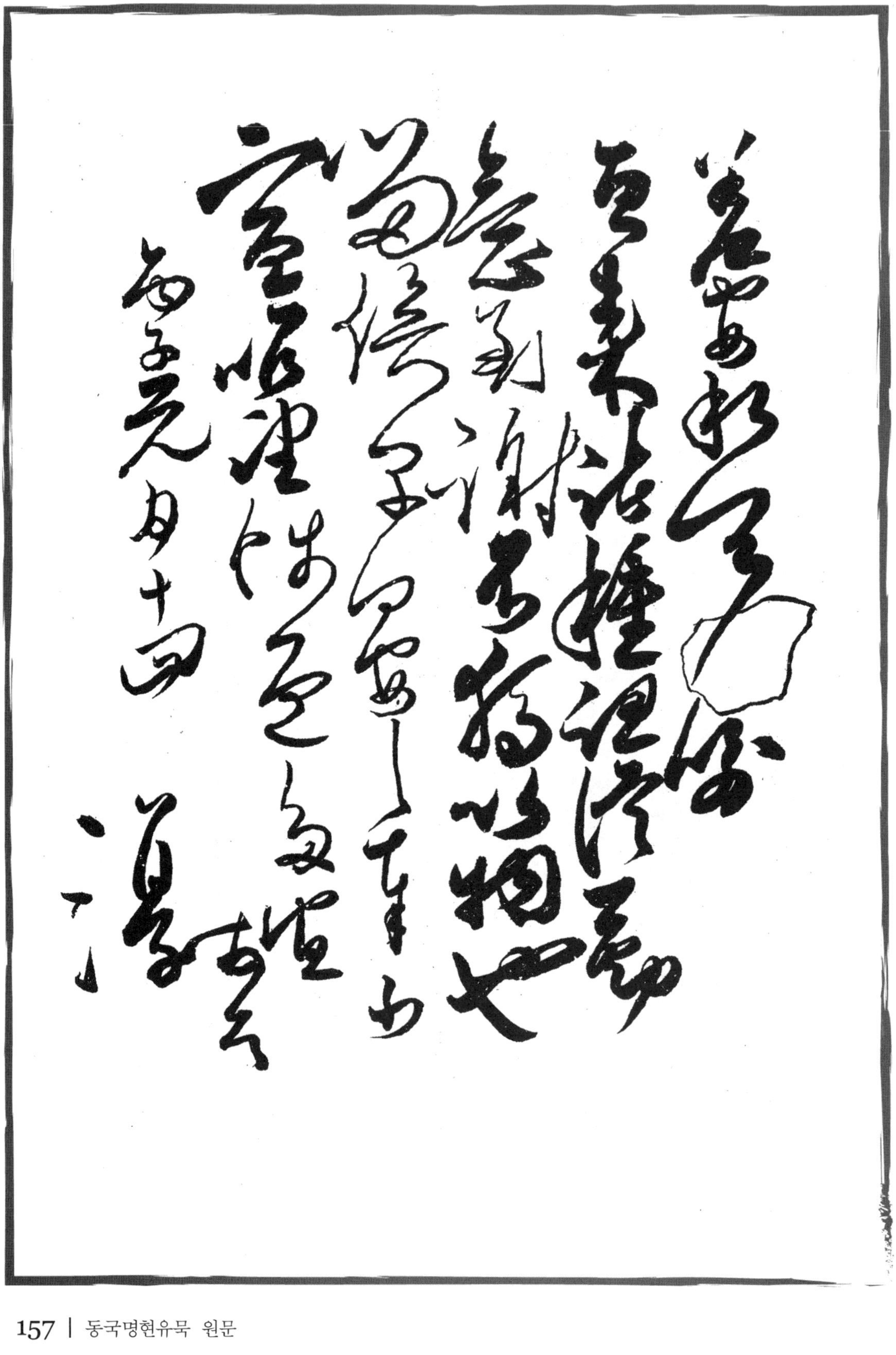

鄭 澈字季涵號松江延日人明宗朝文科官左相
謚文靖河西門人

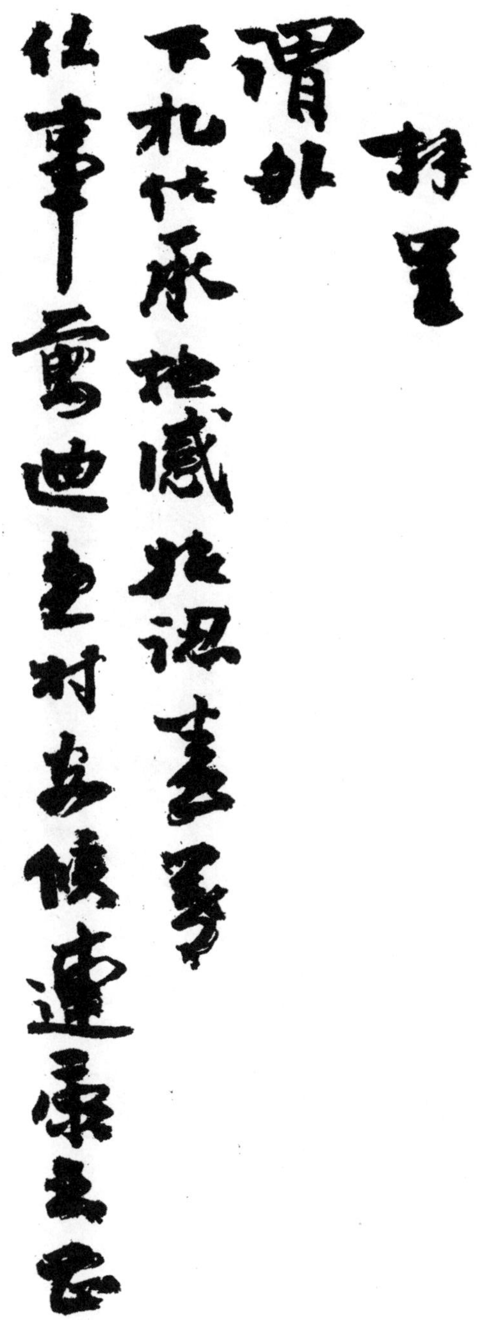

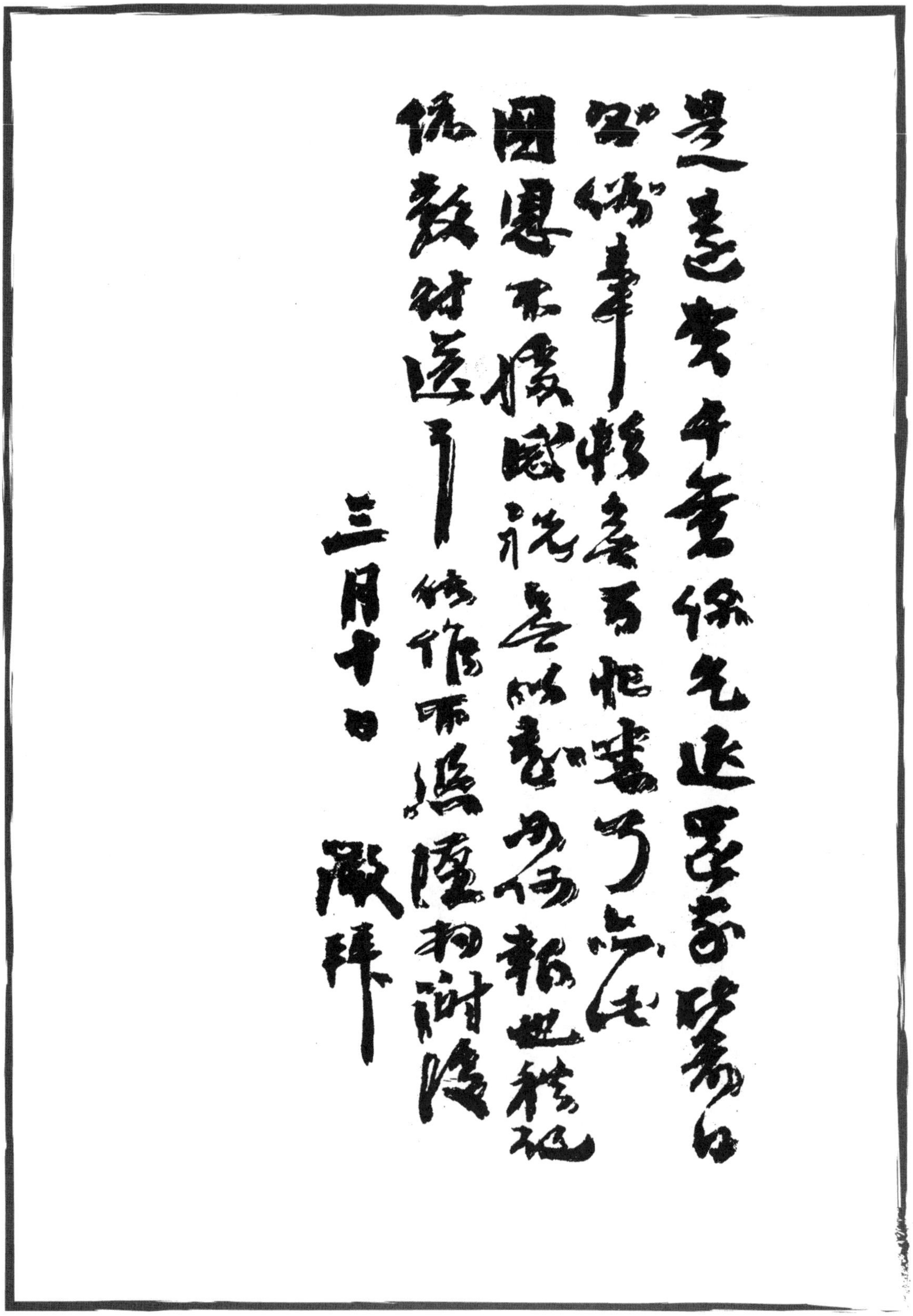

金宇宏字敬夫號開巖義城人宣祖朝文科官副提學退溪門人

雪夜微行

開巖

惟人君出警而入蹕　夫何屋宇叢之萃萃　[illegible]

儼警蹕之有節　動微行於雪夜　諱春殿之鑾[illegible]

曰自視無之形哉　訪豪傑之影以　時[illegible]劉之一亮

幾[illegible]花驊之附翼　効汗馬於逐鹿　屹社稷之柱石

自季出而從周
旣已明而擇木
擬殷王之伊傅
眞唐朝之稷契
剝斷睫未絶而相從
策當咨其攻砭

及遲暮而怊悵
共贊襄而補闕
備謨猷之詢咨
惟一堂之吁咈
時危在之滔滔
亂勝亡之浮浮

納魯論而佐宣
異聖之尸祝
蒙主重而未遇
情之動於在形
行官念而硬鋪
里數驂之喜歎

崔岦字立之號簡易通川人明宗朝文科官刑判

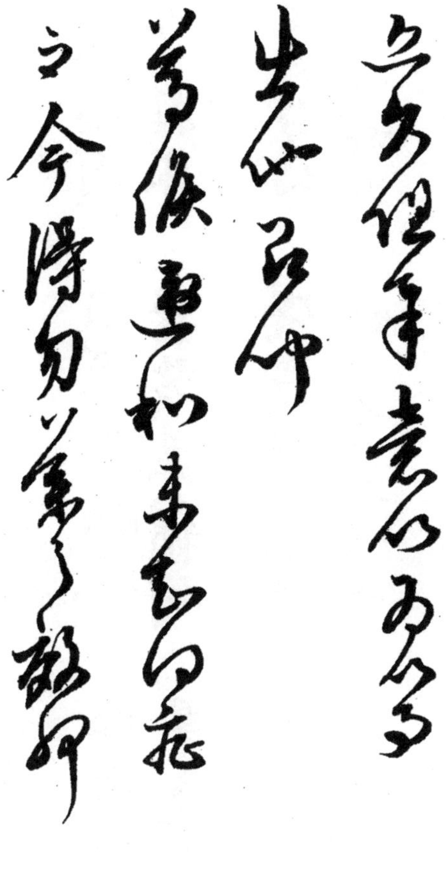

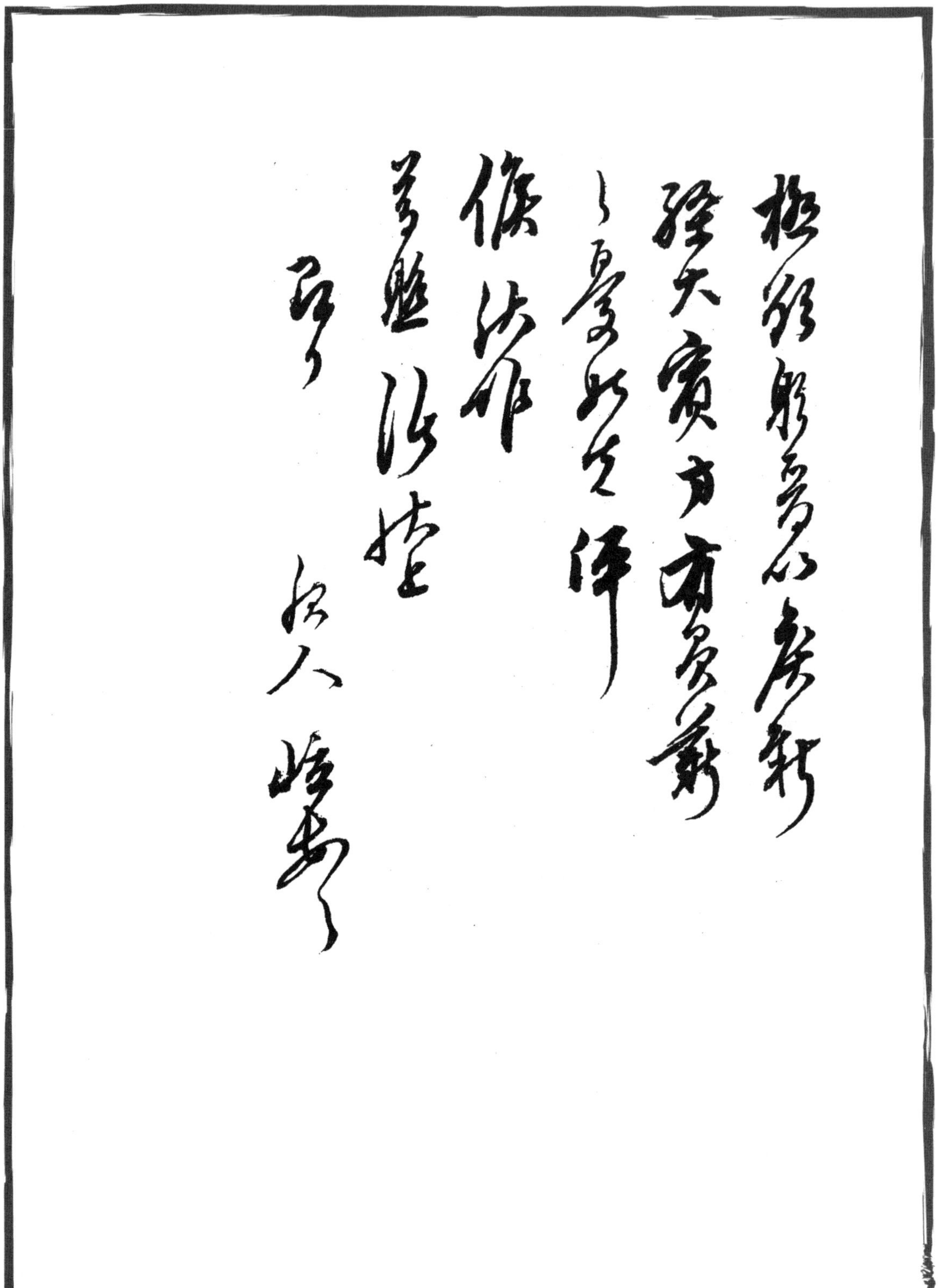

金富弼字彥遇號後凋堂光山人 宣祖 朝司馬官參奉贈吏判退溪門人

後凋
僉留況何如示眼患寬那兒三歲
榜而未見所三榜昌因喪海故
知其 入三歲坡理為寅無君
但惆悵久未聞消息可悵惕

則高氣雅而意深知厥雅也
何當寒持簡已及
僉尊居海友來後　業亦如也
何承　僉問津識出惟
僉思謹惠　秀意初田　富鄉坡
携嫂姆三娌淸息亦如何可念々

趙　穆字士敬號月川橫城人仁宗朝司馬官工參
退溪門人從享陶山書院

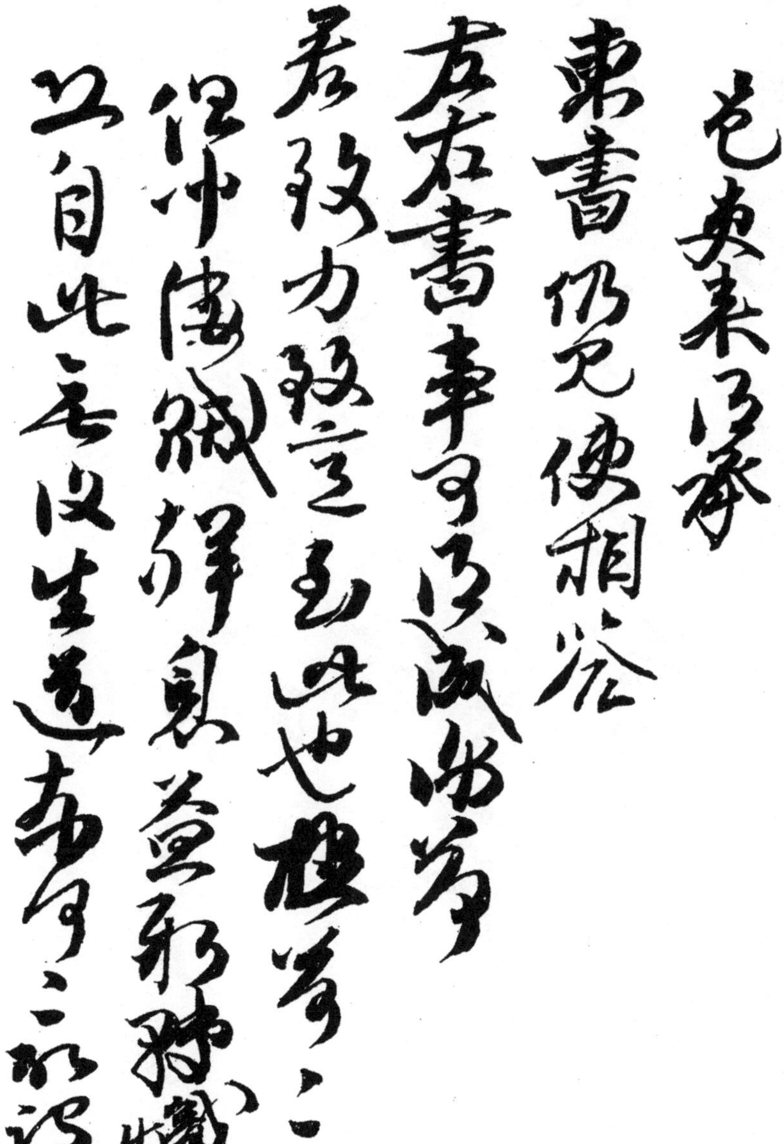

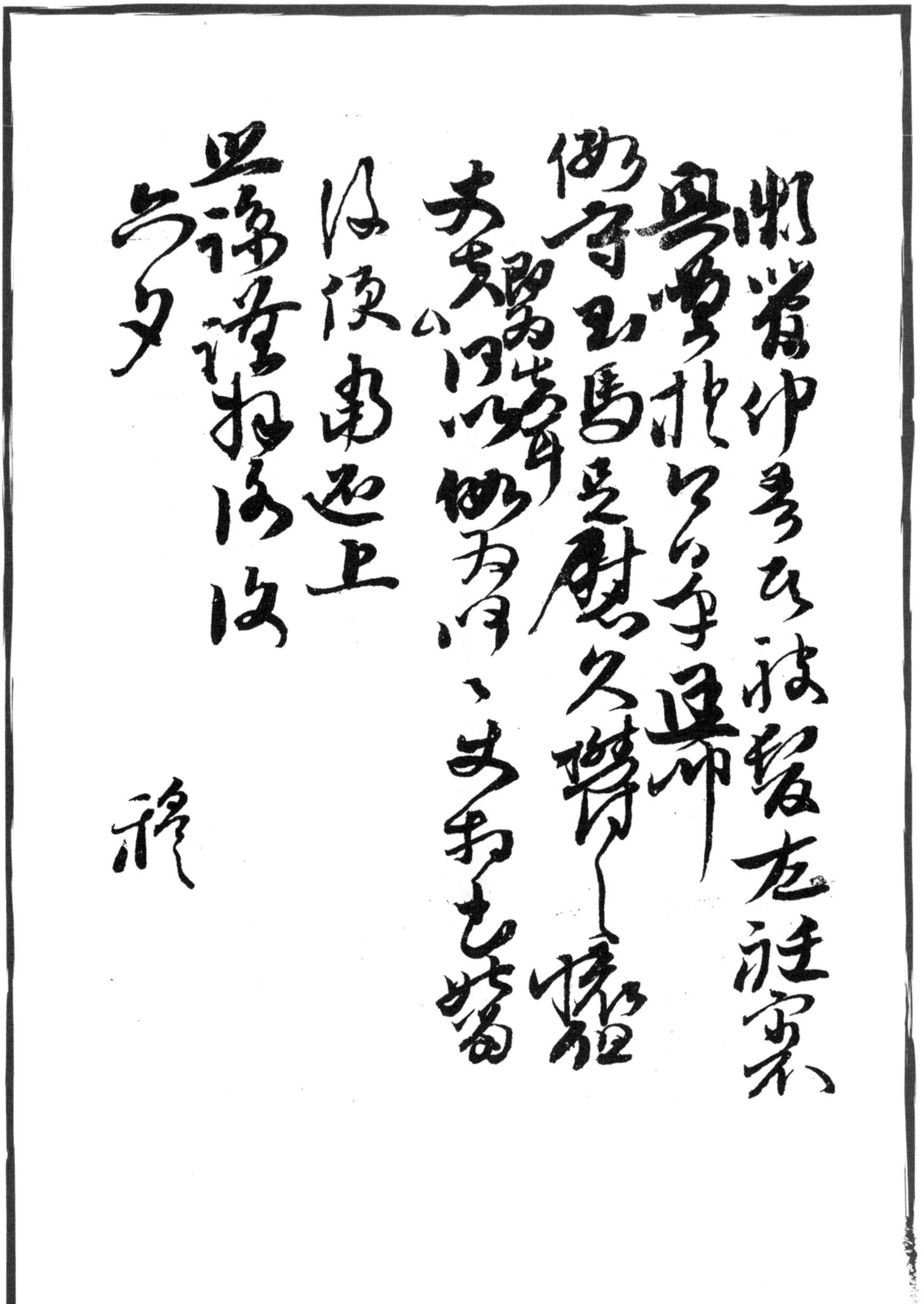

兪泓字止叔號松堂杞溪人明宗朝文科官左相
諡忠穆杞城府院君

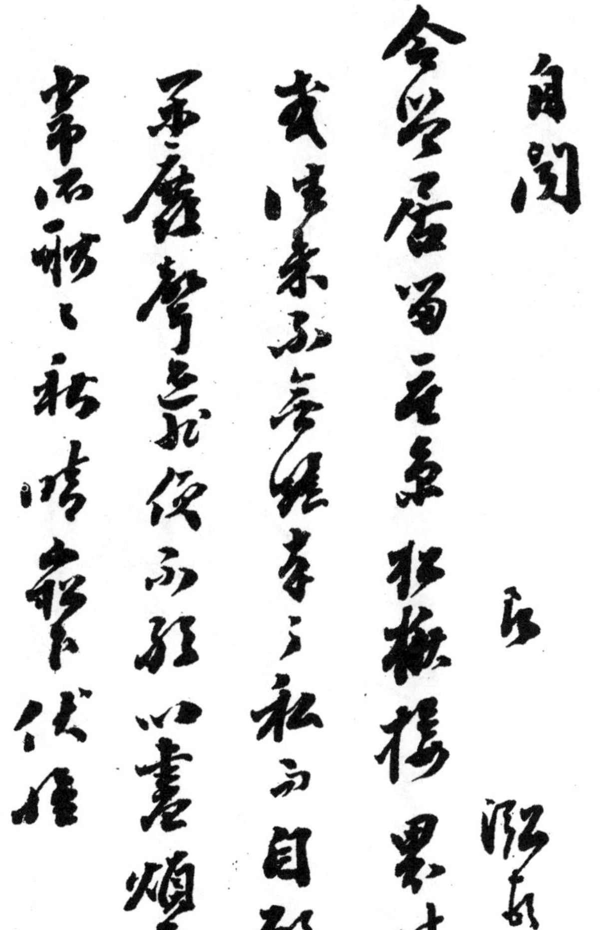

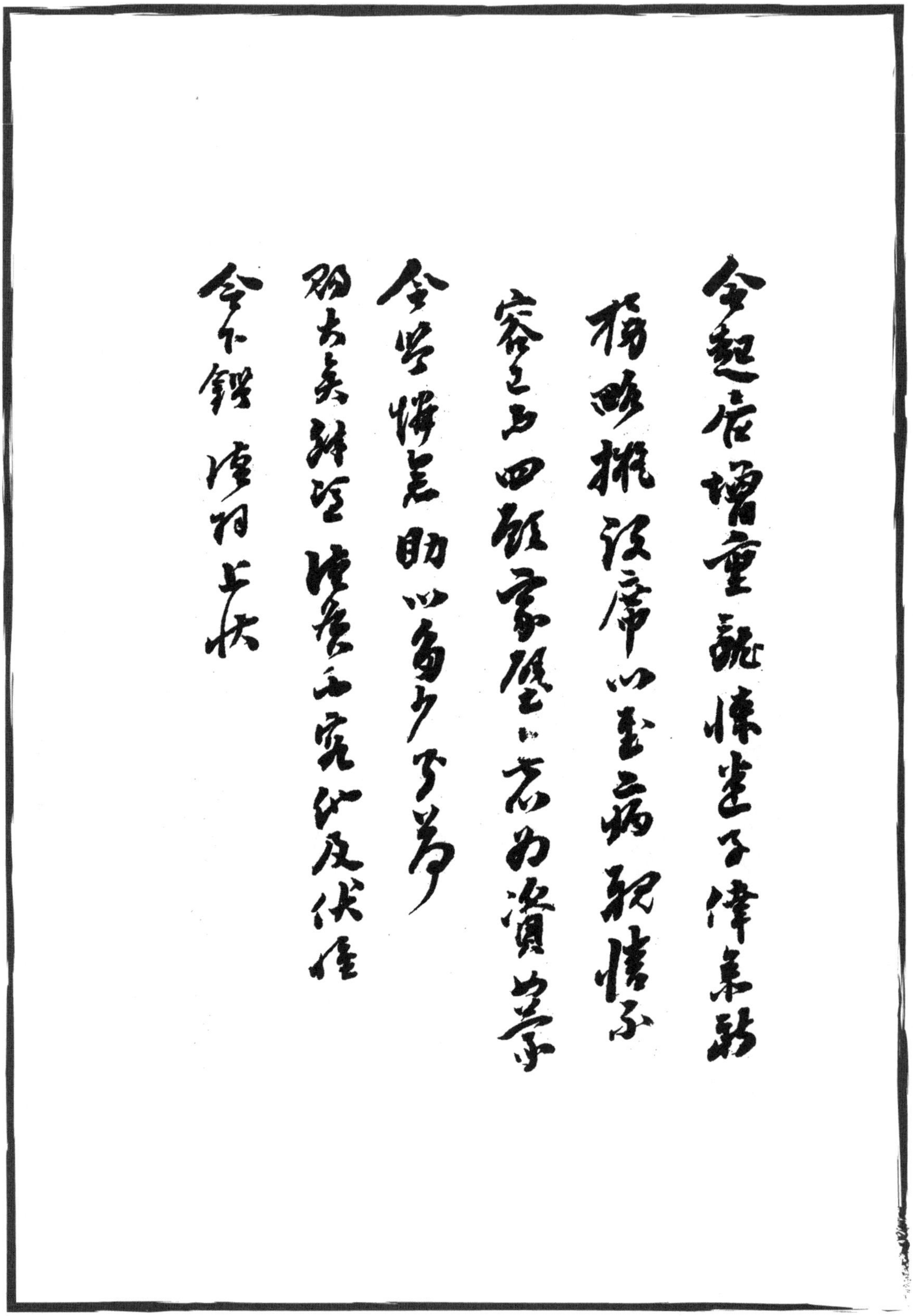

鄭芝衍字衍之號南峰東萊人中宗朝文科官左相

下典謹呈狀　頓首　芝衍　拜書

春間電拜迄今夢想歲云暮

矣寒威甚劇伏未審比者

侍奉及　氣體萬何仰慕區區

先生返旆之後每欲修候而未遂向的

便尚闕一書以問 君弟悵鬱之懷

暑月少弛

盈衡消息絶不聞知 伏聞令閤

特蒙 恩叙云 法座之磨書獲第他邑

可想之處 伏望令年尤焉

下送 如何 餘不宣 伏惟

丙申五月念五日

鄭　琢字子精號藥圃淸州人明宗朝文科官領相
謚貞簡西原府院君退溪門人

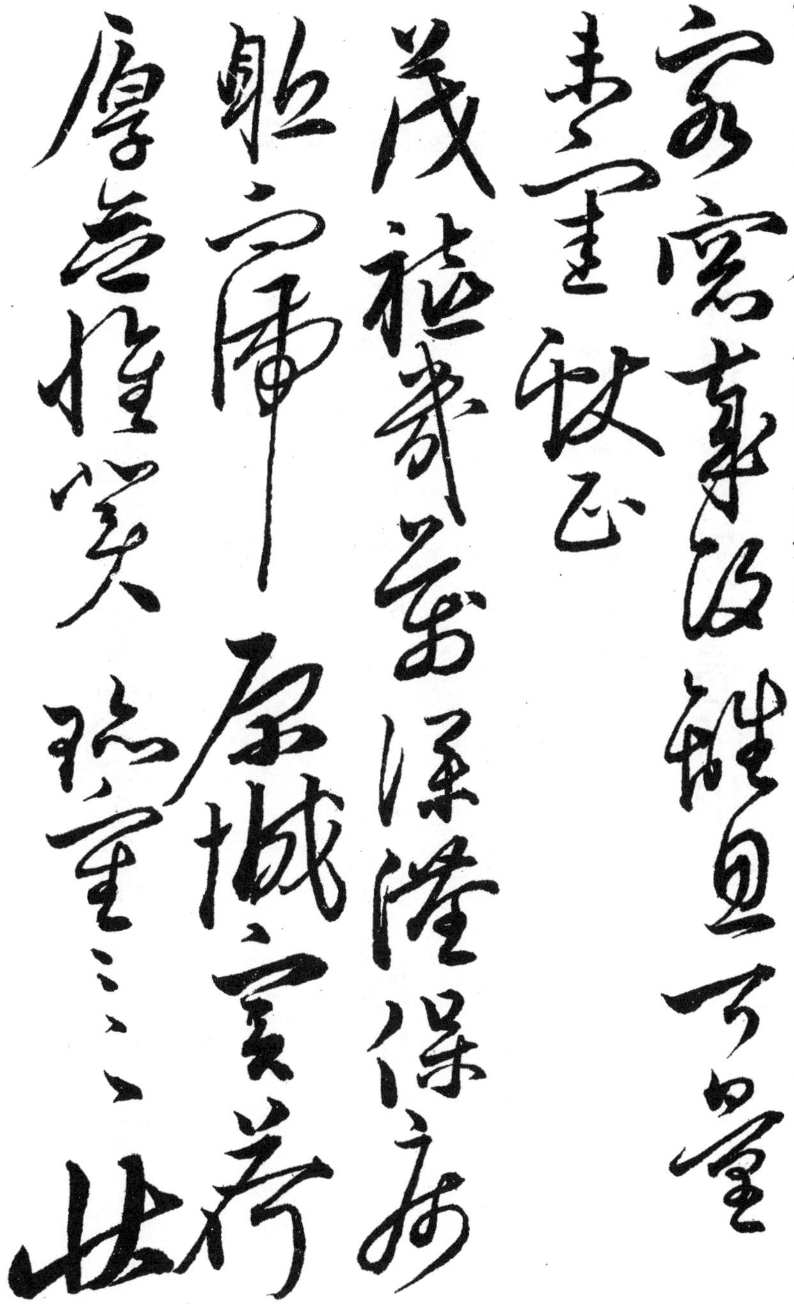

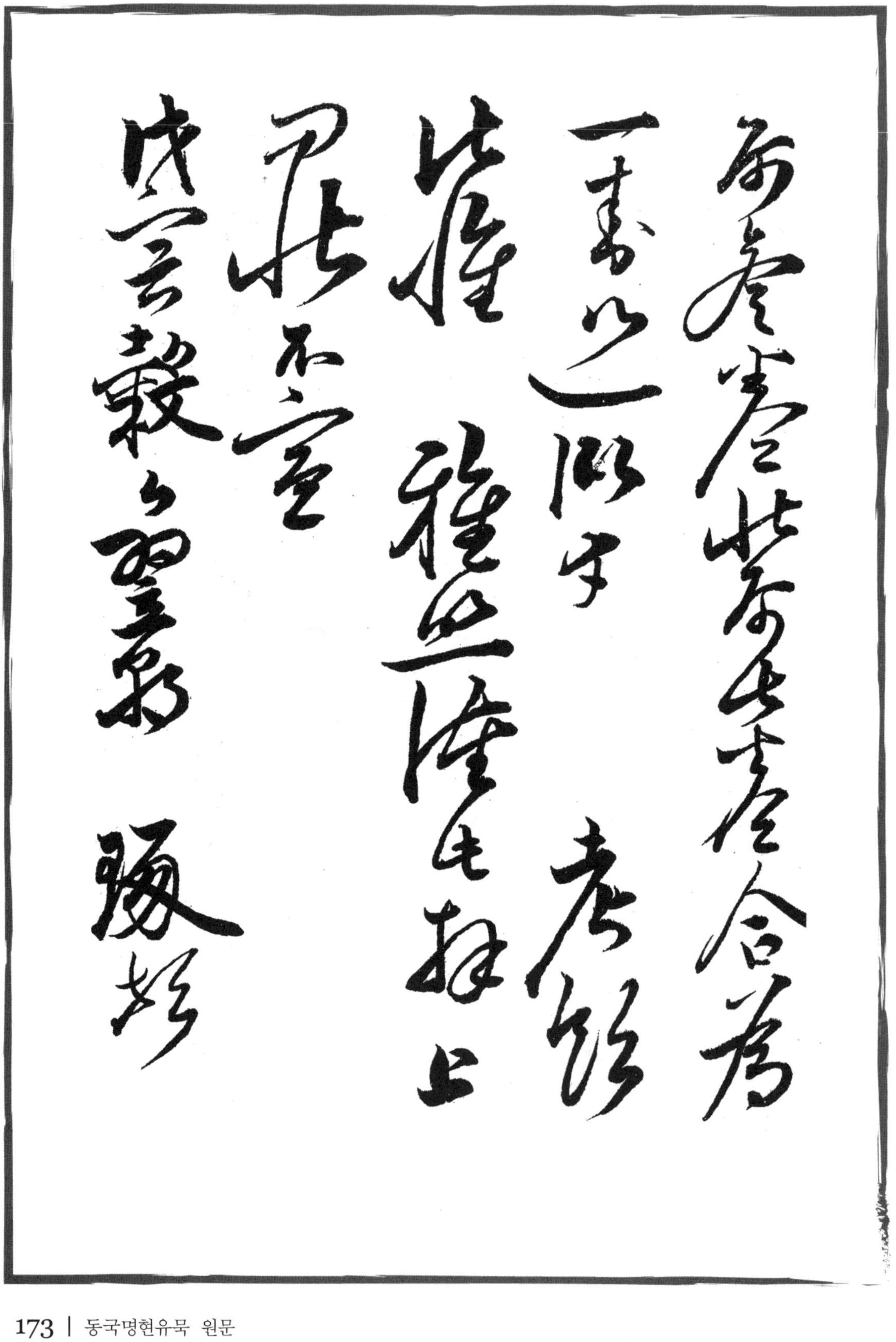

奇大升字明彥號高峰幸州人 明宗朝文科官提學
退溪門人

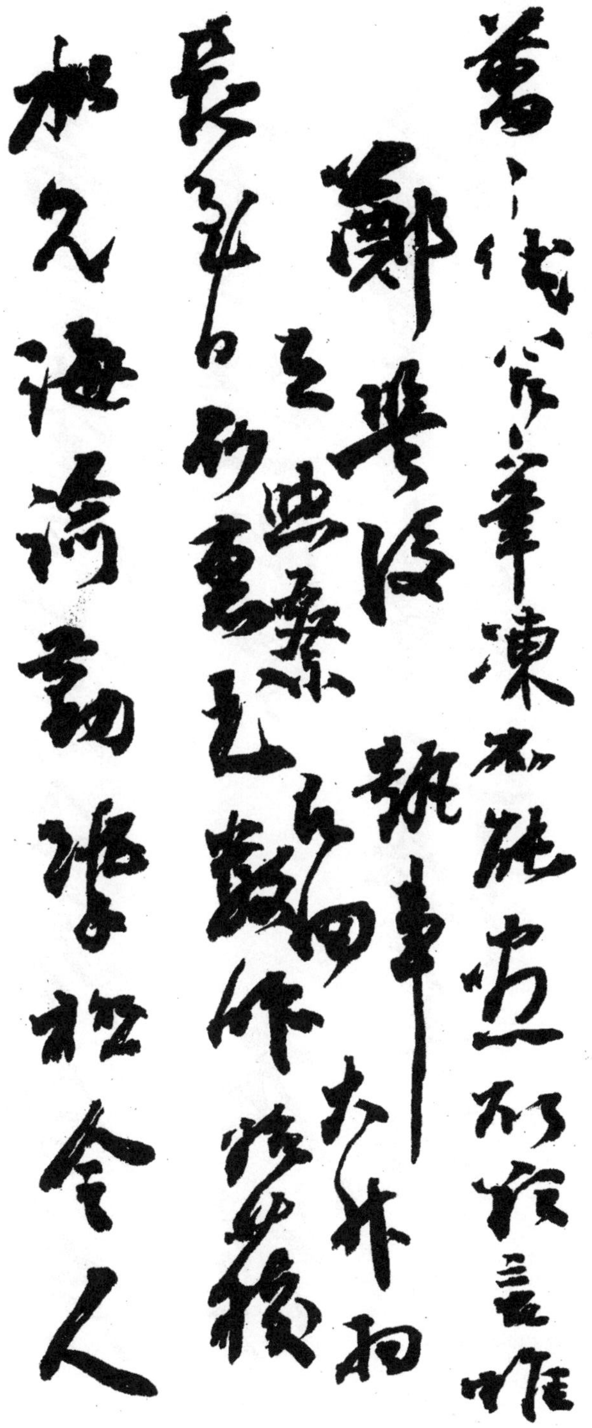

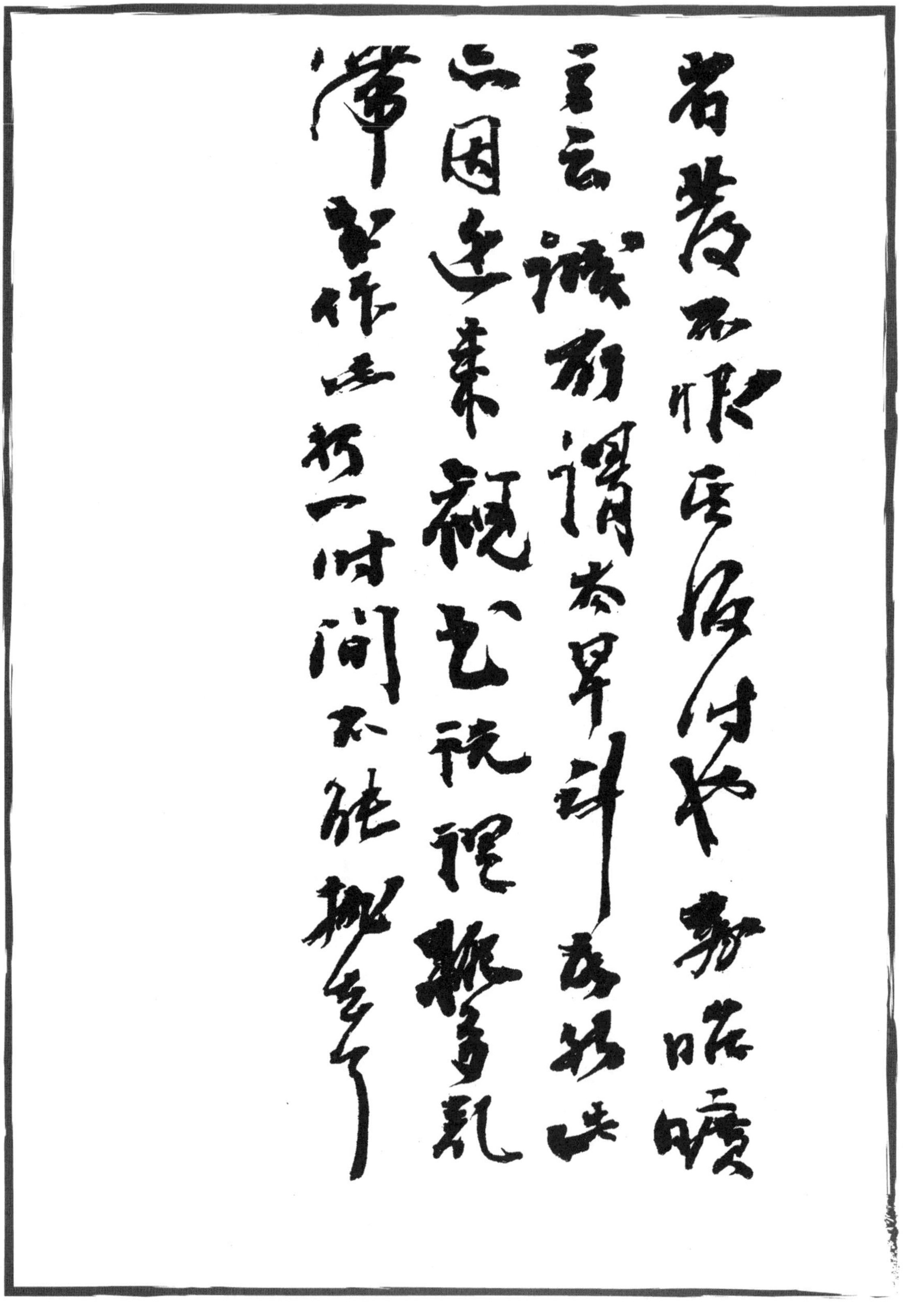

琴蘭秀字聞遠號惺齋奉化人宣祖朝司馬官 翊衛
贈承旨退溪門人享東溪書院

違拜數日鄙吝復存何當速奉
清儀以洗滿腔塵土耶 跂佇〻〻 伏想
梅塢風和
神相快適閑中必有古人事業不但吟詠而已〻
之功〻 如 蘭秀者昏慵日甚近日尤覺放
倒終至於墮坑落塹則豈非
諸尊侍之憫念誨責而極救之者耶 伏惟

尊照旦前　諸盛川魚塩醢之器送上欲一進
老親收不知自止耳野蔬畧許送上
此雖惡菜以巾彼中無有而欲進
尊侍知〻受得菜根〻〻若幸
一嚼何如然耳伏惟
尊照不宣
壬申閏月十二日　蘭秀

許頊字公愼號負暄陽川人宣祖朝文科官左相
陽陵府院君謚貞穆

卽頊頓
病裏一倍馳想須承
令覆札遙慰此懷卽惟
令起居萬相殘痕日漸沉
重今月餘矣危苦之狀

侍說委只切悶鬱

閣不葉治治才出於

至悃感不敢喻啓遺不究

伏惟

令監鑒 謹拜上

權文海字仲虛號草澗醴泉人明宗朝文科官監司
諡忠敏退溪門人

卽白 文海頓首

伏惟新歲

令監體履茂膺萬福遠切仰賀侍生

意外

新命祗自惶感再控辭疏偈息以俟

耳只以離親受歲情理難堪奈何
皆無可送之物略呈 封餘大口卵三
郎塗用慚歎
合瀜 坡州 參所 伏未修候伏恨〻伏
合下鑒 謹拜上狀

成　渾字浩源號牛溪昌寧人明宗朝逸叅贊諡文
簡從祀文廟

狀上
顏子一毫未盡之說衆皆非之而渾輒
不以爲背自非若非攻主賢而行僞也誠以鄙意
終有所未安故不能曲循衆見耳竊念聖人
所未爲者位思學不思勉學不勉耳只得之
中之容也失之所謂思者非格物致知所謂勉者

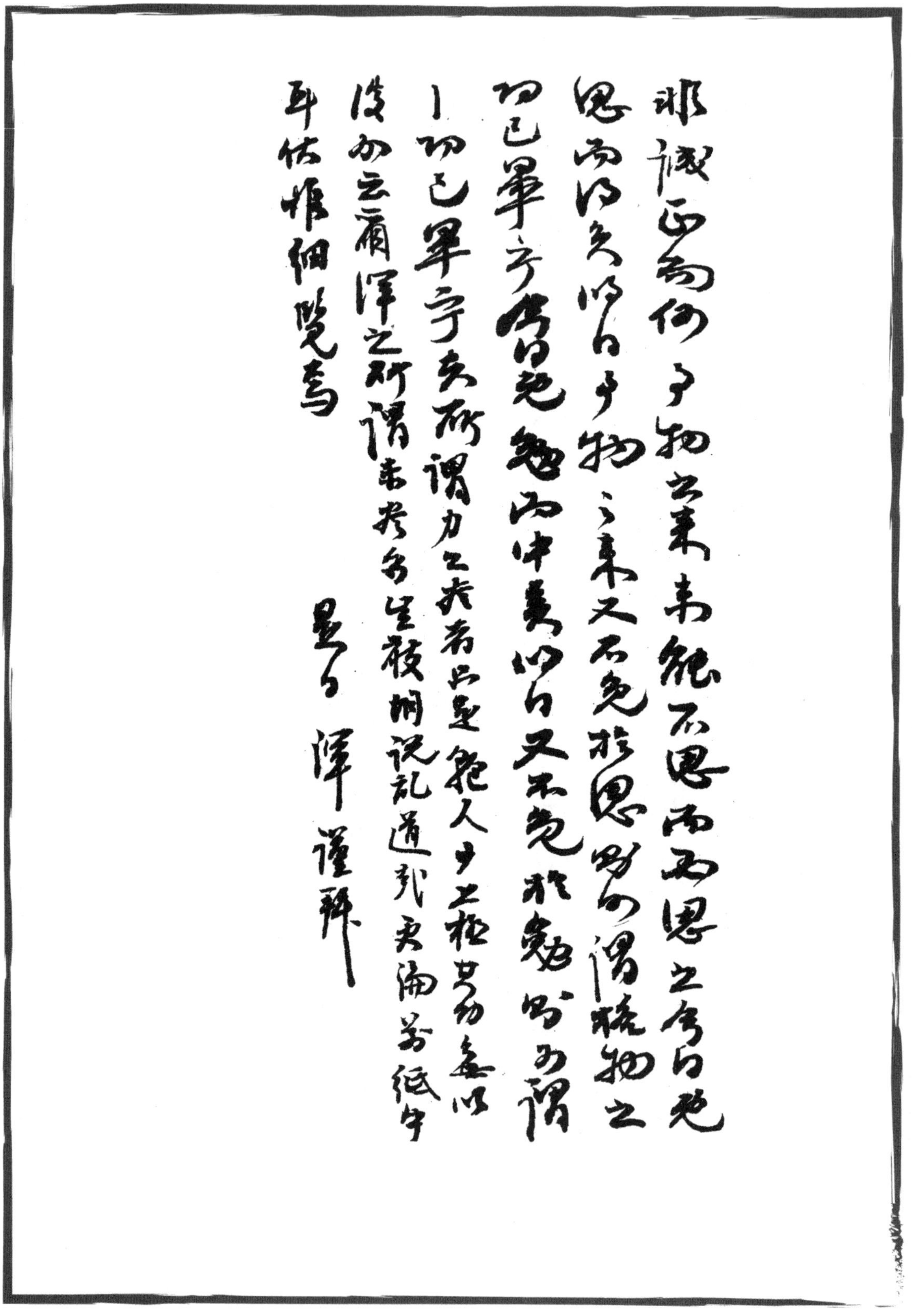

李珥字叔獻號栗谷德水人明宗朝文科官贊成
贈領相謚文成退溪門人從祀文廟

狀上

至六月初旬 珥拜

奇明彥 執事

伏承指諭諄諄不已退而思之多

昧無人也會珥徹見睫人終不學道

而何能不相合也此乃難而思問於高

明之下爲問至此擬候吾得以得於格
南北之間皆爲問說格物致知之說書
乎細看半兩條先要分三思復之以
誠意之論何如吾意本中微論具書冊
循說何假定他說了是把那此所發
之於胸一看也

具鳳齡字景端號栢潭綾城人 明宗朝文科官參判
退溪門人享周溪書院

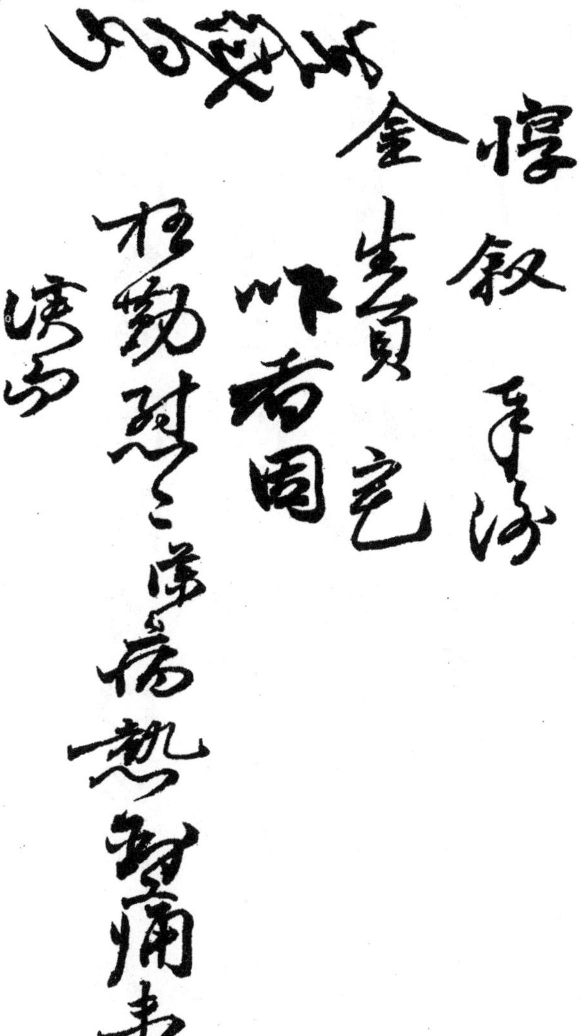

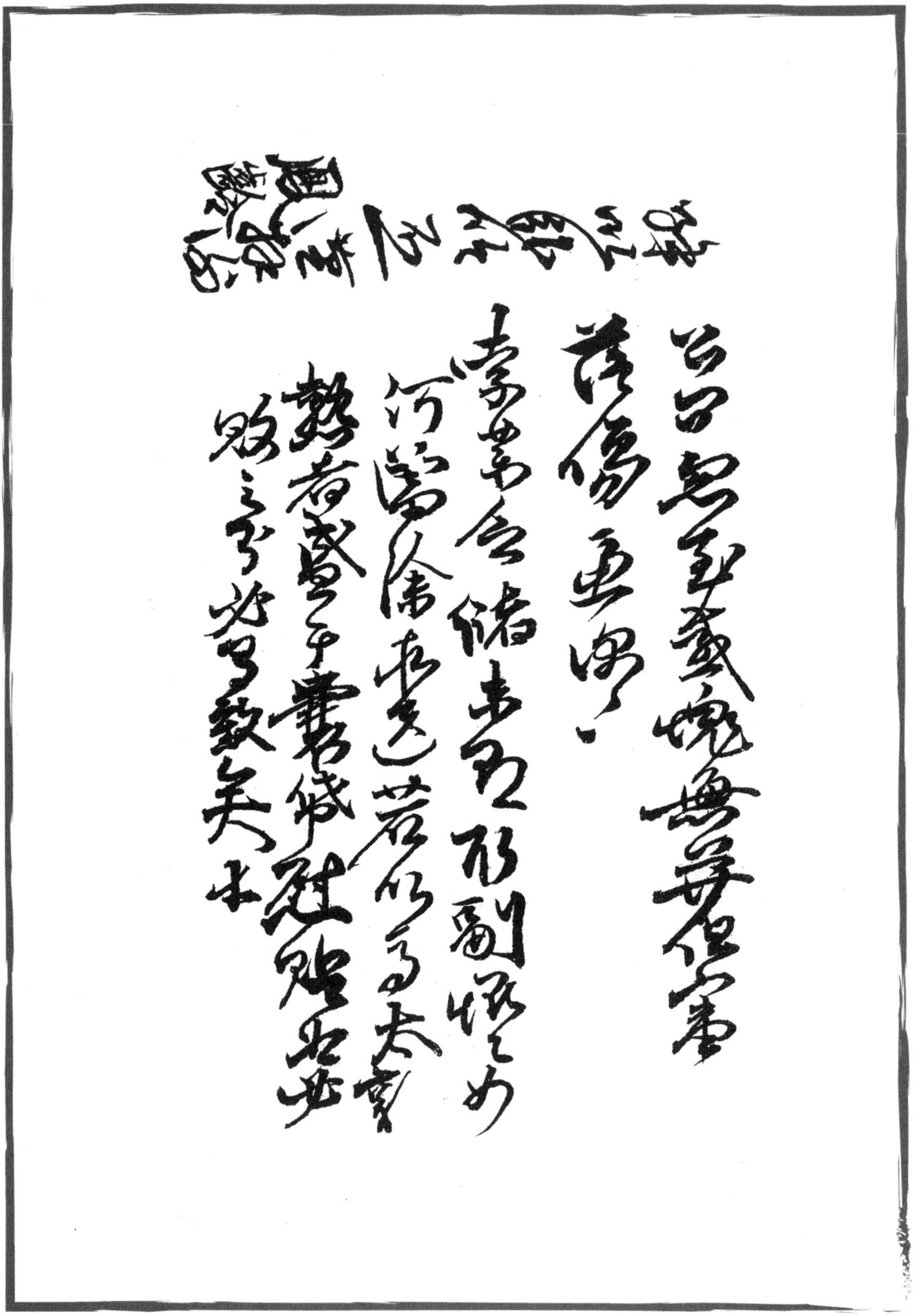

李元翼字公勵號梧里全州人宣祖朝文科官領相
諡文忠配享仁祖廟

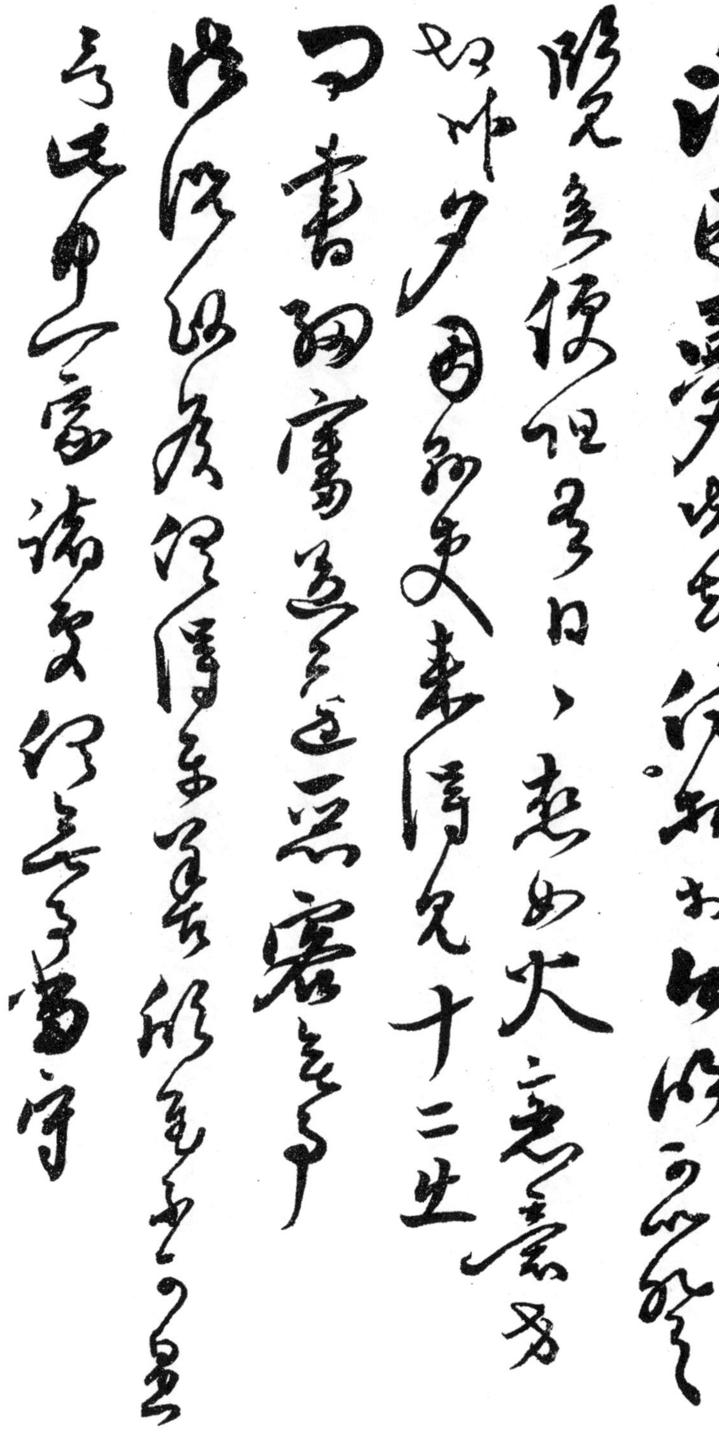

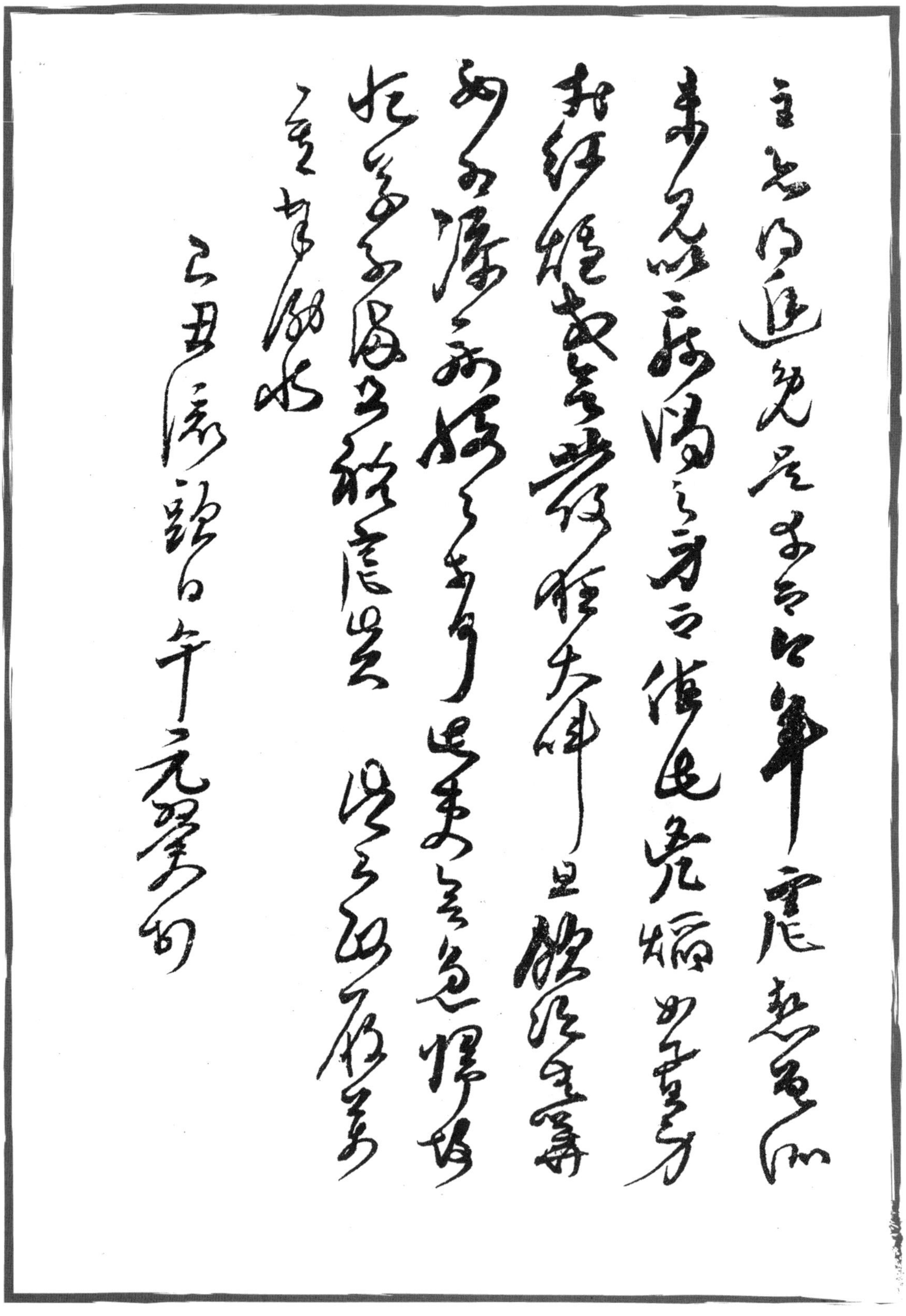

許　曄字太輝號草堂陽川人明宗朝文科官副提學

情侍　上狀

壬子七月廿六　曄頓

日者會晤之幸久而益切秋序已闌

伏惟　尊侍仕俱勝區中佳樣

又君榮被徵黃入城不意邂逅如艱

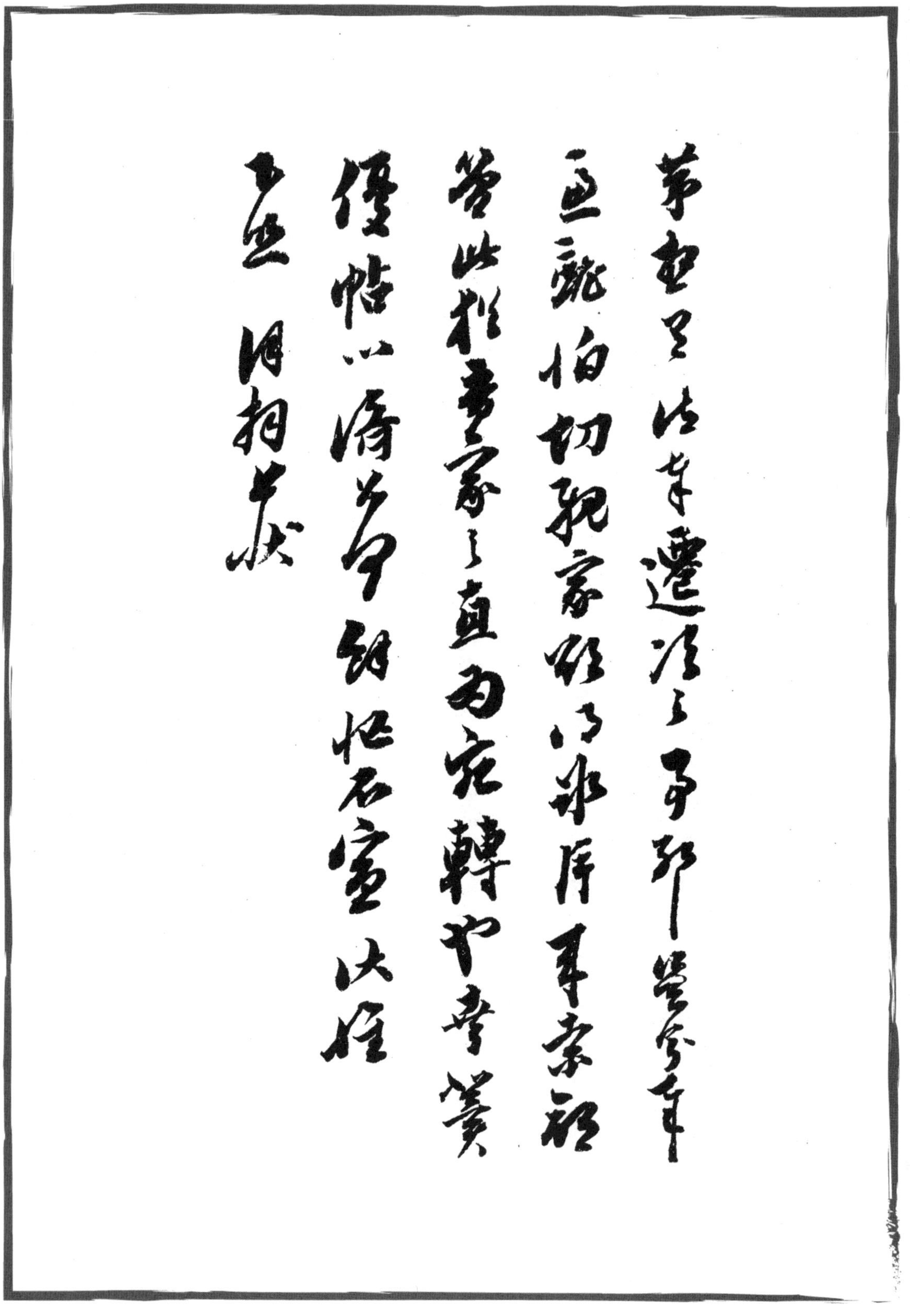

金誠一字士純號鶴峰義城人宣祖朝文科官參判
謚文忠退溪門人享臨川書院

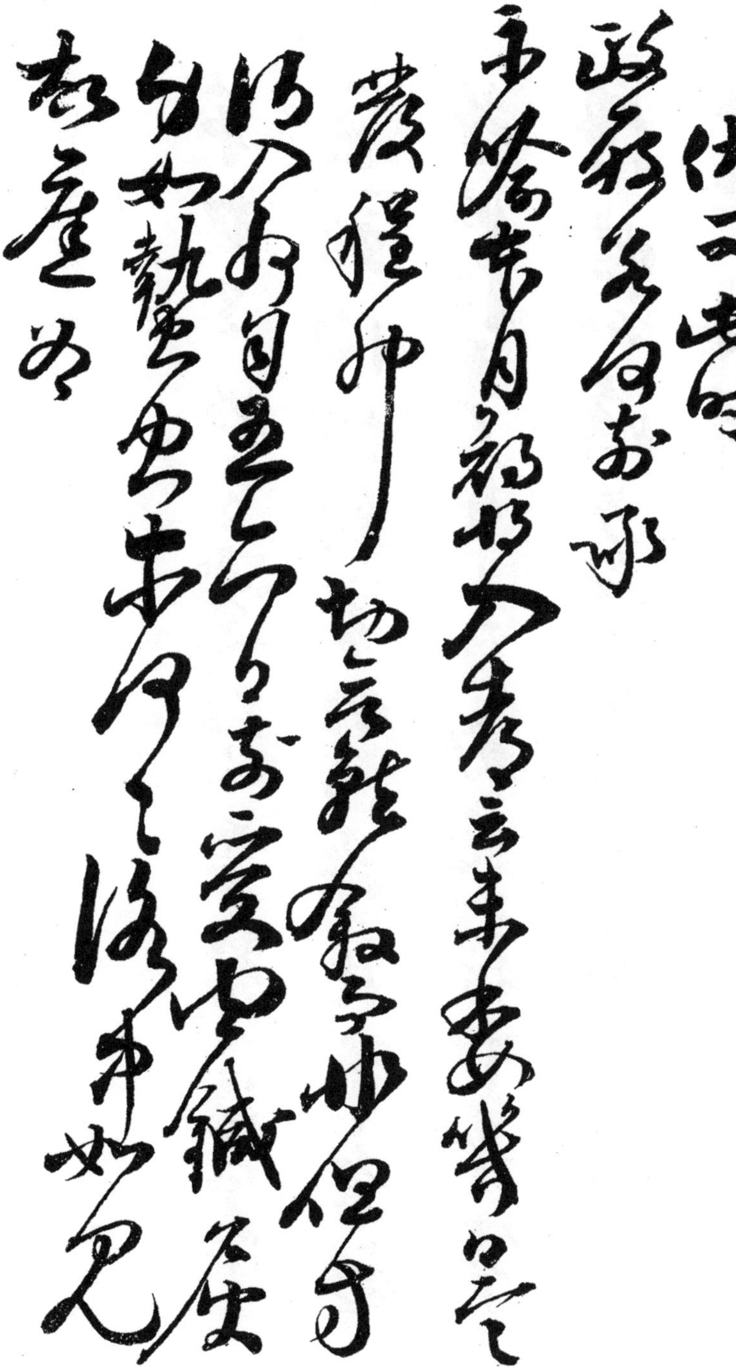

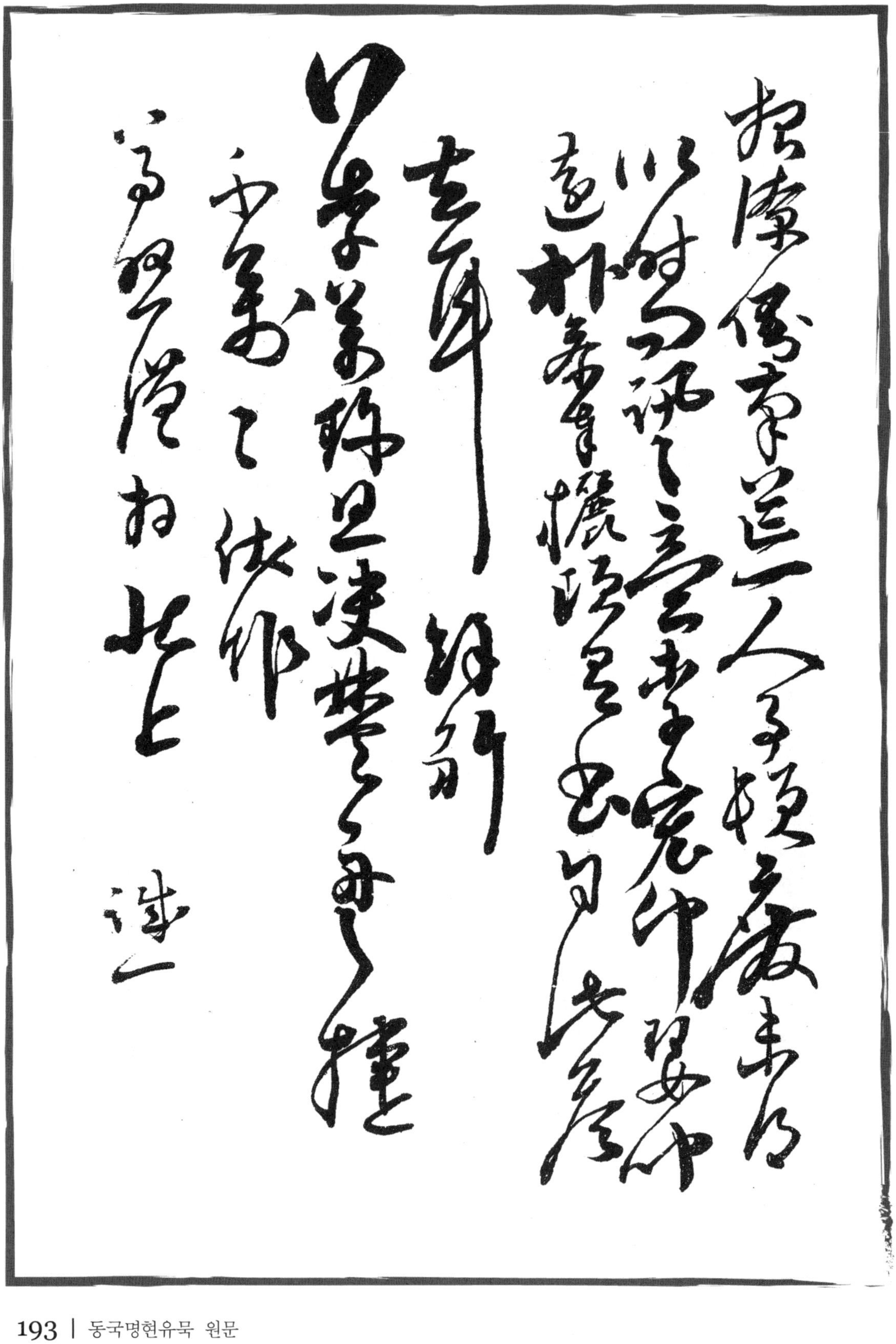

鄭崑壽字汝仁號栢谷清州人宣祖朝文科官判書
西川府院君諡忠翼退溪門人

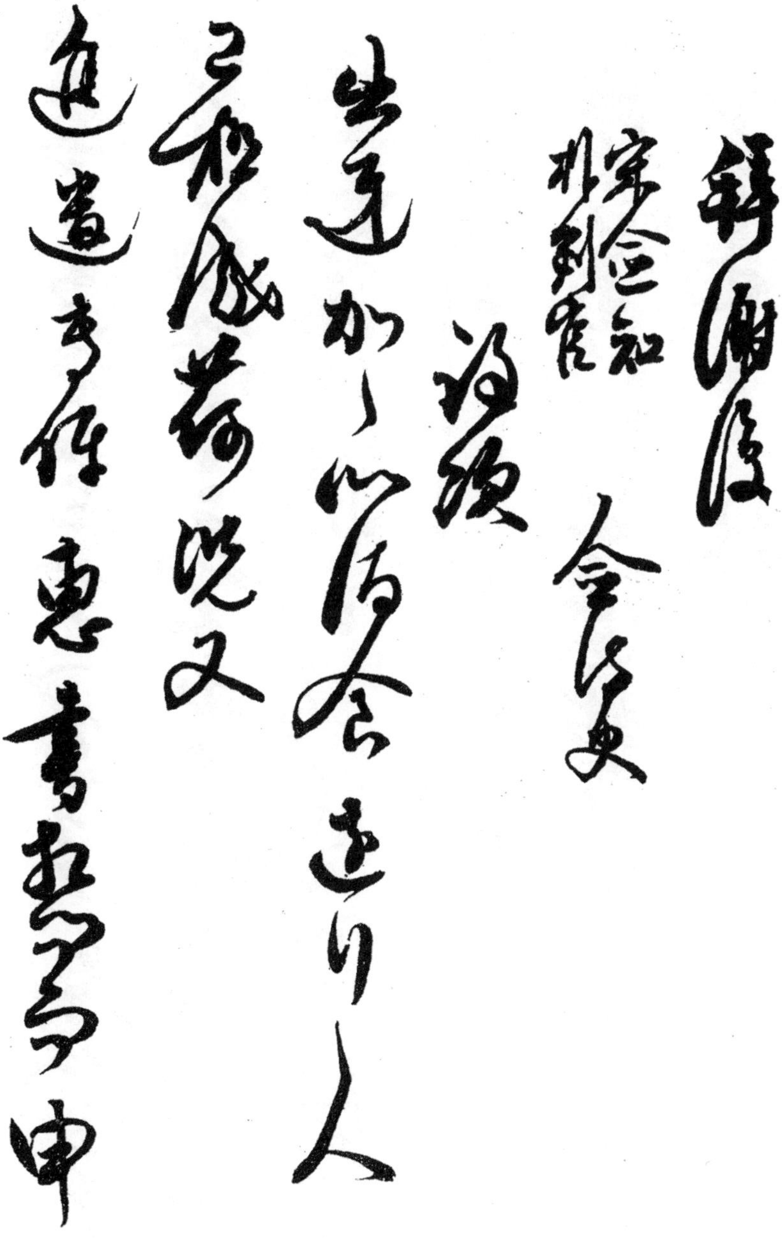

々勝讀至於世屈々多

謝

德鍾存孝亨

不一而足極謝々明日賤

川如向逸事無新

念後益安康狀

十月廿六日

[illegible]

柳雲龍字應見號謙菴豐山人宣祖朝官牧使贈吏判謚文敬 退溪門人享花川書院

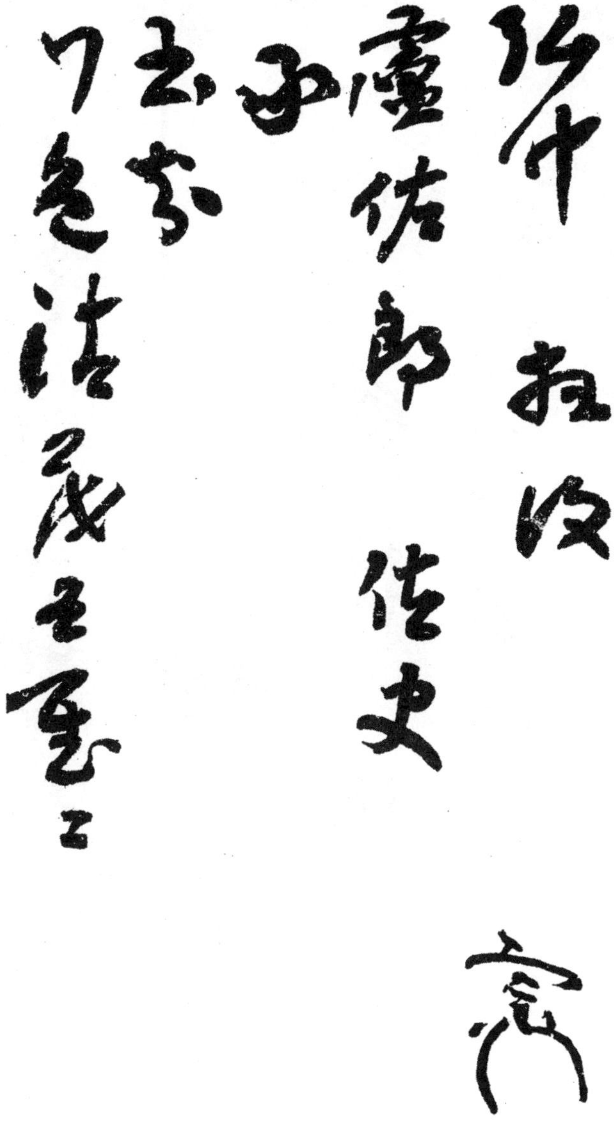

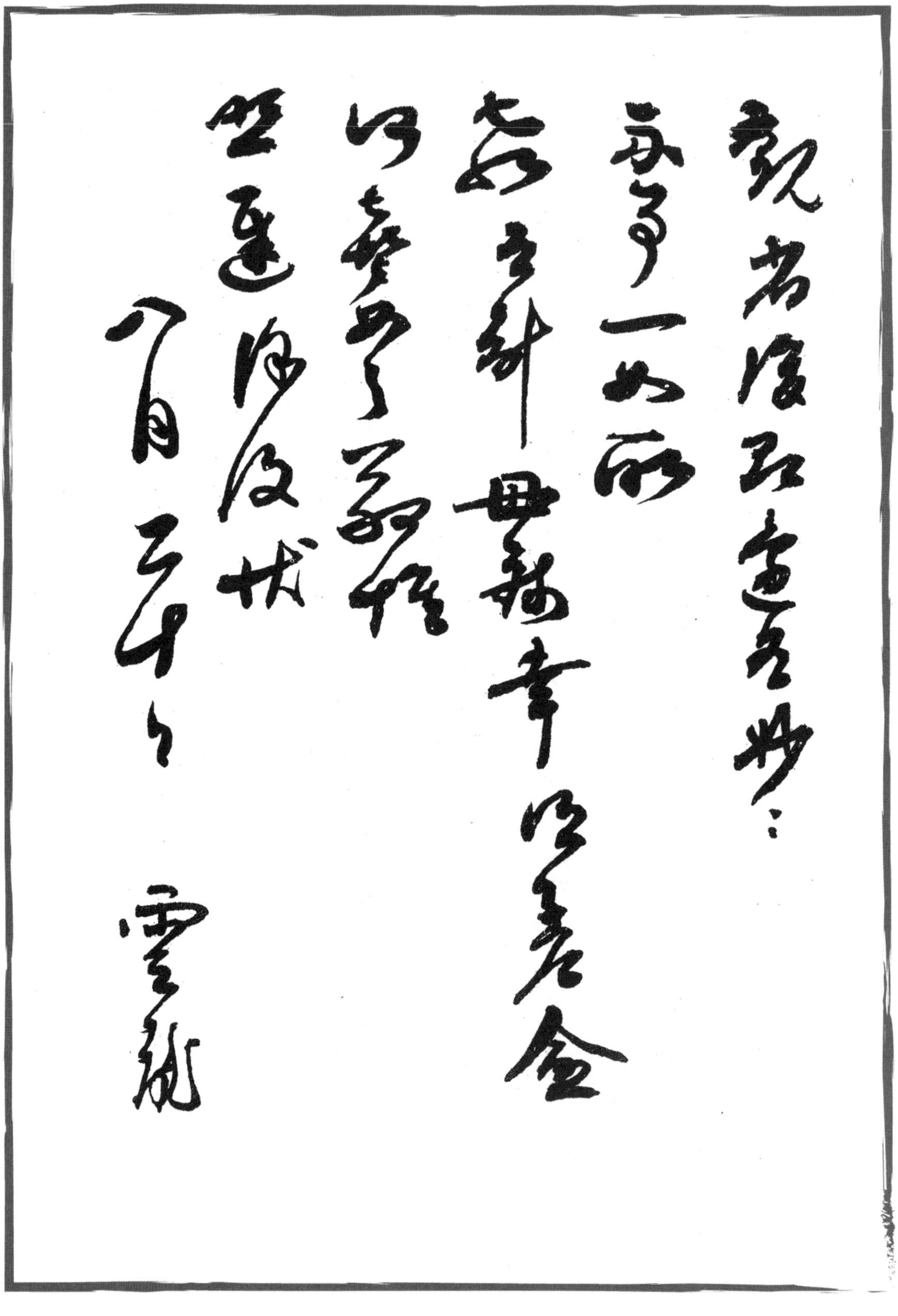

金玏字希正號栢巖禮安人宣祖朝文科官吏叅
退溪門人

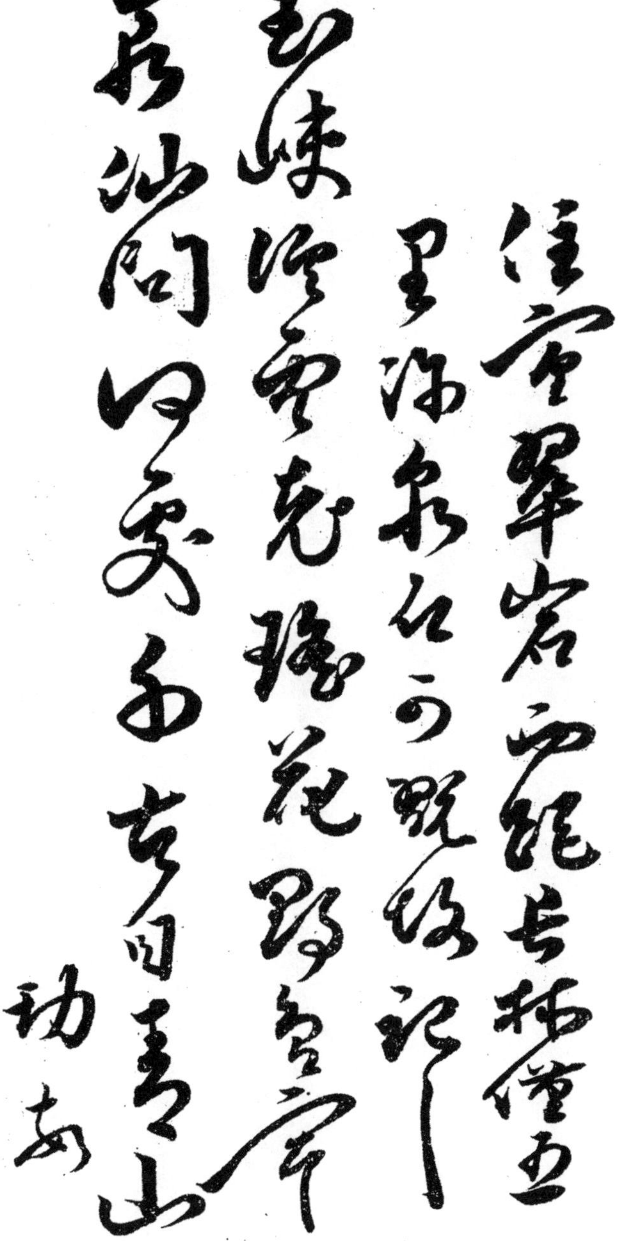

曺好益字士友號芝山昌寧人贈吏判謚文簡退溪門人

頃承
枉訪 近感
勤念 但日暮又雨
〻色 極艱 夜以轉側 追思罔措
未語 即今
尊 履何如 采增慎 儀 謝〻 伏〻 游當
撩晴 秋之日 方一顧 〻瞻 耳
柳生 負前 所懷 如右 伏惟
令尊照 謹上狀
辛丑三月十五日 好益 拜拜

李德馨字明甫號漢陰廣州人宣祖朝文科官領相
諡文翼

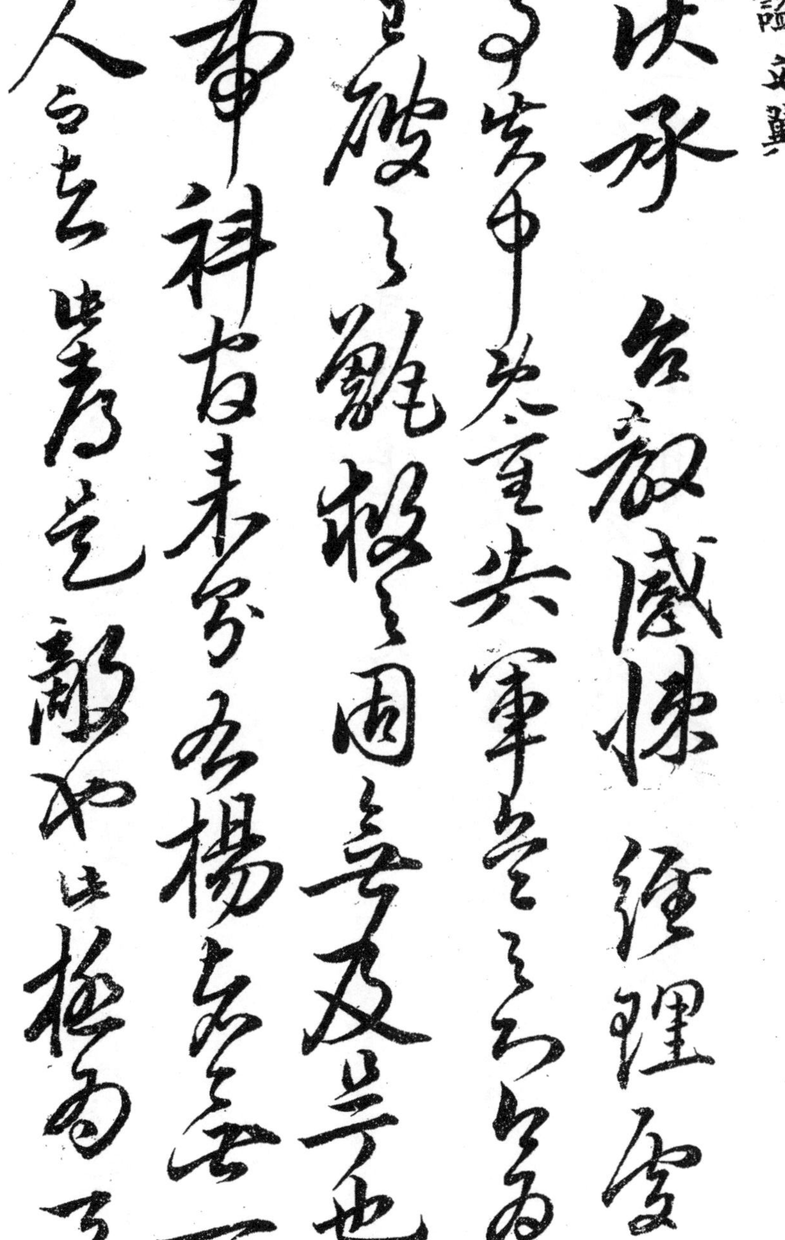

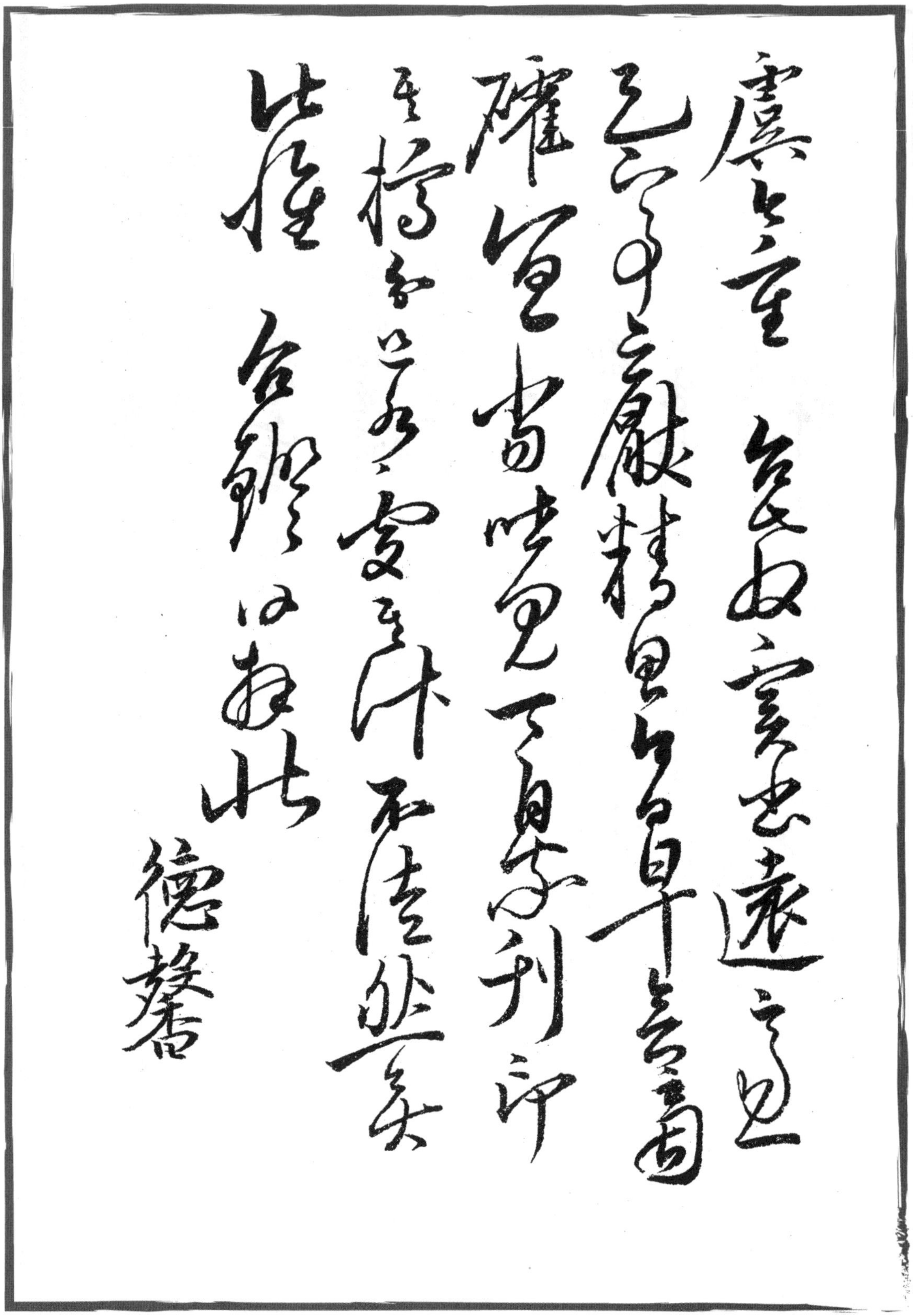
德馨

金宇顒字肅夫號東岡開巖子宣祖朝文科官吏參
諡文貞退溪門人享晴川書院

承審近來
尊候支勝慰仰慰仰兒子承恩
提誨之勤至感至感集道頗讀書云此
皆也
指教之力尤附附家中抵家人全詩想
出於
潤色之手然也 教導失之漸
鮮作句之法 至生之意二

生僅保他令是云婚事之成云

處子可嘉云深感〻此婿亦

成則卜在安保之計可以新圖

書鶴寒[illegible]解新中

益之歷覽程至可要何如守拿

豈患〻乎其語合呈於列矣

但寒圖喜積點（雖武呈農作〻矣）女不孔揀

以紛擾[illegible]故不能如何

依 鑑察 謹疏

甲午八月二十九日 宗郁疏上

柳成龍字而見號西厓謙庵爲宣祖朝文科官領相
豐原府院君謚文忠退溪門人享屛山書院

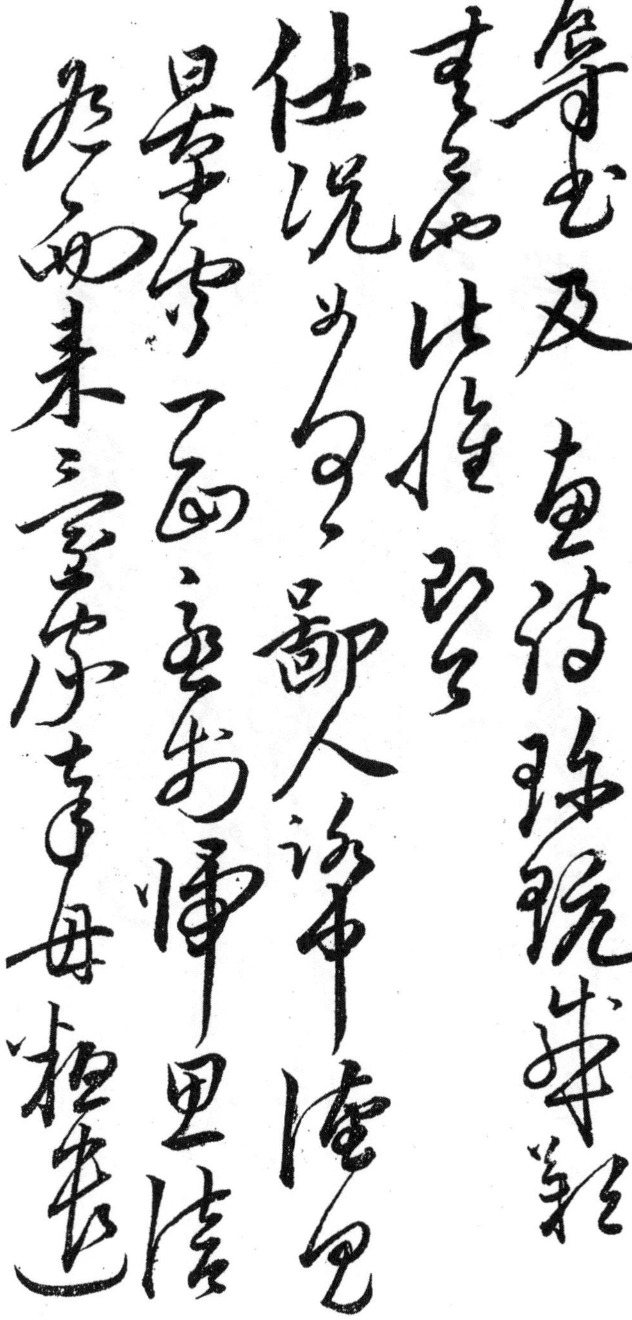

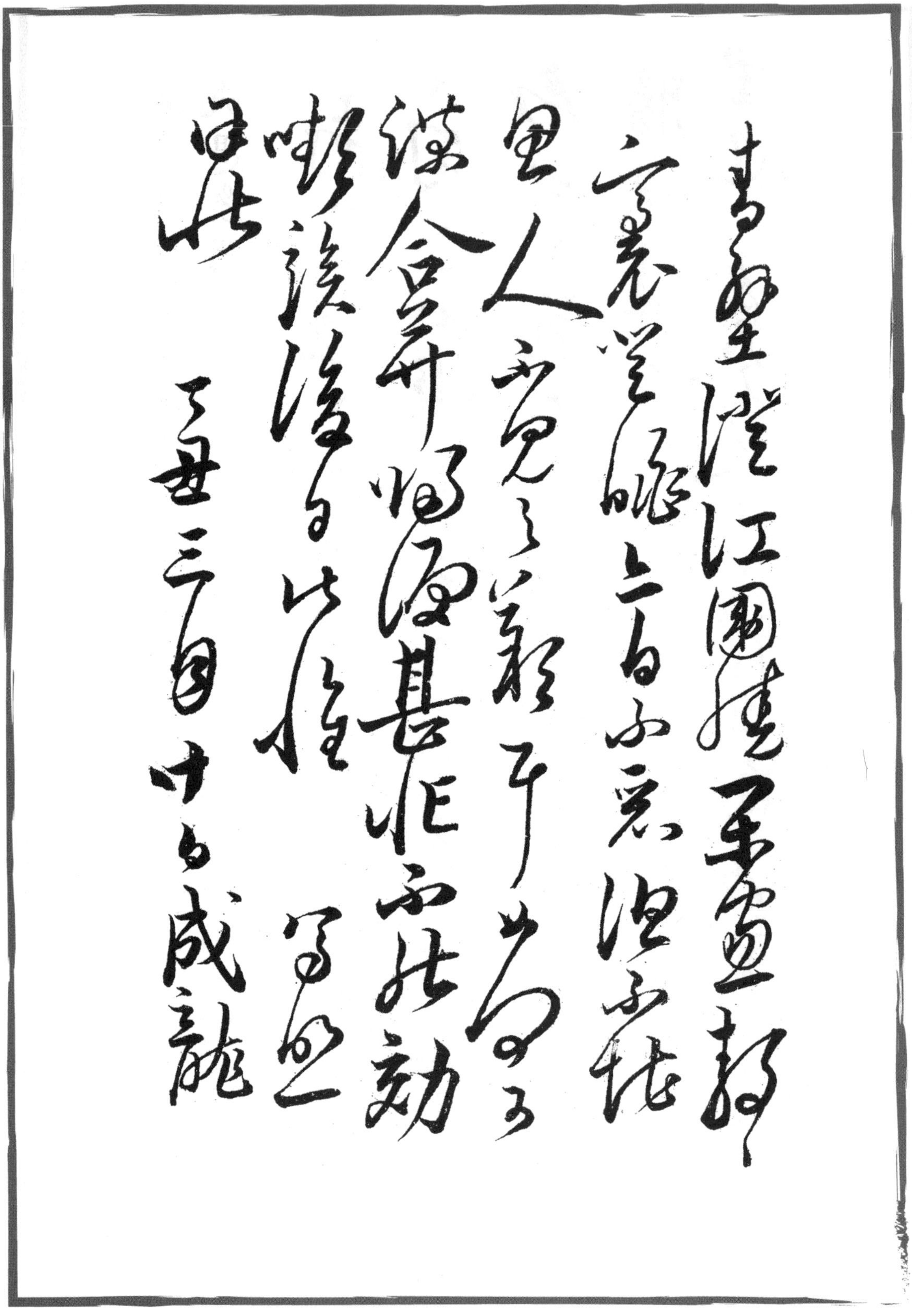
丁丑三月十日 成龍

禹性傳字景善號秋淵丹陽人宣祖朝文科官大司成退溪門人

南陲々白而滿尺長書字

々句々莫非箴誨不但道寒暄

敍殷勤而已拆讀未卒豈

勝欣慰挾仙々抱月遨遊其間千

里也惠眼甚[illegible][illegible][illegible]知

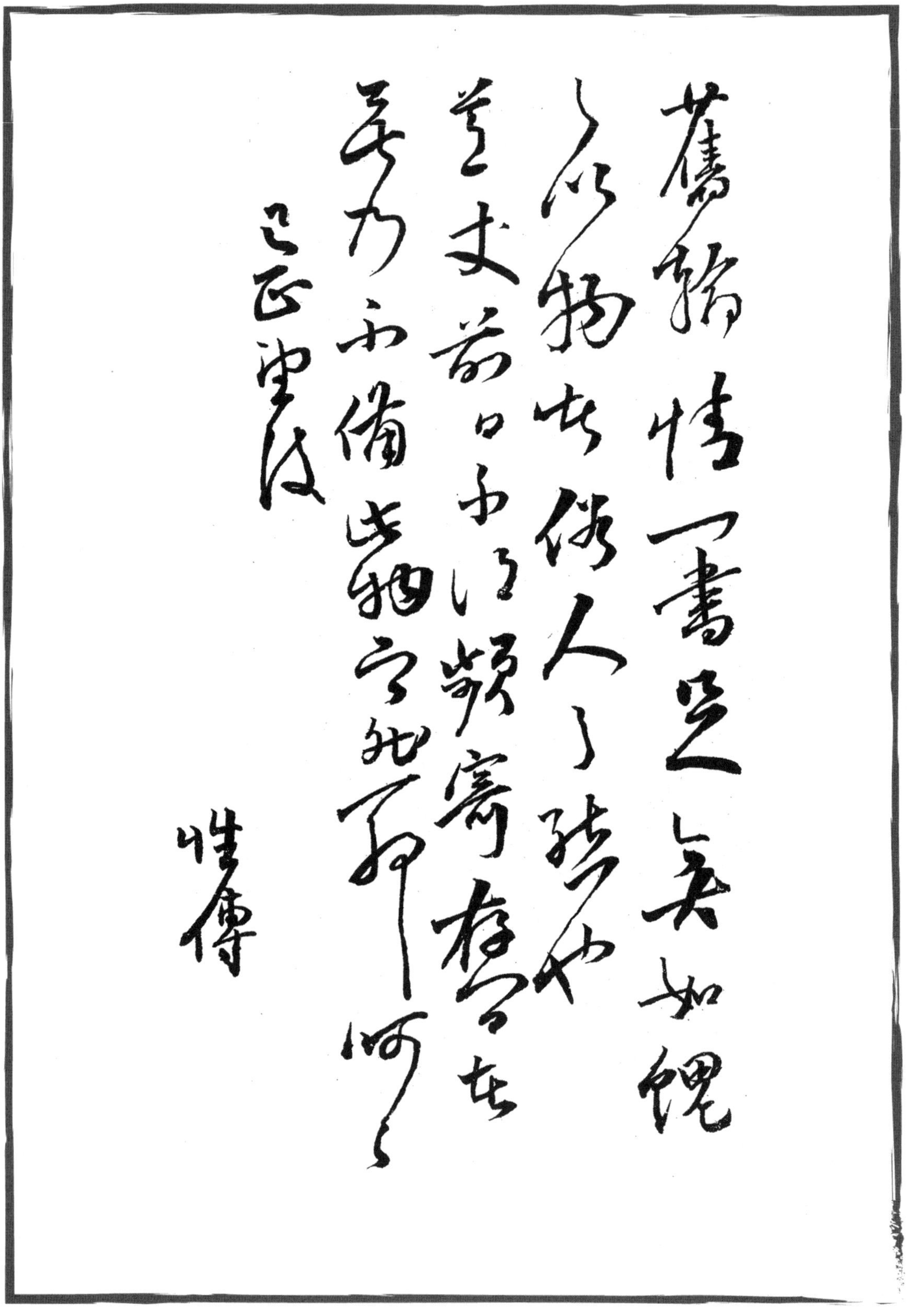

鄭逑字道可號寒岡栢谷芬宣祖朝逸大司憲諡文穆退溪門人享檜淵書院

臘月三日 病生逑

之以家奴來往達奉

手書迅於錫命來見

書又掛仰多息新寂推甚

慰年筆旋寫海曲[illegible]坐失

訃亡水陸不佳悵恨劝到人還

昨返於山中一月乃歸明春
則勢將如意更與執此
再附未有定奉候乃缺何
所不能也唯望下念耶
會合無期此不堪也奈何
來月之望續來書也謂日隔
是難也此不一

李 瑀 字季獻 號玉山 栗谷弟 明宗朝 官僉正

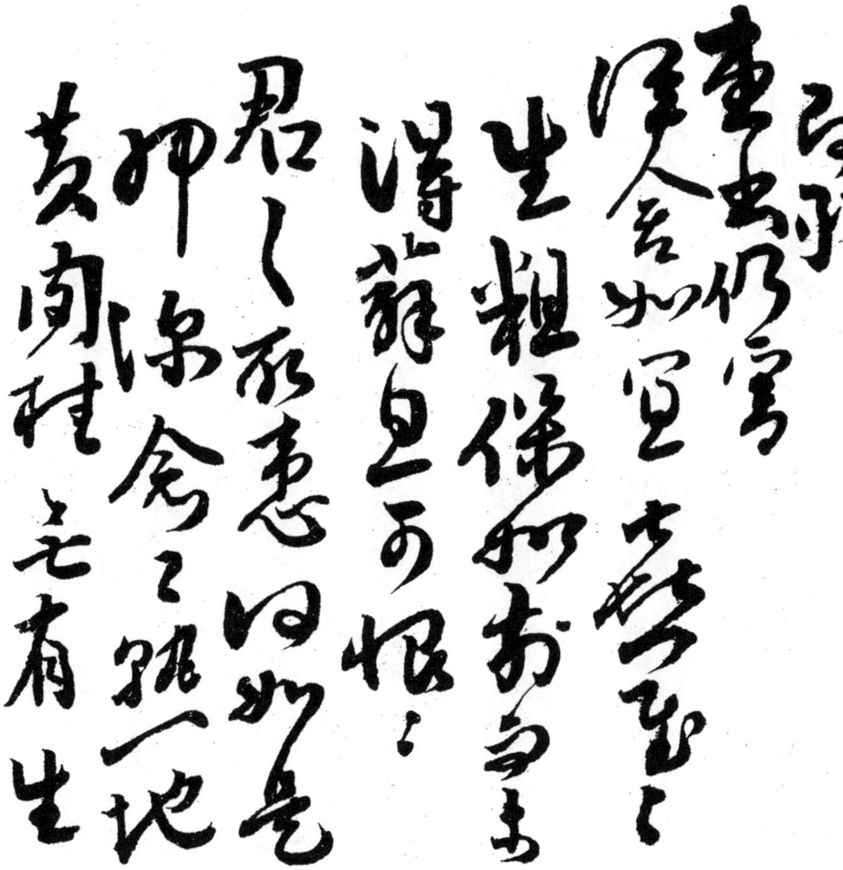

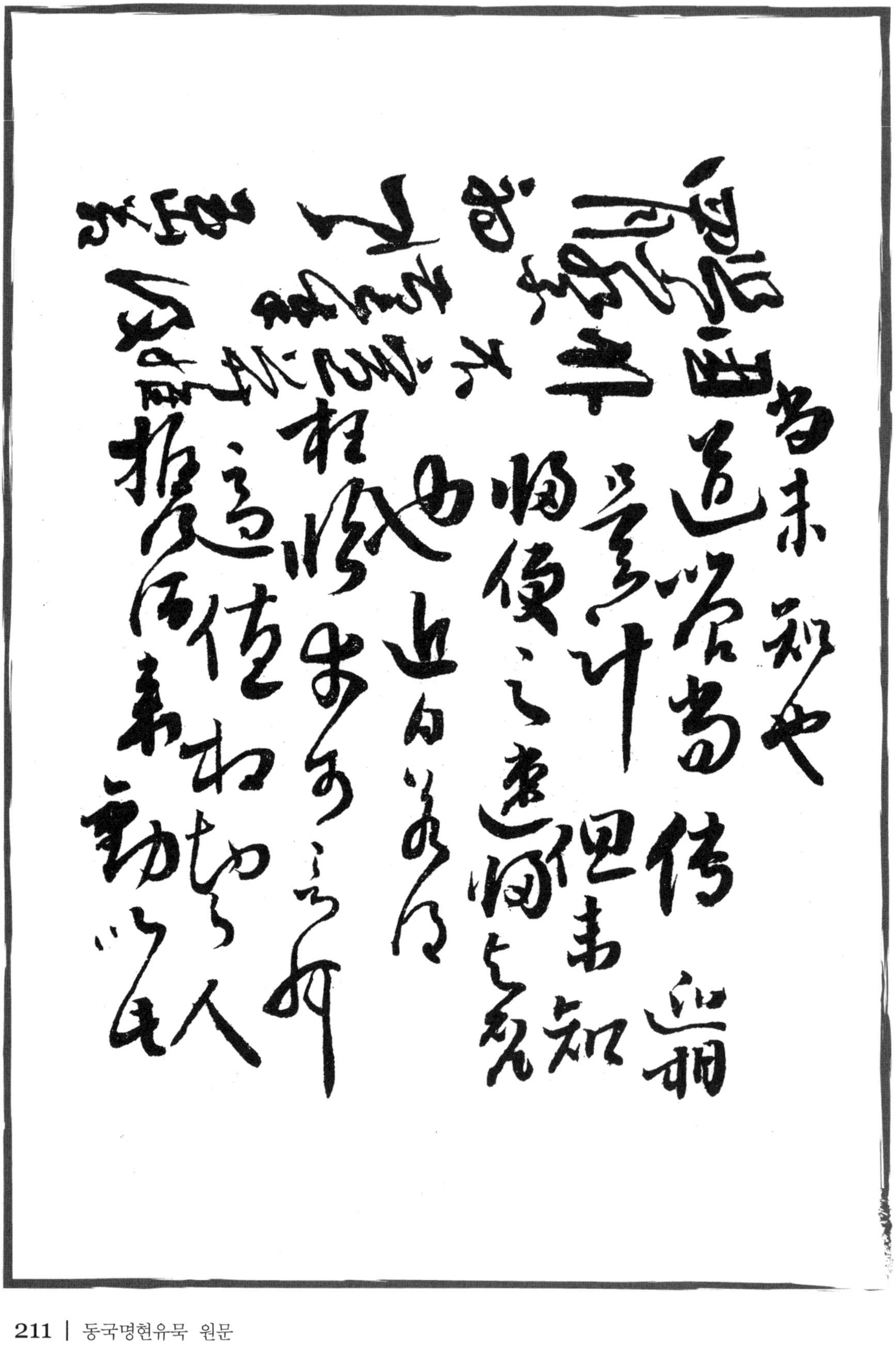

宋翼弼 字雲長 號龜峰 礪山人

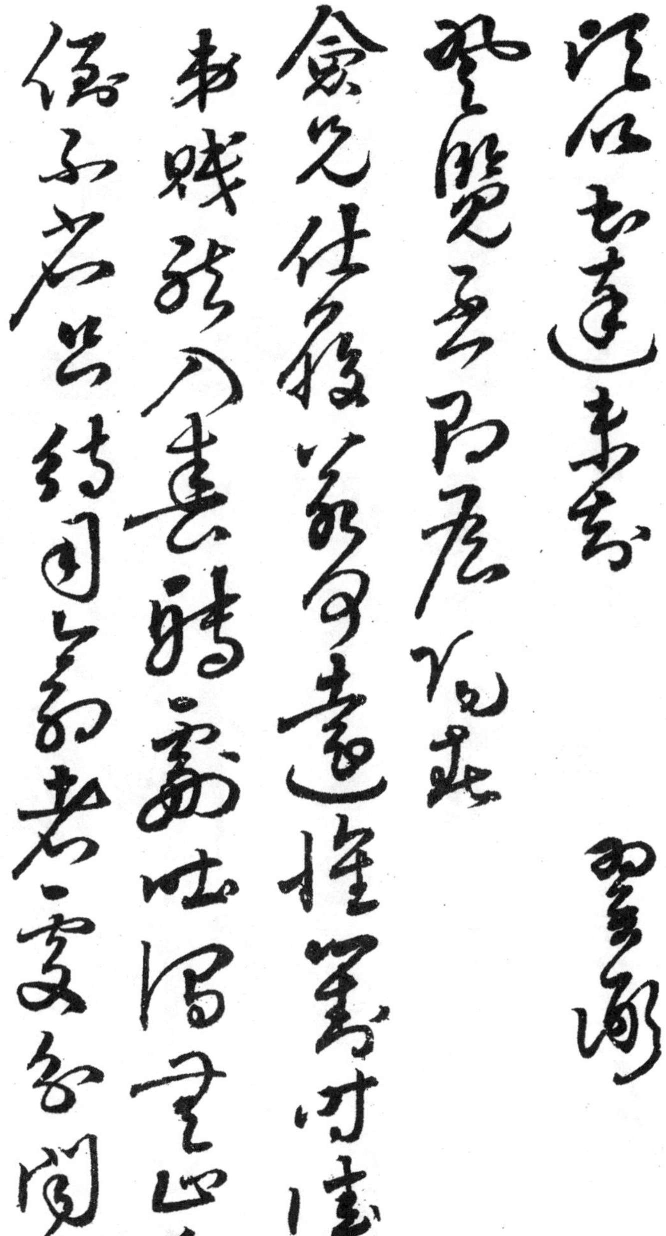

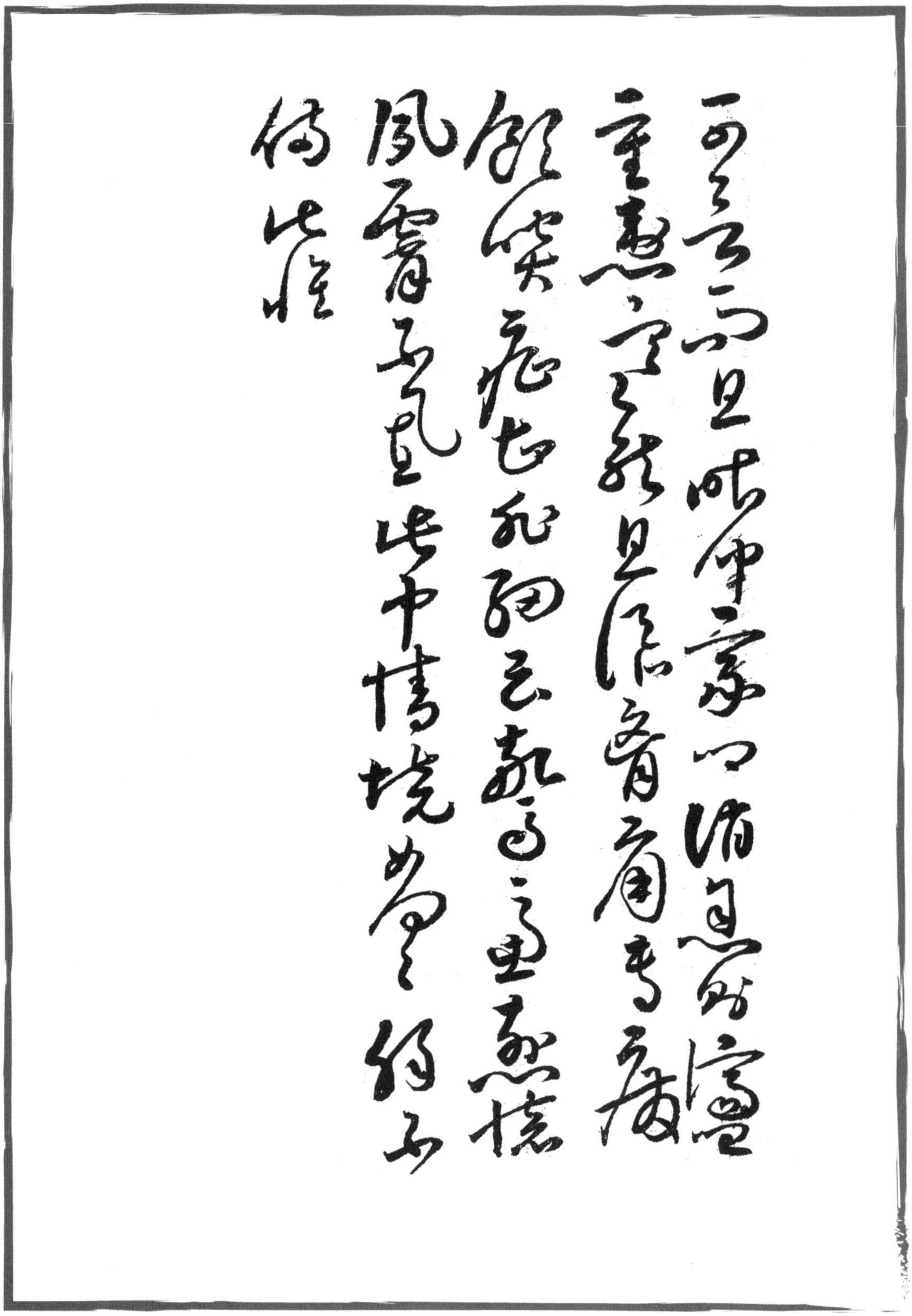

沈喜壽字伯懼號一松青松人宣祖朝文科官領相

諡文貞退溪門人

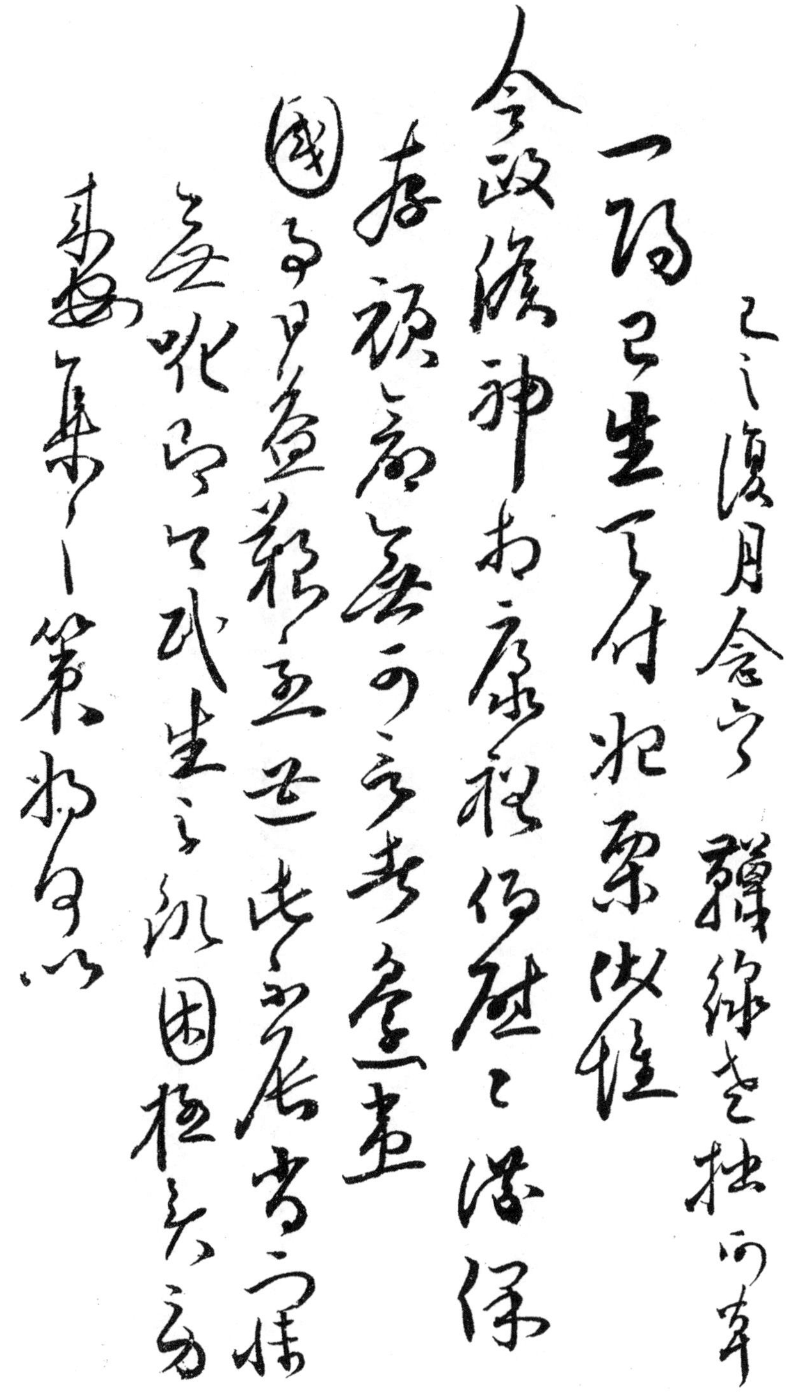

備悉也何恩 從中極出濟三年
姪女夫孝三世之母方將之里民
呈此孝子子孫
今前者乃以書告業因囚千被囚將
該赦還之護女
今益自堇許報及文殷煩
令聖左指惶悚之并伏惟鑒上狀
直

李詠道 字聖與 號東巖 退溪孫 宣祖朝官牧使贈吏參

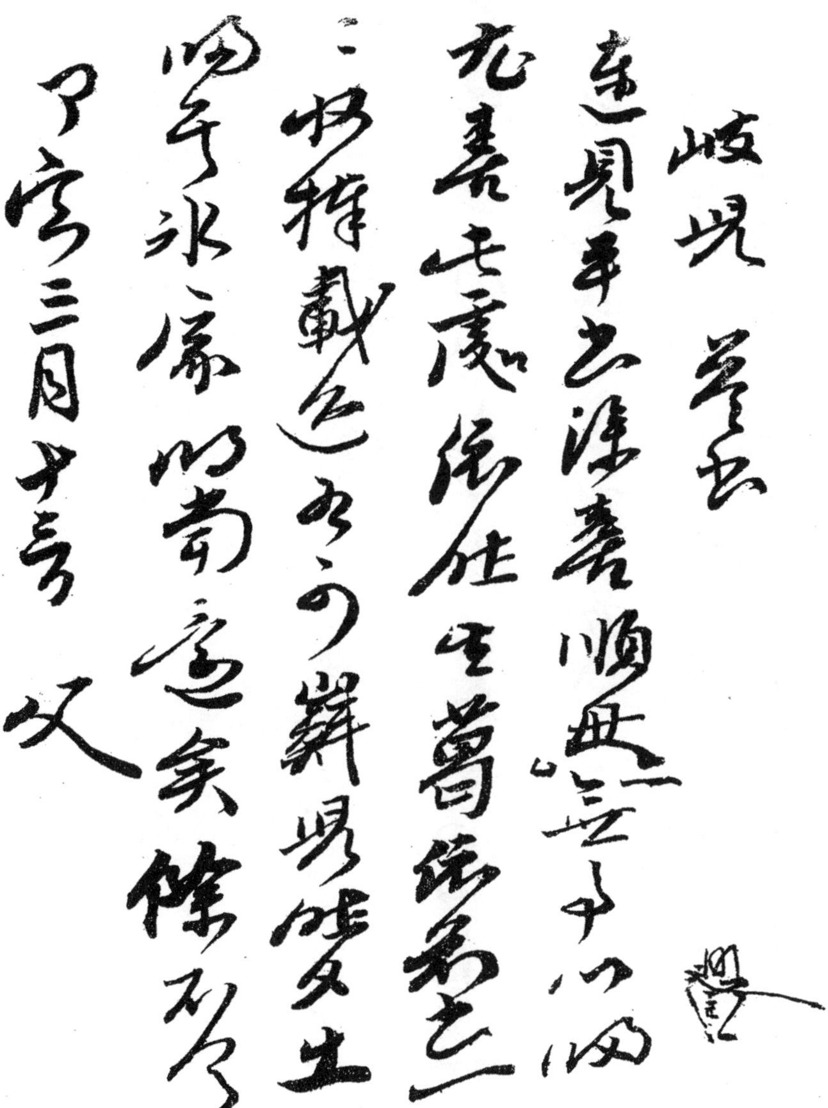

李山海字汝受號鵝溪韓山人明宗朝文科官領相
鵝城府院君諡忠文

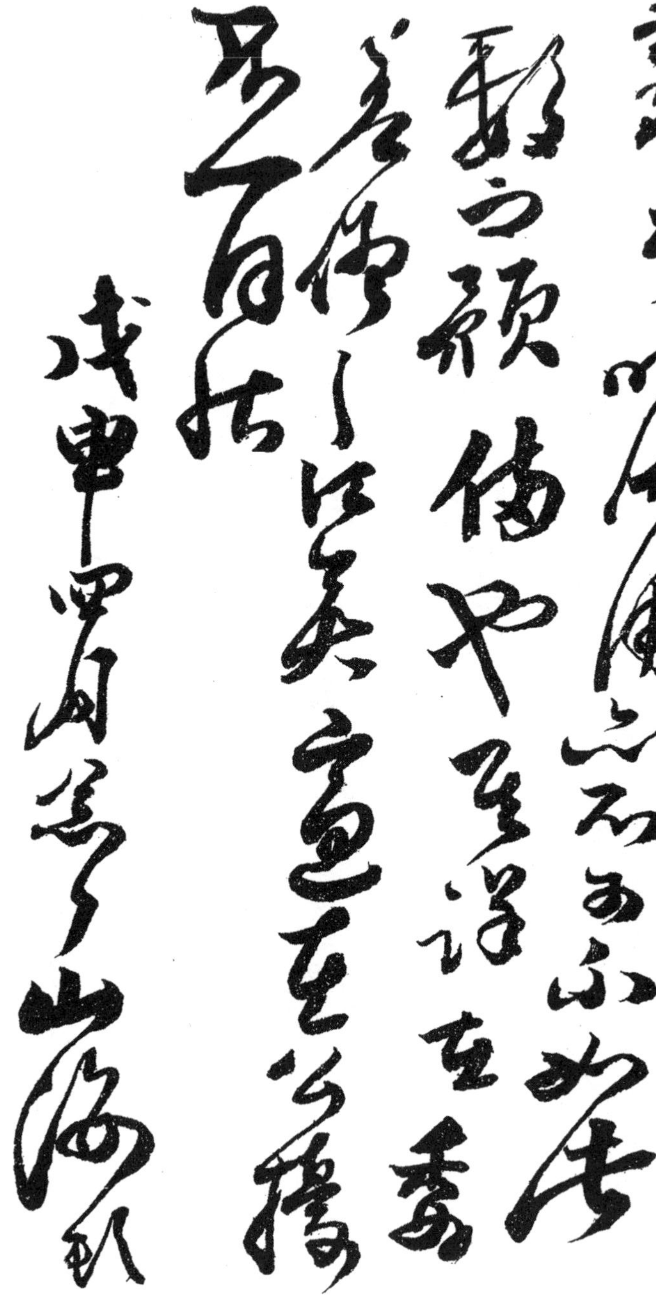

李恒福字子常號白沙慶州人宣祖朝文科官領相
鰲城府院君諡文忠

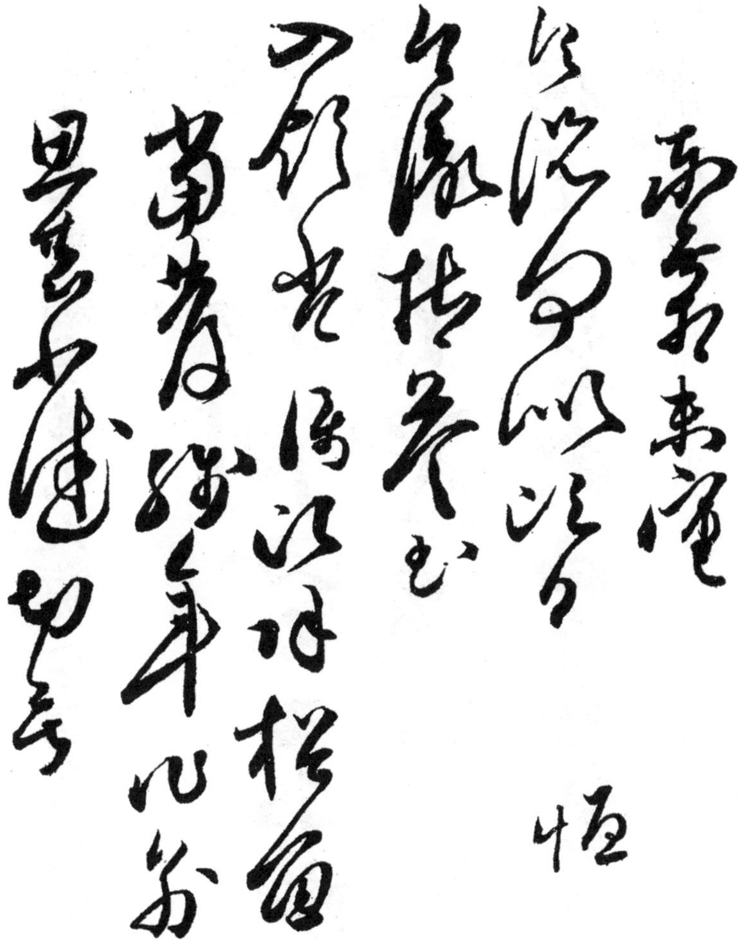

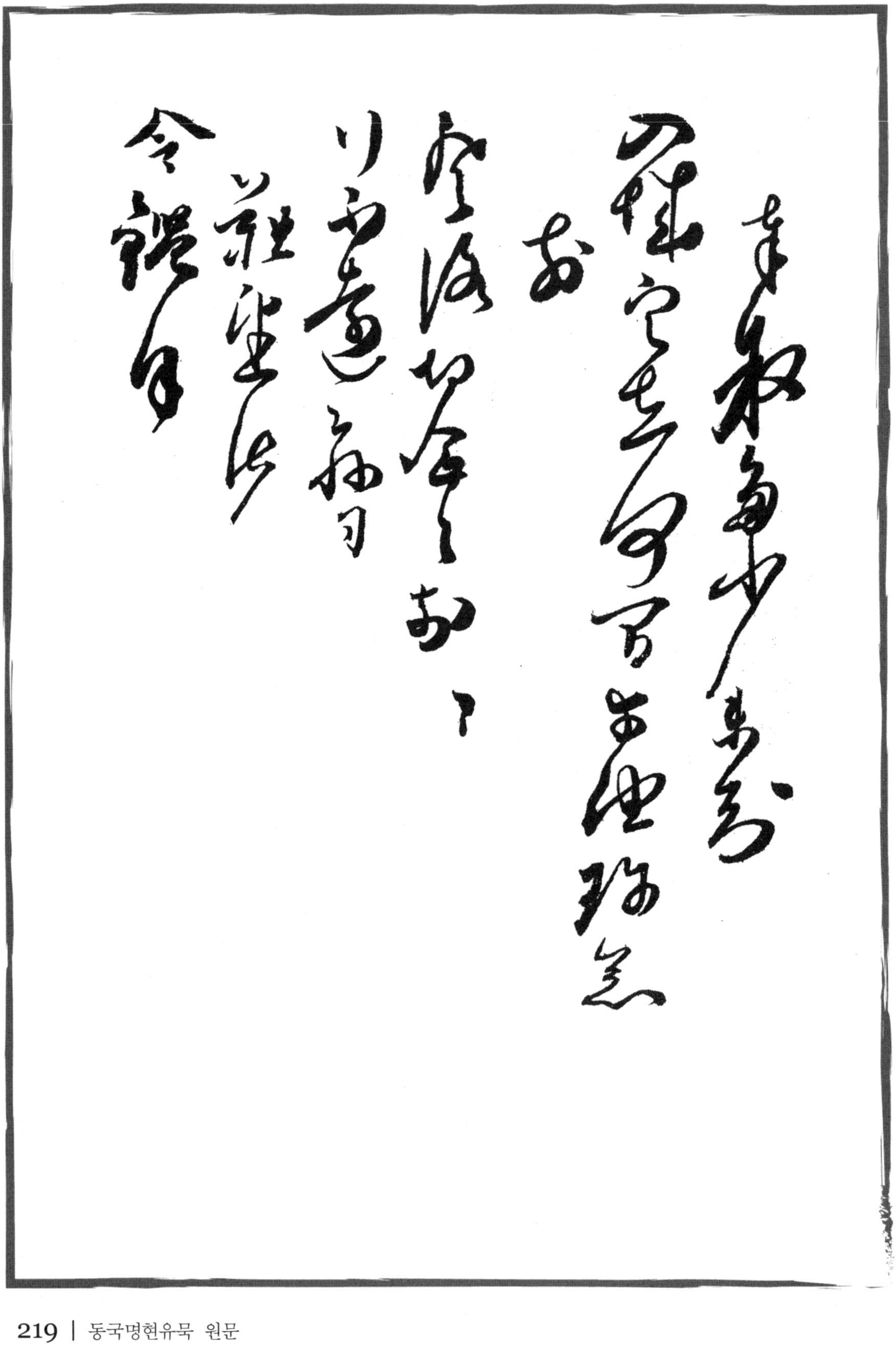

尹斗壽字子仰號梧陰海平人明宗朝文科官領相
諡文靖

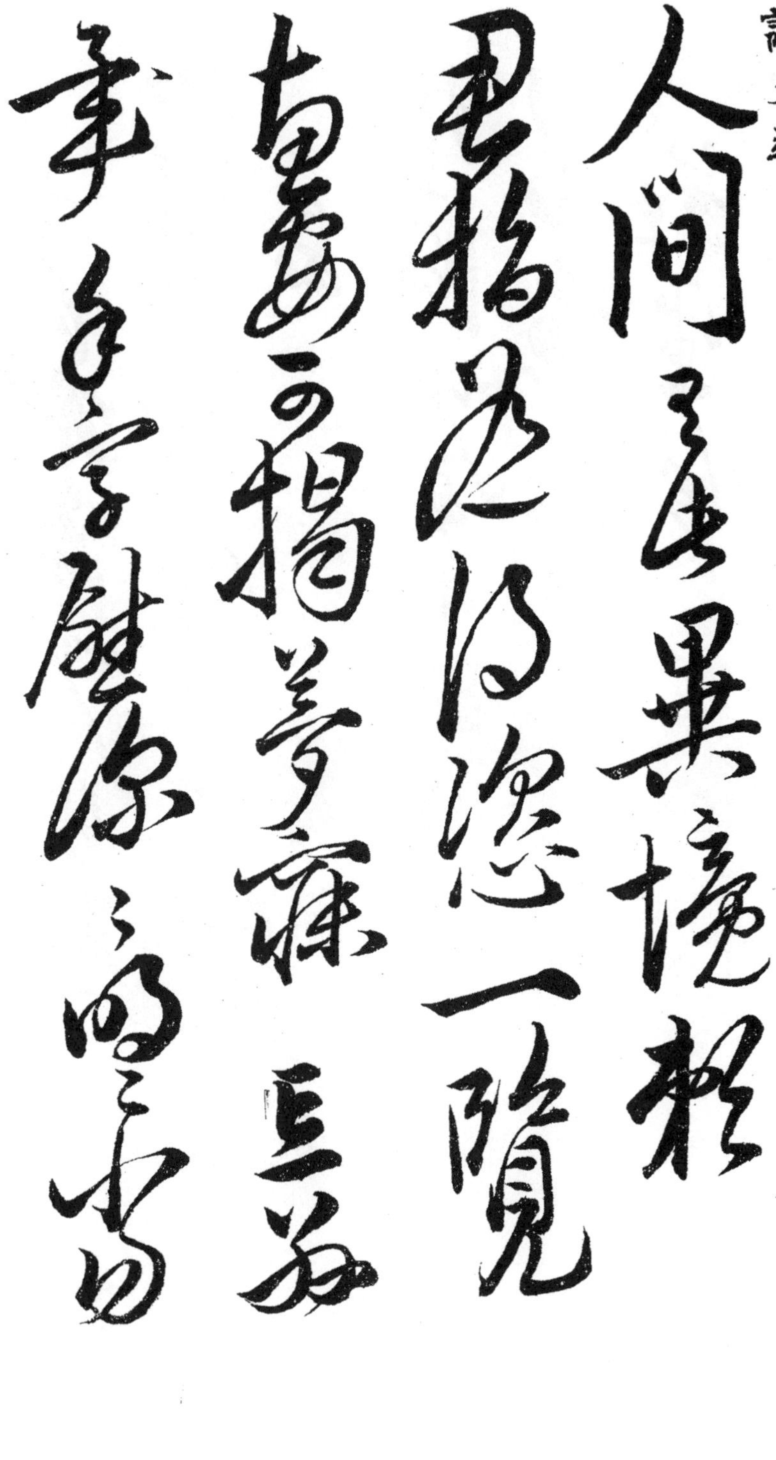

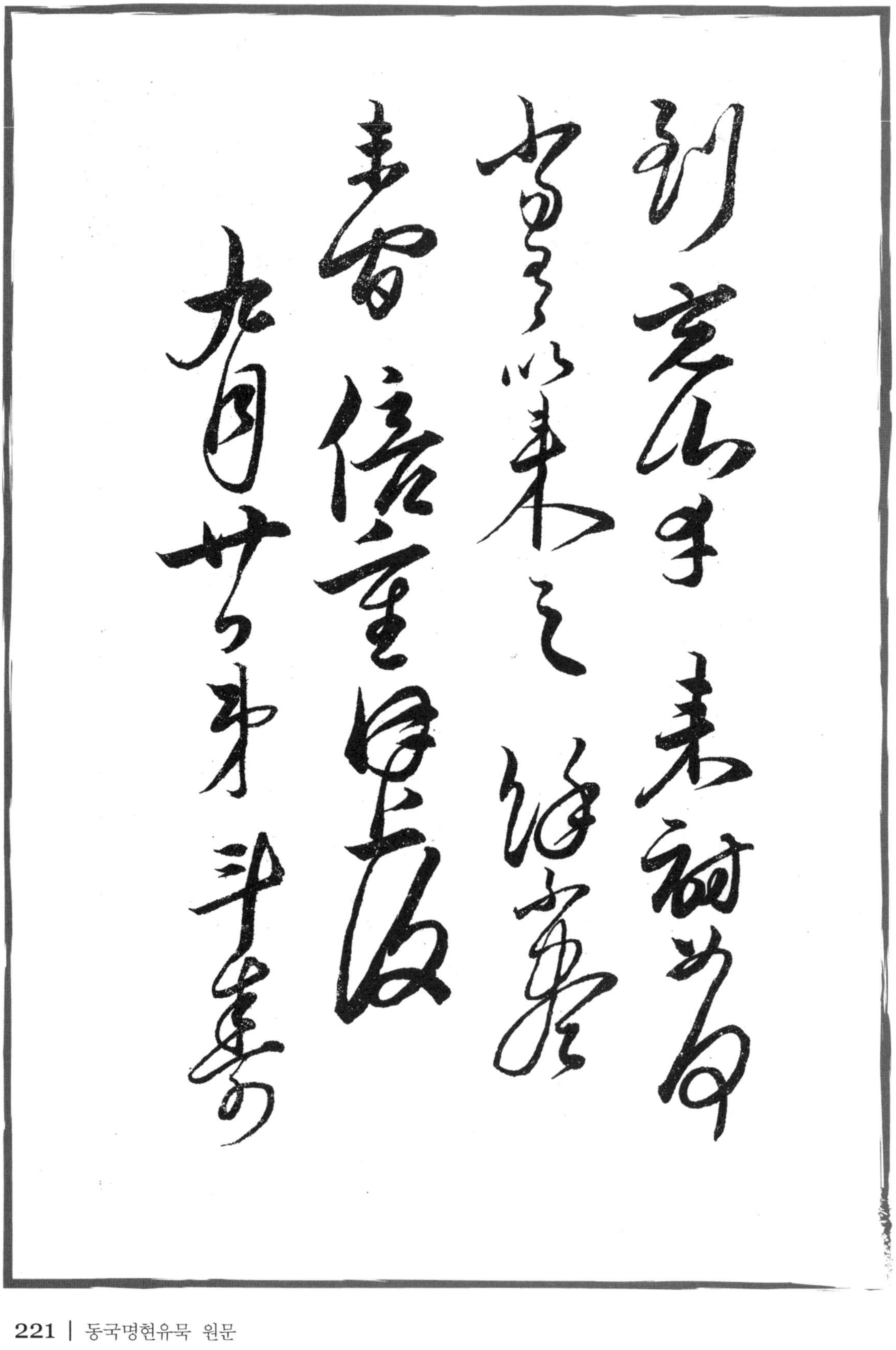

李舜臣字汝諧號德水人宣祖朝武科統制使
贈左相德豐府院君謚忠武

蒙臨陋止感幸則多矣
尊駕催還歸家須勝叙別
未及奉今令人慨恨不審近節候

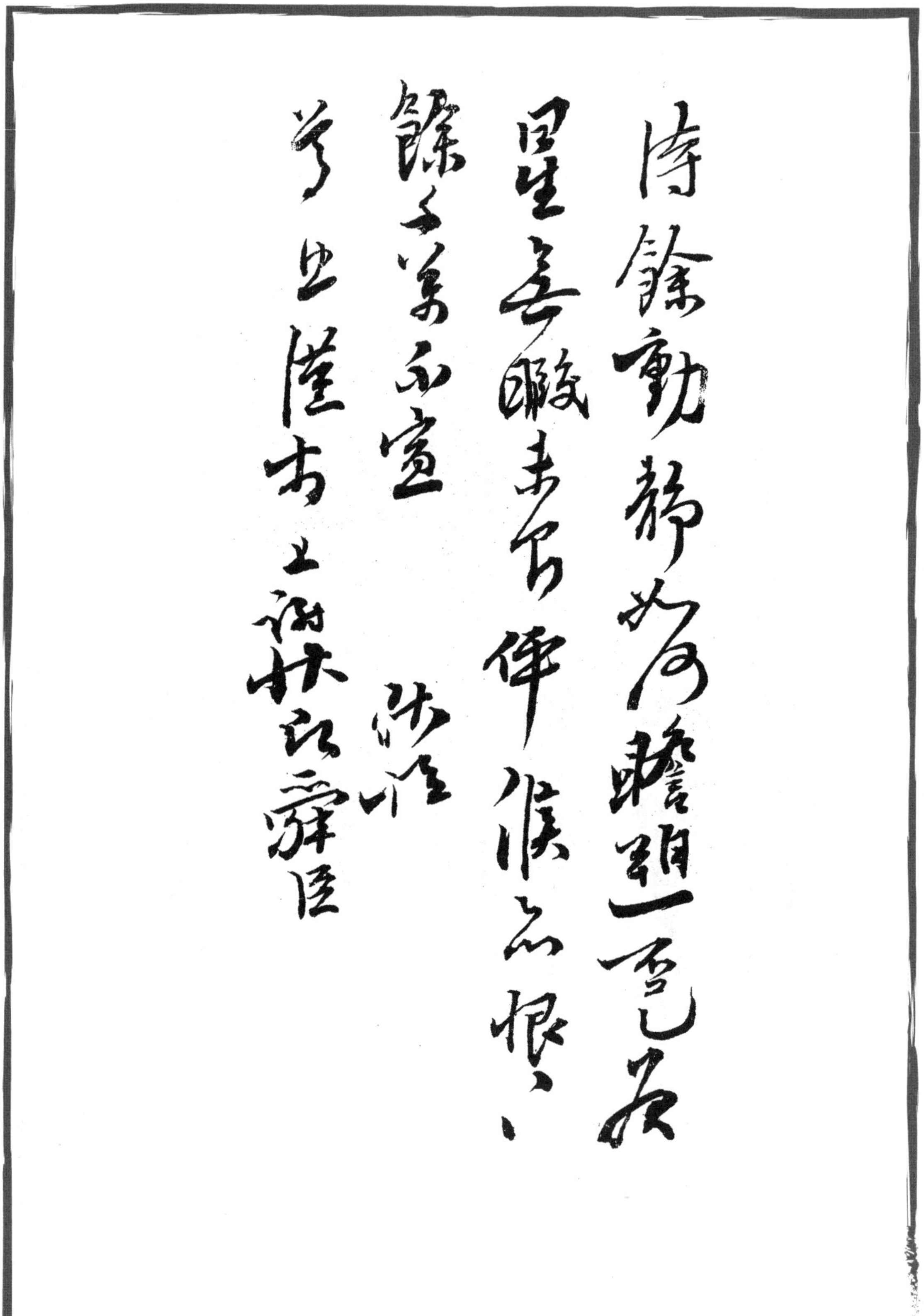

元斗杓字子建號灘叟原州人仁祖朝武科官領相
諡忠翼原平府院君

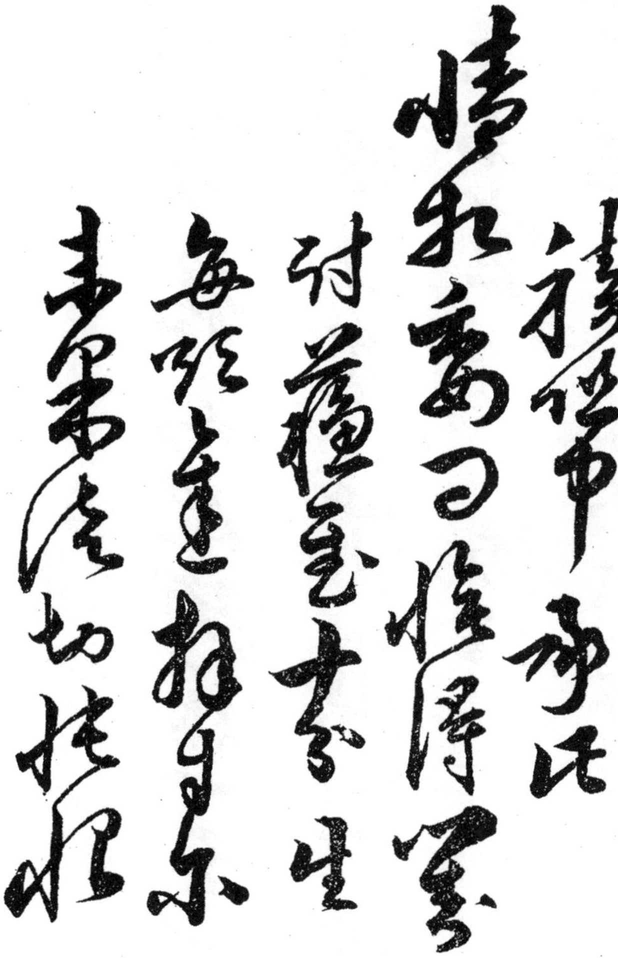

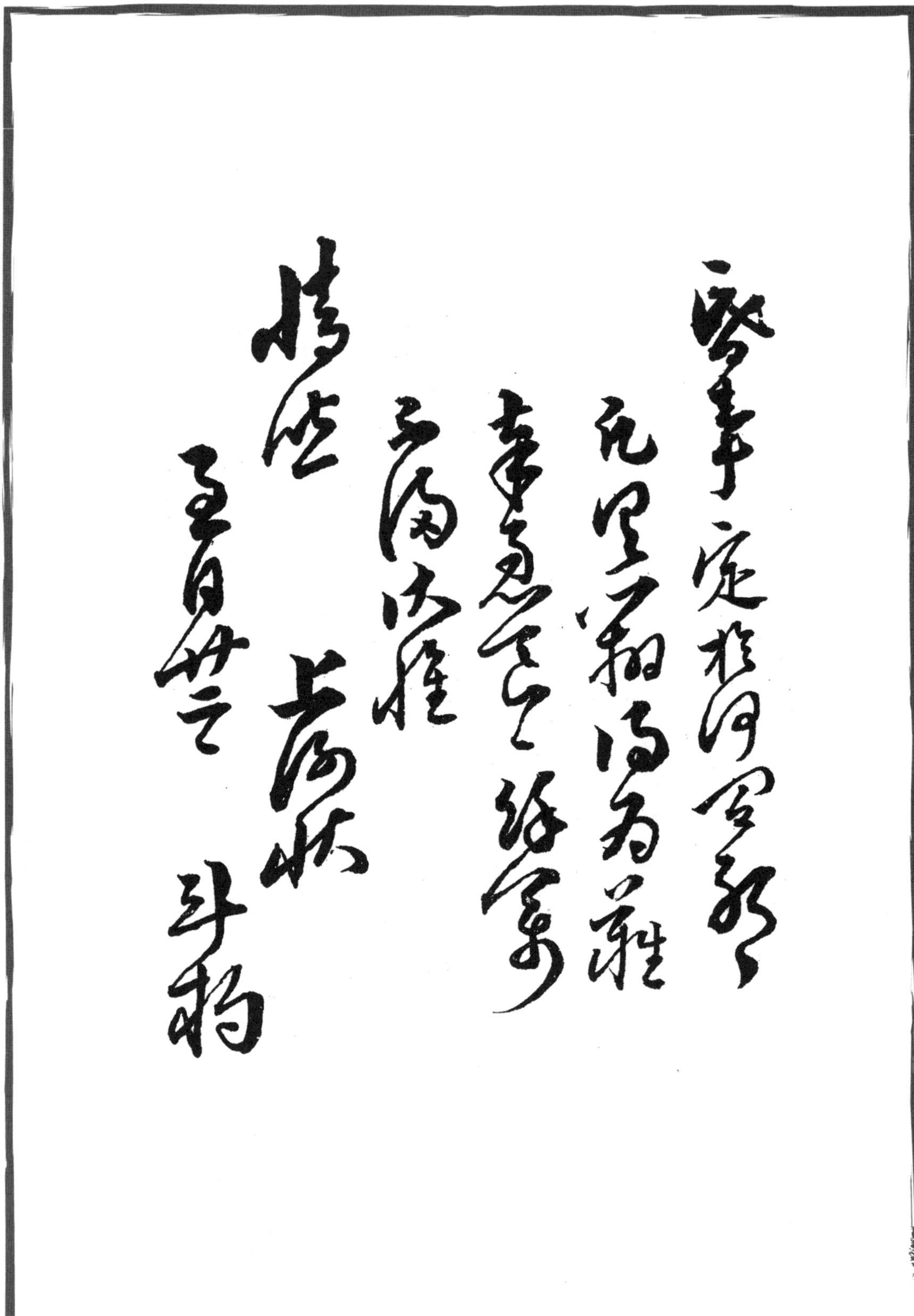

洪履祥字元禮號慕堂豐山人宣祖朝文科官大司憲諡文敬享文峰書院

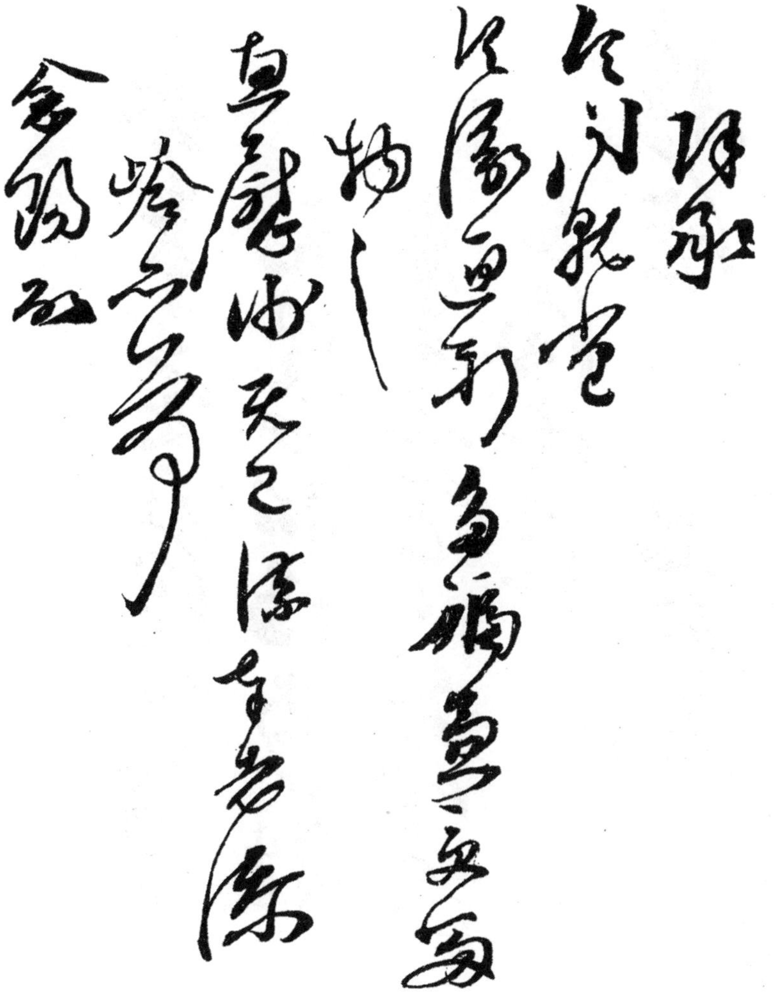

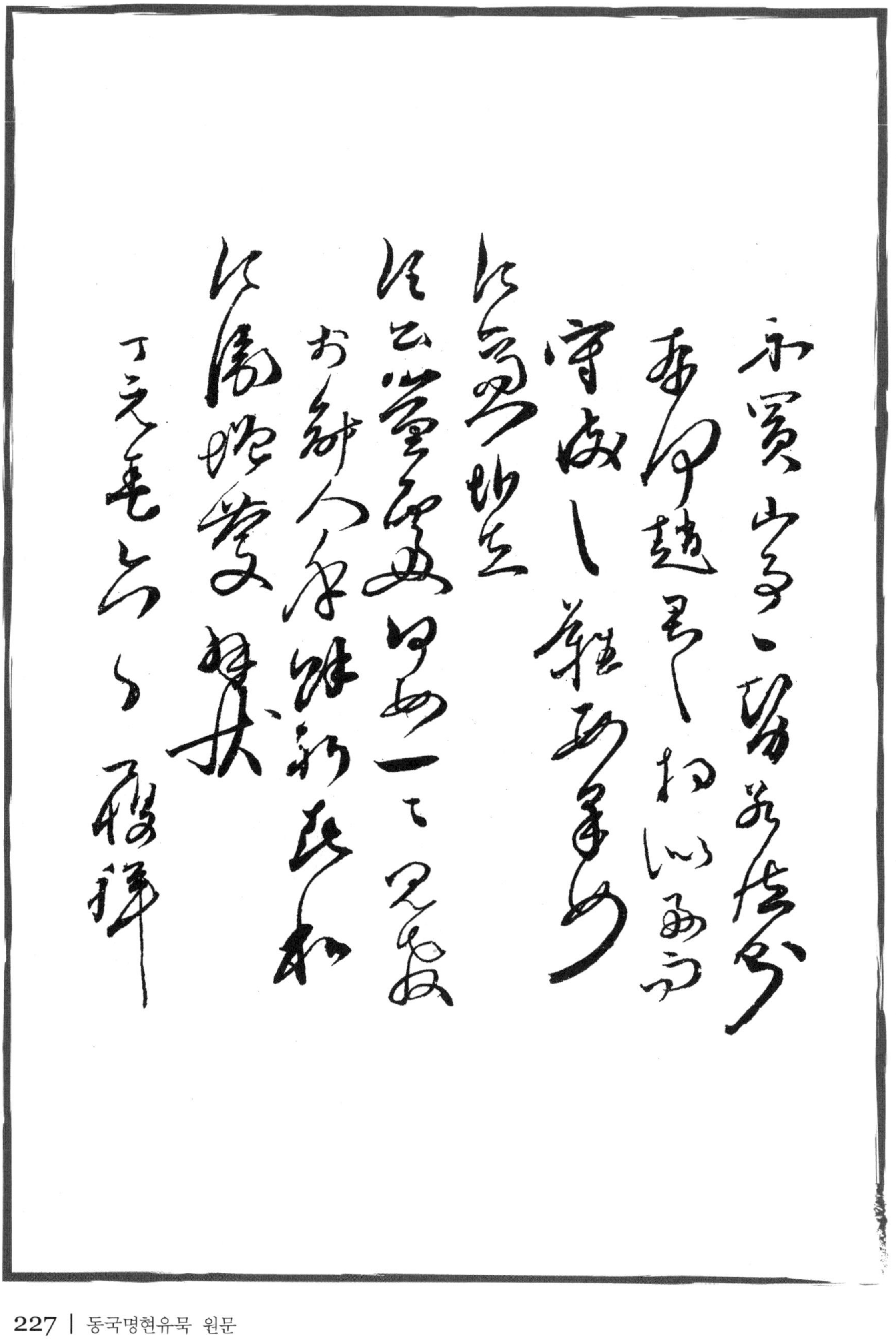

趙憲 字汝式 號重峰 白川人 宣祖朝文科 贈吏判
謚文烈 栗谷門人 從祀文廟

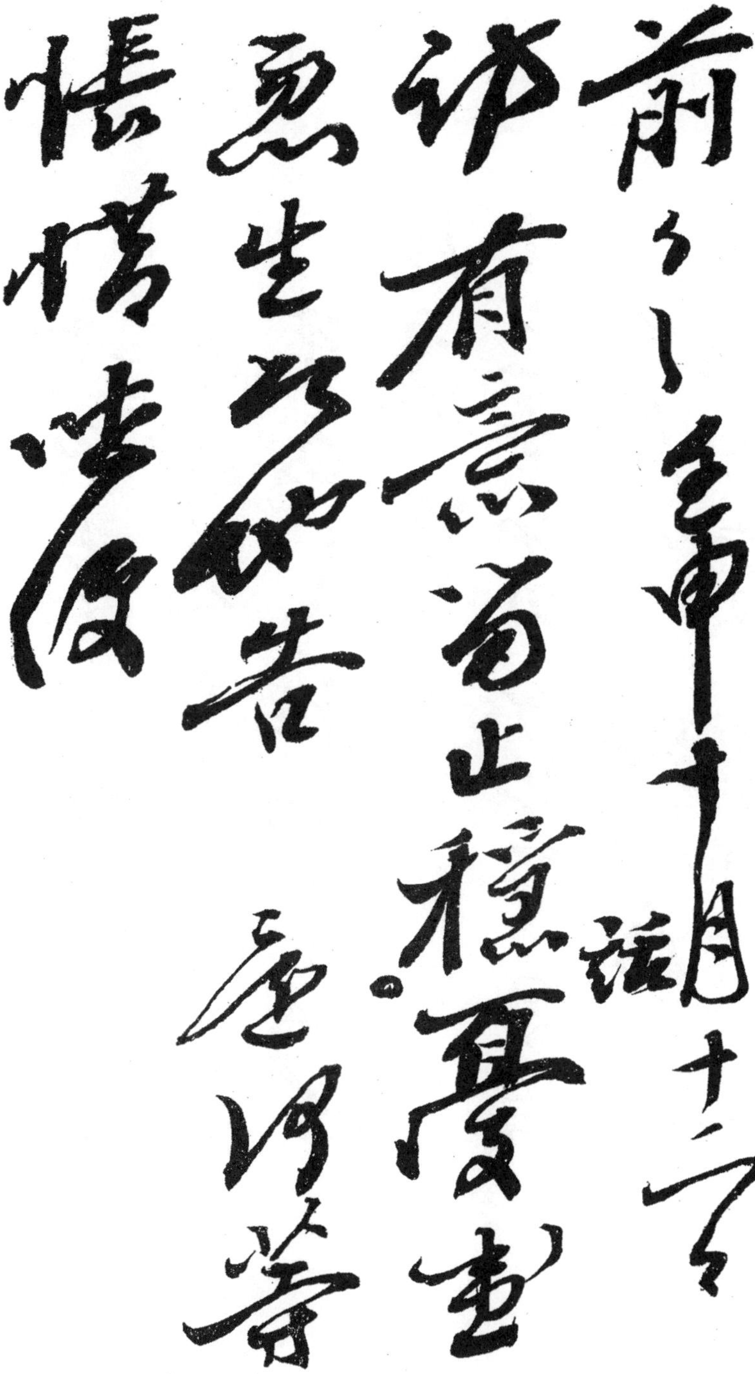

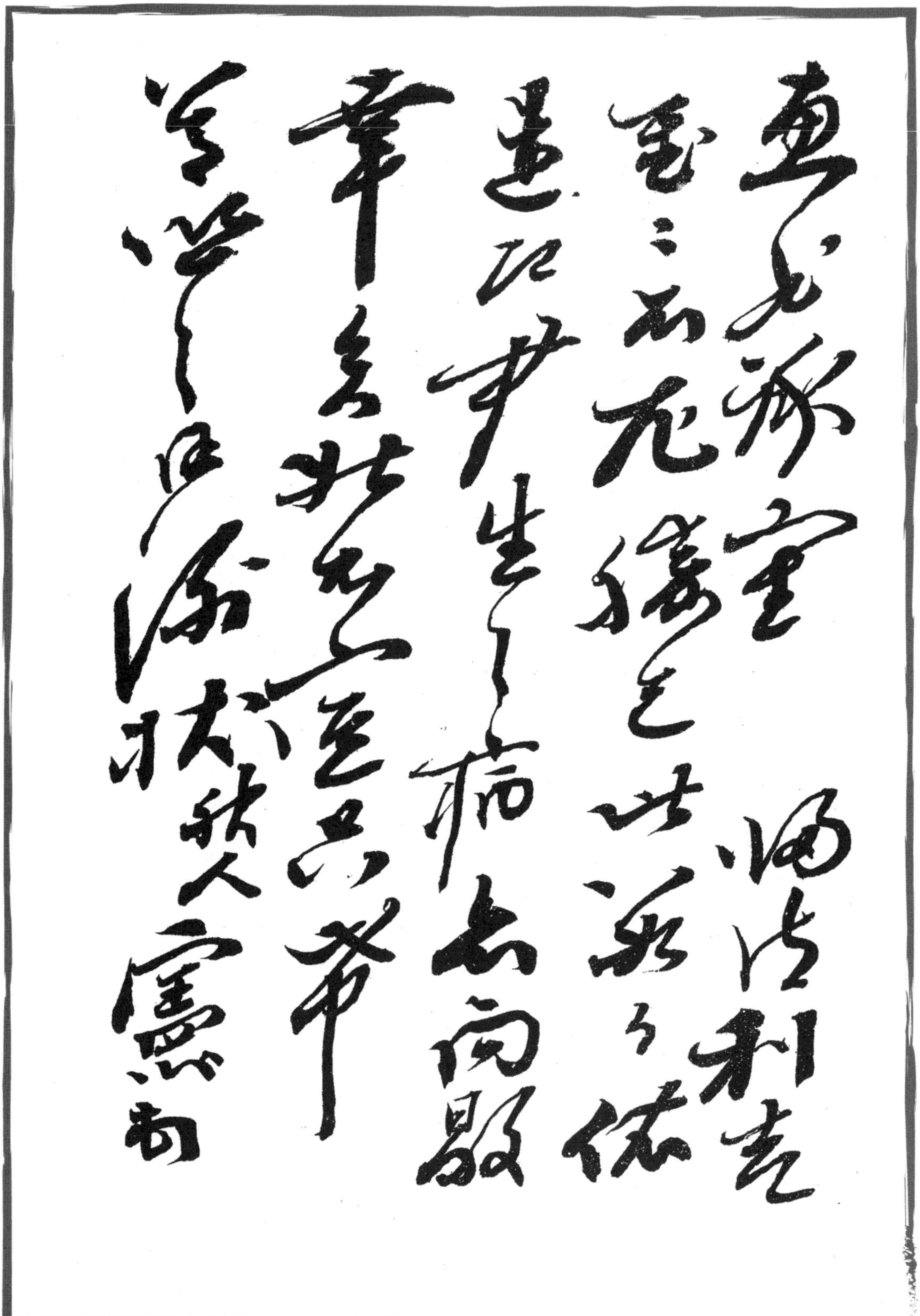

韓 濩 字景浩 號石峯 清州人 宣祖朝 生進 官 護軍

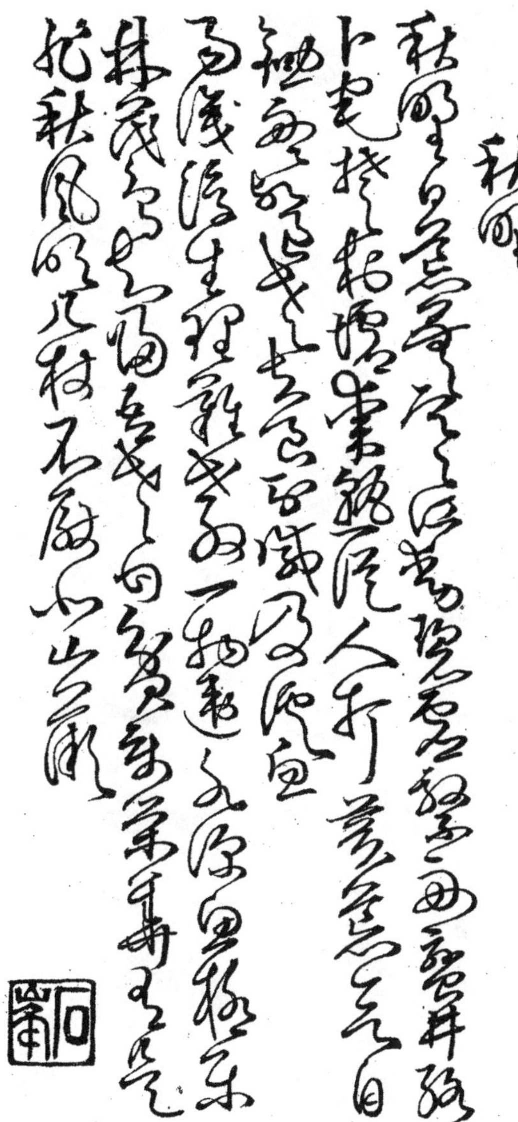

盧禝 字士馨 號　文河人 宣祖朝文科 官判中樞

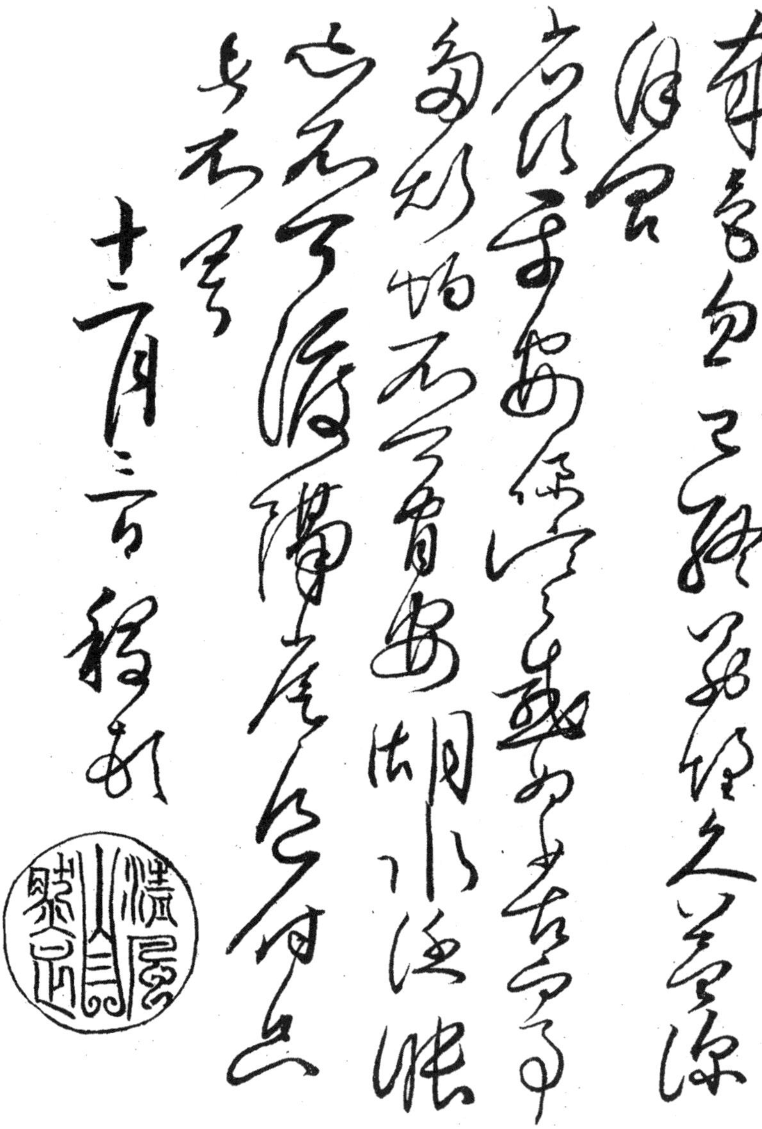

南以恭字子安號雪簑宜寧人宣祖朝文科官吏判

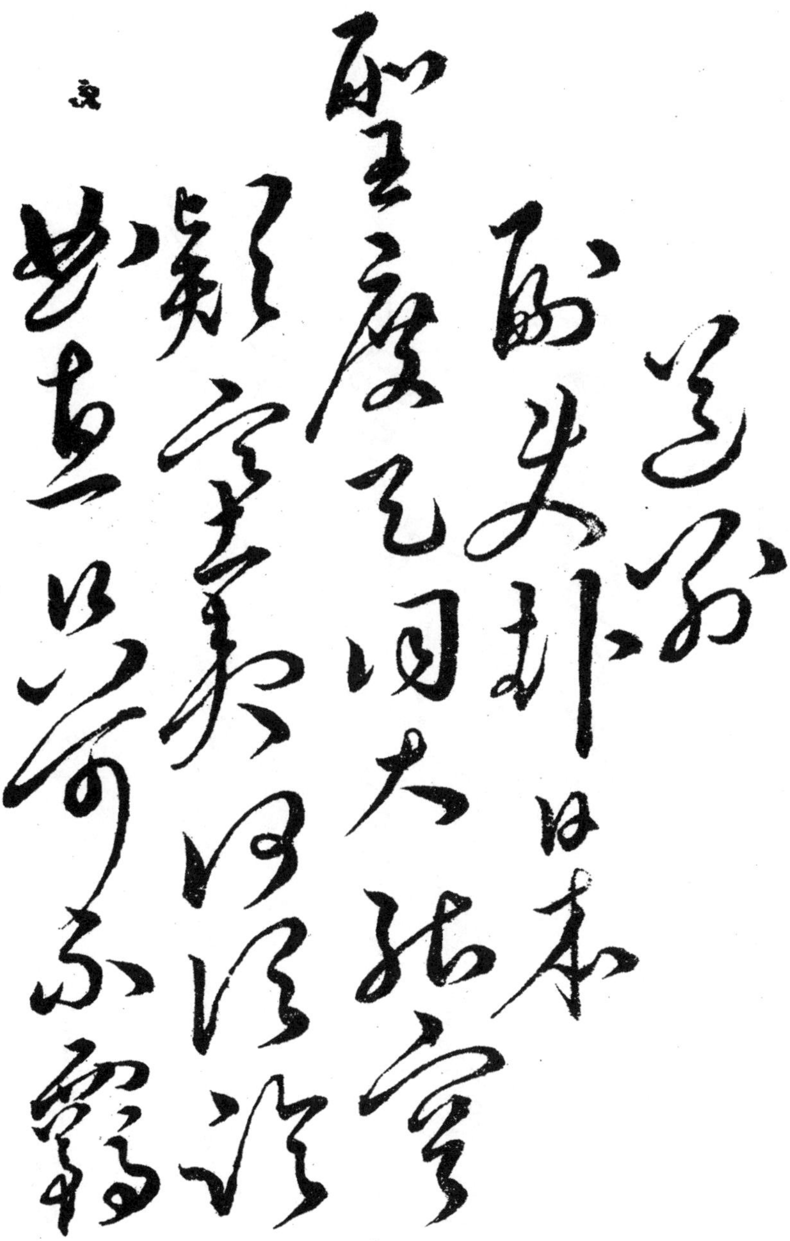

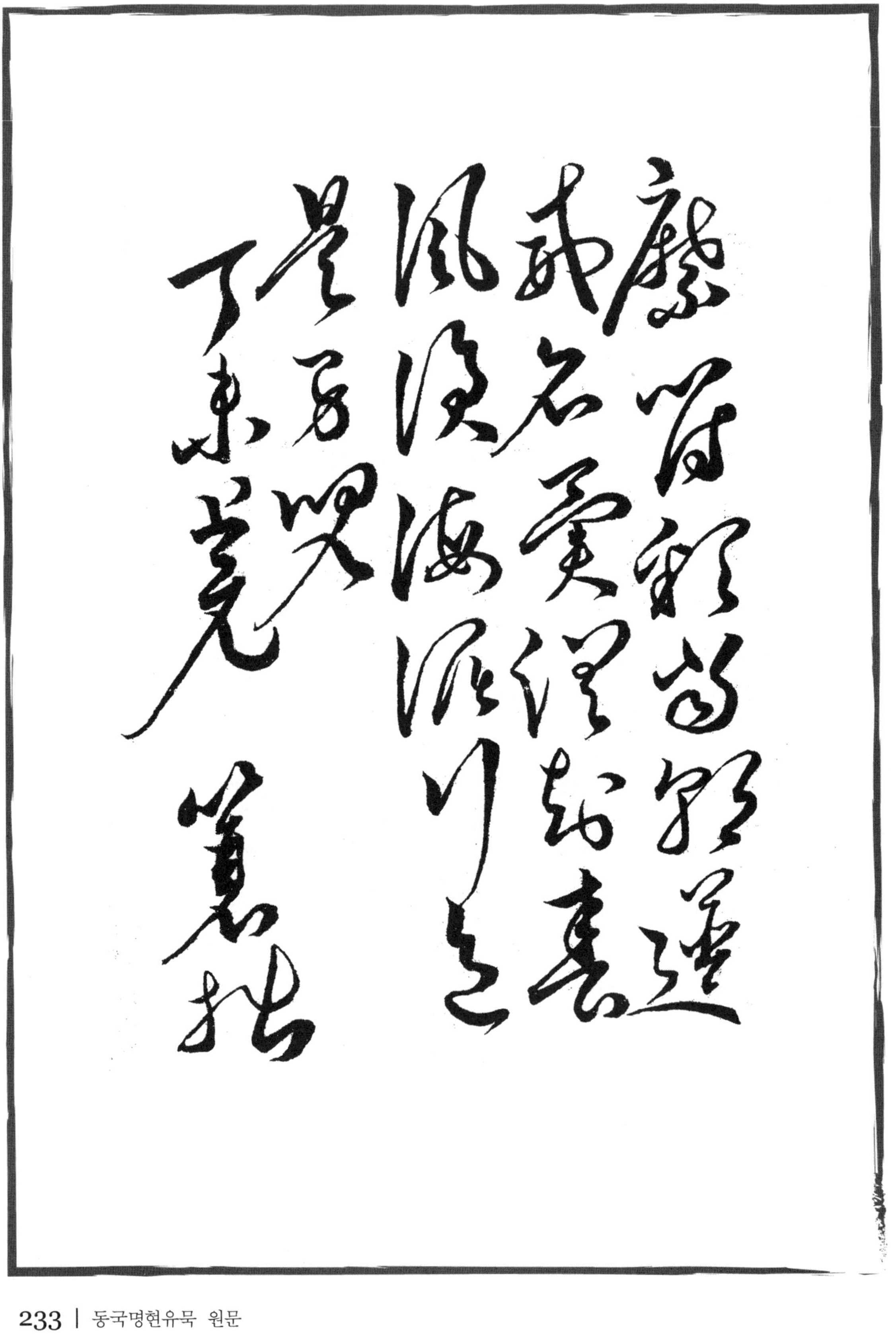

金德齡字景樹號忠壯　光州人宣祖朝　兵判諡忠壯

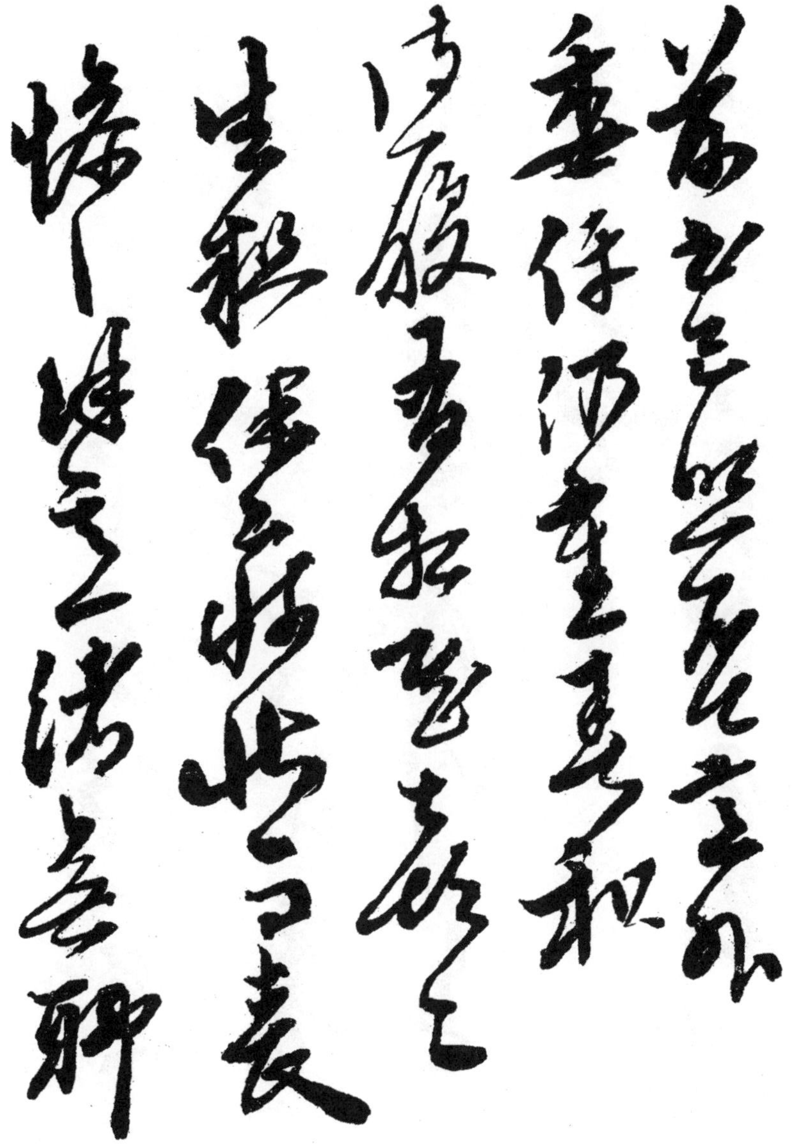

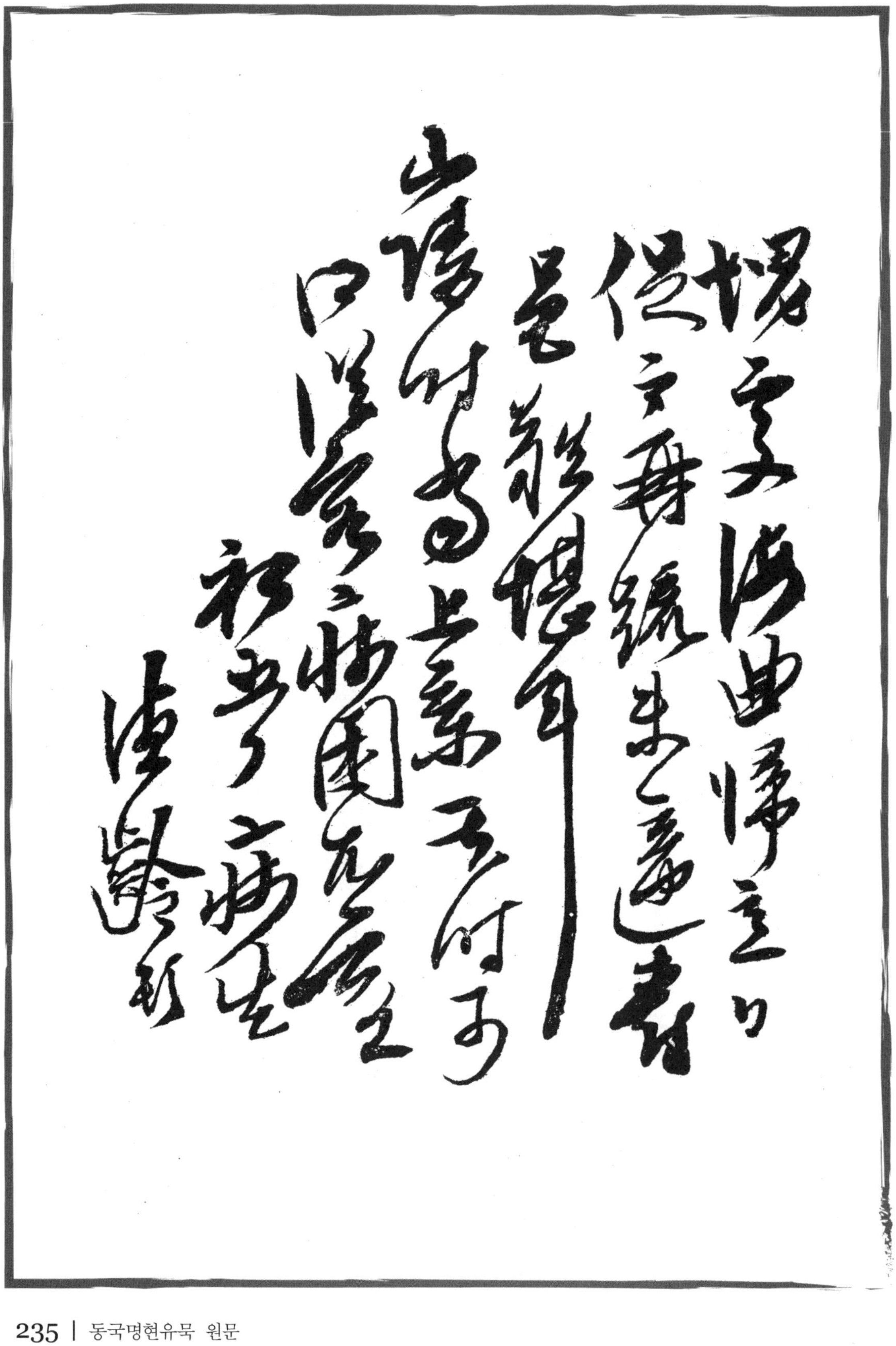

高敬命字而順號霽峰長興人宣祖朝文科官工叅
謚忠烈享錦山從容祀

桓桓帝臣真將軍 毅然甲冑唯擐
躬徐驅非是損皇靈式車稱謝殯讙
冲讓讓問勞詘帝尊 六軍蹈舞齊
呼嵩高旌旗變色士氣增一笑已覺胡
塵空 休哉能得駕御術 耀兵不貴
窮邊功如何後世眛將將弄諸股掌
庸奴同君不見閫堅觀畢竟輿尸
三嘆漢文青史中 霽峰

郭 趪 字正志號存齋玄風人宣祖朝縣監贈禮判
諡忠烈寒岡門人

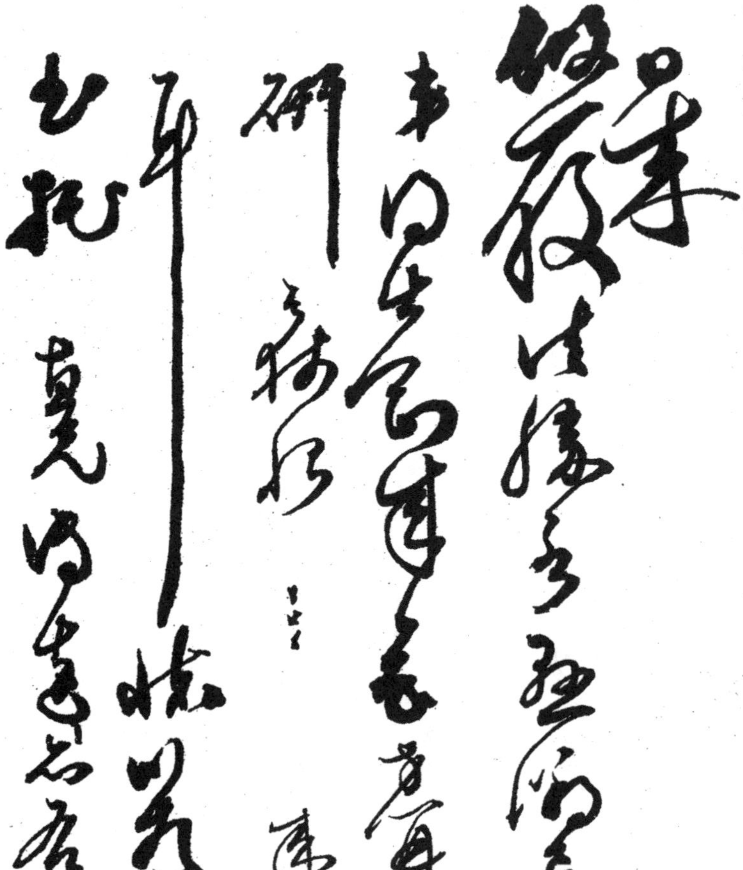

河

洛 字道源 號喚醒齋 晉州人 宣祖朝文科 官提學

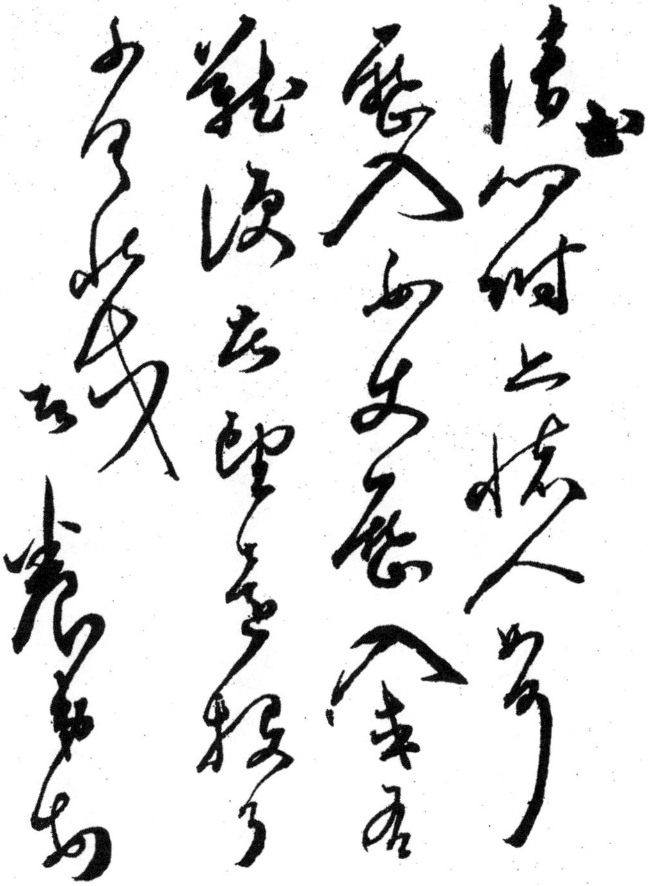

頃者意外得承

書問晝之以獲悉之
惠感謝
厚情無以爲喻此間家運
不幸少女竟以無振昨日不以
救痛悼之懷何可以筆端
盡言也第以神悲撓不能
一一此惟 六月十三日
照亮 拜謝狀 服人 洛

李彦英字君顯號浣石亭碧珍人宣祖朝文科官承旨寒圃門人

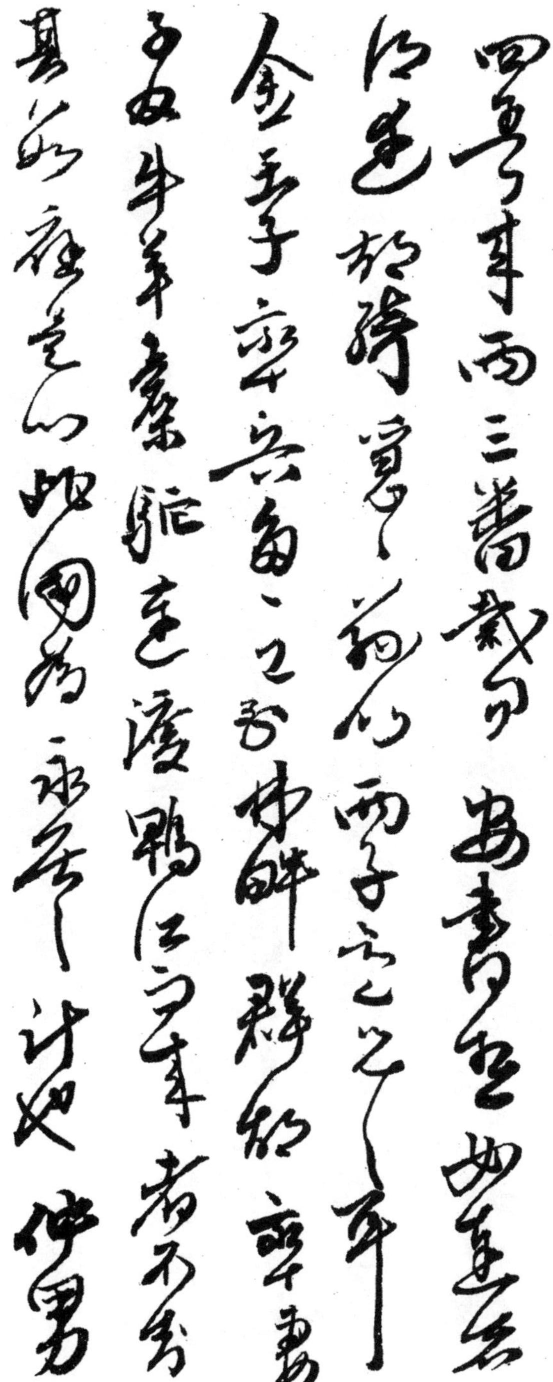

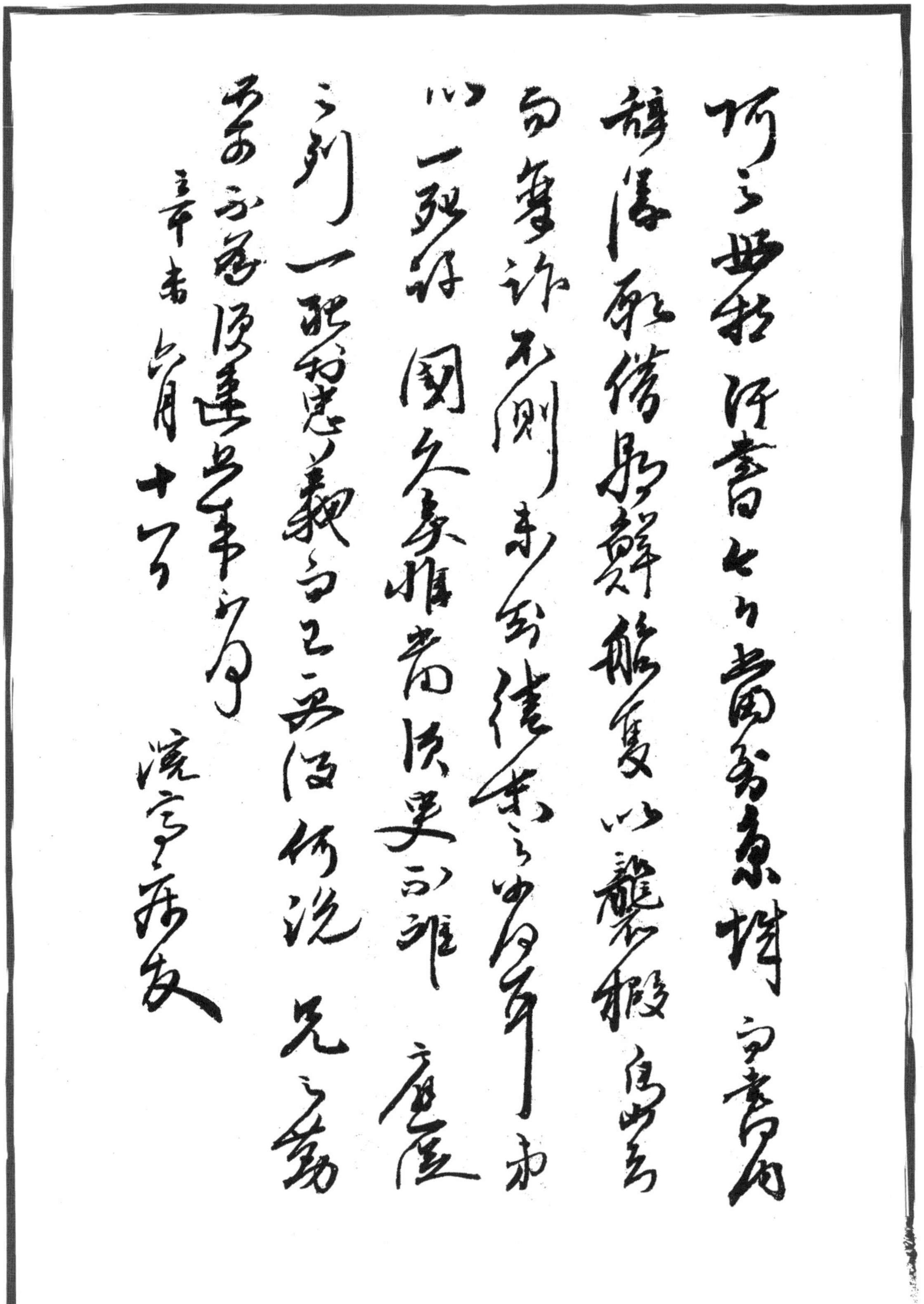

李潤雨字茂伯號石潭廣州人宣祖朝文科官參議
贈吏參寒岡門人享泗陽書院

閏雨頓首再拜 脉兒之來伏承
下書仰審
憂服之中頗
有不安節之候伏增憂慮之至竊想神明所扶持
已藥之喜矣信後忽已數月伏未審即今炎熱
氣息若何伏慮不已樂齋丈竟不起疾聞來驚
怛可不慟也德門衰薄一至於此天道果可恃乎

今年旱災八方同然而南中爲尤甚公私

憂撓非淺淺耳餘伏祝

若時爲道懋勉以副遐跂 伏惟

下鑒謹不備再拜 狀上

萬曆四十三年 六月初十日

門下李潤雨頓首再拜

李㙉 字叔載 號月澗 興陽人 宣祖朝進士 官縣監 西厓門人

初寒未審

閤況如何 鄕往不已 此受大病

平安 但龍宮婦女七十首不知

疾想念君勝子女六人一朿首

嫁此恐不可忍也耶

時計已決 不得交渡 軍門已令

只甚家何以支過年ニ由多多

逢辰又起 國家之不幸之仍惜

聖明在上安危如前寔枉〻事矣

恩蔚尚於昨〻發程耳餘

祝

收拾萬情起居萬福統希

照亮 謹狀

十月廿日 宗兄 叔載

趙靖 字安仲 號黔澗 豊壤人 宣祖朝文科 官郡守
贈參判 寒岡門人

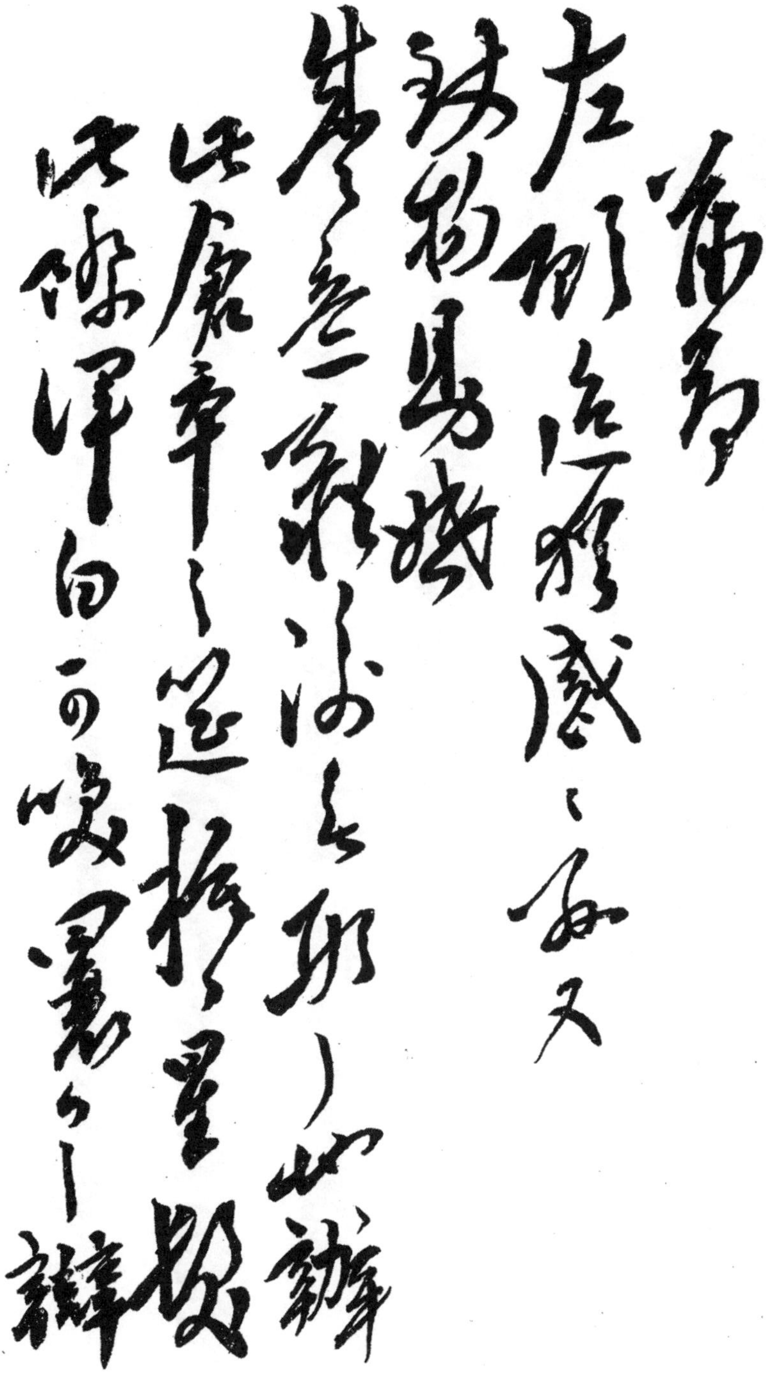

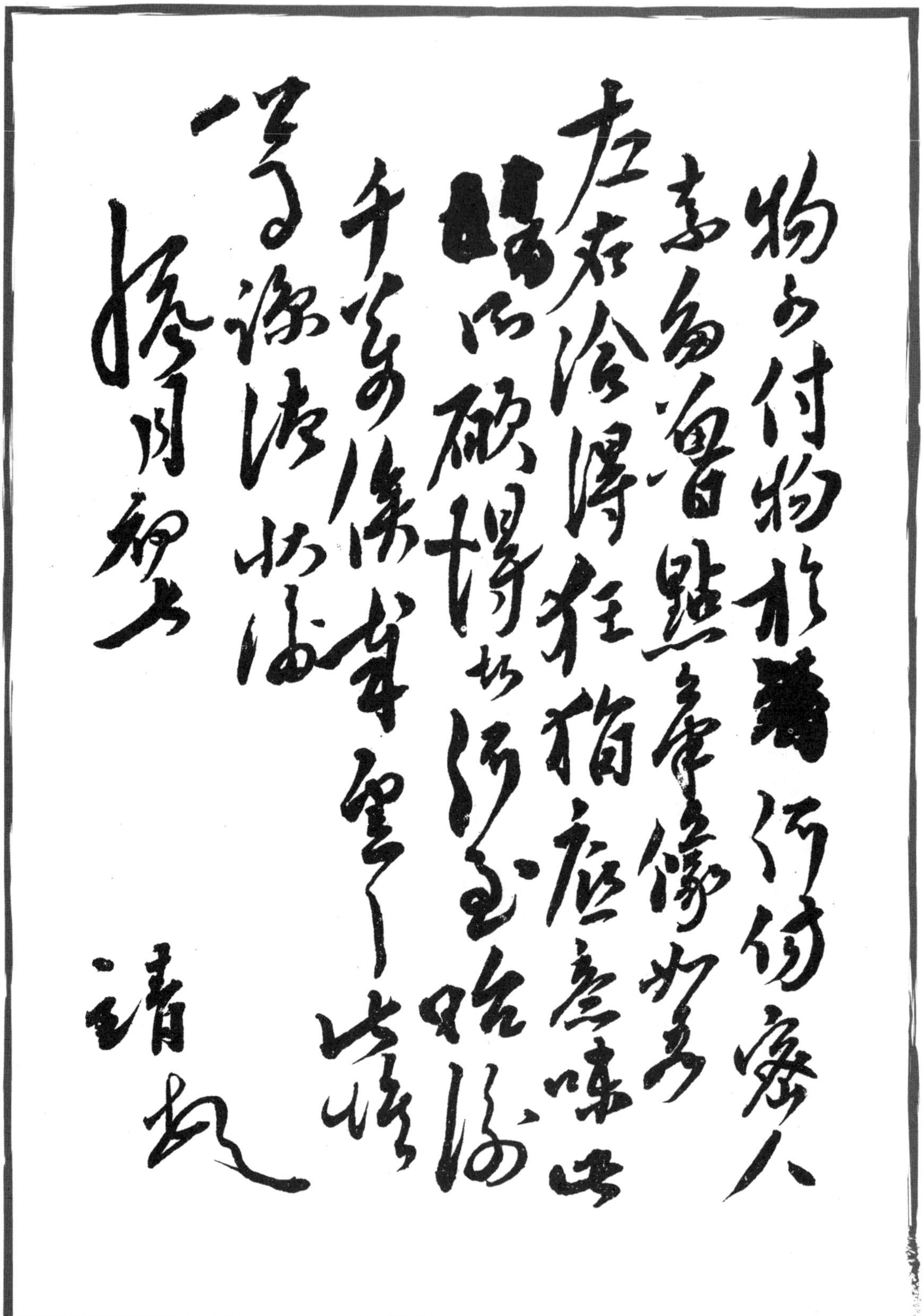

宋 亮字景明號愚谷礪山人宣祖朝遞別提享孝谷書院

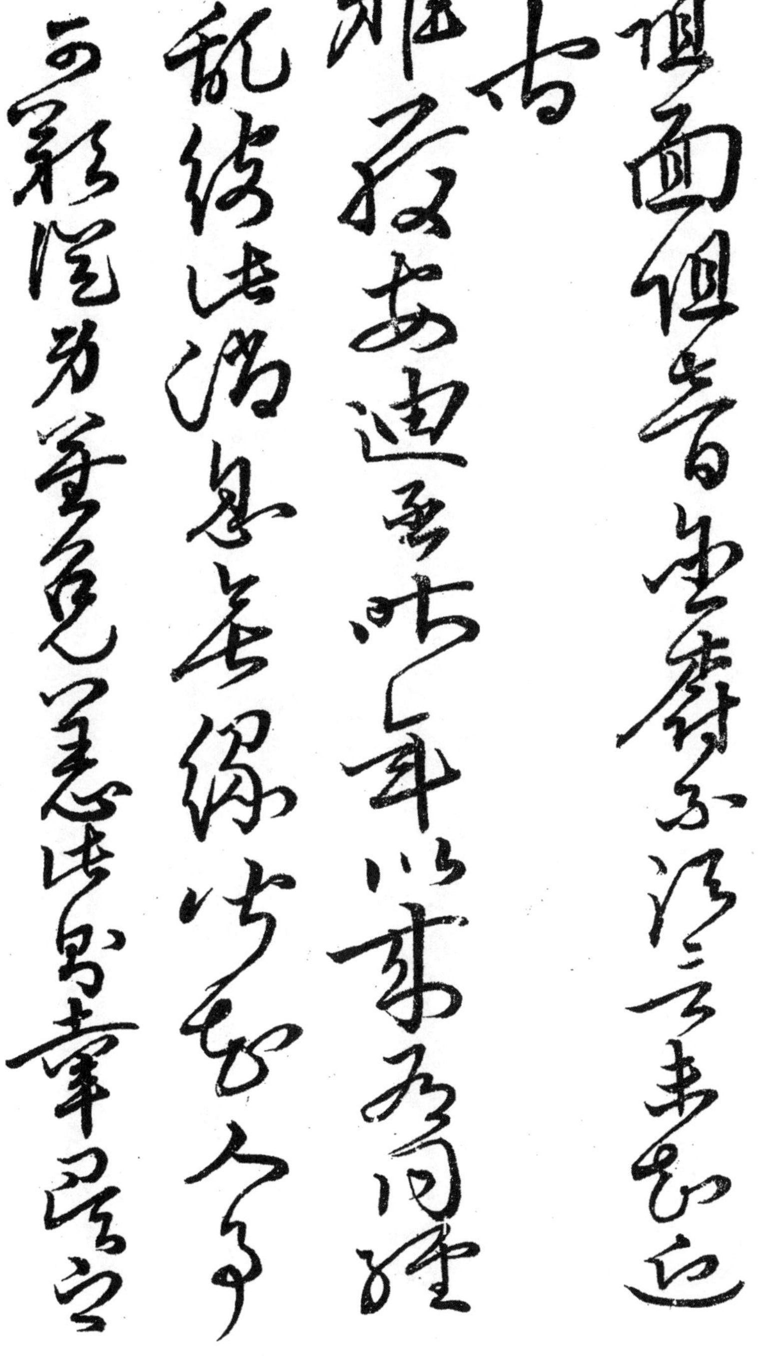

了家書臧去何少急之說
何掛 〻〻何而無面吐法
頭續之悵 田細晴書罪
自濟憂已盡何法隸人〻
過去學此示〻盡拈
己亥十月二十七 景明

徐渻 字玄記 號藥峰 達城人 宣祖朝文科官判中樞 謚忠肅 栗谷門人 享龜巖書院

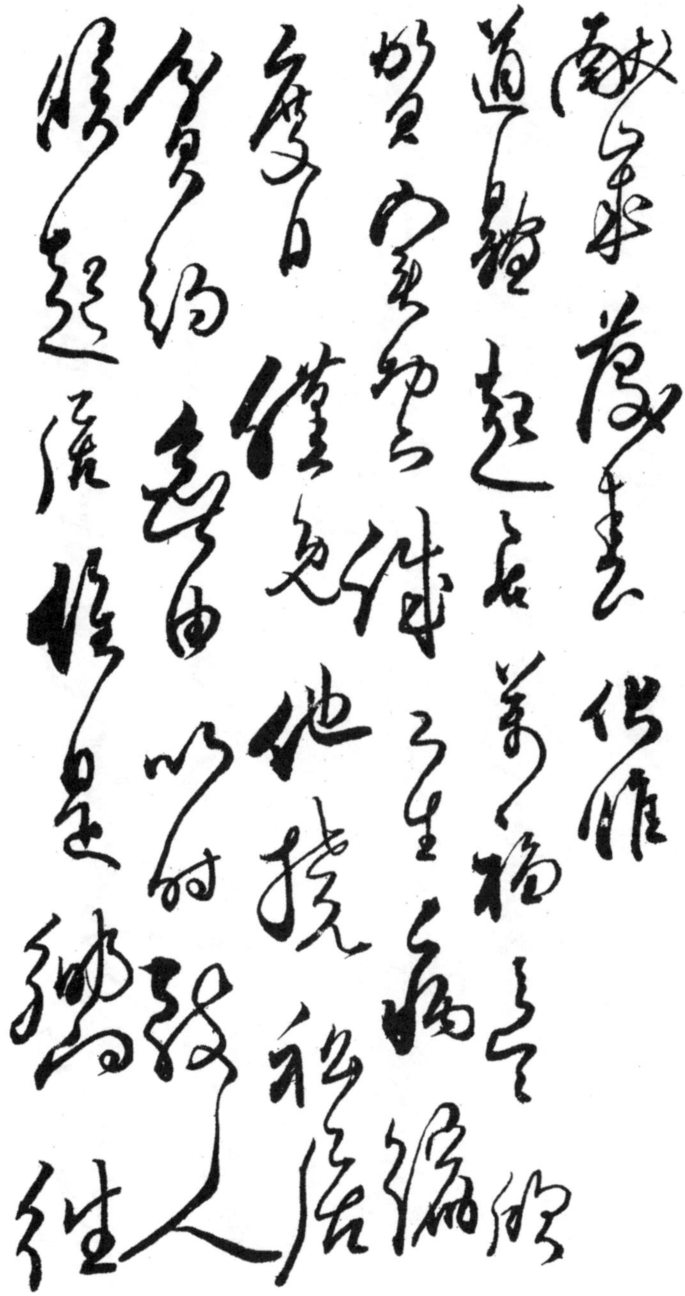

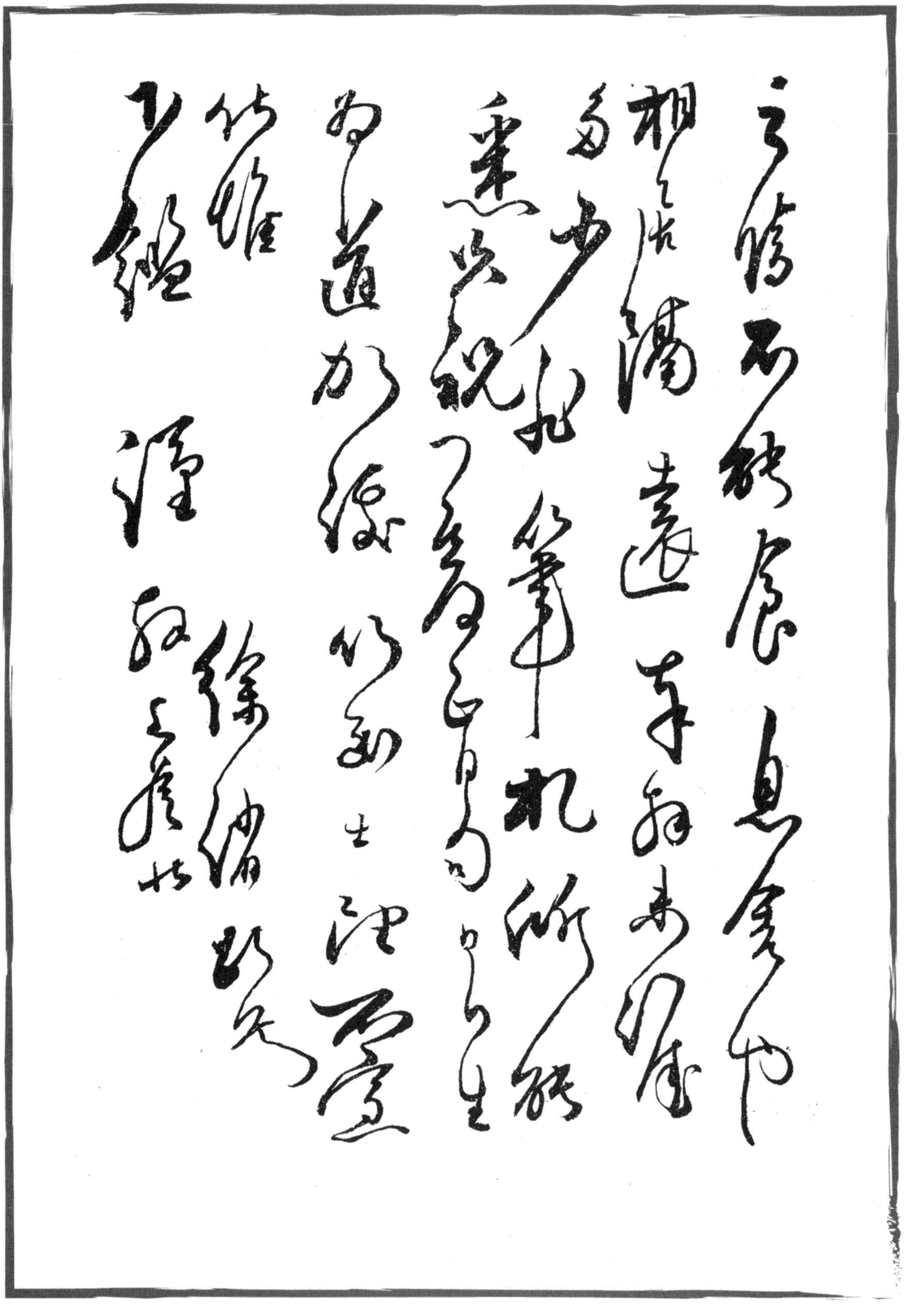

李埈字叔平號蒼石月澗弟宣祖朝文科官副提
學西厓門人

愚伏壽席口占

氣衝星斗語琳琅憂
國何嫌鬢髮蒼世道想
應須出處林居今奈

閱炎涼門前紅錦粧
秋洞雜下黃花泛壽
觴一點寒光照南
極百年佳會此華堂

辛未抄秋既望日蒼石稿

裵尙龍字子章號藤庵星州人宣祖朝屢薦不就寒岡門人

恭叔 上狀
醫局 都監 下史
蕭寺一敍音徽杳隔益增老悵
僑不自據向吏奉耿
尙識如寫

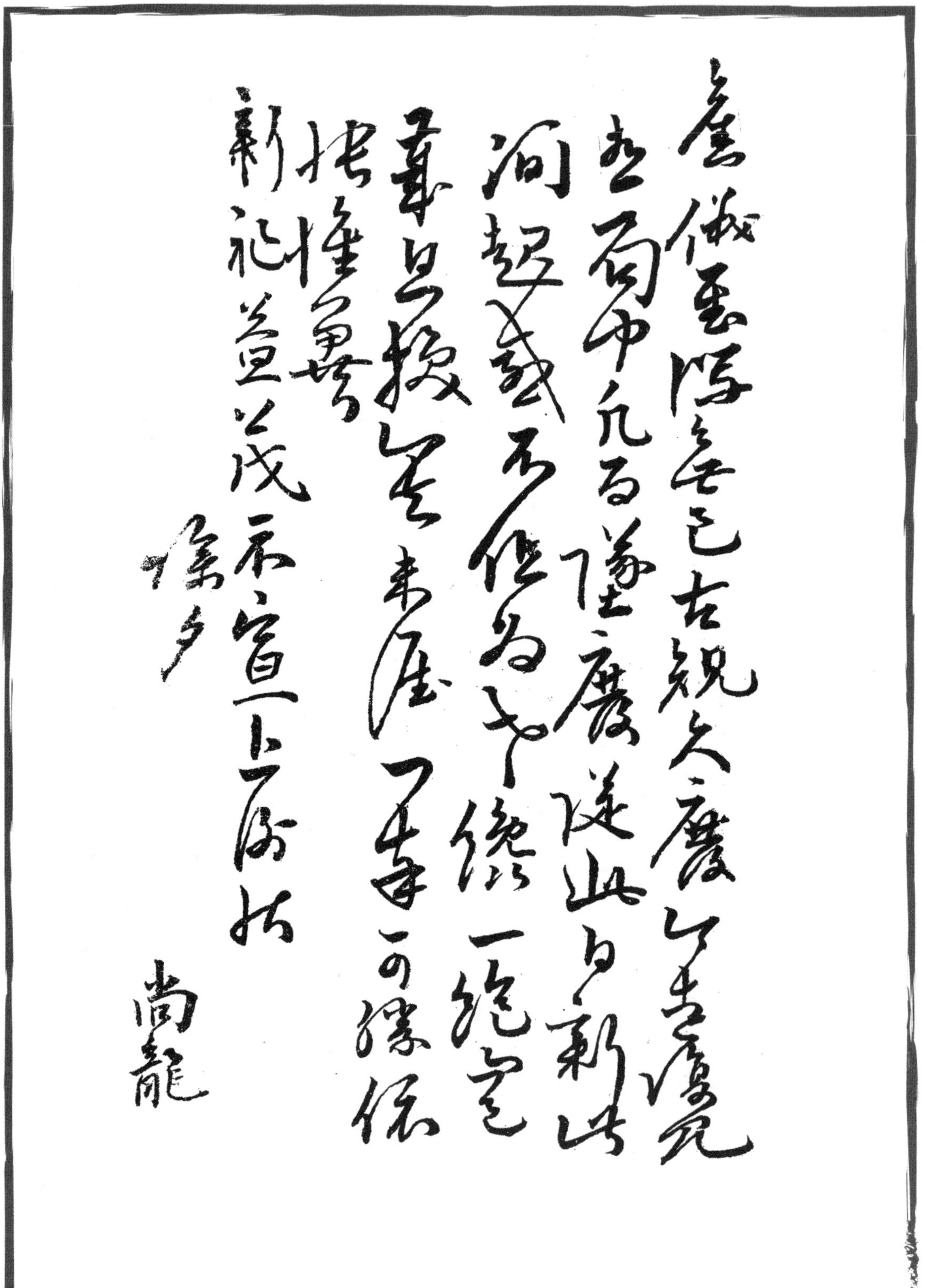

呂大老字聖遇號鑑湖星山人仁祖朝文科官郡守
寒岡門人

鄕案重修記

鄕之有案古矣於以辨名物以之維善懲惡案之
設豈淺淺哉歲壬辰古案火於賊姓名泯甚諸父
老悲然興感爲余而新之余爲粧黃秀冊而列書
名字無謬先系間有虛名紛擾及身率遊者
睽疏名下以爲後人景仰之地欲使鄕論未完

幾年歲不克成編校 旋因前例 亦書名字如左

嗚呼 前人今之錄於此案者 後人之父兄也 後人之將錄於此案者 前人之子弟也 仁人聞父母之名 尚有思者 況其先世之名字備錄於卷中者乎 後人之對此案者 將不敦里親敬長之心矣 夫如是則吾鄉其庶幾孝悌之風乎

月日 呂大老序

車天輅字復元號五山延安人宣祖朝文科官奉檢

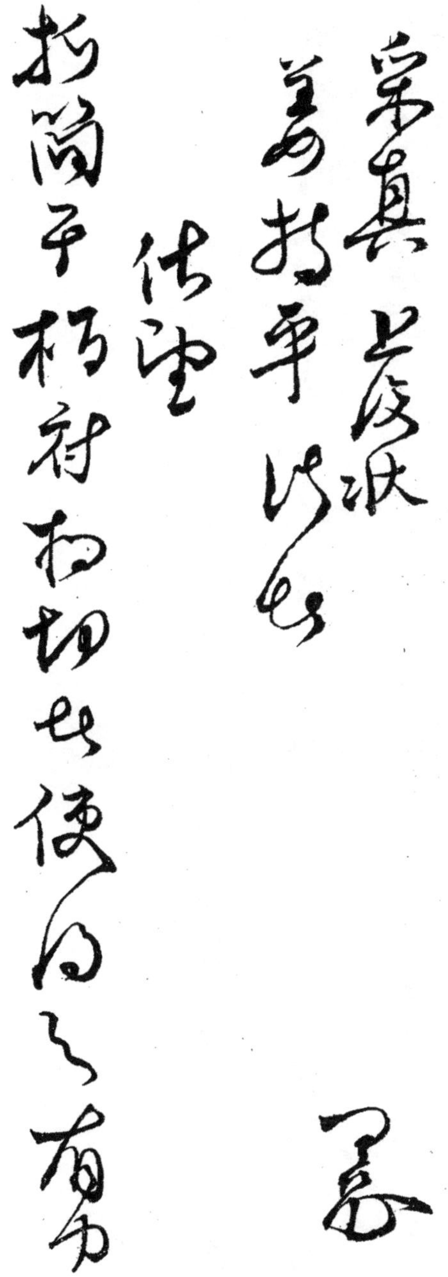

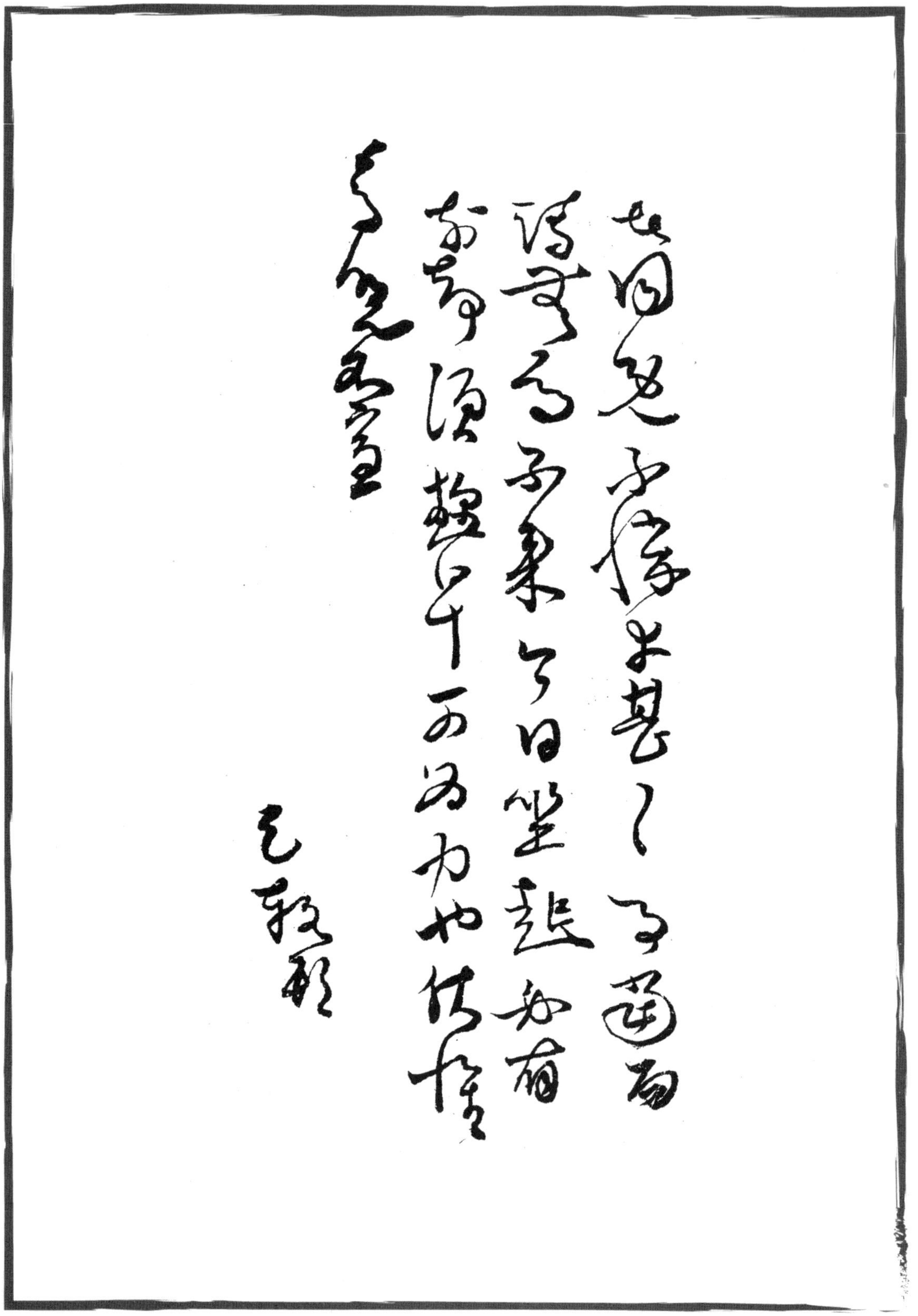

鄭經世字景任號愚伏晋州人宣祖朝文科官吏判
謚文莊西厓門人享道南書院

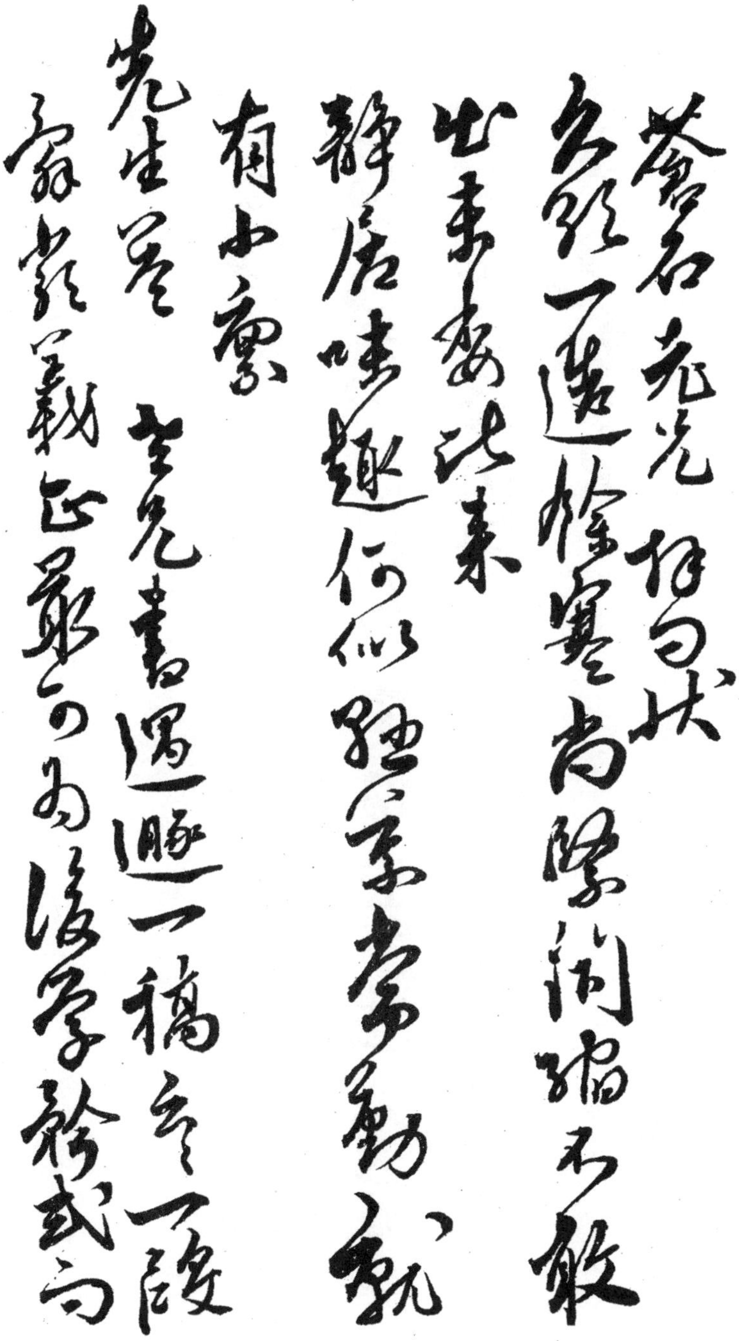

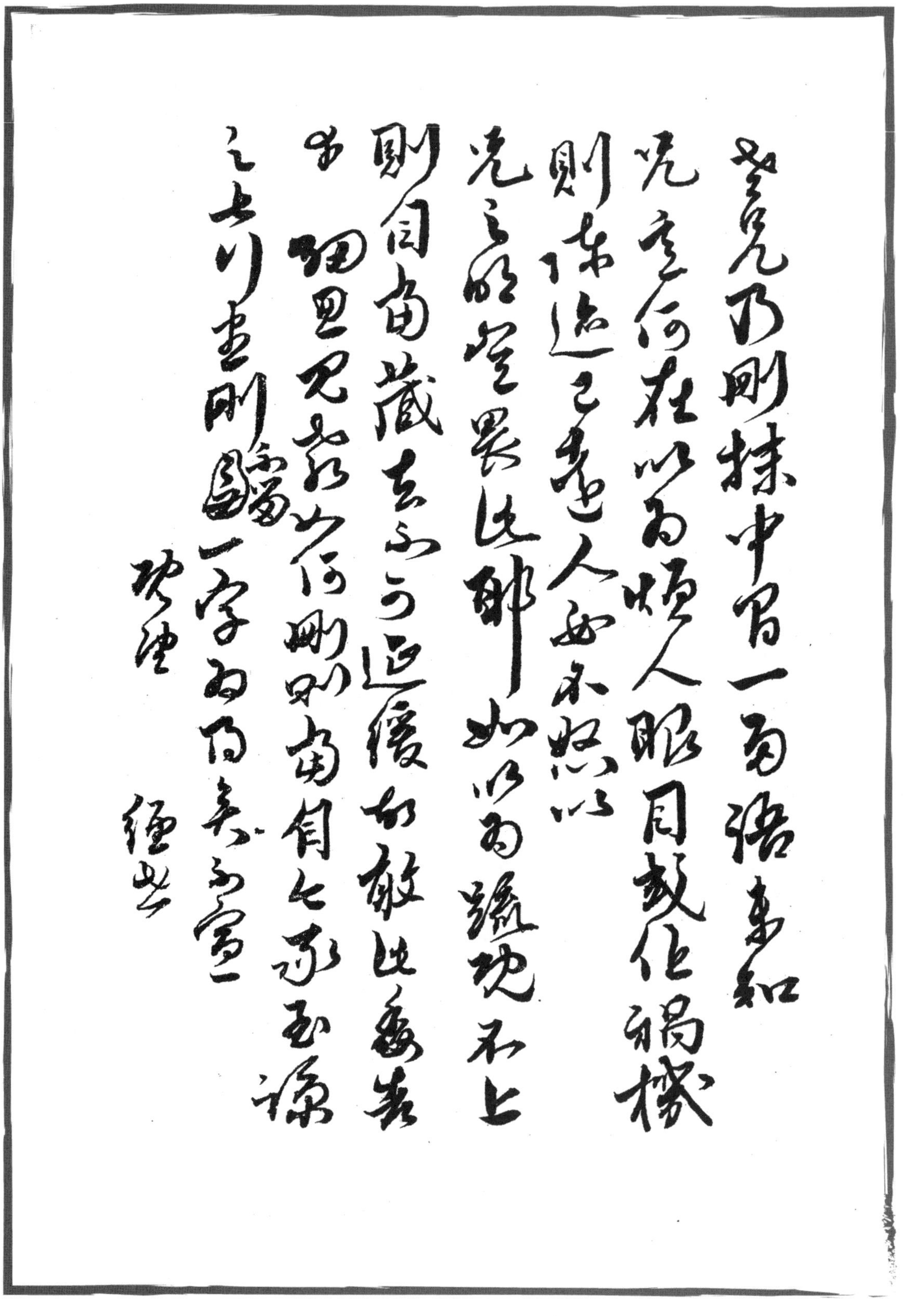

鄭 蘊 字輝遠 號桐溪 草溪人 光海朝文科 官副提學 諡文簡 從享灆溪書院

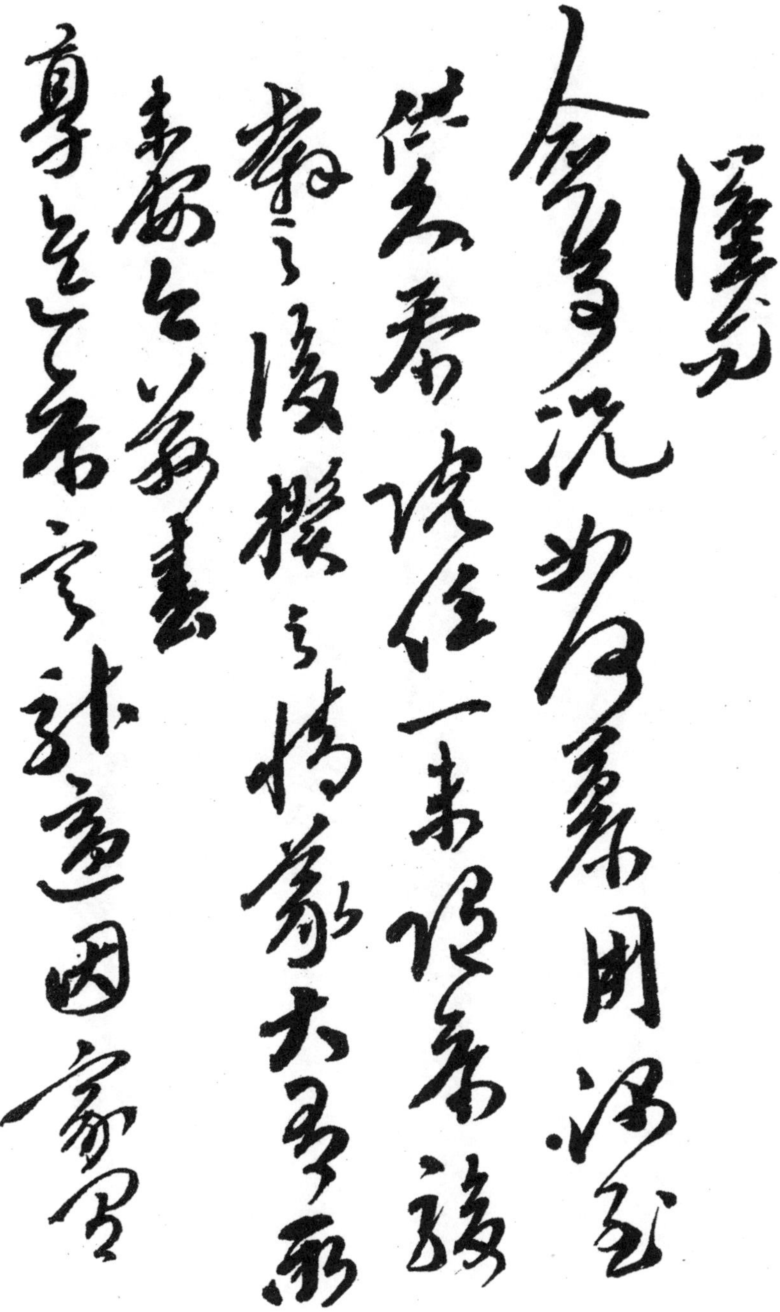

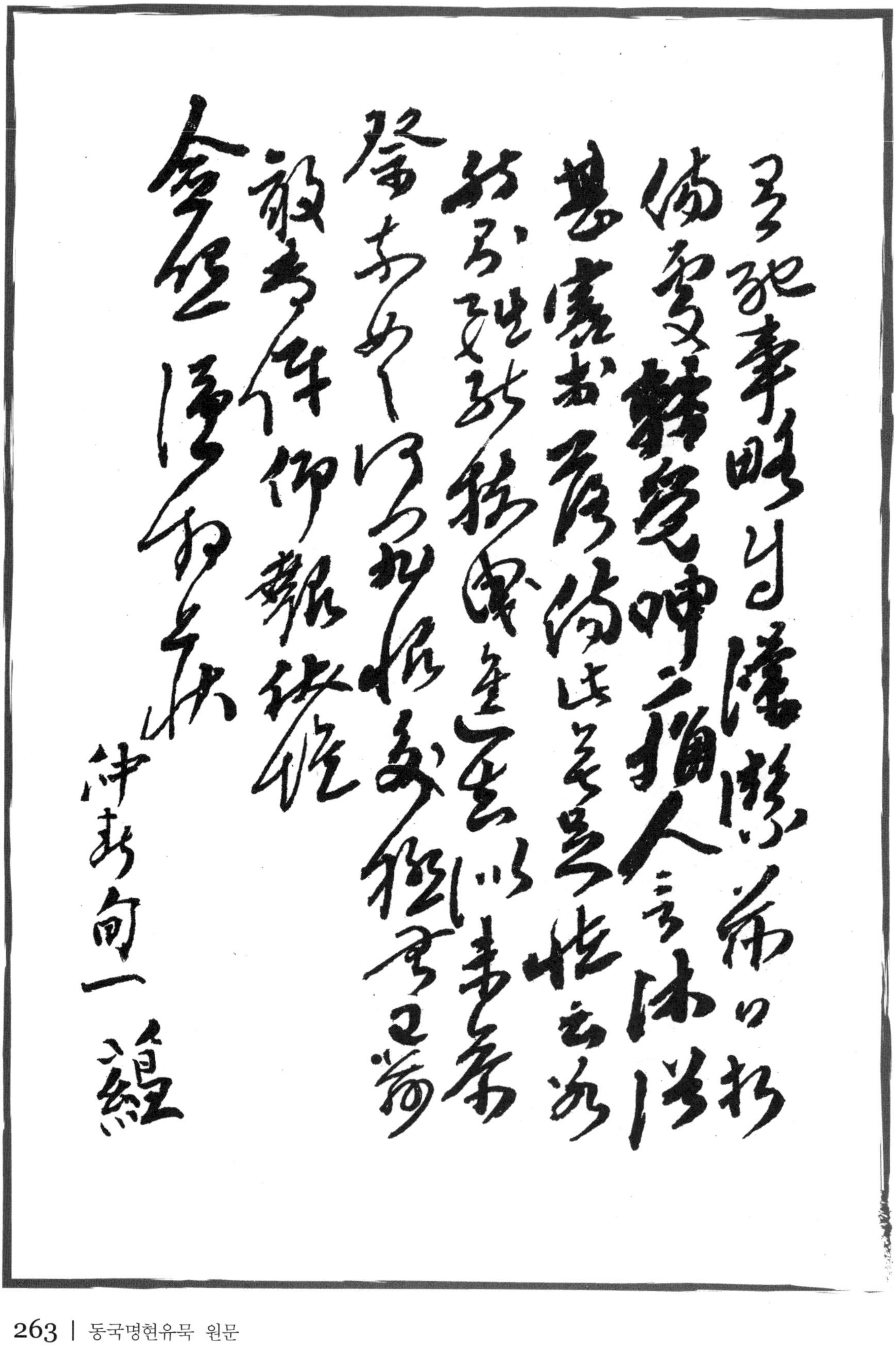

尹新之字君又號玄洲海平人尚宣祖翁主海崇尉
諡文穆

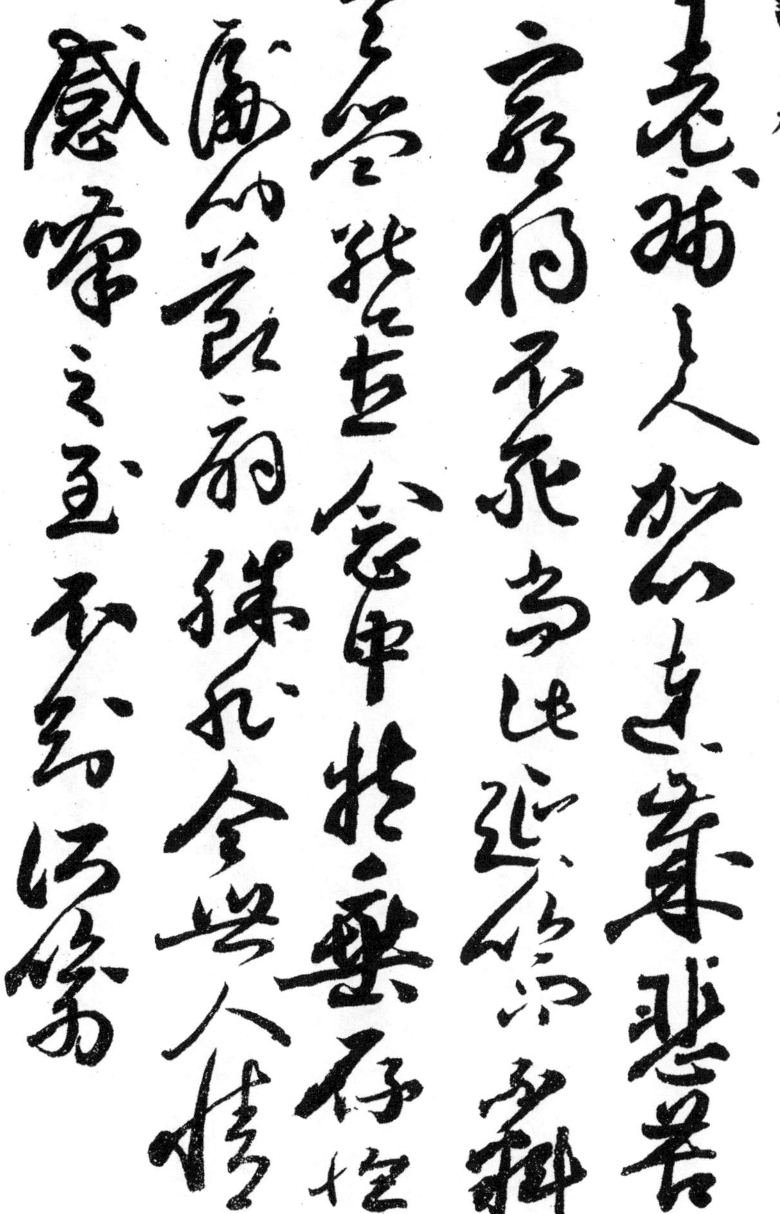

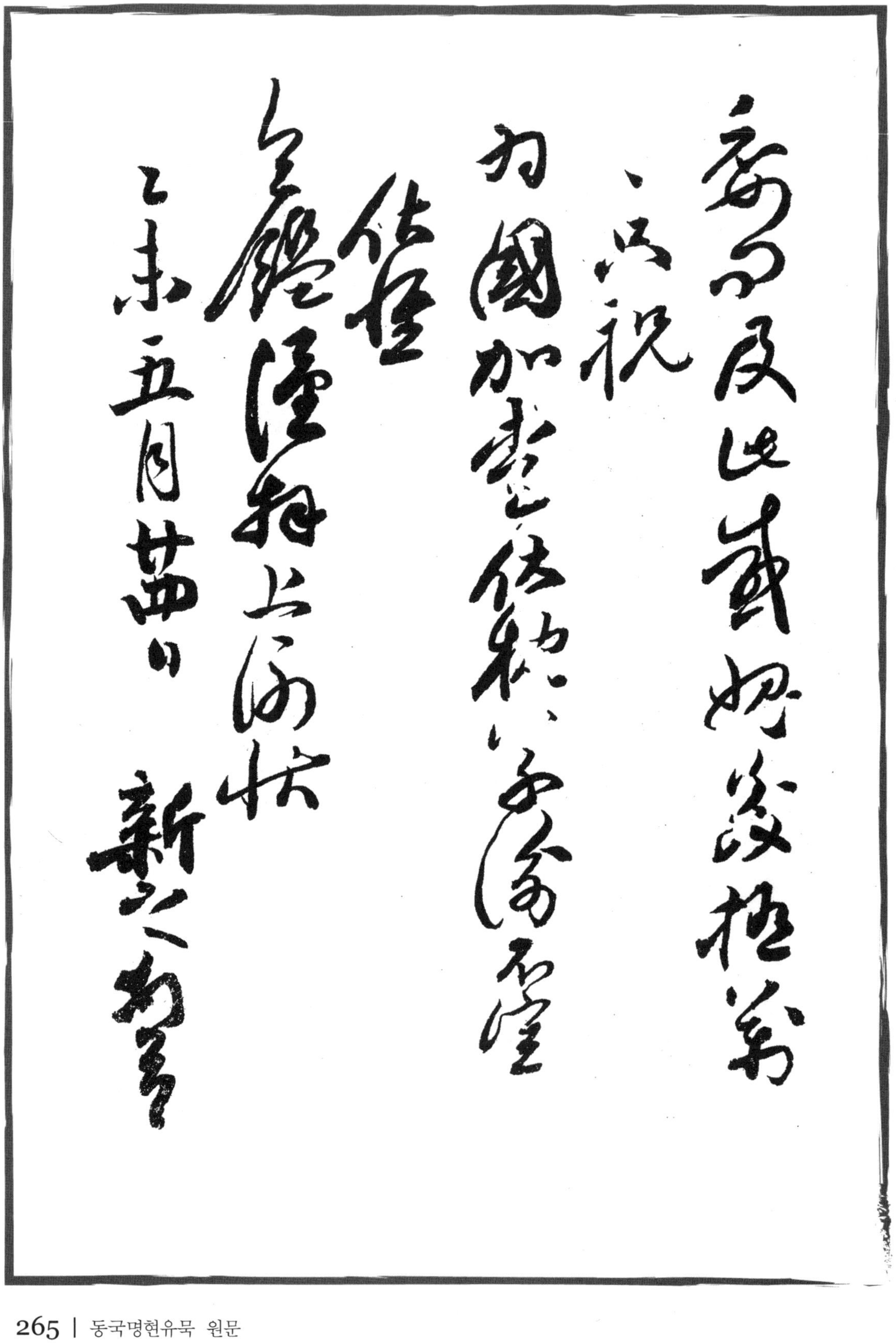

奈何及此歲嫂發極寫

以祝

爲國加愛佳穀以副至望

佳佳

不備謹拜上答狀

乙未五月廿日 新[illegible]首

林慶業字蘷之號孤松忠州人宣祖朝武科官府使
贈左議政

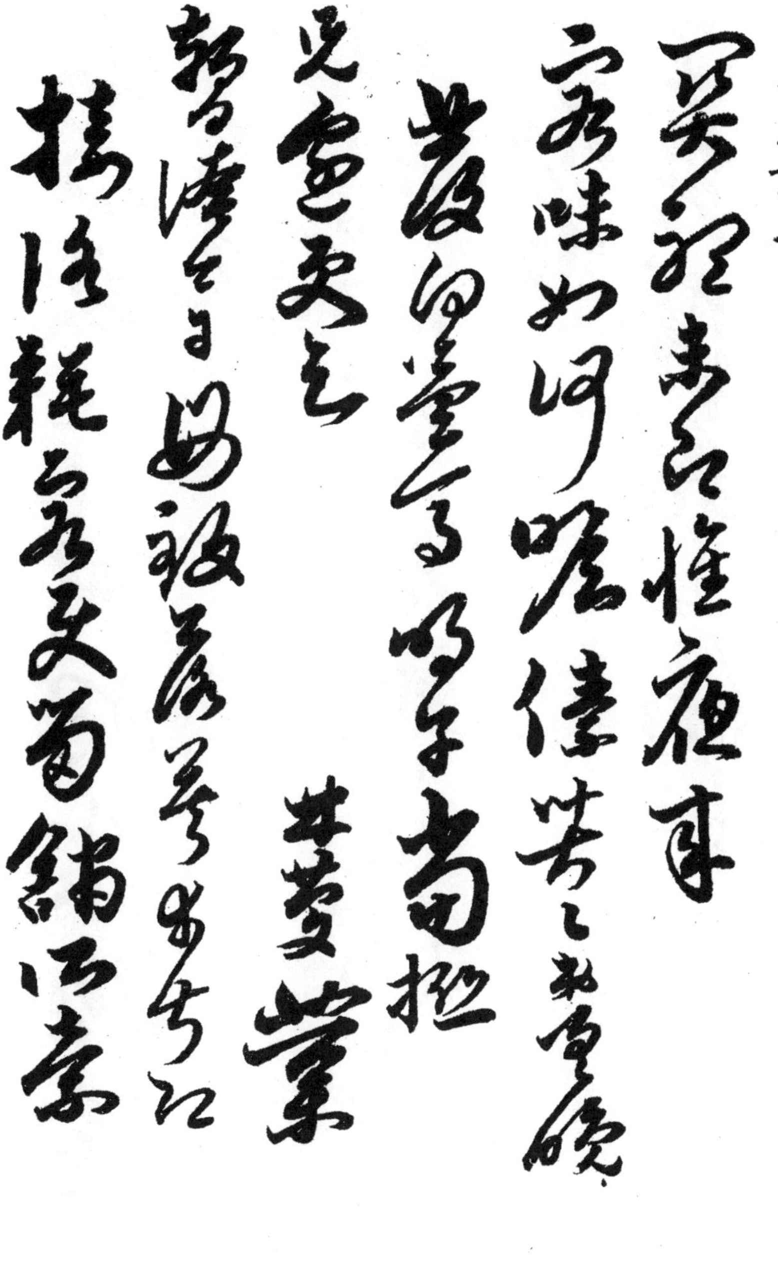

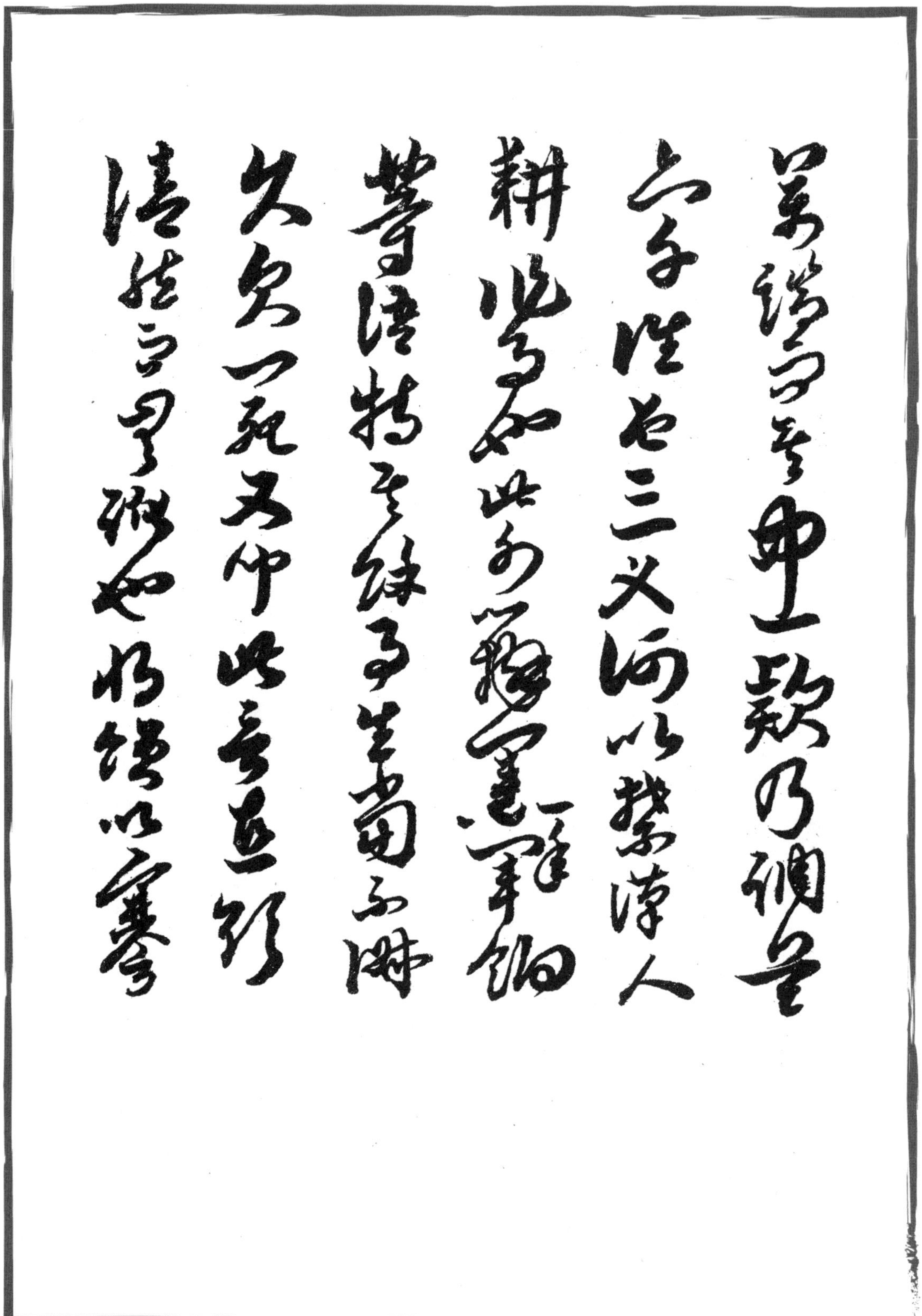

崔　晛字季昇號訒齋全州人宣祖朝文科官大司成贈禮判完城君寒岡門人享松山書院

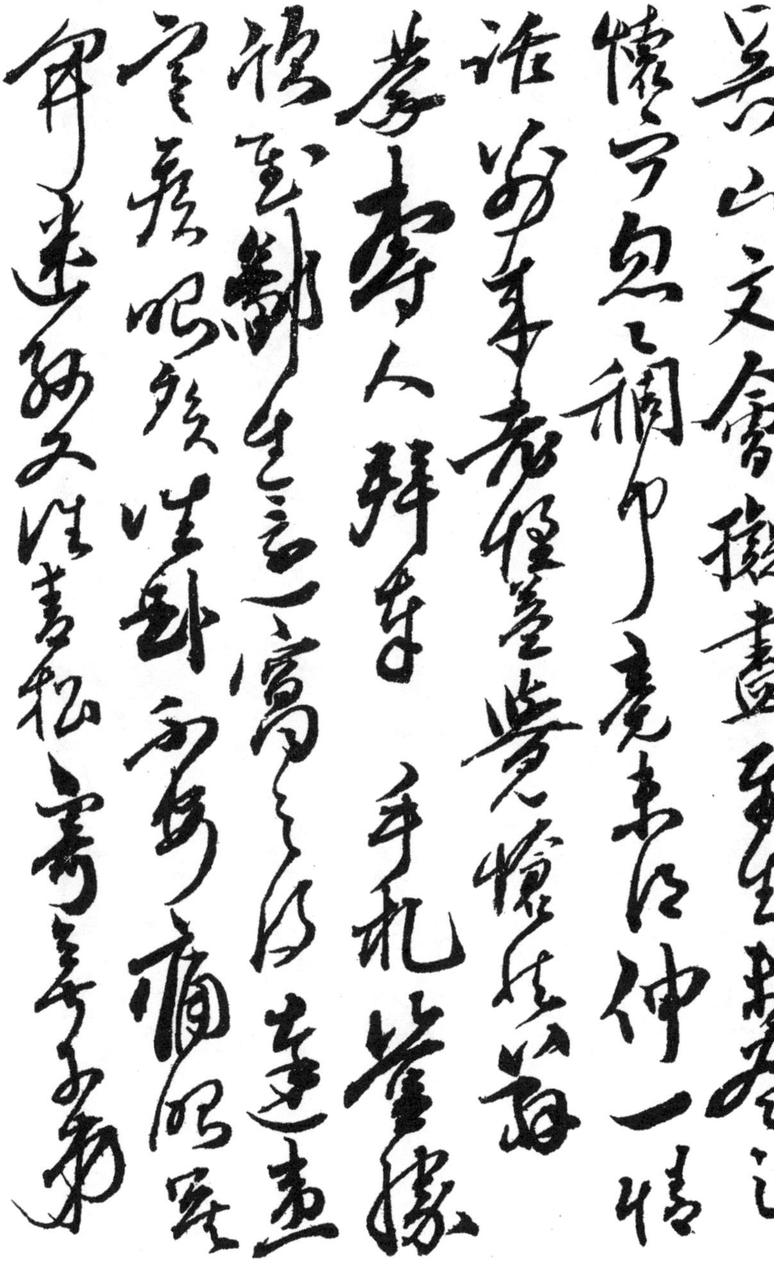

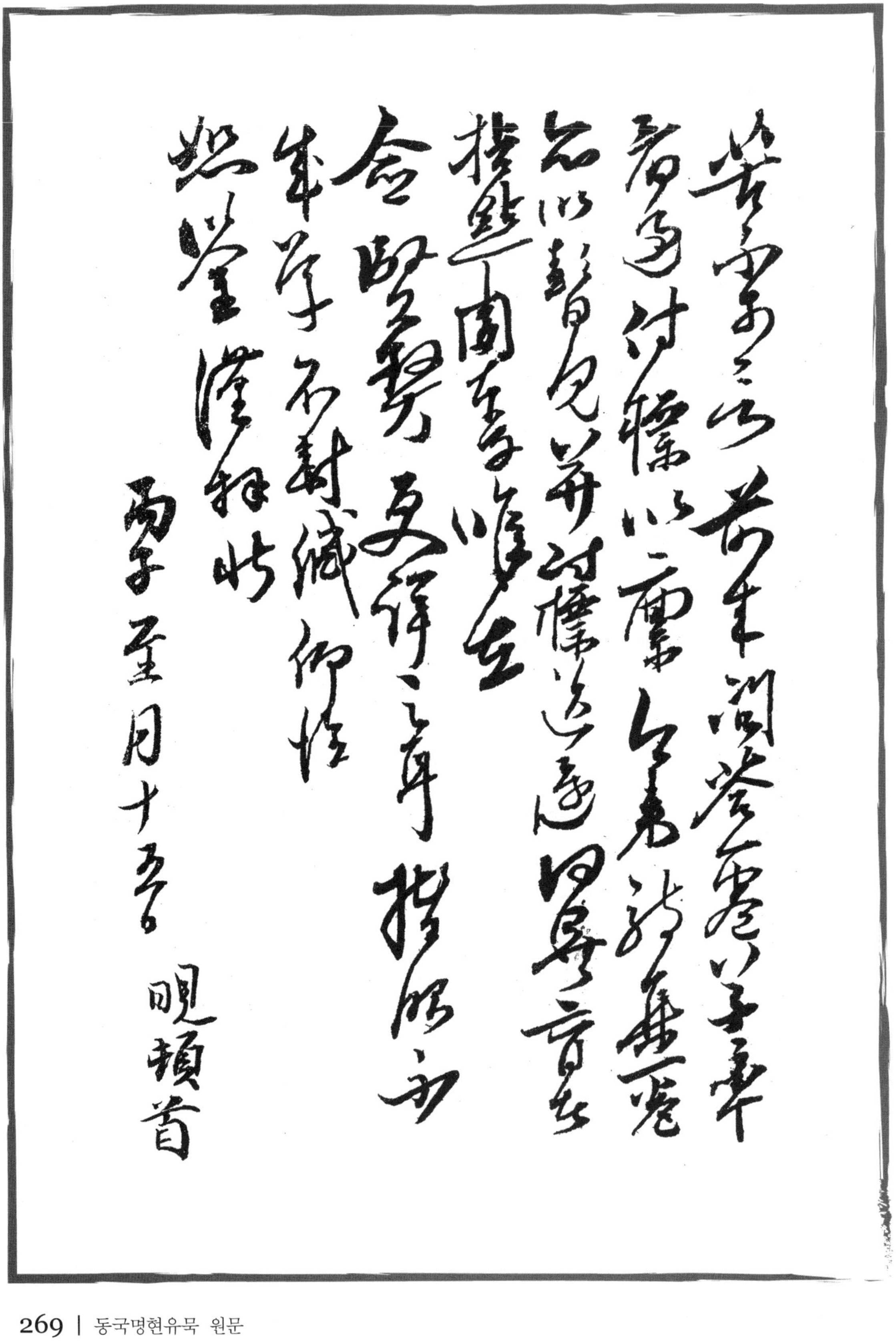
至月十五日
頓首

李廷龜 字聖徵 號月沙 延安人 宣祖朝文科 官左相
諡文忠

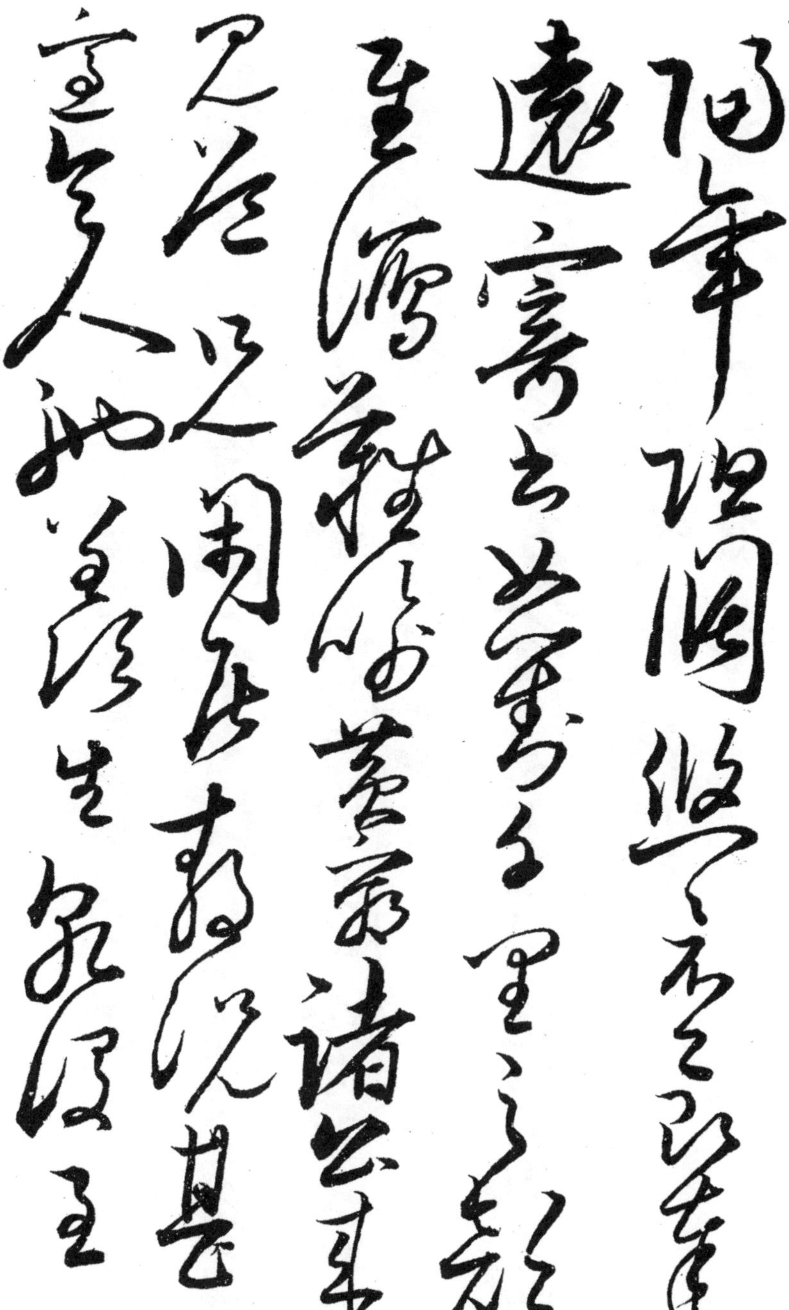

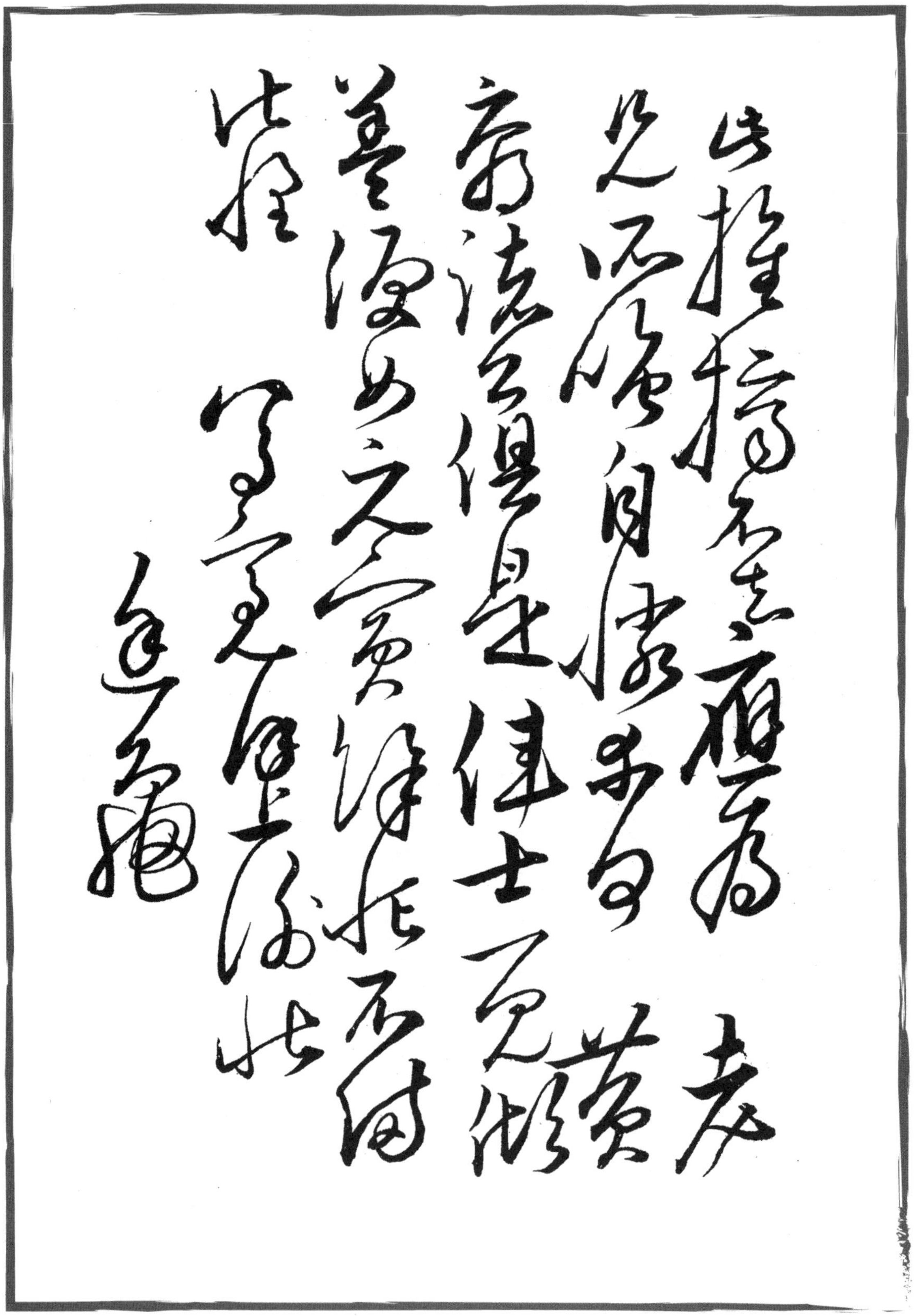

柳袗 字季華 號修巖 西厓子 宣祖朝 逸 持平 贈吏參 從享屛山書院

謹奉

惠翰 仍審寒沍

道履彌勝 慰慰亡量 袗 餘

危未珍 謹之作 殃方 伏春川

之 長 官海參 服法澤 窮

眷念此物 倉卒 難得 使奠

復畢 蜀 十人 遠 送 賀 而 誠之

以臣女發引 退定于廿七[illegible]
帖幷豫
竊念留出闕家盛祝任近業
府令例以出闕爲難陛肖
之令全不奉行尤屬何耶
不審伏惟
照察 謹拜狀上
乙丑十一月廿八日 服人柳袗 狀上

張興孝字行源號敬堂仁同人宣祖朝薦叅奉西厓門人

鄭寒岡宅

先生前再拜上候狀

興孝謹齋沐裁書于

寒岡鄭先生座下伏聞

先生違和有年尋常懸戀無任遠誠通來春和不審

調體已痊勿藥否念昔

先生來莅玆土首興儒教勉人以爲己之學朽質

如興孝亦蒙
先生獎勵誘掖之勤不啻若父母生成之恩則聞
先生病義當趍走候省而羸病羈之山川間之不
得復小子致身門墻之下以盡篤信嚮往之情小
子辜 恩負義之罪大矣伏惟
下鑑謹不備再拜
上候狀
萬曆四十四年三月二十三日 侍生 興孝

李 植字汝國號澤堂德水人光海朝文科官吏判
謚文靖

四月廿六日 植拜

間闊今半年矣第切瞻仰之

領扇嶺

情之契誼已極所以

愧筆兩種海味也非

令監世修敦睦淮泥家寐

並邗邪攢淌無已乾銀道

令尊創見尤以感歎嗟惟

令汰復萬福 欽生 沽字

令賜奉老糧遺乎 陽萊陌以

爲撓耳目況

郭再祐字季綏號忘憂堂玄風人 宣祖朝官巡察使
諡忠翼享禮淵書院

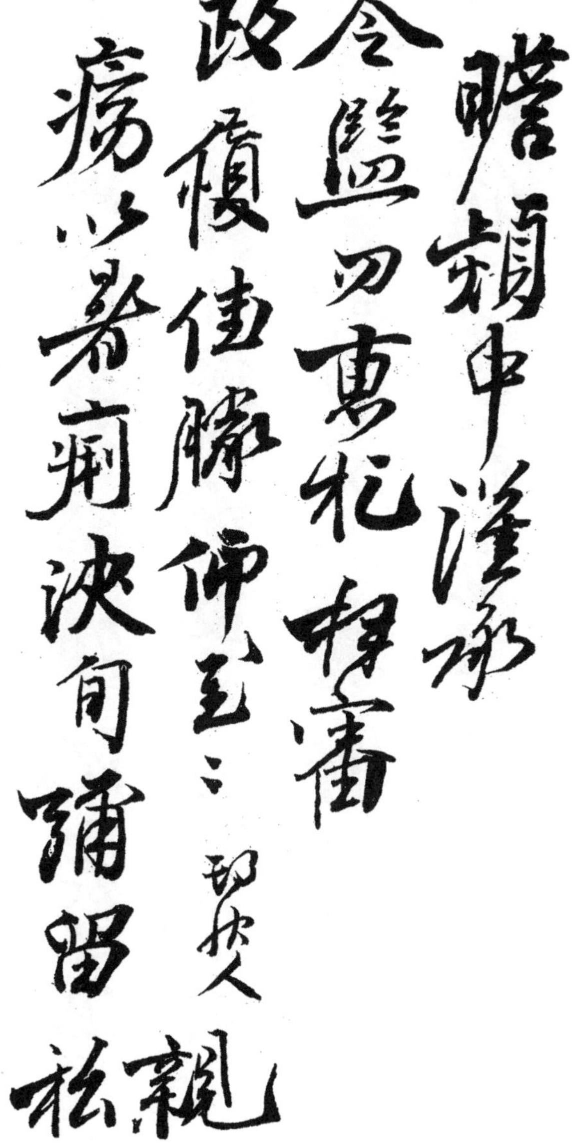

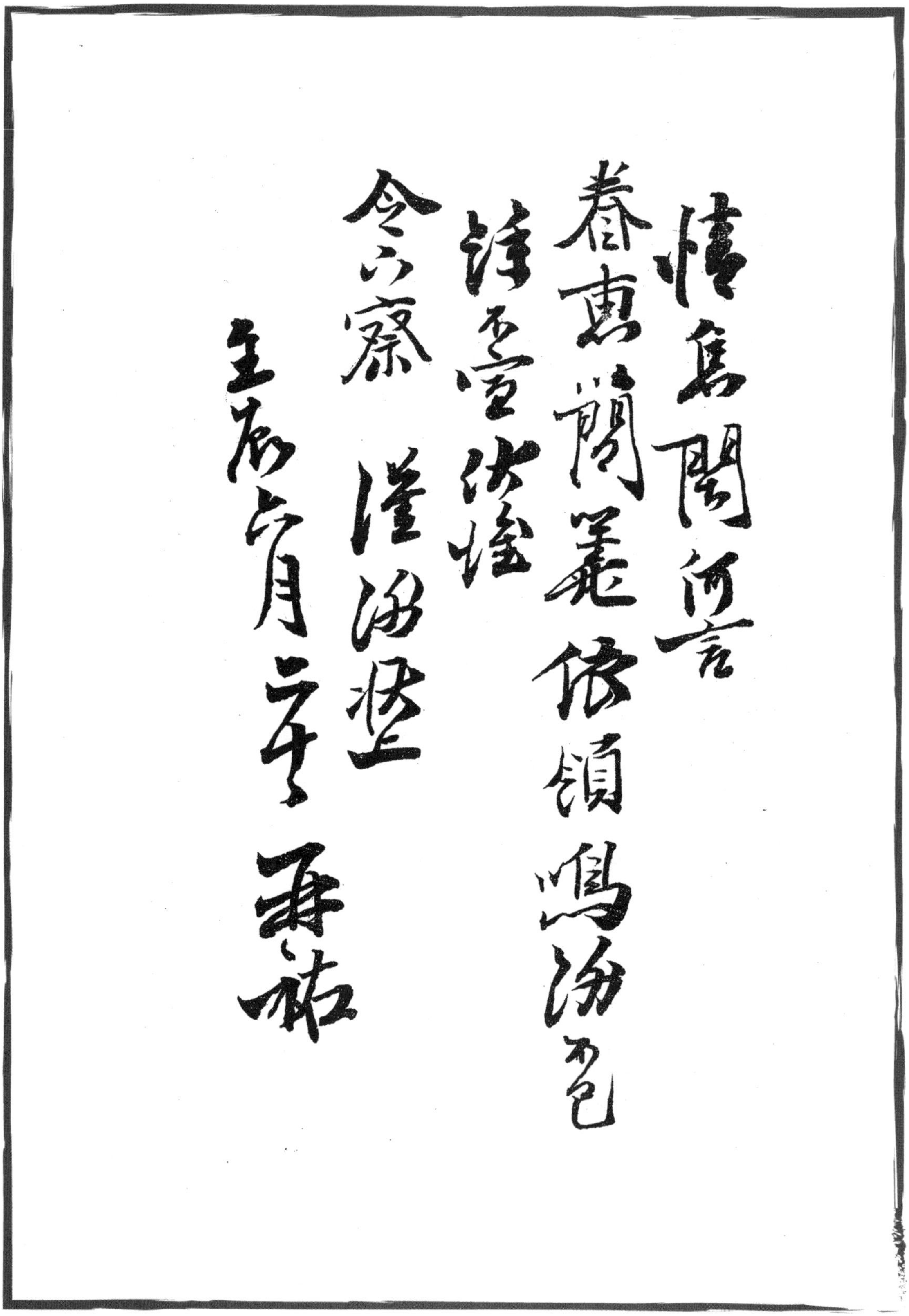

黃耆老字鮐叟號孤山昌寧人宣祖朝進士

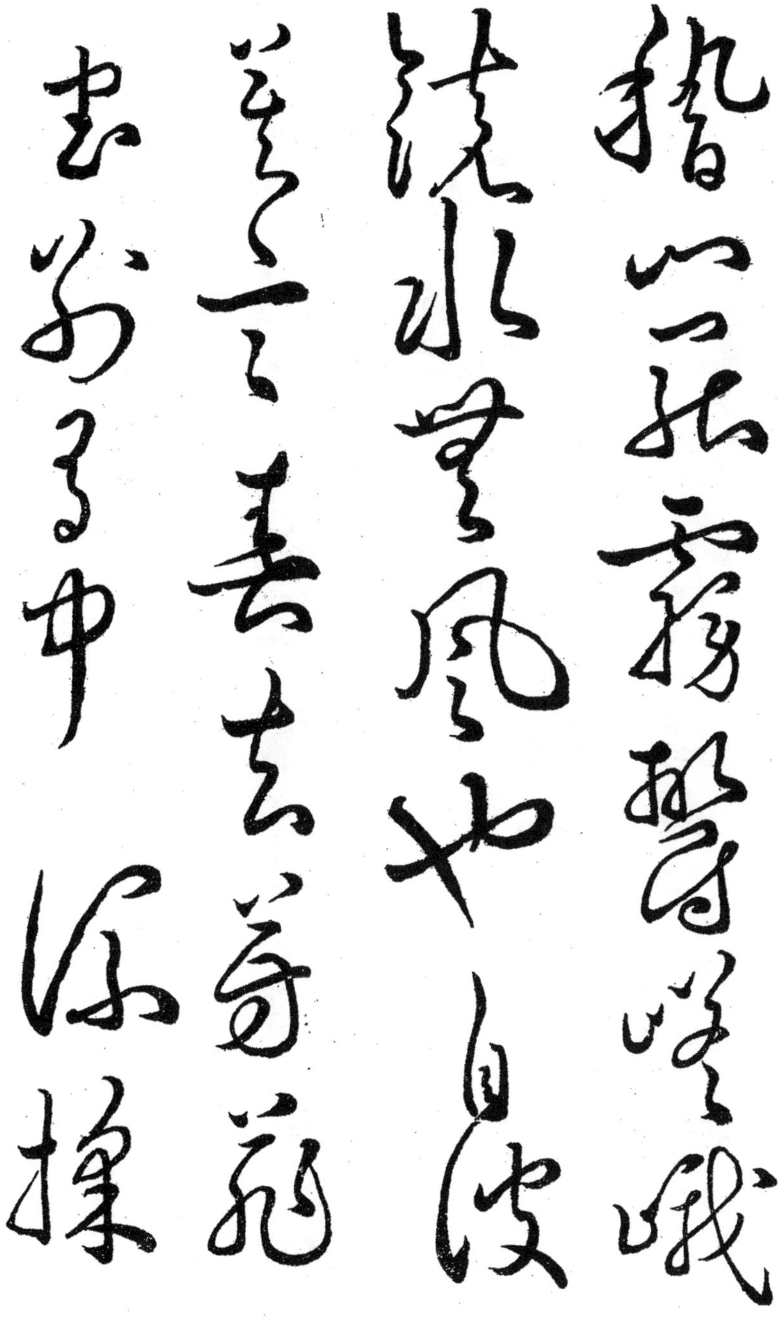

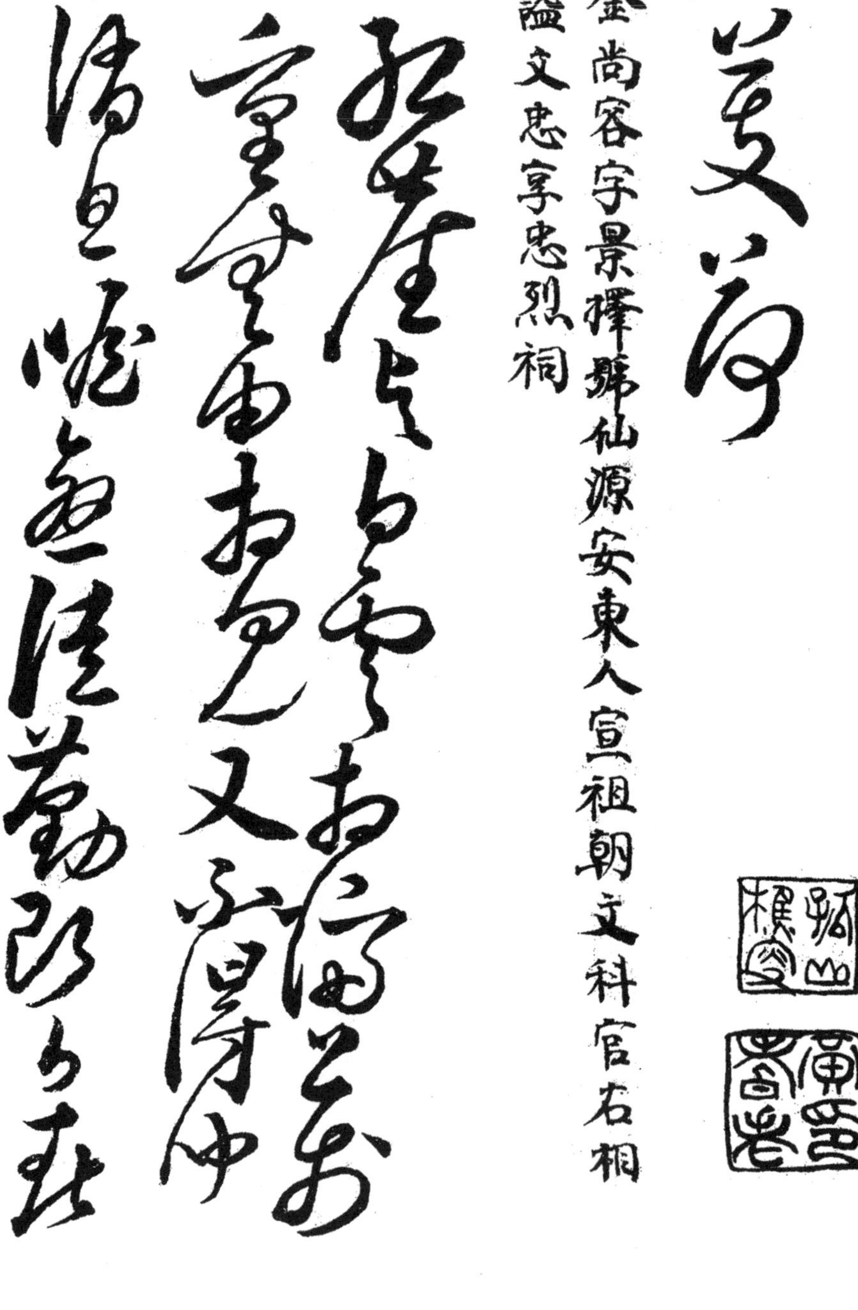

金尚容字景擇號仙源安東人宣祖朝文科官右相
謚文忠享忠烈祠

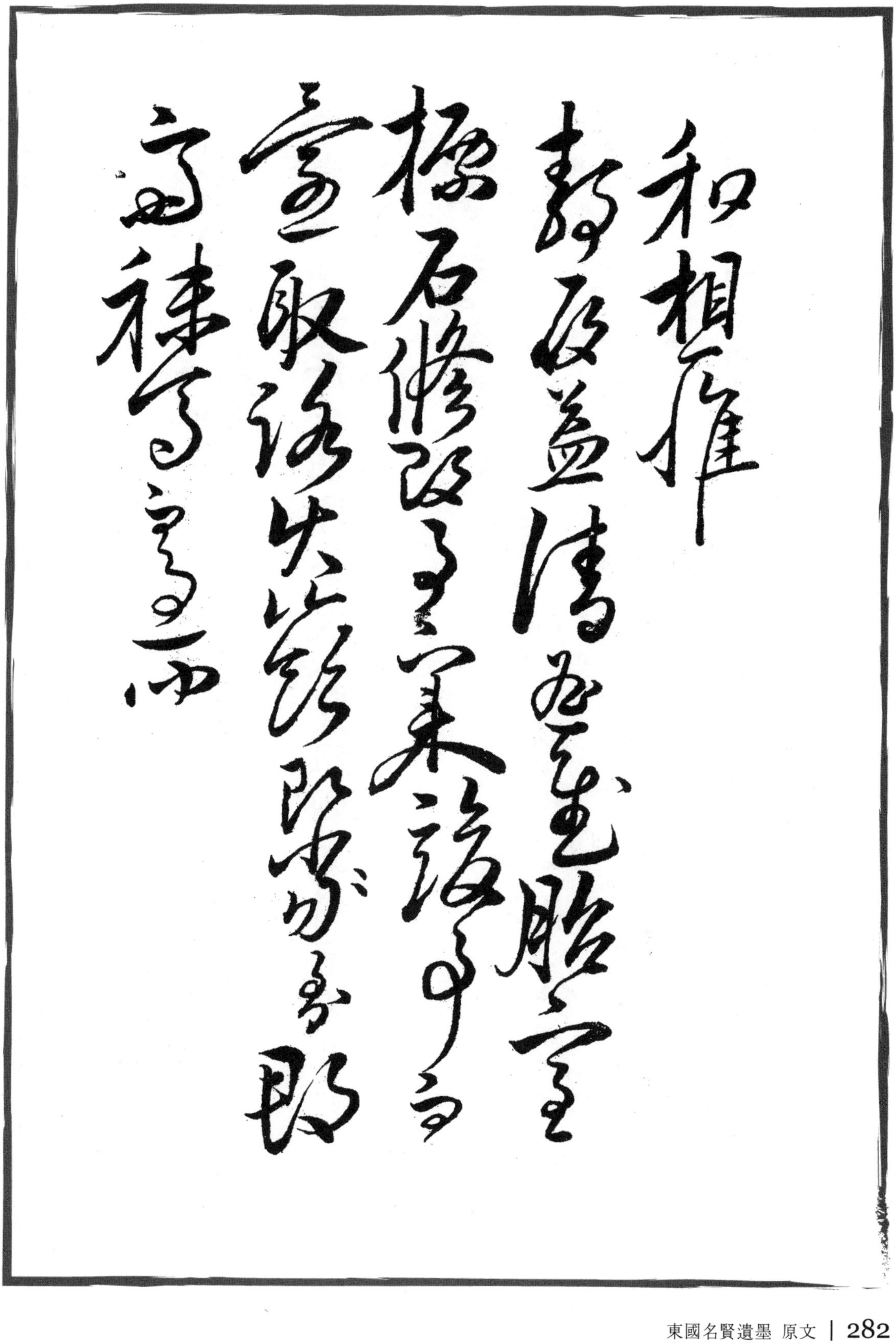

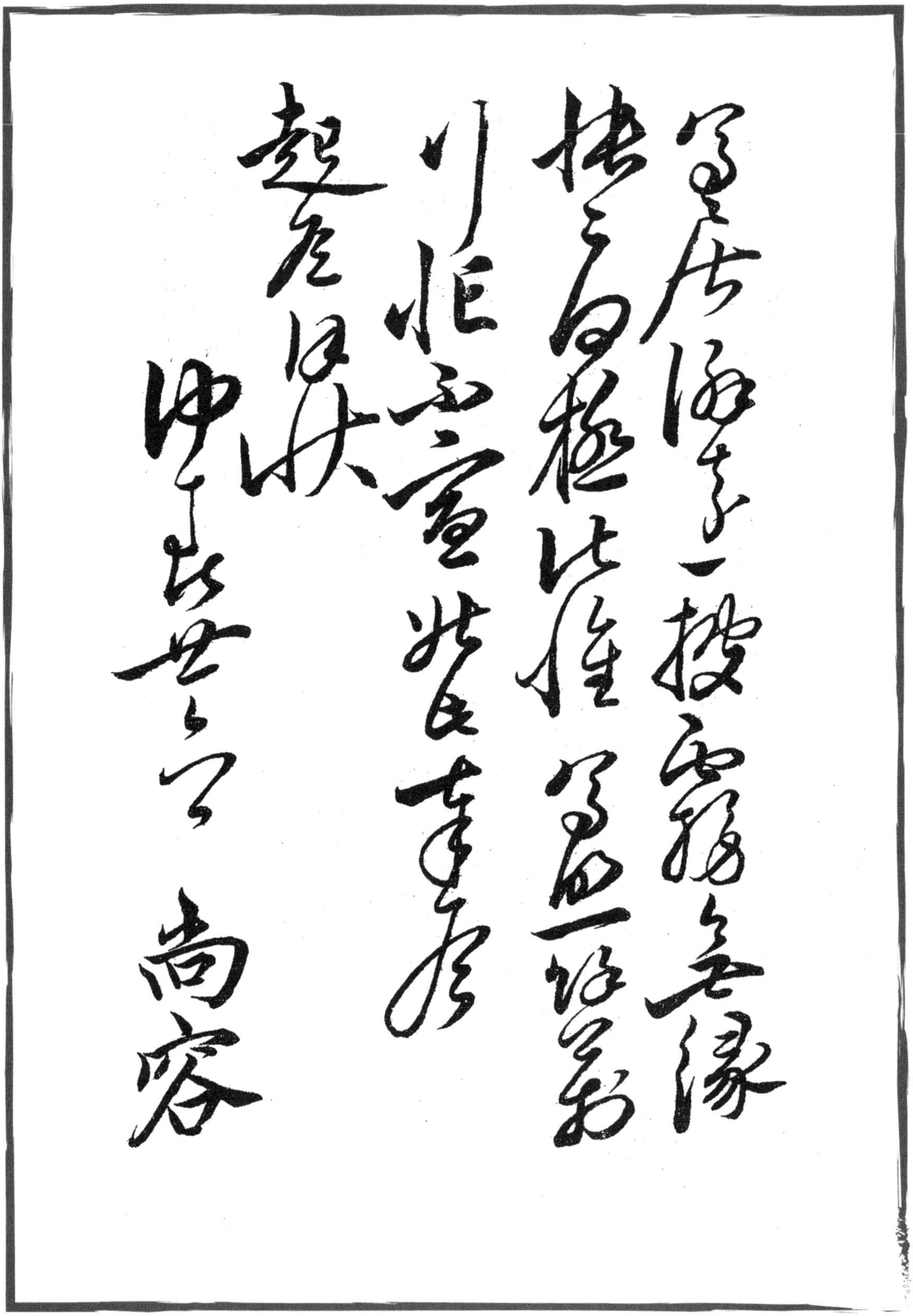

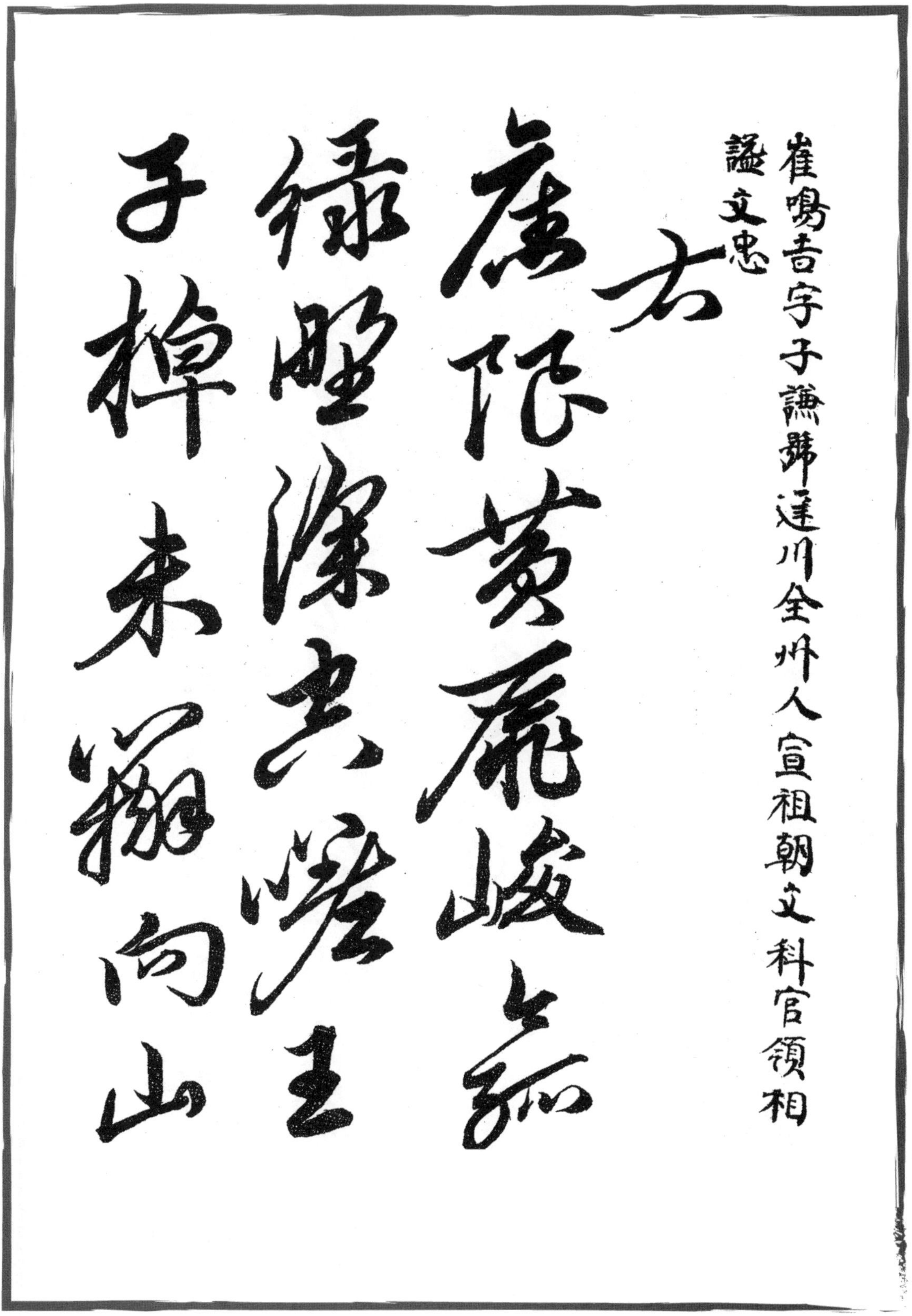
崔鳴吉字子謙號遲川全州人宣祖朝文科官領相
謚文忠

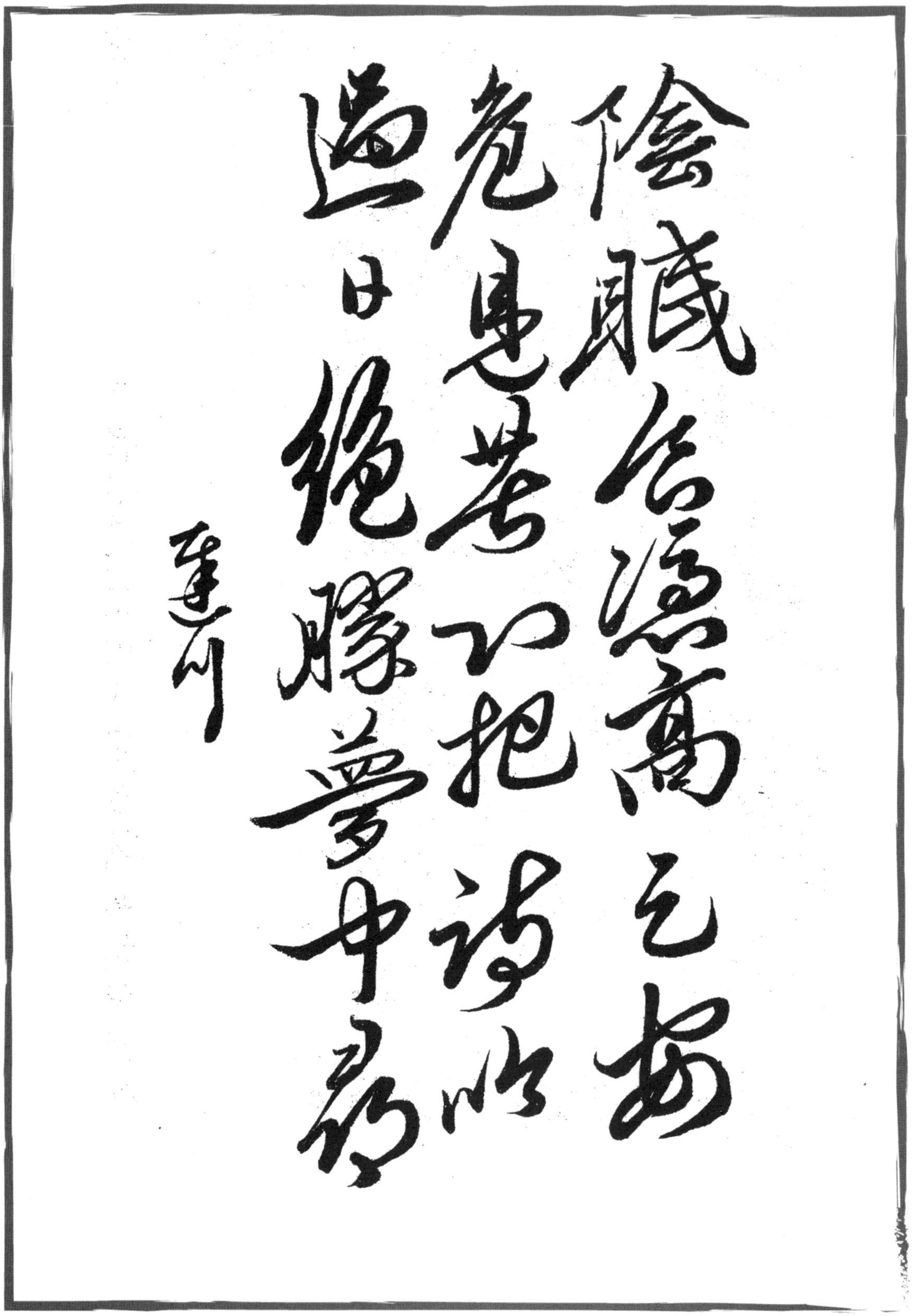

金長生字希元號沙溪光山人孝宗朝追叅判謚文
元栗谷門人從祀文廟

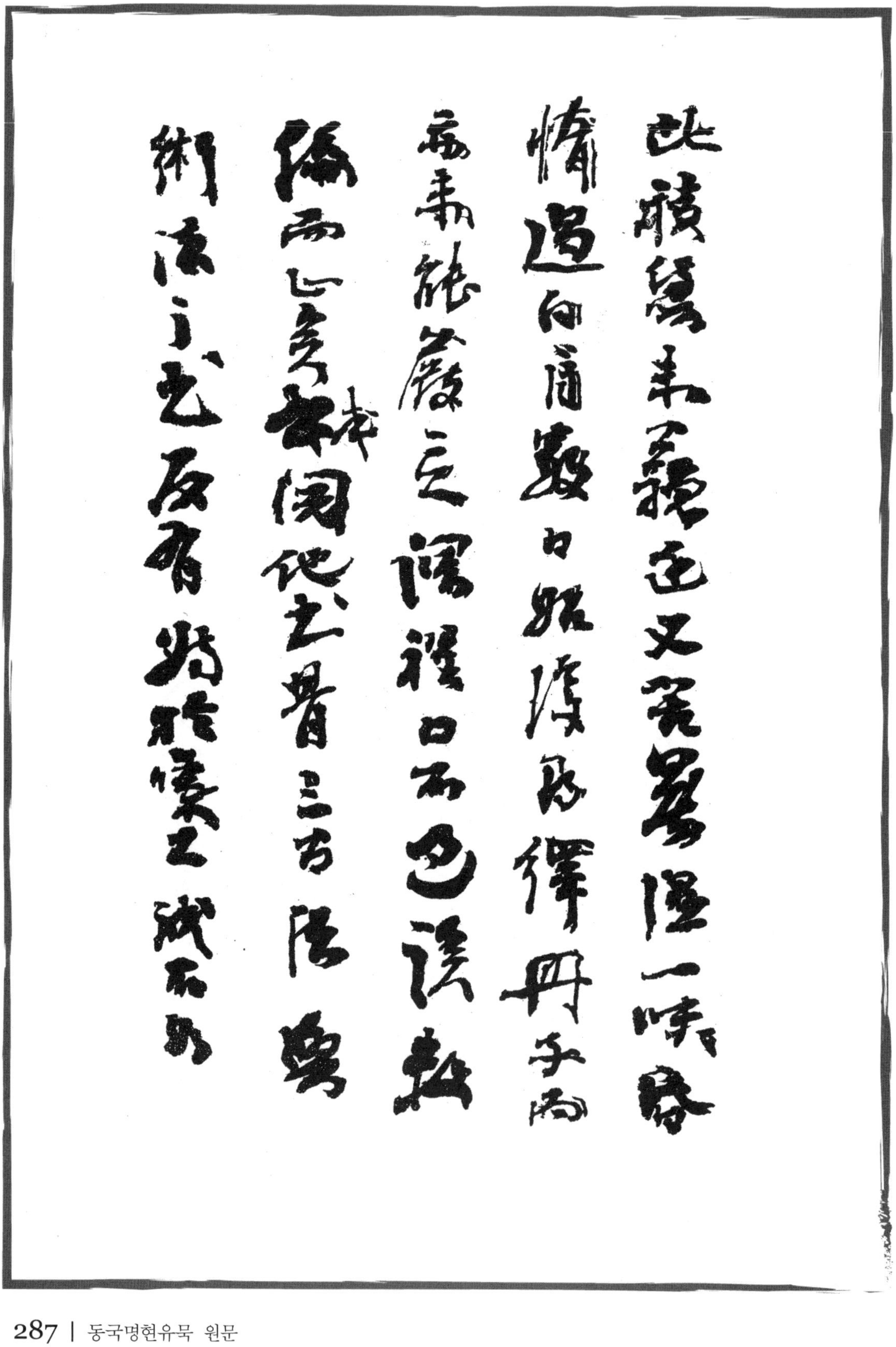

金奉祖字孝伯號鶴湖豐山人光海朝文科官持平
西厓門人享龜湖書院

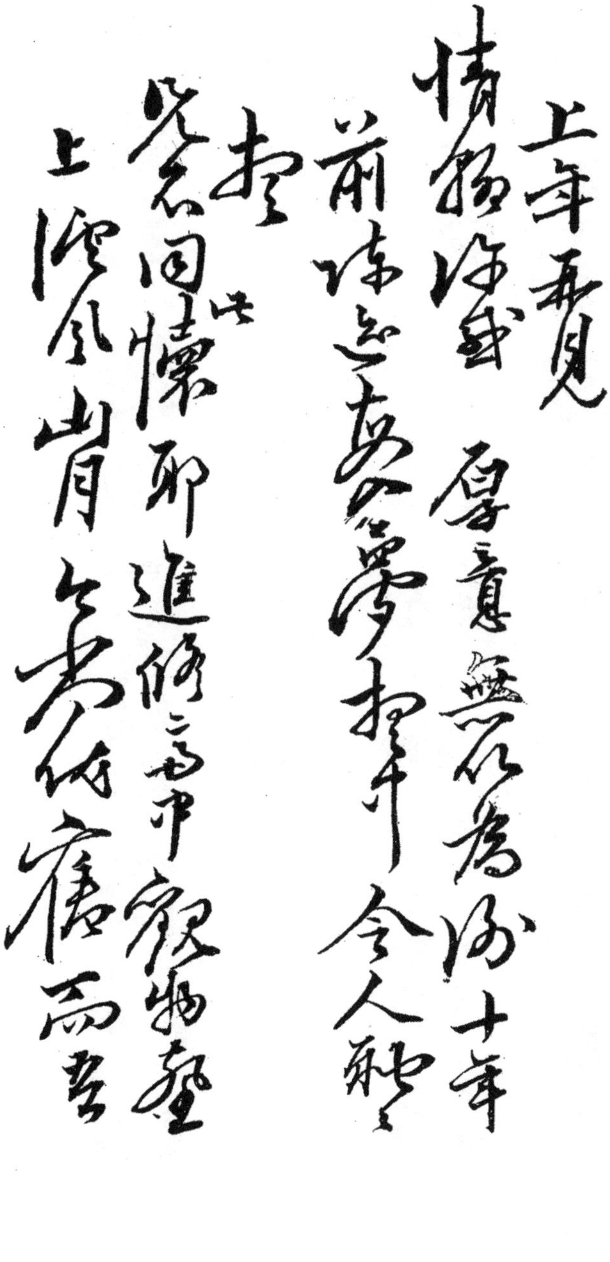

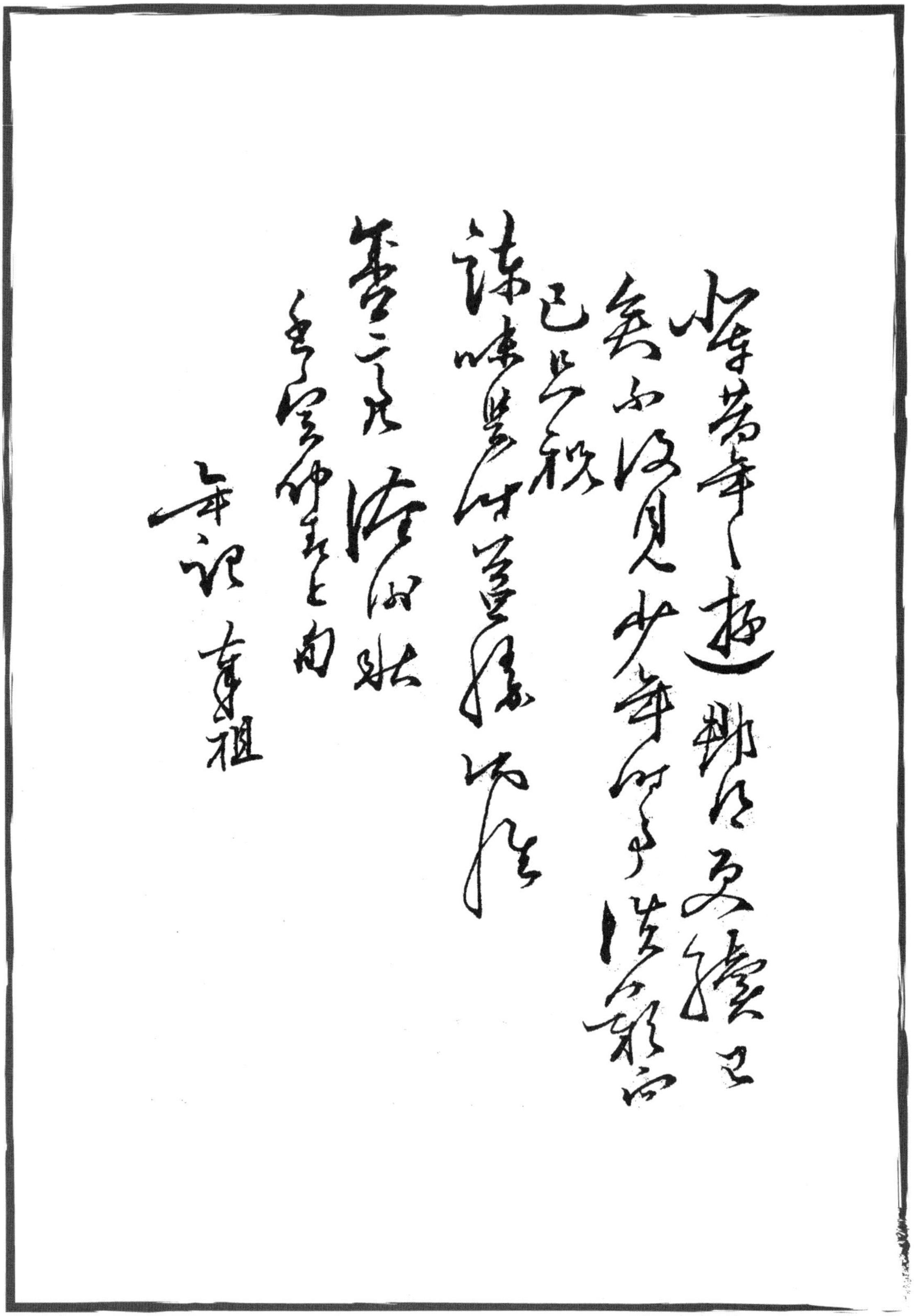

金尚憲字叔度號清陰仙源弟宣祖朝文科官右相
諡文貞

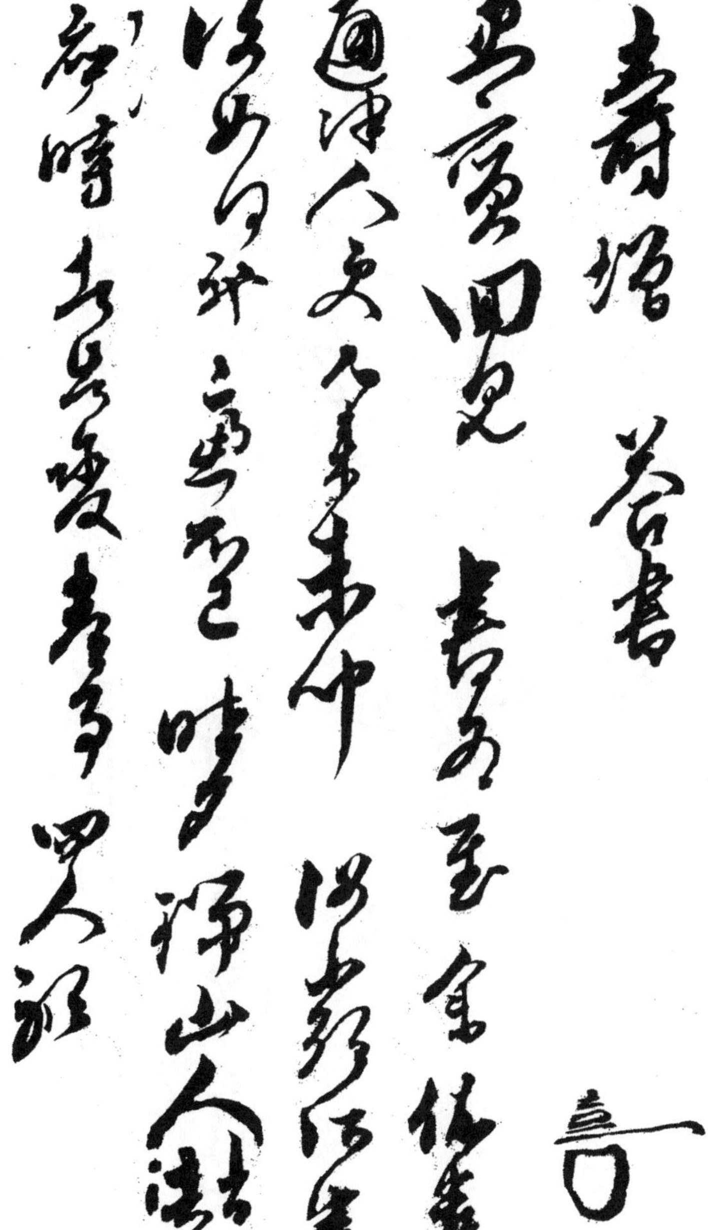

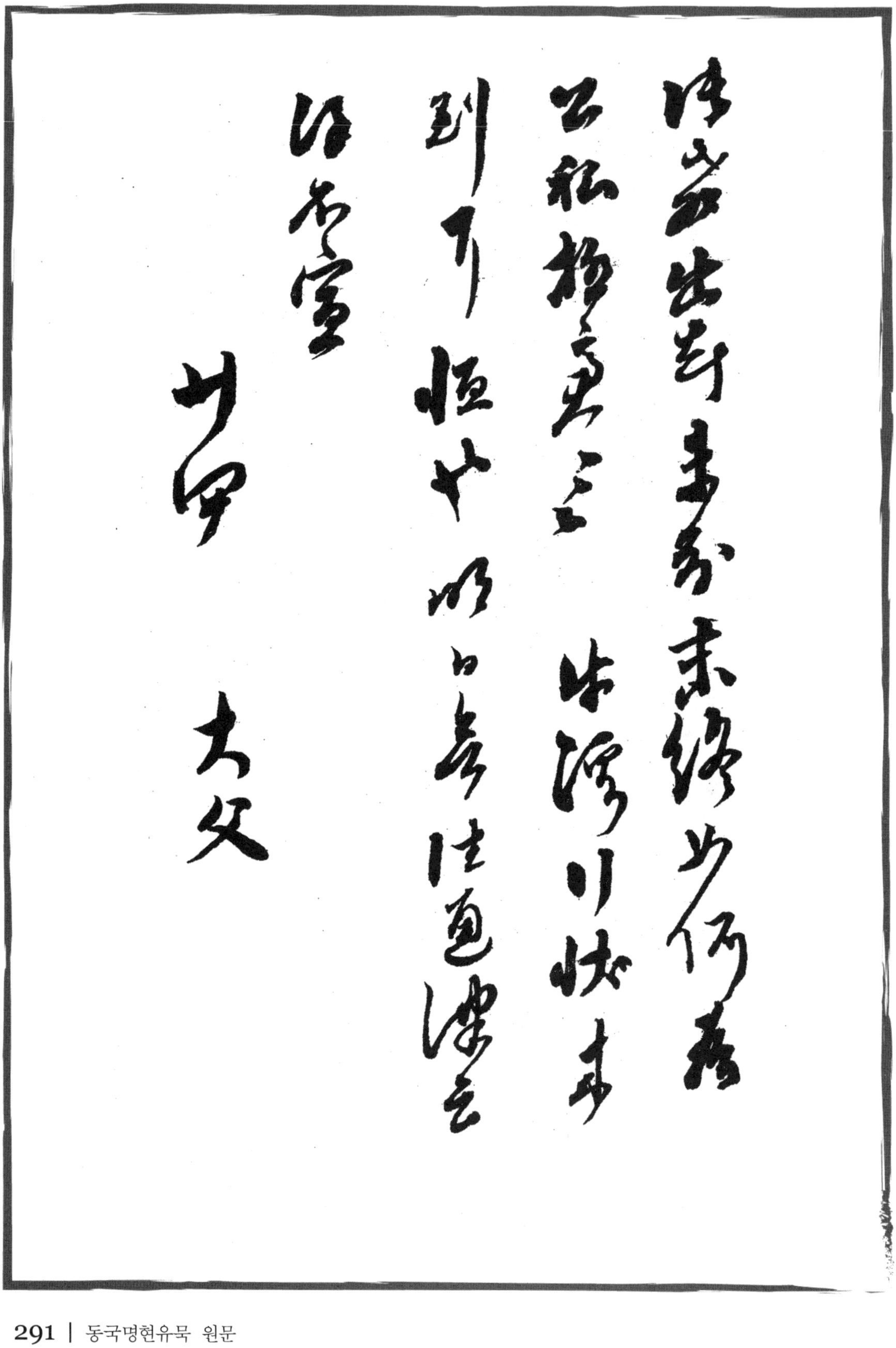

張 維字持國號谿谷德水人光海朝文科官右相
謚文忠沙溪門人

酬白洲

我抱出幹病懶佳漢濱詩
端居守黙摠萬緣者不思
平生金石交盟尺牘騰雖

籠中海鶴瘦櫪上天馬飢
韋帥留指掌寄興仍[illegible]也
知音幸可託[illegible]番豈[illegible]期
谿谷

閔鼎重字大受號老峰驪興人仁祖朝文科官左相
謚文忠享北道書院

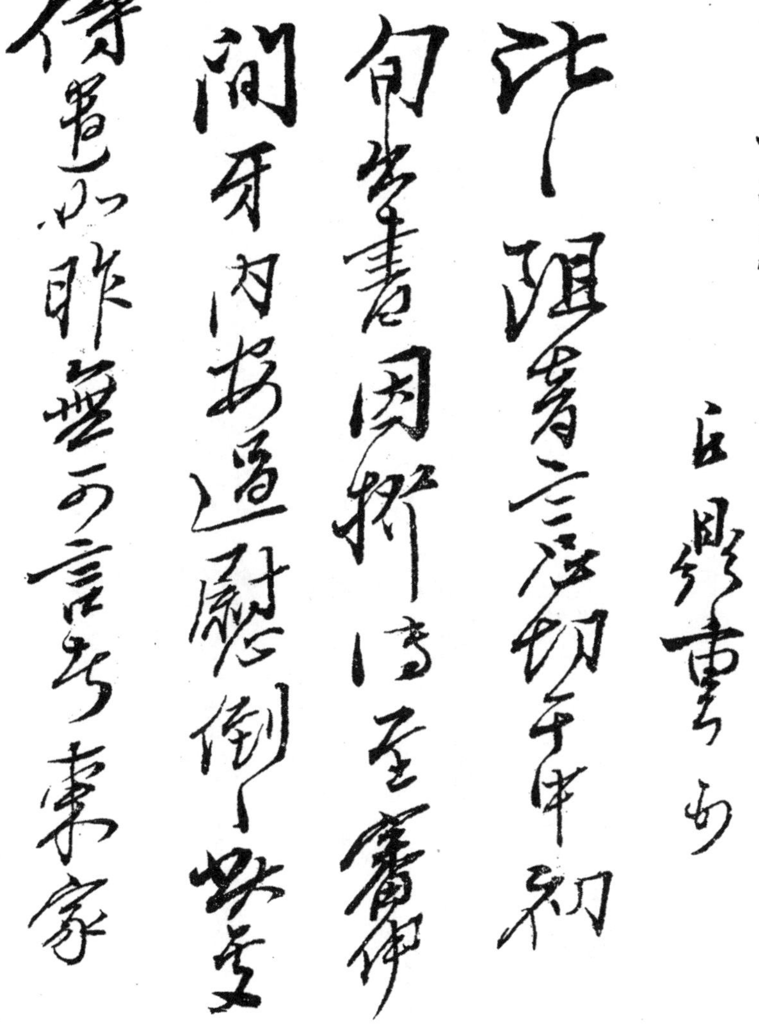

久病有昨不救應之事可
傷趙仲初尚書又於昨日喘
氣逆上氣一至不救慟矣〻
錢家喜五六至書仍問
安否未去驚馬但從如何耶
姪行 筆 新不具

崔恒慶字德久號竹軒永川人仁祖朝司馬贈濟監
寒岡門人享鰲巖書院

狀上

泗水　護喪　僉尊史

謹問
僉候何如仰慕〻〻僕身有疾憊徑自退來
常切悵恨之至所患痁證尚未快瘳私悶可喩
且中

永葬發引諸日想已涓吉而遠未得聞伏慮〻
山所沙土之役若速爲始事則當往來監董
預以伏計凡卜日期仰須
下示餘祈
僉況保衛不宣謹拜
狀上

庚申正月十七日

崔恒慶 頓

趙任道字德勇號澗松漁溪后仁祖朝薦叅奉官工
佐贈持平月川門人

伏問春移候餘
令體起居若何 景章[illegible]慕向一未遂 溪於
出於之後 惶 謹拂地 [illegible]何歸 信道 婢僕
迎接之餘[illegible]零 行猶無以相存
令史命在某男申之 [illegible] 請使之覓[illegible] 俾無[illegible]傷

更切之義 爭爲依賴 傳遞方困於帝虜之侵辱

之撥兵又涉之四五云於重趾 又有人嚷嘆之陰行

之計 於當仁人君子也 敢忍爲哉 情想起陰信

筆存之耳 不宣

令體 清穆 上候狀 辛未三月十四日

池下 趙

後生趙再拜

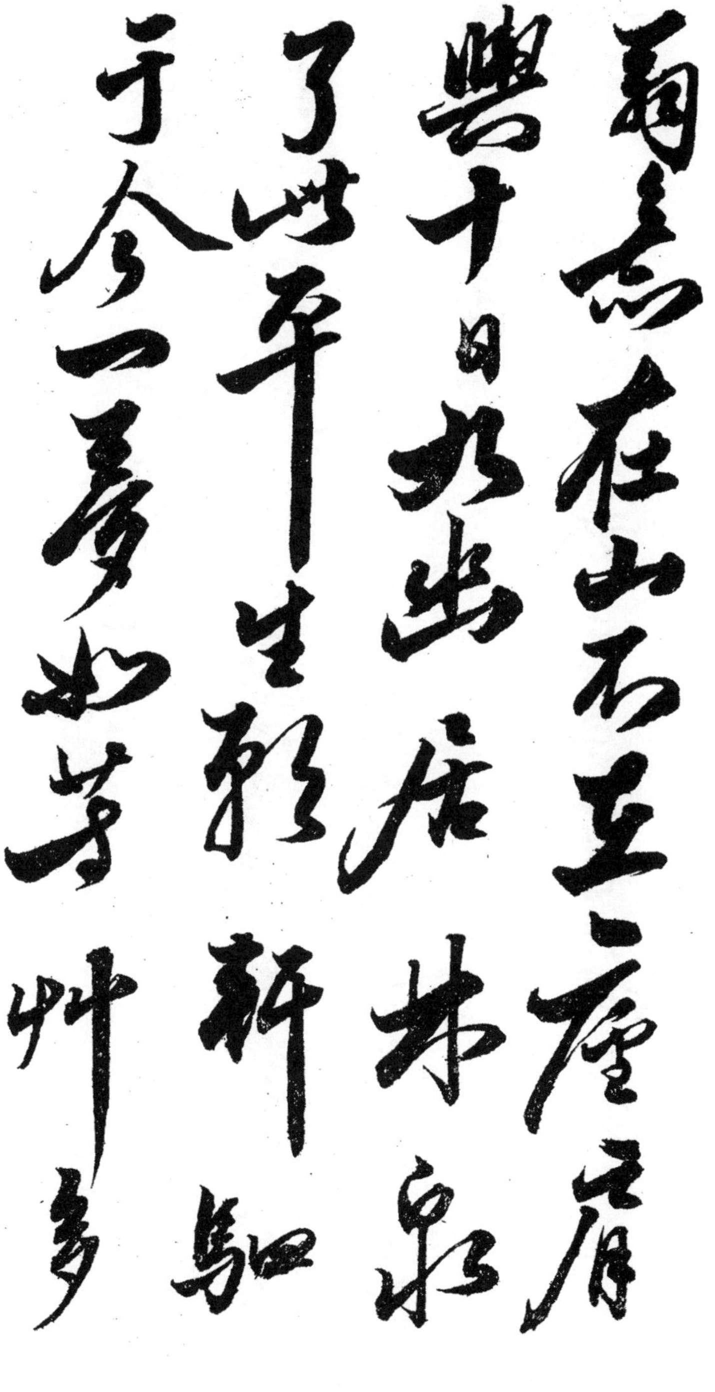

尹善道字約而號孤山南海人仁祖朝文科官參判

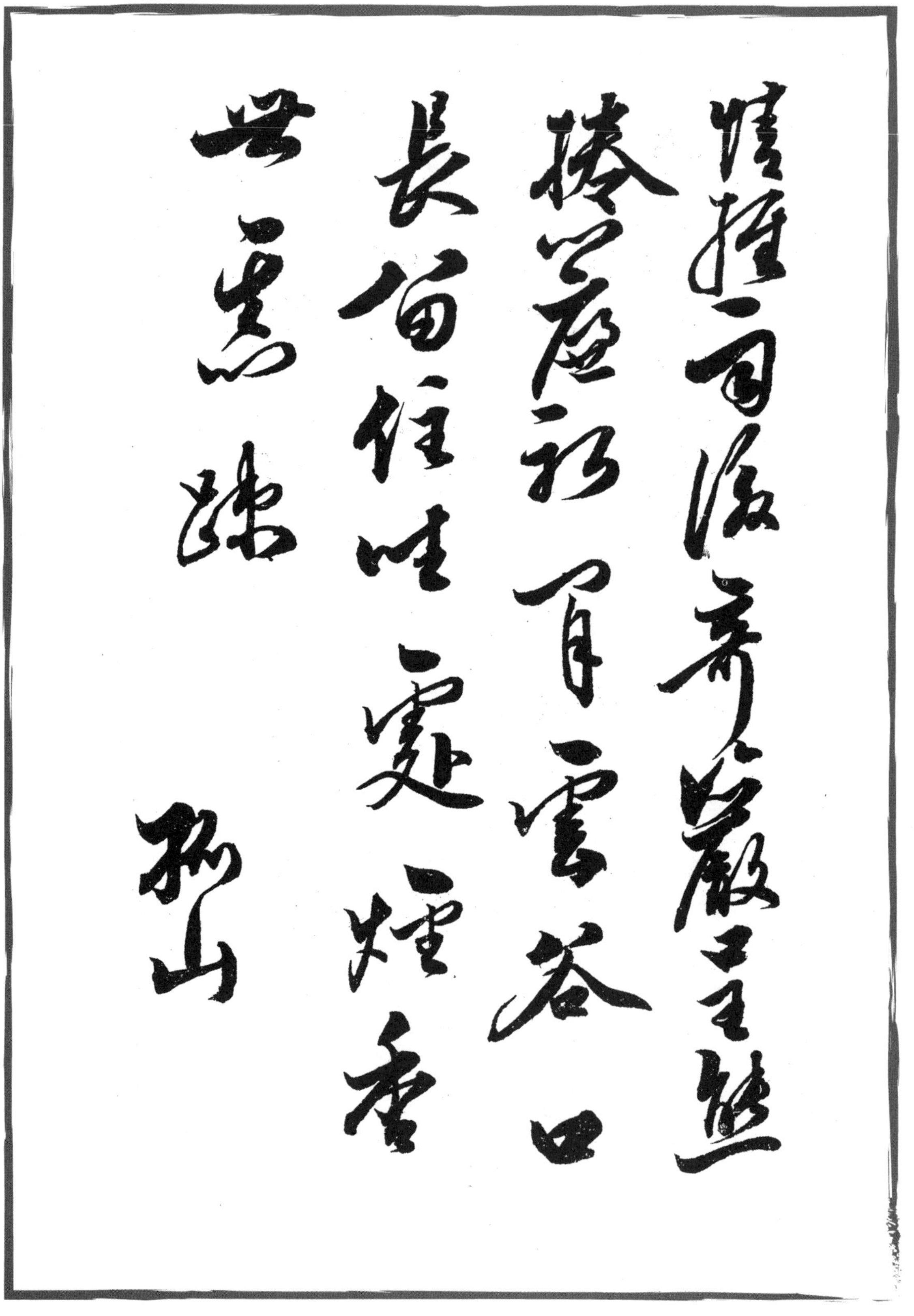

吳斗寅字元徵號陽谷海州人仁祖朝文科官刑判
諡忠貞

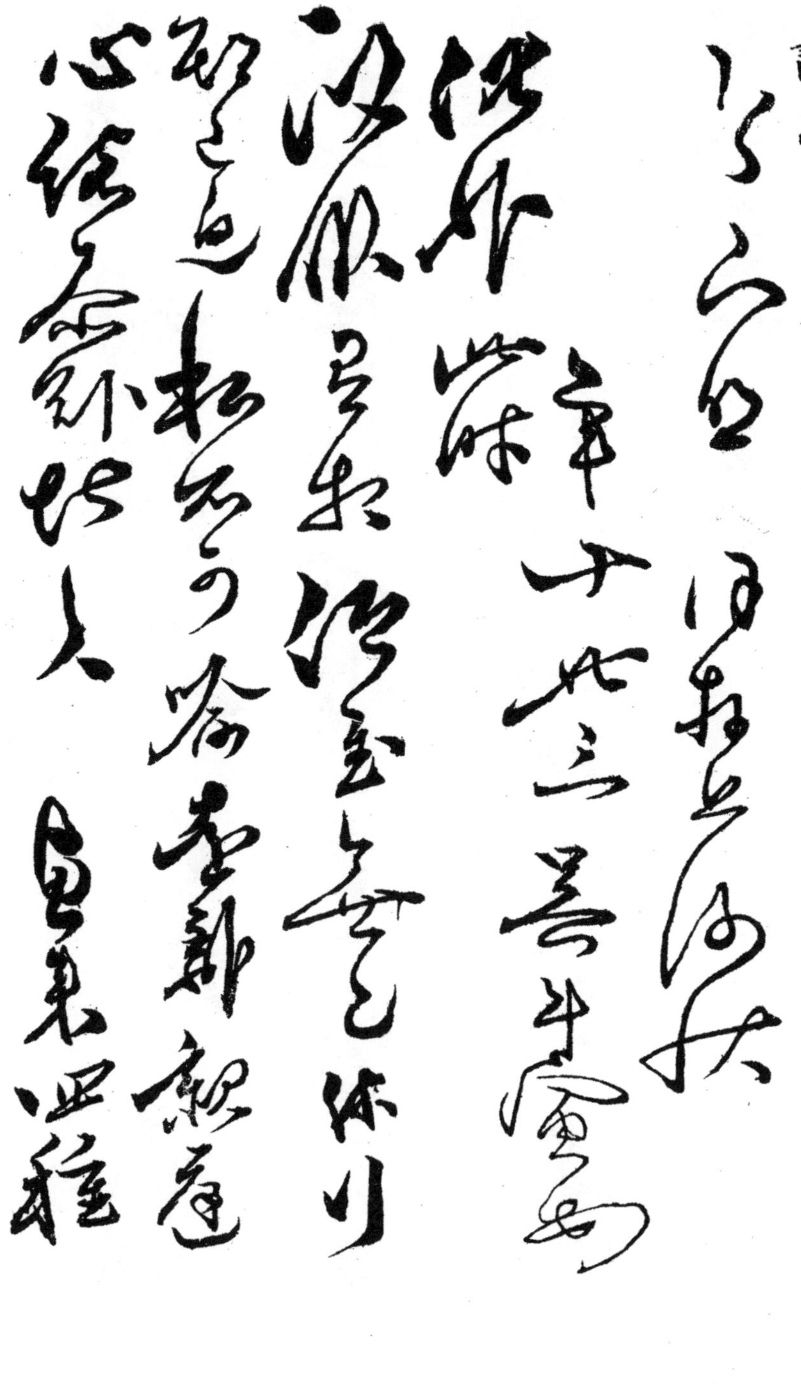

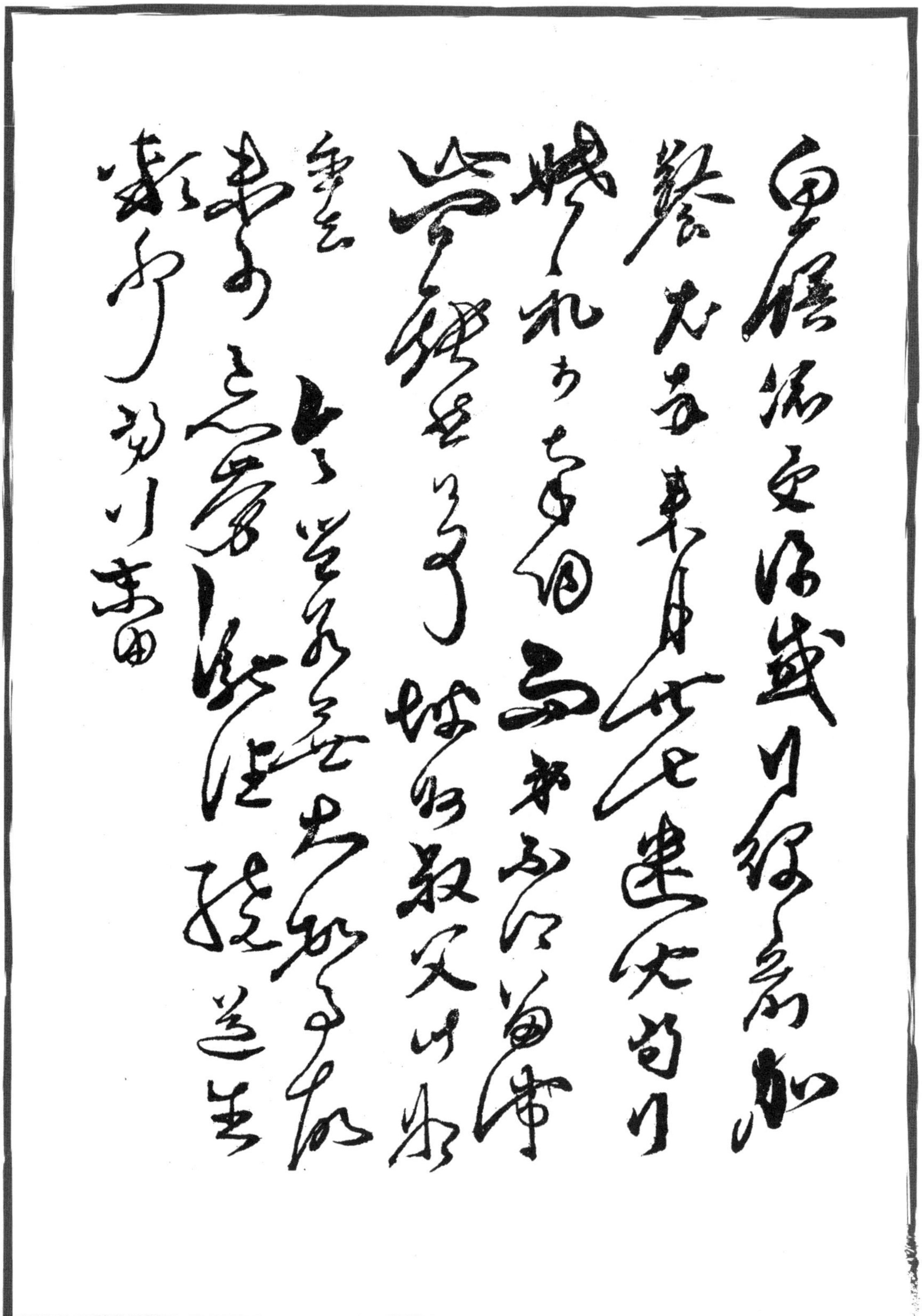

尹元擧字伯奮號龍西坡平人仁祖朝逸進善沙溪
門人

再拜

承問之辱感戢無已 等為行忌事來
會宣寧先村家閒兩留滯聞
車騎將過靡獲趍走
下風姑不備申 謝意耳

宣峯 等

服人尹元擧

林　墰字載叔號清癯善山人　仁祖朝文科官吏判

諡忠翼

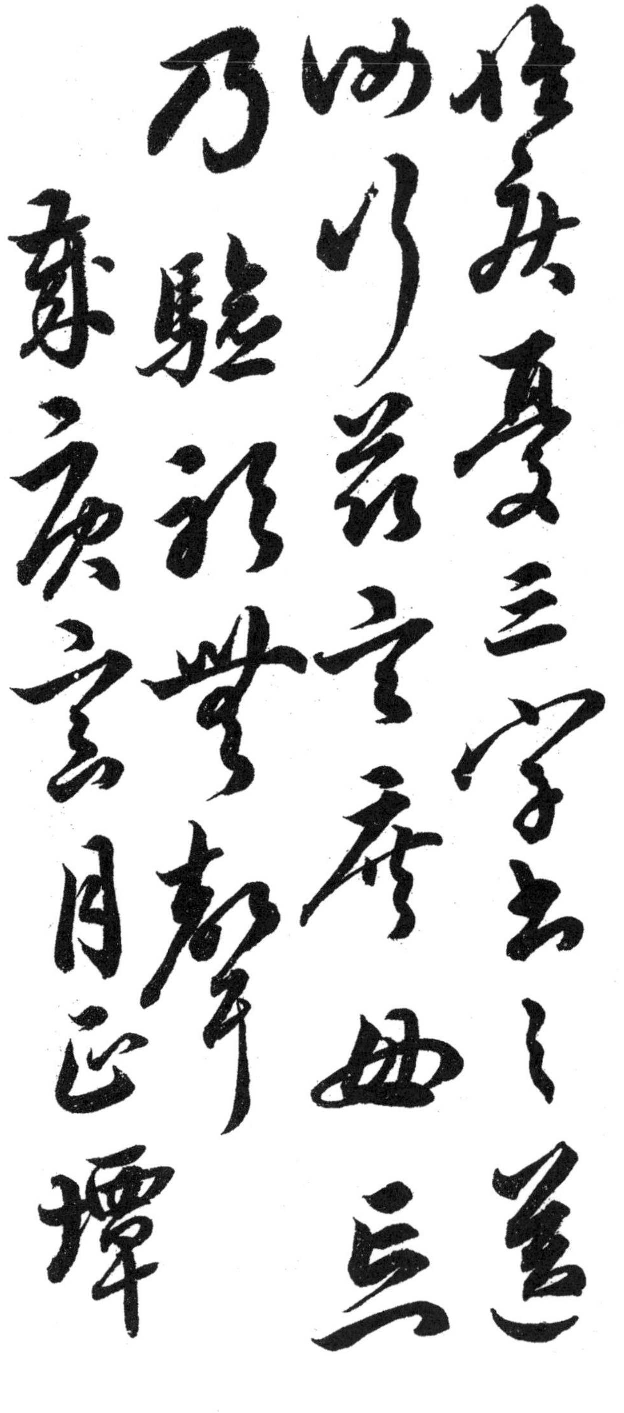

吳達濟字季輝號秋潭海州人仁祖朝文科官校理
贈吏判諡忠烈享顯忠祠

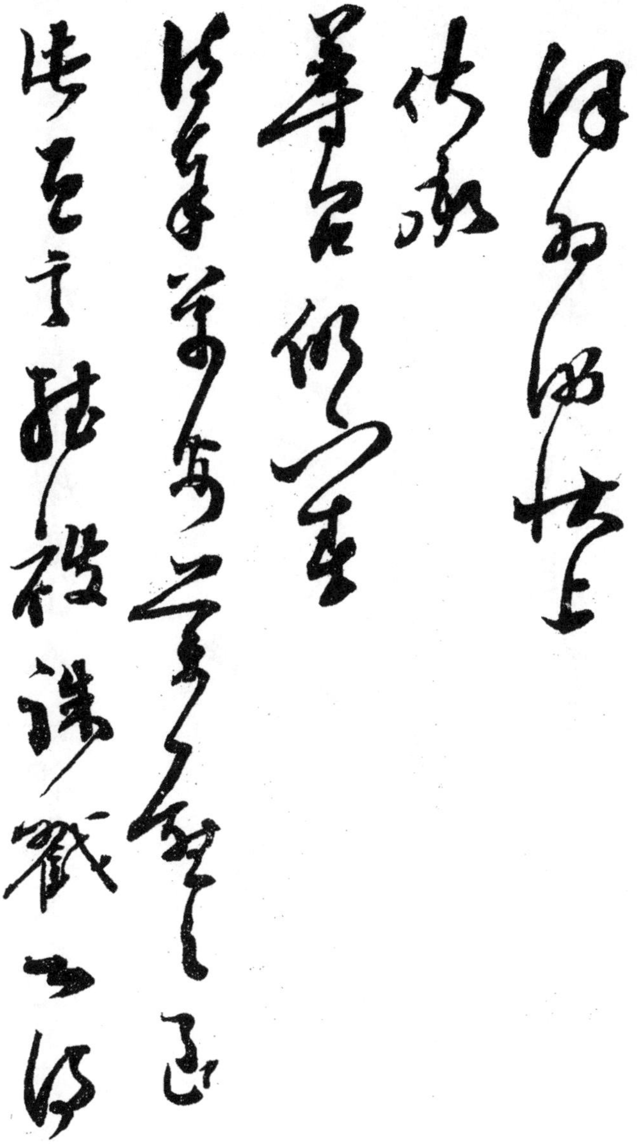

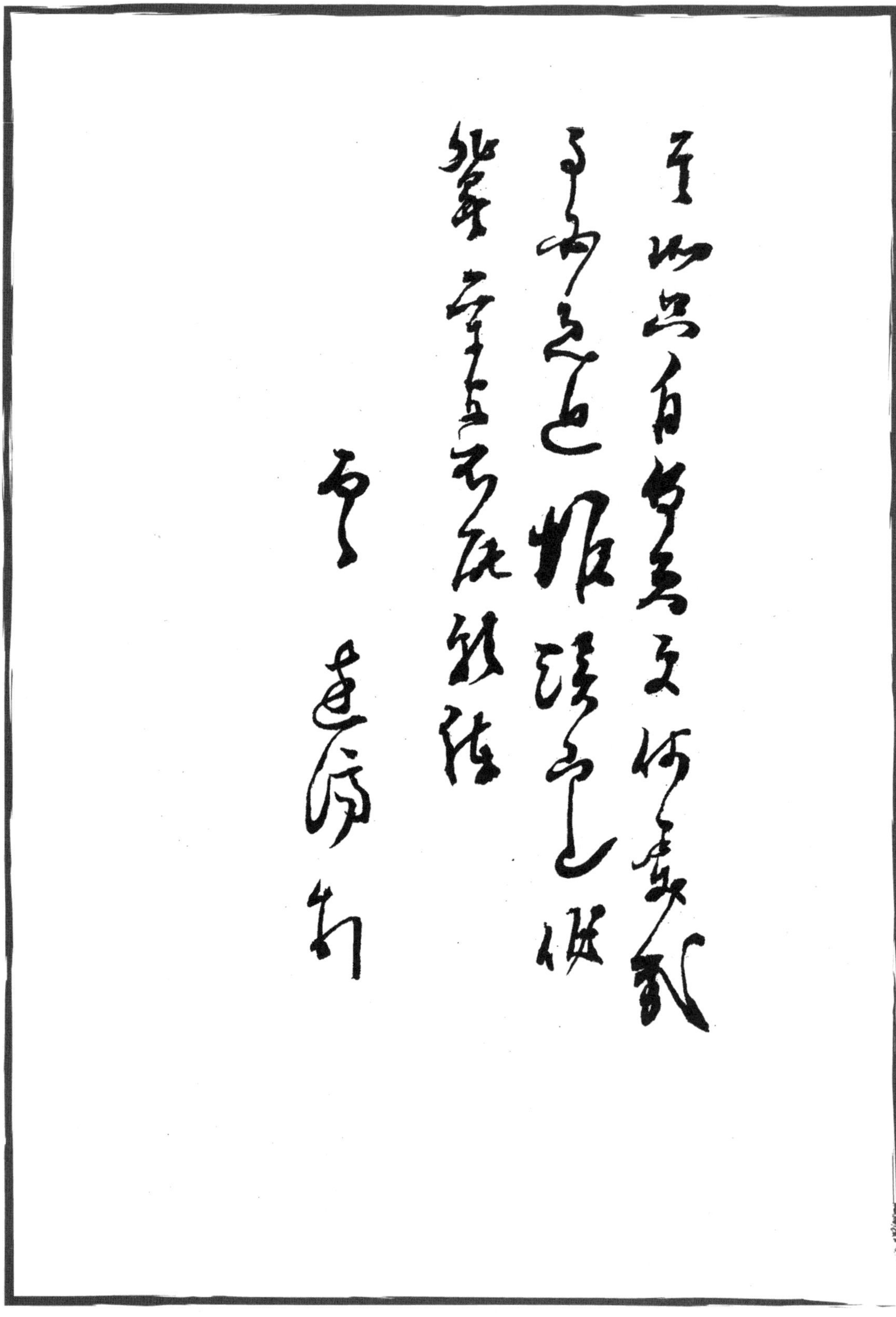

洪宇定字靜而號杜谷南陽人仁祖朝進士爲大君師傅贈吏判諡介節享文山書院

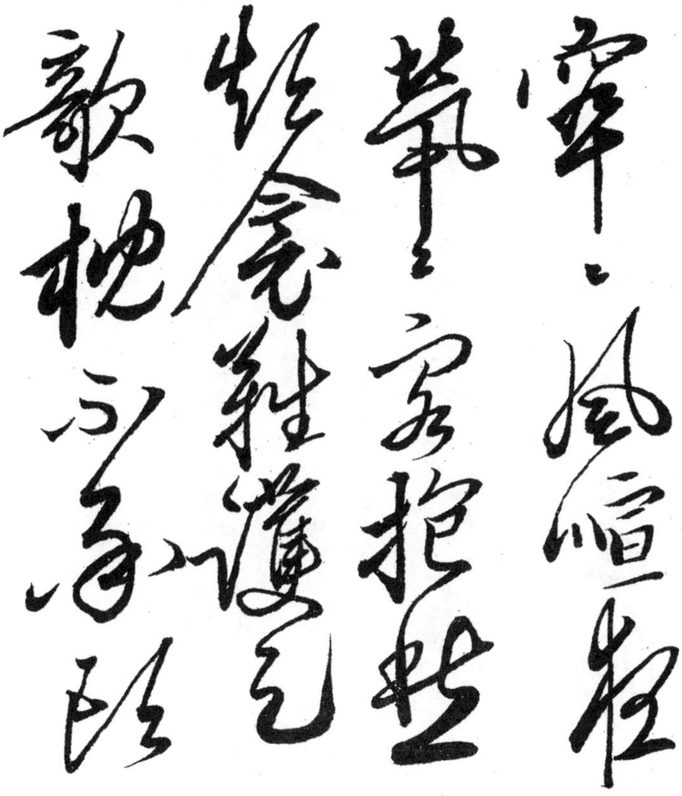

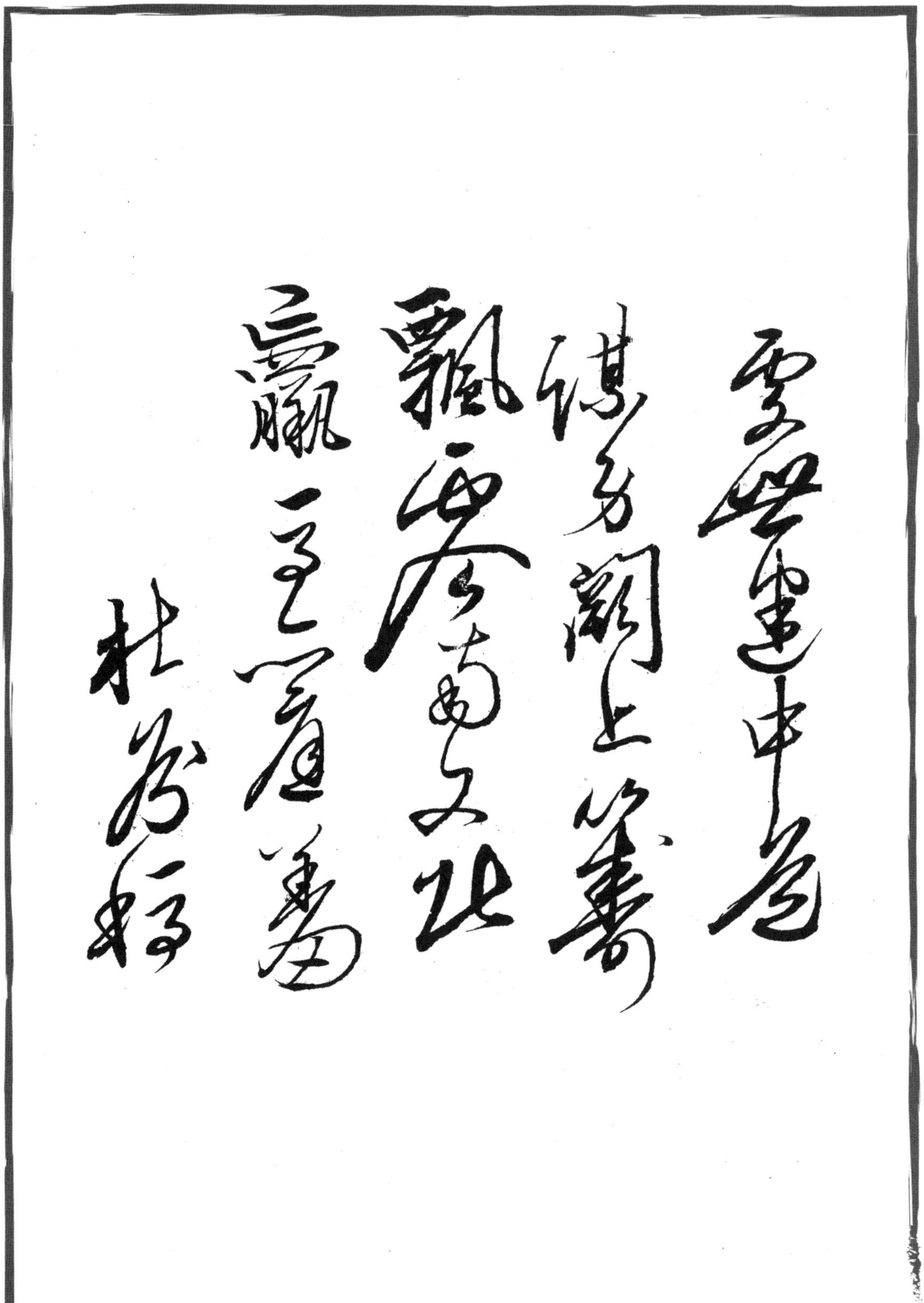

高仁繼字善承號月峰開城人 仁祖朝文科官司藝
西厓門人享孝谷書院

竹谷吟

孤竹何蒼然
碧山猶古色

吾將老於斯
〻心有誰識
月峯居士書

李安訥字子敏號東岳德水人仁祖朝文科官判書
諡文惠

伏承
下書仰慰無量第數日來初寒頗
際不審
尊體平安瞻戀倍切栖妻以兒
輩寒衣未備久稽來 使今始
進去想勤
尊慮不勝士 亡女身患氣之症服藥

調治尚未快差遽差函行近來

此汪屬辟辟成風自

上屢下嚴教至有斷以軍律曰衣

從軍之 教及身 落差之後又

下催促之 命 世難難料 奉拜無

由卸書悒悒言不能喻伏惟

鑒察謹拜 壬戌十月十二日 侍生

上覆狀 李安訥 頓首

金應祖字孝徵號鶴沙鶴洲芳仁·祖朝文科官左尹
西厓門人享勿溪書院

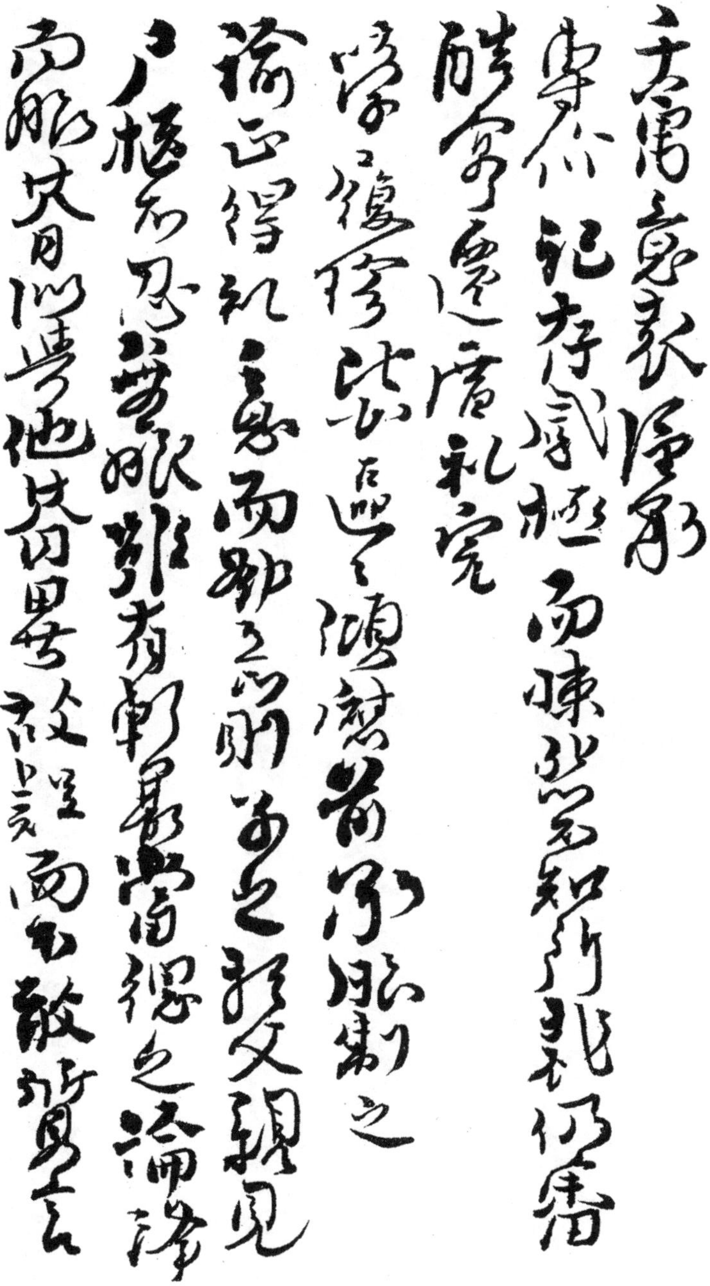

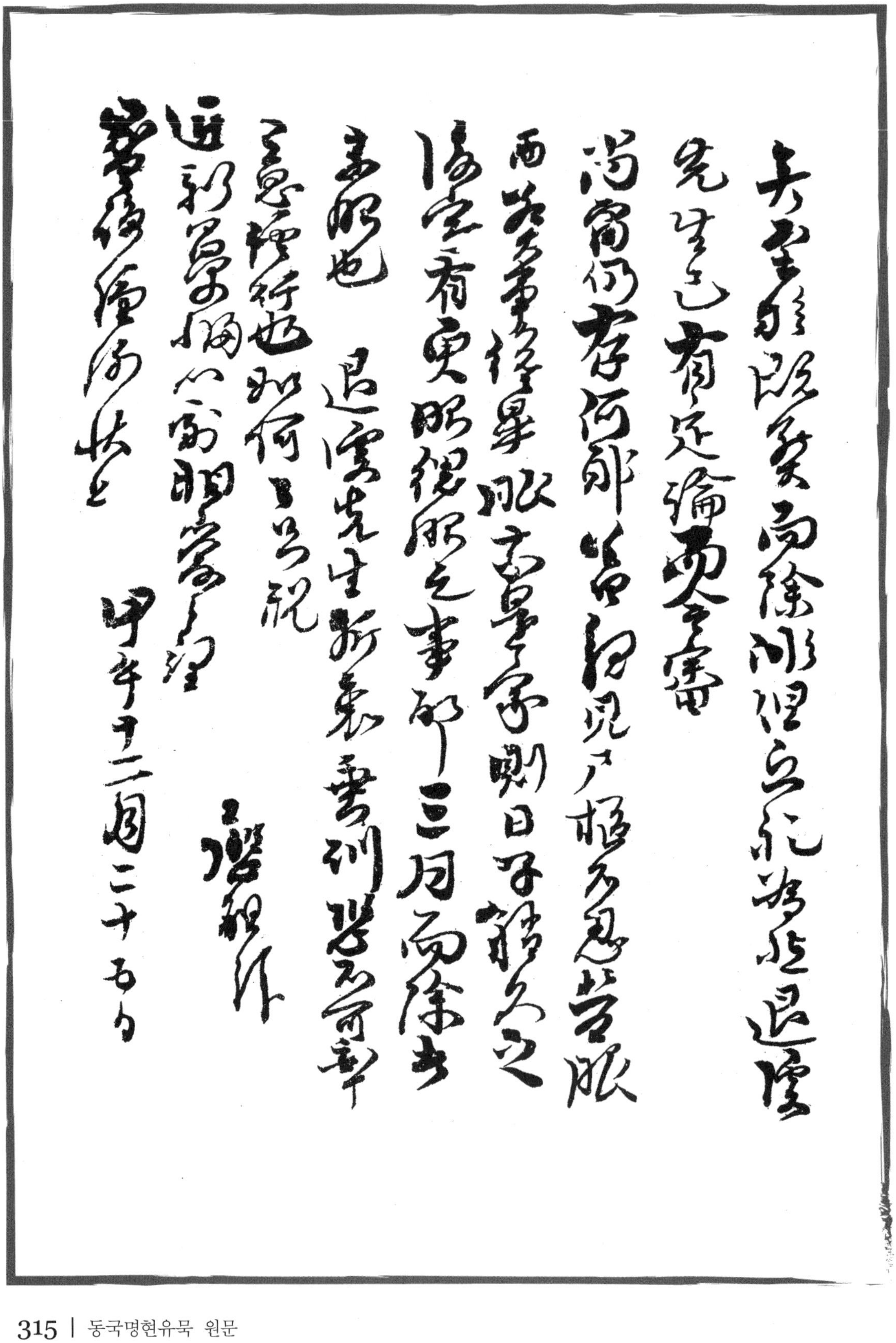

文緯字順甫號芹溪丹城人仁祖朝逸縣監寒岡門人

先生前百拜上書

伏問春來

氣候如何

起居進膳視前亦如何溫井行次不知因何中止而

大槩

氣力運用漸有平復否日夜馳心不能自已小生

頓覺形體羸瘦食飲日減恐非久世之兆奈何頃以省

墓事到會稽因入書院院中凡事事、無形若此
不已今雖
奉安後無可為伏慮、、數三下人困於舟師椅
有遞移之漸新監司若令除復則庶有救之
、路矣到營必拜
先生議以此請之如何丹雘之需祭壽之價皆
無其資并為請之亦如何
奉安事今見其正書之書其意以寧無成為
義想於

先生書中盡之矣天時已和伏願
勉進藥物
速收神功不勝瞻天祈祝之至伏惟
下鑒不備謹
上書
萬曆丁巳三月十七日
門下文緯 百拜

許景胤字　號竹菴金海人仁祖朝文科官直長

山外都忘甲子回
柴扉不向去人開
庭前一樹梅花
老獨發王春

竹光

尹澄之字巨源號秉菴海州人仁祖朝文科官司藝

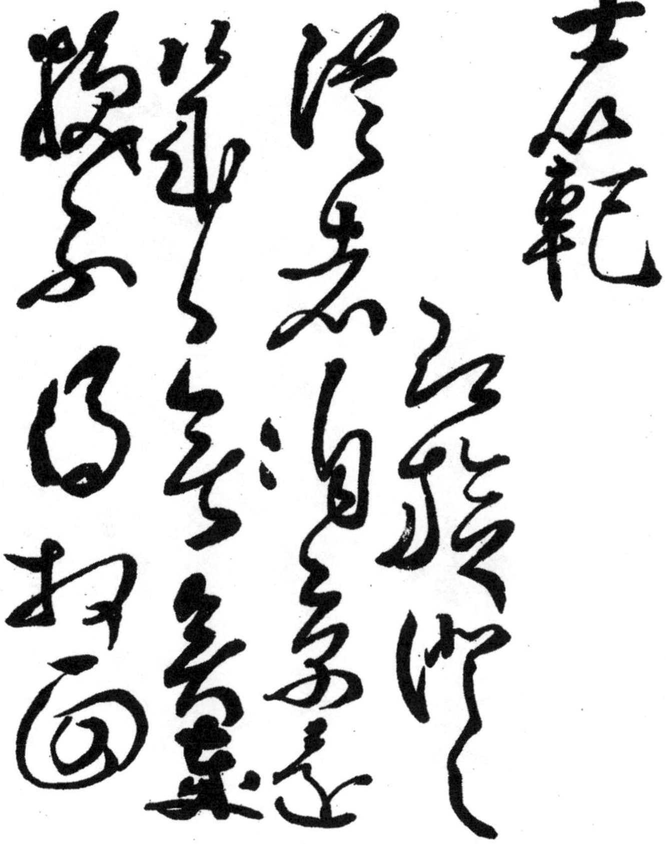

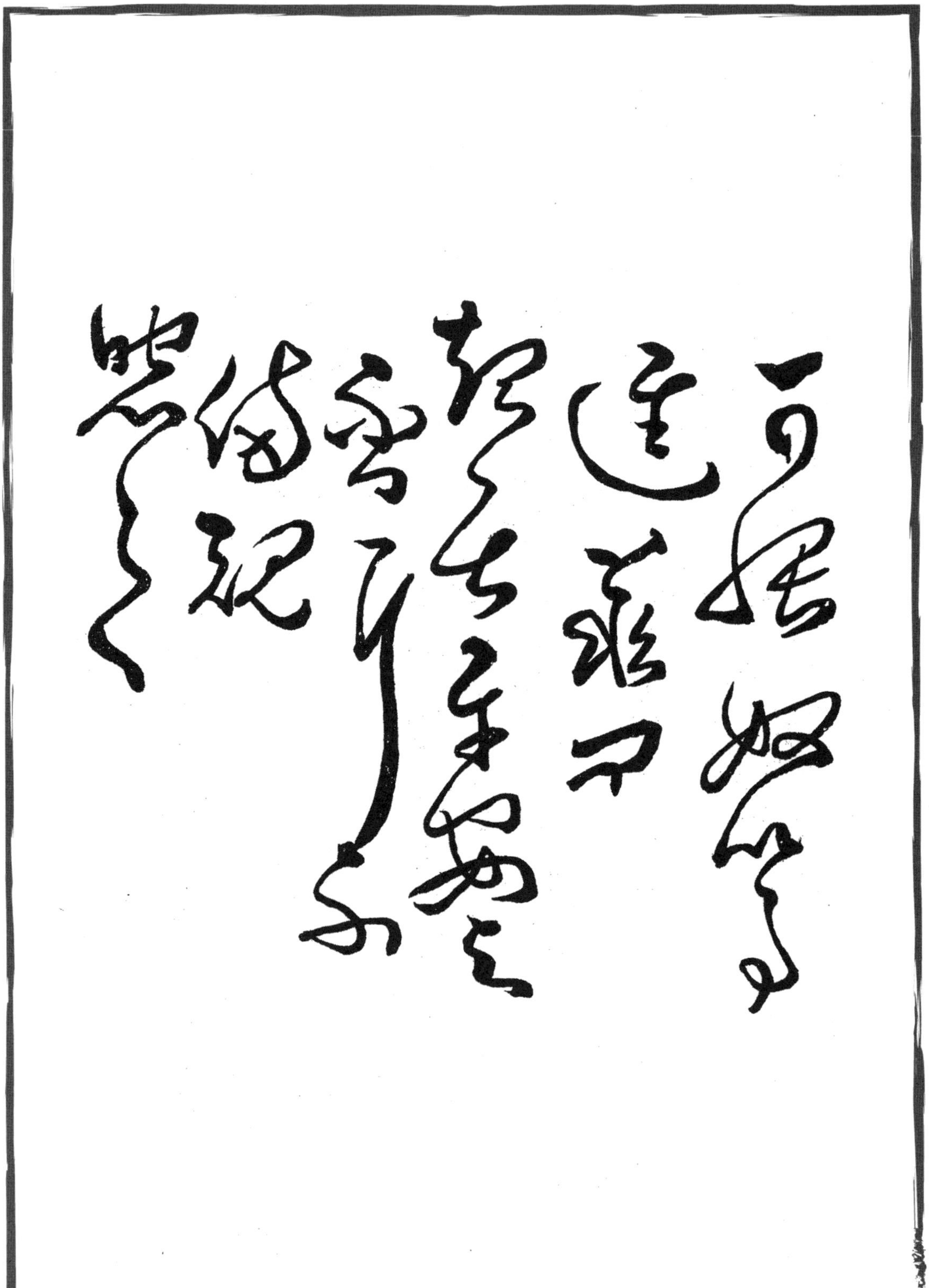

南龍翼字雲卿號壺谷宜寧人宣祖朝文科官吏判
諡文憲

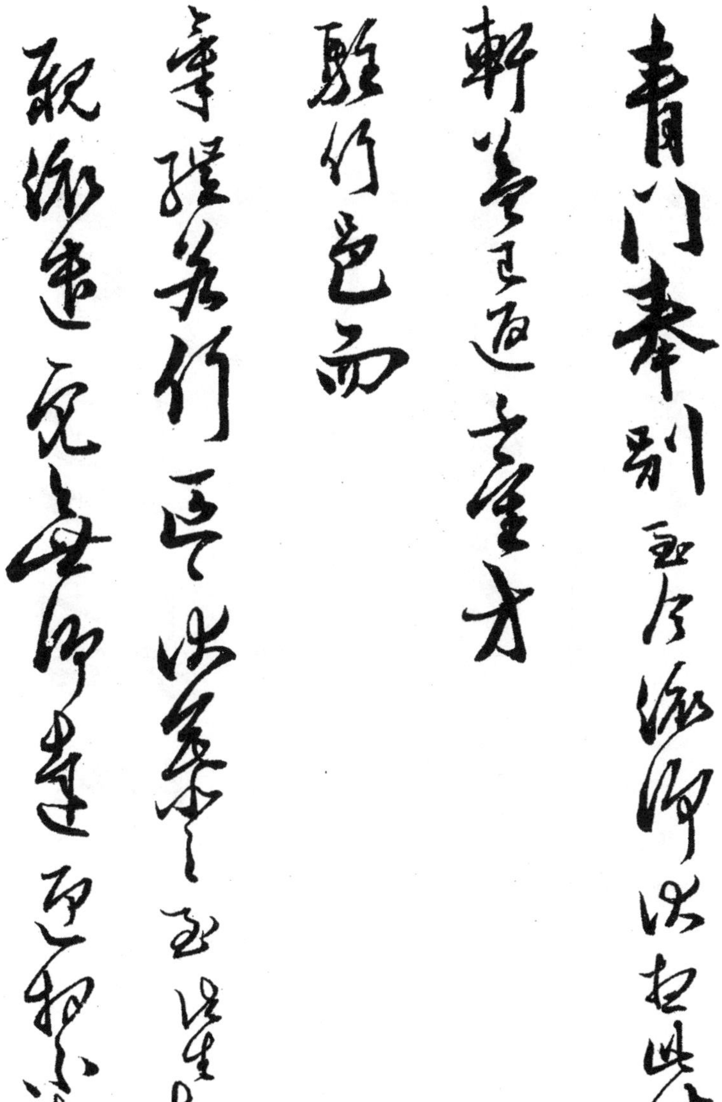

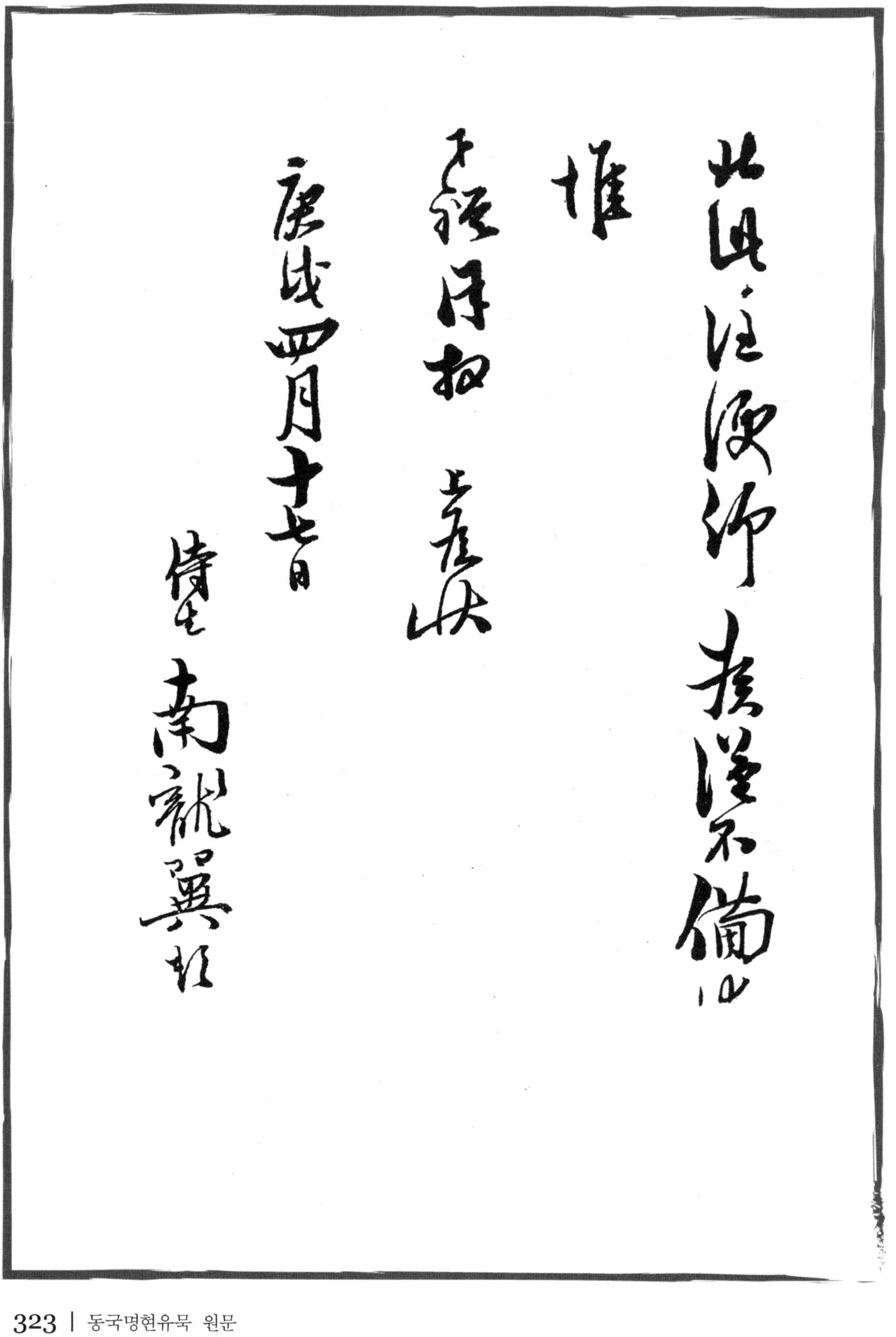
此比注須仰 於謹不備也
惟
下鑑 拜叩 上狀
庚戌四月十七日
侍生 南就翼 拜

許 積字汝車號默齋陽川人仁祖朝文科官領相

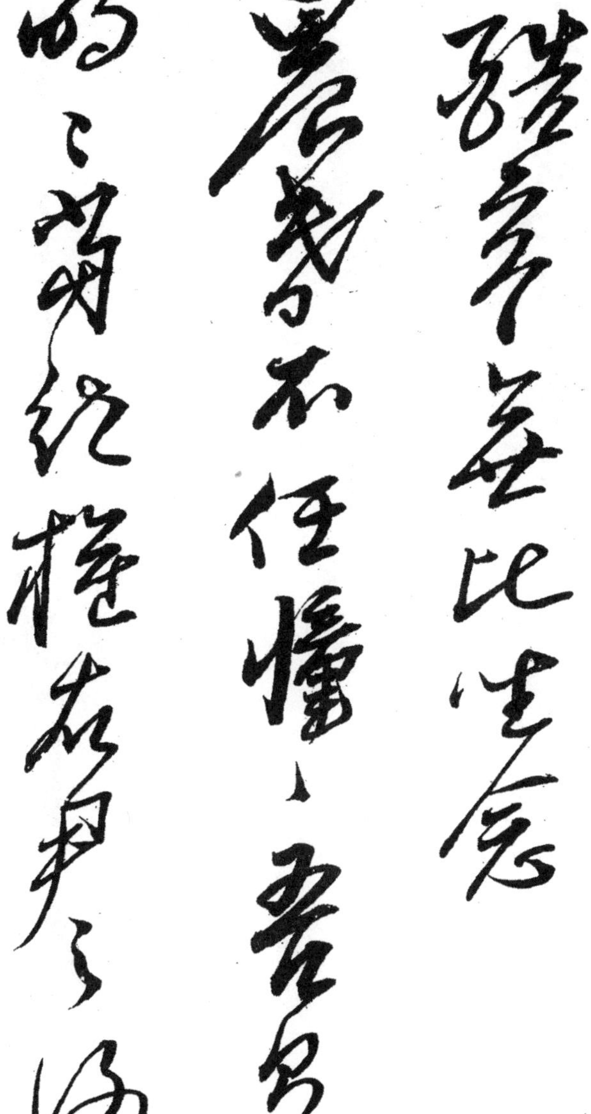

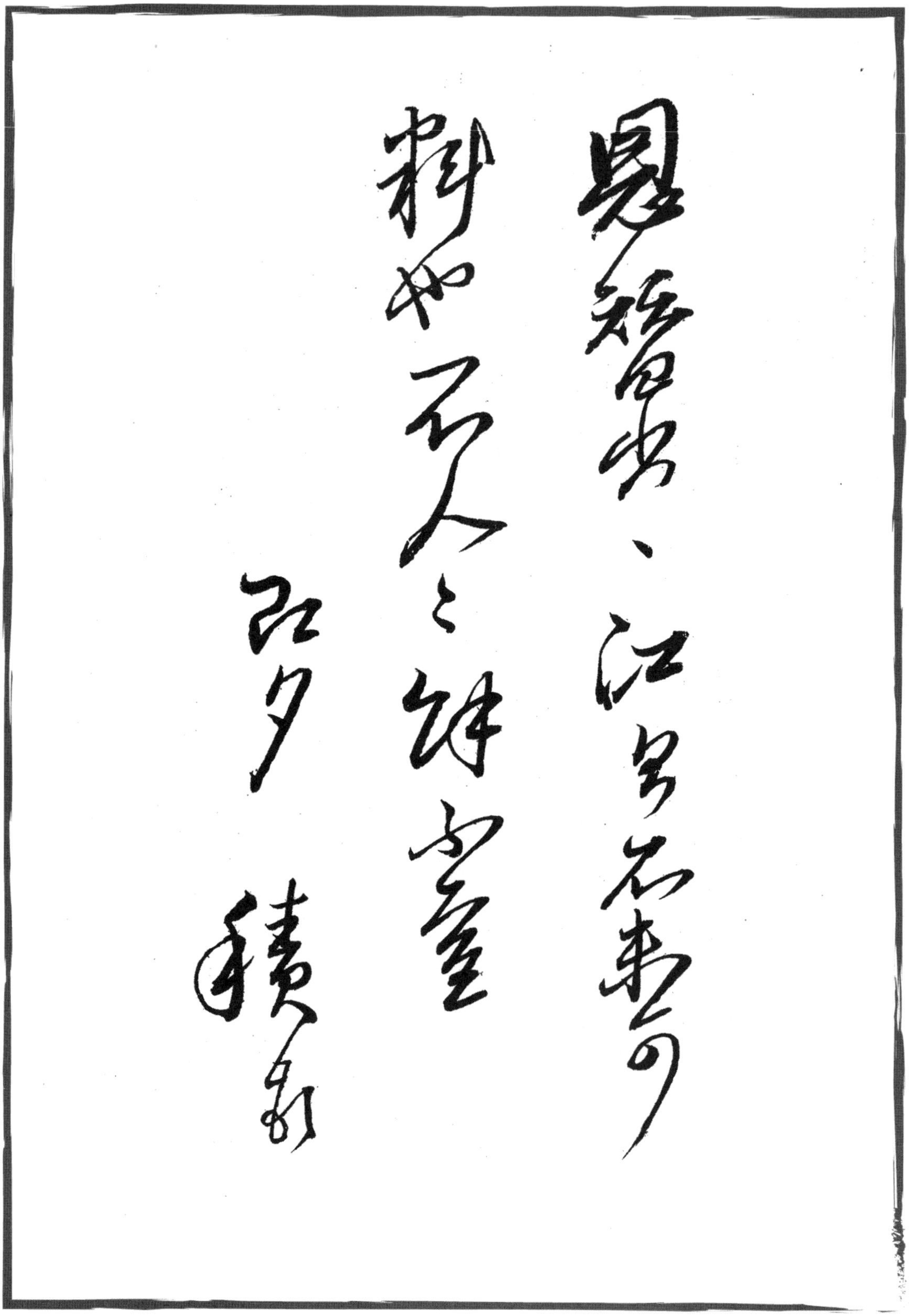

金 集 字士剛 號愼獨齋 沙溪子 仁祖朝 逸 判中樞
諡文敬 從祀文廟

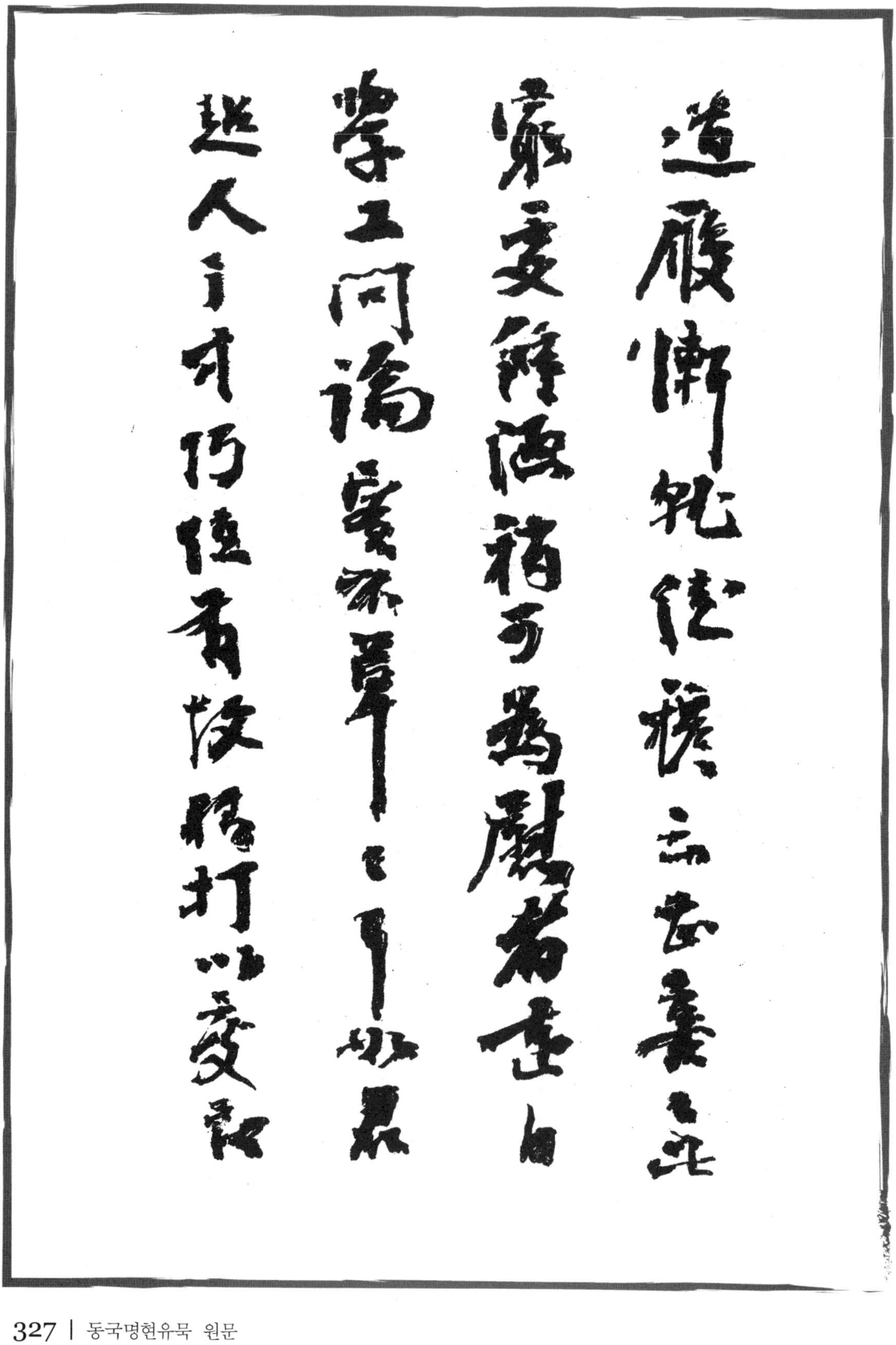

許穆 字和父 號眉叟 陽川人 孝宗朝 逸領 相 諡文正 寒岡門人

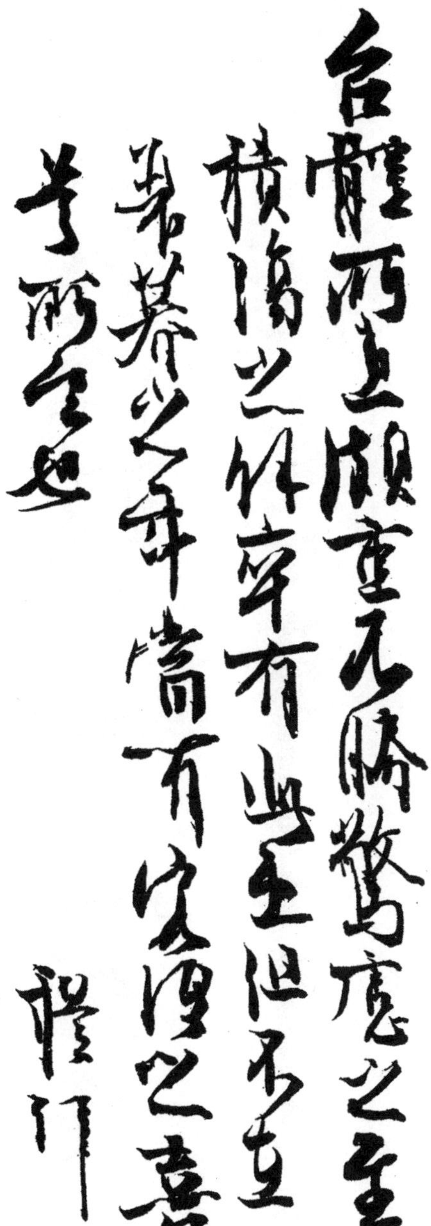

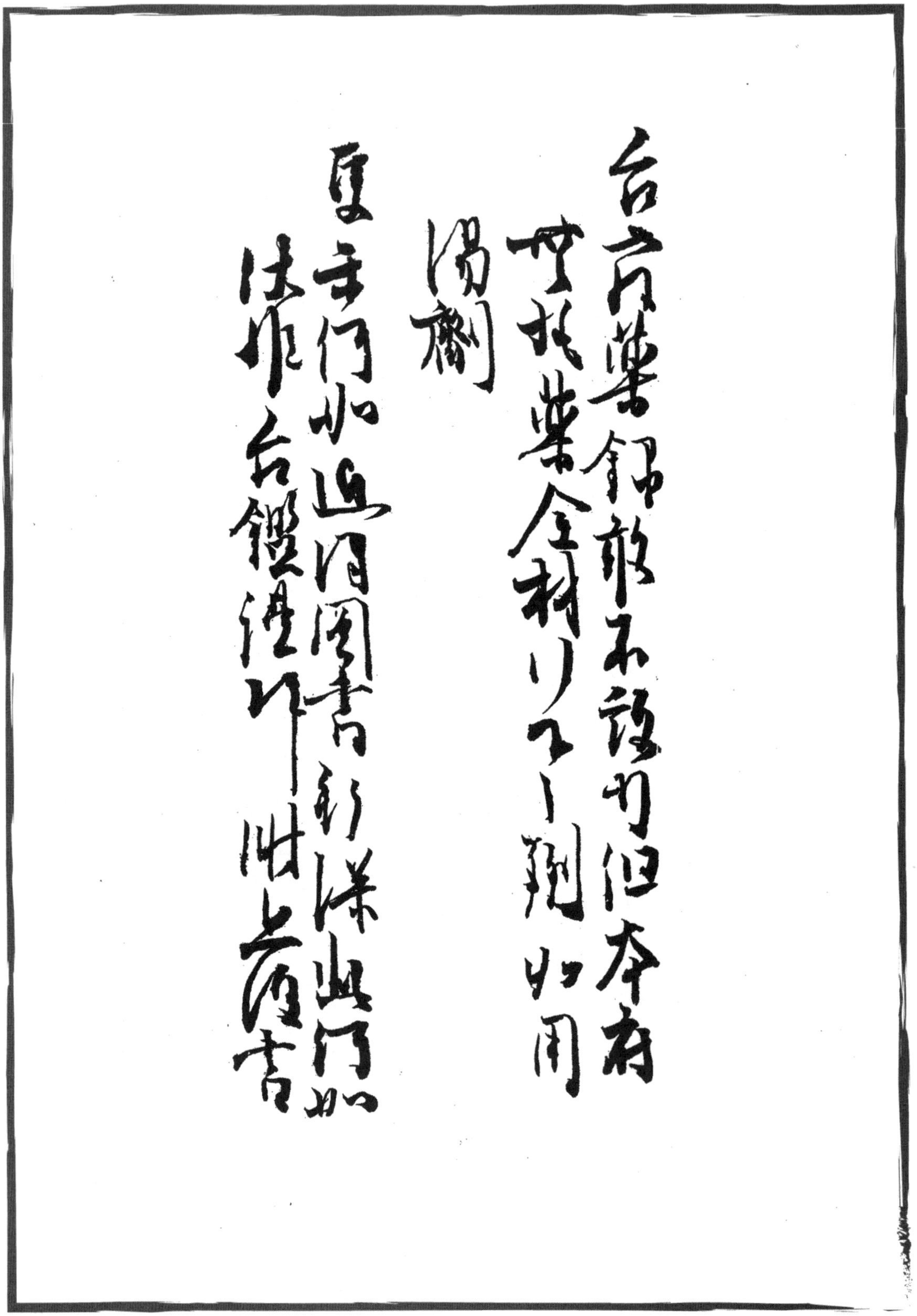

宋浚吉字明甫號同春恩津人孝宗朝逸參贊諡文正沙溪門人從祀文廟

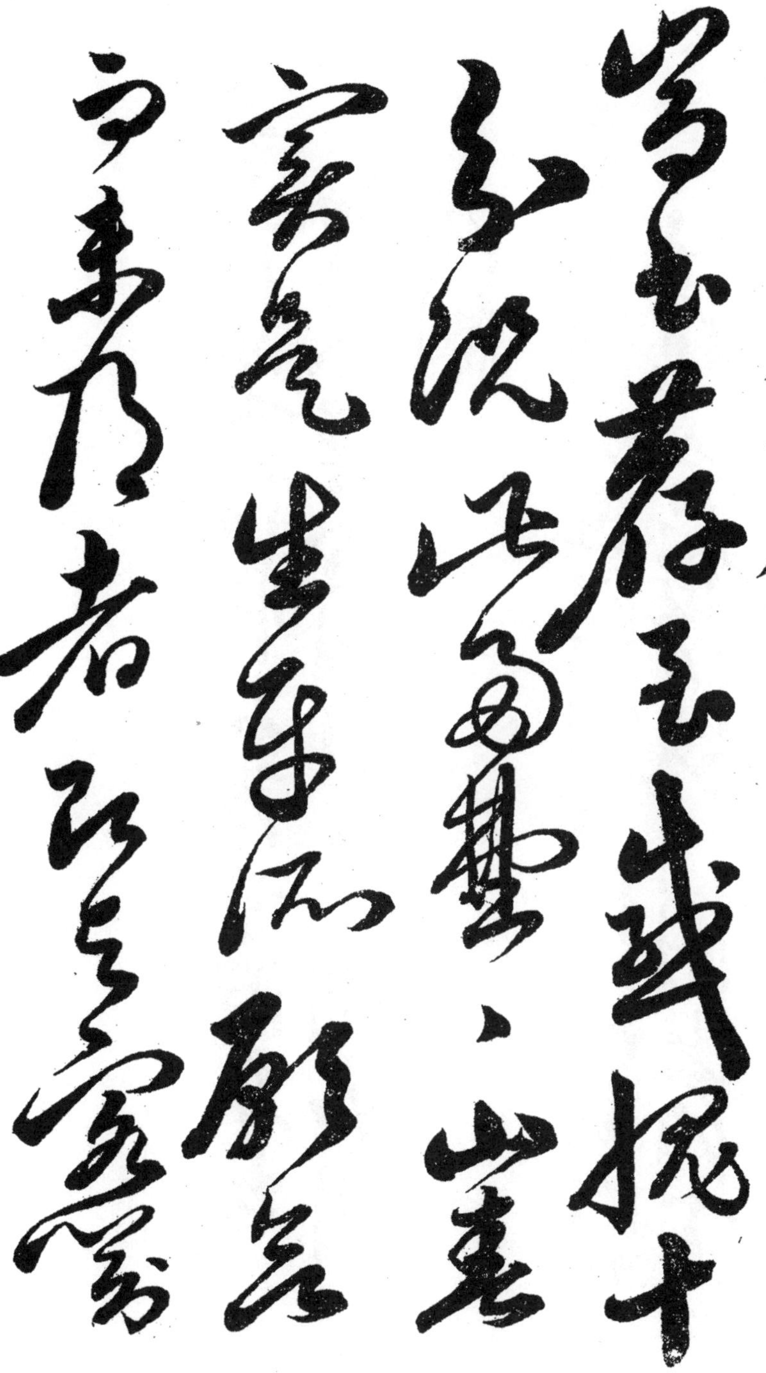

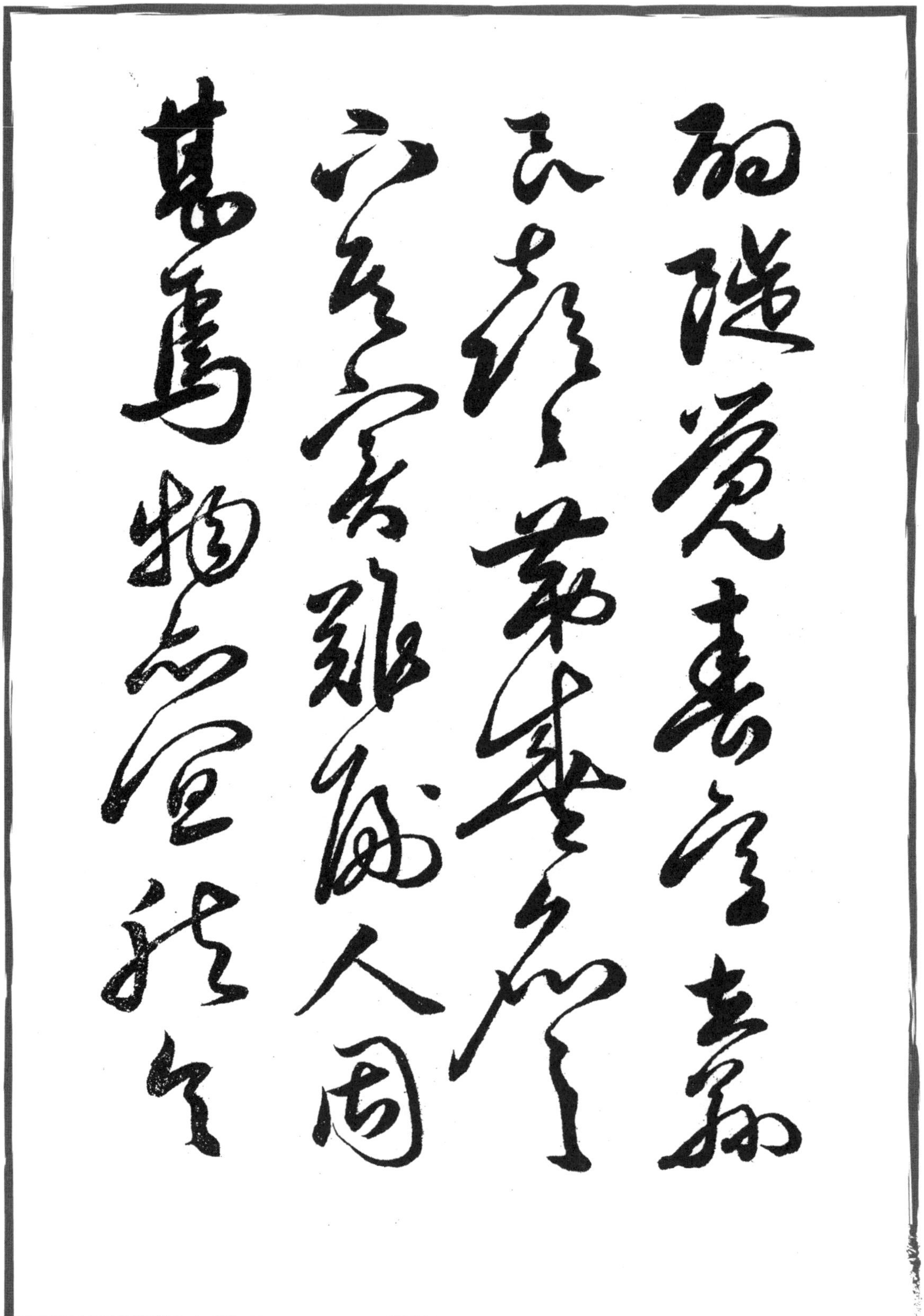

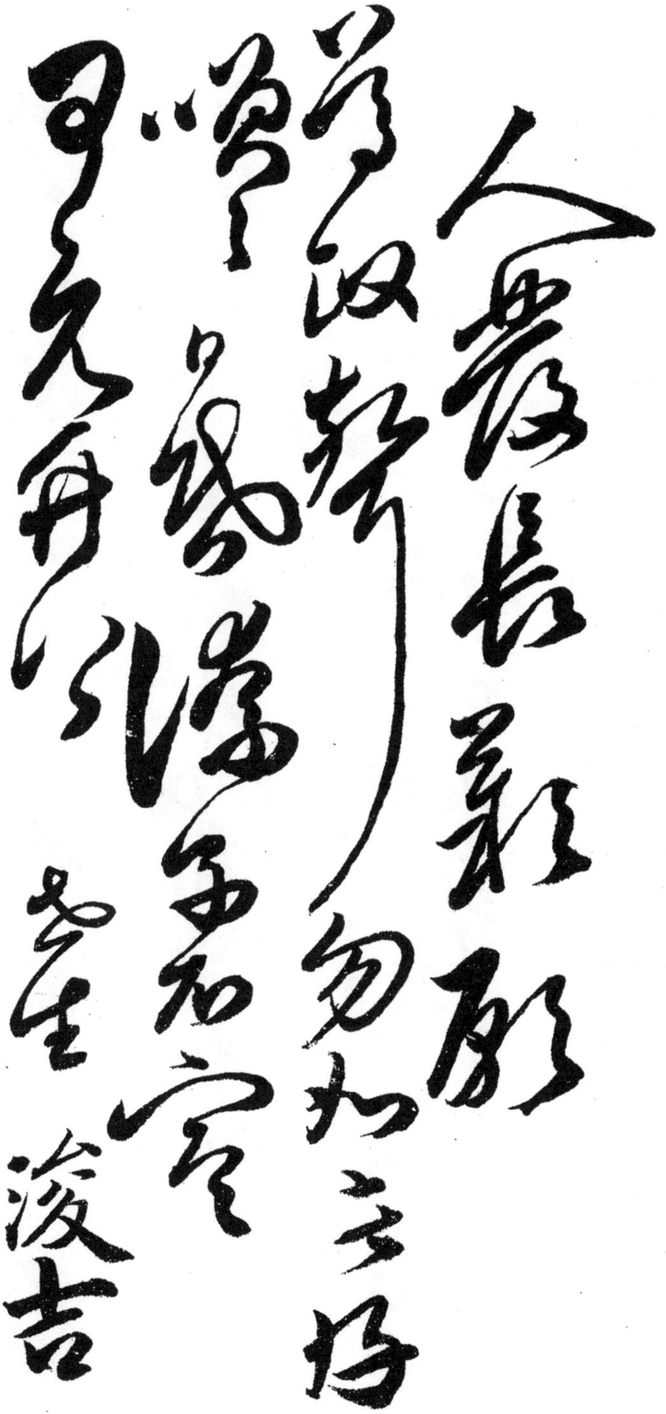

尹鑴字希仲號白湖坡平人仁祖朝逸貳相

不上白
安拜弟初吉
寫惟謹春鎬
祝候伏惑仲
此體言下狀
朝於吏便修附一書昨來
官係文此告歸略將平安
字以達此便而拘
書按繹垂[illegible]年之狀 臣昜

宣論伏不審信後
閣候若何伏慮萬萬此間
吾家書已達唯是一事不
能爽第當暑傳去爲能
堪事也可笑可嘆念前文
此兄便來知此友了
之此能作書也萬萬何能説

宋時烈字英甫號尤菴恩津人顯宗朝逸左相謚文正沙溪門人從祀文廟

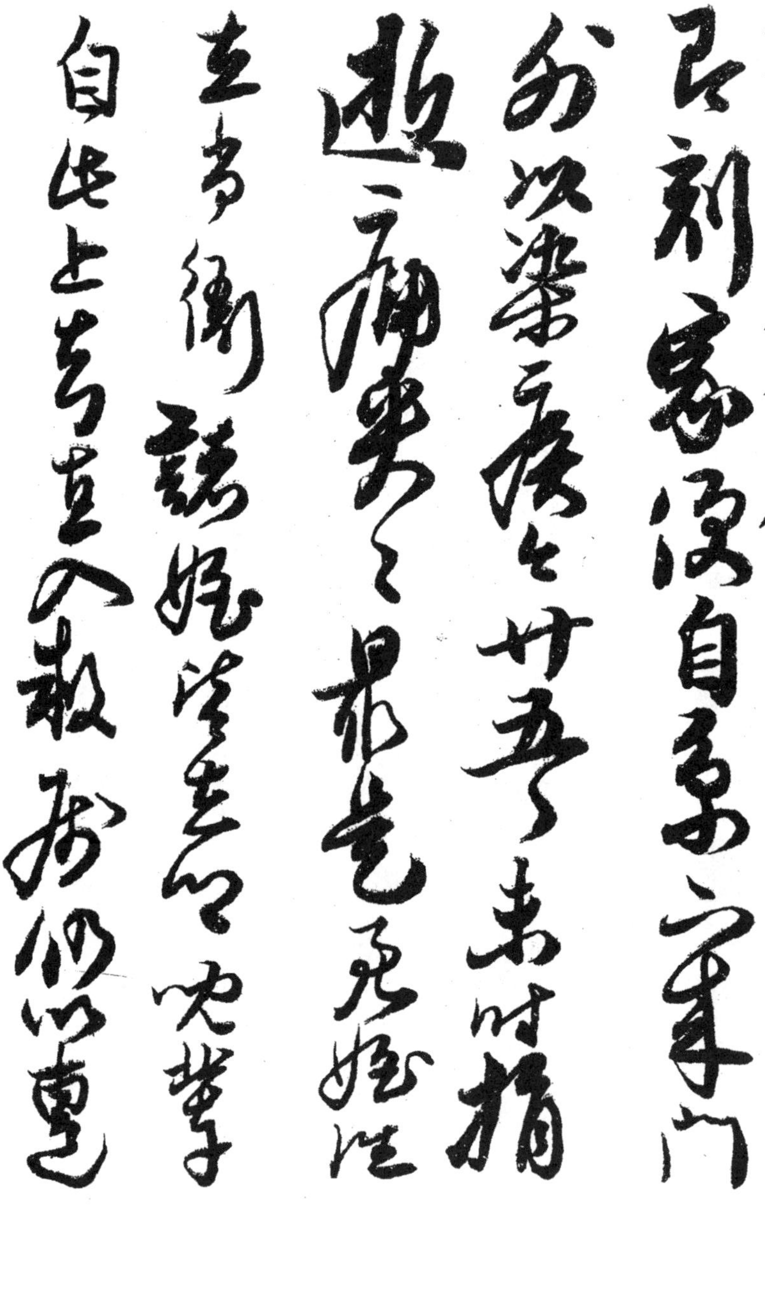

春寒[illegible][illegible]體服者何
以[illegible][illegible][illegible][illegible][illegible]樂[illegible][illegible][illegible]
保思之[illegible][illegible][illegible]吏[illegible][illegible]
[illegible][illegible][illegible][illegible][illegible][illegible]以[illegible][illegible]
[illegible]

辛丑三月廿九 [illegible]

鄭太和 字囿春 號陽坡 東萊人 仁祖朝文科 官領相
諡翼憲

罔極之
國恩出於夢寐意望之外 五內
如裂不知攸喩攢集書上
自誤書差生非 學所知奈
何々不宣
己亥五月十一日 太和

權諰 字思誠 號炭翁 安東人 孝宗朝 逸左尹

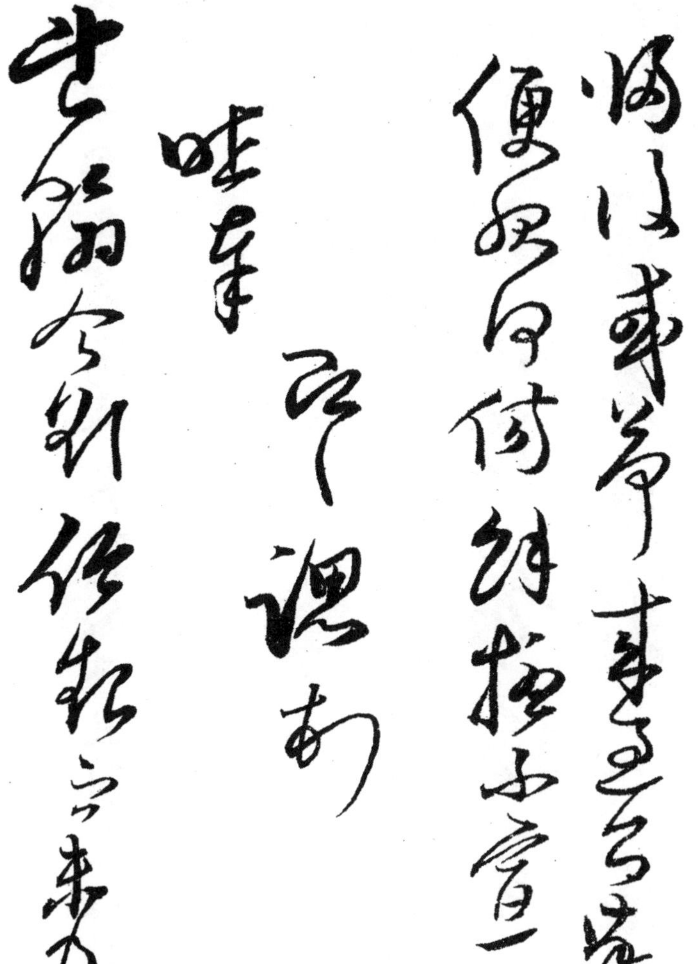

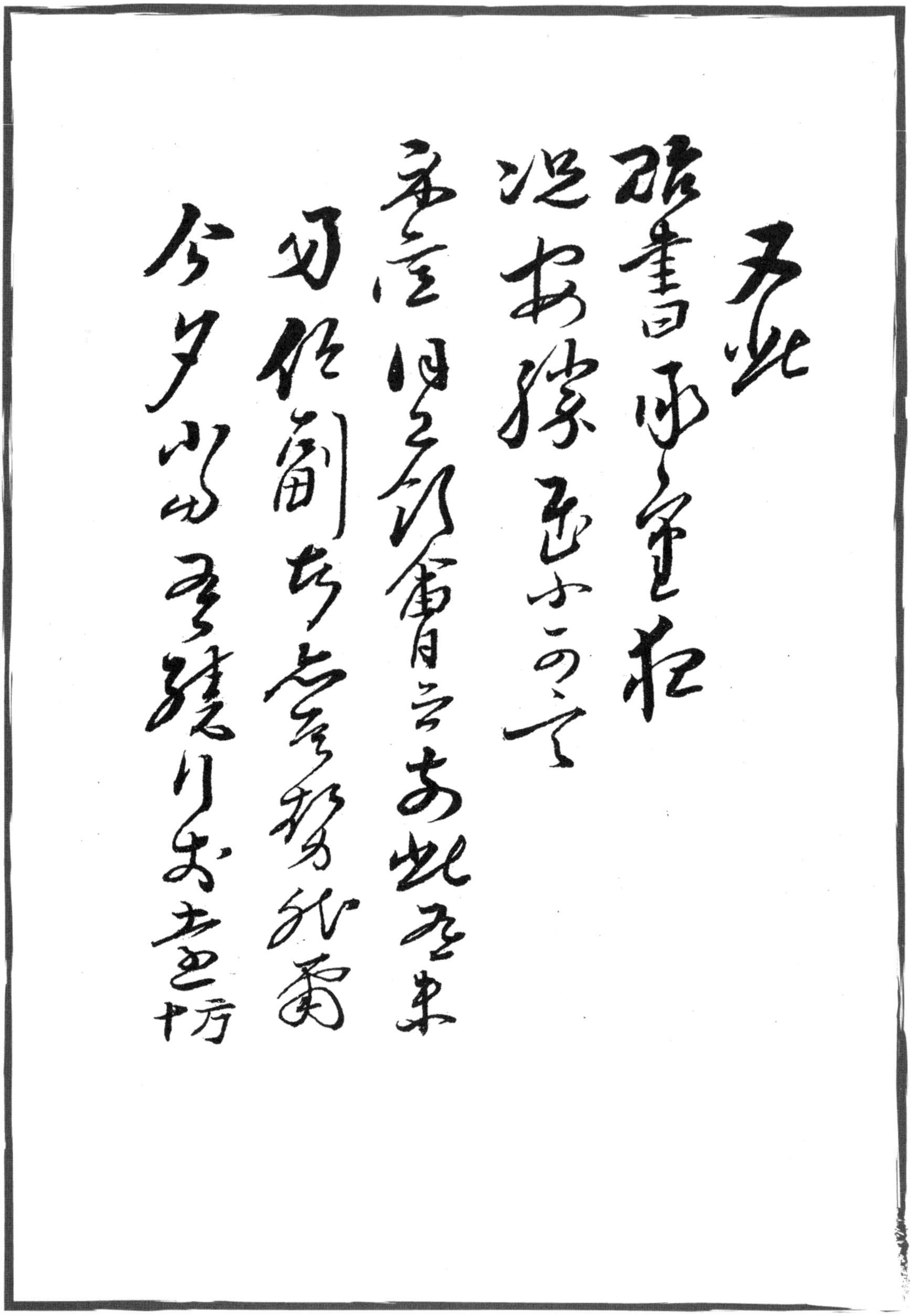

張應一字經叔號聽天堂旅軒子孝宗朝文科官副
提學謚文穆寒岡門人

卽見下人告曰知
遂欲歸之意此在
城主爲可喜其於民情豈勝落
莫如民者白首此別當以泉下

爲期悵黯曷喻近竢沉路稍

乾一趨伏計兒子昨已登程方

爲之依歎伏惟

尊鑑謹拜候狀上

壬子閏月十七日

民 張應一

洪汝河字百源號木齋玉林人孝宗朝文科官大司諫修巖門人

敬次呈

令丈詩案下

遥憶淵明獨臥詩

看雲秋岫也無心醉

餘得句勤相問兮我

東籬句酒斟

壬寅九秋侍生洪汝河

拜稿

李觀徵 字國賓 號芹谷 延安人 孝宗朝文科官判中樞 諡貞僖

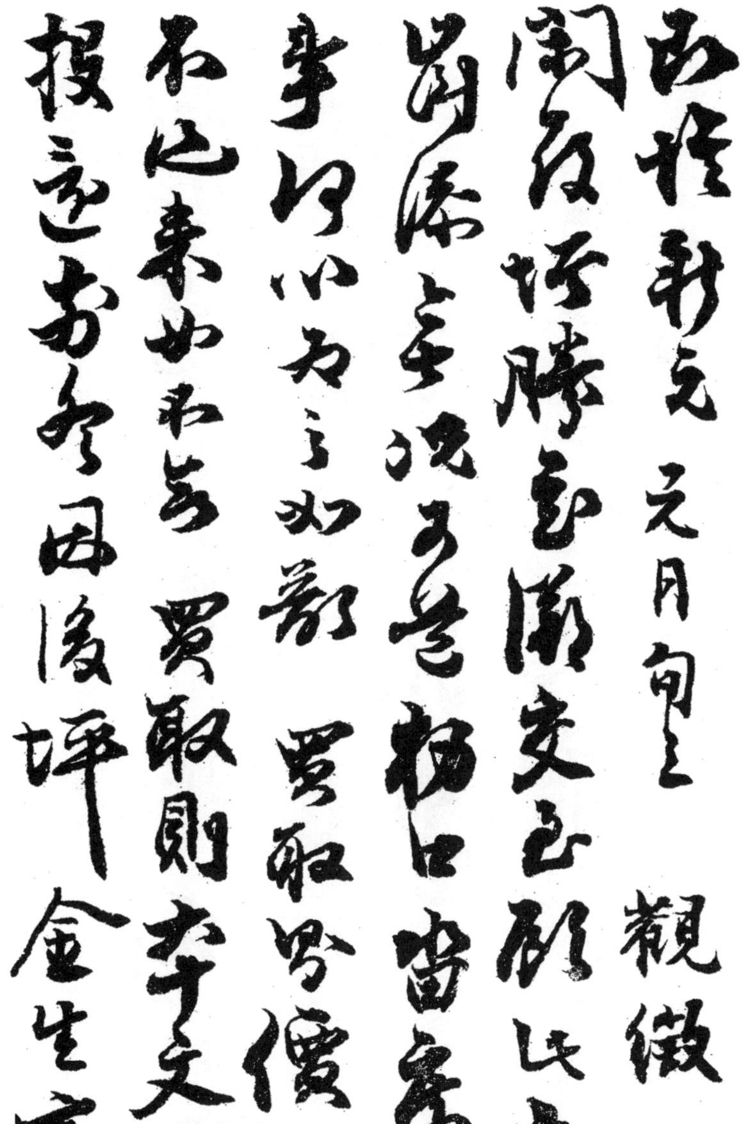

書覓之　謹承面伺々慰極 扣傷
方悵詞蒙安比叔僕謝璧文當爲
岐百幾便　付之如何耶祝穀
冬拜來勿忘答　以弟耳　如來拜
來則可無自臣之叔收拜還
詳矣了如何家信見宣伏惟
尊照　謹存狀

李䎘 字仲羽 號逸休堂 牛峰人 孝宗朝文科 官右相 諡文憲

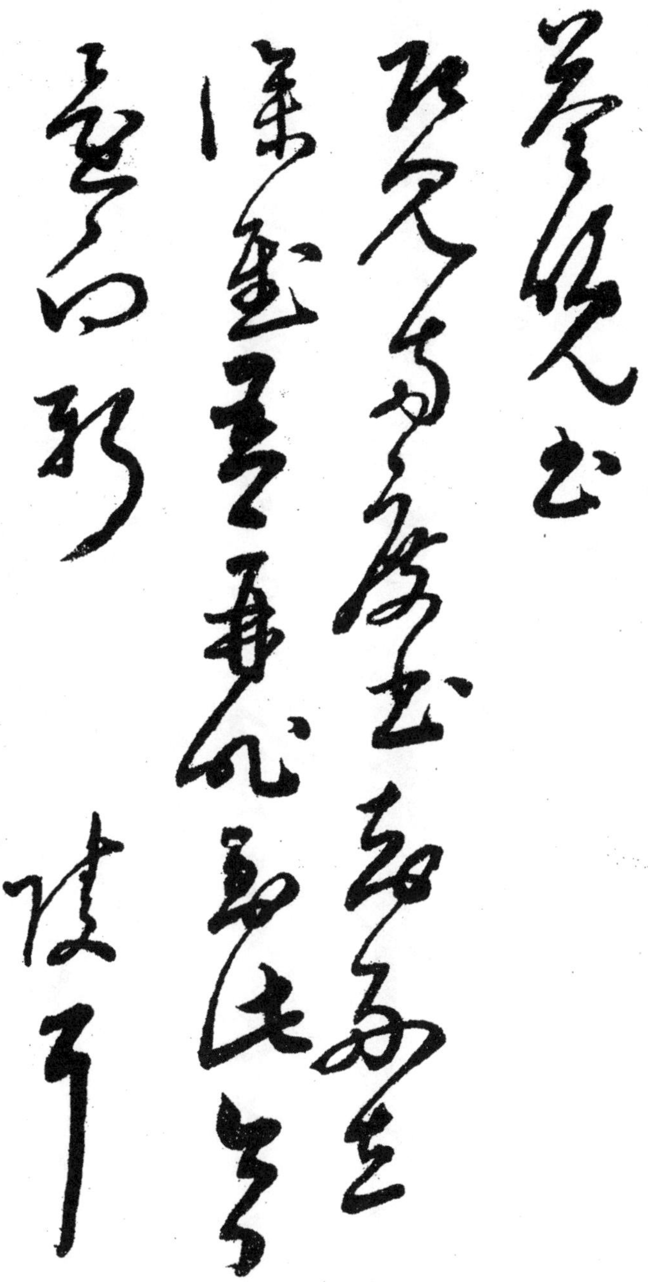

此後佳惠秋高出中設
知去年此何而了津瀛
從無其人逍遙之
為了初
父
九月廿九

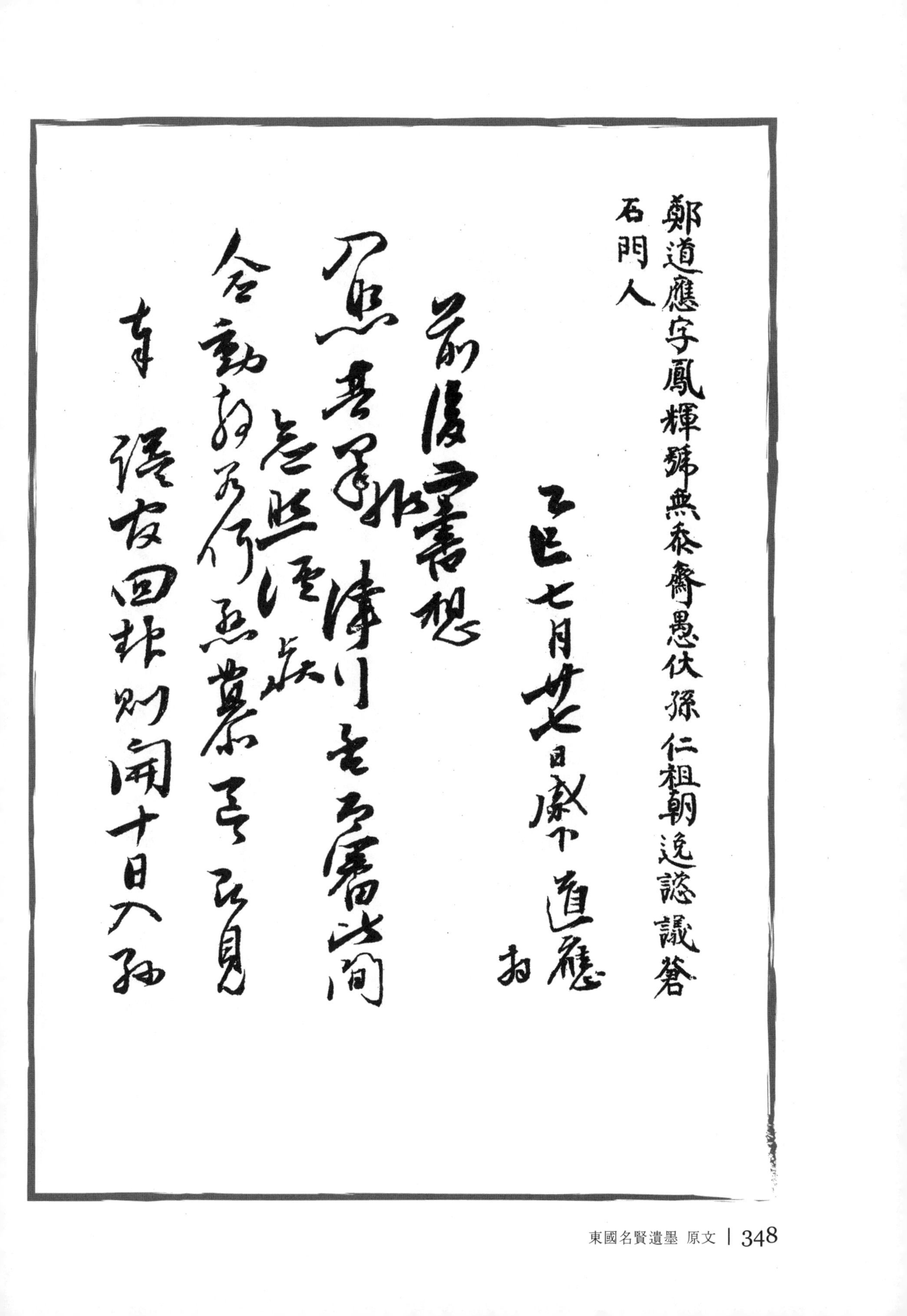

鄭道應字鳳輝號無忝齋愚伏孫 仁祖朝逸諮議蒼石門人

乙巳七月廿七日戚下 道應 [illegible]

前後二書想

[illegible]

十月禮云
唐須雖付惠悠存尘且已派
通于以壹之院以藏及左之
弦實泮知日期方來惟望
達以子專時
閑稚教此復告於甚不宣伏

金涌 字道源 號雲川 義城人 仁祖朝文科 官叅議
贈吏判

前者萬家一見華英并卽
契效鄭治治遂初得面容迫
非悵餘意意而懷好年
同宗灋達
羣歸安否言言向僻閑生尹
詳瘦風涯來信所又及

襄陽之跡之毀之恨西川
日時無可來而後之如
儀鳳鸞鶴山林張雄
竟返其如何僊風可分用
也者須預諳之妙之
筆非心照不宣達狀
壬三錄年

演[illegible]

朴世采字和叔號玄石潘南人孝宗朝逸左相謚文
純從祀文廟

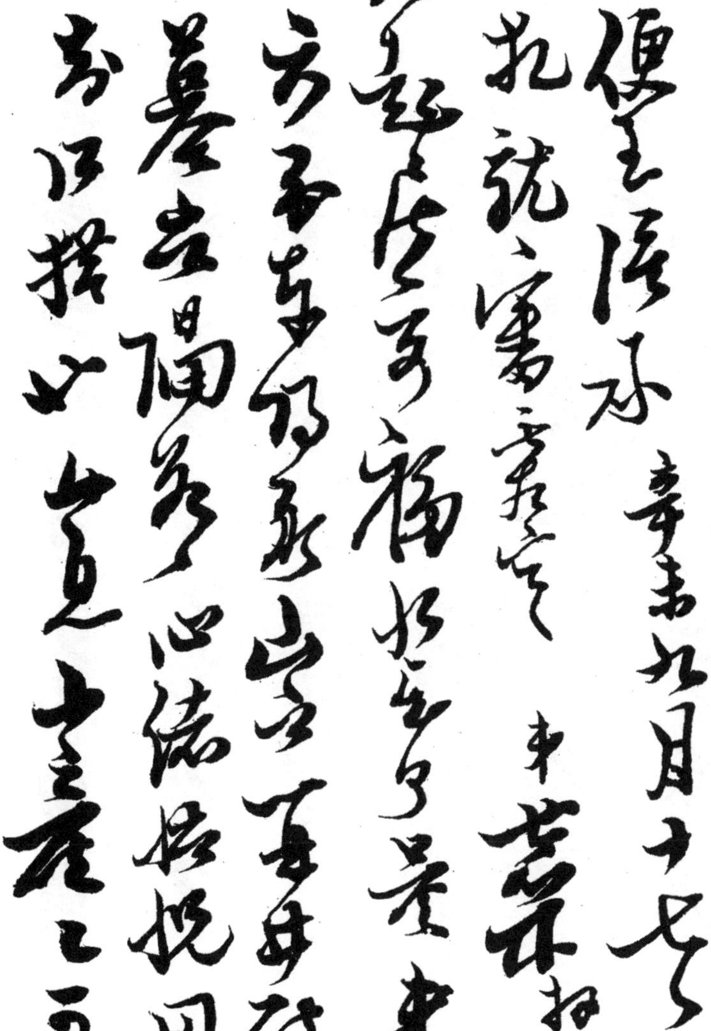

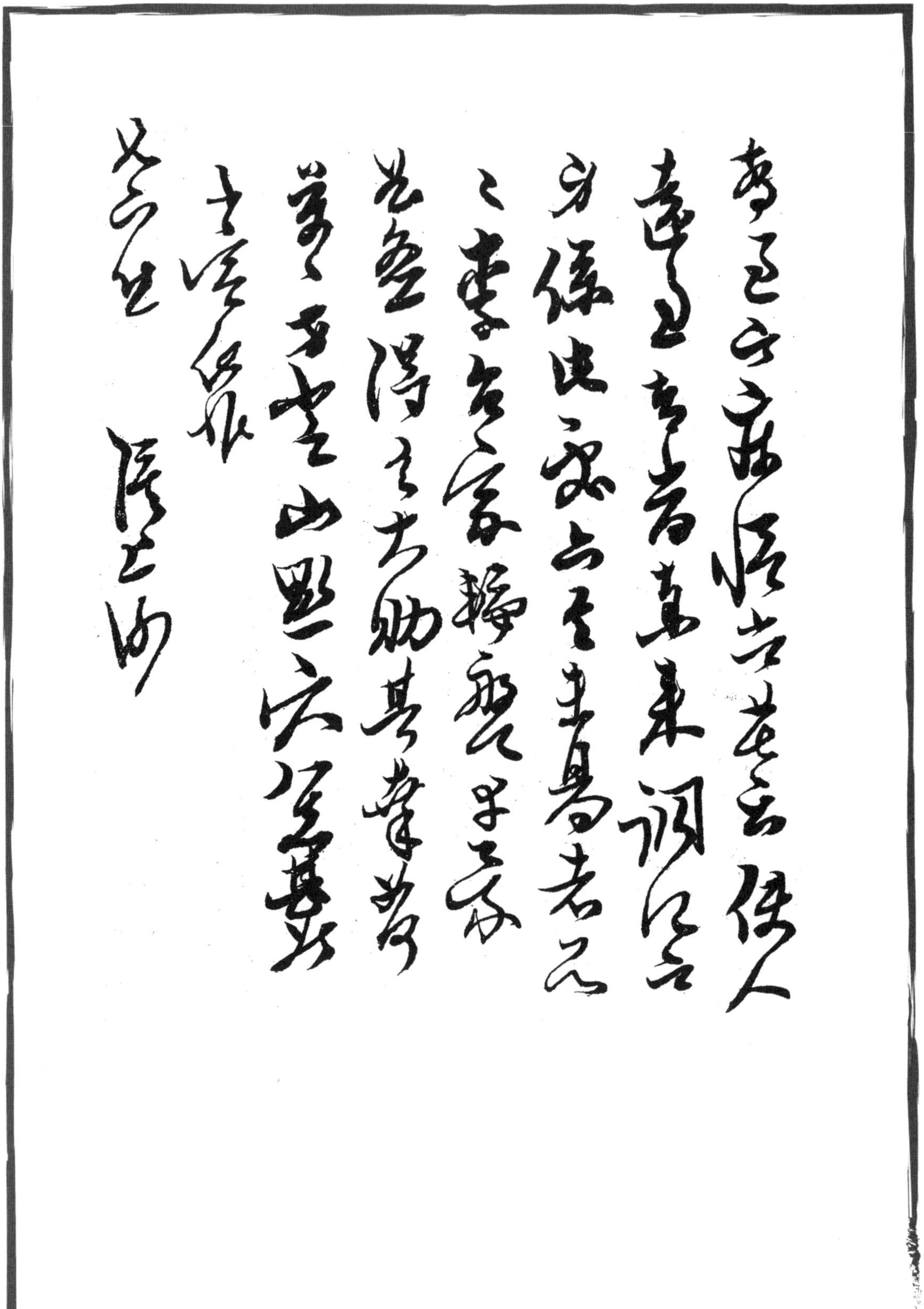

南九萬字雲路號藥泉宜寧人 孝宗朝文科官領相
諡文忠配享肅宗廟

奉寄
淮陽明府案下
淮陽舊號偶相憶
見子秋波真風與地近

者爲古守邪詞今復
唱冥東
己卯仲春
華泉病夫

權尚夏字致道號遂菴安東人孝宗朝逸右相謚文純尤菴門人

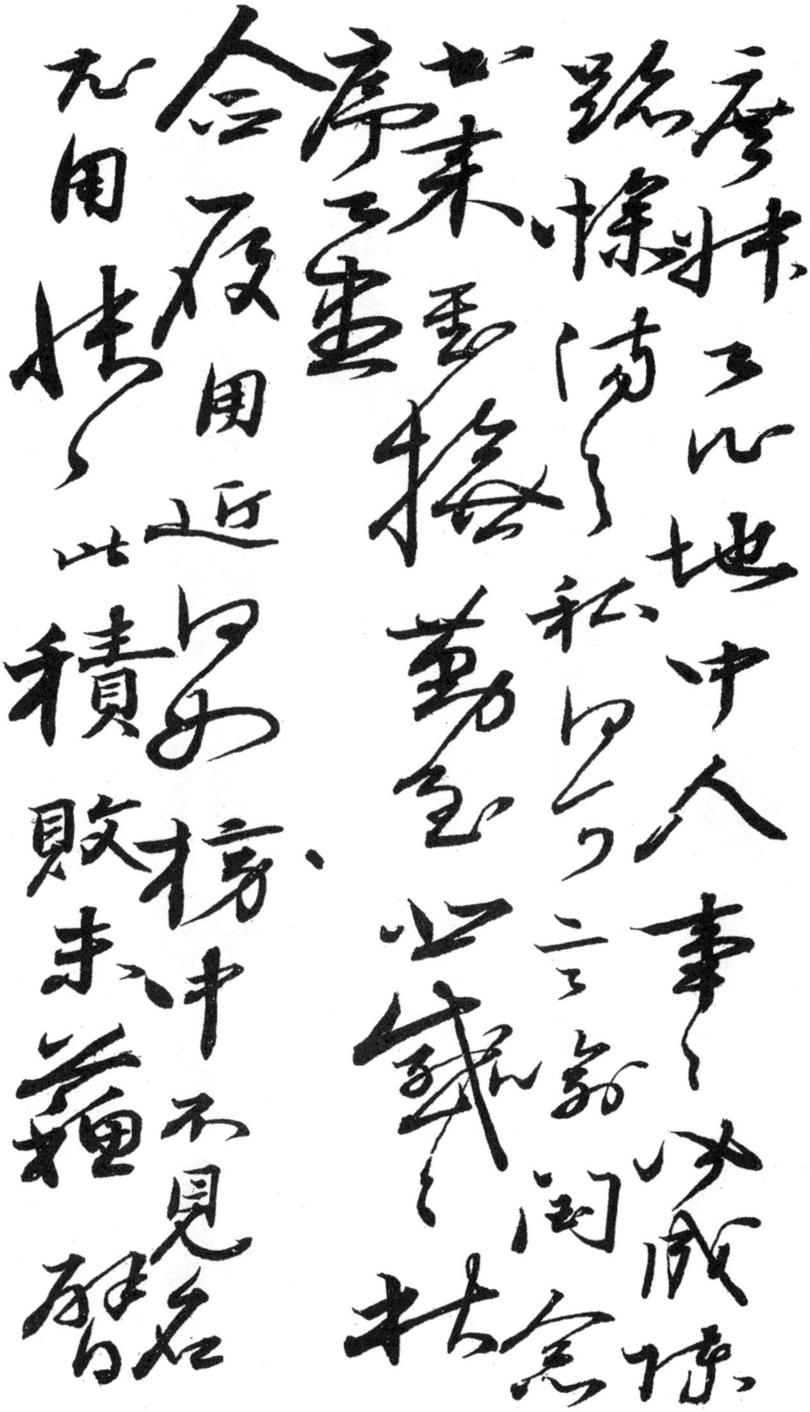

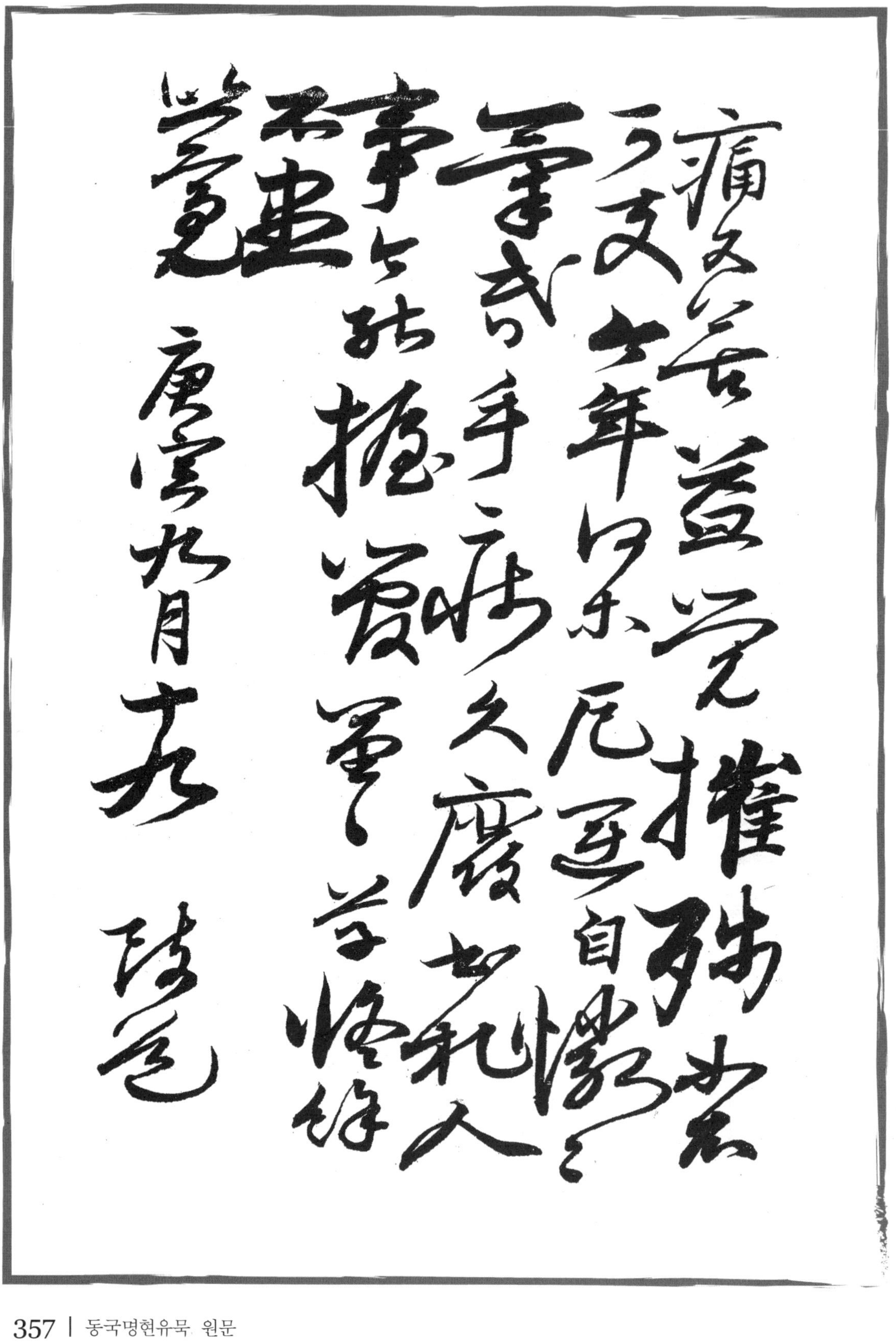

李萬敷字仲舒號息山延安人景宗朝薦別提

甲辰臘月九

姪子萬敷上

此得來伏承

下書伏審六情區辭后已過一旬

目候非常伏未審

體中一向萬安耶

回山已過而青日凍雨如夏雨正我捕

刻且言之何可喻乎侄子再經
喪感又困從來哭班不得謁
理此間之悵恨至何可見耶拜
否可否減多幸之第未問消息
則不美美莫狗尾久埋示要也
此雅之
拿禮家夢庸弱不宜伏惟
下鑑上書

金壽恒字久之號文谷安東人孝宗朝文科官領相
諡文忠

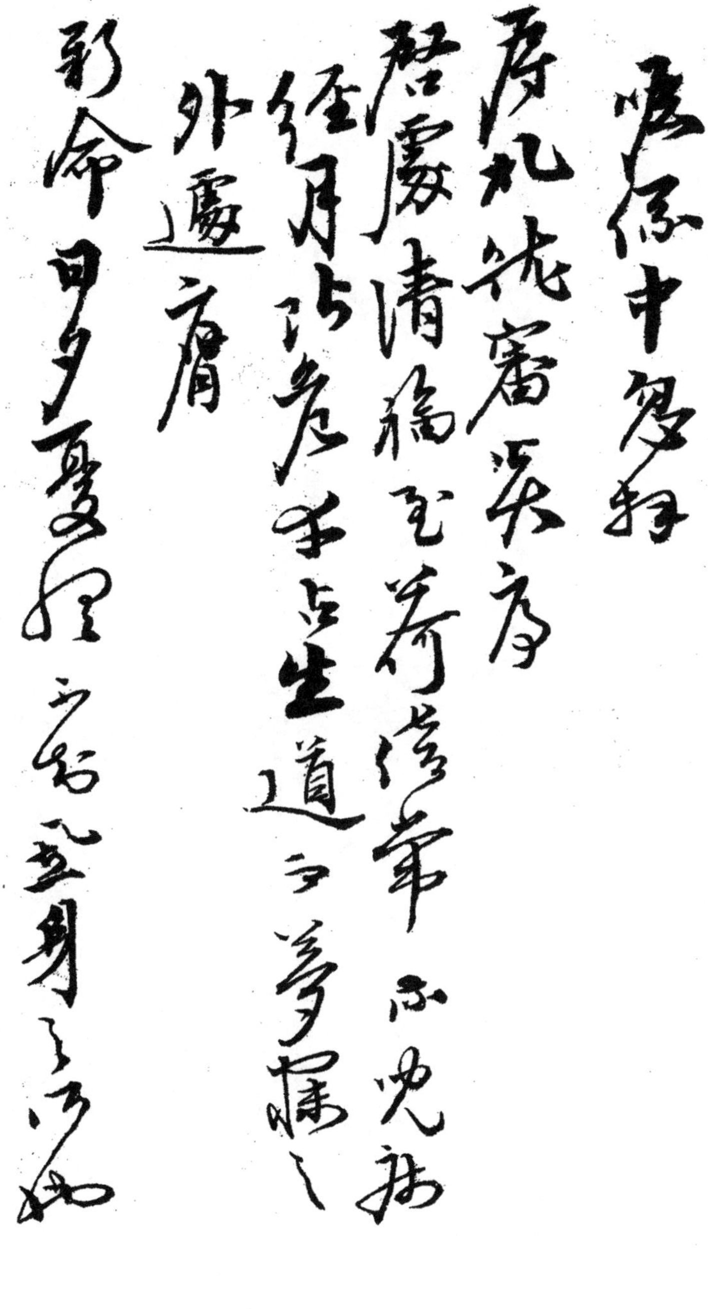

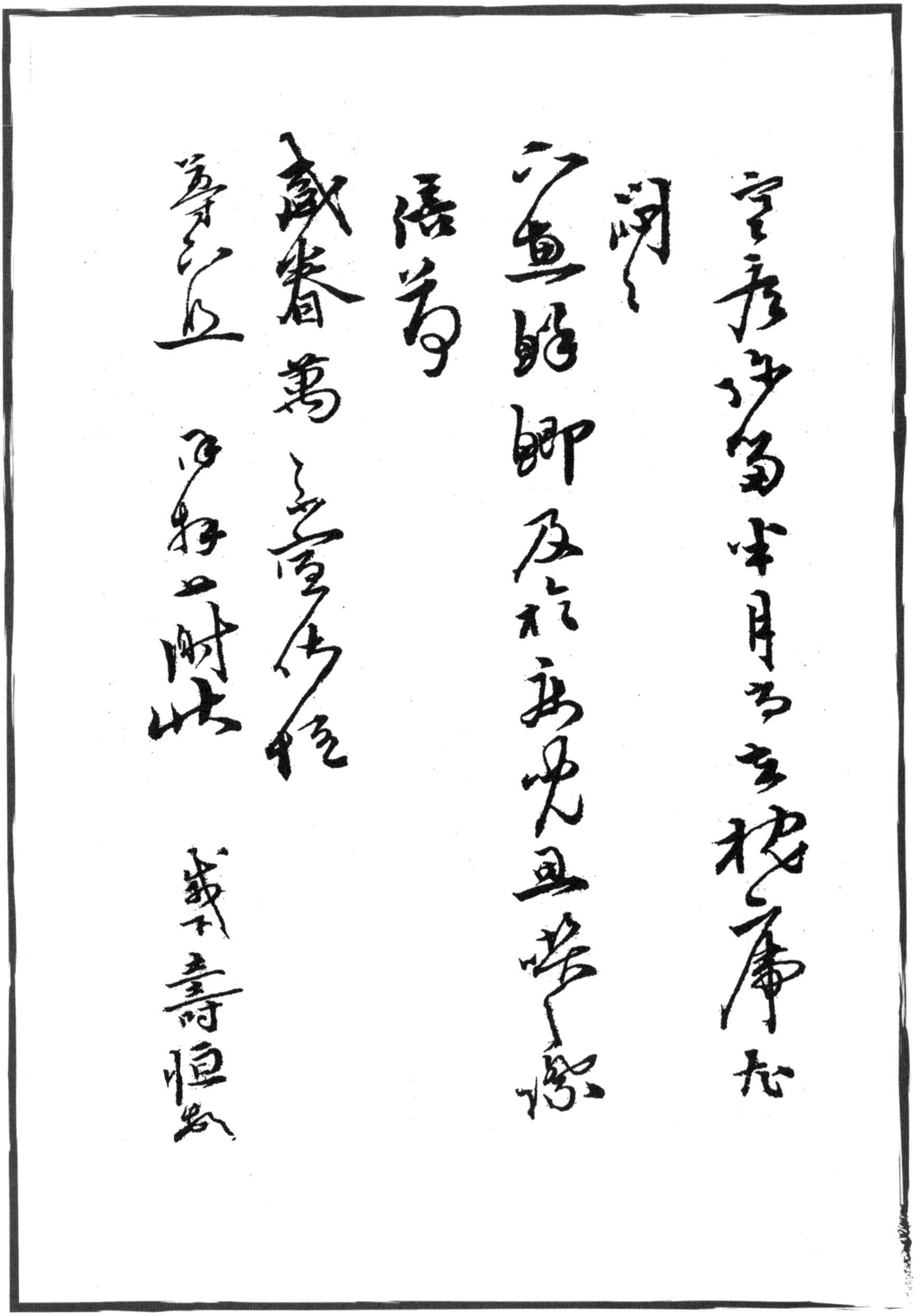

吳始壽字德而號水村同福人孝宗朝文科官右相

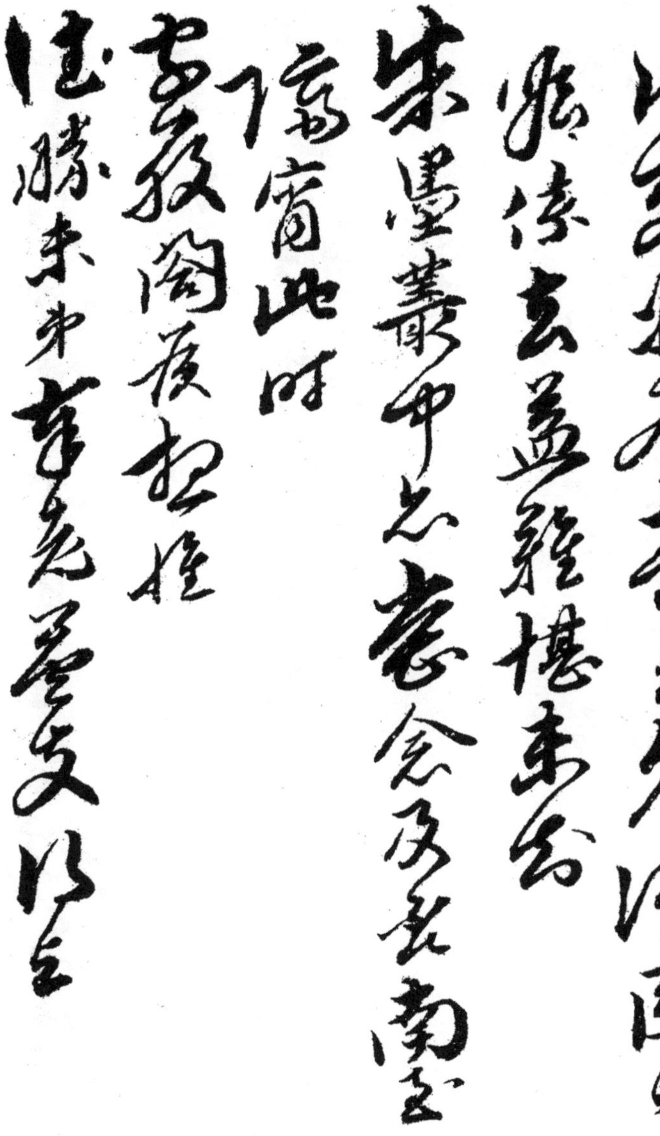

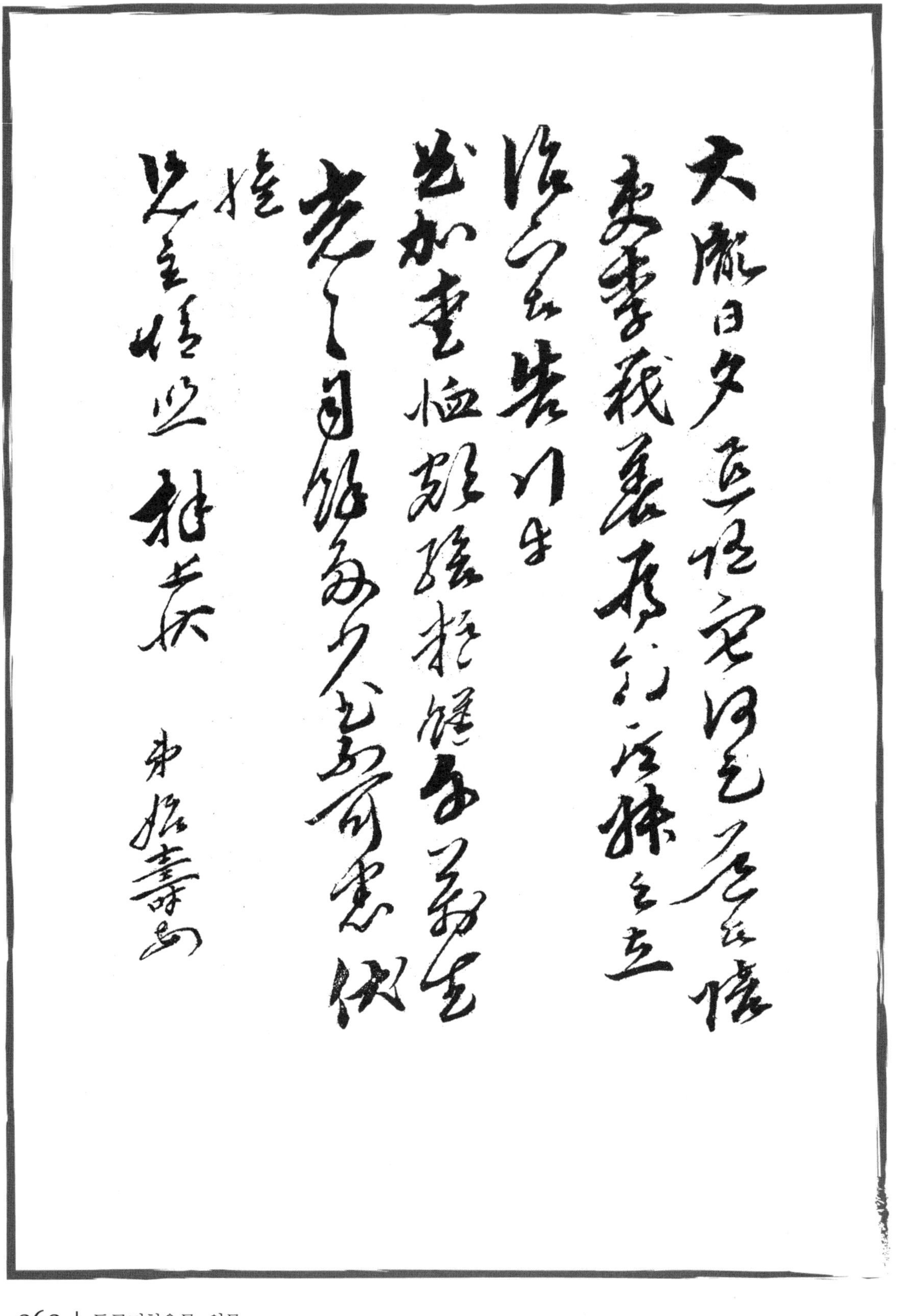

歸青軒文化人肅宗朝文科官吏判

柳命天字

眉叟門人

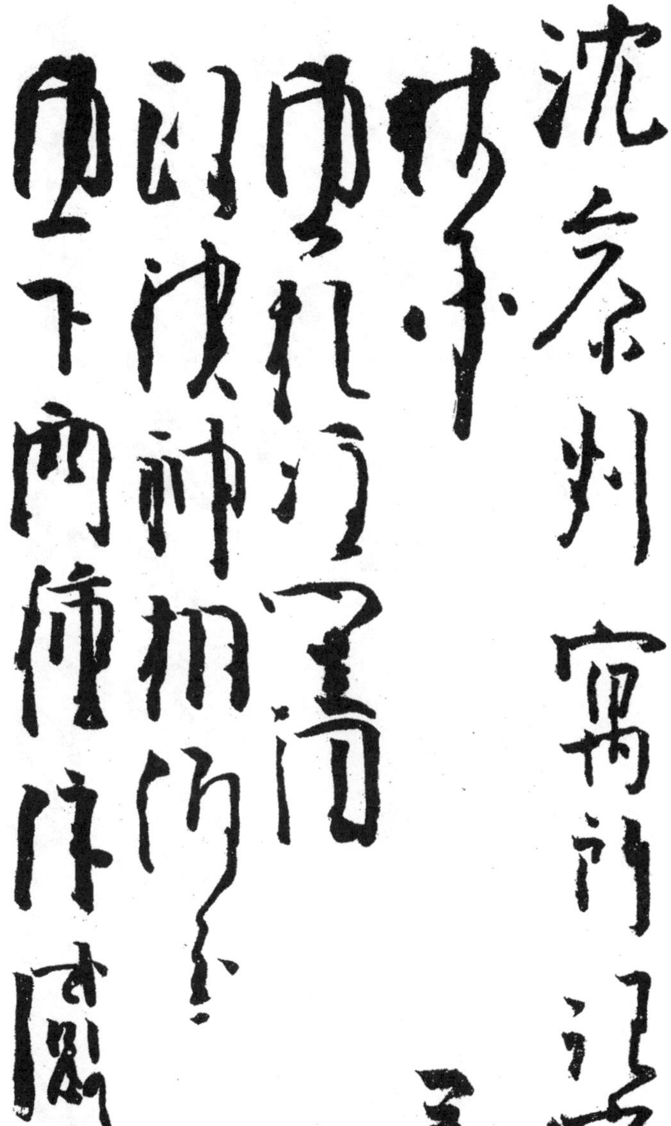

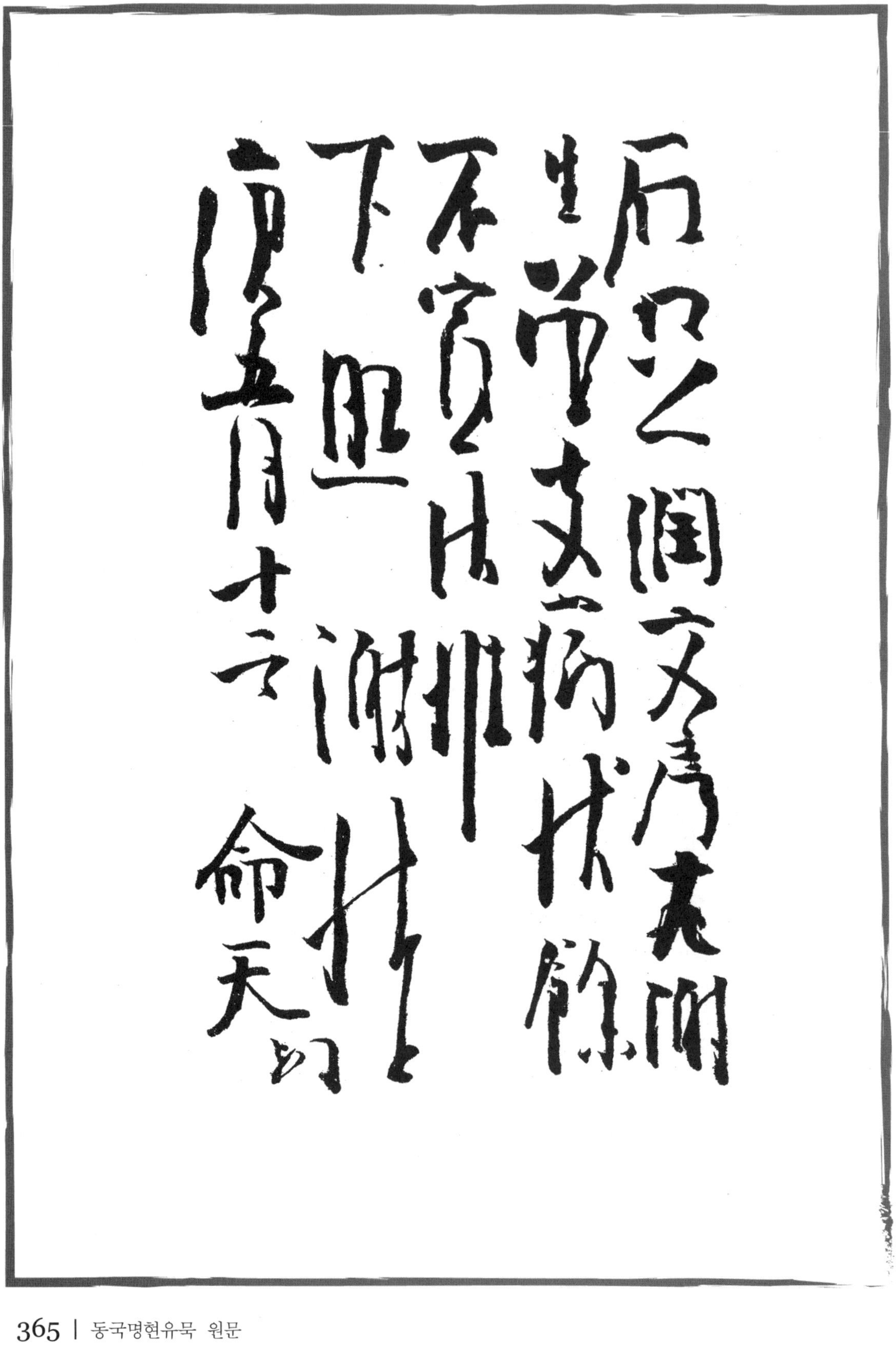

柳世鳴字爾能 號寓軒 謙菴后 景宗朝文科官校理

日前伏承

尊下覆書感慰之餘益增悲哽卽詢以審

未審寵字伏想

心事有難底定甚何以堪勝

令從孫又復夭折天之與奪一至於此令人悵

但不能剖之於懷且聞

本宅憂患方深 想惟 悲疚之中有此煎慮

區〻不任馳情之至

袞擾語 近日賤疾 方苦 未堪任此等文字 又
承奉副 令潤葬期已迫 力疾構此 不成語句
恨缺尤至 倘經有敍 悲哀無以爲推 伏祝
十分寬抑 以慰區區仰慕之忱 世鳴終年病廢 緯
擬如此 前承
教意 未由遂討 令於 蓋窆之日 亦未得趨樹
只自悚歎 奈何奈何 萬萬倚枕 艱草 只此
伏惟
尊鑑 謹拜上上
壬戌八月十九日 侍生 柳世鳴 拜上

柳赫然字晦甫號野堂晉州人孝宗朝武科官兵判
諡武愍

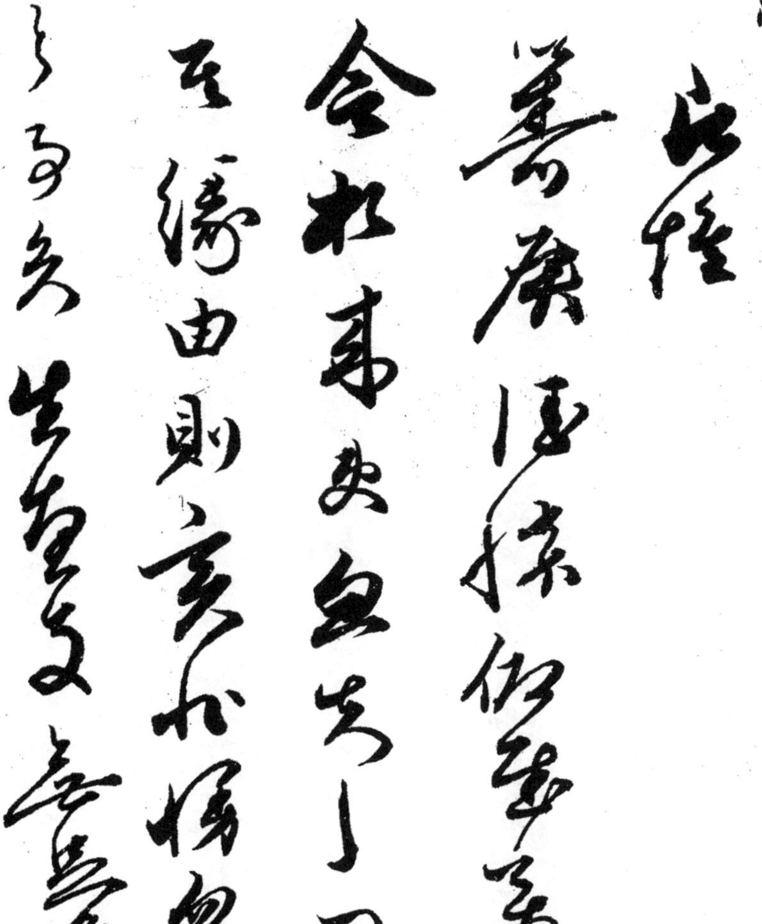

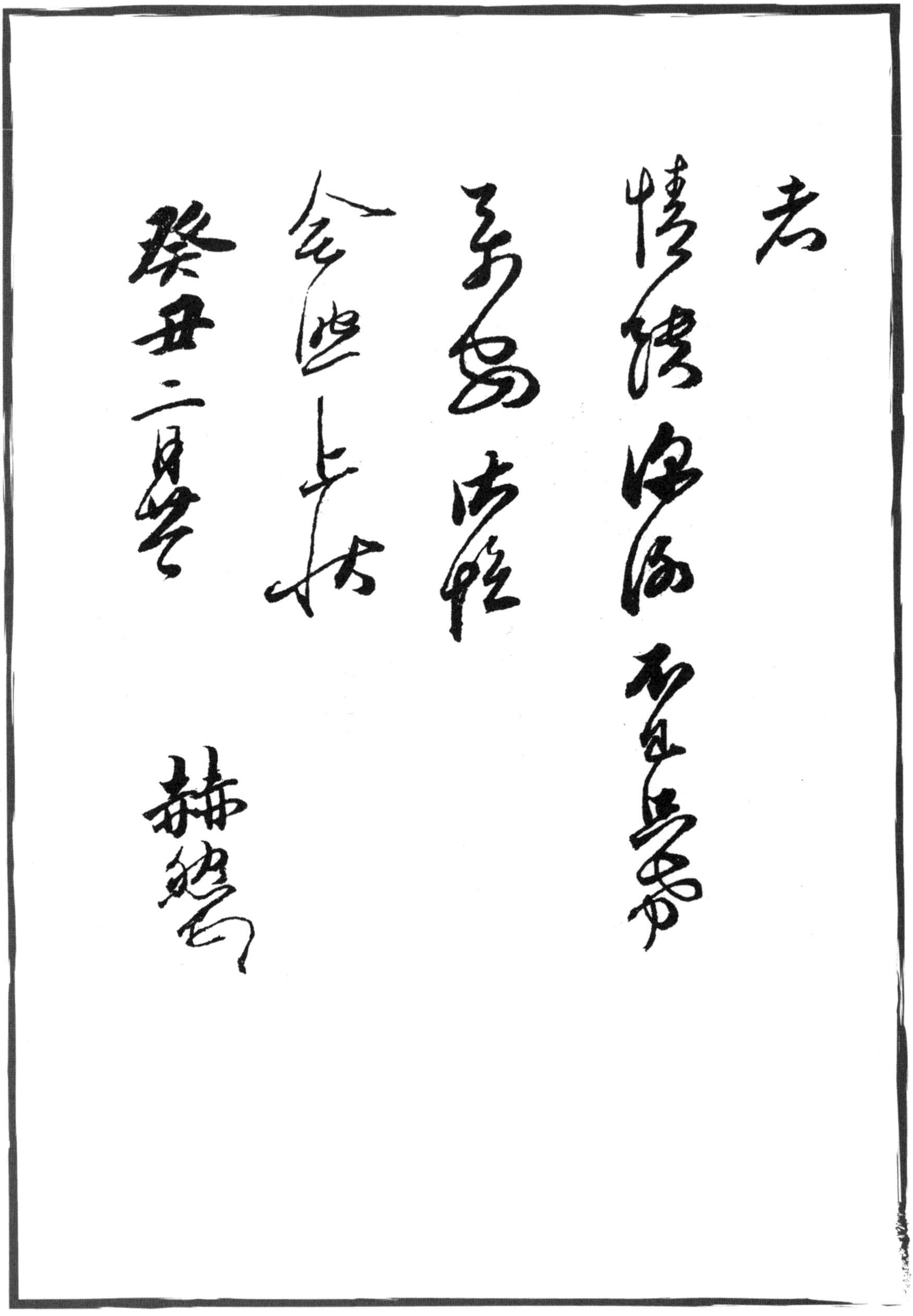

李元楨字士徵號歸岩石潭孫孝宗朝文科官吏判
謚文翼

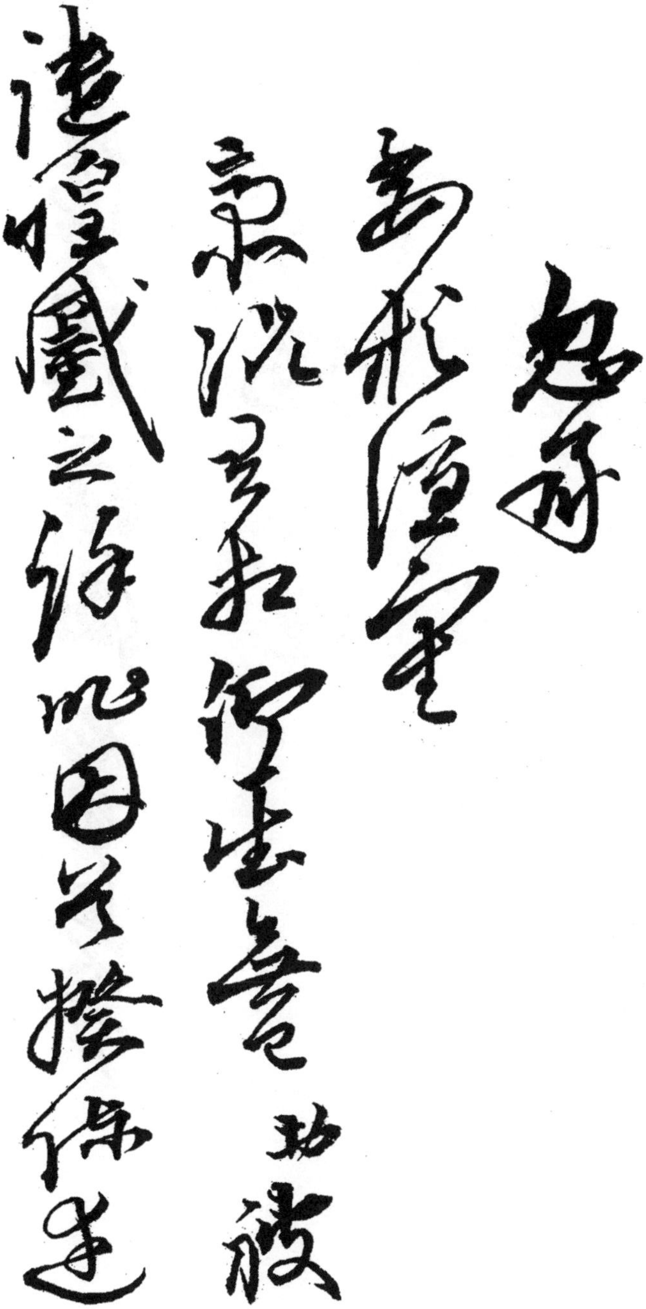

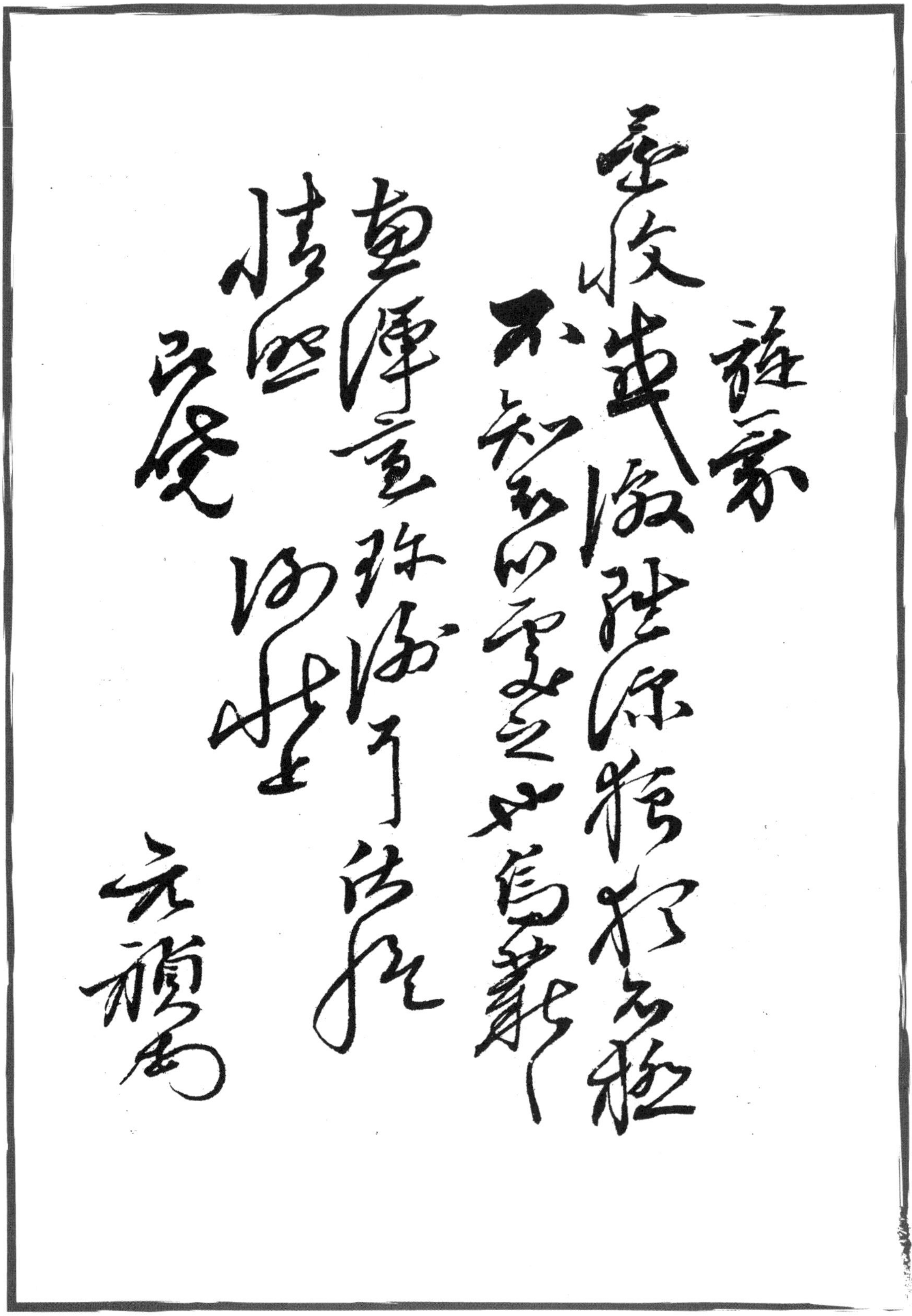

孫萬雄字敵萬號野村慶州人顯宗朝文科官府尹

無忝齋門人

前日謝帖想即

入照 眷〻序已盡此時

起居不審萬迪否積年阻懷

書不可既此間賤疾去益沉

淹甚無可言號慄祠宇中

門蓋及垣墻尚未蓋尾以致

賢僑之際聞赤村
貴祠廟已空如有欲買之人
則
尊有許可之意云幸望
示及焉尾價有覌來置公取
係在諳悉口報次希
情照 上狀
壬三廿八 萬雄 拜

尹拯字子仁號明齋美村子顯宗朝逸左相謚文成

頃年　丁卯二月廿日　拯

仰屈及屢拜之過仍得

惠札披閱從悉病情猶附方深

悲潮卽打便中文字

多感筆蹟情義多以生寄此

僕聊之表情物生以爲盍結

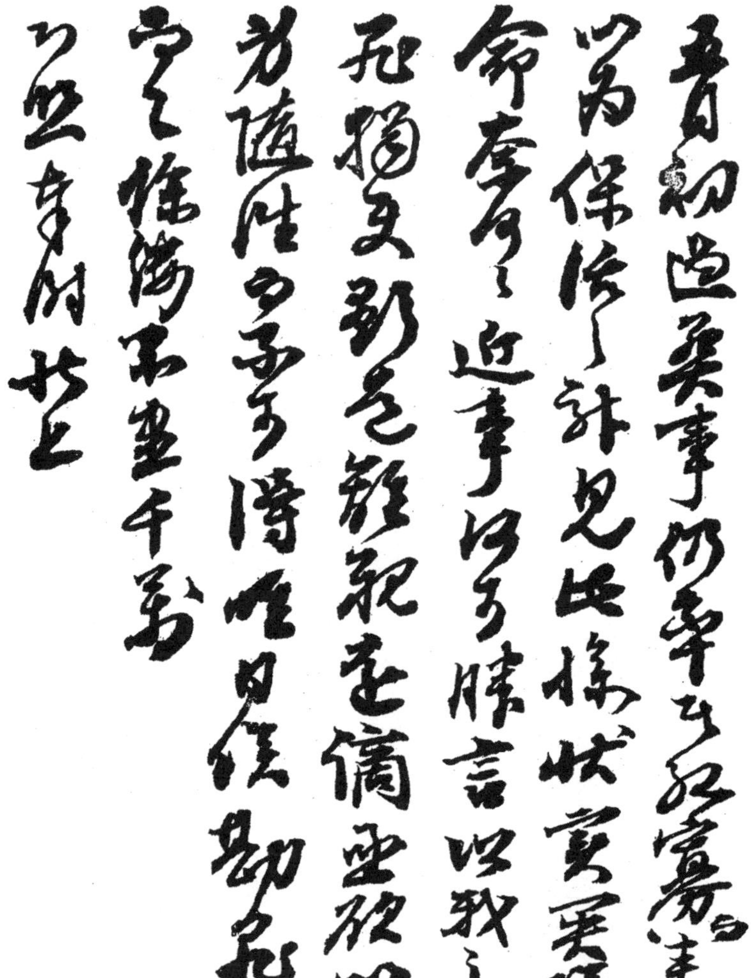

朴泰尚字士行號晩休潘南人顯宗朝文科官吏判

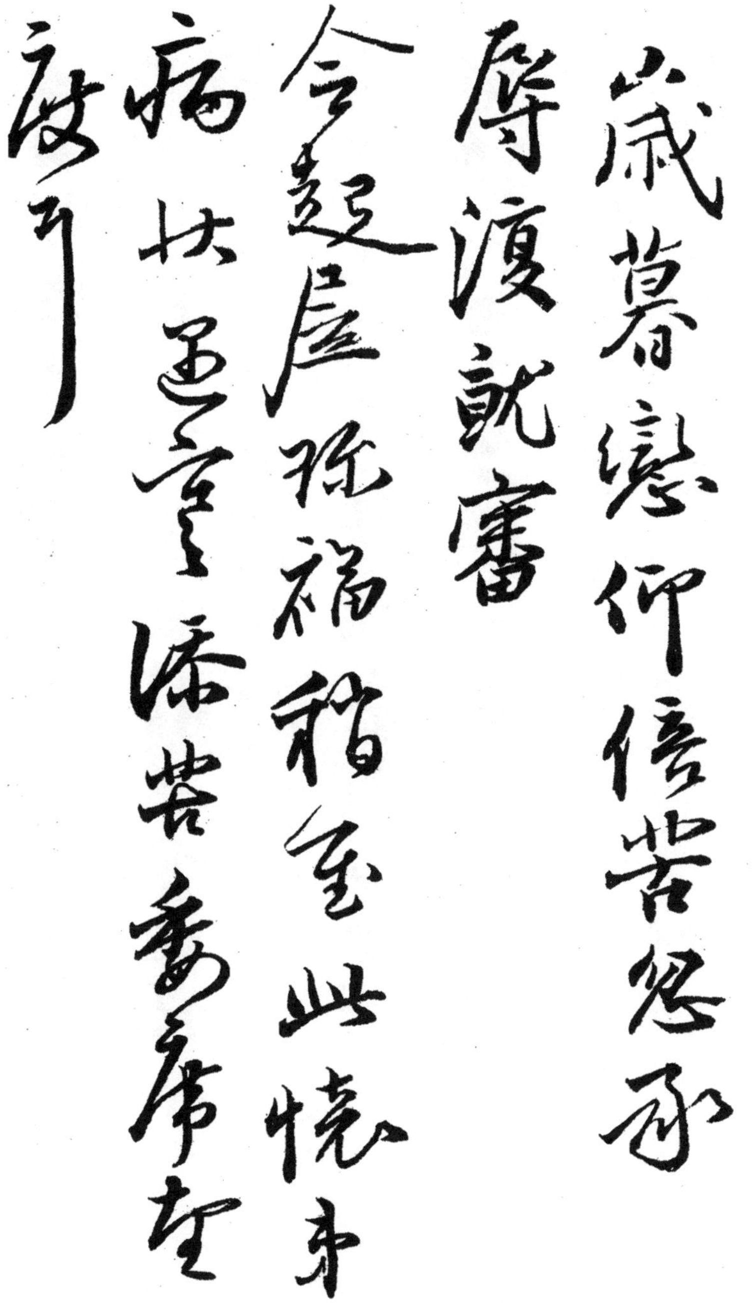

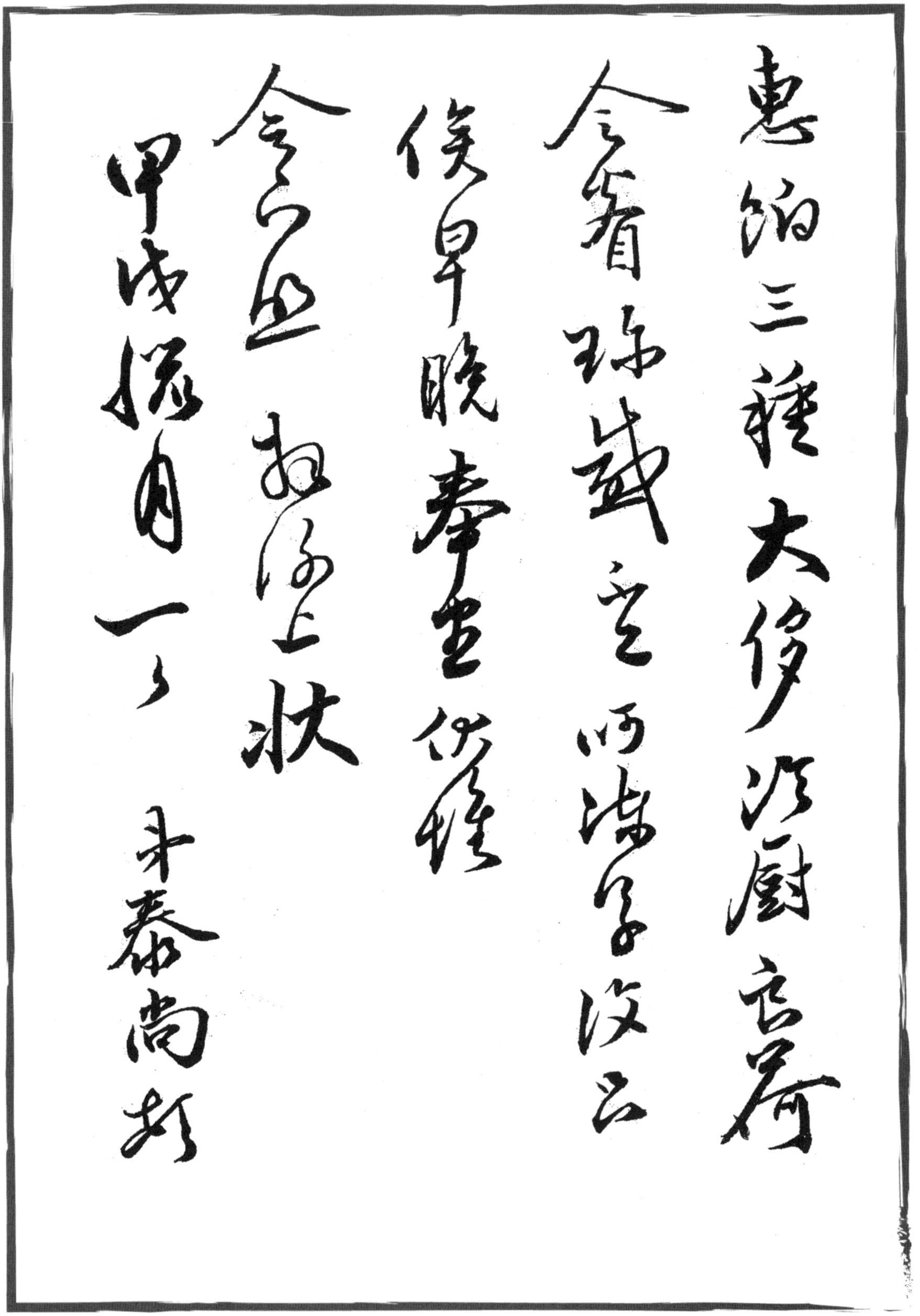

尹陽來字季亨號晦窩坡平人顯宗朝文科官禮參

數月之阻便成半年之阻卽惟

日熱轉劇

[illegible]〻[illegible]二[illegible][illegible][illegible][illegible]

伏承來札

侍履安重者手[illegible]〻[illegible]且祝[illegible]

家門不幸奄遭季妹慘[illegible]

日

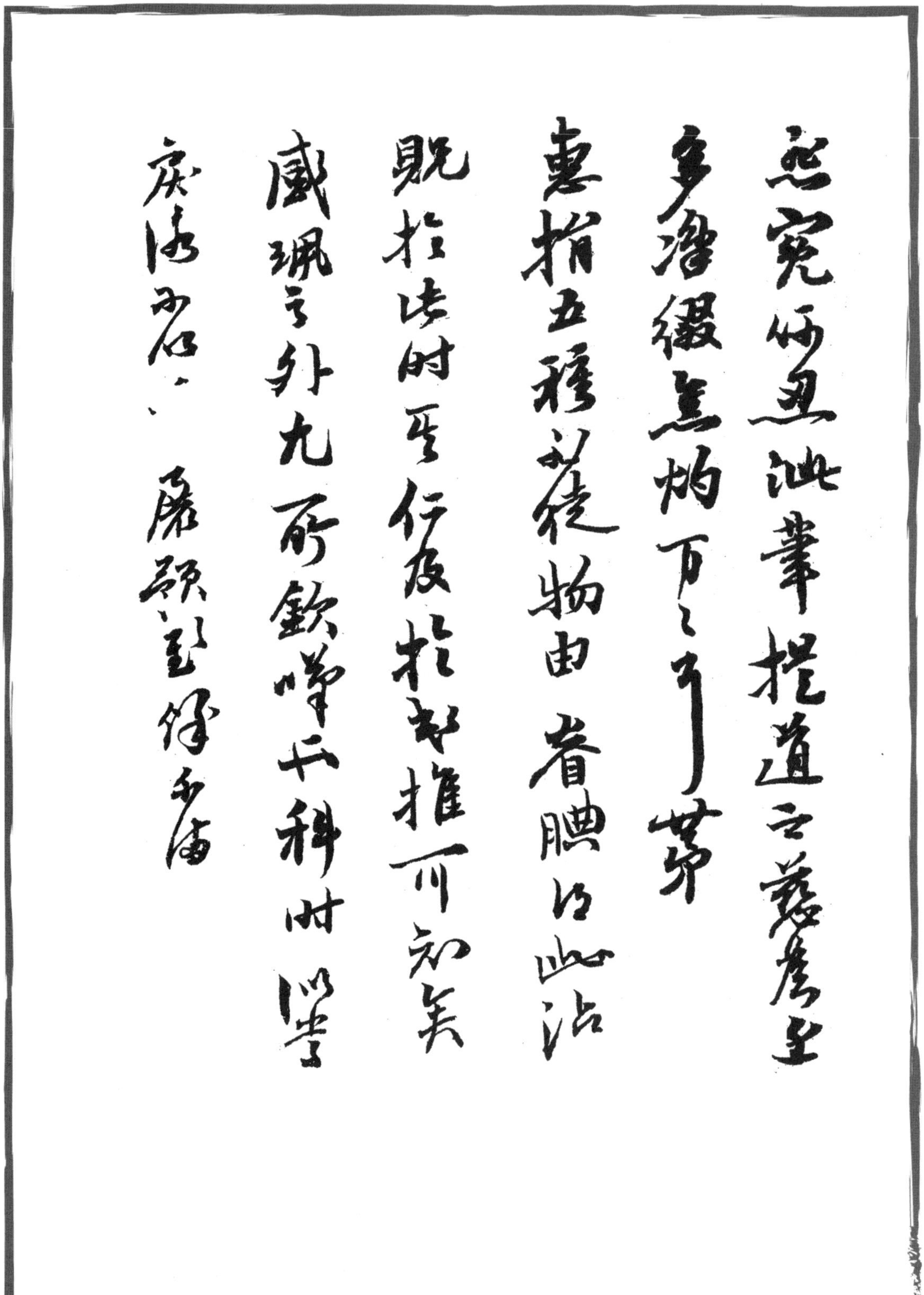

閔鎭厚字靜能號止齋驪州人顯宗朝文科官左相
謚文忠

瞻君方切忽伏承
辱札憑審比來旱風
令旬宣起居增福區欣慰昌
緣言前鎭厚妄言獲罪皇
悚難深抑伏江郊 閔拜可

樂而家內疫疾大熾而少安
方在危境煩悶切急莫知所
出 下惠而種種珍味猥及於
僑寓情厚感戚之至難名
承寵耳至當伏惟
令下察涼拜 上謝狀
己卯五月廿日
閔鎭厚 拜

李東標字君則號懶隱松齋后顯宗朝文科官承旨
贈大提學諡忠簡

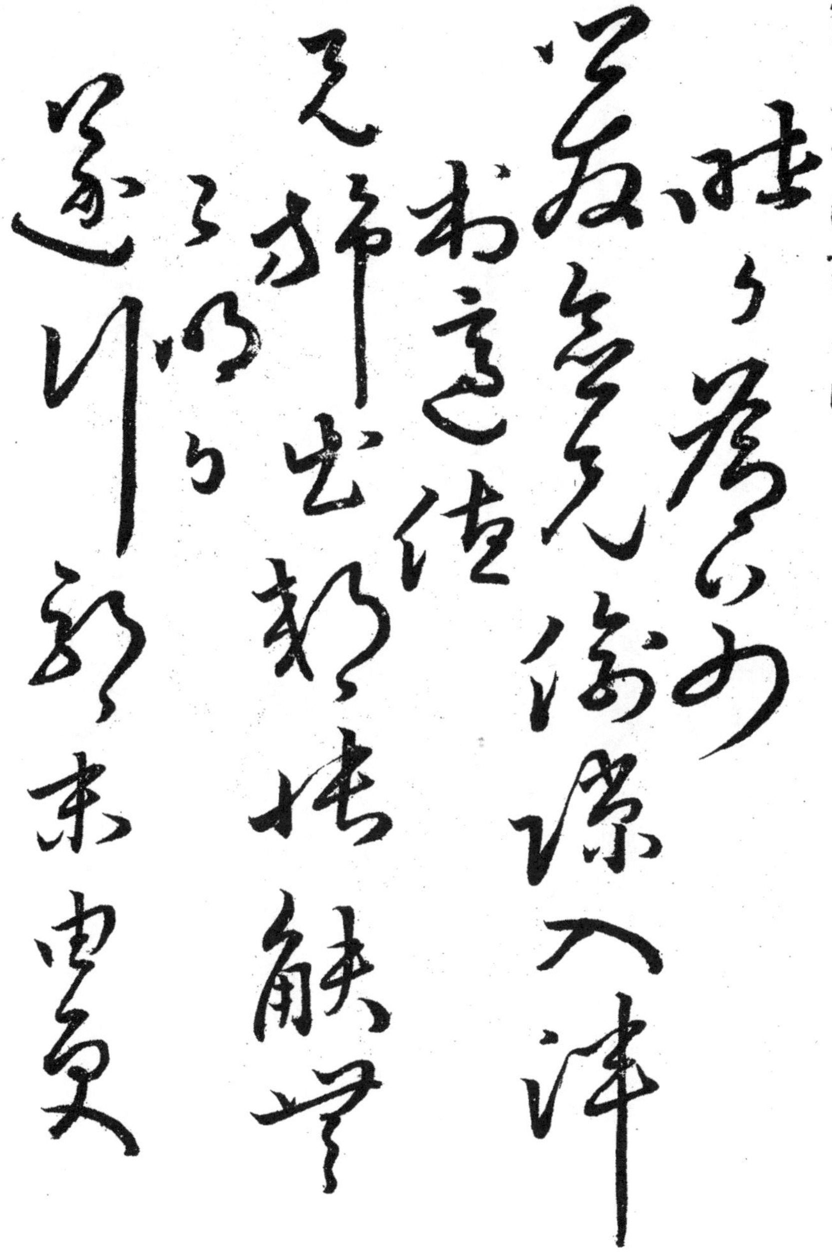

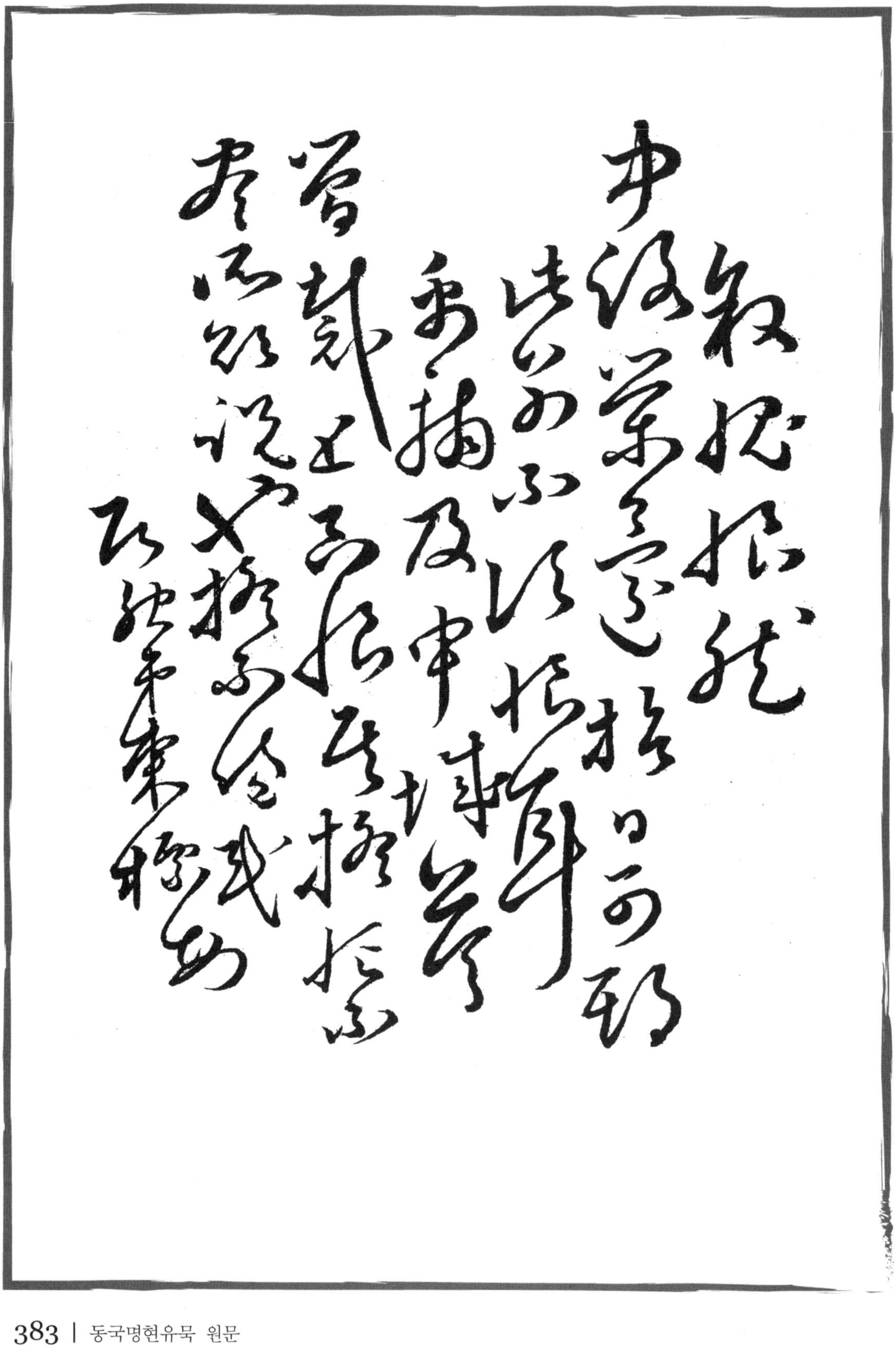

吳命恒 字士常 號永慕亭 海州人 顯宗朝文科 官右相 海恩府院君 謚忠孝

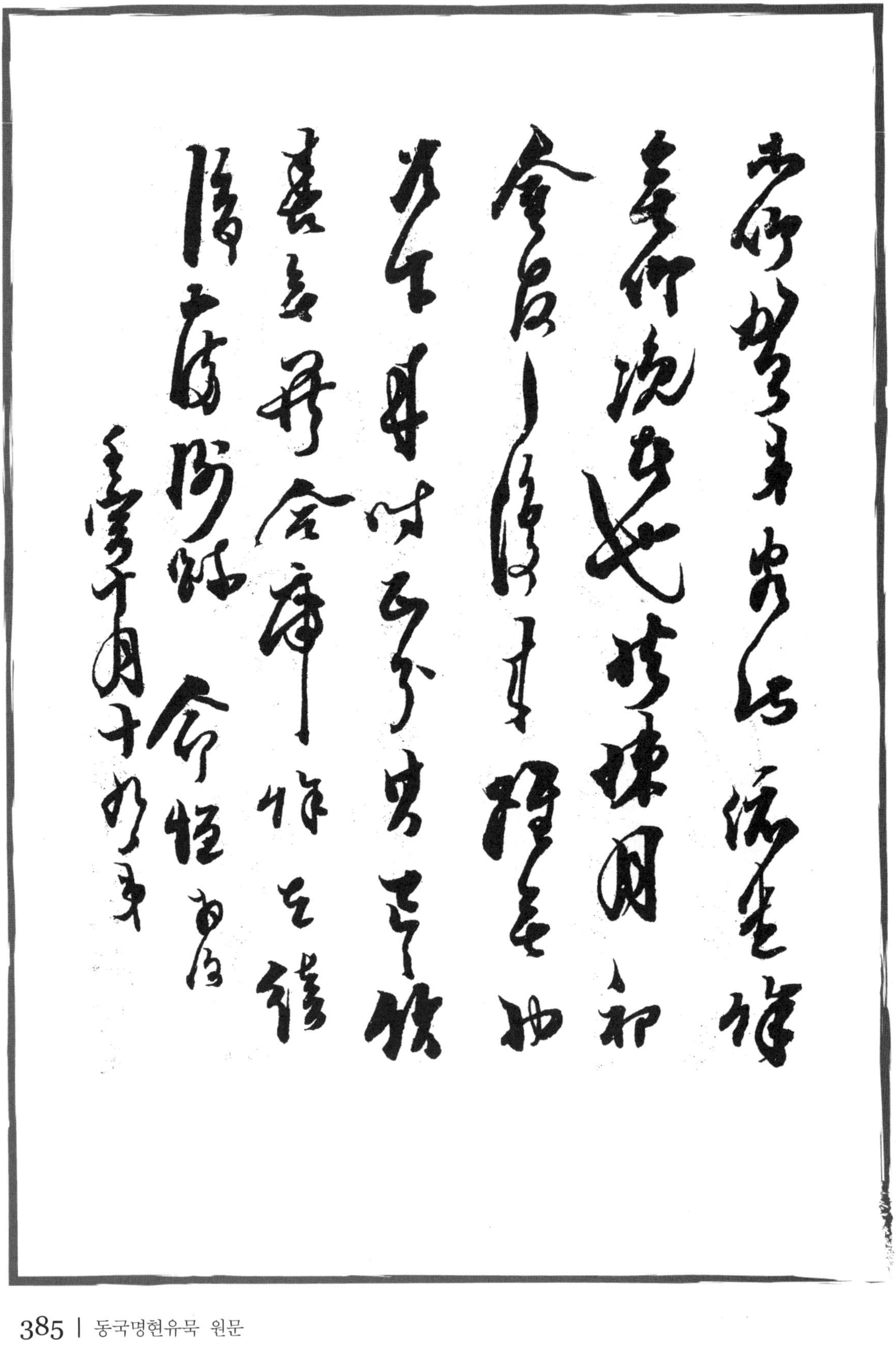

李玄逸 字翼昇 號葛菴 載寧人 肅宗朝 逸吏判

金生員 上

當日寒甚 深以病慮 僕乃作

行為念 不作信 謂知無事到

泊一行皆安好 爲慰良深

以問起 遲 殊加慶 此間

苟延視息外此何言
尊府有辱字索此草主人
所教而當存徵遂投遞
次吹來到金樽呈忍
不堪用此意　詮者望
印　玄遠

丁時翰字天民號愚潭羅州人肅宗朝逸進善

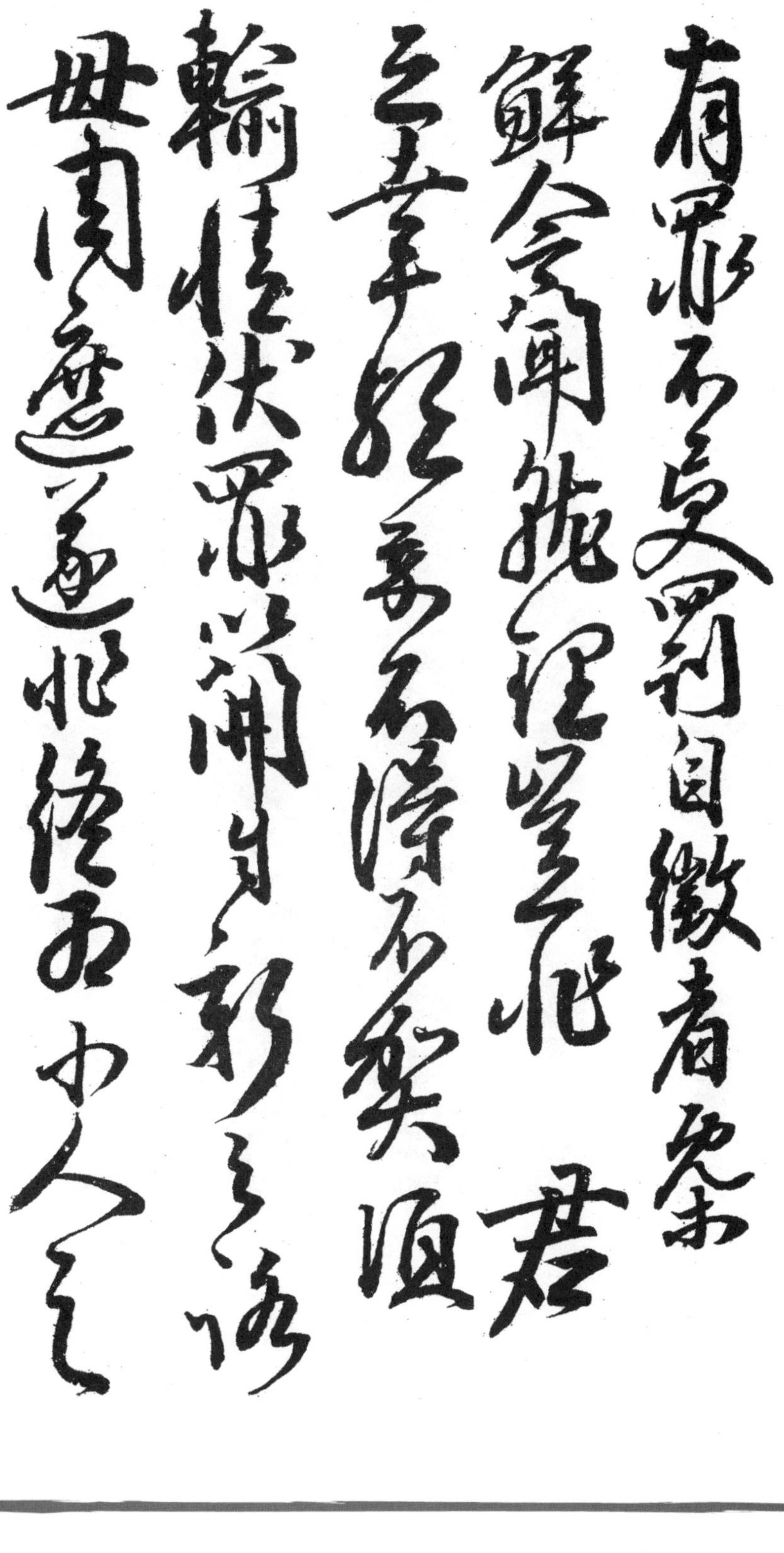

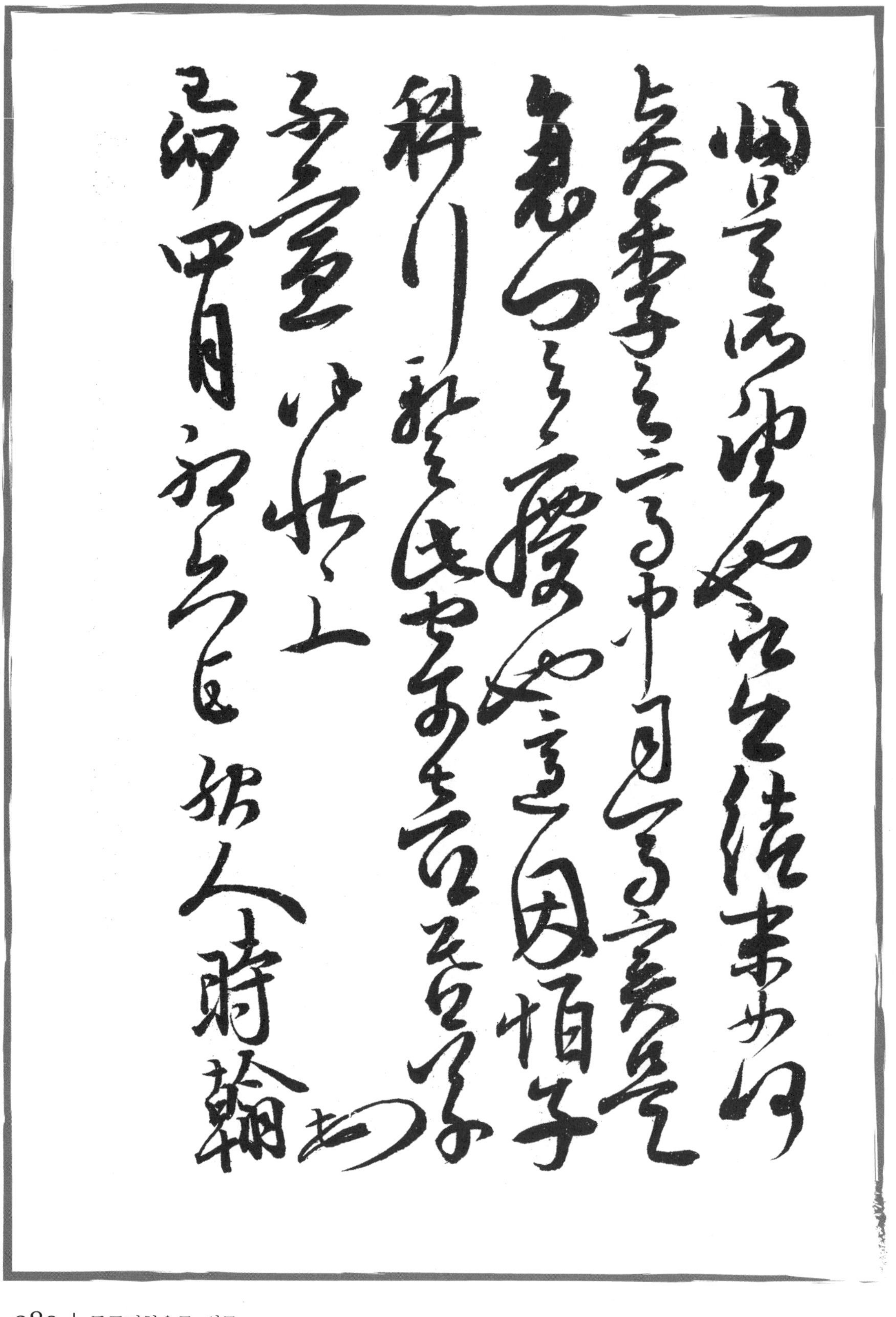

李頤命字養叔號疎齋全州人肅宗朝文科官左相
諡忠文

伏惟新涼
令兄起居神相 季允被謫羅
發已久 入錄花半楓遑鄉
悃來多感居閒之初移轉向湖
中搬移眷屬甚艱又爲遷居
於東郊江壽汴良可借家[illegible]

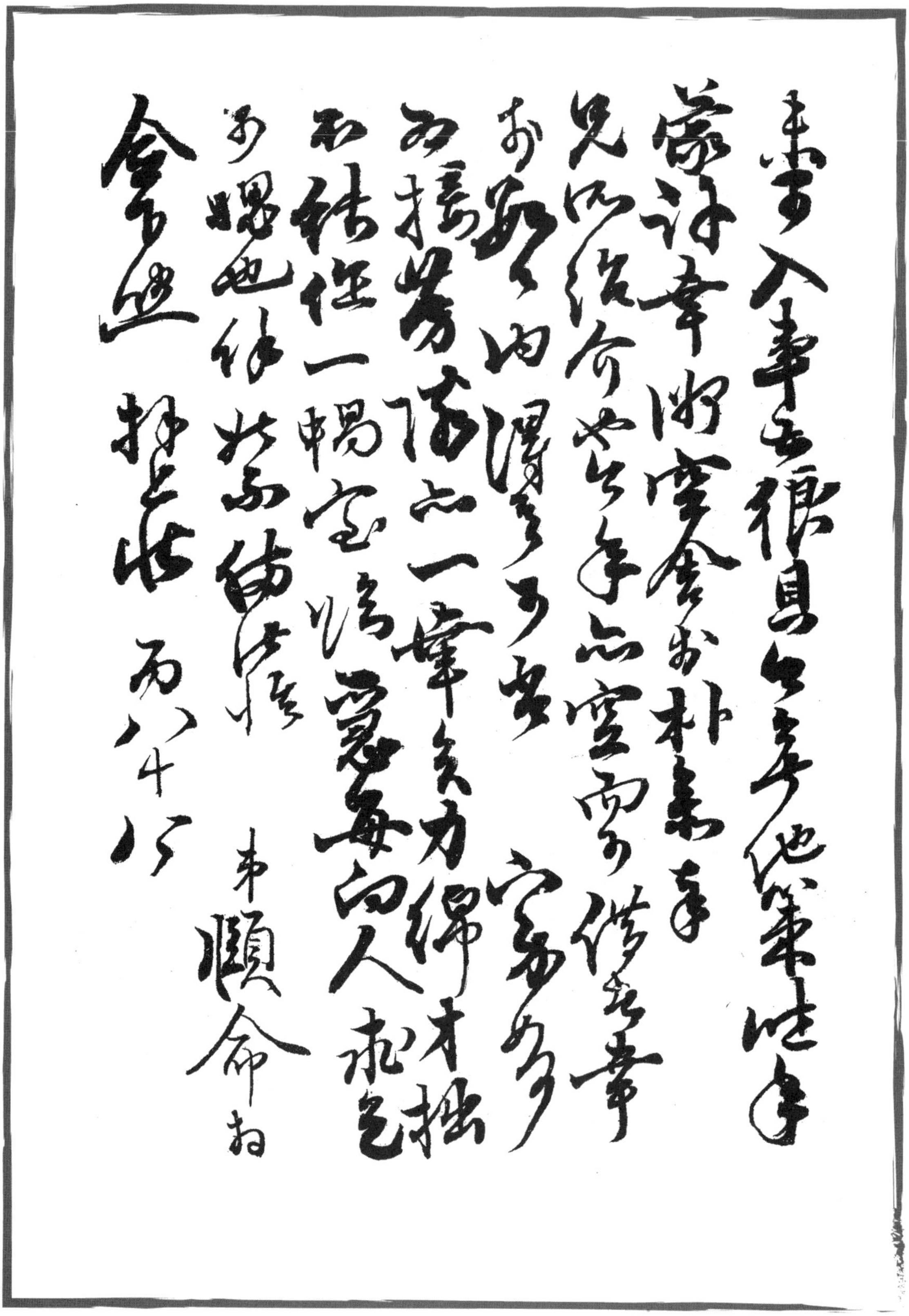

李健命字仲剛號寒圃齋全州人肅宗朝文科官左相諡忠愍

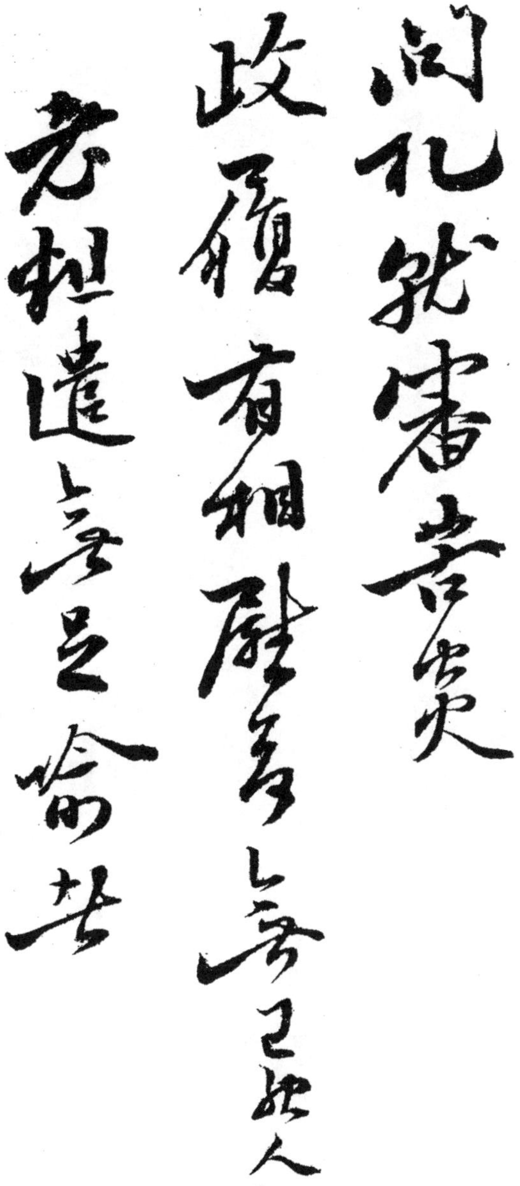

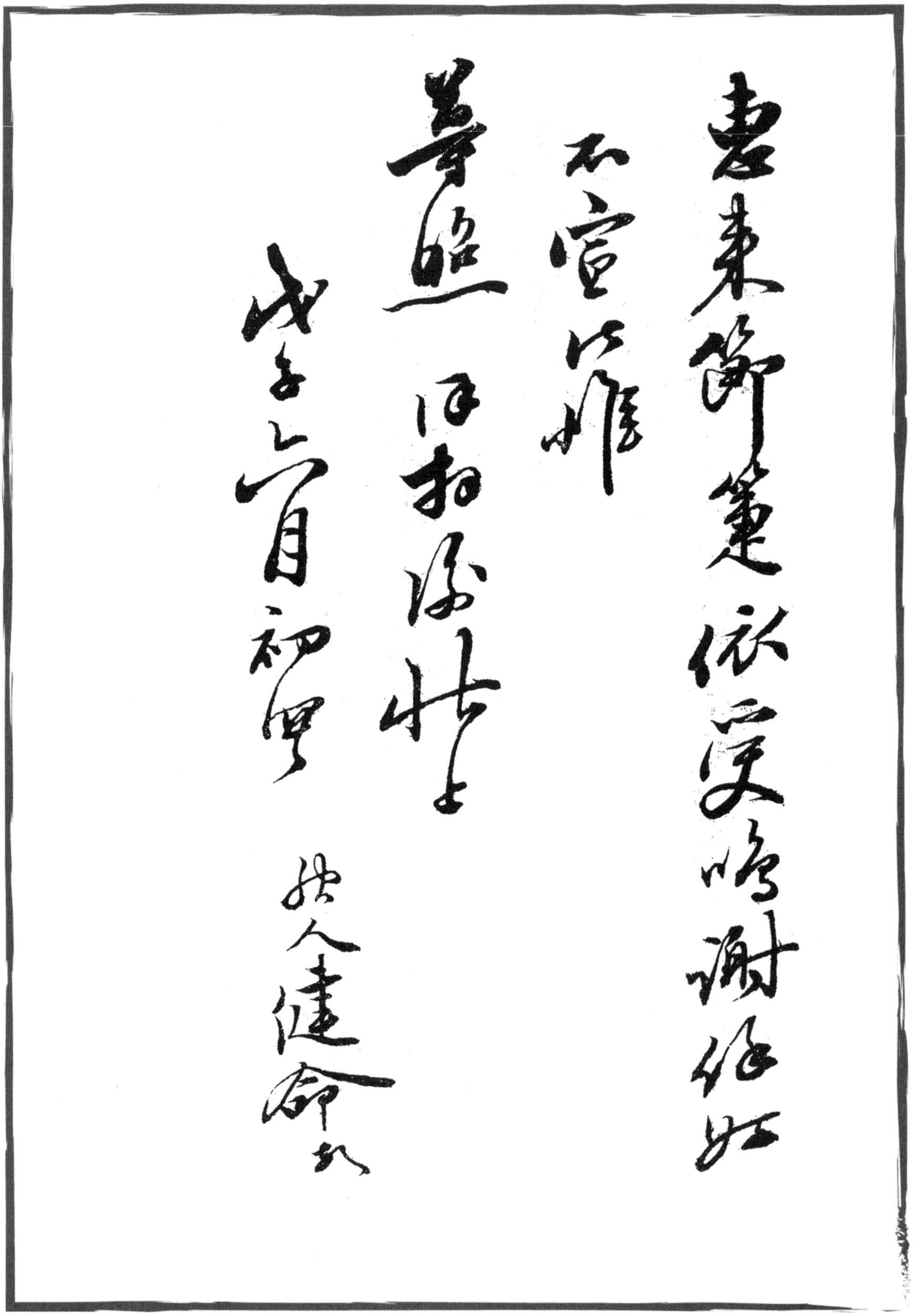

金昌集字汝成 號夢窩 文谷子 肅宗朝文科 官領相
謚忠憲 配享英宗廟

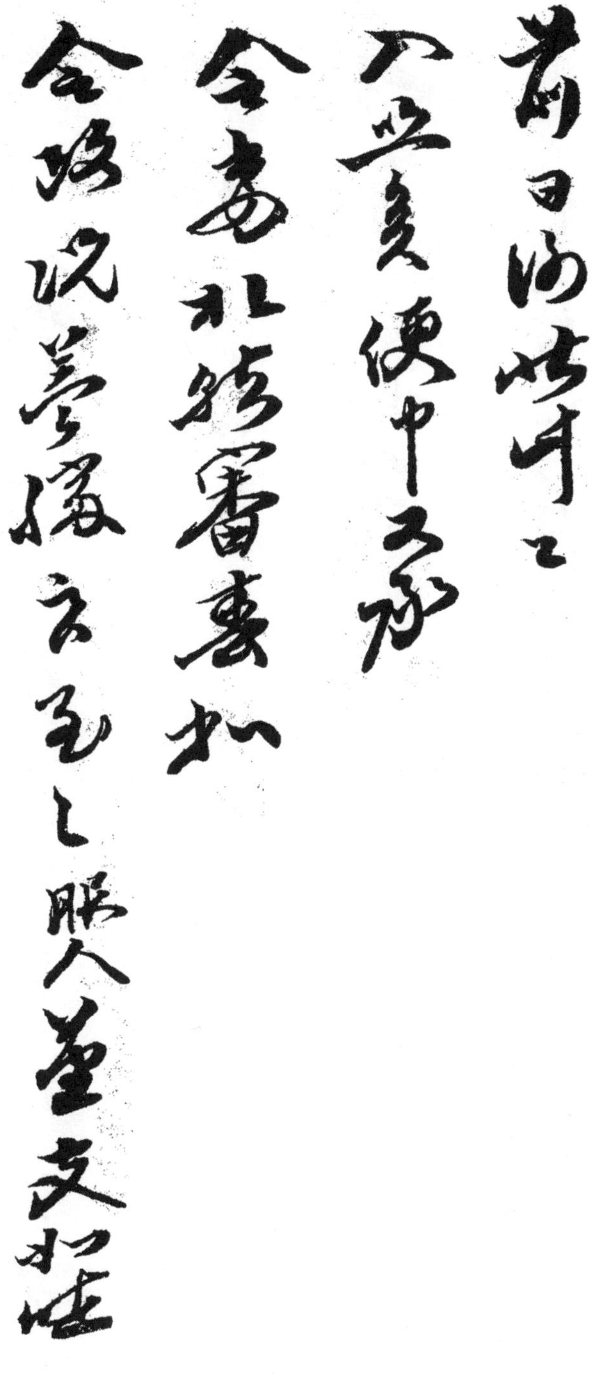

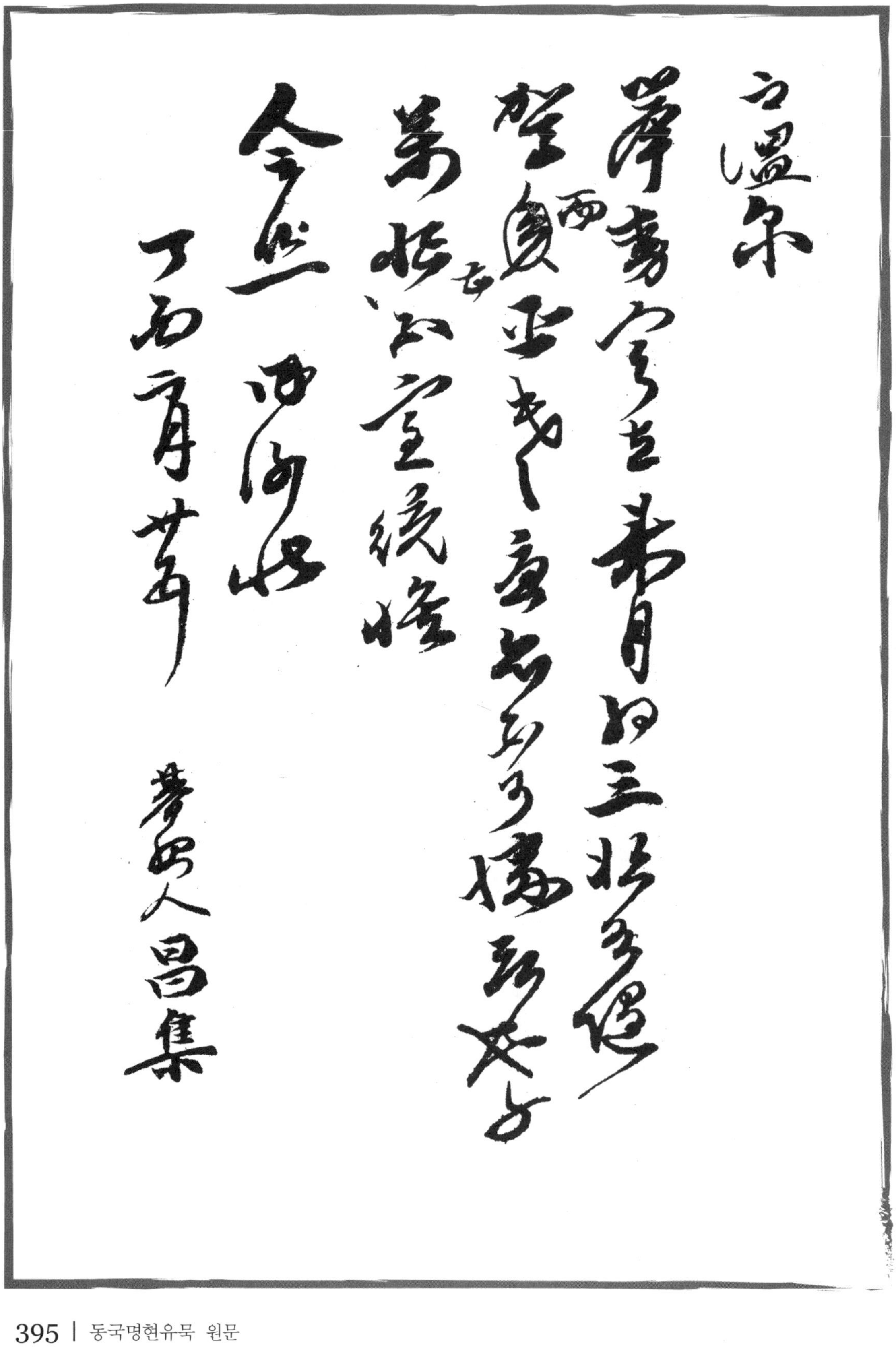

朴泰輔字士元號定齋潘南人肅宗朝文科官應教
贈領相謚文烈

慈聖禮陟攀號何言言外伏承
令下札憑審將有
奉使疆外之行馳慮不容懷乎
第三谷吟之病不得以觀近方為南
行計而中路失主人遂鶴橋之

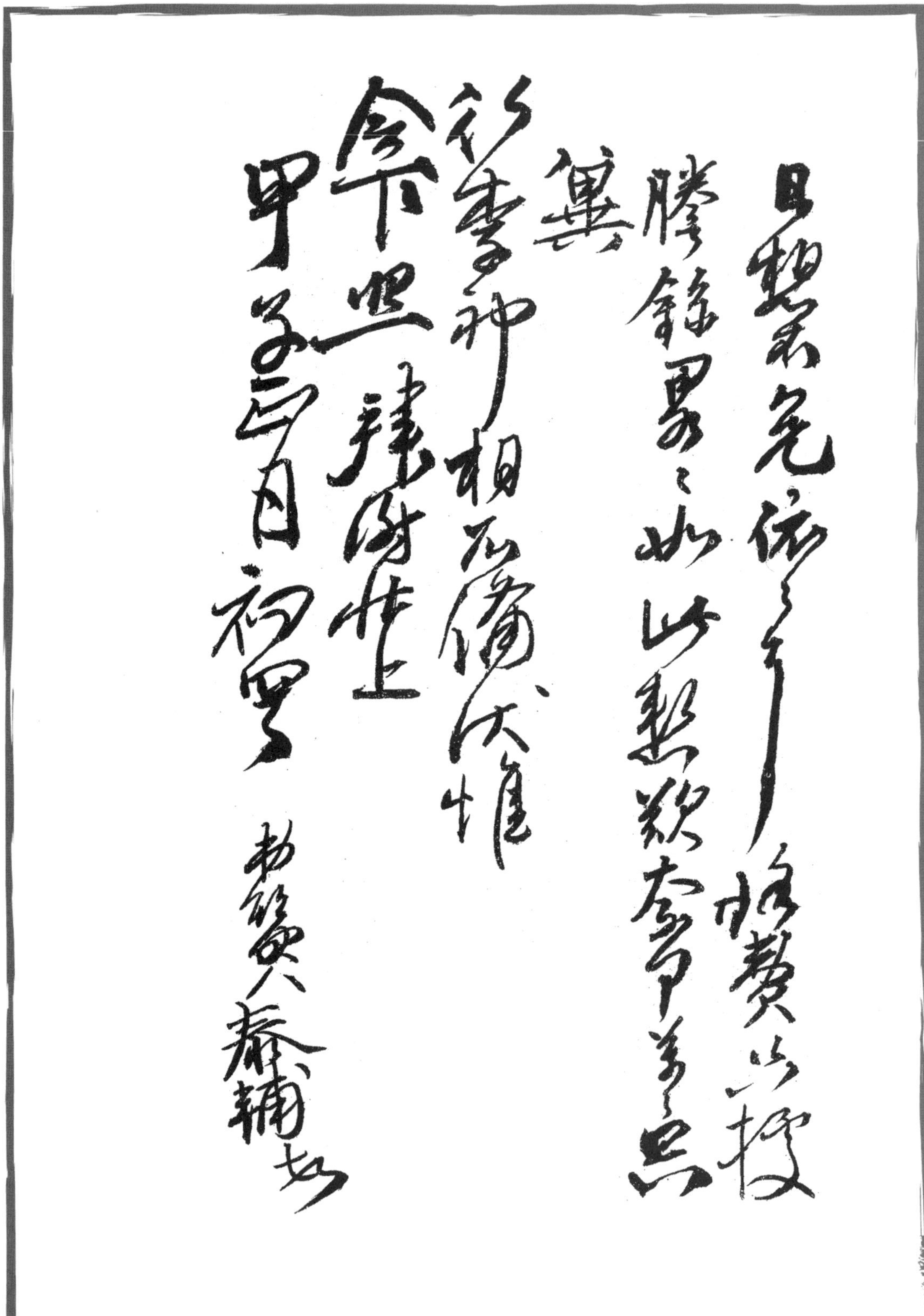

李昌鎭字雲長號滄洲浣石亭子肅宗朝逸察訪

佐郎祖考篇什蕩失於龍蛇兵燹中只有疑一首行于世常爲慨然歲乙丑七月日五言小詩三首七言小詩一首來自金龍宮

輝世甫家于今九十三年筆
跡宛然如昨作爲寶帖以爲
他日子孫之覽焉

昌鎭識

權相一字台仲號清臺安東人肅宗朝文科官副提學諡靖僖

忠武李將軍讚

而書所以能武尉顯名界寡討之者矯將後以
常悅嘆詩喜又而李不塞
擅庸追傳以如沈忠書寘淺切壹潮之相一時秋哭
姑毋縱露途結命甚塘柱廟且置輪轂而還不得保守臺
宮之奇酒山於唐甚廣白戟廣君行之已時嘆嘆

無寧日 盡力實那科場而長路置了勤修精鍊了
緒之將貸不能習以玩味於聖賢之移真知實得於實上落
下著了光陰乎且不可惜之也 前書了自悔之意坡
及之辭如此作書縷縷所說了奉七十養記念出六棲踏
而合意理者甚勉茂玄蕃頭五洛之話想必居中了
鑒照 答上
壬申三月十八日 舊人 權相一 拜

李惟樟字夏卿號孤山宣城人肅宗朝薦敎官享洛淵書院

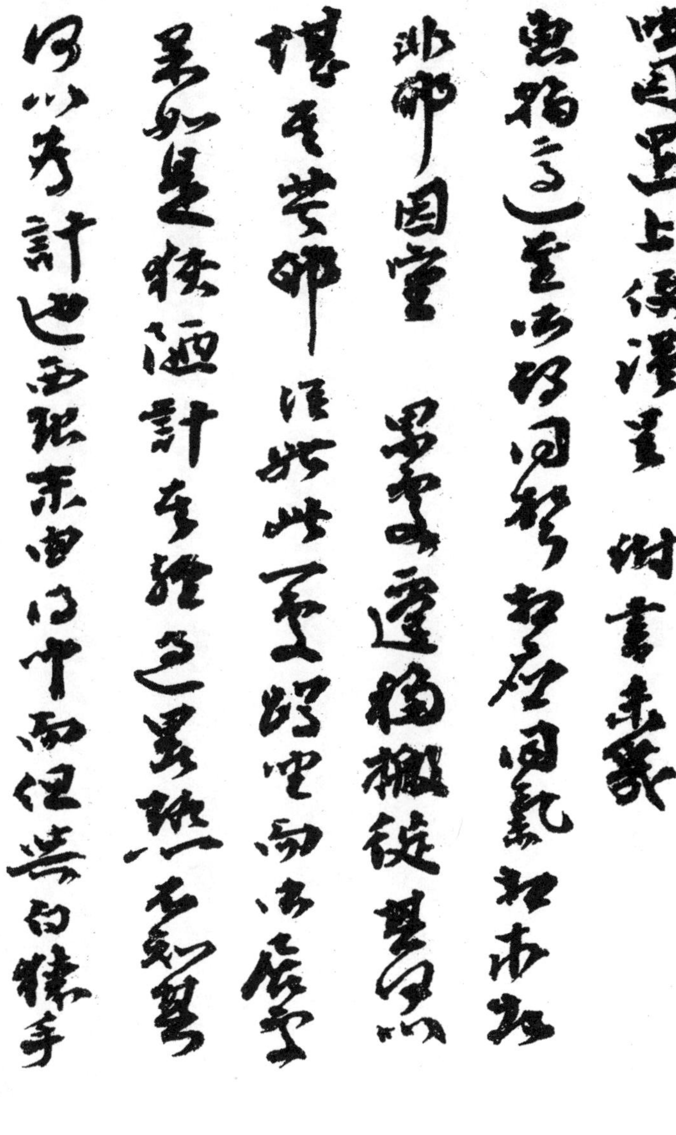

跋猶異乎若未嘗於篆矣之情多章
美處補之病中[illegible]之宗以振稿之身
皆物可惜於
左右亦可閱愛 寒年君子寂然
乃哉何而及人此逢中聽[illegible]佩之餘
且增嘉歎唯祝
謹起居之慶 須時此

甲戌五月六日

[illegible]雅 樟 拜

李縡字熙師號陶菴牛峰人肅宗朝文科官吏判
謚文正

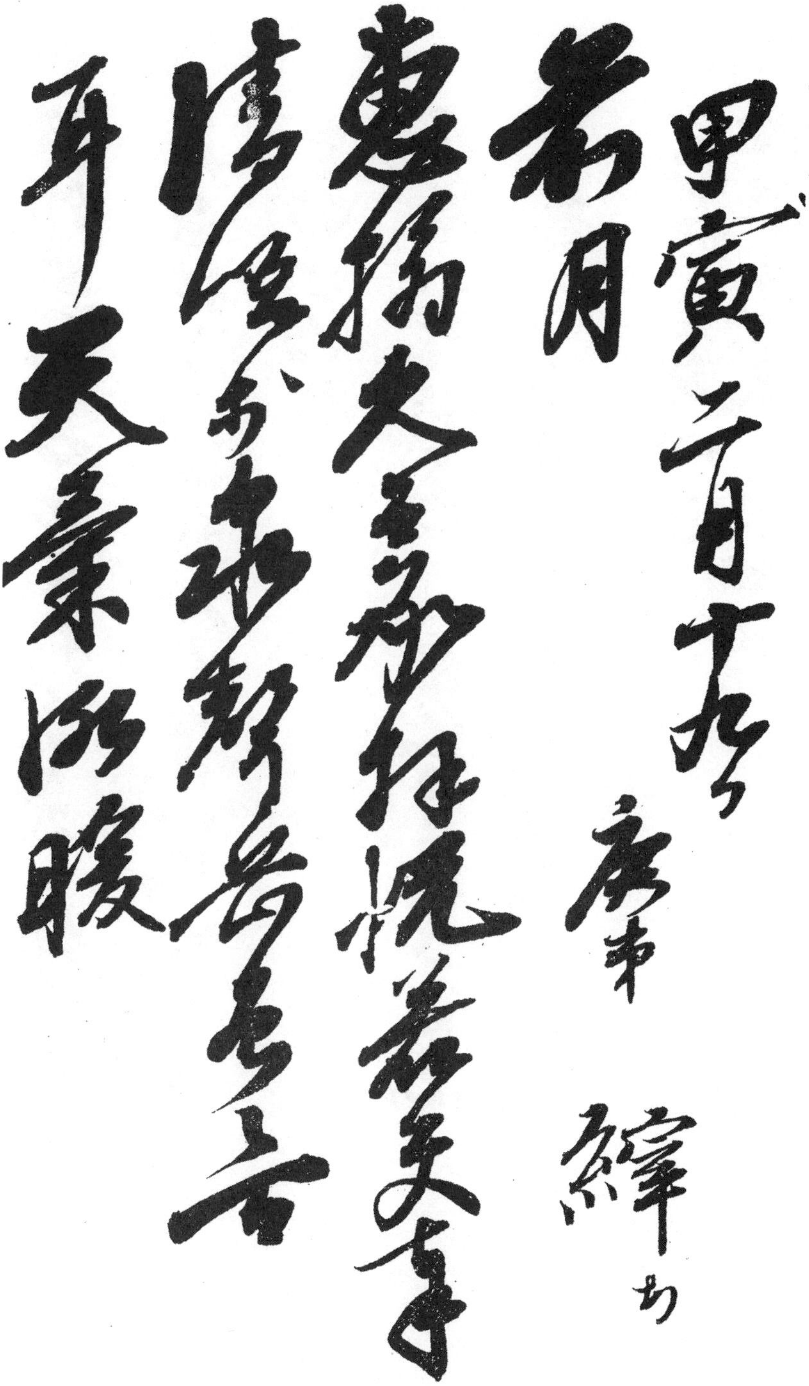

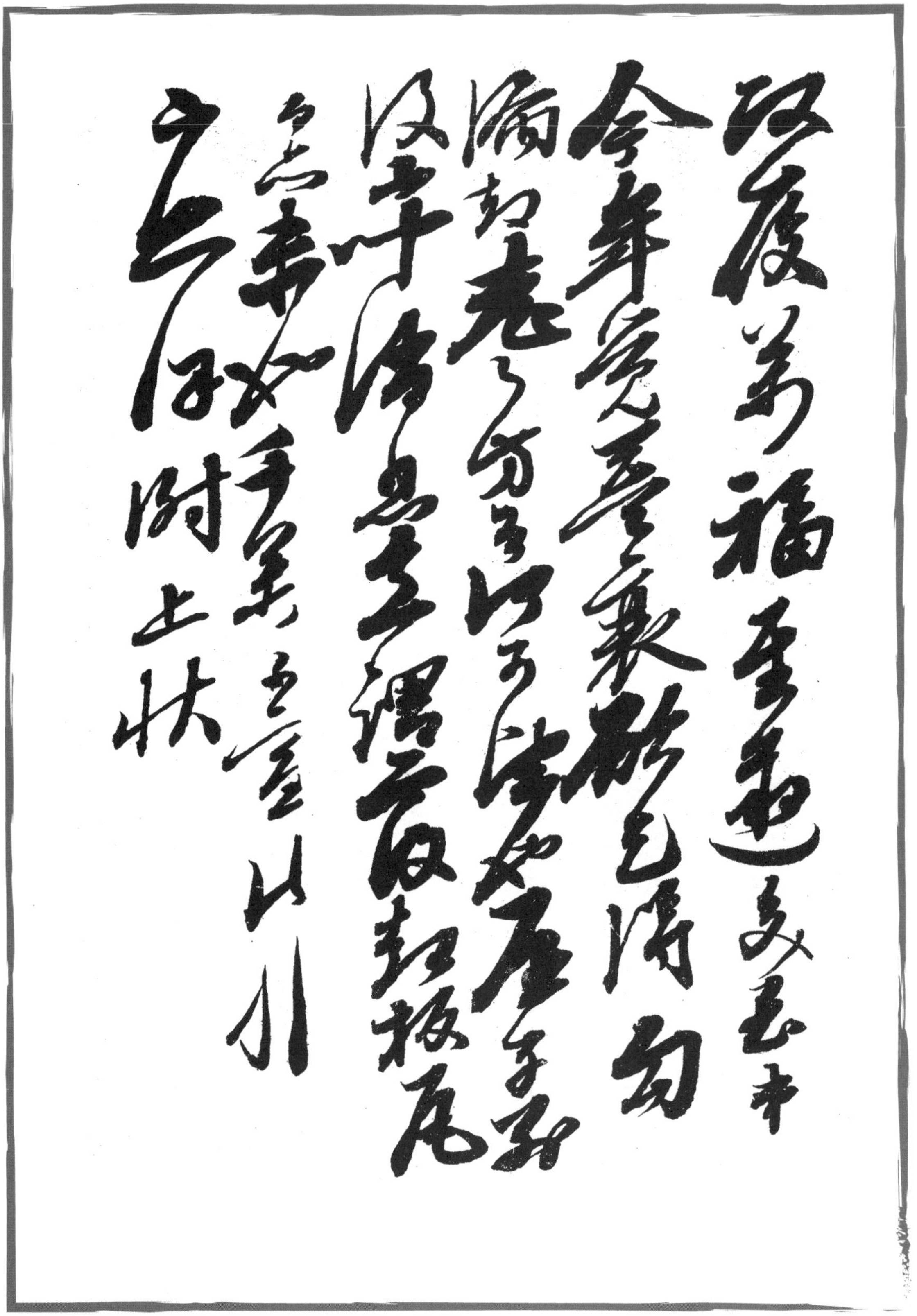

姜 樸字子淳號菊圃晋州人肅宗朝文科官牧使
贈吏判晋陵君眉叟門人

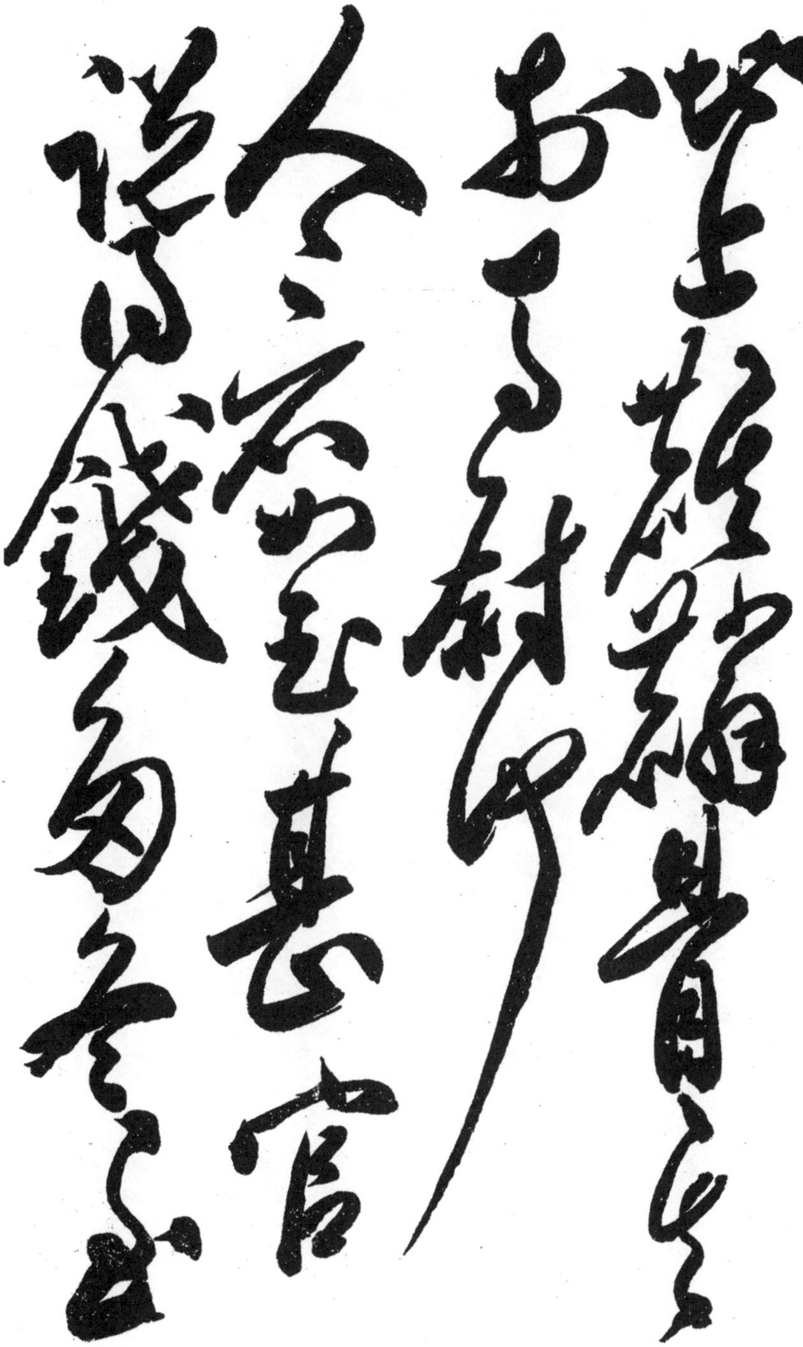

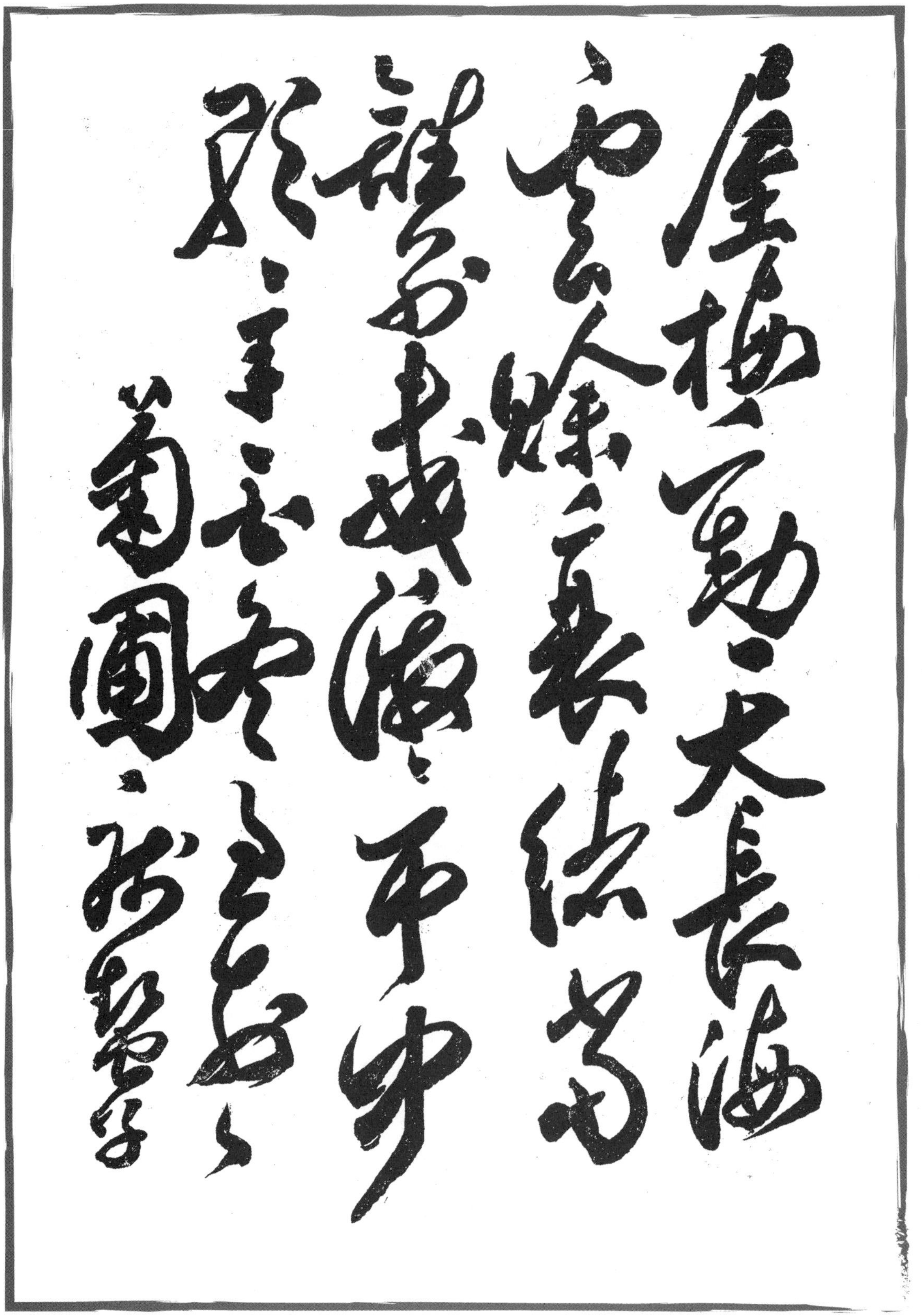

朴文秀字成甫號耆隱高靈人肅宗朝文科官判敎
寧靈城君諡忠憲

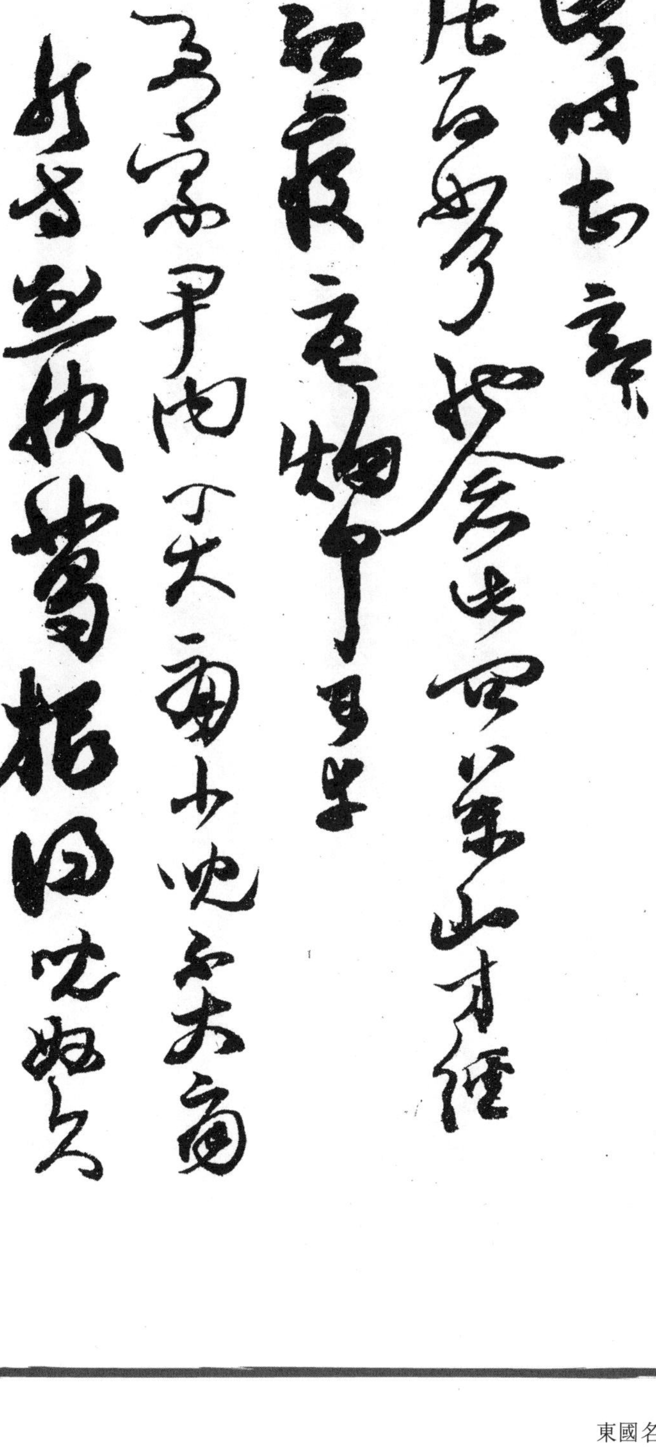

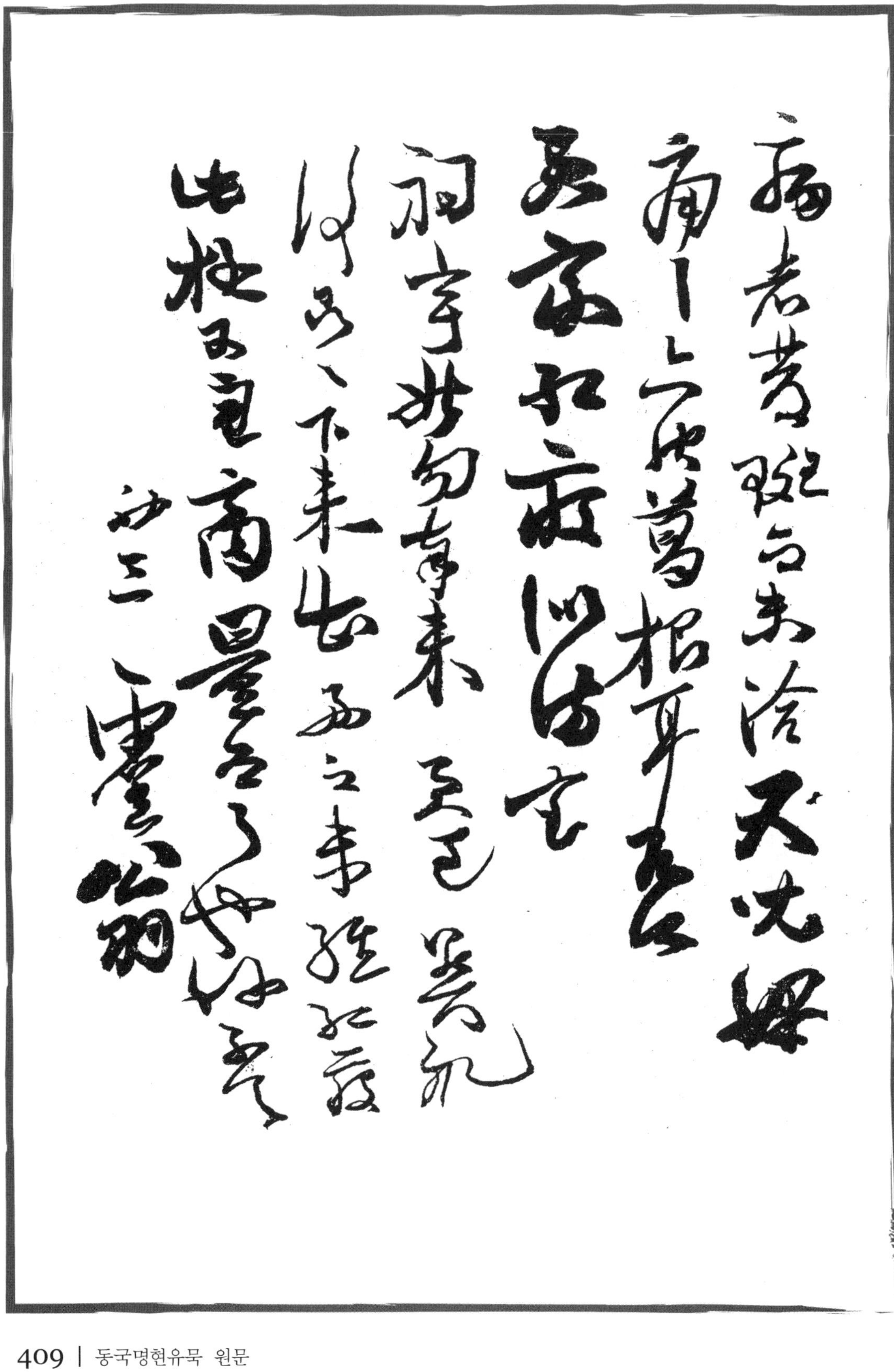

趙泰耉字德叟號素軒楊州人肅宗朝文科官右相

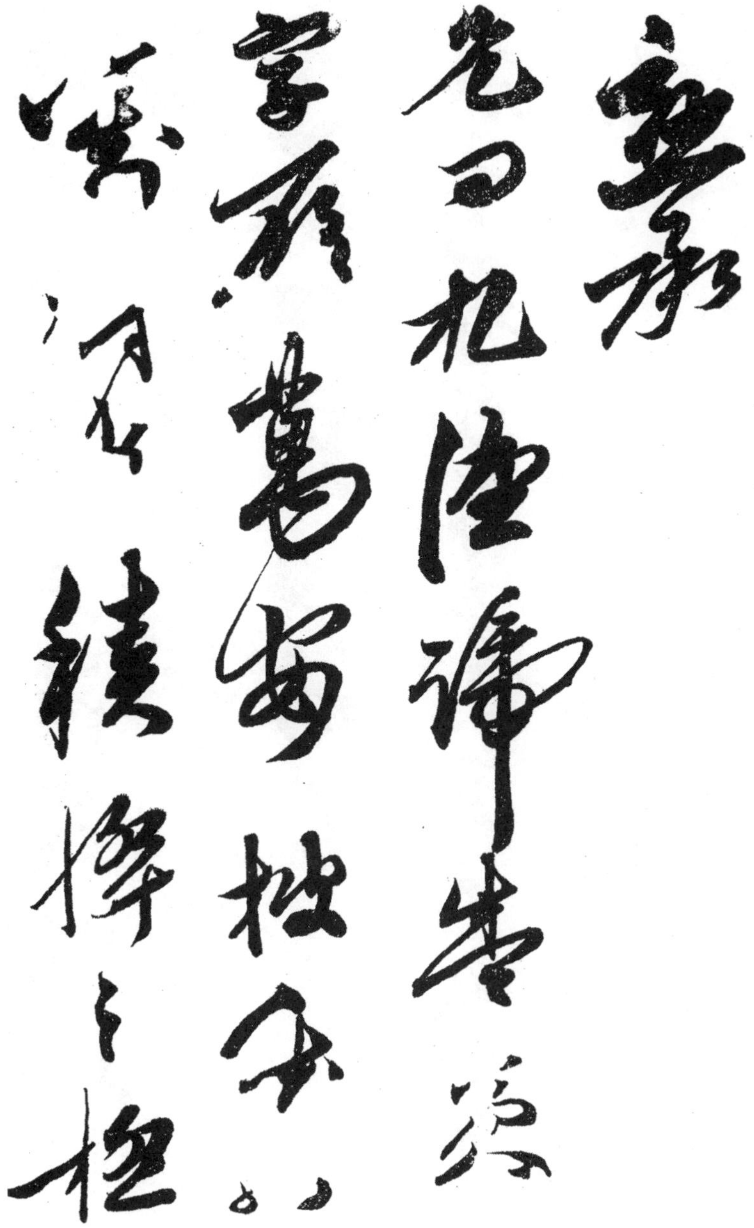

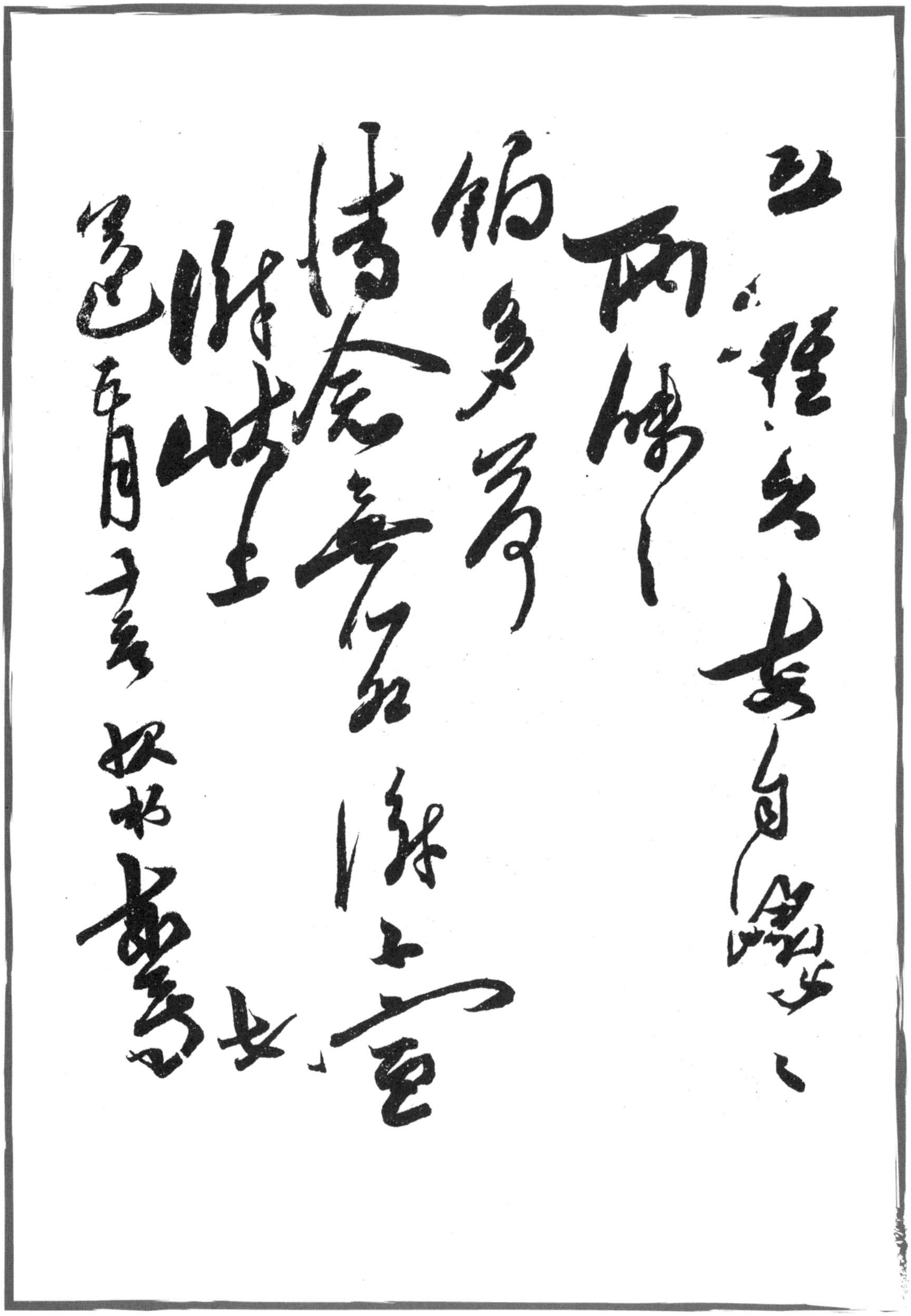

尹斗緒字孝彦號恭齋孤山孫

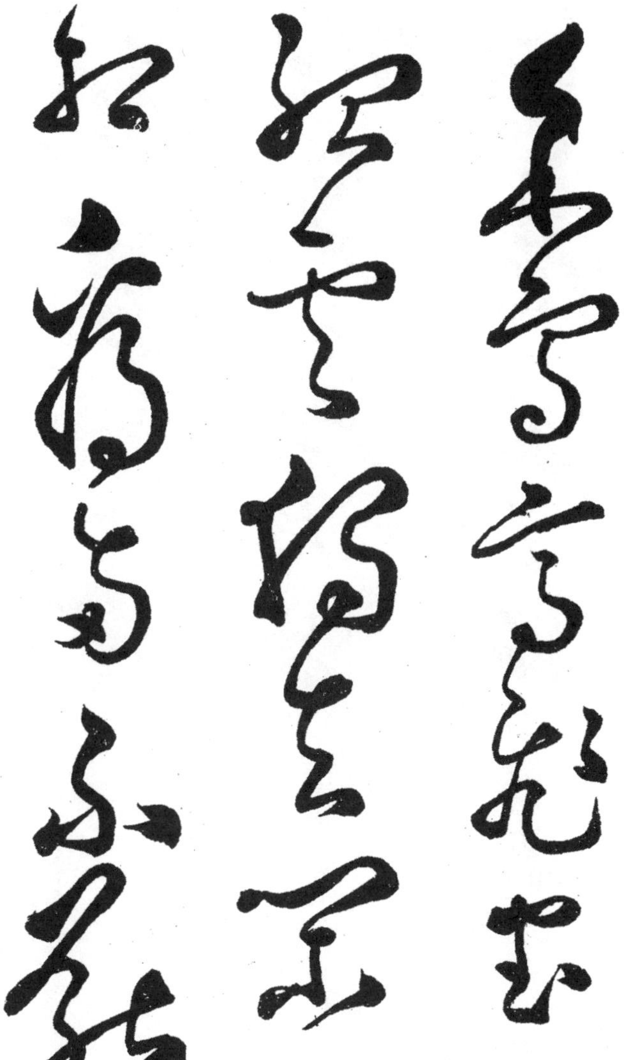

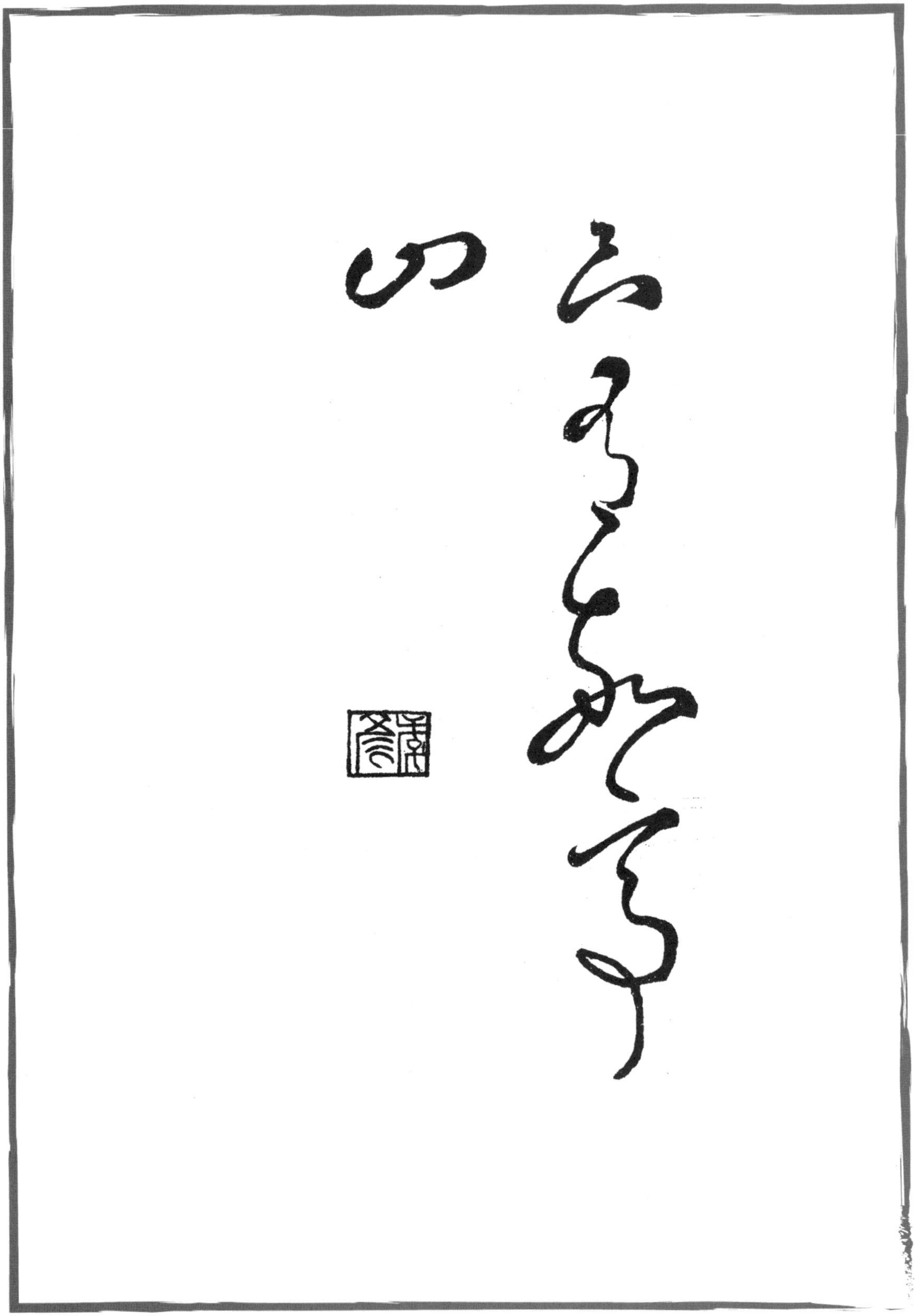

鄭澔字仲淳號丈菴 松江后肅宗朝文科官領相
諡文敬尤菴門人

早承
問札不任感至寸事不欲掛口
唯以辭單之見却於帳司感
一心悵極之甚也 下款

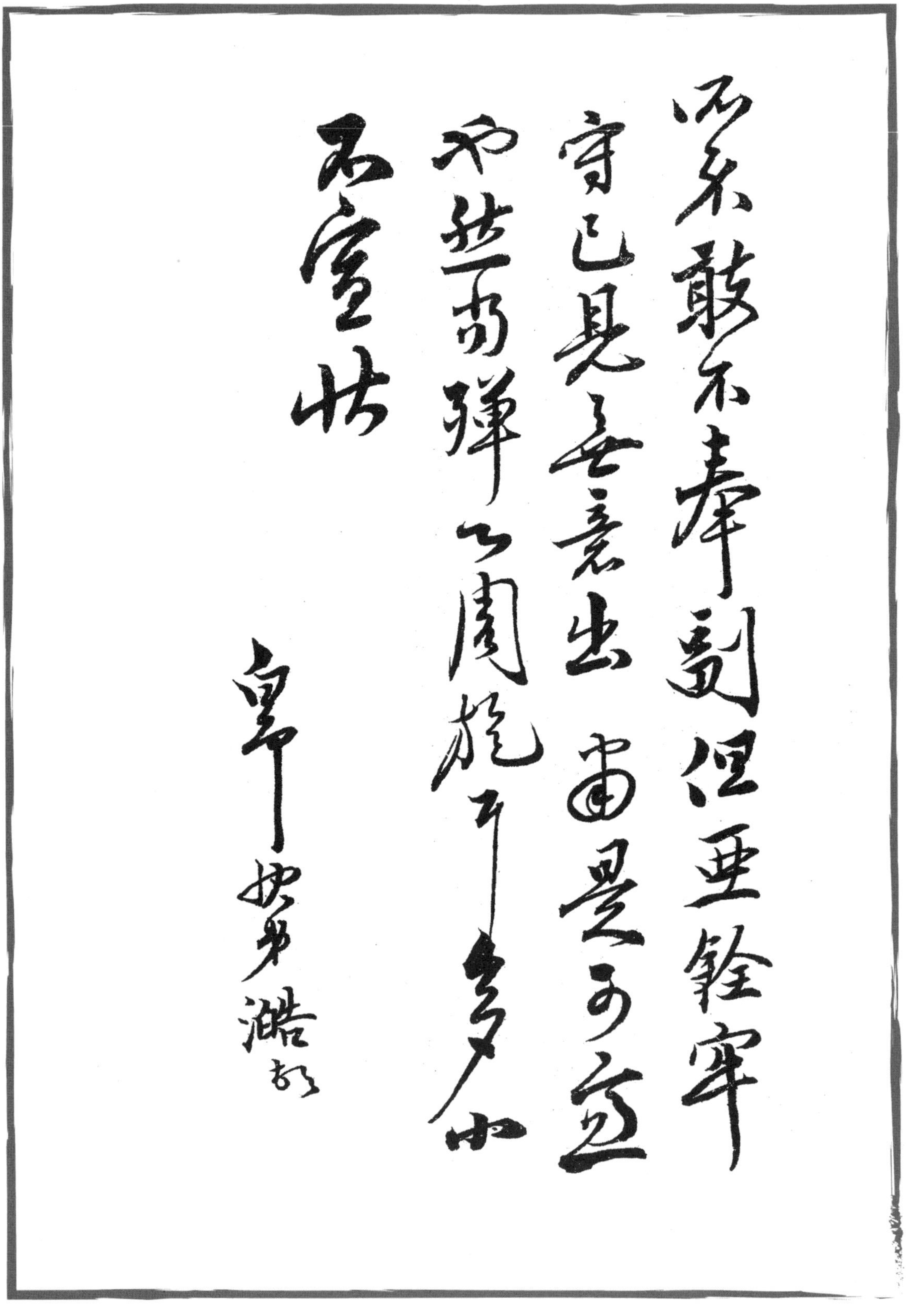

兪拓基字展甫號知守齋杞溪人仁祖朝文科官領相諡文翼

拓基白家門不幸仲母奄忽棄背
纔過百日又喪次女摧慟痛割非
所可堪伏蒙
尊慈俯賜
慰問哀感[illegible] 識[illegible]熱猶新[illegible]

不審比來
尊體何似 拓基十〻之仲母葬所還
亡女入地五屬四日 悲哀復剩無段
可言老人衰懷多日 神氣甚損
危劫悶迫 遑奉此謝不宣謹狀
癸亥五月五日 朞服人俞拓基拜

趙德鄰字宅仁號玉川漢陽人仁祖朝文科官承旨

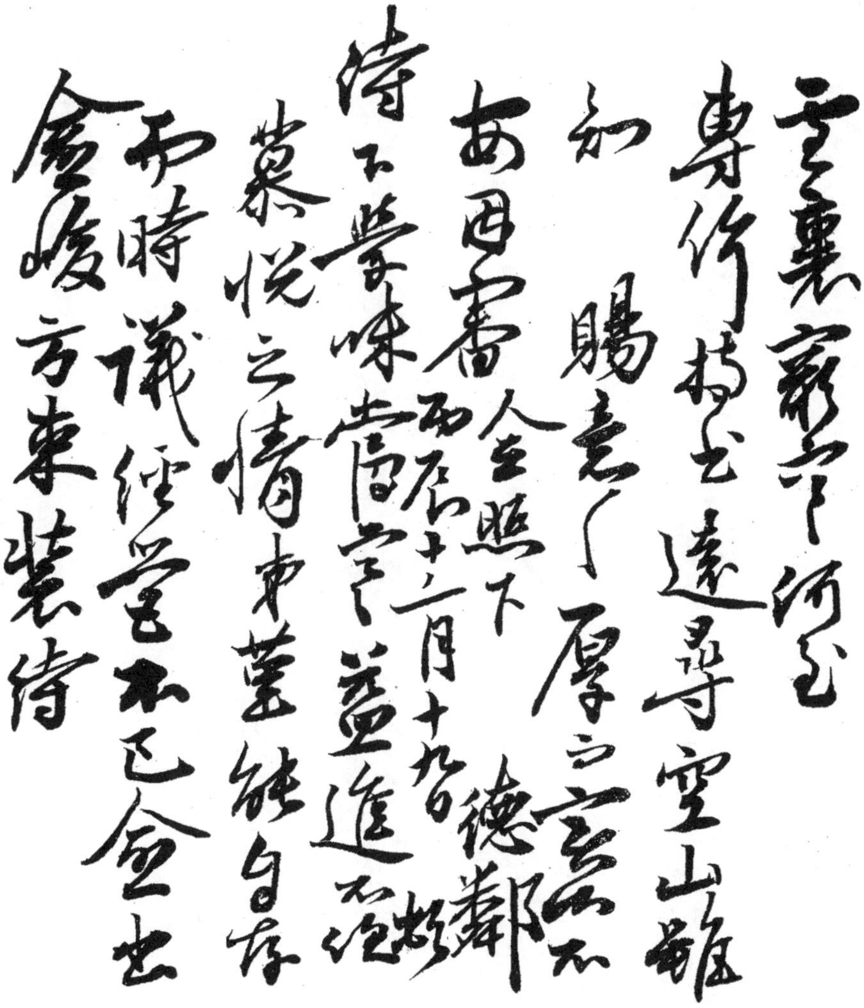

命耳 相去絶遠 且值歲
涯 相見固不爲謀 而復伶
來陸之勞費日乎 不必懷
兩且分了 光陰乎專 意於
事日有所得 有逢之退
然是爲之善學乎 慰 親知
之 期望大矣 何待向 台
席乎 爲相倒卿 不宣 狀

金昌協字仲和號農巖文谷子肅宗朝文科官禮判
諡文簡

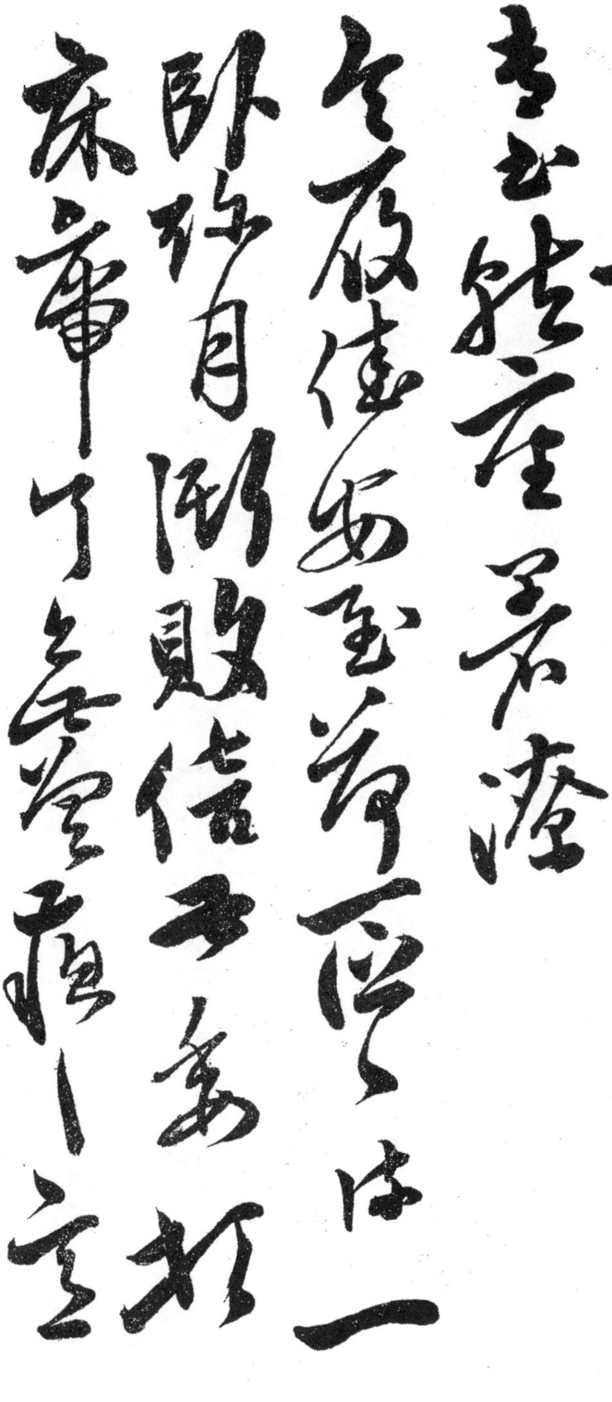

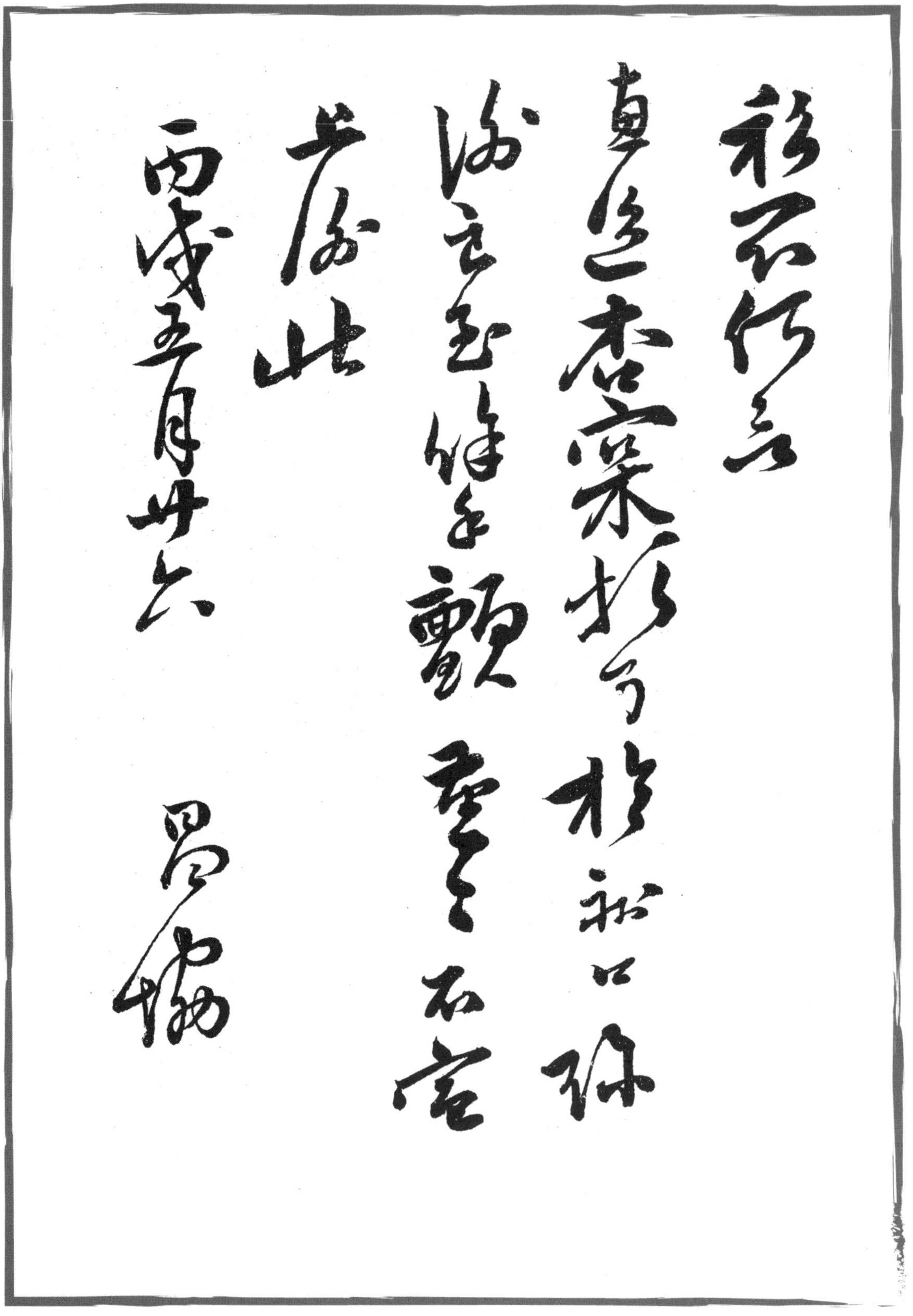

李栽 字幼材 號密菴 葛菴子 景宗朝薦掌樂院主簿

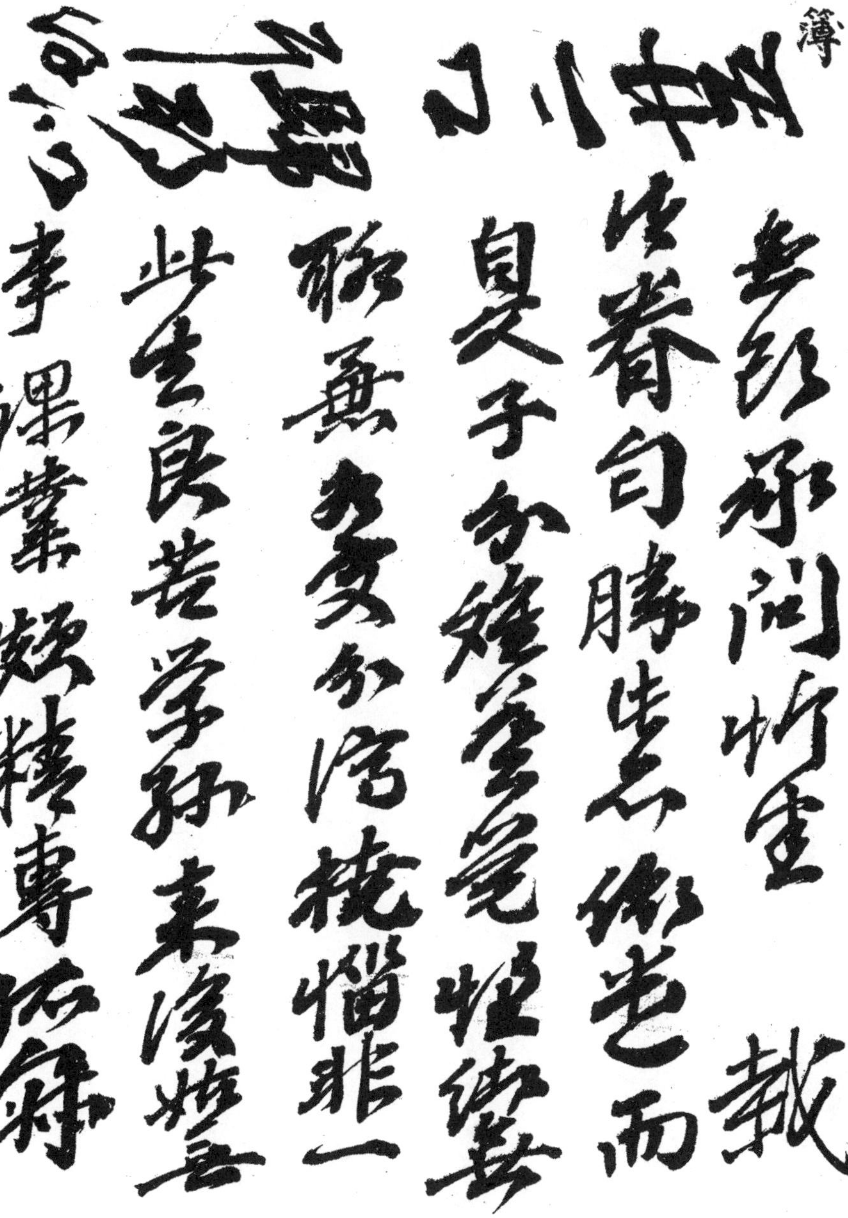

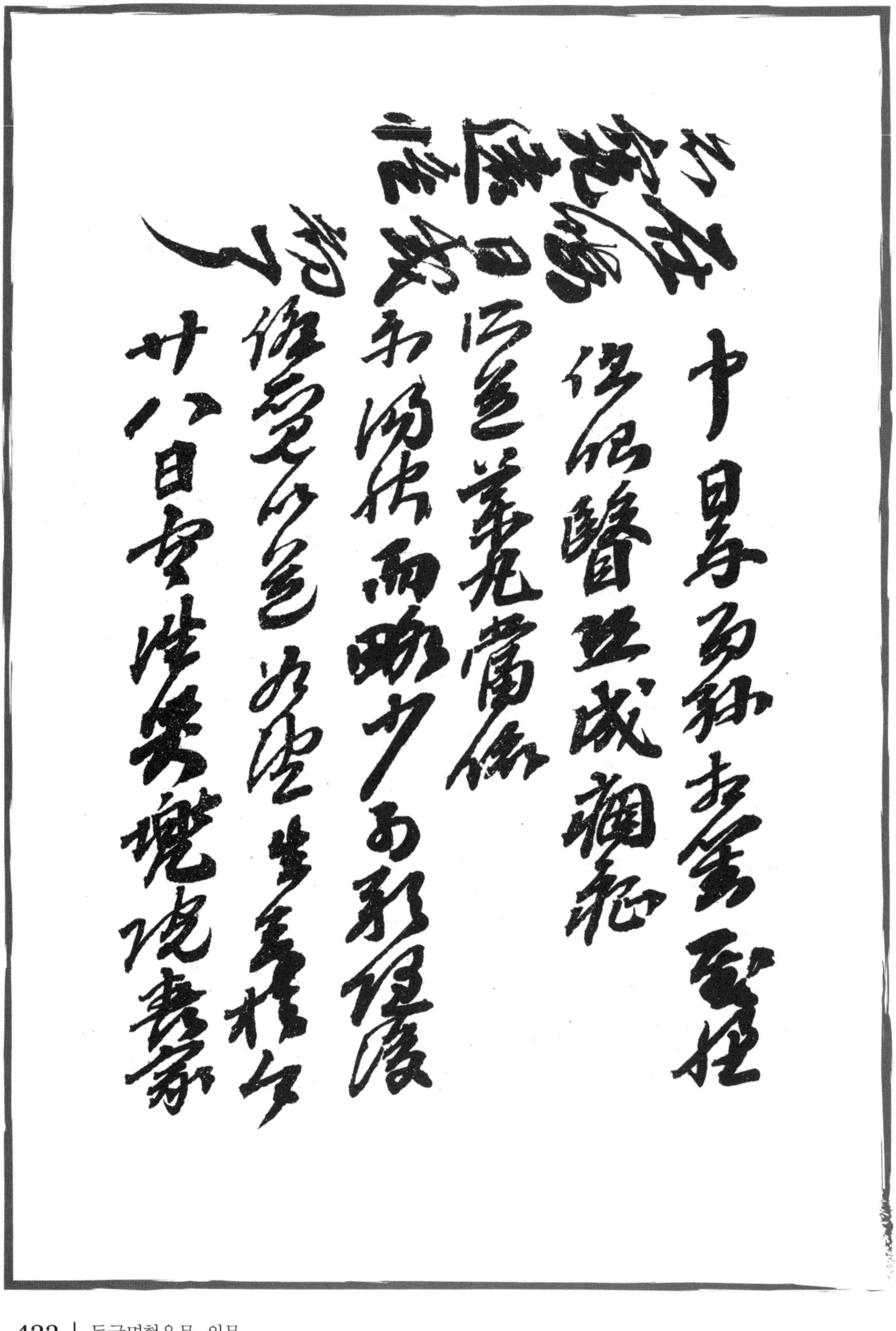

權斗經字天章號蒼雪冲齋后肅宗朝文科官修撰

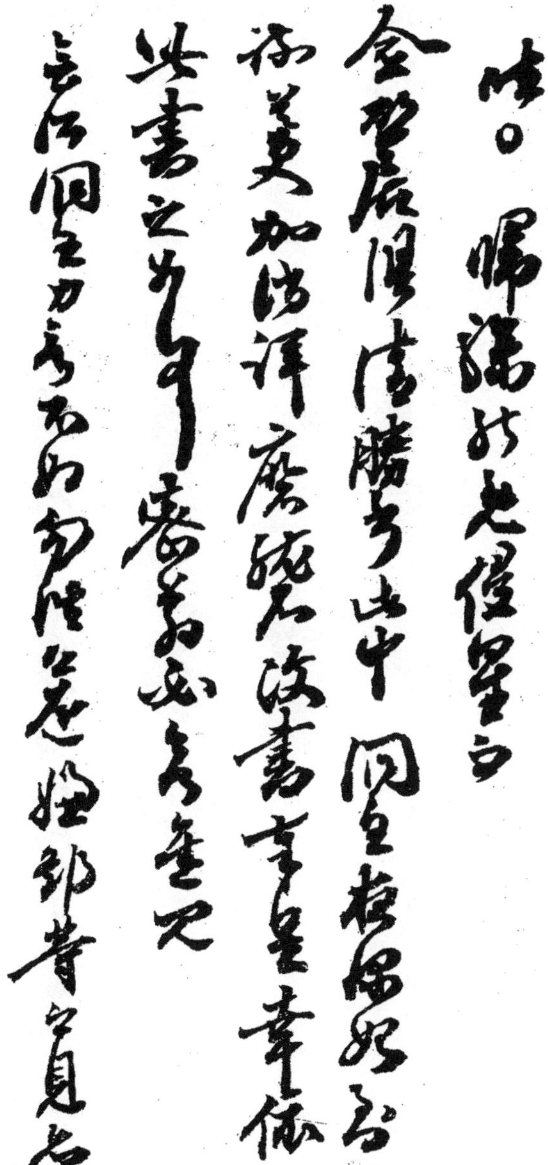

行篤相多陛辭 奉辭山陛見

章出雅情成於愚 宥荷 南山虛堂

窩叶

金長安部 意也終矣

金白 辛丑二月小望 斗鎭拜

挽前政出時於鴈間有書畫與其字交 正宮時 次祥齋為贈

趙顯命字稚晦號鹿翁漢陽人英宗朝文科官領相
諡忠孝

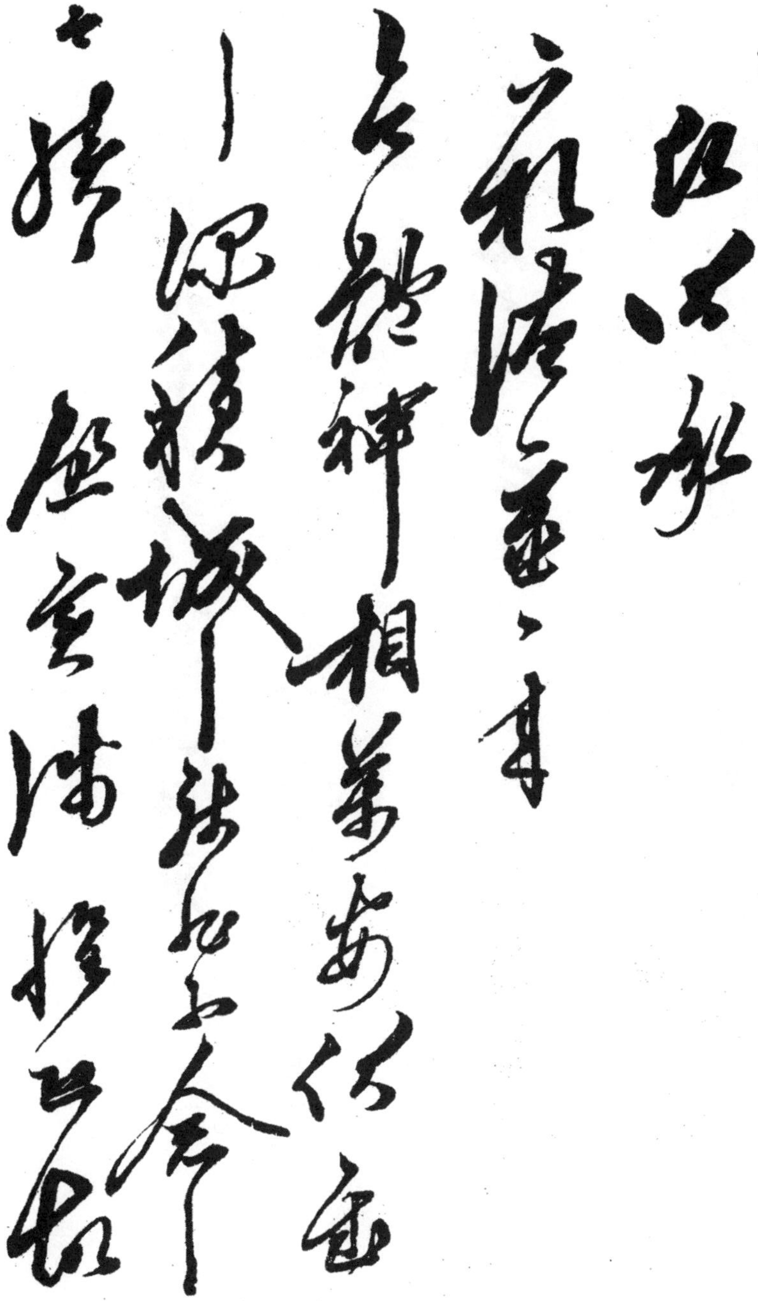

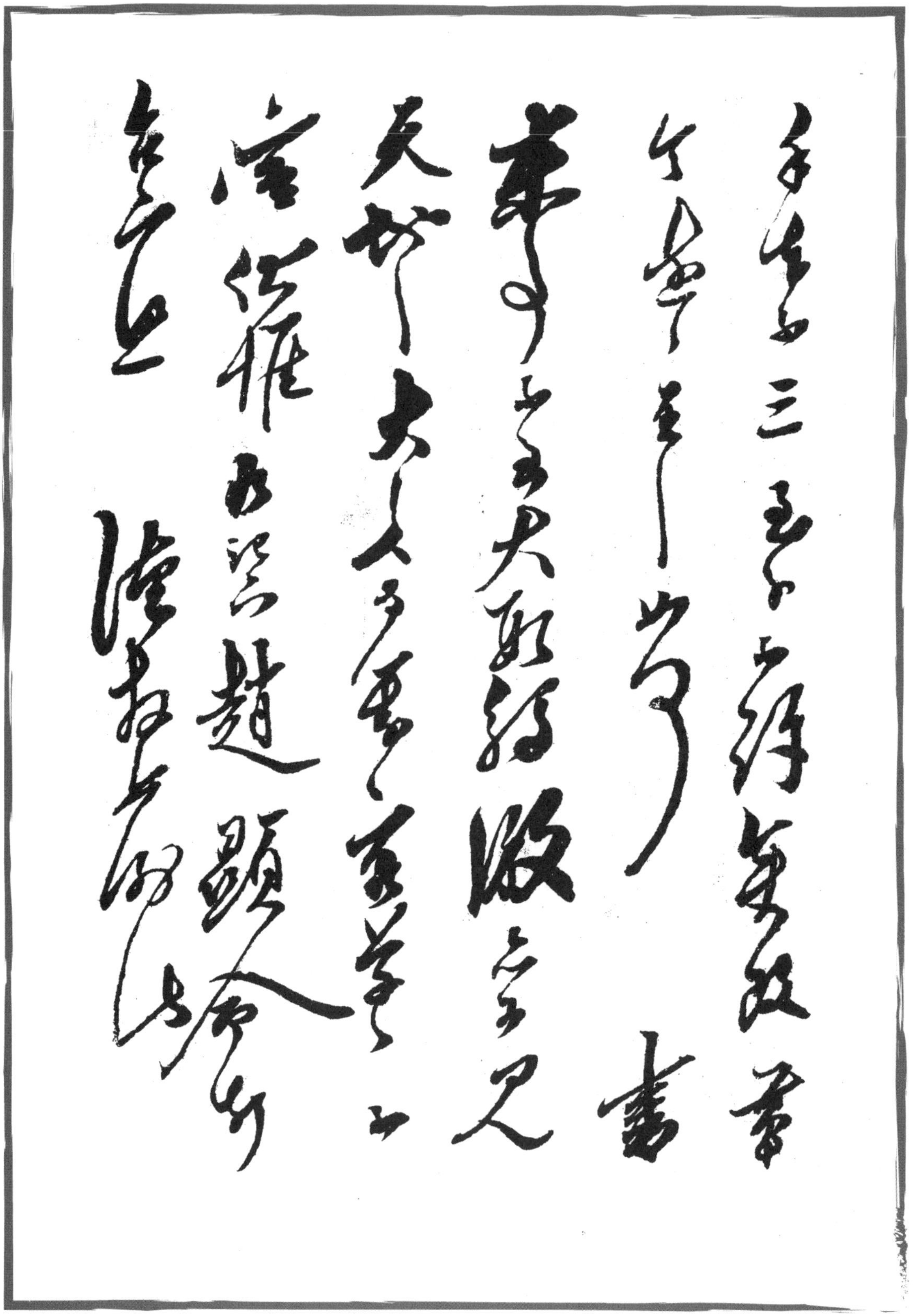

李桂天字爾觝號洛渚滄洲孫肅宗朝文科官翰林

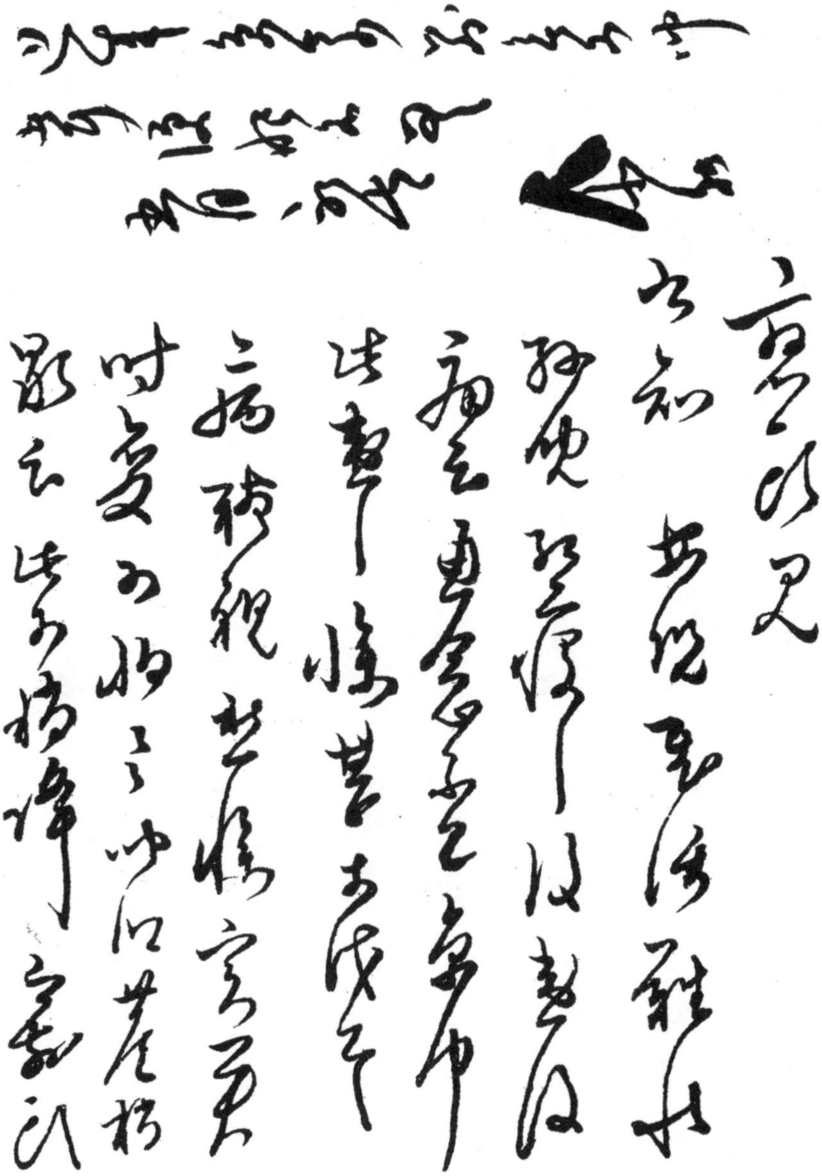

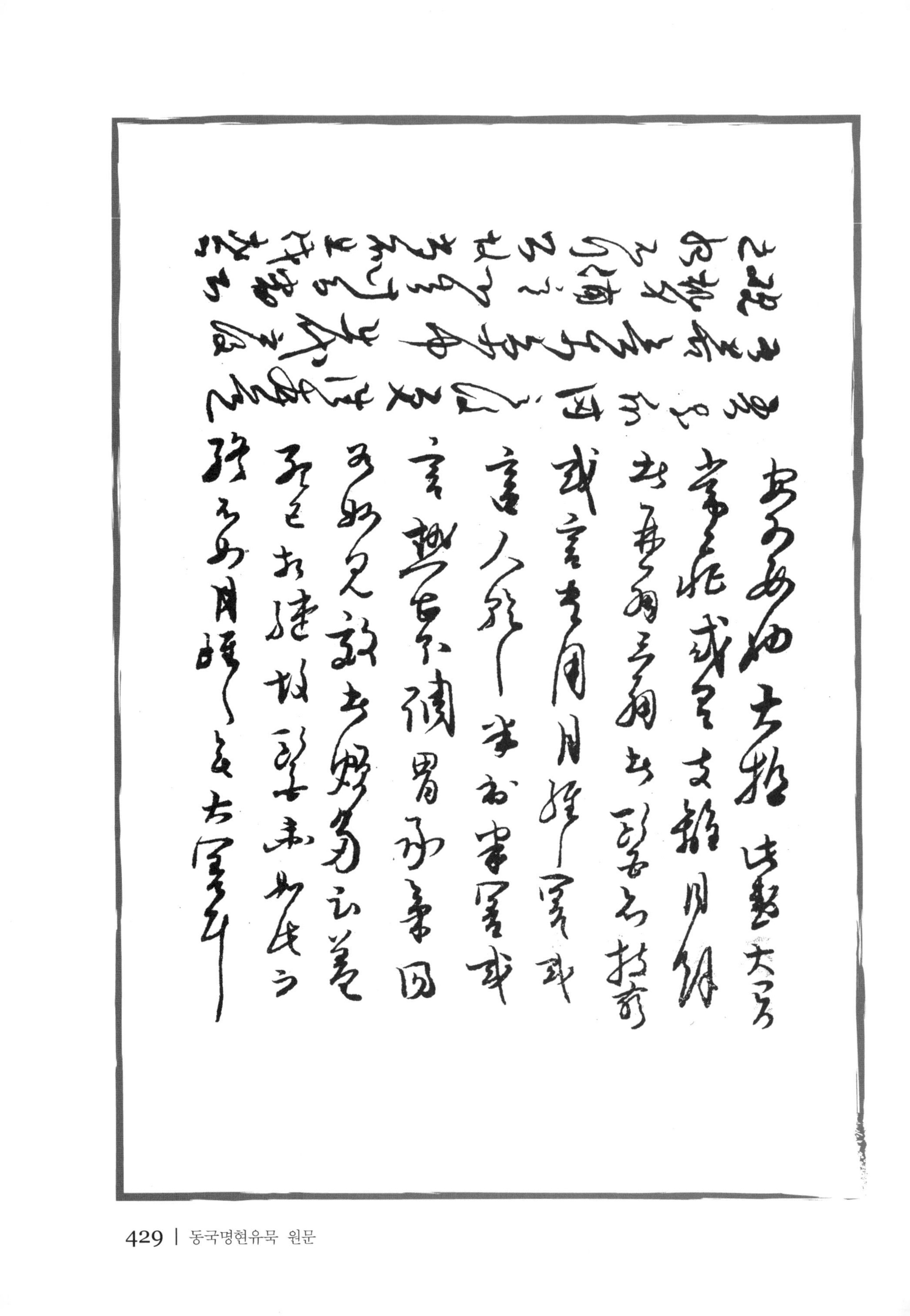

朴孫慶字孝有號南野咸陽人正宗朝逸敎官

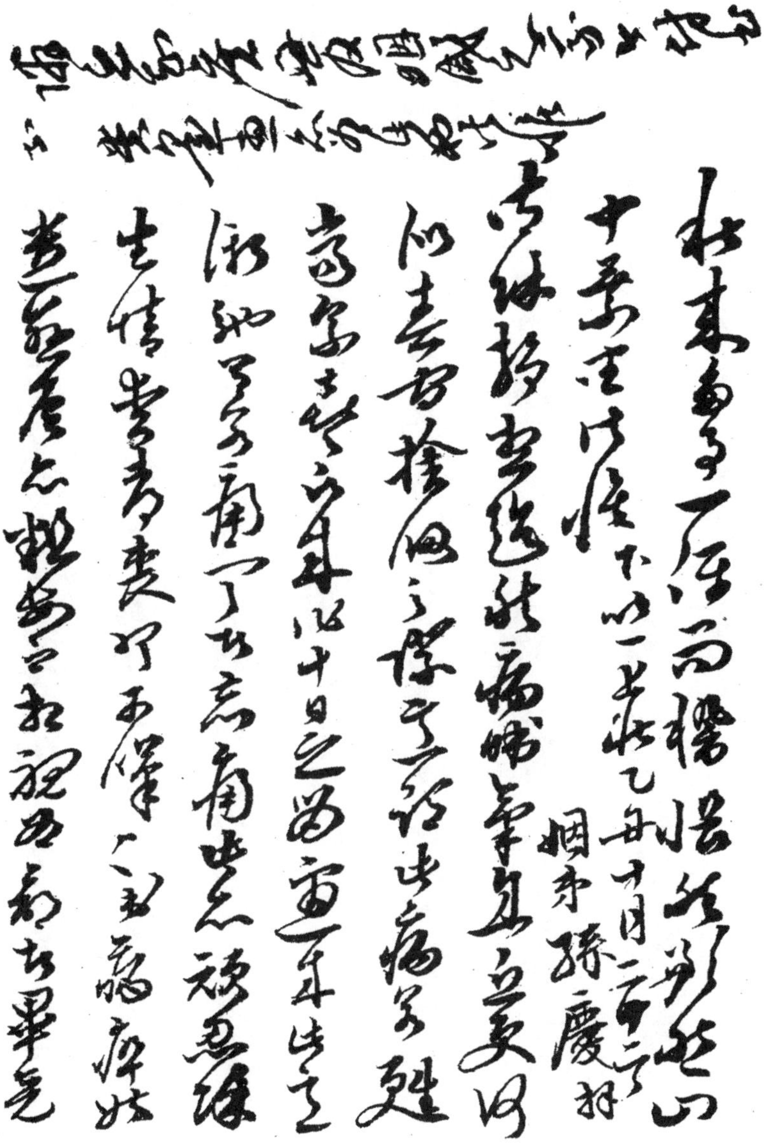

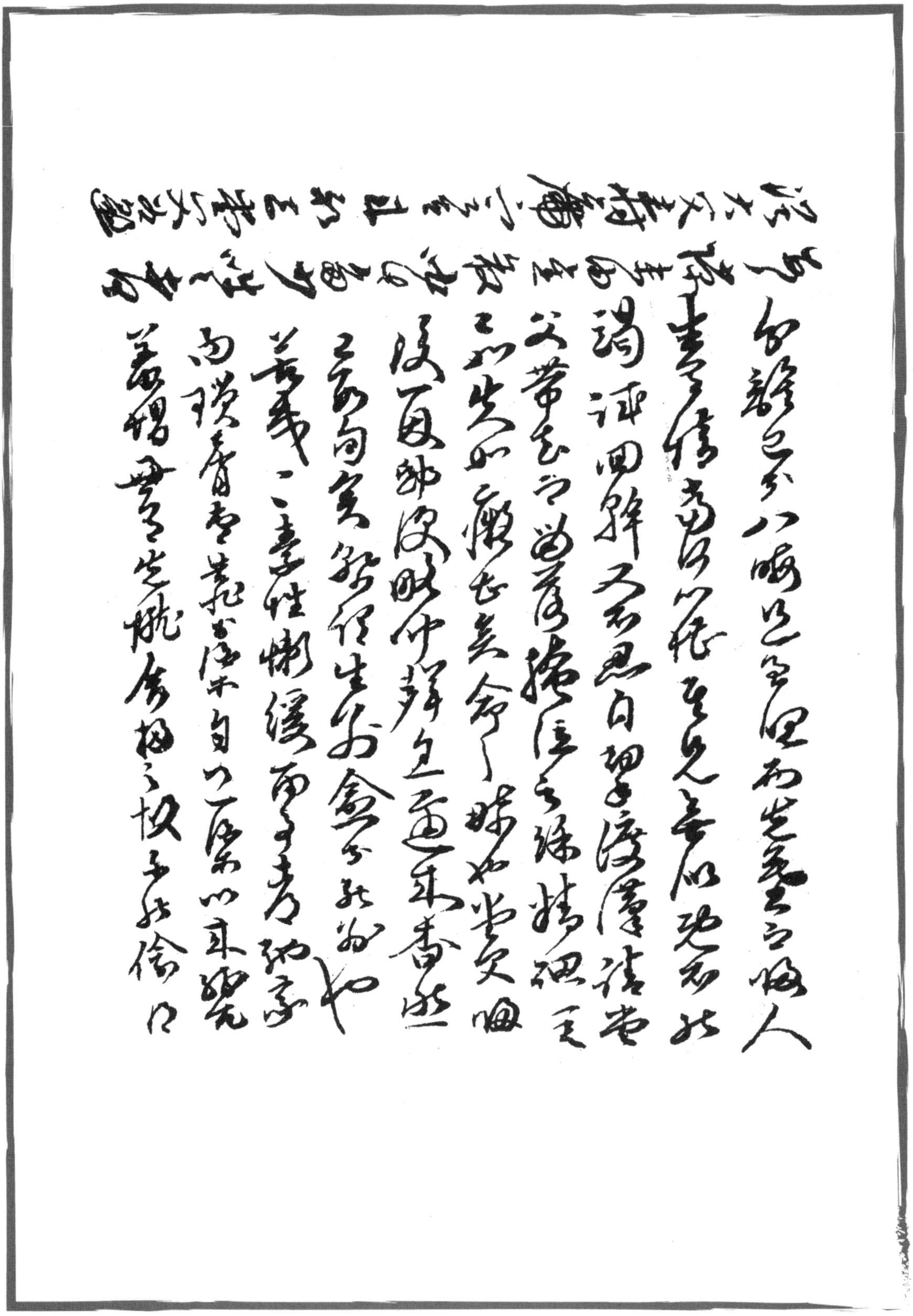

李象靖字景文號大山牧隱后 英宗朝文科官刑議
諡文敬享高山書院

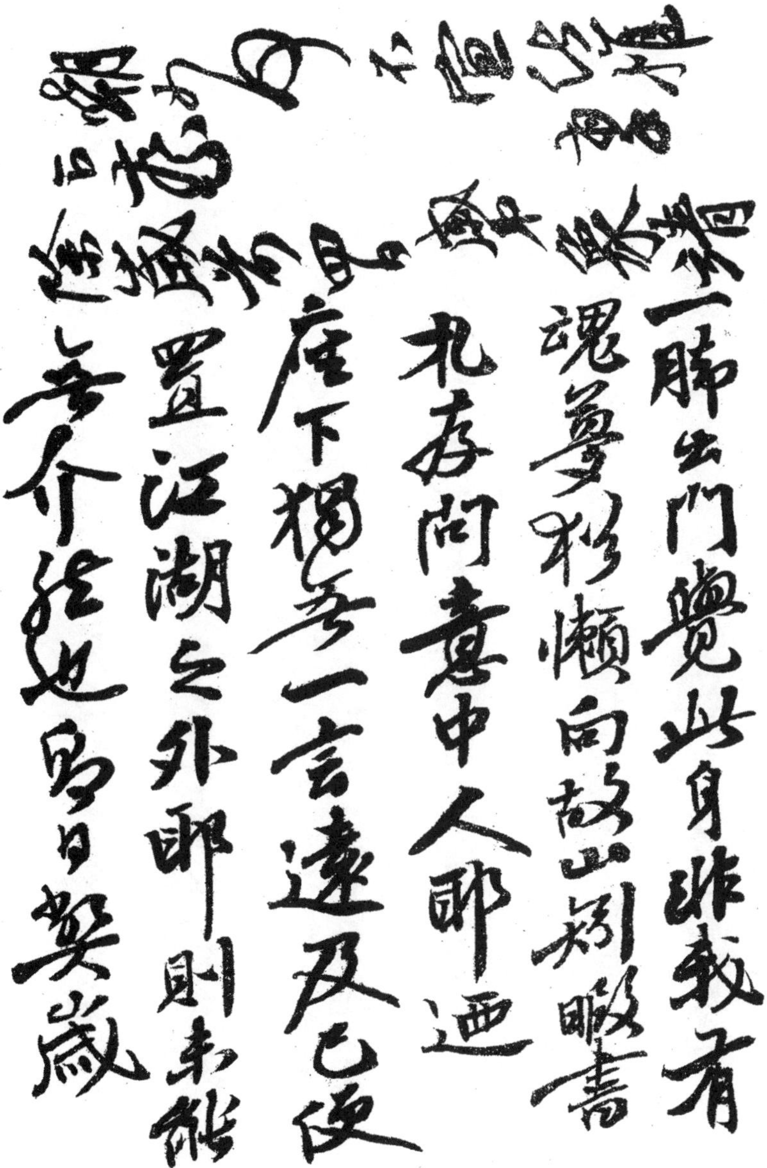

梅香似靜中啓處何似 亂師
久埋深淵已成人何章有免說
隱然於高軒盆梅盛開不覺
百般文清書說人一段好意思
與出何處名自在肚中拔出來直
多比從手是乃要去可 折來一枝
錢從容方讀續前日簡惠故事 也矣

崔興遠字汝浩號百弗菴慶州人英宗朝遺逸進善

賢胤歸時所復小書特被遲董倩成其
眷不成說者想有以恕照也從子之行合
又爲書而甚所告行業晨太促只寄語而
止集必有告矣冬日不甚寒茲時
令候動靜得無添感否　呈辭之許果
有順道得遂之否遲遲而念殆無虛日昨暮
偶因轉轉來傳所聞於良洞者略知其順遞

得然既非親耳目所得何可信耶 弟雖能
日強精力盥中如人相覺神識視昨大耗
脫往往思慮昏錯日用雜酬況做太半沒
頭緒必非吉兆況於卷中師友之說有何持
守甚於舊見得若干強收神思塞此單單伏惟
照察不備謹候狀

庚子十一月十八日 弟 崔興遠拜

姜 橒 字擎厦 號松西 晉州人 純祖朝文科 官持平

贈副提學

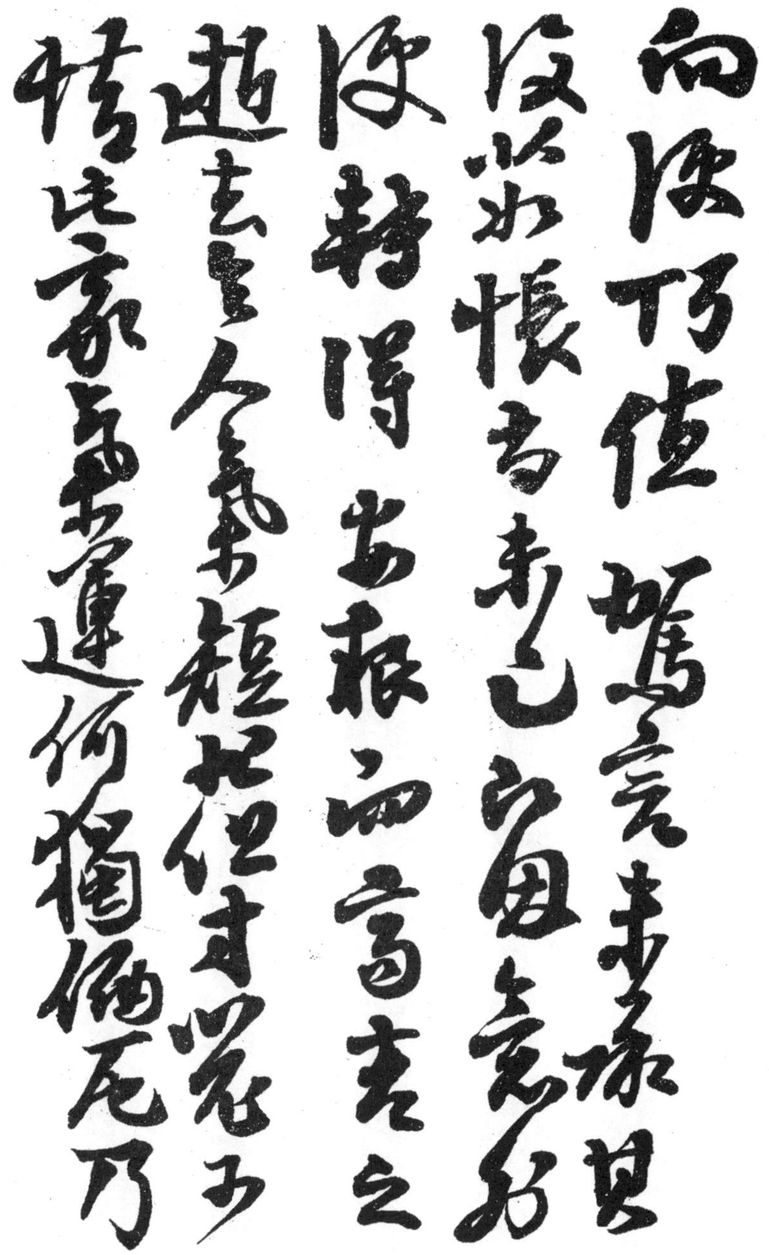

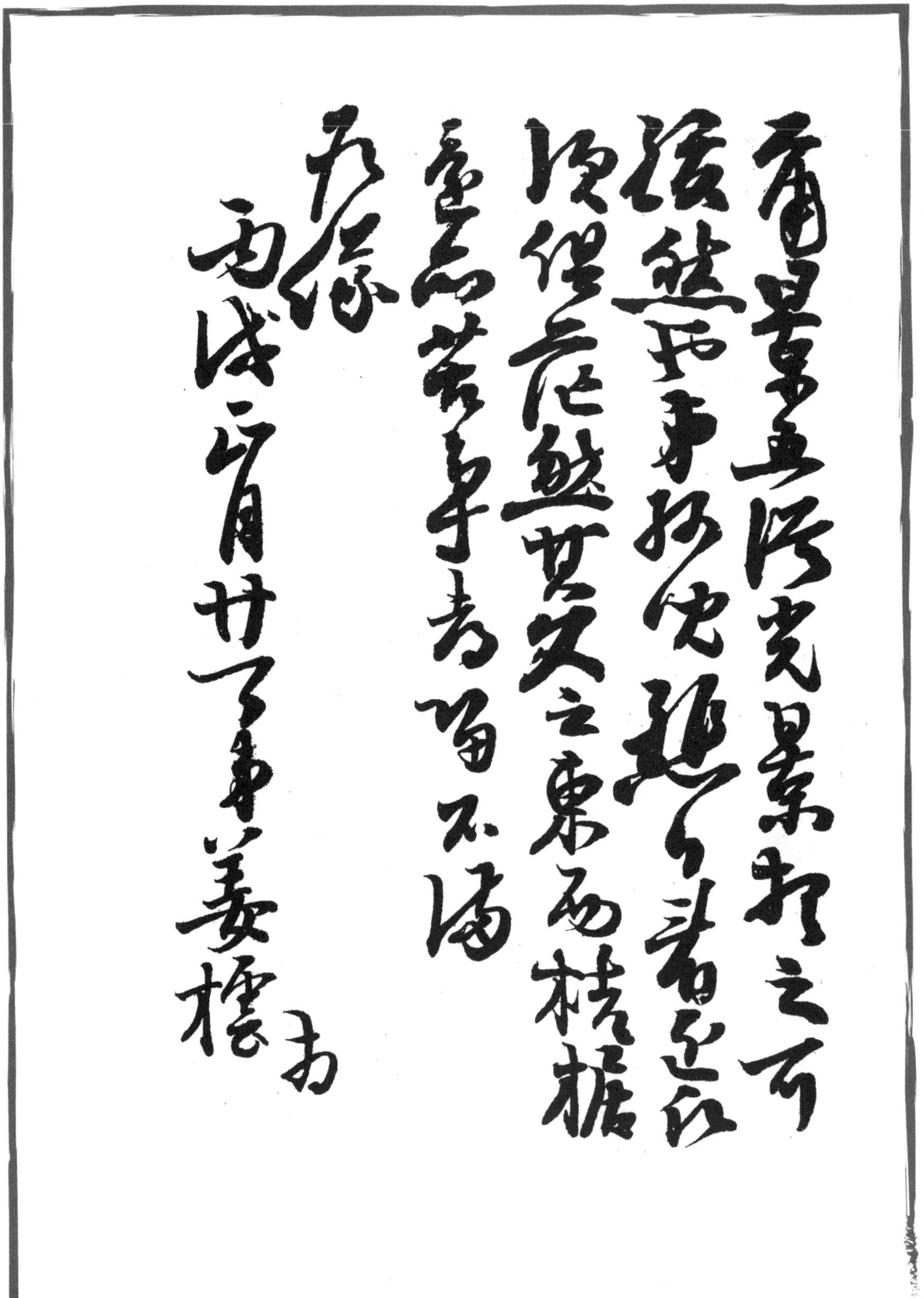

丁範祖字法正 號海左羅州人英宗朝文科官判書

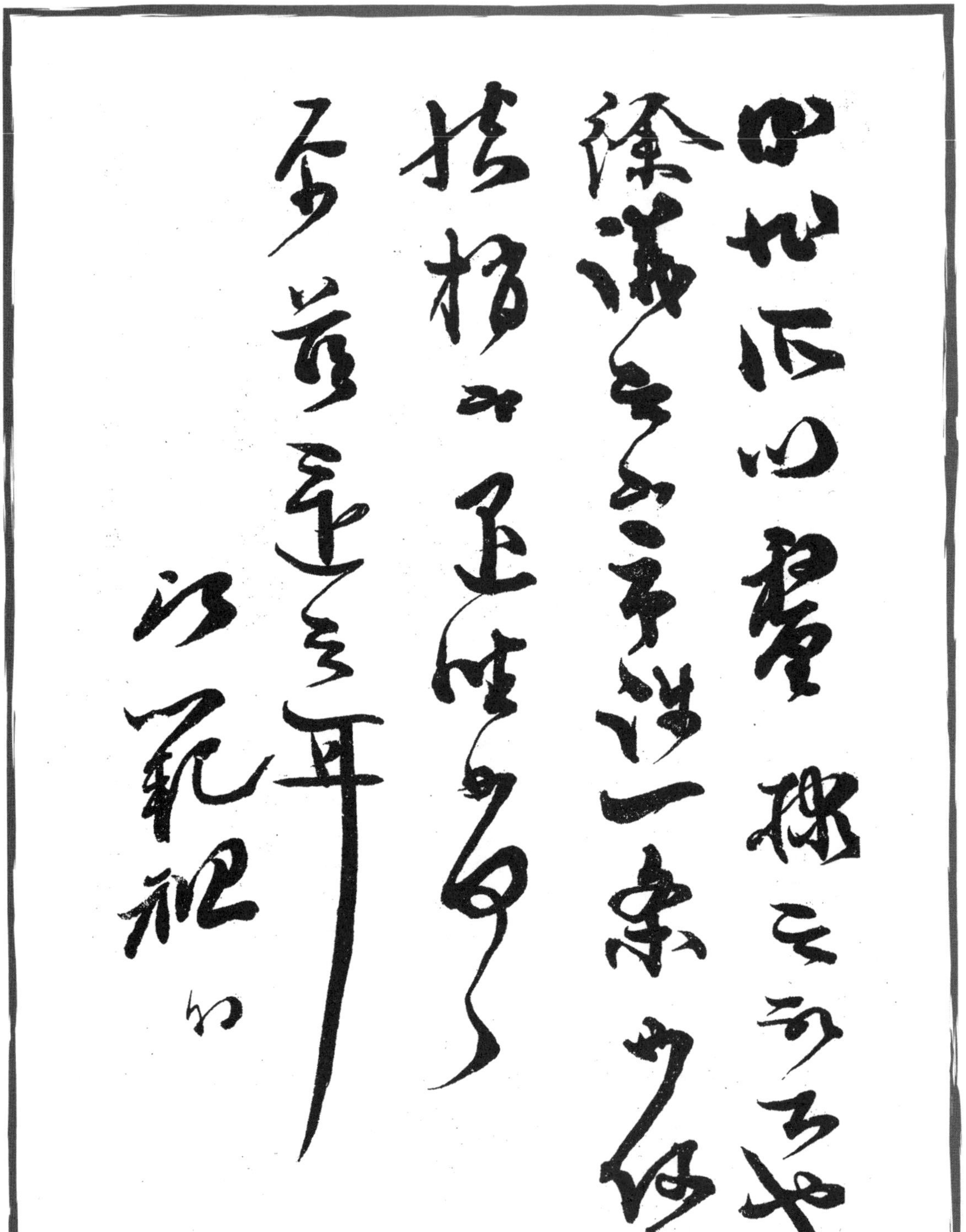

李光靖字休文號小山大山弟英宗朝逸別提

崔 佐郎 [illegible]

[illegible]得 書久矣無便未[illegible]

秋且晩矣便中[illegible]

金侍學[illegible]珍[illegible]茀 謹

乙巳菊月廿六 [illegible] 光靖 [illegible]

氏 襄[illegible]有日幸[illegible] [illegible]

芳懷爲之弛情

[illegible]

[illegible]

伯氏以蒙 無妨陞 行事忽

乎未克遂窮而歲半則㤼

矣科事得售自是分內

而於人情殊不任馳賀生

夜秋來一向困悴殊無以自

振 苦事近來周之累行

舉 萬奇趣於場屋而

鄭宗魯字士仰號立齋愚伏后正宗朝逸持平

藕湖 侍案 棣史

省式 客冬 甲子九月初三日 期服人宗魯狀

垂問所以慰我喪耦之悲者甚勤

而傾倒未易加之荒廢甚頃於

仲君之枉顧也其幸荷尤自別於甚晌

又此把未克修謝悵切歉恨於心不謂

退可書又如是惓惓十回披玩開豁何極

惟希 念照

德洲拜上

近日天氣暄暖不審

奉晨餘企學履更何似

渭陽丈喪事不勝驚怛

慈闈孔懷之痛其何以仰寬耶種種

豈溯近子言 哉然人居然作令解身世者

徵及闒茸之都無人生既不能無之借死

則會少者此境界亦不足深惜 惟是攝訣

日漸消亡 其於此事竟沒寸進之望可愧也

李益馝字聞遠號霞翁全義人英宗朝武科官北兵使贈兵判全陽君諡襄武

省式

令咸玉折慘慘不忍言豈意天奪之速至此極也未即專慰緣此先施還切慚赧仍審服履平迪慰甚〻不但 令咸哀

禮

遷窆亦在邇想未

追慕罔極何以堪抑戚從老病
近甚自歎奈何
亦索之物若有之有何難專而
僧人見失有年不得專副可歎歎
適撓不宣伏惟
情照 狀上
丙寅十月初五日 戚從李益馝 狀上

蔡濟恭字伯規號樊巖平康人英宗朝文科官領相
諡文肅

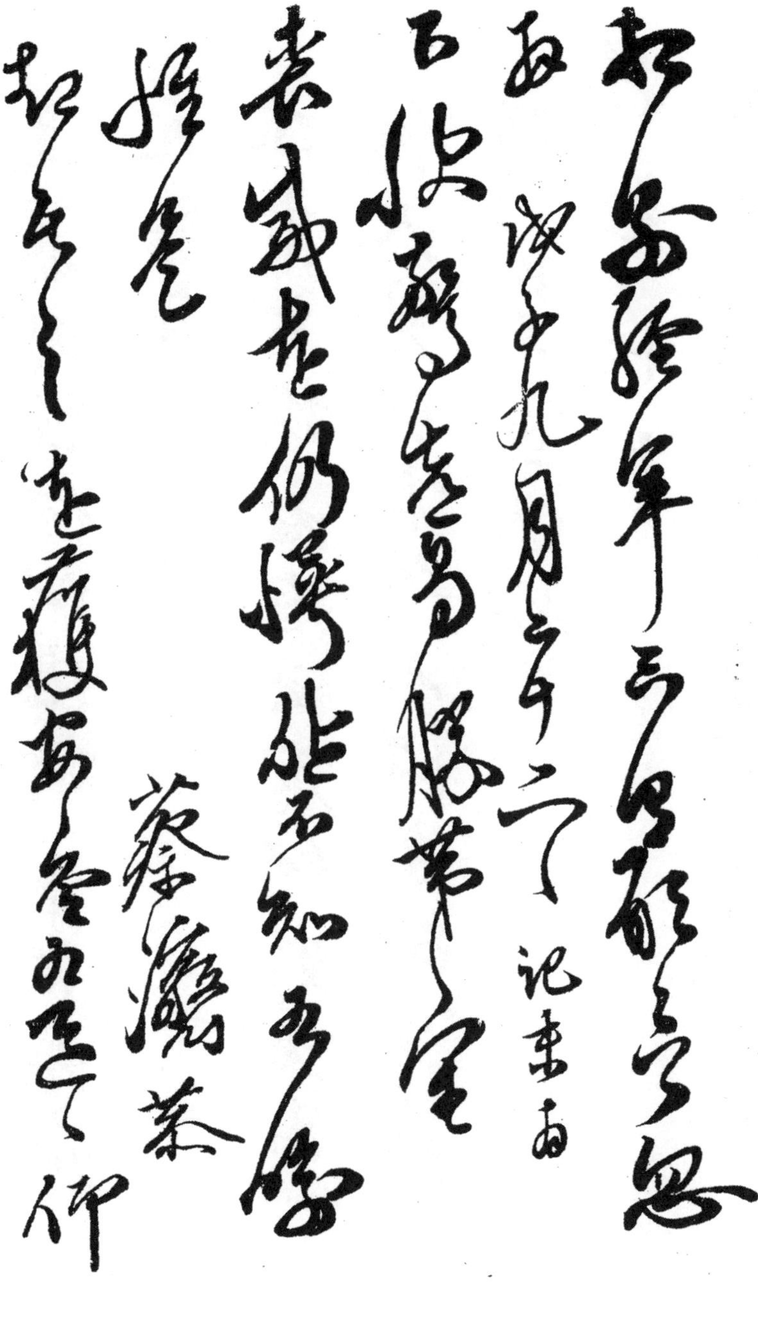

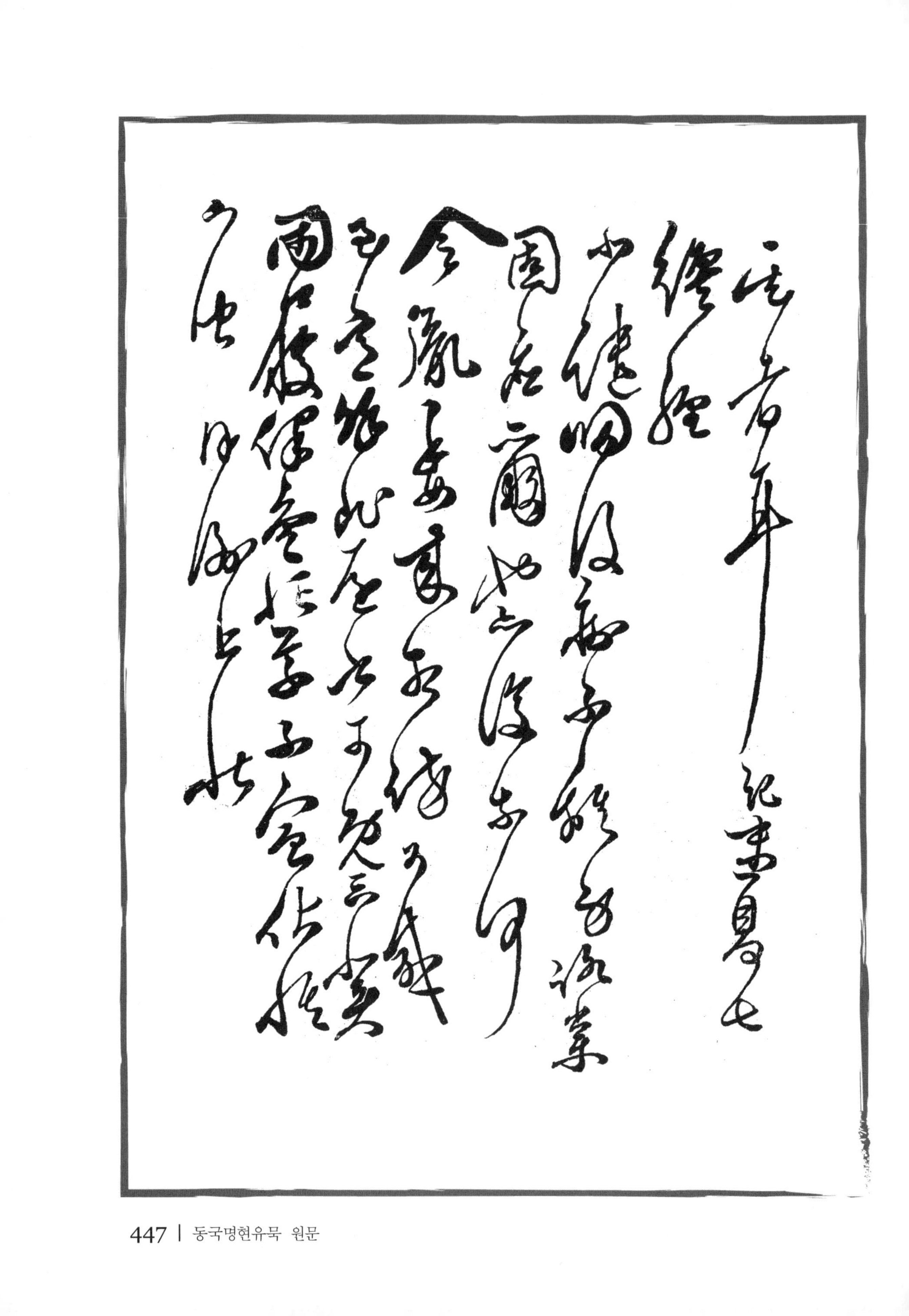

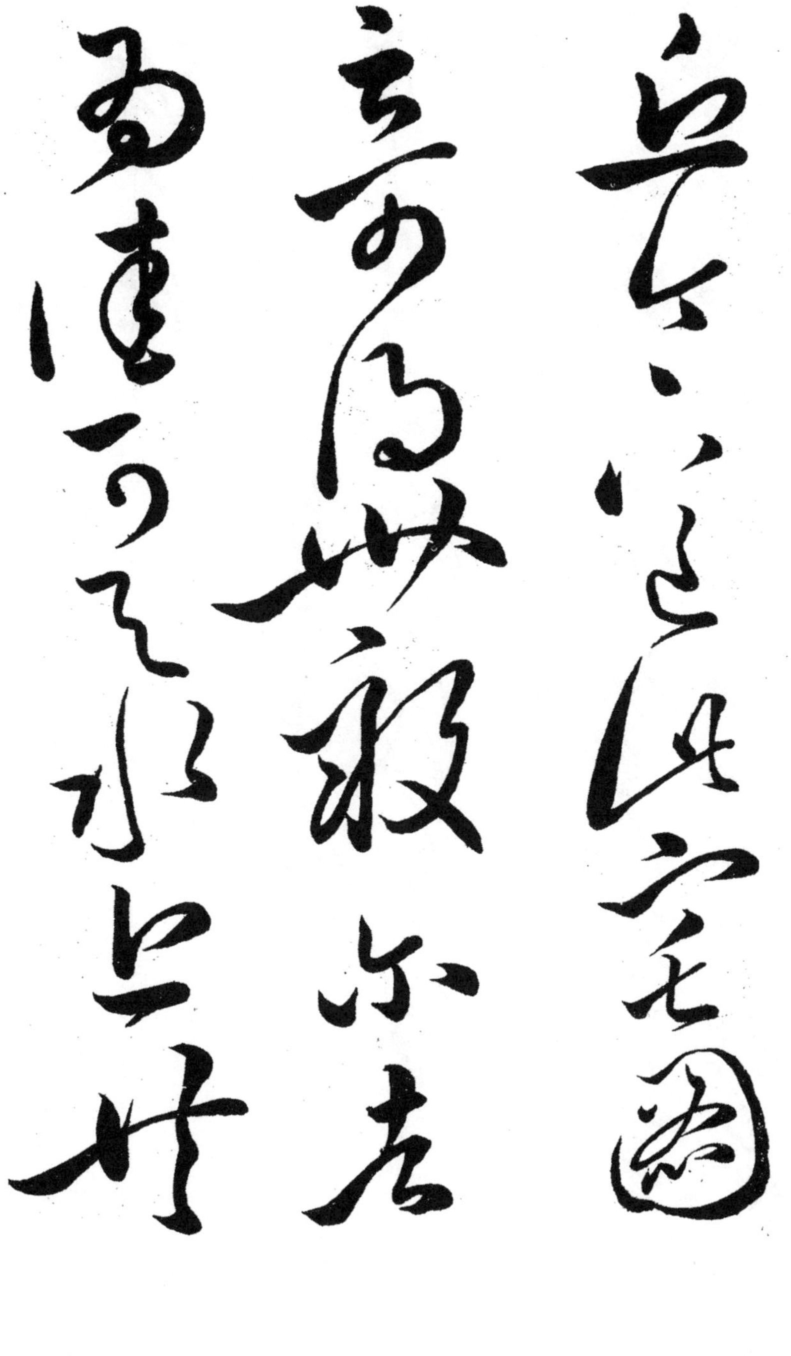

姜世晃字光之號豹菴晉州人憲宗朝文科官判尹

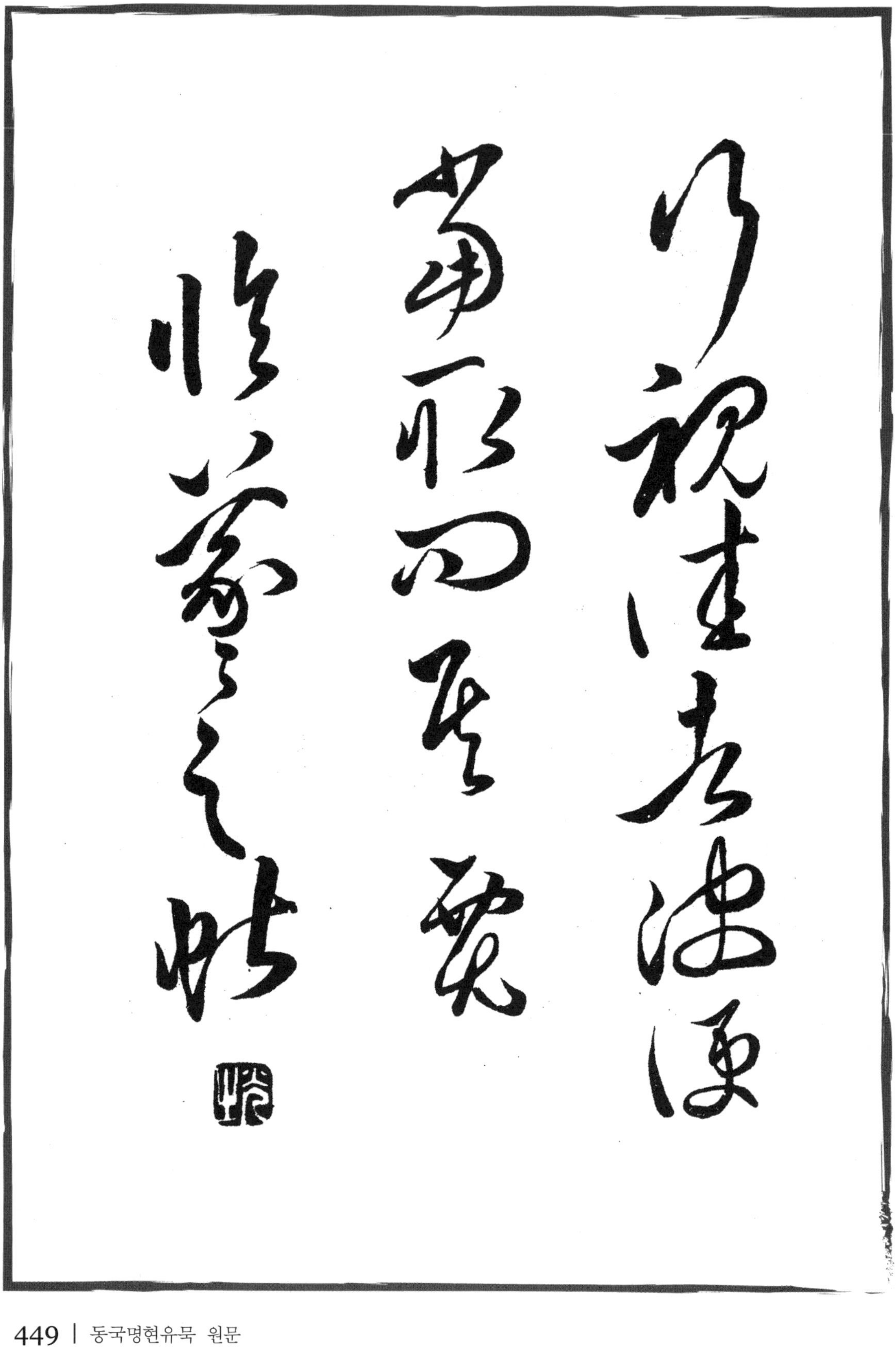

柳致明字誠伯號定齋全州人純祖朝文科官兵參

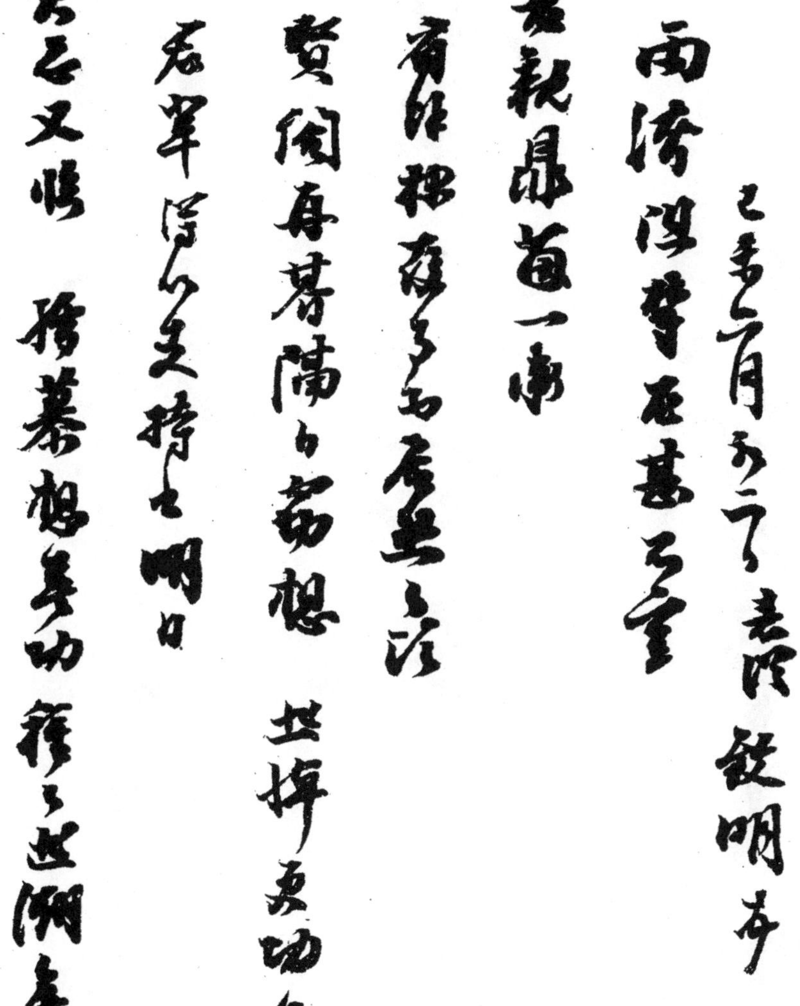

己得日以來觀和平之道者多乎見之隱
君讀好文治吏卷後此大矣一國警察
而念中無消費無傳之無限有問萬乎
以事古集而表正於此朝夕二七乎詳
深乎多年文子祖物遍作三萬不問
了人共得以一力精結合又合物多助萬事
於 明日真是不效差結搬新作者不
重續
思之后